精品课程配套教材
21世纪应用型人才培养"十三五"规划教材
"双创"型人才培养优秀教材

语文教育学教程

义务教育阶段

顾　问　熊东根

主　编　程慧静　李俊英　刘兰萍

副主编　刘邦平　熊炜军　刘念东
　　　　敖思芬

参　编　魏金强　曾婷芳　鄢倩茜
　　　　李长伟

湖南师范大学出版社

图书在版编目（CIP）数据

语文教育学教程／程慧静，李俊英，刘兰萍主编．—长沙：湖南师范大学出版社，2018.1

普通高等教育"十三五"规划教材

ISBN 978-7-5648-2212-5

Ⅰ.①语…　Ⅱ.①程…②李…③刘…　Ⅲ.①中学语文课-教学研究-师范大学-教材②小学语文课-教学研究-师范大学-教材　Ⅳ.①G633.302

中国版本图书馆 CIP 数据核字（2015）第 183721 号

语文教育学教程

YUWEN JIAOYUXUE JIAOCHENG

程慧静　李俊英　刘兰萍　主编

◇全程策划：王　强
◇组稿编辑：杨海云
◇责任编辑：江洪波
◇责任校对：张晓芳
◇出版发行：湖南师范大学出版社
　　　　　　地址／长沙市岳麓山　　邮编／410081
　　　　　　电话／0731-88872751　传真/0731-88872636
　　　　　　网址/http：//press. hunnu. edu. cn
◇经　　销：全国新华书店
◇印　　刷：三河市鑫鑫科达彩色印刷包装有限公司

◇开　　本：787mm×1092mm　1/16
◇印　　张：22.75
◇字　　数：504 千字
◇印　　次：2018 年 1 月第 2 次印刷
◇书　　号：ISBN 978-7-5648-2212-5
◇定　　价：39.00 元

前　言

　　本教材是"汉语言文学"专业和"语文教育"专业的必修课程之一。自上世纪 80 年代以来，高等师范院校语文学科教育学的课程与教材建设有了较快的发展，并取得了丰硕的成果，主要表现在：课程理论体系逐步完善，课程内容日益丰富，学术水平不断提升，学科特色更加鲜明，教材编写体例和风格更加多样化。这标志着学科教育学正逐步走向成熟。在高等师范院校的课程体系中，学科教育学是动态性极强的应用性课程之一。始终保持与基础教育、教师教育的改革发展同步并互动，是这门课程的特点和活力所在。为适应新世纪基础教育课程改革对于提升中小学语文教师素养的需要，我们编写了这本《语文教育学教程》（义务教育阶段）。

　　本教材的主要服务对象是高等师范院校中文教育专业的本、专科学生和参加全国统考教师证者及以函授或自学考试为主要学习形式的中小学语文教师和新上岗的教师等学习者。开设这门课程，旨在使学习者获得语文教育的基本知识和基本理论，特别是把握语文新课程的理念，掌握语文教学的基本方法和技能，增强自我发展意识，提高语文教育素养和课程的实施能力。

　　本书主要特点有五：一是书中努力体现语文新课程的新理念、新内容、新的教学方法、新的学习方式；二是广泛吸收语文课程改革的新成果、新经验；三是在有关教学实施的章节后面都附有各类教学的案例，便于学习参考；四是在立足于"共识"的基础上，体现编者研究的新视角、新观点；五是按模块编写，力求在编写体例上有些新的创意。

　　全书五个模块构成一个完整体系。每一模块可视为一个相对完整的研究专题。它主要是对"绪论"、"语文教育发展论"、"语文课程论"、"语文教学论"、"当代语文教师论"五个模块的进行论述。

　　第一模块"绪论"。主要阐述了语文教育学的概念，当代语文教师学习这门课程的意义；语文教育学研究的对象，研究的方法；它与哪些课程相关；它与人的发展和社会的进步有什么关系；为什么说语文教育是个大系统。重点了解语文教育是个大系统。

　　第二模块"语文教育发展论"。通过对从古到今的语文教育发展史的描述，呈现其发展源流、轨迹和趋势，揭示语文教育发展的一般规律，总结历史上的语文教育经验和得失，旨在更好地把握语文教育的今天和未来。

　　第三模块"语文课程论"。侧重揭示语文学科课程的性质和任务，对语文课程标准进行解读，对语文课程资源的开发与利用、语文课程的评价等问题进行探讨，在较为广阔的视野中，以新课程的理念解读语文课程系统。

　　第四模块"语文教学论"。论述的是语文课程的教学设计和实施问题。这一模块主要阐述了语文教学的总体特点和基本理论及论述语文教学五个基本领域的教学目标、内容、方法等。以新课程标准的分类为依据，在内容上力求紧密联系教学实际，并在各学习领域后附有教学案例，以突出对教学实践的指导作用，增强可操作性。

第五模块"语文教师论"，主要论述当代语文教师的角色定位、德行、个性及专业发展，教学艺术与教学风格，以及终身教育等问题。这是根据多年来从事中小学教师培训和教师自考的经验，从语文教师发展的实际需要出发，我们舍弃了求全、求稳的想法，采取"重其当所重"的做法，最终形成了这样一种结构。

本课程对新的《义务教育语文课程标准》（2011 年版）进行解读；学会开发和利用语文课程资源及对语文课程的评价；重点是解决语文教学的设计和语文教学的实施问题；同时明确当代教师的角色定位、素养，学习课堂教学艺术、课堂教学风格，学会教师教研，懂得终身教育等问题。培养合格的中小学语文教师。同时在有关教学实施的章节后面都附有各类教学的案例，便于学习者参考。

语文教育学这门课程的学习，毋庸置疑，教材是学习者的重要凭借，必须认真钻研、深入理解、融会贯通。我们希望学习者把学习本教材的过程作为教学反思、教学研究的过程。在自主、合作、探究的学习过程中，构建自己对新课程、对语文教学规律的理解，通过本课程的学习，切实提高语文教育理论水平和应用能力。

全书在熊东根同志的策划下，分别由程慧静、李俊英、刘兰萍统稿。具体分工如下：熊东根编撰了第一模块、第二模块；程慧静、刘兰萍编撰了第三模块、第五模块；刘邦平编撰了第四模块的第一节、第二节、第三节、第四节；李俊英编撰了第四模块的第五节、第六节、第七节、第十一节、第十二节和有关案例；刘念东编撰了第四模块的第八节、第九节；熊炜军编撰了第四模块的第十节、第十三节。

本书从策划到编撰，湖南师范大学出版社给予了全力的支持。责任编辑为全书的编辑付出了辛勤的劳动。本书的编写还得到了南昌教育学院中文系全体教师的关心和支持。在此一并表示真诚的感谢。

本书在编写中广泛吸收和引用了相关专家、学者的研究成果和中小学语文教师的教学经验，凡直接引用者，书中大多标明出处，未标明出处者，则在"参考文献"中列出，在此谨致谢意。

由于编者水平有限，在书稿付梓之时，我们深知其不足，真诚地希望得到同仁、专家们的批评赐教，更希望得到广大师生的反馈建议，以便日后进行修订使之完善。

编　者
2018 年 1 月

目　　录

第一模块　绪　论

【内容提要】

"语文教育学"是以学校语文教育现象为研究对象的一门应用理论学科，也是高等师范院校"语文教育"专业的一门必修课程。开设这门课程能使学生获得语文教育的基本知识和基本理论，特别是把握语文新课程的理念，掌握中小学语文教学的基本方法和技能，增强自我发展意识，提高语文教育素养和课程的实施能力，为当中小学语文教师打下坚实的能力基础。本模块主要阐述了语文教育学的概念，当语文教师为什么要学习这门课程以及学习这门课程的意义所在；语文教育学研究的对象，研究的方法；与哪些课程相关；它与人的发展、社会的进步有什么关系；为什么说语文教育是个大系统。重点了解语文教育是个大系统。纵观：人生终身必须学习语文。横观：不仅是指学校语文教育，还包括家庭语文教育和社会语文教育。从知识面来讲：不仅要学语文学科知识，还要学哲学、教育学、教育心里学以及政治、经济、文化、历史、科学、生活等各类知识。

第一节　语文教育学概述

"语文教育学"是一门新兴的教育学科，又是"语文教育"专业的必修课程，它为广大的语文教育工作者搞好语文教育工作提供了重要的理论依据和方法指导。语文教育学的建立有其现实的需要和理论的依据，它从培养人的全面发展的角度来考虑整个语文教育的各种因素和关系，并促使它们从整体上达到完整教育作用的充分发挥。语文教育学又是一门交叉学科，它综合运用相关学科的理论和方法来解决语文教育教学的问题，并且逐渐形成自己独特的学科教育理论和方法。

一、建设语文教育学的意义

（一）社会进步和人的发展的要求

人类为了进行物质生产和培养后一代，很早就有了教育活动。最早的教育是靠模仿，通过口耳相传的活动来进行的。但自从有了语言和文字以后，教育就由最初教孩子识字、书写逐渐扩展到运用语言文字去传授和学习各种专门的知识与经验，这其中就包括了最早的语文教育。因此，完全可以说，自从人类有了教育活动以来，几乎同时就有了语文教育活动。

作为教育的重要组成部分，语文教育是社会、民族及个体的人生存和发展的必要教育。对于一个社会、一个民族和一个人来说，语文教育随时存在——不论人们是否明确意识到。这是因为社会是以共同的物质生产活动为基础而相互联系的人的总体，"是人们交互作用的产物"。[①] 民族是在历史上形成的一个有共同语言、共同地域、共同经济生活以及表现于共同文化上的共同心理素质的稳定的人的共同体。社会、民族以及它的每一个成员要进行共同的物质生产活动，形成共同的文化上的心理素质，都离不开正确理解和使用语言文字。只有接受语文教育，才能使上述需要得以实现。

人类社会生产力的发展经历了农业化、工业化、信息化的过程。与此相适应，人类的语言也越来越丰富，运用语言的手段越来越先进。社会的进步和发展要求首先普及民族共同语，进而普及国际共同语。社会生产力的发展是与该社会语文教育的发展程度密切相关的。语文教育对于人类更好地生存和发展，推进社会的文明进步，更好地传播科学和文化起着日益普遍而又重要的作用。千百年来的语文教育积累了丰富的经验，也存在许多问题；为了进一步适应未来社会发展的需要，便有许多新课题摆在我们面前。所有这一切，都需要我们加强对语文教育的研究。

从语文教育自身的历史来看，它走过了一个由学校前的语文教育到学校语文教育，进而单独设科的过程。在近代以来的学校教育中，尽管语文学科教育是学校教育的重要组成部分，所占教学时间最多，对培养学生关系重大；但在教育科学领域中把它作为一个整体来加以全面系统的研究却是很不够的。在现代化建设中带来的语文教育的许多新情况、新课题面前，仅仅局限于对某些具体问题的研究已不能适应社会对培养人才的需要。例如，如何促进学生与社会相适应的健康个性的形成，是当今时代各国教育共同关心的课题。在语文教育中，提高学生的语文素养，促进学生全面、和谐、充分的发展，需要从语文知识、语文能力、一般智力、社会文化常识和情感意志等多方面来努力，而不能仅仅从语文知识或语文能力上来解决。在这种情况下，建立一门崭新的语文教育学，从更高的层次上抓住当代语文教育的根本课题，对语文教育的功能、作用和规律加以系统的理论研究，促进语文教育现代化、科学化，充分发挥语文教育的效益，更好地为社会进步和人的发展服务，便是十分必然的了。

（二）教育观念的转变和教育科学发展的要求

传统的教育观念，在智育上一般只重视知识的传授，讲授书本知识是教学的主要任务，课堂教学是教学的主要途径，学生被当成知识的容器，处于被动地位。第二次世界大战以后，科学技术的迅速发展和社会生活的剧烈变化促使人们的教育观念发生了变化。由于知识量的急剧膨胀，知识更新过程的日益加速，知识增长的无限性和学生学习时间的有限性之间的矛盾越来越尖锐。在这种情况下，学校教育在向学生传授知识的同时，还要高度重视发展学生的智力。开发学生的智力、培养学生的能力成了现代教育的重要任务。近年来，由于高科技对社会、经济、文化等的冲击力越来越强，出现了许多令人困扰的道德与科学文化发展相背离的现象，这又使得人们在探索物质文明发达的同时，考虑如何促进精神文明的同步发展。在教育观念上，从培养知识型人才为中心转向培养智能型人才为中心，促进人的全面发展是当代教育发展的重要趋势。这种新的转变要求人们树立起大教育的观念。大教育观是一种与大生产相适应的现代教育观。它认为，教育是一个多样的、开放的、综合的大系统，具有时间长、空间广、效率高、质量好、内容多等特点。学校教育仍是这个多样大系统的重要组成部分，而家庭教育、社会教育、自我教育则是它的重要补充。把教育当成一个整体。在这种观念的指导下，当代的语文学科教育也必须用大教育的

---

① 马克思：《致巴·瓦·安年柯夫（1846年12月28日）》，《马克思恩格斯选集》第4卷，人民出版社，1972年版，第320页。

视野和全面发展的观点来研究本学科的全部教育因素，使学科教育向着整体性发展，具有多方面的功能：传授知识，开发智力，发展能力，培养品德，促进学生身心全面健康的发展，塑造健康的人格。20世纪以来的语文教育观念正在经历着由培养语文知识型人才逐步向培养语文智能型和素质型人才的转变。教育观念的这种转变为语文教育学的建立提供了可能性。从教育科学发展的历史来看，具有现代意义的学科教育是在17世纪以后才逐渐形成的。但在这之前，无论是古代中国的"六艺"①，还是古代西方的"七艺"②，都孕育着学科教育的最初形式。自从近代学校教育制度确立以后，无论中外，各级各类学校主要沿用的一直是近代科学发展形成的分学科教育的形式，它一直是学校教育的主要途径。一个时期以来，尽管有过多种课程改革运动，但只要认真分析，就不难发现它们仍然是要以学科为基础，或要与学科课程相配合，学科课程仍居主导的地位。在过去的教育科学研究中，对于某一学科教育的研究常常只是停留在教学法的层次上，对于学科教育的全貌和运动规律的总体研究是很不够的。这种情况在2001年新的课改以来开始发生变化，建立和发展学科教育学已经成为当代教育科学研究的重要课题。日本于1981年出版的《比较教育学》，其中已经将学科教育学列为教育学的分支学科。由美国大学教育学院院长和主要学术领导人组成的霍姆斯协会在"明天的教师"的报告中谈到新型教育课程时说："第一项重要工作的重点应放在专门的学科的教育学，要用对专门学科的教与学的研究来代替本科的一般'教学法'课程。"我国从20世纪80年代中期以来也相继开展了学科教育学的建设，并且有一批成果问世。

从对语文学科教育的研究来看，我国从20世纪初以来正在经历着由一般教授法到本学科教授法，再到语文教学法、语文教材教法，直到语文教学论、语文教育学的演进过程。这种发展变化昭示了语文学科教育的研究越来越取决于社会的需要，取决于与社会环境相互制约、相互促进的关系，明显地表现出新学科产生和发展的客观辩证法。

（三）培养新型语文教师需语文教育学理论指导

如前所述，在教育科学研究中研究各个具体学科教学问题的是各科教学法或教材教法。设立这样的学科始终是和办好师范教育，培养合格师资联系在一起的。随着时代的变化，社会对教师的要求越来越高。《中国教育改革和发展纲要》指出："教育的改革和发展对教师提出了新的更高的要求。"联合国教科文组织在《关于教员作用的变化及其对教职的准备教育、在职教育的影响的建议》中所描述的新教师形象是："教员不仅是信息的提供者与知识的传递者，也是发展学生能力、兴趣的教育者和顾问。教员对学生的世界观的形成起着重要的作用。"欧洲教育部长常务大会第15次会议也认为："随着经济和社会的发展，基础教育面临的问题，主要是教师的作用和教育对象已发生了深刻变化，继续沿袭20世纪80年代以前的教学方式和方法已远远不能满足今天学生们的需要，更不能适应当前的社会经济、科技发展的需要。"③在这样的社会要求面前，建立和发展语文教育学，对于培养具有全新语文教育观念、掌握科学的语文教育理论和方法的高水平语文教师，对于提高语文学科的教学质量，促进高等师范院校语文教育专业更好地为基础教育服务，都有着深远的意义。

这些年来，我国广大的语文教师和语文教育科研工作者在改革语文教学，提高教学质

---

① "六艺"：我国周代学校的学习内容，指礼、乐、射、御、书、数。
② "七艺"：全称"七种自由艺术"，是欧洲中世纪学校所设立的一般文化课程，指文法、修辞学、辩证法（哲学）、算术、几何学、天文学和音乐理论。
③ 见1987年5月10日《光明日报》。

量方面进行了许多有益的探索，积累了不少经验。但是，正如有人指出的，这些研究规模都比较小，宏观研究不够，理论水平不够高，在某些领域呈现反复状况，突破不大。就整体而言，我国语文教育的效率不高。这些都在呼唤着语文教育要有科学的理论来指导。理论固然离不开实践，但是，如果没有科学的学科教育理论，也就不会有真正科学意义上的学科实践活动。一般的教育理论只能解决普遍性的问题，学科专业理论也只能解决专业知识的问题，而学科教育的问题只能凭借学科教育的理论来解决。这个道理如今已被越来越多的人所认识。当前，大家都在考虑如何改变目前语文教学的现状，实现语文教育的现代化问题。要想解决这个大课题，就必须有科学理论的指导。正在建立中的语文教育学将会为广大语文教师从事语文教育实践提供理论上的帮助和支持。

二、语文教育学的研究对象

毛泽东在《矛盾论》中指出："科学研究的区分，就是根据科学对象所具有的特殊的矛盾性。因此，对于某一现象的领域所特有的某一种矛盾的研究，就构成某一门科学的对象。"研究任何一门科学，必须首先明确这门科学的对象及其特定的研究范围，否则，这门科学便不能成立。

（一）语文教育学的研究对象

语文教育学的研究对象是整个语文教育现象。在传统的认识中，语文教育似乎仅局限于学校（主要是中小学）范围内，而且仅仅体现为学校语文课堂教学。这种认识是不全面的。语文教育不仅在学校里有，而且是可前伸后延的。从一个人的成长来说，其人生的各个阶段都自觉不自觉地受着语文的教育：从牙牙学语开始就有了最初的语文教育；在学校接受系统的语文教育；从学校毕业走上社会后，仍然要接受语文教育；在社会生活的各个方面，无不渗透着各种各样的语文教育。所以，应该将语文教育作为一个整体来加以系统的研究。只有加强对语文教育的全面研究，才能最终提高语文教育的水平；局部研究也只有在整体研究的背景下进行，才能真正解决问题。语文教育学就是要将上述各个方面结合成一个整体来加以研究。

语文教育学既然把语文教育当成一个整体来研究，它就必须研究语文教育的各个方面。从纵向来说，它是终身教育。终身教育是在二次大战以后现代科学技术迅猛发展的背景下于 20 世纪 60 年代初形成的一种国际教育思潮，较普遍的解释为："人们在一生中所受到的各种培养的总和。"它反对把人机械地分为前半生学习，后半生工作两个阶段，认为教育应该是人从生到死一生中不断学习的过程。终身教育的概念是建立新的教育体系的根据和原则。在这种观念的指导下重点研究基础教育（中小学）中的语文教育问题。从横向来说，它以大教育的视野，注意学校语文教育同家庭、社会语文教育的联系；重在研究语文学科教学问题。本书虽然着重研究中小学阶段的语文学科教育问题，但上述的观念和认识将贯彻始终，即从整个语文教育系统出发来研究中小学语文学科教育的各种问题。

（二）语文教育学的研究重点

语文教育学的研究重点是学校的语文学科教育。自从有了近代学校以来，学校语文教育主要是通过语文学科教学来进行的。根据传统的理解，这里所说的学科指的是教学科目。随着教育科学的发展，学科的概念正在逐步扩大。由于学校教育对人的一生具有举足轻重的影响，学校教育又主要是通过各学科来进行的，语文学科又是中小学的重要基础学科，因此，语文教育学的研究重点自然是学校的语文学科教育问题。

（三）语文学科教育具有丰富的内涵

在中小学校专门设立语文这一学科有其特定的意义，它是指导我国中小学生学习祖国语言文字的教学科目，有着丰富的教育内容，不同于单纯的某一种语言的教学，这是我们必须注意到的。

作为学习祖国语言文字的教学科目，语文学科不仅要使学生获得一定的语文知识和技能，提高语文能力，学会正确理解和使用祖国的语言文字，而且还应该从祖国语言教育的角度充分挖掘各种有利的教育因素来培养学生的民族意识和感情，使他们立志成为祖国和民族所需要的合格人才。语文学科教育的这种特殊作用是任何其他学科所不能取代的。

语文学科的丰富内涵要求我们不能仅仅从一个方面来理解该学科的内容和任务。语文学科内涵的丰富性造成了该学科的复杂性；但这同时又是它的优势，关键在于我们对此要有正确、全面的认识。只有抓住语文学科教育是关于祖国语言的教育这一根本特点，才能最终把握好该学科的各种教育因素，充分发挥本学科教育的巨大作用。

既然语文学科教育有着丰富的内涵，语文教育学对它的研究就应该是既全面而又有重点的。语文教育学要以学校教育与家庭、社会教育相互联系，共同构成以大语文教育系统为背景，从母语教育，从语文教育与社会和人的发展关系的角度来研究中小学语文学科的全部问题。它研究的重点是怎样通过学校的语文学科教学来充分发掘本国语言的教育因素，以促进学生的全面发展。

出于这种认识，本书将首先说明什么是语文教育：包括它的本质和系统。在此基础上才进行对中小学语文学科教育的全面研究。先讨论语文课程问题——语文性质、目标、标准、资源、评价等；再讨论语文教学问题——语文教学理念、设计、过程、方法等；然后集中讨论如何实施语文教学问题，包括教学中的识字和写字、阅读、写作、口语交际、综合性学习等五个领域的教学；最后对语文教育的实施者（教师）进行研究。这种安排实际上是运用现代教育思想，密切结合语文学科自身的特色，在大语文教育的背景下，从教育者、受教育者、教育内容这三个大方面体现出语文教育与社会和人的发展的关系，突现语文教育的根本任务，既能够比较完整地反映语文教育学丰富而又全面的内容，又能够比较科学地揭示语文教育的客观规律和诸多因素的人关系。

三、语文教育学与相关学科

语文教育学是具有语文专业特点的综合性应用教育理论学科，是教育科学的一门分支学科。它处于语文专业与教育学（尤其是教学论）、心理学（尤其是教育心理学）等的交界处，综合这些专业的理论来解决自己的问题，并逐渐形成自己独特的学科教育理论。

（一）语文教育学与马克思主义哲学

马克思主义哲学是辩证唯物主义和历史唯物主义，它揭示了自然界、思维和人类社会发展的普遍规律，也是我们研究语文教育学的指导思想和科学方法论基础。由于语文教育学牵涉到更多的学科领域，因此就显得更加复杂。在这种情况下，只有在马克思主义哲学的指导下才能更好地认识语文教育与社会和人的发展的相互关系，而不再孤立地看问题；才能使我们从发展运动中去考察语文教育现象，而不是静止地看待问题；才能使我们透过有关现象，深刻认识到语文教育的本质，从而真正把握语文教育的客观规律性，使语文教育学的研究走上科学的轨道。

（二）语文教育学与教育学

语文教育学与教育学有着密切的关系，它们同属于教育科学，语文教育学是其中的一门分支学科，教育学则是其中重要的基础学科，它们是特殊与一般、个性与共性的关系。语文教育学的重要理论基础应该是教育学，教育学的原理和方法对语文教育学具有一般的指导意义，语文教育学要遵循教育学的基本原理和原则。在教育学中，教学论与语文教育学更有密切的关系。教学论是研究教学一般规律的科学，也是研究语文教学问题的理论基础。但是，由于语文教育学在本学科领域中具有全新的研究视野，因此，语文教育学的某些理论和研究成果也会反过来充实和丰富教育学的普遍原理。

（三）语文教育学与心理学

语文教育学和心理学也有着密切的关系。心理学也是语文教育学的理论基础之一。语文教育的过程伴随着心理活动的过程，因此，心理学，特别是教育心理学的一般原理也是适用于语文教育学的。值得重视的是，现代教育科学的发展正在更多地依赖于心理学的发展，心理学的研究成果已经成为教育理论发展的重要基础和前提。在有关语文学科的心理学研究中，前人已经有许多丰硕的成果，今后有必要大力开展有关语文教育心理的研究。需要注意的是，以心理学为基础，甚至在必要时直接运用心理学的研究成果来阐释问题，并不意味着可以直接从心理学体系中推导出学科教育学的体系，因为这样做势必会混淆学科教育学与学科心理学的界限，掩盖对学科教育中有关社会、政治、文化等方面因素的探讨。

（四）语文教育学与语文专业理论

语文专业的有关理论，如语言学理论、文学理论、文章学理论等也是语文教育学的理论基础。作为交叉学科的语文教育学，其理论生长点也要扎根于语文专业领域的沃土之中，要随时注意吸取语文专业各学科研究的最新成果。

（五）语文教育学与系统科学

建立和发展语文教育学，还要吸收与现代科学技术紧密联系的系统科学。作为语文教育的最基本因素的语言本身就是信息的载体，语文教育的过程也是语文信息传递的过程。要想使传递的过程减少干扰，迅速有效，就要对信息进行必要的控制和反馈，增加有用信息，减少无用信息。因此，有必要懂得一点信息论、控制论知识。语文教育同时也是一个大系统，要使这个系统井然有序，运转正常，就要以系统论的方法为指导。信息论、控制论、系统论具有方法论性质，它们将对整个教育科学，包括语文教育学产生巨大的冲击。这种冲击将使语文教育的研究由单方面转向多方面的整体研究，由对个体的研究转向对各种类型的联系和结构的研究，由相对静止的研究转向对动态、发生、发展、变化的研究，并且注意不同侧面的高度综合，使得语文教育研究更加系统化和科学化。

四、语文教育学的研究方法

任何一门科学，都有自己专门的研究对象和任务，当然也应该有其研究方法。语文教育学常用的研究方法主要有以下几种。

（一）哲学原理研究法

由于语文教育具有综合性的特点，因此，其研究方法涉及哲学上的方法论。方法论是人们认识世界，处理和解决问题的一般方式、方法的概括和总结，对属于交叉学科的语文教育学的研究方法具有指导意义。探讨语文教育学的原理和许多根本性问题，都需要运用辩证唯物主义和历史唯物主义的立场、观点和方法进行选择、融合、更新，进行判断和推理，从感性到理性，深入其里，抓住本质，发现规律，形成新的概括性的观念。

（二）跨学科研究法

跨学科研究法是把不同学科的研究方法进行沟通，将它们联系起来，从科学方法论的高度对某一学科进行综合研究的方法。语文教育学具有跨学科的性质，在许多时候都需要跨学科的研究方法。跨学科研究的主要内容是注重跨学科过程的解析，从中发现跨学科的具体渗透点、结合部和交叉层。尽管跨学科的具体形式不同，但跨学科过程离不开学科术语概念的跨越、学科理论板块的跨越、学科方法的跨越和学科结构功能的跨越这四种主要形式。跨学科研究法还注意协调所跨学科的层次，同一层次的跨学科协调包括综合学科之间、横向学科之间、交叉学科之间的同级比较和跨越；不同层次间的跨学科协调包括高层次与低层次的综合学科、横向学科、交叉学科的相互跨越。跨学科方法还注重从科学方法上发展跨学科趋势，如通过寻求自然科学与哲学、社会科学的结合方式，开展科学史的研究，培养跨学科人才，沟通学科信息渠道，等等。跨学科方法由于其整体性、广泛的渗透性、系统的综合性和较强的实用性，在科学方法中占有重要地位，具有深刻的科学方法论意义。

（三）历史文献研究法

历史文献研究法是运用文献史料来进行研究的方法。在教育科学研究中，历史文献研究法是揭示教育发展规律的手段之一，它通过对人类过去丰富的教育实践和教育思想的分析研究来认识教育以及教育观点发展的规律性。对于语文教育学的研究来说，历史文献研究十分重要，因为无论中外，都有丰富的语文教育遗产有待发掘和整理。

（四）比较分析研究法

比较分析研究法是根据一定的标准对某类教育现象在不同情况下的不同表现进行比较研究，找出普遍规律及其特殊本质，力求得出符合客观实际结论的方法。比较分析研究法是教育科学实验和理论研究不可缺少的基本方法。它可以帮助我们克服狭隘性，把所研究的个别事物纳入广阔的背景之下，从而认识教育的普遍规律，获得新的发现和发明，对研究对象有深入的认识。进行比较时可以纵向比较，即对同一事物的历史形态进行比较，以便从发展变化中来研究事物；也可以横向比较，即对同时并存的事物进行比较，以求得对问题的正确认识；还可以进行同类比较，即对性质相同的事物所具有的特征加以比较，在比较中寻找共同点；还可以进行相异比较，即对两类性质相反的事物或一个事物的正反两方面加以比较，以利于鉴别。另外，还可以进行定性和定量比较。任何事物都是质和量的统一，定性比较就是对同类事物所具有的属性、本质进行比较，从而确定事物的性质；定量比较就是对事物的属性进行数量上的分析，从而准确判定事物的变化。教育科学发展到今天，定性和定量分析尤其显得重要。

（五）观察调查研究法

观察法是人们在自然的、不加控制的条件下有目的、有计划地对事物或现象进行考察的方法，也是教育科学研究中运用极为广泛的一种方法。观察时，研究者要按照一定的计划对研究对象进行系统的观察，以便收集充分的现象材料，作为理性认识的根据。调查法是指通过各种方式、方法有计划地、系统地了解某一方面的实际情况，以便掌握已有成绩、经验和教训，弄清存在问题，认识发展趋向，并从大量事实中概括出规律性的东西的方法。调查时一般以当前的事实为对象，可以通过访问、发问卷、开调查会、测验等多种方式来搜集材料。

（六）经验总结研究法

经验总结是在一定理论指导下，按照科学研究的程序，使感性认识上升为理性认识的思维加工过程。就教育科学研究而言，经验总结大致可以分为专题性经验总结和一般性经验总结两种。不论哪一种，都要在感性认识的基础上，通过思考、分析、归纳，上升为理性认识，找出可以借鉴的规律性的东西。

（七）实验实证研究法

实验实证研究法是一种经过特别安排的，适当控制研究对象以便在最有利的条件下对之进行研究的方法。实验实证法的主要目的在于查明研究现象发生的原因，或者检验某一理论或假说的实际效果。它可以克服观察、调查的某种被动性，了解到在自然情况下不能了解到的情况，能重复验证，便于测量，发挥研究者的主动性，扩大研究范围，取得可靠的研究成果。实验实证法可以分为实验室实验和自然实验两种。前者基本上是在人为条件下进行的，可以采用各种复杂的仪器和现代技术；后者则是在日常生活条件下进行的，以便保证受试者的行为保持正常的状况。

【复习与思考】

1. 我们为什么要学语文教育学？
2. 学语文教育学与哪些学科相关？为什么？
3. 语文教育学的研究对象是什么？

第二节　语文教育系统概述

语文教育与人类文明同步，随着社会发展不断迈向更高层次。语文教育是一个完整的人工系统，具有自身的特点。社会语文教育、家庭语文教育、学校语文教育构成语文教育的三个子系统，它们具有不同的功能，形成不同的结构特点。只有搞清楚语文教育系统的这些关系，树立起大语文教育观，我国语文教育的面貌才能实现根本改观。

人们在其人生的不同阶段都要自觉不自觉地接受语文教育，但最重要的是接受学校的语文学科教育。语文学科教育系统是由要素系统、过程系统、状态系统组成的。只有善于在实践中对它们加以合理整合，才能发挥语文学科教育的主渠道功能。

一、语文教育系统总述

（一）语文教育是个大系统

如前所述，语文教育是指导人们学习祖国语言的活动。这种活动伴随着历史的发展演变和个体从生到死的全部过程，并且与社会政治、经济、文化、教育、科学、艺术相互联系、相互依存，构成了一个整体的行为。在当代社会中，语文教育必须与大生产、大经济、大教育相适应。按照这种观点透视分析语文教育的性质、内容、过程、功能、目标，就是大语文教育观，即语文教育的系统观点。

首先，语文教育系统观强调每个人都应该终身接受语文教育，这样才能够使每个人在不同时期具有最优的语文知识和能力，以适应社会发展的需要。过去的语文教育观总是把视野局限在学校语文教育范围内，其结果是使受教育者离开学校之后，大都失去了接受语文教育的自觉意识，久而久之便会感到语文知识欠缺，难以适应时代和社会发展的需要。终身语文教育的观点认为，语文教育系统应该包括语文教育的一切方面。学校语文教育是其主体，家庭语文教育、社会语文教育也是不可缺少的组成部分。

其次，语文教育系统观高度重视语文继续教育，认为它是学校语文教育的延续、提高和完善，是终身教育的组成部分。在高度信息化的社会中，信息的传播手段多种多样，传媒方式不断更新，尽管如此，语文仍然是信息最基本的承载体。学校语文教育结束之后，绝大多数人难以有系统接受语文教育的可能。学校语文教育只能教给受教育者基础语文知识，培养基本的语文能力。这些知识和能力还远远不能适应个体发展的需要和社会的需要，于是，不断学习、自我完善就显得很重要了。语文继续教育为当代社会人的全面发展、创造力的形成、成功提供了有利条件，为人们更好地进行思想交流、信息交流、情感交融，实现智能发展提供了可能性。现在，语文教育之所以必须从单一的学校教育发展成为其他正规和非正规的、普通的和职业的语文教育结构模式，实现语文继续教育，在特定的意义上讲，就是为了更好地适应社会经济发展的需求。语文教育系统把语文继续教育纳入自己的范畴，无疑将会更加适应我国现代化建设进程的需要。

再次，语文教育系统观认为，语文教育是提高全民素质的重要手段之一。语文教育不仅培养人的听、说、读、写的能力，培养人运用语言进行思维的能力，而且还通过思想品德教育和审美情操教育，全面提高人的文化素养和文明程度。教育具有提高人们精神文化素养的重要作用，语文教育作为基础教育的重要组成部分，十分明显地具备这种功能。语文教育从属于一定的精神文化，对精神文化起着一定的传承作用，同时又会对精神文化产生某种影响，使精神文化得以继承、扬弃和发展，进而促进社会不断进步。因此，语文教育绝不仅仅是语文知识教育和语文能力的培养，它还应该使受教育者的精神文化素养得以提高。这样，语文教育系统还应该包括精神文化教育，它对提高全民的素质，对精神文明建设会起到重大的作用。

在以上观点指导下的各个方面的语文教育便构成了一个完整的语文教育系统。

（二）语文教育系统的一般特点

1. 整体性

首先，语文教育是历史的产物。语文教育思想、教育目标、教育内容、教育方法总是一定社会历史的积淀、发展、创新的结果。这个产生、发展的过程和人类总体和个体的发展同步进行。旧的语文教育思想、教育目标、教育内容、教育方法随着社会发展而逐步更迭以至消亡；新的语文教育思想、教育目标、教育内容、教育方法随之兴起。语文教育随着社会历史发展而变化，它是整个社会文明的重要组成部分。从个体的发展来看，由于语言是信息的载体，是人类进行交际的工具，个体在其发展过程中，为了求得生存，必须学会掌握、运用这个工具；个体在其生命历程中还要追求人格的自我完善，全面发展个性。因此，接受语文教育不仅仅是谋生的手段，而且是自身发展的需要。这样，正在兴起的终身教育就把语文教育与现代人的成长联系起来，打破了传统的学校语文教育的封闭性和单一性，形成了语文教育的整体性。

2. 层次性

系统是有层次的。层次是系统中部分与整体相互联系的中介。层次是由于等级差别而形成的，语文教育系统也是这样。一个人接受语文教育的过程，从横向来看，由家庭语文教育、社会语文教育、学校语文教育组成，其中最重要的是学校语文教育；从纵向来看，它又由学前语文教育、学校语文学科教育与学校毕业后的语文继续教育组成。在一个系统中，不同层次依然有着密切关系。例如，我国九年义务教育中的语文教育，在整个语文教育大系统中虽然居于较低的层次，但它却是学科教育的起点，起着为全民素质教育打好基础的重要作用。语文教育的层次性可以满足社会的不同需要。

3. 开放性

语文教育系统是教育系统中的一个子系统，这就决定了它必须全方位、多渠道、多形式向外部环境开放。在学校教育中，语文学科教育是基础，它必须向其他学科开放。如果语文学科教育自我封闭，割断与其他学科的联系，那么，受教育者就会成为知识单一，缺少活力的人，其结果就会使得语文教育系统功能萎缩。

二、语文教育系统的要素与结构

（一）语文教育系统的要素

语文教育系统是一个有机的整体。从一个人接受语文教育来看，语文教育系统的要素及各要素之间的关系可以用图示来表示。语文教育系统要素结构如图 1-2-1 所示。

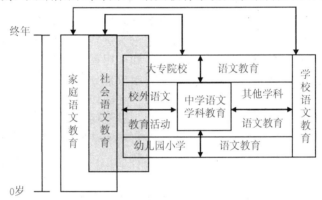

图 1-2-1 语文教育系统要素结构图

从以上图示我们可以看出，语文教育是由上述各个要素构成的大系统。从横向来看，语文教育系统的整体性、开放性决定了学校和家庭、社会语文教育的双向耦合。它们相互联系、相互作用。从纵向来看，个体在接受学校语文教育之前已经接受了家庭与社会的语文教育；在结束学校语文教育之后，这两种教育还要贯穿始终，因此终身教育就显得十分重要。终身语文教育实质上是个社会化的语文教育过程。未来社会的文盲不仅是不会阅读、写字的人，而且是不会自觉接受语文教育的人，是自身的语文能力与其生存发展不相适应的人。

（二）语文教育系统的结构

语文教育系统的要素之间不是并列关系，而是具有层次性的组合关系，形成特定的结构。家庭语文教育、社会语文教育、学校语文教育构成了语文教育系统的三个子系统；但这三个子系统在整个语文教育系统中居于不同的位置，有着不同的功能，形成不同的结构特点。

1. 家庭语文教育

从个体发展的过程来看，家庭语文教育是终身教育的一个重要方面；从个体发展的阶段看，家庭语文教育是一个人接受语文教育的起点。家庭语文教育有继承性和基础性的结构特点。

1) 继承性

一般地说，与个体相处关系最密切的是家庭成员。父母是儿童最早的语文教师。婴幼儿从牙牙学语起就开始接受语文教育，尔后入学直至走向社会，仍然少不了与家庭成员口头和书面的交往。可以说，家庭语文教育持续在人的一生之中。同时，这种交往又往往会因为双方身份特殊、语言环境宽松而在运用语文工具时带有随意性。在这种情况下，一方面使得语文内容生动、形式活泼，没有刻意使用语言工具的重负；另一方面，在很多时候，言传意会相融合，会造成语言不规范而不自知。另外，家庭文化氛围对个体语文素质也要产生很大的影响，家庭成员之间气质、性情、性格的熏陶感染也会渗透在个体的语文素养之中。而且，这种家庭语文教育会代代相传，继承下去。由此看来，家庭成员的语文素养与个体的语文素养有着不可分割的联系。

2) 基础性

家庭是人类社会生活最基本的单位，家庭关系是社会中最普遍的关系，也是维系得最久的关系。婴儿一出生就进入了社会关系的网络之中，随着年龄的增长，首先通过父母学习社会、了解社会。家庭语文教育也为个体接受学校语文教育提供了物质条件和精神条件，奠定最初的基础。越来越多的事实证明，学前教育，主要是婴幼儿的家庭语文教育，对个体进入学校接受语文教育乃至一生的发展都有着极为重要的奠基作用。

随着我国人民生活水平的普遍提高，家庭语文教育的物质条件已经有了很大改变，家庭语文教育有了较大的发展。但是，从全社会来看，对家庭语文教育重要性的认识还亟待进一步提高。应该使每一个社会成员都认识到家庭语文教育对个体语文素养的形成、发展具有奠基意义。

2. 社会语文教育

个体的发展始终取决于和他直接进行交往的其他一切人的发展。个体语文能力的形成不仅取决于家庭的语文学习，而且与社会语文教育有着直接的联系。社会语文教育具有广泛性、动态性的结构特点。

1) 广泛性

社会信息化，是社会发展的必然趋势。语言作为信息的主要载体，是人们在信息传播中运用得最频繁的手段，是最基本的工具。传播形式包括人际传播、大众传播和组织传播，前二者具有相当的广泛性，也是社会语文教育的主要途径。属于人际传播的方式很多，如人与人之间的交谈、演说、打电话、写信等，它们的载体就是语言文字。其中除了写信是书面形式以外，其他都是口头语言形式。我国是多方言国家，因此推广普通话就是社会语文教育的一个非常重要的问题。此外，人际交流，因场合、对象不同，还有一个如何正确使用语体的问题；并不是每个人都能做到切合语境，使用得体，因而需要广泛的社会语文教育。大众传播就是通过报纸、杂志、广播、电视、书籍、电影等媒介传播信息，人们在传递和接收信息的同时也受到语文教育，而且因其手段的现代化更具有广泛性。大众传播是全方位的社会语文教育，从用词、造句、语音、章法到语言风格的形成都会对读者、听众、观众产生无形的影响。从这个意义上来说，它也是提高全民族语文素质的重要途径之一。

2) 动态性

社会语文教育直接与社会相联系，因而显得更加活跃。社会大变革会直接而迅速地反

11

映在社会语文教育之中，新的语汇、句法形式甚至字形，都会随着社会发展不断出现，从而丰富社会语文教育的内容；旧的语汇、某些句法形式也会随之消失。其正面影响是社会语文教育能够从社会变革中吸收养分，获得新鲜活泼的语言材料，使语文教育更具有时代的特色；负面影响是在社会发生巨大变革时期，传统的语文受到冲击，固有的词汇系统、语法系统会遭到破坏，整个语文教育系统会发生紊乱。在特殊的历史时期，甚至会造成全民语文素质下降。从古到今，整个语文教育系统因社会语文教育动态性产生负面影响而遭到破坏的情况并不少见。

3. 学校语文教育

学校语文教育，包括从小学、中学到大学以及各级各类成人学校的语文教育。全民语文素质的提高主要取决于学校语文教育的水平。从某种意义上说，学校语文教育是整个语文教育的核心，具有规范性和选择性的结构特点。

1）规范性

学校语文教育有计划、有目的地传授语文知识，培养学生的语文能力，并随之进行思想教育，开发智力因素和非智力因素，使学生在德、智、体、美、劳等方面得到发展。学校语文教育是有组织、有目的、有规范的自觉行为，是规范性的教育。它自身相对稳定，并且对社会语文教育和家庭语文教育起着至关重要的作用。其作用是系统实现自我控制、自我调节，具有抵制社会、家庭语文教育某些不良副作用的功能。规范的语文教育能在一定程度上消除语文垃圾，使学生正确理解和运用祖国的语言文字，提高语文素质。但是，也应该看到，由于规范性所带来的自控功能，仍然有可能使学校语文教育在不同程度上封闭起来，脱离社会、脱离生活，使学生学得的语文知识、形成的语文能力难以适应社会发展的需要。毋庸讳言，这仍然是当前学校语文教育的一种弊端。因此，一方面需要更新语文教育观念，使学校语文教育从封闭进一步走向开放，打破滞后于社会的稳态平衡；另一方面，学校语文教育在开放的同时，应当及时获取来自社会、家庭的信息反馈，对内自控，对外选择，不断趋于科学化。

2）选择性

系统组成要素的内部变化可以影响和改变系统的整体功能，对学校语文教育来说更是如此。因此，学校语文教育对外部环境是有选择的。这里所说的外部环境，主要是指学校语文学科教育之外的环境。首先，课内语文教育必须选择课外语文教育作为补充，如指导学生阅读课外读物，开展各种读书报告会、演讲活动、朗诵会，组织语文兴趣学习小组以及各种社团活动的口头讨论，进行文字宣传等。学校语文教育选择课外语文活动形式，是因为课外语文活动是课内语文教育的延伸，有助于学生开阔视野，提高对社会生活的认识能力，使课内语文教育获得操作实践，借以巩固提高课内语文教育的成效。其次，由于语文是其他学科传授知识、培养学生思维能力的工具和基础，因此，学校语文教育不仅选择了语文学科，也选择了渗透在其他学科中的语文教育因素，包括其他学科教师的语言、思维能力的可效性等。

学校语文课堂教学也把其他学科中的语文活动作为自己的一翼，使学生自觉、自主、广泛、及时地进行语文实践，从而使学校语文教育成为丰富多样的、全方位的活动。这是语文教育观念的重大转变。

综上所述，家庭、社会、学校语文教育是语文教育系统的基本要素。虽然各个要素都有其确定的性质、结构特点；但是，在内部关系和外部环境的影响下，它们总是要相互碰撞、相互协调，不断重新组合的。这就是各要素之间的基本关系。只有搞清楚语文教育的多层次性及其相互关系，树立大语文教育观念，并且在语文教育的实践中加以体现，我国语文教育的面貌才能根本改观。

三、语文学科教育系统

人们在人生的不同阶段都要自觉不自觉地接受语文教育，但是并非每一个阶段都能够系统地接受语文学科教育。学校语文学科教育是系统传授语文知识、培养语文能力、提高语文素养最重要、最有价值的语文教育，是语文教育的主要途径。语文学科教育由语文学科教育的要素、语文学科教育的过程、语文学科教育的状态整合而成。我们把它们分别看作语文学科教育系统中的三个子系统，即要素系统、过程系统、状态系统。①

（一）语文学科教育的要素系统

任何系统都是多要素组成的。当我们对语文学科教育系统作静态分析时，就可以看出它是由教育目标，课程和教材所反映的教育内容，课堂教学及课外语文教育，一定的方法和手段，语文教育评估，语文教育的实行者——语文教师，语文教育的对象——学生等要素所组成的。其关系如图 1-2-2 所示：

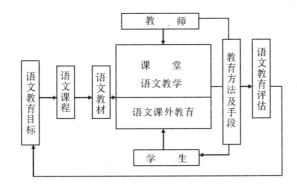

图 1-2-2　语文学科教育系统

从图示可以看出，语文学科教育的要素就是按照一定的语文教育目标，设置不同等级的与目标相应的语文课程，编制各个等级的语文教材，通过课堂语文教学和课外语文教育活动，运用恰当的方法和手段，把教师、教育内容、学生联系起来；并通过语文教育评估，检查是否达到了教育目标。在以上诸多要素之中，教师、教学内容、学生是最基本的要素。封闭型的语文教育观念的偏颇之处在于只看到前两个基本要素的存在，忽视了其他要素与各基本要素之间的关系；认为基本要素是静止的，互不关联的，从而导致了"以教师为中心"、"以教材为中心"、"以课堂为中心"的三中心论，过分强调了教师的作用，把教材看作一成不变的知识体系，只注重教师教法的研究，忽视了学生学法的研究，无视各要素之间相互联系、相互作用、相互依存的关系，把整体与部分、要素与结构的关系割裂开来，因而无法实现语文学科教育本应具备的整体功能。

（二）语文学科教育的过程系统

要素系统是静态的横向结构。系统的运行便是过程。所谓语文学科教育过程实际上就是语文学科要素系统向语文教育目标所作的运动过程。目标是一种给定信息，但教学过程

① 阎立钦主编：《语文教育学引论》，高教出版社，2003 年版，第 125～127 页。

不是一个线性因果链条，因此一次性地通过教学手段一般不能直接得到与目标完全一致的结果。这就需要反馈，即利用输出信息与给定信息的差异来调节和控制教学手段，使教学活动作合乎目的的运动。反馈是使教学过程走向有序的必要条件。

反馈机制在系统中有两种形态，一是及时反馈，一是延时反馈。教学过程中师生的双向交流是典型的及时反馈。教师若不顾学生知识储备、智能水平、身体状况、个性特征等实际情况，照搬教参、教材进行死的教学，十有八九是要失败的；忽视学生在教学过程中的反应，一厢情愿、滔滔不绝地"注入"，最终会成为"孤家寡人"，贻害学生。高明的教师则懂得如何变换信息源（教材），输出信息（教学内容），运用一定的教学手段和教学方式组合信息；善于在实际教学活动中随时根据学生情况调整教学目标、教学内容、变换教学方法和教学手段，使学生始终处在主动的状态之中，积极思维，参与教学活动。善于处理反馈信息，就是教学艺术的真谛。教育目标对教育质量实行控制，是通过教育评估和检查测试来实现的。相对课堂教学的及时反馈而言，它是一种延时反馈。如果课程设置合理、教育内容合适、教育活动得当，而仍然达不到教育目标，就应当通过反馈信息调节教育目标。

总之，过程系统是一个动态的、可控制的双向系统，可以通过反馈调整教学结构，改善功能。最优化的教学过程就是用最少的时间通过反馈实现教学结果与教学目标的统一。

（三）语文学科教育的状态系统

所谓状态，这里是指教育活动的态势，包括教师各方面的素养，如知识、能力、思维品格、人格道德，学生的知识水平，生理、心理状态，求知和运用语文知识的兴趣指向等。状态系统则是指以上诸多要素之间的契合、统一和教师与学生的共同投入。语文教育把提高素质放在首位，一方面切合了社会需要，另一方面为人的和谐发展提供了重要条件。

语文学科教育的价值不仅仅在于传授语文知识，也不只是培养学生的语文能力，更重要的是教会学生掌握学习语文的方法以及怎样运用这些方法解决实际问题。要使学生有效地掌握语文学习方法，这对建立状态系统有着极为重要的作用。首先，教学过程中教与学脱节，只讲不练，强行灌输，过程系统就不会发生，就不可能形成教学状态。因此，语文学科教育必须是一个状态系统。其次，即使发生了教学状态，但是可能由于教师传授的内容或传授的方式不符合学生的知识水平、心理状态，不能激发学生的学习兴趣，那么，已发生的教学状态随时都可能被打破。因此，建立语文学科教育的状态系统，就是要善于设置情境问题，创设教学情境，把新的问题放在相应的情境中去解决，使学生掌握学习语文和运用语文的方法，受益终身。

综上所述，语文学科教育系统中的要素系统、过程系统、状态系统等三个子系统不仅自成体系，而且相互关联。我们可以从过程去研究、确定状态，而通过状态又可以去规定、预测过程。只有将三个子系统合理整合才能发挥语文学科教育的主渠道功能。

【复习与思考】

1. 为什么说语文教育是个大系统？它包括哪些语文教育？

2. 语文教育系统有哪些特点？

第三节　语文教育与人的发展

一、语文教育与人的发展关系概述

教育的对象是人。影响一个人的成长和发展有遗传、环境和教育三个因素，其中教育居于主导地位。特别是学校教育的主体部分——各学科教育，是由受过专门训练的专职教师根据一定的教育目标，选择适当的教育内容，采取有效的教育方法，利用集中时间对学生进行系统的教育和训练，使学生掌握比较系统的科学文化知识和技能，发展智力，培养能力，形成一定的世界观和道德品质的活动，对学生的成长和发展关系重大。语文学科作为一门重要的基础学科，其教育在这方面的作用尤其值得重视。

我们每个人从出生开始，就一直处于接受语文教育的过程之中。正是因为我们生活在语文教育环境中得以掌握语言、发展思维、接受知识，才使得我们有别于动物而成其为人。语文教育对于人的发展的重要作用表现在以下几个方面：

首先，语文教育的重要内容是学习祖国语言及其各种表现形态，而语言是人类社会所特有的最重要的交际工具，一个人如果不能正确理解和使用语言，他就无法在社会上生存，更谈不上发展。

其次，语言又是思维的工具。人类的思维成果依靠语言的帮助得以巩固和发展。一个正常的人，不论在什么情况下，都不可能脱离语言材料来进行思维，而一个人的思维力又是其智力水平高低的重要标志。

再次，语言是文化的载体和组成部分。所谓文化，广义上是指人类社会历史实践过程中所创造的物质财富和精神财富的总和；狭义上的文化是指社会的意识形态及与之相适应的制度和组织机构。此外，文化还泛指一般的知识，包括语文方面的知识。正是因为有了文化，人类生活才有意义，存在才有了信念，社会才有了秩序，人们才有了教养。人们通过文化可以接通历史，直观现实，憧憬未来。文化因素与教给学生的科学知识的不同之处，就在于它不仅丰富学生的智慧，也丰富他们的个性。我国的语文教育内容反映着中华民族丰厚的文化底蕴，这是因为任何民族的语言都凝聚着使用该语言民族的思想、历史文化和民族感情、文化价值。语文教育对于一个人发扬民族精神，培养高尚情操，提高文化修养具有不可估量的影响。

语文教育对于人的发展有多方面作用，语文教育工作者一定要充分意识到。

二、人生发展各阶段的语文教育

语文教育作为教育的重要组成部分，伴随着每个人走过漫长的人生路程，影响着人的发展。语文教育除了要符合社会发展规律外，还要遵循人的身心发展规律。

一个人在遗传、环境和教育的作用下，其身心发展是有规律的，不同阶段有不同的特征。这种规律性的阶段特征也反映在语文教育方面，下面介绍一下人在发展的各个阶段接受语文教育的情况。

根据教育心理学研究，一个人的成长和发展如果从出生算起，可以分成婴儿期（0－3岁）、学前期（3－6岁）、儿童期（6－12岁）、青少年期（12－24岁）和成人期（24岁以后）这样几个时期。

婴儿期。根据许多心理学家的研究，婴儿出生的第一年是言语开始发生阶段，称为言语的准备时期。一岁到一岁半，婴儿开始理解语言，逐渐能说出一定意义的词；发育较早的孩子能说出简单的句子。这个时候如果早期语文教育得法，有些孩子已经能看图画、听成人讲简单的故事了。这说明，成人对事物的评价和道德观念开始对孩子产生影响。从一岁半到三岁，是婴儿言语发展的一个飞跃阶段，婴儿掌握词语的数量增加，能够使用各种基本类型的句子，喜欢说话、听故事。这时，成人已经有可能利用言语向婴儿传授知识和经验。

学前期。这一阶段，孩童在语音方面发展较快，声母、韵母的发音能力随着年龄的增长而逐渐提高。词汇数量和范围不断扩大，既能理解又能使用的词汇不断增加，开始能逐步掌握和运用某些语法范畴，逐渐能在言语中反映事物的逻辑联系。言语表达能力在顺序性、完整性、连贯性方面都有发展。认识能力开始向着抽象思维的阶段过渡。

儿童期。这一阶段，儿童进入小学读书。在这个阶段，教学生掌握母语具有基本的、决定性的意义。在这一阶段，小学生在以学习为主导活动的条件下，语言能力开始有了新的发展。学校语文教育对小学生的口头语言提出了新的要求，书面语言成了专门的学习内容，掌握语言是一切学习的先决条件。这些变化都必然促使小学生在语文学习的内容和形式上与进入学校前有了本质不同的变化，小学生的口头语言和书面语言能力都在迅速提高。

青少年期。这一阶段主要是在中学度过。关于这一阶段接受语文教育的规律本书有专门介绍，这里不再叙述。

成人期。这一阶段，个体已进入独立的职业谋生阶段，成为一名正式的社会成员。这时，一个人在学校中接受的语文教育会对他（或她）的事业发展产生直接的效应；同时，由于社会的迅速发展和大众传播媒介的作用，社会向人们提供着各种不同的角色模式，使人开阔视野，感受到在学校里无法经历的变化。成年人要适应这个变化，顺应社会发展，就必须不断地接受新的语文教育（尽管有时是不自觉的），继续提高自己的语文水平。

通过上面的介绍不难看出，语文教育贯穿每个人的一生，表现在家庭、学校、社会各个领域。因此可以说，语文教育既是一个国家全民的基础教育，又是一个民族成员的素质教育，同时还应该是每一个人的终身教育的重要组成部分。一个人只有终身不断接受语文教育，才能终身得到更好的发展。

【复习与思考】

1. 为什么说语文教育与人的发展有密切关系？
2. 人生发展各阶段的语文教育是怎样划分的？

第二模块 语文教育发展论

【内容提要】

　　本模块，我们用了三个专节，全面地回顾了我国从古代到现代、当代的语文教育史，可视为"浓缩了的语文教育通史"。之所以作这样处理，主要基于以下三点考虑：第一，在实施新课程的过程中，如何处理好继承和创新的关系，是一个十分重要的问题，不了解语文教育的历史，就很难全面理解新课程之"新"，也就很难正确处理语文教学中诸多理论和实践问题。第二，师范类的学生没有专门开设语文教育史课程。第三，不少语文教师，特别是青年语文教师，对语文教育史知识知之甚少，学习不够。有条件开设语文教育史为选修课的学校则更少。为补充这一不足，因此，在本册教材中，我们加重了"史"的分量。

　　在本模块中，重点阐述了古代语文教育的主要精华和当代语文新课程的基本理念。古代语文教育教学的主要精华有：因材施教，启发诱导；温故知新，学思并重；循序渐进，由博返约；长善救失，教学相长；言传身教，尊师爱生等。当代语文新课程的基本理念主要有：①一个总目标——全面提高学生的语文素养；②两个基本性质——"工具性与人文性的统一"；③课程目标的三个维度——知识和能力、过程和方法、情感态度和价值观；④语文教学的四种理念；⑤五个学习领域等。

　　一般说来，对于一门学科的学习和研究，了解这门学科的历史是基础性的工作。懂得较为系统的语文教育史知识，至少有以下三方面的价值：

　　首先是认识价值。历史是事物发展的过程，昨天是今天的历史，今天又将成为明天的历史。任何时候，我们都无法割断历史。一部几千年的中国语文教育史，记录了语文教育的发展历程，为我们正确认识语文教育的规律、把握语文教育的发展趋势提供了最丰富的资源。

　　其次是借鉴价值。以史为鉴，可以知得失。所谓借鉴，至少包含两方面的意义：一是通过对历史上语文教育经验的发掘、整理，继承并弘扬那些符合汉语文教育规律的、体现中国国情的、行之有效的部分，并且使这些经验在新的历史条件下焕发新的生命活力。二是认真分析、批判历史上语文教育的弊端，汲取历史的教训，努力避免并克服其负面的影响。比如，传统语文教育中教育内容的综合性，注重学语文与学做人的统一，注重语言材料的积累、语感的培养，进行严格的读写基础训练，等等，这些特点或经验，仍值得我们研究、继承或借用。

　　再次是发展价值。改革开放三十多年来，中国发生了巨大的变化，经济的长期高速发展，综合国力的不断增强，使中国成为世界上最具活力、最具影响力的国家之一。实现中华民族的伟大复兴，不仅是奋斗的目标和口号，而且正在成为全中国人民的实践。全球汉语热的兴起、"孔子学院"在世界各地的兴办、中外文化交流的日益扩大，这些现象表明：中国正走向世界，世界的发展离不开中国。

让世界更多地了解中国，汉语教育发挥着越来越重要的作用。学习并研究中国语文教育的历史，不仅是适应日益增强的国际文化交流的需要，也可以进一步振奋民族精神，激发爱国热情，增强民族历史责任感。

第一节　古代语文教育

我国的语文教育源远流长，博大精深，丰富而复杂。古代语文教育分为"言文教育"和"古文教育"两个阶段，后者是我们的主要研究对象。古代语文教育的基本特点是：以儒家思想为主导，以"教化"为根本目的；以儒家经典为主要教材，多学科知识高度综合；以记诵积累为基本的学习方法。古代语文教育读本主要有三类：蒙学读本，经学读本，文选读本。注重记诵和积累、多闻与阙疑、熟读与精思，提倡导与喻、序与贯、适与问，是古代语文教学方法的特点。要全面认识古代语文教育的经验、存在的问题和弊端，以科学的态度与方法研究古代语文教育，对我国语文教育传统进行深入的反思和扬弃、改造，使我国传统的语文教育在现代条件下发生创造性的转化。

一、古代语文教育概述

中国古代没有独立的语文学科，甚至也不使用"语文教育"这一名称，但是，在漫长的古代社会，却连续不断地进行着语文教育活动。数千年的古代语文教育，积累了极为丰富的经验，奠定了古代文明和民族精神的基础，为造就一代代优秀人才作出了重要的贡献。它成为中华民族教育史乃至世界教育史上极其宝贵的历史文化遗产。

中国教育有着悠久的历史，早在尧、舜时期就有了教育的萌芽。由此开始的中国古代教育的发展历程，大致可以分前、中、后三个时期，它们都是特点各异的历史阶段。

（一）中国教育的初起和奠基

在上古时期，随着社会的进步和生产的发展，早期的学校开始出现。虞、舜时期有上庠（大学）和下庠（小学），夏代有东序（大学）和西序（小学），这就出现了以学校为标志的教育。商代进入比较成熟的阶段，当时的学校有右学（大学）和左学（小学）。这些"庠"、"序"、"学"本来是养老、藏米、学射、习礼的场所，后逐渐演变为专门进行教学活动的场所，从而具有学校的功能。西周学校教育讲授以礼、乐、射、御、书、数为主体的"六艺"。"礼"是等级伦理教育；"乐"是艺术教育，包括音乐、诗歌和舞蹈；"射"、"御"是军事训练；"书"是书法习字；"数"则是算术、天文、历法知识的学习。春秋战国时期官学衰落和私学兴起，故百家争鸣，出现一大批教育家，如孔子、孟子、荀子等。秦汉是古代教育的奠基时代。为了思想统一，李斯提出"非秦论皆烧之"的尊法排儒的政策。秦始皇同意后实行"焚书坑儒"。汉代，董仲舒主要的学术观点有：大一统思想、天人感应论、"独尊儒术"，崇"三纲五常"（三纲是君、父、夫；五常是仁、义、礼、智、信）。

（二）中国古代教育的全面繁荣

自秦汉奠基以来，历经魏晋南北朝，至唐代已走向全面繁荣。魏晋时，魏汉帝实行"九品中正制"按门第高低将人们评定九等，按等选用。唐代实行宽容的文化政策，在意识形态上奉行儒、佛、道三者并行的政策。唐实行科举制，另一个特点是中外教育交流，学习经史、法律、礼制、文学、科技等。广采博取民族文化并使之融合。其中有西凉、龟兹等民族乐舞，突厥乐舞，高昌乐舞，吐谷浑等部族乐舞，胡乐、胡舞左右乐坛，引领时尚。再就是胡骑、胡妆、胡食等大大丰富了盛世文化的内涵。唐是当时世界上最富庶、最先进的国家之一，交好七十余个国家，涉及亚、非、欧洲。进入宋代，教育更加成熟、精细，达到更高的发展形态。宋代的文化达到中国封建社会的极盛时期。

宋代的教育取得了飞速的发展，为其文化的繁荣奠定了坚实的基础，其特点：一是统治者重视教育的发展，从原来重"武功"为强调"文治"；二是发展了地方学校，有过三次兴学运动（范仲淹主持"庆历兴学"，王安石主持的"熙宁兴学"，蔡京主持的"崇宁兴学"）；三是建立了完备的官学教育体系（著名书院有：白鹿洞、石鼓、应天府、岳麓、嵩阳等）。这时朝廷非常重视儿童教育（特别是启蒙教育），下令在中央和地方设立小学（私学、官学都有）。理学的开山祖师是人称濂溪先生的周敦颐，他把《老子》的"无极"、《周易》的"太极"、《中庸》的"诚"以及阴阳五行学说融为一体，对宇宙万物的生成和变化，以及封建人伦道德等做了系统的说明，创立了理学思想体系。理学主要有客观唯心主义的程朱学派和主观唯心主义的陆九渊心学学派。

元代的教育更细致，更完善。后唐以来，北方一些少数民族在与汉人政治融合或分裂的过程中，逐渐崛起而在中国历史上闪耀出夺目光彩。四百年的干戈与玉帛，无数次的扩张和收缩，加剧了多种文化教育的冲突与融合，这时的文化场中，各族文化教育交相辉映。这时期标志着中国封建时代的教育已达到最高峰。

（三）中国古代教育的延续和转型

明清时期是我国封建统治达到顶峰的时期，各种专制机构的建立，极大地加强了中央集权制的统治。封建专制的加深，激发阶级矛盾，出现反封建专制的启蒙思想。

明代是中国历史上极其重要而复杂的朝代，沉暮与开新是那个时代文化发展最重要的特征。当时广设学校，培养人才，重视科举，选拔人才，大兴文字狱，推行极端的文化专制主义，严禁学生议政，故开始衰退。

清代是中国封建社会最后阶段，满汉民族矛盾和中国资本主义生产关系的萌芽，以及中西两大文化对抗和交流构成清代教育的社会基础，设立完备的科举考试制度，成为吸收知识分子入仕参政的主要途径，出现了一批教育代表人物：朱之瑜、黄宗羲、王夫之、颜元等。他们提出重视真才实学，包括科技、军事知识，反八股，要理论联系实际的教学原则。有的从不同侧面与封建正统文化程朱理学开战，有的批判锋芒直指专制君主。中后期市民文学兴起，有李贽的"童心说"和公安派"独抒性灵"的主张，代表作品如小说《金瓶梅》《红楼梦》《儒林外史》等揭露了封建社会命运不可挽救。

变革在鸦片战争的炮声之中被迫展开。现代著名学者钱穆先生曾在《中国文化史导论》中形象地说："中国一向是一个农业文化国家，他一切以'安足'为目的，现在他骤然遇见了西欧的一个以'富强'为目的之商业文化，相形见绌了。"如洋务运动的兴起和新文化运动的兴起，特别是新文化运动从文学革命开始，发生在中国文化领域和教育领域。如伦理道德、社会风俗、文化教育等深刻动摇了国人对中国传统文化核心价值的偏爱，主张引入西方的民主和科学精神，从根本上改造传统文化和传统教育，实现中国文化和教育的转型。

二、古代语文教育的特点

我国几千年的古代语文教育源远流长，我们将分别从语文教育的主导思想、语文教育内容和语文教育方法三个方面认识古代语文教育的特点。

（一）语文教育思想特点：以儒家思想为主导，以"教化"为根本目的

儒家思想，作为人类历史上最丰富、最悠久的精神传统之一，在中国两千多年的封建社会里，基本是居统治地位的思想，是中国传统文化的核心，也必然成为古代语文教育的主导思想。

儒家学说，发端于先秦孔子，承继展开于孟子、荀子，经历了原始儒学、汉代儒学以及宋、明新儒学（即理学）的演变，其间，在与道家思想、佛家思想、法家思想、墨家思想等众多思想学说的碰撞与融合中，逐渐形成了内涵丰富、体系博大、影响深远的复杂的思想体系。以"仁义礼智信"为道德规范，以"德治"、"仁政"为政治理想，以建立安定、和谐、有序、天人合一的社会为目标，这些便是儒家政治思想的精髓。要实现这样的目标，必须通过教育培养人才，教化百姓。这一点，《学记》中讲得非常明白："化民成俗，其必由学乎"，"建国君民，教学为先"。社会应该像一所学校。管理者、统治者、教育者的共同职责就是使社会的运行符合仁道，使社会成为有道德的社会。这种以"教化"为本的教育观，使得古代语文教育带有浓厚的伦理化、政治化的色彩，也可以说，古代的语文教育是在"教化"的过程中进行的。

（二）语文教育内容特点：以儒家经典为主要教材，多学科知识高度综合

古代的语文教育，无论是识字教学还是知识教学，无论是读书作文，还是思想政治教育，都是扭合在一起的。蒙童读《三字经》等识字课本，首先是识字，其次是识物，同时进行初步的伦理道德教育和思想教育。学语文，也是学知识、学思想、学做人。明代教育家吕坤在《社学要略》中说："读《三字经》以习见闻，《百家姓》便日用，《千字文》亦有义理。"说明这类识字课文除了识字的功能以外，还有"习见闻"、"便日用"、"有义理"等综合作用。进入了"国学"阶段，"四书"、"五经"成为主要教材，其内容包含了政治、哲学、历史、伦理、文学等，不仅文、史、哲不分，甚至人文知识、社会知识、自然知识也是融合在一起的，学伦理、学历史、学哲学、学文化知识也就是学语文。总之，古代的语文教育始终是一身而数任的，从而表现出内容的综合性和丰富性以及教育功能的多样性特点。

（三）语文教育方法特点：以记诵积累为基本的学习途径

古代语文教育十分强调大量读书，大量记诵。"书读百遍，其义自见"，"熟读唐诗三百首，不会作诗也会吟"。在古人看来，学习语文主要靠积累，读得多了，就能理解文章的意义；读得熟了，就能学会文章的方法。古人倡导的"读"，主要是"诵读"，即出声地读、熟练地读，以至达到"熟读成诵"即能背诵的地步。通过熟读、背诵，胸中蓄积的语言材料多了，读文章易于产生语感，产生联想，写文章便于选词择句，文思不致枯涩。

古代重视写作训练，写作训练的途径也主要靠积累。欧阳修称写作要"三多"：看多，做多，商量多。这"三多"，一重观察，二重练习，三重修改，做到这"三多"，文章不会写不好。唐彪在《读书作文谱》里说："文章惟多作始能精熟"，"读十篇不如作一篇"，"世人既懒读书，又苦作文少，每一篇出，即求过人，如此少有至者。疵病不待人指摘，多作自能见之"。这些话反映了写作能力形成的基本规律。

重视语文的积累，古人从蒙童时期的识字教学就已开始。为了便于蒙童认读并学会书写一定数量的汉字，古人编写了诸如"三、百、千、千"等大量的蒙学读本，并进行了行之有效的认读、书写训练，从而使人们在蒙童时期掌握一定的汉字，为以后进一步扩大读写打下坚实的基础。

三、古代语文教育内容

(一) 古代语文教育的学段

我国古代的学校教育，没有统一的学制，对教学的年限也没有严格的规定。从夏朝到清末新学制设立之前，学校基本上分为两级（上庠与下庠，东序与西序，左学与右学，大学与小学等）。就语文教育来说，可以粗分为两个学段：从七八岁到十四五岁为前期语文教育；十四五岁以后，属于后期语文教育。相比之下，前期语文教育阶段，从启蒙阶段的识字、写字到此后的读文和初步的作文训练，都抓得比较紧，效果比较显著。尽管在这一阶段也进行伦理道德、政治思想教育及其他综合性教育，但"语文教育"的性质比较突出。我国古代语文教育的传统经验，无论是教材方面，还是教法方面，主要集中在这一阶段。后期的语文教育，主要以灌输封建伦理纲常思想为直接的教育目的，内容涉及经史辞赋、天文历算等学科。科举制度产生以后，这一阶段的教育又带有浓厚的"应试教育"的功利色彩。尽管这一阶段仍持续地进行读写训练，但重心已经偏移。

关于古代语义教育的学段，张志公先生把整个语文教育过程，即"从开始识字到完成基本的读写训练"划分为三个阶段、四个步骤：一是启蒙阶段，以识字教育为中心；二是进行读写的基础训练；三是进一步的阅读训练和作文训练。其中，启蒙阶段又分作两个步骤：第一步是集中识字（一年左右时间）；第二步是把识字教育和初步的知识教育以及封建思想的教育结合起来，巩固已识的字，继续学习新字，开始熟习文言的语言特点，同时学到一些必要的常识，为第二阶段进行读写训练打下基础。[①] 这种划分大致能够反映出古代语文教育的基本面貌。

(二) 古代语文教育读本

研究古代语文教育，有人认为："求之于教材往往比求之于史传记载的章程、条例更可靠、可信一些。"这是因为，语文教材对社会的发展变化最为敏感，它反映产生它的社会背景，包括文化传统、风土习俗等，反映当时社会主导的思想意识以及教育观点、教育政策。可以说语文教材是语文教育、思想教育、知识教育的综合性教育读物。

古代语文教育内容，主要是以教材，即语文教育读本为凭借的。古代语文教育读本，大致上可分为三类，即：蒙学读本，经学读本，文选读本。

1. 蒙学读本

蒙学，即启蒙之学。蒙学读本，是对儿童进行启蒙教育而编成的读本，也可看作是以识字教育为主的课本。

自周、秦以来，各个朝代都十分重视蒙学读本的编写。据记载，最早的一部识字教材是周代的《史籀篇》，其后有秦代的《仓颉篇》、汉代的《急就篇》。汉代以后，历朝历代都产生了许多作为识字教材的蒙学读本。这些蒙学读本，虽然内容上有不少封建糟粕，但作为识字教材，在古代是起过不少作用的。这类教材很多，大体上可归为以下种类：综合类的如《三字经》《百家姓》《千字文》，各类《杂字》等；伦理类的如朱熹弟子程端蒙的《性理字训》，清康熙年间李毓秀编著的《弟子规》，太平天国编写的《御制千字诏》等；历史类的如宋代朱熹的《小学》，王令的《十七史蒙求》，胡寅的《叙千古文》，吕本中的《吕氏童蒙训》等；诗歌类的如南宋刘克庄编选的《千家诗》，北宋汪洙撰的《神童诗》等；名物类的如宋代方逢辰撰的《名物蒙求》，清代程元升撰、邹圣脉增补的《幼学琼林》

等；工具书类的如清代龙启瑞编的《字学举隅》，王筠著的《文字蒙求》等；作文类的如清代车方育著《声律启蒙》、蒋义彬著《千金裘》等。在这些蒙学读物中流行最广泛的要数《三字经》《百家姓》《千字文》与《千家诗》，习称"三、百、千、千"。

2. 经学读本

经学读本是指以"四书"、"五经"等儒家经典著作为主的读本。"四书"、"五经"是我国封建时代教育的主要内容，也是古代蒙学阶段之后官方所规定的主要课本。

《四书》是《大学》《中庸》《论语》《孟子》四部儒家经典著作的合称。宋代朱熹撰《四书章句集注》，"四书"之名始立。此后，它长期成为中国封建政府科举取士的考试用书。

"五经"是《诗》《书》《礼》《易》《春秋》的合称。"五经"保存了我国古代丰富的历史资料。汉武帝时设置"五经"博士。以"五经"教授学生，始有"五经"之称。长期以来，它作为蒙学阶段之后的重要教科书，也是历代各朝宣传封建宗法思想的重要根据。

有人说，《诗》相当于文学课，《书》相当于政治课，《礼》相当于道德伦理课，《易》相当于哲学课，《春秋》相当于历史课。这种说法虽不十分贴切，但也有一定的道理，因为古代的语文教育是文、史、哲不分的。

长期以来，"四书"、"五经"作为封建社会的主要经典教材，也是古文教育时期进行书面语言读写训练的主要教本，影响时间之长，发挥作用之大，是绝无仅有的。在学习礼教、典章的过程中学习语文，又在学习语文的过程中了解有关礼教思想、制度及伦理道德观念，以及一般的社会历史知识、名物掌故知识。这类教材在稳定性、继承性、综合性等方面都有其显著特点。

3. 文选读本

各种文选读本是古代语文教育用来进行读写训练的主要教材，影响较大的文选读本有下列几种：

《昭明文选》，是现存最早的古代诗文总集，本名《文选》，由南朝梁昭明太子萧统编选，故后来称之为《昭明文选》。该书选自先秦至梁 129 位作家的各体诗、文、辞、赋，共 700 余篇，选六经、诸子，作品及骈文，反映出当时的文学时尚。《昭明文选》是我国现存最早的语文阅读课本。

《古文观止》，是由清代吴乘权（字楚材）、吴大职（字调侯）父子所编的散文选集，迄今已流行近三百年。本书上起东周，下迄明末，共选文 222 篇。其中先秦历史散文占三分之一，是中国历史散文的重点和源头。两汉散文重《史记》轻《汉书》，唐代以韩、柳作品为主，宋代以欧、苏作品为主，明代以方孝孺、王守仁、归有光作品为主，选编者的观点是"重其所当重，轻其所当轻"。这部书的编写体例，以时代为经，以作家为纬，突破了《昭明文选》问世以来文章分类上的框框，标志着文选类读本的编选更为精当、更为成熟。《古文观止》重在文范，不重文体，易读易学，故后世甚为流行，也被视为"国学"的入门书。

《唐诗三百首》，由清朝乾隆年间蘅塘退士孙洙编选，全书选诗 313 首。入选的唐诗，诗意较显豁，言近旨远、明白易懂、富有情趣且声调和谐，易于口诵。

除了上述三种文选类读本之外，宋代有真德秀编的《文章正宗》、谢枋得编的《文章轨范》、吕祖谦编著的《古文关键》和《东莱博议》，清代有李扶九编的《古文笔法百篇》、桐城派著名学者姚鼐编的《古文辞类纂》、曾国藩编的《经史百家杂钞》等。这类文选读本，既有选文，又有注、评、批或加圈点，便于教学，也便于自读，形成了古代语文读本的特色。

四、古代主要教育教学思想

中国古代教育家们积累和总结了丰富的教学经验，对教学理论、教学原则和方法，以及对教师的要求，提出了许多有价值的思想见解。这些思想产生于千百年前古代，这是难能可贵的，而且在今天仍然闪烁着智慧的光芒，富有启迪教育意义。它是我国传统教育思想中的精华，也是对世界教育思想宝库的重大贡献。

（一）因材施教，启发诱导

"因材施教"是公认的优秀传统教学思想之一。孔子注意观察了解学生，"视其所以，观其所由，察其所安"（《论语·为政》），即看学生的所作所为，了解学生的经历，以及学生的兴趣爱好。对于学生，老师不仅要"听其言而观其行"，而且还"退而省其私"（《论语·为政》），即考查学生课后私下的言行举止，全面掌握学生的特点和实际情况。他对学生的性格特点了如指掌，有时从其优点方面分析，有时从其缺点方面分析，有时对不同学生作比较分析。他针对学生不同的性格特点，有的放矢，循循善诱，而不是千篇一律地说教。有时学生问同一个问题，他却做出不同的回答。他还主张针对学生智能的高低进行不同的教学："中人以上，可以语上也；中人以下，不可以语上也。"（《论语·雍也》）这就是因材施教。

孟子继承并发挥了孔子因材施教的思想，强调教学方式的变化。他说"有如时雨化之者，有成德者，有达财（材）者，有答问者，有私淑之者"（《孟子·尽心上》）；"教亦多术矣，予不屑之教诲也者，是亦教诲之而已矣"（《孟子·告子下》）。宋代张载主张教学应顾及学生的内心要求，使学生的智力才能得到充分的发展，他说："教人至难，必尽人之材，乃不误人。"若教人"不尽材，不顾安，不由诚，皆是施之妄也"（张载《语录抄》）。朱熹在《四书集注》中，对孔孟的因材施教思想赞不绝口："圣贤施教，各因其材。"王守仁认为教学要注意学生的年龄特点："大抵童子之情，乐嬉游而惮拘检，如草木之始萌芽，舒畅之则条达，摧挠之则衰痿。今教童子，必使其趋向鼓舞，中心喜悦，则其进自不能已。譬之时雨春风，沾被卉木，莫不萌动发越，自然日长月化。若冰霜剥落，则生意萧索，日就枯槁矣。"（《训蒙大意示教读刘伯颂等》）教学应该注意各人长短优劣的特点，譬如治病，要因病下药，教学亦与治病一样，要因人施教。

总之，中国古代教育家认为学生的个性是存在差异的，每个学生的自然禀赋也不一样，所以教学方法也应因人而殊，他们反对用一个模式去束缚学生，而主张通过教育发展每个学生的个性。在教学方法上，中国古代教育家特别重视启发诱导，去开发每一个学生的智力潜能。

（二）温故知新，学思并重

《论语》第一句话便是孔子说的："学而时习之，不亦说乎！"（《论语·学而》）他还说："温故而知新，可以为师矣。"（《论语·为政》）朱熹在《四书集注》中解释道："故者，旧新闻；新者，今所得。言学能时习旧闻，而每有新得。"他对孔子学而时习，温故知新思想进一步发挥说："人而不学，则无以知其所当知之理，无以能其所当为之事。学而不习，则虽知其理，能其事，然亦生涩危殆。而不能以自安。习而不时，虽曰习之而其功夫间断，一暴十寒，终不足以成其习之功矣。"（《朱子全书》卷十）还说："时时温习，觉滋味深长，自有新得。"（《朱子语类》卷二十四）"须是温故方能知新，若不温故便要求知新，则新不可得而知。亦不可得而求矣。"（《语类》卷一）朱熹认为"故"是"新"的

23

基础，"新"是"故"的发展，而"时习"集中体现了二者相互之间的联系，并含有转化的意思。"时习"能使其所学融会贯通，转化为技能并能应用无穷。他认为那种只知机械地重复旧闻而不能触类旁通的人，是不够资格当教师的。所以说："温故又要知新，惟温故而不知新，故不足以为人师。"（《朱子全书·论语一》）

温故知新反映了这样一条教学规律：学习本身是不断实践的过程，只有反复地学习实践，才能牢固地掌握所学的知识，只有对所学的知识熟练了，融会贯通了，才可举一反三，告诸往而知来者，由已知探求未知，这种既重视时习温故，又不忽视探索新知的思想，在今天仍有启发意义。

在处理学习和思考的关系问题上，中国古代教育家多主张学思结合、学思并重。孔子说："学而不思则罔，思而不学则殆。"（《论语·为政》）他主张学思并重，但应以学习为基础："吾尝终日不食，终夜不寝，以思无益，不如学也。"（《论语·卫灵公》）他也强调必须在学习的基础上思考："不曰'如之何、如之何'者，吾末如之何也已矣。"（《论语·卫灵公》）荀子继承了孔子的这一思想。他也说："吾尝终日而思矣，不如须臾之所学也。"并要求在学习的基础上"思索以通之"（《荀子·劝学》），即通过思维活动把所学的知识融会贯通。

《礼记·中庸》把孔子学思并重的思想发展为"博学之、审问之、慎思之、明辨之、笃行之"五个学习步骤，其中肯定了学思并重，又强调思维的重要地位，"审问之、慎思之、明辨之"都是思维活动的具体化。《中庸》中还说："有弗学，学之弗能，弗措也；有弗问，问之弗知，弗措也；有弗思，思之弗得，弗措也；有弗辩，辩之弗明，弗措也；有弗行，行之弗笃，弗措也。人一能之，己百之，人十能之，己千之；果能此道矣，虽愚必明，虽柔必强。"这里明确地指出，一个人的聪明与坚强是在不断地学思结合的过程中培养出来的，决定的因素是个人顽强的努力而不是他的天资。这些都是他们在教育和治学实践中对学思关系辩证法的深切体验和精辟总结。

（三）循序渐进，由博返约

中国古代教育家普遍重视循序渐进的教学原则。孔子的学生赞扬孔子"循循然善诱人"。（《论语·子罕》）孟子认为教学是一个自然发展的过程，一方面应自强不息，不可松懈或间断；一方面也不应流于急躁或躐等。他说："君子之志于道也，不成章不达。"他把进学的次第比作流水，"不盈科不行"，"其进锐者，其退速"。（《孟子·尽心上》）孟子还以禾苗的自然生长来譬喻人受教育的过程，一方面主张尽力耕耘，反对放任自流；另一方面又反对揠苗助长，急于求成。

《学记》提出的"进学之道"，也反对"躐等"。它说："善问者如攻坚木，先其易者，后其节目，及其久也，相说以解。不善问者反此，善待问者如撞钟，叩之以小者则小鸣，叩之以大者则大鸣，待其从容，然后尽其声，不善答者反此，此皆进学之道也。"这就是教学中的循序渐进原则。

总之，中国古代教育家已认识到，知识的积累，智力的增长，是一个循序渐进的过程，不可能毕其功于一役。孔子说"博学于文，约之以礼"（《论语·雍也》）；"予一以贯之"（《论语·卫灵公》）。毛奇龄在《论语·稽求篇》解释道："此之博约是以礼约文，以约约博也。博在文，约文又在礼也。"孟子继承了孔子的这一思想，他说："博学而详说之，将以反说约也。"（《孟子·离娄下》）孟子指出学习深造的正确途径，不仅要博学，而且还要善于由博返约。荀子提出"兼陈万物而中悬衡焉"（《荀子·解蔽》），教人去掉十蔽，中正地来权衡事物。他说："多知而无亲，博学而无方，好多而无定者，君子不与。"

（《荀子·大略》）"诵数以贯之，思索以通之，若挈裘领，诎五指而顿之。"（《荀子·劝学》）这些都是讲由博返约，以约驭博的道理，韩愈在《进学解》中，一方面强调博学，提倡"贪多务得，细大不捐"，"俱收并蓄，待用无遗"。另一方面，他又强调精约，要求"提其要"、"钩其玄"，反对"学虽勤而不由其统，言虽多而不要其中"，认为只有这样进学，才可以达到"沉浸醲郁，含英咀华"的教学效果。

这是一种重要的思维方法与学习方法，也是一种教学方法。作为教师，他要把一个道理讲明白，如果没有关于这个道理的广博知识并能融会贯通，就很难把这个道理的重点、难点与关键之处，向学生讲清楚，由博返约，以简驭繁，这是古人留给我们的重要教学思想，值得我们细心体会。

（四）言传身教，尊师爱生

中国古代教育家根据自己教育实践的经验，对教师提出了多方面的要求，以身作则，言传身教，就是其中重要的一项。

孔子说："其身正，不令而行；其身不正，虽令不从。""不能正其身，如正人何？"（《论语·子路》）这里强调了以身作则、正己正人的"身教"的重要意义。他又说："可与言，而不与之言，失人；不可与言，而与之言，失言。知者不失人亦不失言。"（《论语·卫灵公》）他主张同时采用"有言之教"与"无言之教"两种方式进行教学，可以用"有言之教"的就用"有言之教"，如不可以用"有言之教"的，即通过暗示或自己的日常行为与影响、教育学生。这是有一定的心理学依据的。孔子称"予欲无言"。他相信"无言之教"的威力。

荀子提出："师术有四，而博习不与焉。严师而惮，可以为师；耆艾而信，可以为师；诵说而不陵不犯，可以为师；知微而论，可以为师。"（《荀子·致士》）他认为教师必须具备四个条件（而且有广博的知识，这一条还不包括在内）：一是教师要有尊严，能使人敬服；二是教师要有崇高的威信和丰富的教学经验；三是教师需具备有条理有系统地传授知识的能力而且不违反师说；四是了解精微的理论而且能解说清楚。《学记》也对教师提出了严格的要求，把教师品德高尚和学业精进看作是教书育人的必要条件，而且要掌握正确的教学方法和原则。

晋人袁宏《后汉记·灵帝纪上》说："经师易遇，人师难遭。"可见"人师"的标准不仅只是传授知识，更要求为人师表。这是中国古代优秀的传统教育思想。

中国古代教育家还提倡学生尊敬教师，教师热爱学生，建立良好的师生关系。孔子热爱学生，关心学生品德和学业的增进，也关心学生的生活和健康状况。他看到学生的进步，感到由衷的高兴；学生的家贫，他常接济；学生有病，他去看望；学生死了，他十分的伤感。他与学生建立了深厚的情谊。孔子说："爱之，能勿劳乎？忠焉，能勿诲乎？"（《论语·宪问》）

孔子的学生敬佩孔子道德高尚，学识渊博，教人得法，颜渊说："仰之弥高，钻之弥坚，瞻之在前，忽焉在后。夫子循循然善诱人，博我以文，约我们以礼，欲罢不能。既竭吾才，如有所立卓尔。虽欲从之，末由也已。"（《论语·子罕》）孔子死后，学生们在孔子墓旁搭起草房，守丧三年，分别时痛哭难舍，子贡不忍离开，独自又住了三年。子贡说："夫子之不可及，犹天之不可阶而登也。"（《论语·子罕》）这些表达了学生对孔子无限的怀念和敬仰。这种师生关系是在同生死，共患难中逐步建立起来的。

荀子把是否"贵师重傅"提到国家兴衰的高度来认识，并提倡学生超过老师，他说："国将兴，必贵师而重傅；……国将衰，必贱师而轻傅。"（《荀子·大略》）他认为学生对于老师不仅有知识学问的承袭关系，而且还担负着超越前人已有智慧、推进学术水平的责任。他以形象的语言说："学不可以已。青，取之于蓝而青于蓝；冰，水为之而寒于水。"这说明学问是没有止境的，"青出于蓝而胜于蓝"是学术发展的规律。

朱熹曾批评过官学师生关系淡漠的缺点，"师生相见，漠然如行路之人"。他发扬孔子"诲人不倦"的精神，循循善诱，孜孜不倦，对学生有深厚的感情。他的学生黄幹在其编撰的《朱子行状》中说："朱子讲论经典，通贯古今，率至夜半。虽疾病支离，至诸生问辨，则脱然沉疴之去体，一日不讲学，则惕然常以为忧。"这反映了一个大佛教师的情操。朱熹对学生的要求是严格的，但不是消极的防范，而是积极的引导，不重形式的条文规定，而重在启发学生自觉遵守。热心教人，方法得当，才能加深师生情谊，密切师生关系。朱熹的这些经验，包含了普遍的规律，体现了中国古代教育史上尊师爱生的优良传统，常为后人所称道和借鉴。

（五）长善救失，教学相长

长善救失的教学思想是《礼记·学记》提出来的。《学记》说："学者有四失，教者必知之，人之学也，或失则多，或失则寡，或失则易，或失则止。此四者，心之莫同也，知其心，然后能救其失也。教也者，长善而救其失者也。"这是说，在学习过程中，有的学生表现为贪多务得，过于庞杂而不求甚解；有的学生表现为知识面太窄，抱残守阙；有的学生表现为学不专一，浅尝辄止；有的学生表现为故步自封，畏难而退。这四种类型的毛病反映了学生对待学习不同的心理状态，教师只有了解这些心理状态，才能有针对性地帮助学生克服这些毛病，教师必须掌握具体情况，因势利导，既要善于发扬学生的优点，又要善于克服学生的缺点。

中国古代教育思想中富有朴素的辩证观点，善于运用矛盾转化规律，特别是强调要看到学生身上的优点和积极因素，即使是次要的，隐蔽着的也要看到，以便巩固，发扬积极因素以克服消极的因素，依靠优点克服缺点，应该说，这是中国人文主义教育思想的精华。

《礼记·学记》还明确地提出了教学相长的思想，它说："虽有嘉肴，弗食不知其旨也。虽有至道，弗学不知其善也。是故学然后知不足，教然后知困。知不足，然后能自反也；知困，然后能自强也。故曰：教学相长也。"这里深刻地阐述了"教"与"学"之间的矛盾对立和相互依存、相互促进的关系，教因学而得益，学因教而日进，教能助长学，反过来学也能助长教，这就叫做"教学相长"。"教学相长"不仅意味着教与学之间的对立统一关系，而且还意味着教师与学生之间平等的相互促进、相得益彰的关系。

从教师方面说，教的过程也是学的过程，教也要学，教即是学，教与学互相促进，才能提高教的水平。从学生方面说，学生从教师的教学中获得知识，但仍需要自己努力学习，才能有所提高，不限于师云亦云。一个循循善诱的教师，只有通过教学实践才能体会到教学的效果和困难，教学经验越丰富，越能摸索到教学的规律，并发现自己的弱点与困惑之处，"教然后知困"。"知困"可促使教者"自强"。一个积极好学的学生，只有通过学习的实践才能体会到学习的好处和困难，越学习越感到自己的学识浅薄与不足，"学然后知不足"。"不足"可促使学者"自反"，即进一步严格要求自己，努力学习补充自己的不足。

韩愈继承和发展《学记》的"教学相长"思想，进而提出"相互为师"的观点，他一方面肯定教师的主导作用；另一方面又提出了"弟子不必不如师，师不必贤于弟子"的新思想。他教人要向学有专长的人学习，谁在某一方面比自己强就拜他为师，树立"能者为师"的观念。他还肯定了闻"道"在先，以"先觉觉后觉，攻有专业"，以"知"教"不知"这一教学过程的客观规律。这些深刻的教学辩证法思想，就是在现代世界教育学专著中亦属罕见，是中国古代教育家对世界教育思想宝库的卓越贡献。

五、古代语文教育方法

（一）古代语文教育方法概述

在数千年的语文教育实践中，我国古代积累了极为丰富的语文教育方法，就教育内容来说，有识字和书写训练的方法、阅读训练的方法、写作训练的方法；从学的方面来说，有记诵积累的方法、多闻阙疑的方法、熟读精思的方法；从教的方面来说，有导和喻的方法、序和贯的方法、适和问的方法。如果进一步考察更为具体的层面，古代语文教育方法之丰富，是无法以有限的文字穷尽的。

古代语文教育方法，主要见诸历代教育家的专著、专论，也散见于其他各类著作或文章中。《学记》是我国古代教育史上出现最早，内容又最为完备的教学论著作。由于我国古代教育主要是语文教育，因此，可以说，《学记》比较集中地反映了我国古代语文教学论思想、语文教学方法和语文教学艺术经验。孔子、孟子、墨子、荀子等思想家、教育家虽没有关于教育的专著，但反映诸子言行的典籍对他们的教育思想、教育方法、教育艺术有着丰富而生动的记录。古代关于语文教育方法和经验的专著不胜枚举，仅宋、元以来，总结讲读法的就有宋代朱熹的《朱子读书法》，元代程端礼的《读书分年日程》，明代陆世仪的《论读书》，清代唐彪的《读书作文谱》、俞荫甫的《古书疑义举例》、孙德谦的《古书读法略例》等。这些谈读法的书，总结了不少的读书经验。

谈写法的书，宋、元以来就更多了。宋代的如李深评点文章精粹的《文章精义》，吕祖谦评介名家名篇命意布局有独到之处的《古文关键》，谢枋得倡导写"放胆文"、"小心文"的《文章轨范》，方颐孙标举17个名家之文的《大学瀹藻文章百段锦》；元代的如陈得曾讲述养气、抱题、明体、分间、立意、用事、造语、下字八方面的《文说》；明代的如归有光讲述义理、养气、才识、奇巧、论事、抑扬、相应、层叠、总提、分应、题外生意、结意有余、结束括应等的《文章指南》，王文禄谈用笔技巧的《文字法三十五则》；清代的如李扶九谈20种古文笔法的《古文笔法百篇》，等等。这些关于读书写作方法的经验之读本，均来自于古代语文教育的实践，体现着汉民族语文教育的特点。

（二）古代语文教育的主要学法与教法

1. 古代语文教育的主要学习方法①

1）记诵和积累

记诵，就是多诵读，边读边记。读得多，自然积累丰富。刘勰说："积学以储宝。"（《文心雕龙·神思》）多读书是积学的捷径。唐史学家刘知几在《史通·采撰》中谈到，一部有价值著作的产生，必须在博览群书的基础上才能完成，"珍裘以众腋成温，广厦以群材合构，自古探穴藏山之士，怀铅握椠之客，何尝不征求异说，采摭群言，然后能成一家，传诸不朽"。所谓集腋成裘，厚积才能薄发；含英咀发，吐纳才能自然。这些记诵和积累的读书方法，对学习语文、进行语文教育，都是极为宝贵的经验。

2）多闻和阙疑

多闻，指的是多听和常见。墨子在《非命》篇中有云："有闻之，有见之，谓之有；

---

① 李新宇主编：《语文教育学新论》，南京师范大学出版社，2006年版。

莫之闻，莫之见，谓之亡。"王充在《实知》篇里说："如无闻见，则无所状。"足见，要把事物加以摹状，不闻见是不行的。所谓多闻，就是要常见、常闻。现在的说法是多观察、多体验。阙疑，就是存疑，把疑问留着。清代语文教育家唐彪认为，读书先要有疑，"无疑者，须看得有疑"，凡有疑处，又须经过反复地看，"须看到无疑"。为什么？他作了精辟解释："有疑者看到无疑其益犹浅，无疑者看得有疑其学方进。"

一个"看到"，一个"看得"。看得，如登堂入室，才能真正深知奥秘。清代教育家黄宗羲认为，"始读未知有疑"，"次则渐渐有疑"，"小疑则小悟，大疑而大悟，不疑则不悟"，"小疑则小进，大疑则大进"。如何指导学生生疑、存疑、解疑，我们应该从古人那里受到启发。

3）熟读与精思

古代语文教育十分讲究读与思互相为用，熟读与精思互为表里。熟读以诵读为基础，选择好的读熟。熟读又是深思的依据，不深思就得不到书中情味的理趣。读和思的关系十分密切，熟和精的关系也不可分割。清桐城派古文家姚鼐在《与陈硕士书》中曾谈到过熟读的好处："大抵文学须熟乃妙，熟则利病自明，手之所至，随意生态，常语滞义，不遗而自去矣。"文章读熟了，才能体会到妙处。宋代理学家朱熹在《读书之要》里也谈到他的体会："观书先须熟读，使其言皆若出于吾之口，继之精思，使其意皆若出于吾之心。"这是读书的一种"怡然自得"的境界，是善读书者。这样的读书方法是值得我们今天借鉴的。

2. 古代语文教育的教法

1）导与喻

导，是诱导、引发，即所谓发挥教师的主导、引导作用。喻，是譬喻、举例，即所谓教师要善于打比方，以求触类旁通。《学记》里说："导而弗牵，强而弗抑，开而弗达。"意思是引导学生而不牵着他们走，勉励学生而不给他们施加压力，启发学生思考而不代替他们作出结论。这一原则告诉我们，教师应当在教学中起主导、引导作用，善于通过"导"、"强"、"开"的方法，调动学生学习的主动性和自觉性，促使学生学会独立思考。《学记》里又说："君子之教，喻也。""能博喻，然后能为人师。"孟子就是一位有广博的知识，而又善于取譬的大教育家。在《孟子》中有许多举例取譬进行论辩说理的例子。善喻，也可以说是一种善导。要善导，也必须善喻。导与喻是一个好教师的教育方法和教学艺术。

2）序与贯

序，是次序、序列，即所谓教习方法的系统性、序列性。贯，是连贯、贯通，即所谓教习方法的连贯性、原则性。朱熹把"博学之、审问之、慎思之、明辨之、笃行之"的教习顺序，列入书院教育的学案之中。这"学、问、思、辨、行"，就是一个"序"。贯串其中的一条基本线索，即由学到行，学是读之始，行是读之终，落脚在一个"行"字上，是很有道理的。荀子在《儒效篇》里对此说得十分中肯："不闻，不若闻之；闻之，不若见之；见之，不若知之；知之，不若行之，学至于行而止矣。"学问之功，全在一个"行"字上。这是有分析的科学的序列，而且以"行"贯串到底，今天仍然有指导我们进行语文教育的作用。清代崔学古在《少学》里谈道："讲者，讲其实意，初讲时用之。贯者，贯其神理，有贯串之意焉。如一章以一句贯，一句以一家贯。又如，一字在《书》如是解，推之《易》、《诗》、《礼》、《春秋》亦如是解。又有缕析之义焉。"这里是对"讲解"所作的分析：初讲明意，继而要能贯通，全文以句贯，全句以字贯，而且缕析条分、触类旁通。总之，教学中能做到融会贯通，才是善教者。

3）适与问

适，是适当、适时，即所谓因材施教。问，是提问、反问，即所谓启发提问，适时反问。张载在《经学理窟》里说："教之而受，虽强告之无益。譬之以水投石，必不纳也。今夫石田中水阔沃，其轮可立待者，以其不纳故也。"这是个异常生动形象的比喻，指勉强让学生学习，好像把水放到石头田里一样，他是不会接受的。为什么？就因为不适当，不适时。教学，一定要注意此时此地、此情此景，因人而异，适可而止。唐彪在《读书作文谱》中说："学生复讲书时，全要先生驳问，层层辩驳，如剥物相仿，去尽皮方见肉，去尽肉方见骨，去尽骨方见髓，书理始见透彻，不可略见其大意。"这是真知灼见，人情入理。

古代家庭教育的方法对我们也是很有教益的。古人是很讲究家庭教育的，尤其是那些道德文章，都是很好的思想家、政治家、哲学家、文学家的作品。他们都认为"天下之本在家"，家齐，然后国治；国治，才能天下平。所谓"齐家"，就是按照封建伦理道德的标准修身养性，以自己的行为规范家庭的行为。北齐颜之推的《颜氏家训》是我国古代最早的家训书，以后司马光有《家范》，到了明清，这一类家训书就更多。清代朱柏庐著的《治家格言》，世称《朱子家训》，对于它宣扬忠臣义士、贤妻良母等封建意识和思想，我们要加以批判。但它在培养封建社会的人才方面，还是起过积极作用的。诸葛亮的《诫子书》、司马光的《训俭示康》等，都是家训名篇，曾选作语文教材。"夫学须静也，才须学也，非学无以广才，非志无以成学"（诸葛亮），"由俭入奢易，由奢入俭难"（司马光）等，已成为教育后人的佳句名言。

六、对古代语文教育遗产的研究与认识

历时几千年的中国古代语文教育，作为中华民族的一份宝贵历史文化遗产，既博大精深、丰富多彩，又裹泥夹沙、鱼龙混杂。"一种文明或文化，生命力如此之强，存在这么久，其中必然有异常优秀的、超时间局限的东西，但它毕竟是封建社会的产物，无可避免的也有大量封建主义糟粕。"[①] 因此，用科学的态度和方法发掘、研究这份历史遗产，全面认识古代语文教育的经验、存在问题及弊端，在批判中继承、发扬语文教育的优秀传统，对于我们正确地把握语文教育规律、促进当代语文教育的建设与发展，具有重要的意义。

（一）古代语文教育的主要经验、存在问题及弊端

著名语言学家、语文教育家张志公先生自 20 世纪 60 年代起开始对传统语文教育进行深入、系统的基础性研究工作，经过 30 多年的两轮研究，总结出我国传统语文教育的"三大经验"：建立了成套的、行之有效的汉字教学体系；建立了成套的文章之学的教学体系；建立了以大量的读写实践为主的语文教学体系。

张志公先生总结的这三条经验，充分肯定了我国古代语文教育在识字教学、文章学及教学、读写训练方面的成就。"成套的"突出其丰富性和系统性，"行之有效的"突出其可行性和成效性，"大量的"突出其积累性和实践性。这三条经验具有丰富的内涵，突出了古代语文教育的特点，具有高度的概括性，比较符合我国古代语文教育的实际。

在此基础上，张志公先生也指出了对语文教育长期产生消极影响的"三大问题"：语文教育的性质、目的——成为科举考试的附庸；语文教育内容——识字加读古文、作古

---

① 张志公：《传统语文教育教材论》，上海教育出版社，1992 年版，第 2 页。

文；语文教育手段——记诵和模仿。由此引出"四大弊端"：语文教育脱离语言实际；脱离应用实际；忽视文学教育；忽视知识教育。① 张志公先生的这些见解是鞭辟入里的，它对于我们全面认识古代语文教育具有指导和启示意义。

根据近几十年来人们对古代语文教育的研究，从语文教育的几对矛盾关系看古代语文教育存在的倾向性问题，我们形成以下几点基本认识。

1. 在文与道的关系上，重道

"文以载道"、"文以明道"，这是古代语文教育观的核心。这种观念确认语言文学的载体性质，十分强调它特定的社会功能。但"文以载道"的"道"不是现代意义的社会信息，而是儒家的伦理道德和政治思想。而在"文"与"道"的关系上，古代语文教育始终是以"文"为途径、为手段，而以"道"为目的的。古代语文教育之所以重"道"，是因为两千多年的封建社会始终是以儒家思想为正统、为主导，而语文教育的目的，就是要培养符合儒家之道的"君子"和臣民。这一语文教育观从根本上决定了古代语文教育的基本性质，制约着教育内容和教育方法，由此导致了一系列复杂的教育现象，并对后世发生着深刻的影响。

现象之一：在长期的语文教育实践中，学语文与学做人紧密结合，形成了"文道统一"的优良传统。这一传统绵延千百年，尽管学什么样的文，做什么样的人，不同的历史时代，有不完全相同的内容，但学文与育人的互为表里和不可分割的情况基本上没有改变。"文道统一"成了我国语文教育研究中一个古老而弥久常新的重要课题。

现象之二：封建统治者把语文教育作为"教化"的手段，这使得古代语文教育高度伦理化、政治化，以至于成为经学和科举的附庸，最终割断了语文与社会生活丰富的、多方面的联系。封建社会中语文教育内容的封闭性与保守性，语文教育方法的灌输性，乃至语文教育的依附性都与以"道"为中心的语文教育观相关。而现代语文教育在"文"、"道"关系上出现的偏移，与传统语文观的潜在影响也是不无关联的。

2. 在"应用"与"应试"的关系上，重"应试"

在以儒家伦理中心主义的教育思想主导下，我国封建社会的语文教育，始终没有形成以生活应用为主要目的的工具性学科。科举制度产生之后，语文教育在"教化"的基础上又带有浓重的利禄色彩。从"应用"与"应试"的关系看，是重"应试"而轻"应用"的。

当然，我们指出这一"重"一"轻"，并非否定古代语文教育所包含的"应用性"。尤其在古代蒙学教育阶段，在识字教育的同时，也有机地进行一些知识教育，包括生活、礼仪、自然、历史、读书方法等，甚至还编写了一些以文化知识传授为主的蒙学读本。但与"教化"相比，"应用"显然不是重心所在。到了语文教育后期，读书作文的终极目的完全是为了应试。"学而优则仕"不仅是统治阶级的教育观，也成为封建时代读书人的普遍追求。

叶圣陶先生指出："旧式教育又是守着利禄主义的：读书作文的目的在取得功名……因此，旧式教育可以养成或大或小的官吏以及靠教读为生的'儒学生员'；可是不能养成善于运用国文这一种工具来应付生活的普通公民。"② 把功名利禄作为教育目标，造成古代语文教育的一系列弊端：在阅读教学上，"两耳不闻窗外事，一心只读圣贤书"，崇拜古代

---

① 张志公：《张志公论语文教学改革》，江苏教育出版社，1987年版，第110～112页。
② 中央教育科学研究所编：《叶圣陶语文教育论集》（上册），教育科学出版社，1982年版，第87～88页。

先贤，脱离生活实践，违背了语文教学规律；在作文教学上，要求"代圣人立言"，按照固定的程式和腔调去写空洞无物、废话连篇的八股文章，窒息、僵化了人的思想。总之，"轻应用"、"重应试"是古代语文教育最为严重的问题之一，而以读书做官为利禄目标的应试教育，对后世教育的消极影响，一向是我国教育改革要努力解除的桎梏。

3. 在语言和文章的关系上，重"文"

在汉民族语言文学的发展过程中，逐步形成了一种特有的现象："语"和"文"的分离。人们口头说的是一种话语，写成文章的文言又是一种话语。这种"语"和"文"的不一致，在封建社会里给文化教育的普及造成了极大的障碍。只有少数人有足够的时间和条件学习那艰难的文言，大多数老百姓只会说话，不会读书，不会写文章。而古代的语文教育，基本上是学习书面语，即与口头语言相距甚远的文言文，而几乎排斥口语的听、说训练。即使是"三、百、千、千"那样的童蒙教材，也算不上"语"而是"文"了。忽视口头语言教学，以文言文为教学之"正宗"，甚至发展到以八股文为"正宗"的地步，这种状况，一直延续到清末。

古代语文教育中重"文"轻"语"的问题由来已久，科举制度出现后，"以文章取仕"、"一篇文章定终身"的做法更加剧了"语"和"文"的失衡，造成了文章文学的发达和口语文学的缺失，使得"书面语脱离口头语言而长期停滞、长期僵化"[1]，失去了语言发展的生命力。从这一意义上讲，古代语文教育的能力培养是不全面的。

4. 在教与学的关系上，重"教"

古代语文教育对于"教学"的理解，基本上是"教师讲，学生听"，教师俗称为"教书先生"。教书、讲书都是先生的事，所以在教学方法上重讲授、重灌输。这样，就容易养成学生的依赖心理，教什么学什么，教多少学多少，怎样教就怎样学，缺少自觉学习和独立思考的习惯。日久天长，就形成了一种封闭式教学，一种填鸭式教学，积重难返。造成重教轻学的另一原因是对于"师道尊严"的崇尚，教学中难有真正的师生平等，在教学过程中教师始终处于居高临下的地位，学生的学习是被动接受的。古代对于教学的研究，也同样偏重于"教"而轻于"学"。

(二) 以科学的态度和方法研究认识古代语文教育

1. 坚持以科学态度对待古代语文教育

正确地对待古代语文教育遗产，要反对两种错误倾向：一种是虚无主义，一种是国粹主义。前者表现为对传统经验的全盘否定，后者表现为因循守旧，全盘承袭。在近百年来的语文教育发展历程中，始终伴随着与这两种错误倾向的论争。但是，从总体来看，在相当长的时间内，对古代语文教育传统经验，批判、否定的多，深入、系统研究的少。这导致"近百年来，传统经验中那一部分符合汉语汉文实际，又比较符合科学的教学论的做法，似乎没有受到重视，得到发扬"[2]。之所以迫切需要对我们长期的传统语文教育进行认真研究，是因为要建立适合我国国情的语文教学之路，既不能孤立地进行，也不能完全从国外引进，它受到本民族语言文学特点的制约，还受到本民族文化传统及心理特点的影响。如前所述，张志公先生从收集、整理史料等基础性研究工作做起，经过几十年努力，总结出我国传统语文教育的"三大经验"、"三大问题"及"四大弊端"。这些真知灼见，

① 蒋仲仁：《中国语文教育史纲》序，湖南师范大学出版社，1991年版。
② 张志公：《张志公论语文教学改革》，江苏教育出版社，1987年版，第77页。

体现了这位当代语文教育家对待历史文化遗产的实事求是的科学态度和严谨的作风。

和张志公先生一样，老一辈语文教育家叶圣陶、吕叔湘先生等在反对虚无主义和国粹主义，坚持以科学态度对待传统语文教育经验方面都堪称典范。他们批判旧式学塾那种逐字逐句的教学方法，却十分强调通过诵读来体会范文的意味、情趣和文气；他们反对旧式文人热衷于历代圣人立言的八股滥调，却十分讲究文章的谋篇布局，要求写文章做到自然圆和、严谨得体；他们鄙弃旧式教育把语言表现力说得玄妙神秘、不可捉摸，却严格要求教师对青少年学生进行语感的训练，如此等等。这种对传统教育既有批判又有继承的精神，堪为教育研究的可贵品格。①

2. 不应以现代的标准去评价历史

列宁指出："马克思主义理论的绝对要求，就是要把问题提到一定的历史范围之内。"又说："为了用科学的眼光观察这个问题，最可靠、最必需、最重要的就是不要忘记基本的历史联系，考察每个问题，都要看某种现象在历史上怎样产生，在发展中经过了哪些主要阶段，并根据它的这种发展去考察这一事物现在是怎样的。"② 历史现象、历史传统、历史人物，它们是特定历史条件（昔时昔地）的产物，不少是超时空、超历史条件的东西。因此，不应当以此时此地的标准去衡量评价彼时彼地的人和事，更不能用今天的某些评价方法去套历史现象，只能以其在当时的社会历史条件所起的作用去评价。例如，对我国大教育家孔子的评价，决不能把历代统治者出于自身巩固统治地位的需要而加以歪曲、神化的东西加到孔子身上，从而否定孔子的历史功勋。以今天的标准要求古人，就得不出正确的评价。只有以历史主义方法论原则对待孔子及其学说，才能恢复孔子的本来面目，使中华民族的文化获得发扬光大。

3. 把现状研究与历史研究结合起来

鉴往而知今，既是研究历史的根本目的，也是历史主义方法论的基本原则。历史与现状有着明显的因果联系：历史是现状的渊源，现状是历史的结果。研究语文教育的现状，不要忘了从历史中找原因、找答案、找经验教训；而研究历史也决不能脱离现实的教育情况，要使历史的研究为今人的教育服务，为现实提供借鉴。两者结合研究的方式有两种：一是顺向考察，由因而果，在研究既往的语文教育时，常来鉴察今天语文教育的理论与实践。例如，我们在对各阶段的蒙学教材考察研究之后可以发现，今天小学语文教材（包括课外读物）尚没有充分利用古代"用韵书和对偶"的形式，没有发挥其容易记诵的优点。研究古人的识字、写字教学后可以获得这样的启示，今天的汉字教学既要参考前人的经验，又要做得更科学，对识字的量、出现的方式、书写程度和工具都应设计出一套更切合实际的办法来。二是逆向考察，由果溯因，对现实语文教学理论与实践，寻求其历史渊源，以古证今，鉴知利弊。比如，对长期以来语文教学跟着高考指挥棒转、片面追求升学率的倾向进行深层考察，可以从古代应试教育的积弊中找到根源。口头语言训练的重要性是众所周知的，但因高考不考，总是被忽视。古代语文教育强调"多读多写"，这确是一个行之有效的好经验，应当施行，但是话不能到此为止，不能笼统提"多读多写"，如今学生课程多、内容深，"书读千遍"似乎做不到，所以"多读多写"，要研究出合理的量、明确而适宜的范围，以及科学的方法途径。总之，把现状研究与历史研究结合起来，以实现逻辑与历史的统一，这是研究古代语文教育应坚持的基本方法。只有真正地了解历史的

---

① 全国中学语文教育研究会编：《叶圣陶、吕叔湘、张志公语文教育论文选》，开明出版社，1995年版，第3页。
② 《列宁选集》第二卷，人民出版社，1995年版，第375页。

语文教育，才能真正懂得今天的语文教育，从而把握未来的语文教育。

4. 在整体把握的基础上，促进传统语文教育经验的创造性转化

中国古代语文教育遗产是一个错综复杂的矛盾体，它的许多内容有时很难用"精华"与"糟粕"加以区分。它所植根的民族心理——文化的深层结构，更是无法抛弃、分割的。当然也决不能原封不动地加以维持，只能在外来文化因素和现代文化因素的吸引和冲击下重建，对原有的格局和特质进行更新改造。以这样的观点来审视我国语文教育发展的历史，就需要从整体和深层把握传统语文教育的特点，使之在新的条件下发生创造性的转化。以构成中国古代语文教育观的三个重要支点为例：

"载道"，是古代语文教学观的教学要求。如前所述，这种观念确认语言文字的载体性质，强调它特定的社会功能，但是当"载道"之"道"只是儒家的道统和政治信条时，语文教育也就成了封建教化工具，最终割断了语文与社会生活丰富的、多方面的联系。

"启发"，是传统语文教育观的重要教学原则。这一原则着眼于引发矛盾、开启思维、诱导思考、获取知识，在一定程度上体现了以学生为认识主体的人本思想。但是在儒家文化背景下的启发原则，并非鼓励学生思维的实用和创新，只是引导学生领悟已有的知识，在总体上很容易禁锢思想。

"涵泳"，是传统语文教育观的教学方式。我国古代的语文教育，注重对文章的整体把握，认为只要反复讽诵、潜心涵泳，即可明达文义。这种教学方式体现了伦理型文化朴素的整体观念和直觉体悟的思维方式。它把综合作为认识的起点和归宿，避免人为分割所造成的认识局限，在这个意义上可以说已经包孕着现代系统观的雏形。同时，它重视语感的培养，以此作为提高语文能力的基础，这也是符合语文学习的规律的。但这种整体性的思维方式，没有"分析"这个不可或缺的中介，不能全面把握事物的各个侧面、部分、层次之间的联系，因而它的总体认识必然是模糊、残缺和肤浅的。

对于上述这种相互对立又彼此依存的观念系统，全盘否定或者机械分割，寻章摘句地判定孰为精华、孰为糟粕，显然都是不可取的。毫无疑问，只有在准确把握的基础上对它进行改造，才能使它适应我们今天语文教育的需要。自"五四"以来，我国语文教育改革的先驱们在批判和改造传统语文教育、构建现代语文教育体系方面，做了大量的探索性工作。进入新时期以来，我们进行了更为广泛的改革和实验。在此过程中对我国语文教育传统进行深入的反思和扬弃、改造，显得更为必要。

至此，我们对古代语文教育应形成这样一些自觉的认识："反对传统教育的伦理化、政治化，不是为了否定语文作为载体的性质，而是为了加强语文与社会生活丰富的、多方面的联系；反对传统教育的禁锢思想不是为了摒弃它的一些有效的教学方法，而是为了培养学生的开拓创新的能力；批评传统教育缺少科学分析，不是为了排斥它的整体观念，而是为了用现代系统观作指导来建立新的语文教学体系。这里，一个带根本性的问题是如何分清古代系统观点的综合方法与现代系统理论的综合方法的界限，区别近代实验科学的分析方法与现代系统科学的分析方法的不同。语文教改的根本目的就是要改变古代综合方法的直观性和模糊性，避免近代分析方法的孤立、静止、片面的弊端，在静态与动态、内部与外部、整体与局部、局部与局部的有机联系中来把握语文教育的规律，使我国传统的语文教育在现代条件下发生创造性的转化。"①

---

① 张春林：《中国现代语文教育发展史序》，云南教育出版社，1987年版，第5页。

【复习与思考】

1. 古代语文教育有哪些基本特点？
2. 古代语文教学方法主要有哪些？
3. 古代语文教育思想主要有哪些？
4. 张志公先生对传统语文教育的经验、存在的问题和弊端是怎样概括的？你是否赞同这些观点，为什么？
5. 研究和认识古代语文教育传统，应采取怎样的态度和方法？

第二节　现代语文教育

我国现代语文教育是指 20 世纪初到新中国建立的约半个世纪的语文教育。现代语文教育发端于 1903 年，以语文教育独立设科为标志。学科名称先后经历了中国文学、国文、国语、语文等变化。这一期间，语文课程标准经历了从"亚标准"到"正式标准"，逐步系统化、规范化的演进过程，从中反映了时代的变迁与语文教育思想的演变。语文教科书从封建时代的蒙学读本、经学读本、文选读本中脱胎而出，与课程标准的演进同步。20世纪 30 年代曾出现国语、国文教科书编写的繁荣局面。"五四"前后，语文教学方法的改革与实验开始勃兴，其中，自动主义程序教学法、设计教学法、道尔顿制的试验曾产生较大的影响。

一、现代语文教育概述

我国的现代语文教育是指 20 世纪初到新中国建立约半个世纪的语文教育。如果以语文教育独立设科为标志，那么，1903 年就是现代语文教育的发端。这种历史分期，已为许多研究者所认同。

从语文学科诞生到新中国建立这半个世纪，是中国社会经历剧烈变革、充满复杂矛盾和斗争的时期。在"五四"以前，中国文化战线上的斗争，是资产阶级的新文化和封建阶级的旧文化的斗争。学校与科举之争，新学与旧学之争，西学与中学之争，都带有这种性质。在"五四"以后，我国由旧民主主义革命转向新民主主义革命时期，文化战线上的斗争，则表现为以民主、科学为主旋律的新民主主义文化与帝国主义文化、封建主义文化的斗争。中国现代语文教育正是在这样的背景下蹒跚起步，曲折发展起来的。

（一）语文学科产生的背景

语文分科教育肇始于中国最后一个封建王朝崩溃之前，诞生于废科举、兴学堂的历史潮流中。

鸦片战争后的中国，国家积贫积弱，社会矛盾加剧，清王朝日益垂危。在诸多有识之士看来，腐败的科举制度和旧教育制度是扼杀人才、造成中国积贫积弱的根源。于是废科举、兴学堂，成为自上而下的政治维新的重要组成部分，客观上汇成了不可逆转的历史潮流。面对这样的变革潮流，清政府于 1902 年拟定了《钦定学堂章程》，对中小学修业年限、学制、课程、教学内容等作了规定。但由于种种原因，这个章程并未实行。因 1902年为壬寅年，史称"壬寅学制"。次年，清政府颁布了《奏定学堂章程》。这是第一个经正式颁布并在全国范围内实际推行的学制。因 1903 年是癸卯年，通常把这一学制称为"癸卯学制"。这一学制对"中国文字"、"中国文学"都作了教学要求，并对其教学内容都作了具体的规定。这一学制的颁布，为以后国文单独设科奠定了基础，可视为中国的语文分科教学的开端。

1905 年，清政府明令废止科举制度，全国所有的书院改为学堂。这标志着千百年来以私塾、书院为基本教育组织形式的，以传授"四书"、"五经"为主要教育内容的，以注入记诵为基本教学方法的，以"学而优则仕"为教育目的的封建教育制度的终结。

（二）学科名称的演变

1. 1903 年——中国文字（初小）、中国文学（高小、中学）

"癸卯学制"中规定初小必修学科为八门，其中设"中国文字"一门；高小必修科目九门，其中设"中国文学"一门；中学堂必修科目十二门，设"中国文学"一门。这里的"中国文字"、"中国文学"科目，从课程性质和内容看，应视为国文科的先声。与此同时，从初小到中学，全部开设"读经讲经"课程，课时由多到少递减。这门课程虽与语文教育相关。但设置的目的重在伦理思想教育，且与"中国文字"、"中国文学"在课程计划中分列，足以表明其性质上的区别。

2. 1907 年——国文

是年，清政府颁布的《奏定女子小学校章程》《奏定女子师范学堂章程》中规定了语文学科名称为"国文"，这是有史料记载的最早的正式使用的名称。尽管在此之前，坊间已有使用"国文"这一名称者，如以"国文"作为教科书名称的，但在政府教育法规中这是第一次使用。从 1907 年到民国以后这十几年中，中小学均使用"国文"作为学科名称。

3. 1920 年——国语

在"五四"新文化运动中，中国文教界发起"国语运动"，主张以语体文替代白话文，各科课本改用国语，改"国文"课程为"国语"。1920 年，在全国文教界的一致呼吁下，当时的教育部明令："定本年秋季起凡国民学校一、二年级先改国文为语体文。"并规定：到 1922 年止，凡旧时所编的文言教科书一律废止，改为语体文；中学教科书，也都逐渐用语体文改编；高等学校的讲义，也都采用语体文。这是中国教育史上，尤其是语文教育史上一次重大改革。至此，中小学的语文学科均称为"国语"。1923 年，高中在开设"国语"的同时，特设"国文"（文字学、文学史）一科。

4. 1929 年——国语（小学）、国文（中学）

这一年教育部颁发中小学课程的"暂行标准"；小学的语文学科仍称"国语"，初、高中的语文学科称为"国文"。这两种名称并行的状况一直延续到新中国建立前夕。

5. 1948 年——语文

"语文"这一名称最早见于 1948 年草拟的课程标准中，但这个课程标准没有实施。课程标准的起草者是叶圣陶先生。为什么将"国语"、"国文"统一更名为"语文"呢？叶圣陶先生在此后曾作这样的说明："彼时同人之意，以为口头为'语'，书面为'文'，文本于语，不可偏指，故合言之。亦见此学科'听''说''读''写'宜并重，诵习课本，练习作文，固为读写之事，而苟忽于听说，不注意训练，则读写之成效亦将减损。"[①] 针对一

---

①　叶圣陶：《语文教育书简》，见《叶圣陶语文教育论集》，教育科学出版社，1982 年版，第 730 页。

些人对"语文"二字理解的分歧,叶圣陶先生曾多次强调这个意思。叶圣陶先生的话表明:语文学科的任务,应是口头语言和书面语言的统一,听、说、读、写训练并重。

如上所述,语文学科的名称从"中国文学"、"国语"、"国文"到"语文"的变化,反映了时代的变化和学科的发展演变,也反映了不同历史时期人们对语文教育,对语文学科性质、任务认识的深化。

（三）现代语文教育发展的进程

根据教育史上教育制度的变革、学科的重要变化以及所发生的重要事件我们把语文学科的发展划分为以下几个阶段。

1. 第一阶段　初始阶段（1903 年—1912 年）

这一阶段称为"清末民初"。1903 年,清政府颁布《奏定学堂章程》,标志着封建教育制度的终结,分科教育的开端。到 1911 年辛亥革命建立民国,这一学制便告终止。有人称这段时期为"中国文学"时期。这一阶段有如下特点:

（1）语文学科随科举制度的终结和新学制的建立而成为一门独立的学科,开始有了自己特定的名称和确定的教学范围。

（2）语文教育宗旨还带有明显的应试性质,教与学都侧重于写作。

（3）教学内容一律使用文言。

（4）教育思想崇尚唯师为尊。

作为从封建教育向现代教育的过渡阶段,这一时期不可避免地带有旧思想、旧制度的痕迹。

2. 第二阶段　起步阶段（1912 年—1923 年）

推翻清朝,建立民国,是中国社会的一次巨大变革。1912 年,国民政府教育部颁布了新的学制,即"壬子癸丑学制",废除"忠君、尊孔、读经"的旧教育,推行新教育。在新学制中,明确了"国文"的地位和教学要求。这一阶段的主要特点是:

（1）中小学教育被规定为普通教育,确认语文学科的工具性质,有了现代意义的教学目的。例如,在小学阶段,"国文要旨,在使儿童学习普通的语言文字,养成发表思想的能力,兼以启发智德";在中学阶段,"国文要旨,在通解普通语言文字,能自由发表思想。并使略解高深文字,涵养文学之兴趣,兼以启发智德"。

（2）确定了语体文与实用文在教育中的合法地位。改"国文"为"国语",将语体文引入中小学教育和课本,这是"五四"新文化运动的重大成果,也是语文教育史上的一次重大变革。在语文教育中重视"实用文"的教学,则反映了语文学科工具性的增强。

3. 第三阶段　建设与探索阶段（1923 年—1929 年）

1923 年实行新学制,制订中小学课程标准纲要,标志着语文学科的发展进入一个新的阶段。这一时期是各种教育理论大量引入、教学改革试验比较活跃的时期,主要有以下特点:

（1）制订了第一部体系比较完整的、具有"课程标准"性质的《国语课程标准纲要》。中学语文学科的要求更为明确,内容更为系统;小学语文学科强调儿童本位,注重儿童兴趣,识字量减少,内容浅显了。《国语课程标准纲要》为以后的课程标准奠定了基础。

（2）大量地引入国外的教育理论和经验,为我国的语文教育工作者开拓了眼界,提供了借鉴。

（3）积极开展语文教学方法的改革与试验。

（4）语文教育理论的著述应运而生，形成了理论研究与实践探索相呼应的局面。

4. 第四阶段　深入发展阶段（1929 年—1937 年）

继 20 世纪 20 年代中国语文教育研究的空前活跃之后，30 年代前期，语文教育工作者对以往的实践进行了理性的反思，对已经颁发的《国语课程标准纲要》进行了必要的修订，在语文教科书的编制方面进行各种探索和试验，使"五四"运动结出的果实在新的条件下得到巩固和发展。这一阶段的特点是：

（1）文化教育领域里形成了两种力量、两个阵营的尖锐对立与斗争。一方强行实施"党化教育"，提倡复古读经；一方奋力抗争，积极探索，推进教育与社会的进步。

（2）1929 年 8 月，教育部颁布了中小学课程的《暂行标准》，这是在 1923 年制订的《国语课程标准纲要》的基础上，以政府名义颁行的、具有教育法规性质的正式课程标准。

（3）实行教材"审定制"，民间自编中小学教材出现了前所未有的繁荣。

（4）语文教育的理论探索不断深入，国文课外读物的编撰受到重视。前者以阮真的《中学国文教授法》为代表，后者以夏丏尊、叶圣陶所编撰的《中学生》杂志和《文心》等最有影响。

5. 第五阶段　艰难前进阶段（1937 年—1949 年）

自 1937 年抗日战争全面爆发至 1949 年新中国建立，中国经历了两个重大历史时期：一是八年抗日战争时期（抗战从 1931 年 9 月 18 日事变算为 14 年），一是四年解放战争时期。这是一个"充满着抗日与投降，进步与倒退，光明与黑暗尖锐矛盾的时代"。在这十二年中，中国一度是"一国三制"：一是中国共产党领导下的抗日革命根据地，二是国民党统治的大后方，三是被日本帝国主义侵占的沦陷区。三种政治区域形成了情况复杂的语文教育现象。

解放区语文教育的特点：

（1）以新民主主义教育方针为指导，面向人民大众，紧密结合革命斗争和生产劳动的需要，注重联系实际，突出革命教育，注重文化教育。

（2）课程设置力求实用、精简、集中、连贯；教材编写强调思想性，力求精当，注重系统性、科学性、实用性。

（3）提倡启发式教学，注重理论联系实际，强调学以致用，教学方法灵活多样，以适应民众教育和干部教育的需要，适应革命斗争环境的需要。

（4）大力开展教育革新，在实践中不断纠正教条主义、形式主义、经验主义以及泛政治化倾向，正确处理语文教学规律、思想政治教育和文化知识教育三者关系。

国统区语文教育的特点和主要成就：

（1）国民党政府加强了文化专制主义和对青少年的思想钳制，进步的语文教育工作者以国文教育为阵地，以各种方式进行针锋相对的斗争，在极端艰难的环境中进行不懈的探索。

（2）教科书制度由"审定制"改为"部编制"。语文教育工作者在教科书编写方面为适应战时环境进行创新，在文、白分编辑方面进行了再探索。

（3）围绕"抢救国文"问题以及文言与白话教材编写问题进行论争和再探索，深化了对国文教学若干问题的认识。

（4）语文教育家的理论探索有了新的建树。突出的人物及其成果如叶圣陶、朱自清的《国文教学论集》、《精读指导举隅》、《略读指导举隅》，黎锦熙的《新著国语教学法》，蒋伯潜的《中学国文教学法》等。

（5）首次创办了语文教学的专业刊物——《国文月刊》与《国文杂志》。

（6）开展了国文教育的科学实验研究。

沦陷区的语文教育则主要体现为奴化教育和反奴化教育的斗争。

二、语文课程标准的演进与教科书的编辑

一门学科从建立到成熟，最重要的标志是形成比较完备的学科体系。就普通教育而言，构成这一体系的最主要内容是课程标准（"课程纲要"、"教学大纲"与之基本同义）和与之相适应的成套的教科书。我国现代语文教育自独立设科以后，课程标准经历了从"亚标准"到"正式标准"，即从"雏形"到"完形"，逐步系统化、规范化的演进过程，其名称也几经变更。语文教科书从封建时代的蒙学读本、经学读本、文选读本中脱胎而出，与课程标准的演进同步，富有新意的、多样化的成套国文、国语读本层出不穷。语文教育工作者们在教科书的编辑方面投入了许多精力和心血，为我国现代语文教育体系的建设作出了卓有成效的奠基性的贡献。

（一）语文课程标准的制订与演变

在语文独立设科之初，还没有也不可能有严格意义上的课程标准。但既然设立一门独立的学科，就必然有对这门学科的目的、任务、内容、学程乃至教学方法的规定，作出这些规定的法规性文件也就具有课程标准的性质。但它毕竟还不够系统、不够完备、不够规范，我们把这样的法规性文件称之为"亚标准"。之所以这样称之，一是表明它确实在一定程度上具有"课程标准"的性质；二是区别于以后形成的"正式标准"。按照这样的分类，1903年清政府颁发的《奏定学堂章程》中的《学务纲要》、1912年民国政府教育部颁发的《小学校教则及课程表》以及1916年颁发的《国民学校令实行细则》都属于"亚标准"，也可以看作课程标准的"初级阶段"。而我国现代教育史上第一部正式课程标准应是1923年教育部颁发的包括小学、初中、高中各学科在内的《新学制课程标准纲要》，其中"国语"学科称为《国语课程纲要》。至此，语文课程标准形成了较为完备的体系和体例，有了特定的名称。在此后相当长的时间内，语文课程标准又经历了多次修订，但基本上是以这部课程标准为基础的。

为了更清晰地看出语文课程标准的演变过程，我们将这一时期的课程标准（含"亚标准"）列举如下。

1. 亚标准

（1）1903年，清政府颁布《奏定学堂章程》（《学务纲要》），语文课程名称为"中国文字"（初小）、"中国文学"（高小、中学）。

（2）1912年，国民政府教育部颁发《教育部订定小学校教则及课程表》、《中学校令施行规则》，次年颁布《中学校课程标准》。语文课程名称为"国文"。

2. 正式标准

（1）1923年，教育部颁布《新学制课程标准纲要》，其中语文学科称为《国语课程纲要》。此前一年（1922年）国民政府进行学制改革，将原来中小学的"七四制"改为"六六制"。《新学制课程标准纲要》正是为适应"新学制"的实施而制订的。

这套"课程纲要"第一次较为完整地提出了语文学科的性质、教学目的任务、教材体系、教学原则、教学内容及分阶段教学要求，对当时的语文教育产生了重要的指导、规范作用，其体例也为其后的课程标准奠定了基础。

（2）1929年，颁布《小学课程暂行标准小学国语》、《初级中学国文暂行标准》、《高

级中学普通科国文暂行课程标准》共三部课程标准。名称中去掉了"纲要",增加了"暂行"字样,为此后的修订预留了空间。

这套课程标准是针对新学制实施以来出现的问题,对 1923 年的"课程纲要"所作的全面修订。课程名称,小学为"国语",中学为"国文"。"小学国语"部分,其目标、作业类别、作业要领、教学方法等均较前具体。说话、读书、作文、写字均分项列出。"中学国文"部分,对教学目的和要求、教学内容、教学时间和要求等也作了比以前更为明确、具体的规定,内容有所丰富。

(3) 1936 年,教育部颁布《小学国语课程标准》《初级中学国文课程标准》《高级中学国文课程标准》。自 1929 年颁布"暂行标准"之后,经过 8 年的试行、修改,此时基本定型。其中 1932 年组织了一次审核,并公布施行。这一课程标准取消了"修订"、"暂行"等字样。

(4) 1940 年,陕甘宁边区政府颁发《初中国文课程标准草案》。课程标准规定,本科教学的全部活动,必须贯彻新民主主义革命的立场、观点、方法,以达到下列目标:①提高学生对大众语文和新社会一般应用文字的读写能力;②掌握其基本规律与主要用途,获得科学的读、写、说的方法;③养成良好的读、写、说的习惯——这是本科教学的基本目的;④同时,适当配合各项课程,提高学生的思想认识,增进其他各种知识。

这一课程标准具有比较鲜明的思想性、大众性、科学性,突出了"能力"、"方法"、"习惯",注意了语文课程中的思想教育以及与其他学科间的沟通,只是略显欠具体。

(5) 1941 年,颁布《小学国语科课程标准》《六年制中学国文课程标准草案》。"小学国语"的特点是国语常识合编,增加了各学年教材内容范围,附件中列有"文法的组织",是第一次将文法内容列入"标准"。"中学国文"在原先基础上,对教学目标、教材大纲、实施办法等略加增删,没有根本性的变动。而且这个"标准草案"只在少数学校试验,没有在全国推行。在此前一年(1940 年),初、高中的国文课程标准已进行了一次"修正"。

(6) 1948 年,颁布《国语课程标准》、《修订初级中学课程标准》、《修订高级中学课程标准》。《国语课程标准》大大简化了 1941 年课程标准的内容,只有"目标"、"纲要"两项。中学的课程标准经修订后没有能够施行。

(二)语文教科书的编辑与更新

1. 从《蒙学课本》到《国文》教科书

"教科书"或称"课本"。在中国近代教育史上,最早出现"教科书"之名源于在华西方宗教团体为传播宗教和其他知识的需要而建立的"教科书编纂委员会"。中国人自编的第一部教科书,始于 1807 年,是由当时的南洋公学出版的《蒙学课本》,主编为朱树人。这本教科书的特点是:它是一元的综合性教材,在编制上大体以常识为内容、语文为形式,行文仍为"文言体",但文字较为通俗。与传统教育的蒙学教材相比,它在一定程度上具备了语文教科书的基本条件,是我国语文教科书的雏形。

我国新式教科书的编制,最早是在民间开始的。先有高凤谦、蒋维乔等编纂的由上海商务印书馆出版的《最新初小国文教科书》(1903 年版);后有高凤谦、张元济、蒋维乔编的商务版《高等小学国文教科书》(1906 年版)。这是在清末语文分科教学初起时出现得最早的新式教科书,且书名正式冠以"国文"(此名称的出现早于官方法规)和"教科书"字样。至于中学,则迟至 1908 年才由商务印书馆出版了吴曾祺选编的《中学堂国文教科书》。

民国建立后,南京临时政府教育部规定:"凡各教科书,务合共和国宗旨,清学部颁行之教科书，一律禁用。"在民国初年所编印的各种国文教科书中，以《教育部审定共和国新国文》影响为最大。1912年，中华书局在上海创办，该书局以"养我中华民国国民"、"注意实际教育"为出版宗旨，发行了一套《新中华教科书》。从此，中华书局和商务印书馆就成了我国长期以来编印教科书的重要阵地。

2."五四"新文化运动与国语教材建设

"五四"以前的中小学国文教科书一般都是文言文。"五四"以后，语体文蓬勃发展起来，优秀的白话文学作品相继问世，特别是"国语科"的建立、新学制的实施以及新的课程纲要的制订，极大地促进了国语、白话文教材的建设，这使得当时的语文教科书面目一新。

这一阶段的国语教科书具有如下特点：

（1）语体文不仅在小学、初中，而且在高中国语教科书中都有了一定的比例，甚至出现了全部由白话文编成的语本。

（2）"五四"新文学作品大量入选。例如，沈星一主编的《初级国语读本》（中华书局出版，1923年），第一册中42篇文章基本上都是当时名家的"时文"。其中，冰心的作品就有7篇；鲁迅的小说《故乡》，1921年发表，1923年入选；另有胡适、郭沫若、叶绍钧、蔡元培、梁启超等人的优秀作品，内容进步健康、浅显而富有情趣，属于比较典范的现代白话文，洋溢着强烈的时代精神。

（3）教科书中开始选入外国文学、哲学、社会学等方面的译文，开拓了选文范围。

（4）在文言文与白话文的处理上，出现了两种编辑类型：一是文言、白话混编型，如顾颉刚、叶绍钧等合编的新学制初中《国语教科书》（商务印书馆，1922年）；二是文言、白话分编型，如沈星一、穆济波编的初级、高级《国语读本》和《古文读本》。

（5）在文言文的选编方面也有了一些革新：开拓了选文范围，不限于"古文"，也选近现代人的文言文，如蔡元培、梁启超的文章；对选文进行删节，使用新式标点；部分选本试行文言、语体对译。

（6）注重应用文（与"文学文"相对）的价值，职业教材的编写开始引起关注。

（7）部分教科书推出了"教材支配表"，对教学时间的分配提出了建议。配合新体国语教科书的出版使用，各书局还同时印行了各种国语、国文教授案（教学参考书），以帮助教师理解课文，把握教学要求。

自"五四"时期至20世纪20年代，在中学国文教学中是否采用文言文，及如何采用文言文，在教材建设中曾引起不同学术观点的论争。这一论争一直延续了几十年，足见这类问题在语文教育史中所具有的实践意义与研究价值。

3.20世纪30年代教科书编写的繁荣

自"五四"以后，直到1937年全面抗战爆发，在这十多年的时间里，教材编制主要采用民间编写、政府部门审查、出版后由学校自行选用的办法，这就是"审定制"。在这种制度下，国家教育行政部门对教材编制主要通过课程标准和审查机构进行控制。相对于"国定制"，这种教材制度使自编教材有了可能，促进了教材编写方面的相互竞争和标新立异，也使得各种教材的编辑思想得以体现和发展。因此，在这一时期，尤其是进入30年代，民间自编教材出现了前所未有的繁荣局面。

根据1929年修订的《暂行课程标准》以及20年代教科书编制、使用的经验，这一阶段的中学国语、国文教科书在以下三方面大致趋同：一是内容不违背所谓"党义"；二是文言、白话编组确定了大致的比例，即《暂行课程标准》中规定的文白比例，即初一为3：7，初二为4：6，初三为5：5，高一为6：4，高二为7：3，高三为8：2；三是选文编排原则有共同的倾向。初中阶段大致是：初一以记叙文为主而以描写文为副，初二以描写文为主而以说明文为副，初三以说明文为主而以论辩文为副。高中阶段大致是：高一以文体为纲，高二以文学源流为纲，高三以学术思想为纲。这种"趋同"现象，一方面反映了课程标准对教科书编写的制约，另一方面也反映了经过多年实践，人们在某些问题上所形成的共识。

然而，这一阶段在教科书编写方面的探索和创新则更为广泛、更为深入，成果也更丰富。其中最值得后人注意的是对于单元组合的探索。

把教科书中的选文，按照题材内容，或按体裁样式，或按时代和作家进行集中编组，组成相对独立的单元，这在"五四"以前就已经有人尝试过。到了 20 世纪 30 年代，人们开始设想把语文基础知识，特别是读写方法的知识有系统地编进一般文选型的教科书，使之形成一个或整或散的语文知识系统，于是单元组合方法就越趋复杂起来，在这方面的实践成果也显得多姿多彩。

尝试之一：以"文章作法"为线索，组成读写结合的综合单元，各单元的选文服从于本单元"文章作法"要求，提供相应的范例。

尝试之二：将系统的文法、作文法和修辞知识编入教科书，使语言基础知识与文选"混合"起来。

尝试之三：以夏丏尊和叶圣陶合编的《国文百八课》（开明书店，1935 年出版）为代表的"综合组元"法。它将文章类别知识、写作技术知识、文学史知识分别以"文话"、"文学史话"、"文法"、"修辞"等项目写成一篇篇短文，有机地穿插编排在相关文选之后，形成了以语文基础知识为贯穿线索、以精选文篇为印证材料、二者相互配合的格局。

从 20 世纪 20 年代后期到 30 年代，小学国语教材的编写，出现了追求艺术化和儿童文学化的倾向。这种追求，与当时颇有影响的"儿童本位主义"的教育思想有关，与唤起儿童阅读兴趣以发展儿童想象力和语言能力的教育目标有关。这一时期比较流行的小学国语教材，大都注重文学意味，注重儿童心理，在具体内容和编法上各有一定的特色。

总之，在 20 世纪 30 年代进入教科书领域的出版单位之多，推出的新教材种类之丰富、形式之新颖、编写阵容之强大、市场竞争之激烈，都是前所未有的，成为现代教育史上一个令人瞩目的现象。

（三）40 年代的教科书创编

1. 国民党统治区

抗日战争和解放战争期间，国民党政府强化文化专制主义，教科书的编制制度由"自由编制"被"统一编制"所取代，过去的"审定制"改变为"部编制"，亦即"国定制"，因而教科书编制的活跃性、多样性相对而言不如 20 世纪 30 年代。尽管如此，一批内迁后暂得安定的学者专家和文化人，根据社会需要对教科书的编制开始了新的思考和探索，创编了一些富有时代特征的教科书。

（1）小学国语常识分科合编本的试编。

我国的小学语文教科书，经历了与常识混编（蒙学课本）到分编（"新学制"后与自然、社会等分科编制）的变化。抗战期间，为适应战时短期教育的需要，重新采取了语文、常识混编的办法，并出版了一些"合编"教材。这种教材的特点是：①在内容上，国语与常识各自保持特有的内容；②在形式上，国语教材以儿童文学的形式来表现，常识教材则以图表为主、以简要的文字说明为辅来表现；③在编排上，国语、常识合编于一书，以常识教材为经，国语教材配合编组；④在体例上，国语、常识教材均为"单元制"，行文纯为"语体"。

（2）中学活用课本、自修课本的创编。

这些课本主要是为抗战时期因社会的不安定而失学的青年以及战时一些特种学校的学生编制的，多冠名"活用课本"、"自学课本"或"进修课本"等。这类课本突出"短期"、"灵活"、"便于自学"的原则，往往"合教科书、教授法、参考书三者于一炉，可详可略，弹性极大，庶几一月二月教之不嫌多，半年一年教之不嫌少。班级制、演讲制，固可适用；导师制、自修用，亦无不可，此为便利各种学校制度者"。由于在社会上影响较大，这些课本不仅战时广受欢迎，即使到了战后复兴期、建设期，也多次再版，为社会上的短期、速成学校乃至正规学校所使用。

（3）中学《国文》文、白分编的新探索。

在国文教科书文言文、白话文编排方式上，"五四"以后的 20 年间基本上以文白混编为主，到了 20 世纪 30 年代末期，文、白分科教学问题又重新被提起，并产生了不同学术观点的论争。在中学国文课本的编制中，一批志同道合的学者进行了文、白分编的再探索。

20 世纪 40 年代初期，中学国文课程标准修订后，国民党政府组织编写了"部编"中学《国文》，可称为"国定本"。这套教材塞进了不少"党国先进言论"，即当时一些政要的文稿、讲话，背离了语文教育的规律，受到人们的批评乃至猛烈的抨击。而国民党政府用强制手段推行这种"统一"的教材以达到思想"统一"的做法，更激起教育界普遍的不满和抵制。

2. 抗日根据地和解放区

抗日根据地和解放区的语文教材的共同特点是：紧密结合革命斗争和生产劳动的实际，突出思想政治教育、革命品德教育；面向人民大众，注重联系实际生活，突出实用性；教材编排力求系统性、科学性和实效性。与国统区的语文教材相比，有着显著的差异和鲜明的特色。

但由于长期处于艰苦的战争年代，加上缺少经验和专业的研究人员，在抗日根据地和解放区的语文教材建设中出现过一些问题。比如，在小学国语教材中，过分地强调"抗日化"而忽视语文教学的规律性和科学性；注重反映边区的生活而忽视了其他地区的生活；文化知识面比较狭窄；等等。经过在实践中不断总结和多次修订，上述问题逐步得到了纠正，教材质量有了一定的提高，在教材建设中积累了一些有益的经验。

中学的语文教材也曾出现了两种偏向：一是偏重于文学作品和古文，二是过分强调"直接应用"，把联系实际理解得过于狭隘和片面。这种情况直到 1945 年 5 月陕甘宁边区教育厅编的《中等国文》时才有了很大的改进。

至于为干部教育所编写的《识字课本》则有明确的适用范围。在内容上，除对识字进行具体指导外，还注重学习态度、工作作风、思想方法、政治认识等方面的教育。在写法上，课文一般篇幅简短而含义丰富。在文体上，则多采用歌谣、谚语、格言等形式。《干部文化课本》则增加了一些常识性内容。加大了叙事、说明和应用的比重，注重了学习方法的指导。这些课本的编写，不仅为战争环境中的干部教育发挥了重要作用，而且也为新中国成立后的扫盲、职工教育积累了许多行之有效的经验。

三、语文教学方法的改革与实验

我国现代语文教育的学科建设，从独立设科的时候起，就是一个由多种因素构成的整体运动过程。在这一过程中，无论是学制的改动、课程设置的变更，还是课程标准、教学内容的变化，都引发并始终伴随着教学方法的变革。特别是在"五四"前后，我国的语文教育工作者主动地引进国外的教育思想、教育理论和教学模式，结合国语、国文的教学实际，在教学方法方面进行了不懈的探索或移植或模仿或改造。他们注重实验，注重总结、反思。在改革的实践中积累了许多宝贵的经验，在语文教育史上留下了探索的足印，对以后的语文教学具有很高的启示和借鉴价值。现代语文教育史上的教学方法的改革，推动着学科的建设和发展，并成为学科体系中充满活力的组成部分。

（一）国语、国文教学改革的勃兴

1. "新制"呼唤着"新法"

"癸卯学制"实施以后，语文独立设科，由此带来了一系列新的变化和新的课题。首先是语文教育性质的变化：语文教育从伦理、哲学、历史、文学等多学科混杂的状况中解脱出来，逐步成为一门独立的具有工具性质的学科。语文教育的目的，不再是为了应试做官，而是为了人生和社会需要。其次是教学内容的变化：五四以后，白话文进入语文教材，学科由"国文"变为"国语"，这种明白如话的语体文如何教学，对当时的教育工作者提出了挑战。再次是教学组织形式的变化：新学堂取代了学塾和书院，班级授课制取代了个别教授制。由学制引起的上述变化呈现出一种"剧变"的情状，而教学方法则带有极大的惯性，其变化相对滞后。语文设科之初，国文科的教学方法基本上沿用旧教育"重讲解、重记诵"的传统方法。这种传统的教法，由于重在教师的讲解。因此是单纯的知识灌输；由于重在学生的记诵，因此是强制性的死记硬背。过去实行的是个别教授的学塾制，还包含着"因材施教"的一点合理因素，现在改为集体教授的班级制，连原有这一点合理因素也不复存在了。这种"新制"与"旧法"的尖锐矛盾，不仅影响了新学制下的教育成效，也严重束缚了学生身心的健康发展。

这种矛盾，到了白话文大量进入新教材以后显得越发突出。过去教文言文，只要疏通字句，便可完成教学任务；而白话文教材，学生是一看就懂的，教师要教些什么，怎样教，学生要学些什么，怎么学，许多国文教员胸中茫然。有些老教师因上不来白话文教材，干脆又选用文言语本，依旧教他的古文去了。梁启超感叹道："在今日学校各项课程之中，最为重要者，固属国文，而同时教授最感困难，教师最感缺乏，学生除有生性特别嗜好外，最感觉干燥而无生趣者，亦惟国文。"显然，白话文的教授法已成了当时语文教学研究的新课题。而中小学生国文程度的低落，更引起人们对教学改革的急切的关注和实践尝试。

2. "五四"时期教育新思潮的兴起

从时代潮流看，19世纪末、20世纪初，在我国正是资产阶级民主主义思想抬头并发展的重要时期。过去那种严重窒息青少年个性发展的传统教育，同追求个性解放、个性发展的时代潮流越来越明显地发生了抵触。努力冲破这种束缚而谋求一种新的、有利于儿童个性发展的教学模式，就成了从事新教育的人们所普遍关心的问题。当时，我国早期的一些留学生远赴日本学习教育，从日本翻译了大量有关教育学和教授法的理论著作，系统地引进了欧美、日本许多资产阶级国家一些教育家们的理论观点。在国内，由罗振玉、王国维于1901年创办的《教育世界》也不断地译介国外的教育理论。

除此而外，随着教育新潮的引进，一些国外知名的资产阶级教育家也相继应邀到中国来讲学或进行教育调查。最早到中国来考察学校教育的是美国教育家孟禄，此后，杜威、柏克赫斯特、麦柯尔等一批美国教育家也先后应邀来华，或考察，或讲学，或进行教育实验研究；国内一些热心推行新教育的专家、学者又通过《教育杂志》、《中华教育界》、《新教育》等教育期刊和各种报告会广泛宣传国外各种教育新思潮。当时在世界上影响最大的两大教育流派，一派是以德国心理学家赫尔巴特为代表的教育思想及教学模式，另一派是以杜威为代表的"实验主义"教育思想及教学模式，他们都在中国产生了广泛的影响，并由此引发了"五四"时期教育革新的浪潮。

现代语文教育在教学方法、模式上的革新，正是在这样一个时代潮流中兴起的。其间，各种教学主张、教学模式、教学实验层出不穷，名目繁多。而在全国中小学影响最大、持续时间较长的改革探索中，当以自动主义的程序教学法、设计教学法和道尔顿的试验最富成就，也最具借鉴价值。

（二）自动主义程序教学法的探讨

所谓"自动主义"，其核心是以学生为主体，相对于被动地接受学习，强调学生学习的主动性；所谓"程序教学"，就是变课堂教学的"无序"为"有序"，使之符合教育教学的规律。"自动主义程序教学法"所追求的是使教学过程成为学生"自动学习"且符合教育教学规律的有序的过程，从而提高教学成效，促进学生发展。

新学堂实行班级授课制，严格规定每节课的授课时间，因此执教者首先碰到的一个问题是如何合理地支配和处理教材，使课堂教学能在规定的时间之内按部就班地进行，形成一种具有内在逻辑的程序。因袭传统教法，严格说来，教学是无"序"的，教师一味讲解，学生一味听讲；教师只知灌注，学生只知记诵，这就无所谓"序"了。怎样变"无序"为"有序"，怎样使课堂教学的程序体现以学生为本位的自动主义精神，就成了教法革新的首要课题。这时，赫尔巴特派"五阶段教授法"的引进，给了人们以有力的援助。

德国著名教育心理学家赫尔巴特，根据他的联想主义和统觉理论，提出了一种教学程序，即四阶段教授法。这四阶段是：①明了——提示新教材，教师讲述，学生"注意"；②联想——在旧观念的基础上建立新观念，教师提问，学生"期待"；③系统——把新旧观念组成系统，作出概括和结论，教师综合，学生"探索"；④方法——把系统知识应用于实践，教师指定作业，学生"行动"。

后来，这四个阶段又经赫氏信徒莱因等人的发展，形成了所谓赫尔巴特派的"五阶段教授法"，即：预备，提示，联系，比较和总结，应用。

这五段教程适合于中小学各科教学。人们由此获得启发，在语文教学中也企图以此为借鉴，设计出一种合理的教学程序。于是，"自动主义程序教学法"就出现了诸多教学模式。其中，以下三种模式具有一定的代表性。

1. 渐明法

所谓渐明法，是与传统"讲解法"相对的，其主体不再是教师，而是学生，这种方法使学生通过教师的组织、引导，自己逐步明白课文的真味、真趣，而完全排斥教师一味逐字逐句的讲解和灌注。渐明法的"渐"，正体现了一种合理的程序。其步骤为：①复习；②预习；③教授；④整理；⑤应用。

很显然，这种渐明法的五阶段教学程序是赫尔巴特派五阶段教程在国文教学中的具体运用。这是有文字记载的最早的国文教学程序。其后，陆续有国文教授"十五段教程"、"国文教授十项程序"等模式出现。这些教学模式虽未冠名"自动主义程序教学"，但其实质和所追求的目标则是相同的。

2. "因文而异"的程序教学

随着自动主义程序教学法探讨的深入，人们发现国文教学的情况丰富而多变：有内容的变化、有旨趣的不同、有文体的区别，有风格的差异，等等。面对如此复杂的情况，在教学方法模式上如果定于一尊，不仅不符合国文教学的特点，也容易使教学模式僵化。因此，当时的语文教员陈启天提出了"因文而异"的教学主张，并形成了较为系统的教学方法。他把国文教材分为三类：一类是"模范文"，一类是"问题文"，另一类是"自修文"。三类课文，大致有着如下相应的教学程序：

"模范文"是学生需要精读深究的文质兼美的文章。教学上应当"特别留心考究形式，贵熟、贵精不贵多"，采用"自学辅导法"。一般步骤是：①学生自行圈点，并质问疑难；②学生分段试读，指出字句上未留心的疑问，使他们共同解决；③分段试讲，提出疑问共同解决；④令自行读熟，渗透题情，有疑还可质问。

"问题文"是反映社会、政治、人生等重大问题的文章。教学上注意"每回用一问题，大的分为数个小问题几回讨论"，采用"共同研究法"。步骤是：①分阅；②讨论；③批评，即老师作出评价；④记录，学生记下讨论和批评的结果。

"自修文"是学生课外自修的教材。教学中要"注重单独研究，充实思想，养成自己读书的能力"，采用"个别指导法"。步骤是：①指示各人应阅读的书籍、杂志、日报，由他们单独研究或印发选择的自修文；②阅读自修文时，须置一读书录，志疑、摘要、批评，并可随时向教员问难；③检阅读书录，并改正思想和文字的谬误，指示学生应该留心之点。

20世纪20年代盛行一时的自动主义教学程序研究，大致都沿着上述方向展开。这样的程序教学，因文而异，疏而不漏，灵活机动，不囿于僵化的模式，在教学思想上是比较高明的。

3. 黎锦熙"三段六步"教学程序

著名语言学家、语文教育家黎锦熙早在20世纪20年代初就开始对国语讲读教学程序进行研究，他根据国语教学的特点和规律，设计了"三段六步"教学程序。如图2-2-1所示：

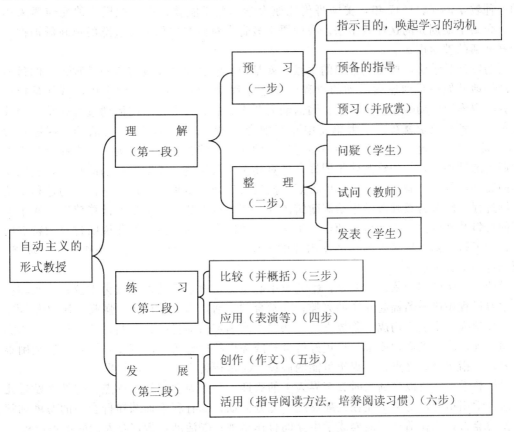

图 2-2-1　"三段六步"教学程序

20世纪40年代后期，黎氏又把第一段中的"整理"单独列为一段，形成了"预习"、"整理"、"练习"、"发展"的四段法，由此可见黎氏的改革精神是一贯的。

这一教学程序以心理发展规律为依据，以自动精神为出发点，对教学环节进行了整合和提炼；简化了步骤，增强了可操作性，既层次分明，又有较为严整的逻辑联系；纠正了此前某些"程序"生硬模仿或过于繁琐等偏向。尤其是"发展"阶段的"活用"，注重方法、习惯的培养，着眼于终身受用，这种语文教育思想体现了语文教育家对语文教育本质的深刻理解和全面把握，代表着语文教育发展的正确方向。

总之，黎氏的"三段六步"教学程序标志着20世纪20年代以来自动主义程序教学法研究的成熟和发展。到20世纪40年代，叶圣陶、朱自清合编《精读指导举隅》和《略读指导举隅》，分别就精读文和略读文的教学程序作了系统的阐述。但是，从总体上说，关于语文教学的程序问题，理论研究的成果似乎大于实践的成果。这里存在两个方面的原因：一是传统的讲解法、记诵法影响久远，短时间内无法消除，因此基于自动主义的教学程序，许多人不愿也不习惯照着去做；而丢掉了自动主义，丢掉了启发和引导学生独立学习、独立钻研，教学程序就势必流于形式，不可能产生好的效果。二是按教学程序组织教学，不致杂乱无章，随心所欲。但如果程序设计得过细过繁，不注意因文制宜，因人制宜，就容易成为一种束缚，一种僵化的模式。所以，教学程序应当有，但宜粗不宜细，程序本身必须灵活掌握，相机处理，这才可能取得好效果。

（三）设计教学法的尝试

设计教学法，是以桑代克的教育心理学说和杜威的实验主义教育思想为理论基础而创立的一种教学模式。1917年，美国哥伦比亚大学师范学院教育哲学教授克伯屈应邀来华讲学，介绍了他创立的这种教学法。我国语文教育界对西方文化十分敏感的革新派即据以实验这种新的教学模式。

所谓设计教学法，按照克伯屈的主张，就是把教学过程设计成为达到某种预定的目的而有计划地开展一系列连续活动的过程。在这过程中，学生是活动的主体，教师是指导者，教学内容因活动需要确定，教材因活动需要来编制。一个完整的活动过程就是一个教学大单元，各科教学就在这个大单元中相互配合着进行。例如，设计的活动（课题）为"建筑一座小屋"，这是社会生活中一项有价值的活动，符合设计的原则。首先提出为实现目的而定的种种需要，如绘制建筑图样，计算建筑所需材料，说明建筑物的特点，美化建筑物的装饰，等等。制定一个周详的计划；然后按计划一步步实施，实施计划的过程也就是教学过程。图画科教师教学生绘制建筑图样；算术科教师让学生学习计算建筑一座小屋所需的材料及其价值；语文科教师让学生学习与建筑有关的一些词汇和说明建筑物特点的短文；泥工科教师指导学生制作小屋内外的陈设；等等。各科教学内容和作业彼此联络，并围绕着一个目标展开。

设计教学法的理论依据主要是：①儿童中心主义，教学活动以儿童为本位；②兴趣主义，学习过程中应不断提起儿童的兴趣；③教育即生活，学校即社会，强调"在做中学"。

其教学模式由五步构成：①提出活动课题；②确定活动目的；③制订活动计划；④实行活动历程；⑤评判活动成果。这正好符合杜威提出的思想历程的五步，即：①感觉困难或需要；②指定疑难之点；③提出可能的假设；④试行解决；⑤验证结果。

设计教学法之所以受到当时教育界人士的欢迎，是因为它有如下优点：①教学贴近儿童生活，学用结合；②学生能在兴趣支配下充分活动；③有利于训练知行合一的态度和随机应变的能力；④在活动中能养成学生互助合作精神；⑤活动步骤符合人们的认识历程。

然而，教学中特定的认识规律与人的一般认识规律毕竟还有所不同。在教学中时时处处都强调要设定"生活境遇"，必然会出现下列明显的困难和缺点：①因一味地顺应实际境况，迎合儿童兴趣，所教所学都逃不出环境的事物和眼前的目的，所以，有永久价值而无直接需要的教材，就要摒弃；②教学内容缺乏系统性，教材的使用又有较大的随意性，不免主次不分、轻重失衡；③学生分工作业，获得的经验不完整，教师又难以照顾周全，无法保证学生的全面发展；④组织活动需要一定的条件和设备，缺少这些设备和条件的学校，试行就受到限制。

现在看来，设计教学法重视教学与儿童生活的密切结合，强调教学的目的性、实践性、综合性和趣味性，这是它的优长之处，这对于突破传统的、僵化的教学模式具有积极的意义。在这方面，它与当今正在实施的"综合实践课程"以及"语文综合性学习"有一定的相合之处。在综合性系列学习活动的设计方面，当年的设计教学法的一些创意也给今人以一定的启示。但是这并非意味着当今的新课程可以对设计教学法进行简单复制。应该清楚地看到，设计教学法最大的问题是抛开教科书，不顾及教学内容的系统性，忽视各科知识本身的独立性和内在联系，一切从儿童的生活需要和有限见闻出发组织教学。这当然就违反了教育科学的规律，事实上也行不通。到了20世纪20年代末，这种教学法的热度已经渐趋下降，而后更是难以为继。在20世纪20年代盛行一时的这种教学方法尝试，在我国现代语文教育史上为我们留下了不少启示和值得深思的问题。

（四）道尔顿制教学实验

自17世纪夸美纽斯创立班级授课制以后，这种教学组织形式很快为全世界相当多国家所采用。它极大地提高了办学效率，加快了教育的普及，也有利于学校的管理。但班级授课制最大的问题，也是与生俱来的不足——不利于因材施教。为解决这一矛盾，教育家们作了许多努力。

道尔顿制是美国教育家柏克赫斯特于1920年创立的一种新的教育制度，因为创试工作是在美国的马萨诸塞州道尔顿市的道尔顿中学进行的，故名道尔顿制。其主要措施为：

1. 以实验室（或称作业室）作为学生分科作业的场所。每一分科作业室内都无固定座位，尽量提供该学科所需的参考书、图表、实物及实验仪器等；学生可以随时自由出入，找要读的书，做规定的练习、实验，采用多种方式进行自学或接受集体辅导、个别指导与开展谈话、讨论。

2. 将每一学科的全部学习内容分月安排，制成"功课指定"（又称"学习工约"），然后分周写出具体要求。学生按照兴趣，自由支配时间，并可根据学习情况，提早或延长更换新工约。没有进度问题，没有升留级问题，也没有入学时间问题。

3. 实行学分制。年级递入具有一定的弹性和自由度。

道尔顿制的教学步骤大致分为六步：①布置作业室；②准备工约；③事前指导；④合订工约；⑤学习与指导；⑥考查成绩。其中的"工约"，相当于详细的学习计划，其内容和要求因人而异。

从20世纪20年代在中学语文科试行道尔顿制的实际情况和人们的研究看，这个制度在打破班级授课制的局限、关注学生发展差异、实行因材施教方面，在培养学生独立学习（特别是阅读和写作）能力方面，具有突破性意义和显著的特色。

然而，道尔顿制的要害是将封闭的教室变为封闭的作业室。它忽视了教师必要的讲授，忽视了师生之间的多向交流与集体研讨，忽视了广泛的社会接触和各种课外活动，兼以设备条件要求甚高，因此，尽管有不少热心者对此作了专门的试验，成果却始终未能在更大范围推广。令人感佩的是，我国推行道尔顿制的主将舒新城先生能实事求是地看待他所主持的对比实验，并以科学的态度坦诚地宣布，道尔顿在文科教学方面的效果并不比非道尔顿制的班级更好。他们以并非成功的教学实践同样为后世的教育改革者提供了有益的启示。

20世纪20年代及以后的国语、国文教育中，除了上述的几种教学改革和实验之外。还先后有"分团（组）教学法"、"导学教学法"、"比较教学法"、"问题教学法"、"集体习作"实验等尝试，但相比较而言，这些教学方法实践范围较小，在当时未能形成较大影响。然而，从发展的眼光看，这些尝试对于以后逐步形成系统方法模式的"有领导的茶馆式教学法"、"导读法"等都有一定的启示。我国现代教育史上教学方法的改革和实验，迸发着现代教育思潮与我国传统教育思想相互撞击的火花，凝聚着一代语文教育先哲们勇于探索的勇气和革新创造的智慧，他们的改革实践以及在实践中形成的经验，对当今的语文教育改革具有宝贵的启迪作用。

【复习与思考】

1. 为什么把1903年作为我国现代语文教育的发端？

2. 自语文教育独立设科以来，学科名称经历了怎样的演变？其中，将"国文"改为"国语"，最终统一更名为"语文"，这表明学科内容和性质发生了怎样的变化？

3. 现代语文教育史上第一部语文课程标准产生于哪一年？有什么特点？它的制订具有怎样的意义？

4. 在语文教科书的编辑方面，"五四"新文化运动给语文教科书带来怎样的变化？20世纪30年代在语文教科书的编制方面有哪些新的尝试？

5. "五四"以后在全国影响较大的语文教学方法的改革和实验有哪些？这些改革或实验的理论依据以及所追求的目标是什么？取得哪些成果？存在哪些不足？给我们今天语文教学改革的启示是什么？

第三节　当代语文教育

新中国建立后半个多世纪的语文教育发展历程，前半期经历了"两起两落"：新中国成立初期和60年代初期，先后出现两次语文教育建设与改革的热潮；50年代后期的"大跃进"运动以及60年代中期开始的长达10年的"文化大革命"运动，给我国的语文教育带来了严重的影响和破坏，留下了极为深刻的历史教训。进入改革开放的新时期，我国的语文教育发展出现了前所未有的繁荣。在当代语文教育史上，曾经出现过三次全国性的语文教育大讨论，每一次讨论，都深化了人们对语文教育性质、目的、任务等根本问题的认识，推动了教学改革。进入21世纪，我国在基础教育领域全面实施第八次课程改革。这次（2011年）语文新课程既体现了基础教育新课改的理念与目标，又带有鲜明的学科特点；既吸收了当代语言学、文学、哲学、美学等学科的研究成果，又继承了我国语文教育的优良传统。全面把握语文新课程的基本理念，并把新课程的理念转化为教学实践，以全面提高学生的语文素养，是每一个语文教师面临的重要任务。

一、当代语文教育概述

我国当代语文教育，是指1949年新中国成立以后至今60多年的语文教育。中华人民共和国的建立，标志着中华民族的历史进入了一个新时代。然而，新中国的发展并非一路坦途，60多年来，伴随着风雨曲折前行。而当代语文教育，始终与新中国的曲折发展同步，在通向未来的道路上经历着几起几落。

当代语文教育的历程，大致可分为以下这样几个时期。

（一）新中国成立初期（1949—1956年）

新中国建立后，在教育领域清除旧社会遗留下来的污垢，建设社会主义的新教育、新文化，是新中国成立初期新中国建设的重要任务和当务之急。语文学科的基本建设和改革也由此全面展开。这一阶段的重要变革和重要事件是：

（1）学科名称正式确定为"语文"。这标志着新民主主义和社会主义"语文"教育新时代的开始。同时表明，在一个学科中，"语"、"文"的统一，听、说、读、写训练并重，学科性质和任务发生了重要的变化。

（2）使用全国统一的"语文"课本，不再使用自编课本。

（3）1951年6月6日，《人民日报》发表了《正确使用祖国的语言，为语言的纯洁和健康而斗争》的社论。同年12月，成立"中央语文教学问题委员会"，各地先后建立语文教学研究会。次年，全国中小学成立语文教研组。语文教育问题受到从中央到全社会的高度重视。

（4）学习前苏联教育理论，大力推广教学"五环节"和"五级记分"制，推广"《红领巾》教学法"。

（5）推行中学汉语、文学分科教学，并编制了建国后第一套汉语、文学教学大纲和教材。

（二）反右、大跃进时期（1957—1959年）

该时期仅为两三年，接连两次政治运动使得1956年刚刚开始的全国性语文教学科学化试验——汉语、文学分科教学受到冲击，直至夭折。1958年的"大跃进"运动，使得以高指标、瞎指挥、浮夸风为主要标志的"左"倾错误思潮全面泛滥，给语文教学带来严重的影响，教学质量大幅度下降。其主要问题及其表现是：

（1）强调语文教学要"为政治服务"，把语文教学中的思想教育提到了极不恰当的地位，背离了语文教育规律。

（2）教材编写以"紧跟形势、联系实际"、以突出无产阶级政治为原则，全盘否定传统、排斥经典；只顾政治内容，不管语言文字，使得语文教材充斥标语口号式文字，助长了"浮夸风"。

（3）以政治运动的方式进行讲读教学。学习一篇课文就要"有的放矢地解决学生的实际思想问题"，在学生头脑中"拔白旗"、"插红旗"，以实现"兴无灭资"。这种做法，既不可能使学生提高语文水平，也违背了思想教育原则。

（4）写作教学浮夸成风。与生产领域"浮夸风"一样，在学生写作、创作的数量上大"放卫星"，追求高指标，以虚假的数量代替质量。学生习作中"假、大、空"的文风由此滋生。

（5）突击进行扫盲运动，一哄而起，中途夭折。在"迎接伟大的文化大革命"的口号之下，毫无科学根据地提出用三个月乃至半个月在一个地区扫除文盲，以强迫命令、弄虚作假的方式去实现这样的"目标",结果只能是中途夭折,留下深刻的教训。

(三) 国民经济调整时期(1960—1966年)

1960年冬,党中央决定对国民经济实行"调整、巩固、充实、提高"的方针。其后初步总结了"大跃进"中的经验教训,从而保证从1962年到1966年国民经济得到了比较顺利的恢复和发展。在此期间,教育战线逐步摆脱"左"的影响,认真总结"教育大革命"的经验教训,努力探求教育规律,促进教学改革稳步前进。这一阶段在语文教育方面所作的重要调整和改进是:

(1) 正视语文教学水平下降的实际,在指导思想上纠正"左"的错误,明确提出加强"双基"(语文基础知识的教学和语文基本能力的训练),以提高语文教学质量。

(2) 围绕"语文教学的目的和任务"以及"怎样教好语文课"开展全国性大讨论。这是新中国成立以后第一次波及全国、全社会,历时较长的语文教育大讨论。这场大讨论对于纠正"左"的错误,正确把握语文教育的规律,统一思想认识,有着深远的历史意义。

(3) 颁发了《全日制中小学语文教学大纲》,同时,编写出版了供全国统一使用的语文教材。新大纲和新教材力图体现"文道统一"的语文教育思想,并使"双基"得以强化。

(4) 大力倡导"精讲多练",贯彻"少而精"、"启发式"教学原则,在识字教学等方面积极开展教学改革试验,推广教改经验。

经过一段时间的努力,语文教育逐步摆脱了"左"的影响,开始走上健康发展的道路。语文教学改革出现了一个生机勃勃的局面,教学质量有了显著提升。

(四)"十年动乱"时期(1966—1976年)

从1966年开始的长达十年的"文化大革命"中,语文教育领域成为重灾区。有的学校"停课闹革命",包括语文教育在内的学校教育完全处于停滞状态。到1968年以后"复课闹革命"才逐渐恢复学校教育活动。这一时期的语文教育,完全成为阶级斗争的工具。

(1) 为"突出政治"。语文教材的选文主要是革命导师和鲁迅的经典作品,在有的教材中甚至达到一半以上,此外就是"革命样板戏"、"革命家史"、"总结"或紧密配合"文化大革命"的政论文。有的教材干脆"政文合一",语文教育内容高度政治化。

(2) 简单粗暴地否定"三中心"(教师中心、课本中心、课堂中心),以"工农兵上讲台"、"革命小将上讲台"代替"教师中心";以反映"现实阶级斗争"的报刊时文、厂史、村史等所谓"活教材"代替"课本中心";以"开门办学"、"走出去、请进来"代替"课堂中心"。

(3)"文化大革命"前出版的中外优秀读物,几乎都被打成"毒草",学生的课外阅读一片空白;小评论、大字报、大批判代替了写作教学,而这些所谓的"文章"都是抄来抄去的"假、大、空",真正的写作训练事实上也被取消。

(4) 践踏教师的人格尊严,语文教育工作者的队伍受到极大冲击。教育质量下降到新中国成立以来的最低水平,教学研究工作全面停滞。

"十年动乱"对语文教育的破坏,对国家、民族、经济、文化的破坏几乎是毁灭性的,留下的历史教训也是值得永远记取的。

(五) 改革开放以后(1976—)

这个时期,党中央确定了以经济建设为中心,坚持四项基本原则,坚持改革开放的基本路线,中国的经济、社会、文化教育的发展进入了以现代化建设为伟大目标的新时期。语文教育也进入了历史上最好的发展时期。这30多年来的历程,又可分为几个阶段。

1. 教育复苏阶段（1976—1978年）

1976年到1978年，是教育工作的复苏阶段。批判"知识无用论"，恢复高考制度，知识的价值得到尊重，全社会出现了学习科学文化的热潮。在语文教育领域，1978年颁布了《中小学语文教学大纲（试行草案）》，同时试用全国通行的语文课本，重提强化"双基"，语文教学研究工作开始恢复。

2. 全面探索阶段（1978—1985年）

1978年3月，《人民日报》发表了著名语言学家、语文教育家吕叔湘先生的文章《当前语文教学中两个迫切问题》，由此引发了新中国成立后语文教学的第二次大讨论，同时也拉开了全国性的语文教学改革和试验的帷幕。无论是在语文教学理论方面，还是在实践方面，无论是教育观念方面，还是教育内容和方法方面，都进行了开拓和探索。叶圣陶、吕叔湘、张志公等语文教育家的论著和讲话，在语文教育界产生了重要影响。国外教育学、心理学的新观点、新方法被引入我国。一批优秀的特级教师活跃在语文教学改革的舞台。语文教学研究的学术组织相继建立。语文教学研究书刊也如雨后春笋般出现。这一阶段，是"文化大革命"以后，也是当代语文教育发展史上改革探索最活跃、最繁荣的时期。

3. 反思与深化阶段（1985—2000年）

在经历了几年的全面探索之后，"旌旗招展，呐喊四起"的语文教育界，逐渐显得平静，人们开始对前一阶段的教学改革进行理性地总结、反思。一方面，部分语文教育工作者把感性的经验进行归纳整理、提炼，使之更为系统化、理论化。另一方面，人们也在努力地摒弃教学改革"激进"阶段出现的形式主义或各种急功近利的偏向，使得教学改革更为务实。这一阶段，人们对语文教育的研究在视野上有了新的拓展，在理论上更为深入。思考和探究的热点主要是语文教学中的思维能力培养、语感培养、语文考核评价科学化和考试改革、非智力因素的研究以及语文教学发展战略问题。这表明了语文教学改革和研究的进一步深化。

在此期间，1986年、1992年，国家教委先后两次颁布语文教学大纲，中小学语文课本也作了多次修订。从1986年起，国家实行中小学教材审定制度，"一纲多本"、"多纲多本"的局面开始出现，这是我国中小学教材制度的重要改革。

始于1997年的新中国成立后第三次语文教育大讨论由《北京文学》杂志的几篇文章而触发。这次语文教育大讨论以弘扬人文精神为主旋律，对新中国成立几十年来语文教育的性质、语文教材、语文教学方法、语文考核评价等问题进行了全面反思和批判。其声势之强大、火力之猛烈，在语文教育界乃至全社会产生了巨大的震荡和广泛的影响。这次大讨论所激起的波澜，又与世纪之交的全国基础教育课程改革的历史潮流相汇合，成为语文课课改的强大动力。

4. 新世纪课程改革阶段（2001—　）

跨入21世纪，一场全国性的基础教育改革全面展开，这是新中国成立以来的第八次课程改革，也是我国基础教育迎接新世纪、应对信息时代的各种挑战所进行的一次深刻的改革。2001年6月，国家颁发了《基础教育课程改革纲要（试行）》，针对基础教育的课程功能、结构、内容以及课程、实施、评价和管理等方面存在的问题，提出了改革的指导性意见。与此同时，教育部颁发了《全日制义务教育语文课程标准》（实验稿），其后又颁发了《普通高中语文课程标准》（实验稿）。新中国成立以后沿用了几十年的"教学大纲"恢复了"课程标准"的名称。与此相应的是，一批新型的语文教材开始试用。作为基础教育课程改革的重要组成部分，语文教育改革进入了一个新阶段。

回顾新中国建立以来的语文教育发展历程，我们形成以下几点基本认识：

第一，社会制度的性质决定着教育的性质。新中国的建立和旧中国的终结，决定了当代语文教育的新民主主义和社会主义性质：它是中国共产党领导下的以马克思主义思想为指导的人民大众的教育，它是以提高全民族的文化素质为目的的教育。这是当代语文教育的根本性质，也是与历史上任何一个时代的语文教育的本质区别。

第二，从新中国建立起到20世纪"文革"结束，我国的语文教育两起两落，走过了一段曲折发展的道路，这主要是社会政治的曲折所造成的。"左"的政治错误给语文教育带来的挫折和破坏，教训极为深刻。由此表明，语文教育的健康发展，离不开正确的政治路线，离不开稳定、宽松的社会环境。语文学科的特定性质，决定了它与社会政治之间的紧密联系，这种联系，也是语文教育规律的体现。但片面地强调"紧跟形势"、"为政治服务"，必然导致语文教育的政治化，特别是在政治路线发生错误的情况下，语文教育更容易沦为政治斗争的工具，这就背离了语文教育的规律。对于这一点，我们既需要从特定历史条件下考察其发生的思想原因，也需要从传统语文教育的弊端中找出其渊源。这方面的教训，值得我们记取并深思。

第三，几十年来，我们对语文教育中若干基本问题的探讨，诸如语文学科性质中的"文"与"道"关系问题，教材编写的"分"与"合"问题、教学过程中的"教"与"学"问题，对语文知识在语文教学中的作用和在教材中的处理问题等，都可归结为对语文教育具体规律的探索。这些探索是"五四"以来语文教育理论和实践研究的继续和延伸。有些问题看似清楚了，但实质上仍需作深入的探究，只不过这种探究不是简单的重复，而是站在前人肩膀上的攀援。不仅如此，随着时代的发展，原有的矛盾尚未解决，新的问题又提出挑战，因此，对于语文教育规律的探索是永无止境的。这种探索既具有历史的延续性，又需要勇于开拓，与时俱进。

二、新中国语文教育的重要改革

从新中国建立到60年代，除"大跃进"时期和"十年动乱"时期，语文教育曾出现过几次重要的改革，包括教育思想的更新，教学内容、教学方法的改革，课程教材的改革等，每次改革都积累了一定的经验，推进了语文教育的发展。

（一）学习苏联教育理论与推广"《红领巾》教学法"

新中国成立之初，为了改造旧教育，提高教师的业务水平，自1952年下半年起，我国教育战线普遍开展了"学习苏联教育经验"的热潮，从教育制度、课程设置到教学理论、教学方法都努力模仿苏联的做法。对于广大中小学来说，受到影响最大的是凯洛夫的《教育学》，推行最广泛的是"五级记分法"和"教学五环节"。这里着重介绍"五环节"的应用。

在凯洛夫的《教育学》中，新授课的教学过程被规定为五个教学环节：组织教学，检查复习，教授新课，巩固新知，布置作业。在全国"学苏联"的热潮中，各地教育行政部门、中小学校规定，每个学科、每个教师必须严格按照"五环节"要求备课，按照"五环节"要求上课，教育行政部门、教学研究机构、学校领导则按"五环节"要求检查教师的教案和教学。一时间，苦练教学"五环节"在广大中小学教师中蔚然成风。教学"五环节"的推广，促进了教师对现代教育理论的学习，在一定程度上改变了教学过程中的随意性和盲目性，使得教学过程遵循一般认知规律。但是，由于用行政的方式强行推广，也造成了语文教学过程中的程式化，产生了一定的负面影响。

在"学苏联"的过程中，"《红领巾》教学法"的推广引起了全国语文教学方法的改革。1953年5月，北京市女六中为北师大实习生举行观摩课，教的课文是《红领巾》。在课后的评议会上，在北师大指导工作的苏联专家普西金提出了批评性意见，这些意见归纳起来主要是以下几点：第一，时间分配不当，七页书用六小时教是不应该的现象，原因是低估儿童，把课文割裂成一片一片地去教，不能让学生获得完整的印象；第二，教师讲了四十分钟，而学生只讲了五分钟，应该让学生多说，教师少说；第三，语言和文学的因素过分的少。教师把课文逐字逐句咀嚼得像粥一样，然后喂到学生嘴里，教师过高的积极性，使学生思维处在睡眠之中；第四，把语文课变成了政治课，妨碍了语文的发展。普西金的意见不仅提出了这一课教学中的存在问题，也揭示了在当时语文教学中普遍存在的问题。普西金的意见引起了各方面的高度重视。其后在同样篇目的教学中，北师大的实习生按照普西金的意见进行了实验：压缩了课时，加强了语言知识和文学知识的教学，运用谈话法启发学生积极思维，教学取得了比较好的效果。为此，《人民教育》发表了叶苍岑《从<红领巾>的教学谈到语文教学改革问题》一文，以及《稳步地改进我们的语文教学》的短评。于是，全国范围内掀起了语文教学改革的热潮。由此产生的积极影响是：在语文教学中注重调动学生学习的积极性和主动性；注重语言和文学因素；重视从课文本身的分析进行政治思想教育。但同时也出现另一倾向，把语文课上成文学分析课，课堂上必用"谈话法"、"表解法"，出现了一些生搬硬套的形式主义做法。在相当长的时间内，"《红领巾》教学法"几乎成为语文教学的唯一方法，文学作品的"分析课"几乎成为语文教学中唯一的"课型"。尽管如此，在新中国成立初期，推广"《红领巾》教学法"，对当时语文教学中的"时弊"和注入式教学的"积弊"都是有力的冲击，是一次在全国影响较大的教学方法改革。

（二）汉语、文学分科教学的试验

汉语、文学分科是我国当代语文教育史上一次具有开创性的改革，也是一次全国性的语文教学科学化的试验。

1951年3月，教育部提出语言、文学分科的设想，认为过去的国文课，把语言、文学、社会科学混合在一起，有很大的混乱。不能在语言科学的教学里解决文学、社会科学问题，不要以文学的任务代替语言的任务，二者可以互相帮助，但是不能互相代替。在当时"学习苏联教育经验"的热潮中，许多教师也感到，语言、文学混在一起教不符合语文教学的规律，应该像苏联、美国和西欧其他一些国家那样，把语言和文学分开，进行系统的语言和文学知识教育。1953年12月，中央语文教学问题委员会给党中央提交《关于改进中小学语文教学的报告》。1954年2月，中央政治局扩大会议批准了这个报告，决定中学语文实行汉语、文学分科。与此同时，国家教育部陆续制订和发行了初中汉语、文学及高中文学教学大纲和教材，拟定了"汉语和教学语法系统"，其后，又拟定了《中学作文教学初步方案（草稿）》，供各地进行试用。1956年4月，教育部正式发出通知，要求从当年秋季起，中学、中等师范学校实行分科教学，并使用新编的汉语课本和文学课本。

汉语、文学分科教学从1955年秋季开始试教，1956年秋季全面实施，到1958年停止，前后不到三年时间。从分科教学以后的情况看，广大师生对汉语、文学分科是欢迎的，对文学和汉语课本是喜爱的。这次试验取得的最主要的成绩是：

（1）结束了两科混教要求不明、缺乏系统的状态，初步创建了比较完整的汉语学科体系和文学学科体系。

（2）依据这两个体系进行教学，目的任务比较明确，教学内容系统性、序列性比较清晰，增强了教学的科学性。

（3）有利于纠正"重道轻文"偏向，语文基础知识教育和文学教育得到了加强，促进了汉语拼音方案和普通话的推广。

（4）大大促进了教师的业务进修和业务水平的提高。但是，分科教学在我国普通教育里毕竟是开创性的试验，由于大纲、教材本身的缺点和师资队伍等方面的问题，在实践中逐步暴露出不少缺陷。问题主要集中在以下几个方面：①文学教材分量过重。文字偏深，课文偏长，篇数偏多，要求偏高，而教学时间太少。②太偏重文学的要求，对字、词、句训练的要求注重不够。外国文学作品偏多，实用文较少。③无论是汉语课，还是文学课，与写作练习如何结合的问题没有解决。④由于教材分量重，时间紧，给教学带来一些困难，导致"赶进度"、"满堂灌"现象。⑤汉语课本内容缺少重点，叙述比较呆板，练习缺少多样化，还不能很好地指导语言实践。此外教材的编排体系、编排方法也存在一些问题。

（三）60年代的课程教学改革

这是在贯彻党中央提出的"调整、巩固、充实、提高"八字方针的背景下，在广泛地讨论了语文教学的目的、任务的基础上，在总结语文教学的经验教训、逐步摆脱"左"的影响的情况下所进行的一次教学改革。改革的目标和重点是：进一步明确语文教学的目的和要求，端正认识，加强基础知识教学和基本技能训练，提高教材质量，提高语文教师业务水平，改进教学方法，全面提高教学质量。这是一次包括教学大纲、教材、教学方法在内的课程教学改革。

1．纠偏求实：1963年的教学大纲与语文教材

1963年5月，教育部颁布了《小学语文教学大纲（草案）》和《全日制中小学语文教学大纲（草案）》，这两部语文教学大纲可以说是1959年6月以来语文教育大讨论的总结，也是广大语文教育工作者和专家、学者智慧的结晶。"大纲"集中体现了20世纪60年代初教学改革的指导思想，带有明确的"纠偏"的针对性，体现了实事求是的精神。这里着重介绍《中学语文教学大纲》的特点：

（1）关于：中学语文学科的性质和目的任务，突出"基础工具性"，强调"语文基本训练"。

（2）关于语文教材的编写，要求"选材面广，课文量多，文质兼美"。

（3）关于教学方法与教学态度，强调严格训练、严格要求。

从上述几方面看，1963年的《大纲》和教材克服了分科教学脱离师生实际的缺点，纠正了"左"的错误影响，突出了语文能力的培养，重视语文知识教学和阅读、写作教学的结合，注重应用性，加强了语文教学的地位，体现了改革和求实精神。其不足之处在于：在教学目的中，《大纲》只提出语文训练的目的，没有思想政治教育目的；强调"多读多写"、"省力的办法是没有的"，提法上不够辩证；所编的教材，语文训练的系统性不强，口头训练未得到足够的重视，写作能力的培养缺乏序列化的具体措施等。

2．语文教学改革与试验

（1）加强"双基"与"精讲多练"。

早在1959年，有的同志就提出，学生语文水平的标志，主要表现在运用语文的能力上。要培养学生运用语文的能力，必须加强语文基本功的训练。1961以后，语文教育界

便明确提出加强"双基"的口号。上海还把"双基"的内容概括为"字、词、句、篇、语（语法）、修（修辞）、逻（逻辑）、文（文学常识）"八个字，称之为语文教学的"八字宪法"。针对长期以来语文教学中"讲风太盛"的弊端，语文教育界在强调"双基"的同时，大力倡导"精讲多练"。在当时，不少同志已认识到，语文运用能力主要是"练"出来的而不是"讲"出来的，"练"的主体是学生，因此，应该让学生多练习，老师在指导上多下工夫。

（2）关于集中识字的教学试验。

这里以辽宁省黑山县北关小学与北京景山学校的试验为代表。前者从 1958 年 9 月起开始进行"集中识字、精讲多练、提早写作"的试验。其主要经验是：先集中识字，后讲读课文；在掌握汉语拼音的基础上集中识字，同时，通过词汇教学扩大识字；打好"拼音"、"笔画名称和笔顺规则"、"偏旁部首"、"基本字"四大基础；在"集中识字"、"精讲多练"的基础上，一年级开设作文课，每学期写 15 篇左右，二年级平均每周一次作文练习。

北京景山学校的"分批集中识字"试验是在黑山县北关小学经验的基础上，于 1960 年开始进行的。其主要经验是：运用汉字规律，掌握儿童年龄特点和各阶段主要矛盾，充分调动学生的学习积极性；严格基本训练，使识字和阅读教学相对集中。交叉进行，将大量识字与写字、读书、作文适当结合起来；在教学安排和要求上，读、讲、写、用，"四会"分步走，既有联系，又有侧重。在两年时间内，学生识字达 2000～2500 字，掌握这 2000 多个字组成的 6000 多个常用词汇，阅读课文 150 多篇，到第四学期，能写出三四百字的作文。

20 世纪 60 年代初期，以上两所学校的集中识字教改经验在全国小学语文教学中产生了广泛影响，并引起了对识字教学的多元探索。

（3）上海育才中学教改"十六字诀"。

鉴于当时课堂教学存在着平均主义、繁琐讲解、死记硬背、不留余地的现象，上海市育才中学在段力佩校长的亲自领导下提出了"紧扣教材，边讲边练，新旧联系，因材施教"等教改措施。他们的改革面向实际，减轻负担，教师教得活泼、学生学得主动，取得了较好的效果。他们的经验被称为教改"十六字诀"。

这"十六字诀"的四个方面互相联系，不能割裂，其中最重要的是：要求教师在教学中，从学生的实际出发，发挥学生的学习主动性。

在 20 世纪 60 年代的教学改革中，出现了一批优秀的语文教师，如小学语文教师斯霞、袁溶、霍懋征，中学语文教师于漪、高润华、沈衡仲等，他们的教学经验和教书育人的事迹受到了人们的关注，产生了一定的影响。

三、新时期语文教育的更新发展

当代语文教育改革热潮的出现，是在党的十一届三中全会以后。结束"十年动乱"的中国，经历了思想解放运动的洗礼，开始进入一个改革开放的新时期。以邓小平"三个面向"的指示为指针，全面总结传统语文教育以及新中国成立以来语文教育的经验教训，吸收国外的先进教育思想和理论，广泛开展教学改革和实验，深入探索语文教育的规律，努力建设具有中国特色的现代化、民族化的语文教育体系，以提高中华民族的素质，汇成新时期语文教育改革与发展的交响曲。

（一）正本清源与观念更新

以"实践是检验真理的唯一标准"的讨论为发端的思想解放运动，冲破了长期以来僵化的教条的"左"的思想对人们的禁锢，使中国社会的发展重新焕发了活力。在语文教育领域，思想解放运动主要表现为思想认识上的正本清源、拨乱反正以及教育观念的更新。

1. 语文教育性质观

语文教育的目的究竟是什么？为什么要开设这门课？这个学科的性质如何"定位"？这些语文教育中的根本性问题，"十年动乱"曾造成极大的思想混乱，因而，必然成为人们"正本清源"的焦点。经过广泛的讨论和深入的反思，语文教育界形成这样的基本认识：确认语文学科是一门培养学生正确理解和运用祖国语言文字的工具性学科，它的基本任务就在于教会学生"学语文"和"用语文"。语文教学中要重视思想教育，但对思想教育不能作狭隘的理解，思想品质道德情操的培养，要在语文训练中进行，收到熏陶感染、潜移默化的效果。在语文教学中贯彻"文道统一"的原则，也必须建立在上述基本认识的基础上。总之，使学生获得运用语言文字的能力是语文学科的基本任务，舍此，语文学科不成为语文学科，语文课不成为语文课。

2. 语文学习主体观

确认学生是学习的"主体"，着力培养学生的自主精神、自学能力，这是新时期语文教育改革实践和教学研究中一个极其鲜明的主题。这一时期，叶圣陶先生的名言"教是为了达到不需要教"，引起人们高度的关注，其中蕴含的朴素而深刻的教育哲理及其思想意义给人们以极大的启迪。国外教育民主的思想潮流的兴起也猛烈地冲击着我国语文教育既有的观念。在"教"与"学"的关系上，人们开始思考如何发挥教师的"教"与学生的"学"两个积极性：既要发挥教师的主导作用，又要调动学生学习的主动性和积极性，其最终目的是要学生学好。80年代初期，上海著名特级教师钱梦龙在他所创立的"三主""四式"的语文导读法中旗帜鲜明地提出"以学生为主体，教师为主导，训练为主线"的"三主"观点，在全国语文教育界，乃至基础教育领域产生了广泛的影响。辽宁的特级教师魏书生把学生主体地位的确立和自学能力的培养提升到实现教育民主化的高度来认识，并作为教学改革的一条主线。对于学生"主体"地位以及自学能力的培养的研究，从70年代末开始，就已成为语文教育中久盛不衰的课题。尽管在理论界，"主体"问题一直存在着学术上的争议，时至今日仍未成定论，但教学主体观、师生观的更新对语文教育的发展，其意义是深远的。

3. 语文教学方法观

新时期的语文教学改革往往以观念的更新为先导，以教学方法的改革为"突破口"。教学方法的改革成为最活跃的领域。系统论、信息论和控制论的引入，给人们带来了新思维，从而把语文教学方法的研究带入了一个新的视野。语文教学心理研究的开展及其成果，丰富了语文教学方法改革的科学性。人们开始用系统的观念、开放的观念、优化的观念以及多元的视角认识语文教学方法问题。重新发掘传统教学方法的价值，全面审视自"五四"以来教学方法的得失，大胆地引进并尝试国外新近出现的教学方法，并在教学改革的实验和实践中创建新的教学方法模式。据统计，仅80年代初期，见诸报刊的、以数字为标志的教学方法就有二三十种之多。尽管有些方法、模式还不够成熟，但都从不同侧面反映了教学观念的变化。

（二）语文教学的科学化探索

新时期的语文教学改革和探索最早是以"语文教学科学化"为口号的。在语文教育大讨论中，人们深感语文教学效率不高的重要原因是教学目标的模糊性、教学内容的无序性、教学方法的随意性等。要实现语文教学的"科学化"，就要变"模糊"为"精确"、变"无序"为"有序"、变"随意"为"合理"，总之，要使语文教学符合科学的教育规律。

语文教学科学化的探索首先从教学内容的序列化开始，重点是教学内容的选择和合理列序。70年代末，上海市特级教师陆继椿在他所进行的"一课有一得，得得相联系"的"分类集中分阶段进行语言训练"的实验研究中，首先提出了"知识点"、"训练点"的新概念。他以写作能力为线索，将140个能力训练点设计成依次递进、阶段循环的体系，试图通过实验改变语文教学无序可依的状况，在语文教学科学化的道路上开始了探索的步履。几乎与此同时，东北的特级教师欧阳黛娜根据"初中语文能力过关"的改革设想，按阅读与写作两条线设计出教学和训练的序列，并编写出《阅读》《写作》分科实验教材，取得了较好的效果。

在作文教学领域，序列化研究在80年代中期形成热潮。一类是在传统的文体写作训练的基础上，经过充实或重新设计，形成由浅入深、由简到繁的新的训练序列。比较有代表性的有：中央教科所设计的初中作文的训练程序和方案，人民教育出版编写的六年制重点中学《写作》教材，江苏省扬州师范学院编写的六年制重点中学《写作》教材和《初中作文教学设计》等。另一类是在较大程度上突破传统模式，探索作文教学新的训练程序。最突出的是东北的常青老师创立的"写作基本训练分格教学法"。在全国范围影响最为广泛的则是北京的刘朏朏和高原合作创立的"观察—分析—表达"三级训练体系，因其创意的新颖和较强的可操作性而受到语文教育界的广泛瞩目。

语文教学科学化的探索不仅表现在对教学内容序列化和读写训练体系化的追求上，也表现在教学模式的构建和课堂程序的设计上。例如，钱梦龙的"语文导读法"，以"三主"思想为基础，建立了"自读式、教读式、练习式、复读式"四种阅读课的基本模式，并设计了阅读课的课堂教学程序。魏书生按照自己的教学目标而设计的课堂教学结构模式被称为"六步课堂教学法"。在相当长的时间内，人们对教学模式的构建和课堂教学程序的设计投以极大的热情，这种努力旨在以一定的教学思想为指导，建立起与内容系列相适应的教学活动的"序"，从而改变语文课堂中的无序状况。

关于目标教学的研究在20世纪80年代中期成为关注的热点之一。在语文教育领域，目标教学研究及实践成为语文教学科学化的重要组成部分。它给语文教学带来的显著变化是：在一定程度上改变了教学目标的不确定性，使教学目标变得明晰、具体、具有可操作性和可检测性；依据教学目标规范教学行为、判断教学目标的达成度，并据此调控教学过程，增强了教学活动的有序性和有效性；促进了单元教学，发挥了教学目标的定向功能、激励功能、反馈矫正功能。目标教学的实施，是一项大面积的教学改革，在一段时间内，布卢姆的教育目标分类学理论和"掌握学习"策略在语文教育领域产生了广泛的影响。这一理论的中国化改造取得了一定的成效。但是这一理论体系的不足也是比较明显的，在布卢姆目标分类的三大领域中，"认知领域"的理论相对比较完整、系统，而"情感领域"、"动作技能领域"则显得薄弱。当然，语文学科本身就带有一定的模糊性，试图在每个领域都追求精确化、数量化，达到可预设、可检测的要求，这又不符合语文学科的特点。如何根据语文学科的特点，在"精确"与"模糊"之间、"有序"与"变通"之间找到最佳的结合点，则是目标教学带给人们的新课题。与目标教学的实施几乎同时，语文标准化考试首先在高考中开始采用，并迅速地影响到语文教育的各类考试中。语文标准化考试，大大提高了选拔性考试的科学性，减少了主观评分中的误差，提高了阅卷的效率。但标准化考试"与生俱来"的不足也是十分明显的。从标准化考试实施之日起，人们就在研究如何完善这种考试，力图扬长避短。对这种考试方式的质疑和批评，直到今天仍没有停止。

以"语文教学科学化"为目标的一系列教学改革，从总体上看，其实践效果并非如人们预期的那样明显，语文教学中的许多问题，特别是教学效率问题，没有因为"科学化"的改革发生根本性的改观。于是，人们对"语文教学科学化"提出了质疑：语文教学能不能"科学化"？语文教学科学化的内涵究竟是什么？到了 20 世纪 80 年代后期，一个新的命题被提出：科学主义，还是人文主义？我们认为，这并非意味着语文教学科学化的探索已经"山穷水尽"，它表明，我们在探索语文教学科学化的道路上，还需要作更长期、更艰难的跋涉。

（三）语文教育改革的多元化研究

新时期语文教育研究的课题极为丰富，随着教学改革的深入，人们对语文教育中的问题展开了多角度、多层次、多元化的研究。形成了若干"热点"和"焦点"。

20 世纪 70 年代末到 80 年代初，人们在"加强双基"的基础上提出了"发展智力"的任务。智力的核心是思维能力，而语言能力和思维的发展关系最为密切。于是，一些研究者开始从思维科学和心理科学两个侧面探求语文教育规律。在语文教学实践领域，出现了"思维训练研究热"。北大附中的章熊老师于 70 年代末开始从作文训练和语言训练着手进行"发展语言的同时发展思维"的实验，其研究成果结集为《语言和思维的训练》。北京市特级教师宁鸿彬所进行的五轮教改试验，经历了从"双基"研究到"创造性思维"研究的深化过程。江苏省泰州中学的特级教师洪宗礼和程良方老师，以辩证思维的训练为重点，以文理贯通为特色，设计了一系列专题，每个专题安排了"读材料"、"想哲理"、"写作文"三个训练层次，把语言训练与思维训练、写作训练与阅读训练、学语文与学哲学紧密结合起来，第二课堂学习活动开展不仅生动活泼，而且扎扎实实。

语文教育的特点之一是它的社会性和实践性，培养学生的语文能力，必须坚持"课内外相结合"的原则。尽管这一点早被人们所认识，但在实际教学中，课外语文学习并没有受到应有的重视。到了 20 世纪 80 年代初，一种被人们称之为"大语文教育"的整体改革构想和方案出现了。较早提出了这个概念并设计出方案的，是河北的张孝纯老师。这一改革方案的结构模式是"一体两翼"。所谓"一体"，就是以语文课堂教学为主体；所谓"两翼"，其一是以课外阅读为重心的有目的、有计划、有组织的多种多样的语文课外活动，其二是对学校语文环境、家庭语文环境和社会语文环境的利用。这项试验先后进行了十年，产生了较大的影响。这种以"大语文教育思想"为指导的教改试验还有江苏无锡的孙宏杰、兴化中学的柳印生，他们也于 20 世纪 80 年代初提出了"引导学生在生活的广阔天地里学习语文"的教改试验课题。从 20 世纪 80 年代到 90 年代，"大语文教育"观逐渐演化为新时期语文教育改革的主流思想。"语文学习的外延与生活的外延相等"，美国教育家的这句名言成为越来越多的语文教育工作者的共识。

20 世纪 30 年代曾被夏丏尊、叶圣陶等人提出的"语感"问题，在 20 世纪 80 年代中期到 90 年代初出现的关于科学主义和人文主义的探讨过程中，再次引起人们研究的兴趣。人们分别从教学论和心理学的角度探讨语感的奥秘，甚至"把语感教学看作是语文教学的本质和核心，是语文教学的最终目的"。浙江师大的王尚文教授认为，语感是现代转换生成语法中一个极其重要的概念。"但语感毕竟不只是一种语言知识，它既有语言的知识，又是和人的观念、人的情绪交融在一起的，它既有语言的因素，也有认识和情感的因素，不仅是对言语对象在语言知识方面正误的判断，也是对内容的是非真伪与形式的美丑的判断，浑然一体，同时产生。"基于上述理解，他相信："语文教学无论作为科学还是作为艺术，都是一个有机的整体，牵一发而动全身，语感教学如能真正成为语文教学的本质和核心，那就意味着语文教学将由面向作为物的工具转而面向作为人的学生，由旨在使学生获得一种工具转而以语感为突破口提高学生整个文化心理素质，从而真正地直接面向学生的成长和发展。"①1995 年，王尚文教授的专著《论语感》出版，比较系统地反映了语感研究的成果。

除了以上所举的研究"热点"之外，新时期语文教育的研究主题还有语文教育的现代化和民族化研究、语文学法研究、语文教学艺术研究、语文美育研究、非智力因素研究、语文教学的"主体化"研究等。随着语文教育改革与发展的不断推进，语文教育研究的新课题不断出现，这些研究，无论是广度的扩展，还是深度的开掘，都是前所未有的。

新时期语文教育改革和研究的演变过程，呈现如下几个特点：①从单项改革发展到整体改革，从单一研究发展到系统性研究；②从以"双基"为主发展到知识、能力、智力并重，再推进到整体素质的全面提升；③以研究"教法"为主发展到对"教法"、"学法"的综合研究；④由课堂教学研究发展到包括学校语文教育、家庭语文教育、社会语文教育在内的"大语文教育"研究；⑤教学模式、教学风格流派出现多样化格局。

（四）语文教育理论体系的建设

改革呼唤着理论，实践培育着理论。在新时期语文教育改革和研究的过程中，一支以高等师范院校语文教育研究工作为主体，包括特级教师、语文教研员以及广大中小学教师在内的研究队伍不断成长壮大，语文教育理论体系的建设取得了丰硕的成果，主要体现在以下几个方面。

1. 语文教育发展史研究

新中国建立后的近四十年中，语文教育史的研究显得十分薄弱，系统的研究几近空白。20 世纪 60 年代初期，张志公先生曾在传统语文教育研究方面进行了开拓性的工作，他的《传统语文教育初探》在相当长时间内成为唯一的一本系统研究古代语文教育的专著，其后便无人为继。而张志公先生的这本专著还不是严格意义上的"史"的研究。这种状况直到 20 世纪 80 年代后期才发生改变。1987 年，陈必祥主编的《中国现代语文教育史》出版，这是新中国成立后第一部语文教育史专著。1991 年，顾黄初教授的专著《现代语文教育史札记》出版。同年，由顾黄初、李杏保主编的《二十世纪前期中国语文教育论集》出版。同年，由张隆华教授主编的《中国语文教育史纲》问世，这是迄今为止国内唯一的一部中国语文教育的通史。因此，1991 年被称为"传统语文教育研究的丰收年"。这些研究成果填补了我国语文教育史研究领域的空白，不仅为语文教育的历史研究，而且为当代语文教育的科学研究乃至未来的语文教育发展奠定了重要的、不可缺少的基础。这是语文教育理论研究的一项奠基性工程。

2. 语文教学法、语文教育学研究

语文学科教育理论体系的研究成果，主要集中在高等师范院校的语文教学法、语文教育学教材的建设上。

从 1980 年开始，语文教学法教材建设经历了以下几个阶段。第一阶段，承前启后的过渡期，以 1980 年国内 12 所院校合作编写的《中学语文教学法》为代表。第二阶段，偏重于能力训练的转型期，以 1982 年张鸿苓等编著的《语文教学方法论》为代表。第三阶段，体系探索的嫁接期，主要成果有 1988 年毕养赛主编的《中学语文教学引论》、1989 年于满川等主编的《语文教学论》等。第四阶段是学科教育的整体观照期，这一时期，建立

---

① 王尚文：《语感：一个理论与实践的热点》，载《语文学习》，1993 年第 3 期。

"学科教育学"的命题逐步成为人们的共识，"语文教育"被赋予更为丰富、更具发展意义的内涵。"语文教学法"的名称随之发生变化。较早把"语文教育"作为研究对象、对"语文教育"作整体观照的探索性研究的是 1987 年张隆华先生主编的《语文教育学》。此后，各种版本的《语文教育学》教材相继出现，标志着语文教学法教材建设和语文教育理论体系的研究进入了一个新的阶段。

3. 语文教育与相关学科的综合性研究

现代科学研究的特点之一，是大量交叉学科、边缘学科、综合学科等新兴学科的出现。在语文教育理论研究领域，随着教育改革的发展和教学研究的深入，人们的研究视野不再仅囿于语文学科自身，而是向一切与语文学科密切联系的学科领域拓展，用综合研究的方法多角度地认识语文教育的问题。于是，开辟了一系列崭新的研究空间，出现了一些新的理论研究成果。首先是语文教育心理学的建立。较早出现的有上海钟为永的《语文教学心理学》、浙江朱作仁的《语文教育心理学》，其后又有诸如《写作心理学》、《中学生写作心理》等一系列理论研究成果出现。这是从心理学的角度探讨语文教学规律的研究。语文教学心理学的研究成果为教学的科学性提供了理论的支持。20 世纪 80 年代以后，语文教学系统论、语文教学控制论、语文教学方法论、语文审美教育学、语文教学艺术论、语文教学测量学这些冠以"论"、"学"名称的新学说、新的理论体系如雨后春笋一样大量出现。不仅如此，在语文教育内部各系统研究层面，理论的探究更为深入。比如，阅读学与阅读教学的研究、作文教学研究、语文教材研究、板书学研究等，都取得了新的拓展或突破。对教学改革的实践产生了一定的指导作用。此外，在 20 世纪 80 年代中期以后，对于语文教育家教育思想的研究、对于当代语文特级教师教学经验的研究，也成为语文教育理论研究的重要组成部分。

进入新时期以来，各级各类语文教学研究机构的建立、语文教育书报杂志的出版发行，学术研究活动的空前活跃，为语文教育的改革和研究提供了阵地和条件，有力地推动着群众性教学研究活动的开展和语文教育事业的发展。

四、当代语文教育的三次大讨论

在当代语文教育史上，曾经出现过三次全国性大讨论，发生的时间分别是 20 世纪 50 年代末到 60 年代初、70 年代末期和 90 年代末期。回顾历史上的这几次全国性大讨论，了解其产生的背景、进行的过程、讨论的焦点、探讨问题的实质以及所产生的影响等，不仅对于正确地认识历史，而且对于正确地把握语文教育的发展方向，都是十分必要的。

（一）关于语文教学目的任务的讨论（文道之争）

经历了"大跃进"运动的语文教育，教学质量大幅下降，因此，教育部党组 1958 年给党中央提交了《关于提高中小学语文教学质量的请示报告》。报告列举了当时中学生阅读、写作能力低的种种表现，并提出了改进语文教学工作的意见。

1959 年，中央教育工作会议决定以语文为重点学科，要求教育部门各级领导抓紧语文教学的领导工作，切实提高语文教学质量。为了在根本问题上逐步统一思想认识，上海《文汇报》自 6 月 5 日起开辟专栏，首先展开"关于语文教学目的任务的讨论"。8 月中旬开始，讨论内容的范围有了扩展。这场广泛的社会讨论，波及全国许多省市，有的地区、学校还专门组织讨论会、座谈会。《光明日报》、《天津日报》、《北京日报》等报刊也先后组织了类似的讨论与笔谈。

这场大讨论的焦点可归结为"文道之争"。这是借用了古代"文以载道"的"文"和

"道"的基本含义。"文"泛指要学生掌握的课文的语言形式；"道"是指要学生领会的课文的思想内容。纵观当时对"文"、"道"关系的认识，基本上有三类不同见解：

1. 以文为主

持有这类见解的人认为，语文知识教学是语文学科的基本任务或是主要任务。他们的理由是：一门学科的目的任务必须依据学科自身的特点来确定，忽视这种特点，就等于取消这门学科。别科教学可以专取其"道"而遗其"文"，语文教学必须兼取其"文"而且以取"文"为前提。语文课以语文知识教育为主要任务，适当地进行思想政治教育。语文课虽然政治性很强，但它毕竟是一门文化课，不是政治课。语文课不能因为要"政治挂帅"，就把政治思想教育任务定为语文课的主要任务。

2. 以道为主

持有这类见解的人认为，语文学科有强烈的思想性，它的主要任务是进行思想教育。有的人依据"政治是灵魂、是统帅"的论断，肯定"思想教育是语文教学的灵魂"；有的则根据"政治内容第一、艺术形式第二"的文艺批评标准，断定思想教育在语文教学中起着决定作用。他们推理说，"语文表达形式，仅仅是一种形式，都是由它的思想所决定的"；"语文教学应该以教育目的为主，错字、病句不是原则问题，教学只是手段，而教育才是目的"；"语文教学的最终目的是对学生进行政治教育。语文课总是以语言文学作为阵地来向学生进行思想教育的。文章的形式和内容都是服从于一定的思想政治的，而分析文章的思想政治内容正是语文教师的一个重要任务"。

3. 文道并重

持有这类见解的人认为，语文学科兼有思想性与工具性的特点。在语文教学中，政治思想教育和语文知识教学两者都重要。政治思想教育和语文知识教学"不是什么首要次要的问题，而是两者应紧密无间，结合进行"。"语文知识教育与政治思想教育的关系，绝不是'你消我长'的关系，也不是'你主我次'的关系。它们之间水乳交融，亲密无间，偏重了哪一方面也是不妥当的。把语文课讲成政治课固然不对；但是，抱着单纯实用观点，把语文课仅仅看作是一种教会识字、读书、写文章的工具课，那也是不对的。"主张"文道并重"的人，虽然注意到了持有"以文为主"和"以道为主"意见的人的某些偏颇，但是，他们对语文教学的双重任务等量齐观，也受到了有些人的批评，这些人认为，"语文教学的任务应该有重点"，"语文本身的性质规定了它的任务"。

1961年1月《文汇报》又开展了"怎样教好语文课"的讨论。它是1959年关于语文教学的目的任务问题的讨论的继续和发展。在深入讨论和实践的基础上，1961年12月3日，《文汇报》发表社论《试论语文教学的目的任务》，对这场讨论作了总结。

社论从语文学科的性质、语文知识教学和政治教育的关系及语文教学的规律、方法等三个方面对语文教学的目的任务作了深入的分析。在明确任务的基础上，简述了语文教学的客观规律和正确的教学方法。今天看来，社论对语文学科的"文"、"道"关系的分析和对语文教学目的任务的概括是正确的，它不仅在当时起了积极的作用，而且对以后的语文教学也产生深远的影响。

这是我国语文教育史上范围最广、历时最长的一场社会性大讨论。讨论的各方认真严肃、思想活跃、充分说理、持之有故，充满学术民主的氛围，反映了国民经济调整时期纠正"左"倾错误而带来的生动活泼的局面。这场大讨论产生的成果和影响：一是纠正了"大跃进"运动以来语文教育领域"左"的错误，改变了"突出政治"、"重道轻文"等偏向，使语文教育回归健康发展的道路；二是在语文教育的目的、任务及其规律这些根本性问题上，不仅澄清了一些片面、模糊的认识，而且把人们的思想认识提升到了一个新的高度；三是这次大讨论所形成的基本认识为 1963 年新大纲、新教材的编制奠定了正确的思想基础；四是对语文教学实践产生了积极的导向和推动作用，特别是在正确处理"文"和"道"的关系，加强"双基"等方面，有明显的改观。这场大讨论，带来了 20 世纪 60 年代初教学改革的可喜局面。但是，在今天看来"文道并重"也是不准确的，不科学的。

（二）关于提高语文教学效率问题的讨论

与新中国成立后第一次语文教育大讨论十分相似的是，第二次语文教育大讨论也是发生在一场政治运动之后。中小学的语文教学，经历了"文化大革命"的十年浩劫，在"文"和"道"、"教"和"学"等关系上造成了极大的混乱，因而导致教学质量的严重低下。到了 20 世纪 70 年代末，随着"四人帮"的覆灭和政治上、思想上的拨乱反正、正本清源，人们越来越明显地感到，要极大地提高全民族的科学文化水平，为社会主义中国的经济腾飞培养更多、更好的人才，必须切切实实地改进语文教学，提高中小学生运用语文工具获取知识、发展智力、传情达意的能力。没有这个基础，"在科学技术上赶超世界先进水平"的愿望就会落空。1978 年 3 月，社会科学院语言研究所在北京召开北京地区语言学科规划座谈会，叶圣陶在会上作了题为"大力研究语文教学，尽快改进语文教学"的长篇发言，较为系统地阐述了他对改进语文教学的见解和愿望。他指出："从前读书人读不通，塾师可以不负责任，如今普通教育阶段的语文教学却非收到应有的成绩不可，语文是工具，自然科学方面的天文、地理、生物、数、理、化，社会科学方面的文、史、哲、经，学习、表达和交流都要使用这个工具。要做到个个学生善于使用这个工具，语文教学才算对极大地提高整个中华民族的科学文化水平尽了分内的责任，才算对实现四个现代化尽了分内的责任。以往少慢差费的办法不能不放弃，怎么样转变到多快好省上必须赶紧研究，总要在不太长的时期内得到切实有效的改进。"[①]吕叔湘在 1978 年 3 月 16 日《人民日报》上发表了题为"当前语文教学中两个迫切问题"的文章，就本国语文和外国语文的教学问题提出呼吁，其中说："中小学语文课所用教学时间在各门课程中历来居首位。新近公布的《全日制十年制中小学教学计划试行草案》规定，十年上课总时数是 9160 课时，语文是 2749 课时，恰好是 30％。十年时间，2700 多课时用来学本国语文，却是大多数不过关，岂非咄咄怪事！"为此，他建议："是不是应该研究研究如何提高语文教学的效率，用较少的时间取得较好的成绩？"叶圣陶和吕叔湘的讲话、文章引起了国内语言学界和语文教育界的强烈震动，使人们感受到问题的严重性和迫切性，并引发了"文革"之后一场全国性的语文教育大讨论。不过，与 1959 年的大讨论不同的是，这场讨论并非表现为不同观点的论争，而是对问题的共同关注和强烈的呼应。一批语言学家、语文教育专家纷纷发表文章或言论，分析现状，探究根源，倡导争鸣，呼吁改革。身处教学第一线的语文教师、高等师范学校的一批语文教育工作者，也纷纷参与，并开始探索语文教学的改革之路。这场语文教育的大讨论产生的直接效应是：

第一，它唤起了人们改革的责任意识和紧迫感。国家在新的历史时期规划了现代化建设的宏伟蓝图，而中小学语文教学的现状又如此令人忧虑，二者反差如此之强烈。问题一经提出，一种尽快"走出误区，探求革新之路"的意识由此萌发。

第二，它引起了人们对调查研究工作的重视。1979 年，人民教育出版社派出两个调查组分赴福建、四川两省，对语文教学现状进行较大规模的实地调查，获得了大量第一手

---

① 叶圣陶：《大力研究语文教学尽快改进语文教学》，载《中国语文》，1978 年第 2 期。

资料，形成了两份调查报告。这就为深入地分析问题并采取相应的对策提供了基础。

第三，它引发了语文教育界对语文教学的性质、目的和任务等根本性问题的重新审视和思考，从而正本清源，端正了思想认识。

第四，它直接引起了语文教学改革和实验的行动。1978 年，全国中学语文教学研究首届年会所展示的研究课题和教学改革经验，主要围绕着这场大讨论所提出的问题展开。

自这场大讨论之后，一场波澜壮阔的语文教育改革热潮在全国范围兴起。如前所述，一段时间内，语文教育界"旌旗招展"、"呐喊四起"，可以说，是这场大讨论拉开了新时期语文教育全面改革的帷幕。

（三）关于语文教学人文性的讨论

第三次语文教育大讨论始于 1997 年，与上两次大讨论不同的是，它不是由语文教育界，甚至不是由教育界发起的。这场大讨论缘起 1997 年第 11 期《北京文学》"世纪观察"栏目发表的一组谈语文教育的文章。这组文章的作者和题目分别是：王丽的《中学语文教学手记》；邹静之的《女儿的作业》；薛毅的《文学的悲哀》。几位作者都是普通的教师、编辑。文章所讲的都是语文教育中司空见惯却又触目惊心的事实：教材陈旧、考试繁琐、观念僵化、教法呆板，现行的语文教学的种种弊端，扼杀了儿童的灵气，磨灭了创造的精神。这组文章发表后，立刻引起了社会的巨大反响，多家报刊予以转载，并刊发文章予以呼应，对语文教育批判的声浪逐渐高涨。

1998 年 11 月，教育科学出版社出版了王丽编写的《中国语文教育忧思录》，《光明日报》、《中国教育报》、《瞭望》等全国性报刊以及地方性报刊继续刊文参加讨论。

1999 年，一部"以拯救中学语文为己任"的书《世纪末的尴尬——审视中学语文教育》出版，策划者是一批中青年学者。这本书对中学语文教学的批判，语词之锋利、火力之猛烈，都是前所未有的。从"编者的话"就可强烈地感受到这一点："这是一本批判的书，但批判的对象不是老师，批判的方式不是谩骂。这是一本控诉的书，但控诉的被告不是作家，控诉的结果不是宰杀。这是一本伤心的书，因为再不伤心，我们的孩子将不会说话。这是一本拯救的书，因为再不拯救，我们的民族将由聋而哑。"[①] 他们所要拯救的，"是世上最沉重最豪华的'泰坦尼克号'"。这本书的出版，把这场大讨论推向高潮。对于这种批判，呼应、赞同者有之；持反对意见、采取反批评态度者有之；虽不赞成其过激的态度，但仍理性地正视所提出的问题者有之。讨论仍然在继续。

2000 年，教育科学出版社推出了江明主编的《问题与对策——也谈中国语文教育》一书，作者既有大学教授、教材专家、文化学者，也有一些中学特级教师、高级教师。他们分别从不同角度发表了对这场语文教育大讨论的看法，对语文教育中的问题，从历史到现状进行了深入的分析，对改进语文教学提出了诸多积极的建议和设想。虽然这场大讨论没有明显的终止时间，但这本书却带有总结和深化思考的性质。

这场大讨论几乎涉及语文教育领域各个方面的重要问题，批判的锋芒指向语文教育中的种种"时弊"和"积弊"，讨论的焦点是语文学科的人文性问题。

1. 语文学科的性质问题

虽然这个问题被探讨了多年，但语文教育中的种种问题仍要归结到这个"基本"性质上。

---

① 孔庆东、摩罗、余杰主编：《世纪末的尴尬——审视中学语文教育》，汕头大学出版社，1999 年版，第 1～2 页。

关于语文学科的基本性质，长期以来大致形成了这样的"共识"，即"工具性与思想性的统一"，或确认语文学科"是一门具有思想性的基础工具学科"。但正是这一被看作"共识"的"正确观点"，在语文教育大讨论中受到了批判，而这种批判，早在 20 世纪 90 年代初期就已出现。有人认为，正是"工具论"导致了语文教育中高度工具化、技术化训练，导致语文教育中人文精神的失落和偏废，导致语文教育背离了教育的终极目标——人格的完善和人的全面发展。至于语文教育中的"思想性"，其丰富的内涵已经"窄化"，多年来基本封闭在政治领域、意识形态领域。"思想性"，的表述已经不再具有揭示语文学科极其丰富的人文内涵的功能。于是，很多人赞同用"人文性"取代"思想性"的提法。

2. 语文教材问题

语文教材的主要问题在四个方面：一是选文陈旧。在中小学语文教材中有时代气息的作品实在太少，大量带有浓厚政治色彩、意识形态色彩的作品年复一年地存在于教材中。有人慨叹，打开教材让人大有"不知有汉，无论魏晋"之感。二是选文缺少眼光。入选教材的许多文章未必是最上乘的，有的并非适合作教材，有些"紧跟形势"的文章更不是从教学的需要选编的。三是教材体例和形式问题。在教材内容的编排体例和内容的呈现方式上，显得繁琐、单调、刻板，课后练习的设计带有浓厚的应试色彩。四是教材选编者的观念、学识、眼力、经验问题。

3. 教学方法问题

一方面，教学改革轰轰烈烈，新法迭出：另一方面，在中小学语文课堂上，"涛声依旧"。"时代背景—作者介绍—段落大意—中心思想—写作特点"，这种讲课模式带着巨大的惯性在沿袭。"公开课上满堂问，公开课后满堂灌"，这一"问"一"灌"成了教学中的主要方法。"问答式的分析"与"习题式的训练"成了语文教学中的"两座大山"，而有些练习几近"文字游戏"。有些"新法"一旦走上形式主义道路，也就变得僵化，失去了应有的活力。

4. 考试评价制度问题

这是这场大讨论中批判火力最集中的目标之一。批判者认为，首先，现行的高考制度不利于素质教育的实施，不利于创造性人才的培养；其次，考试内容分量太重，难度太大；再次，考试形式不符合语文学科的特点，尤其是客观性考题的弊端太多。

总之，语文教育积淀的问题太多，有人总结为以下几点：①严重忽视语文教育是人的教育；②严重忽视汉语言文字的特点与汉语教育的规律；③对"语文基础"的误解；④忽视语文课堂教学规律。

这场大讨论总体上是以批判性地提出问题为主，许多问题提得比较尖锐，有的言论显得比较偏激或者有些夸大，从中也反映出部分同志对语文教育的历史和发展状况缺乏全面的了解和研究，对此，语文教育界的一些专家和老师也提出了不同的看法。这些意见归纳起来大致如下：要充分肯定改革开放以来语文教育取得的成绩，要充分肯定千百万语文教师付出的艰辛劳动，要以科学的态度和辩证的方法分析语文教育中的问题，等等。尽管如此，参与大讨论的语文教育界同志都能正视语文教育中的问题，并以历史的责任感和前瞻的眼光分析问题，探求对策。

审视这场发生不久的世纪之交的语文教育大讨论，至少有以下几点值得我们关注和思考：一是这场大讨论的出现是否有它的必然性，二是这场大讨论的实质是什么，三是这场大讨论产生怎样的影响，如何评价这场大讨论在语文教育发展史上的意义。

以大讨论所提出的问题来看，似乎仍然是历史上曾经多次讨论过的话题，也可以说是前两次语文教育大讨论的延续和反复。这表明，语文教育与社会发展始终有着十分紧密的联系，语文教育的基本问题始终为教育界也为整个社会所关注。但这种"延续"和"反复"并不是简单的重复。在新的历史条件下，在语文教育发展到一定阶段，这种讨论包含着新的思想内涵和新的价值取向，所讨论的这些"基本问题"既是历史的延续，又发生了一定的"质变"。如果撇开大讨论中某些言论的偏激或态度、方法的偏颇，这场大讨论所触及的是语文教育乃至整个基础教育中存在的一些深层次的问题，批判的锋芒所指，是教育领域中长期形成而尚未彻底根除的"左"的思想观念，僵化的教育体制以及各种表现的形式主义、繁琐哲学等。这里既有传统教育弊端根深蒂固的影响，也有计划经济条件下所形成的凝固的思维模式及其巨大惯性。这种批判无疑是十分深刻的。在批判声中，裹挟着一种急切的呐喊：对于语文教育中的个性解放、人文精神复归的呼唤，对于教育终极价值的追求，对于更深层次的教育变革的期待。它未必开出"药方"，只是通过这种振聋发聩的"呐喊"，引起"疗救者"的关注和觉醒。对于这场大讨论，至今尚未有权威性的或标志性结论，除了认识上确实存在一定的分歧之外，还因为，当新一轮大规模的课程改革潮流涌来的时候，这场大讨论的余波已经汇入大潮之中。但是可以肯定的是，这场大讨论对于新世纪语文课程改革产生的影响是直接的，也是深刻的。新世纪语文教育工作者改革的实践，将继续显示出这场大讨论的深远影响。

五、新世纪基础教育课程改革与语文新课程

进入新世纪以后，新中国成立以来规模最大的一次基础教育课程改革在各学科领域迅速推进。"为了中华民族的复兴，为了每位学生的发展"，深化教育改革，全面推进素质教育，成为这次课程改革的主旋律。语文学科新课程是这次基础教育课程改革的重要组成部分。它既体现着这次新课改的理念和目标，又带有鲜明的学科特点。

（一）基础教育课程改革的背景和目标

在人类处于世纪之交的时候，世界各国都在思考如何迎接新世纪的挑战，如何为未来培养人才，而人才的培养在于教育，教育的核心在课程。因此，课程改革成为一个世界性的时代话题。尽管各国的国情与教育传统有许多差异，但是在同一时代背景下思考的课程改革却有许多相似的东西，表现出基础教育课程改革在新的历史时期的发展趋势。

1. 全球化趋势

经济全球化是新时代的一个显著特征，它所带来的影响已经渗透到政治、经济、教育、生活等各个领域。

这一时代特点对现代人的素质提出更高的要求：必须具备开放的心态和视野；具有国际意识，尊重多元文化；具有合作与交往能力，严谨的态度和法制的意识，积极进取与竞争的意识；具有民族的自尊心和自豪感等。为了应对这一时代要求，许多国家把国际视野、国际意识、国际观念、尊重文化多样性、可持续发展与环境保护意识等作为本国的课程目标。在课程结构方面，许多国家或独立开设有关全球化的课程，或在各门课程中渗透全球化的观念，或通过一些主题性活动进行全球化教育。

2. 信息化趋势

以网络与计算机技术为标志的信息化社会正影响着整个世界，它以无法预测的速度改变着整个世界，也改变着我们每一个人的生活方式。其特征是：信息量急剧增加，新知识层出不穷，信息传播迅速，信息传播媒体多样化，传播工具和手段不断更新。所有这些都对基础教育课程提出挑战。

在课程目标方面，世界各国普遍强调信息素养能力的培养，包括信息的获取、处理、管理、表达与交流的能力，以及运用信息技术解决实际问题的能力；在课程设置方面，普遍设立"信息技术"课程；在课程实施与教学方式方面，普遍开设网络教育、远程教育；等等。

3. 个性化趋势

尊重人的个性，发展人的个性，是当今时代的又一重要趋势。工业社会以批量化、标准化为特征的生产方式极易把人变成机器，这种生产方式对教育曾产生很大的影响。进入知识经济时代，生产方式发生了极大的变化，时代的发展不仅需要丰富多彩的产品、丰富多彩的生活方式、丰富多彩的精神生活，也需要丰富多样的生产方式；这是一个不断创新的时代，需要激发每个人的创造潜能和个人智慧……时代的这些特征都呼唤着人的个性发展和心灵解放。这给教育与课程改革又提出了一个重要课题。

在课程目标方面，许多国家都把个性发展列入培养目标，包括形成每个学生独特的能力、树立社会责任感、自我成长的意识；发展自己的潜能、认识自身的优缺点和具有实现目标的意志等。在课程实施与教学方式方面，为适应个性化教育的需要，各国创造了灵活多样的教学组织方式，如无年级制、走班制、选课制、分层教学或小班化教学等。对于教师，倡导个性化教学设计；对于学生，则鼓励个人化的学习方式。

由此看来，基础教育的课程改革在世界范围受到了前所未有的重视，各国都把课程改革作为提高人才培养质量，以增强国力、积蓄未来国际竞争力的战略措施。这正是我国实施课程改革的国际背景。

我国的基础教育课程改革之所以显得迫切，还因为我国基础教育的现状同时代发展的要求和肩负的历史重任之间存在着巨大的反差。一是固有的知识本位、学科本位问题没有得到根本的转变，所产生的危害影响至深。教育的状况很不适应时代对人的要求。二是传统的应试教育势力强大，素质教育不能真正得到落实。在一些地方正如有的同志形容的，"素质教育喊得震天动地，应试教育抓得扎扎实实"。此外，教育观念滞后，课程内容存在着"繁、难、偏、旧"的状况，课程结构单一，学科体系相对封闭，等等。这些问题的存在，都制约、影响着素质教育的贯彻实施。因此，我国的基础教育到了非改不可的地步。

这次课程改革的根本任务是：全面贯彻党的教育方针，调整和改革基础教育课程体系。为了实现这一任务，更好地指导课程改革的实施，2001 年 6 月，教育部颁布了《基础教育课程改革纲要（试行）》（以下简称《纲要》），提出了本次课程改革的六项具体目标，构成了新一轮基础教育课程改革的总体框架。这六项目标是：①实现课程功能的转变。②体现课程结构的均衡性、综合性和选择性。③密切课程内容与生活和时代的联系。④改善学生的学习方式。⑤建立与素质教育理念相一致的评价与考试制度。⑥实行三级课程管理制度。

作为指导这次课程改革的纲领性文件，《纲要》提出的改革目标是鲜明的，渗透在《纲要》中的思想、理念是丰富而深刻的，它不仅集中地体现了素质教育思想，而且还吸收了当代世界先进的教育思想和课程观，包括终身教育思想、大众教育思想、学习化社会的思想、主体教育的观点、建构主义的理论、多元智能的理论、后现代主义课程观等。这些思想、理念也是指导语文新课程的理论基础。

（二）当代世界语文课程与教学的发展趋势及其特点

在语文学科领域，自 20 世纪中叶以来，特别是 90 年代以后，国外的语文课程与教学发展明显地呈现出新的共同趋势和特点。

自二战结束以来，发达国家大致每十年时间就进行一次比较重大的改革。在每一次课程改革中，语文课程始终受到人们的高度关注。基础教育课程改革的许多新理念往往在语文学科中得到充分的体现。

当代世界各国语文课程与教学的发展，主要有以下六个特点。①

1. 教学观念：语言的实际运用与文学熏陶并重

各国语文教学的发展历史，清晰地呈现出一条由文学熏陶到语言实际运用的运动轨迹。语文教学重视语文实际运用无疑是历史发展的必然趋势，但是教学实践也证明，那种单纯培养语言实际运用能力的语文教学同样不能适应现代社会的需要。因此，怎样认识文学熏陶与语言实际运用之间的关系，成了各国语文教学中的一个带有普遍性的问题。

文学教育、情感熏陶是文艺复兴以后欧洲语文教学的主要目标，并且历时几百年。时至今日，它不仅没有被各国语文界彻底抛弃，而且经过短暂的沉寂后又重新受到青睐。目前世界各国普遍认为它是语文教学目标中一个不可分割的组成部分，所不同的是，以前这种教育和熏陶是由"绅士教育"的目的所决定的，而今天则是为人的和谐发展所必需的。在语文学科的教学中，进行文学教育与培养语言实际运用能力并不是对立的，语文教学脱离语言的实际运用是没有出路的，但只重视语言的实际运用而轻视或忽视文学教育也同样是片面的。语言的实际运用和文学熏陶并重已成为各国语文教学的共同要求。

2. 培养方向：智力发展和个性发展兼容并蓄

现代教育的发展，把开发学生智力明确地提上了议事日程。20 世纪 60 年代以来，各国的语文教学突出地把智力发展作为自己的一项重要目标。苏霍姆林斯基明确指出：智育的主要目标是发展智力，如果忽视智力的发展，语文学习就难免成为死记硬背的东西，练习技巧也必然沦为机械训练。

然而近年来，语文教学强调个性发展的呼声越来越高。欧美各国强调个性教育的立场是人们所熟知的。即使是东方的日本，个性发展在国语教学中也毫不放松。日本的一些颇有影响的国语教育专著指出，国语科是培养国语的理解能力和表达能力的学科，但不能仅从实用主义立场去理解，国语科还是一门以培养性情和人品为目标的学科，国语教育的本质就在于用语言来造就人。

其实，智力发展与个性发展在语文教学中是可以兼容并蓄的。赞可夫的各项新教学原则的实施既十分注重学生的智力发展，也决不忽视包括情感、道德、意志在内的个性全面发展。

语文教学提出智力和个性发展目标的历史不长，各种讨论和研究也刚刚起步，如果我们不对"个性"作出过于狭隘的片面理解，而明确"个性"是人的心理特征的总和，即人的整个精神面貌，那语文教学目标包容智力发展和个性发展，则是一种历史的必然。

3. 教材编写：分科、综合并存，有向综合发展的迹象

各国语文教材的编写体系，主要有综合型和分科型两种。日本的国语教材不下十几种，但都是综合型的。一般以培养学生听说读写能力和系统学习语文知识为目的，将课文分为四种类型：阅读课文、写作课文、听说课文、语文知识课文。上述四类课文在教材中交叉排列。从横的方面看，各类课文互相配合，教学时便于听说读写的结合；从纵的方面看，每类课文在各册教材中能互相衔接，自成系统，体现了循序提高听说读写能力和系统学习国语语法知识的要求，从而使语文教学科学化、系统化。

① 李新宇主编的《语文教育学新论》，南京师范大学出版社 2006 年版。

前苏联的教材属分科型：《俄语》教材按俄语语法系统编写，每一章节的语法知识均配有大量的口头和书面练习。《文学》教材由《祖国语言》《祖国文学》《俄罗斯文学》《俄罗斯·苏维埃文学》。《祖国语言》按思想教育的题材分单元。

上述分科型与综合型的语文教材从一个侧面反映了学科建设的纵向发展和横向发展。传统教育的学科建设是纵向发展的，社会分工和科技进步使学科日益精细，课程由孤立分化的学科组成，反映这种课程特点的教材体系基本上是分科型。这种课程在今天的学科教育中仍占主导地位。但当代科学的发展出现了新的动向，在分科日益精细的同时，又横向延伸，形成了综合化的趋势，反映这种课程特点的学科教材一般都采用综合型。语文教学中的这种趋势似乎也不可遏制。从认识的一般规律看，认识发展遵循这样的基本顺序：由对事物整体的笼统认识→对事物细节的认识→对事物结构的认识→更高层次上的认识。分科型教材提供了对事物细节的认识材料，综合型教材则提供了对事物结构的认识材料，两者对语文学习都是不可缺少的。

4. 训练体系：主体依然是阅读中心与写作中心

语文教学要培养听说读写的能力，因此从理论上讲，听、说、读、写的训练宜并重，但从各国语文教学的实践看，听、说教学很不系统，主体仍然是阅读和写作。因此，有的以阅读为中心，有的以写作为中心，多数国家把阅读训练放在最主要的地位。这可以从阅读材料的数量以及安排阅读训练的时间上得到证明。这种"阅读中心"以日本较为典型，尤其是初中语文教学明确以阅读为重点，主要阅读语文课本中的文章，理解作者的意图。初、高中作文教学的时间按"学习指导纲要"的规定，占各个年级语文课的五分之一。

法国的语文新课程的特点是以表达为基础，并由此使听说读写诸方面统一起来。从形式上看，小学只要求写数句意思完整的短文；初中侧重"段落"写作；高中才是真正的作文。学生自由命题极少，主要是命题作文。由于法国是把作文看成语文教育成果的集中体现，因此从某种意义上讲，法国语文的阅读教材充当了作文，特别是议论文写作的素材。比较多国的语文教学，说法国语文教学以"写作为中心"似乎并不过分。

5. 阅读教学：语文知识与语文能力紧密结合

以知识传授为主还是以能力培养为主，这一问题曾经是教育史上"实质教育"与"形式教育"争论的焦点。语文是工具，语文教学要培养语文能力，如何培养语文能力以及怎样处理语文知识与语文能力的关系，现在各国的认识已开始渐趋一致。

值得注意的是，目前世界各国对知识和能力概念的认识远远突破了原有的观念。新的知识观认为，任何一门学科的材料，都包含基础知识和基本技能两个方面，而基础知识又包含一般知识和理论知识。诚然，语文是工具，但按照语文知识体系组织语文训练并不是轻视语文的工具性，恰恰相反，它强调工具的掌握和使用，不能光靠模仿，而必须有理论知识的指导。目前，这种观点在阅读教学中正不断得到加强。对于能力的研究，人们也逐渐从原有的单一化研究转向结构化的整体研究，以防止能力培养中顾此失彼现象的产生，提高教学的整体效应。总之，阅读教学中知识与能力的关系，自经历了以知识传授为目的到以能力培养为目的的发展道路以后，似乎又出现了知识与能力的新的整合趋势。

6. 写作教学：文体训练与能力训练互相补充

写作能力是一种综合性的创造性的语言能力。学生语文水平高不高，往往突出地反映在写作上，因此各国的语文教学都非常重视写作教学。美国的写作教学具有多样化的特点，但各州、各地区的做法也有一些共同点。除了进行为写作打基础的练习之外，具体的作文练习包括：表现个人特点的"自叙文"、具有实用价值的"实用文"以及饱含浓厚思想内容的"议论文"。英国写作教学的目的并不主要是作品如何写得如何，而是重视培养学生的构思能力和整理素材的能力。因此，作文训练并非严格地按文体进行，而是首先通过丰富多彩的作文练习，使学生习惯写作文。他们强调要让学生写自己想写的东西，给学生提供自由想象的机会，所以从写虚构的故事入门，进而过渡到写具有实际思想内容的作文，这是英国写作教学的特色，可称之为能力训练体系。

事实上，文体训练与能力训练是可以互补的。比如前苏联在对写作教学科学化的探索中，拉德任斯卡雅的理论和实践正受到普遍的关注。她提出作文教学的主要任务是发展智力和培养各种独立的写作能力，并在总结经验和开展教学实验的基础上，确立了一个把能力培养和文体训练结合起来，由浅入深、全面安排的中年级（4～8年级）作文教学新体系。

目前，国外写作教学呈现出以下几种趋势：小学出现写作教学提前的倾向；注重实用，与现代社会交际相适应；单项训练与综合训练相结合；注重写作训练与学生心理能力的发展同步。

将我国的语文课程改革与国外语文教育的发展相联系，我们不难发现。面对时代的发展，世界各国的语文教育发展呈现出诸多相同的趋势。当然，我们也可以清楚地认识我国语文教育的特点以及与其他国家的差异。考察并了解这些发展动态，既可以更深入、全面地认识我国的语文教育改革，又可以从国外的语文教育经验中获得借鉴和启示，从而更好地把握语文教育规律，建设有中国特色的语文新课程。

（三）语文新课程的基本理念和发展创新

根据《纲要》精神构建的语文新课程，不仅体现了基础教育课程改革的指导思想、目标要求，借鉴了当代世界各国的语文课程的经验，而且吸收了当代语言学、文学、哲学、美学等学科的研究成果。尤其要指出的是，在语文新课程中，包含着发生于20世纪末的那场语文教育大讨论撞击出的思想火花以及所引发的深层思考，至于大讨论对于语文教育中人文精神的呼唤，如今已经成为语文新课程中的强音。透过课程标准，我们可以看到语文新课程的基本理念和发展创新的"亮点"。有不少专家和教育家把新课程的基本理念和新的课程标准概括为五句话。

1. 一个总目标

全面提高学生的语文素养是总目标。"语文素养"这一概念是语文新课程的新概念，也是课程标准中的一个核心概念。为什么使用"素养"而不用人们经常使用的"素质"？这是因为，用"素养"这一概念可以比较准确地体现语文能力形成的养成性、过程性、实践性、综合性、渐进性等特点，比较符合语文学习、语文教学的规律。在此之前，我们对语文教学目标的描述有"传授知识"、"培养能力"、"发展智力"等提法，在这一平面上，还有"审美教育"、"爱国主义精神"等，但是一直缺少一个具有统摄性、包容性的上位概念来概括语文教育目标。因此，创建"语文素养"这一重要概念，是语文新课程标准的重要贡献。这个概念之所以重要，因为它是语文新课程的"核心"概念，是一部课程标准全部理念和内容的支撑点。

2. 两个基本性质

新课程确认语文学科的基本性质（或"基本特点"）是"工具性与人文性的统一"，这一理念的形成，经过了长期的思考和反复的讨论。既然语文是人类最重要的交际工具，那么培养学生掌握并运用这一工具的语文课程，当然具有"工具性"。至于用"人文性"取代以前语文教学大纲中的"思想性"，这是在语文学科性质的认识上的十分重要的发展，也是新时期语文教育研究的重要理论成果之一。

3. 课程目标的三个维度

知识和能力、过程和方法、情感态度和价值观，这是语文学科也是基础教育所有学科中对课程目标的要求。这三个维度以情感态度和价值观为首位。它既包含了"双基"的目标，又注重了学习主体的实践和体验，有利于改变只重结果不重过程的现象，突出了人文素质的培养。"三维目标"的提出，集中地体现了素质教育的精髓——致力于学生的全面发展。

4. 语文教学的四种理念

语文教学的四种理念是：全面提高学生的语文素养；正确把握语文教育的特点；积极倡导自主、合作、探究的学习方式；努力建设开放而有活力的语文课程。（具体内容见课程标准）

5. 五个学习领域

五个学习领域是识字与写字、阅读、习作、口语交际、综合性学习。其中"口语交际"是对"听话"与"说话"的整合；"综合性学习"是新课程中一种新的学习方式。在上述五个语文学习和教学领域中，都提出了一些新思维、新理念、新建议。这些将在有后面的有关专节中作专门的论述。

总之，语文新课程是对我国语文教育历史的继承和创新，是新时期语文教育改革与研究成果的结晶，它带有鲜明的时代特征，凝聚了广大语文教育工作的心血和智慧。新课程的生命力在于实践，它也将在实践中逐步得到完善、不断向前发展。

【复习与思考】

1. 新时期语文教育改革在教学观念上的更新主要表现在哪些方面？

2. 新时期语文教学科学化探索主要表现在哪些方面？如何认识"语文教学科学化"？

4. 简述当代语文教育史上的三次大讨论的时间、背景、讨论的焦点问题及所产生的影响，谈谈你对这几次大讨论的看法。

5. 简述当代世界语文课程与教学的发展趋势及其特点。

6. 我国语文新课程的核心理念是什么？你对此有何理解？

第三模块　语文课程论

【内容提要】

本模块主要探讨语文课程论问题。课程是个不断发展变化的概念，随着课程理论研究的深入和实践的发展，人们对"课程"的认识越来越深刻、越来越全面。在近期的课程理论与实践发展中，课程概念的内涵发生了重要变化：从强调学科内容到强调学习者的经验，从强调目标计划到强调过程本身的价值，从只强调显性课程到强调显性课程与隐性课程并重。这样的变化使我们拓宽了语文课程的领域，认识到学校课程不仅以系统地传授知识技能为目的，更强调保障学生的人格与能力的发展，同时也使我们更加全面地认识到语文教育的功能。

一般说来，课程设置涉及以下四个基本问题：①学校寻求达到的教育目标是什么；②能够提供哪些教育经验使学校有可能达到这些目标；③怎样把这些教育经验有效地组织起来；④我们如何确定自己是否达到了这些目标。

第一个问题是课程目标的问题。学校希望通过开设语文课程培养什么样的人才，人才的规格是什么？这些是课程设置的出发点，在整个课程当中具有决定性意义。课程内容、课程结构、课程实施等都要服从和服务于课程目标。语文课程目标的确定应该着眼于全面培养学生的语文素养。新的课程标准根据知识与能力、过程和方法、情感态度价值观三个维度设计。目标体系条块分明而又相互协调，目标明确而又具有弹性，三个维度相互渗透融为一体。

第二个问题是语文课程内容问题。语文课程内容包括通常课程内容和特定课程内容。它是指语文学科中特定的事实、观点、原理和问题以及处理它们的方式，是在一定的课程目标指导下对学科知识、社会生活经验或学习者的经验中的相关知识经验的概念、原理、技能、方法、价值观等进行选择和组织而构成的体系。

第三个问题是课程实施的问题。课程内容一旦确定，课程与教学的其他一切活动便可以围绕它展开，也就是如何实施的问题：教学的设计是关于课程内容的组织和安排；课程与教学评价是关于课程内容产生的结果的判断；课程的实施是课程内容的逐步实现与进一步发展。

第四个问题是课程评价的问题。课程评价是指按照一定的价值标准，通过系统地收集有关信息，对教育活动中受教育者的变化的诸种因素满足社会与个体需要的程度做出判断，并为被评价者的自我完善和有关部门的科学决策提供依据的活动。

故我们就从课程的性质、课程的目标、课程的标准、课程的资源和课程的评价来进行探讨。

第一节　语文课程性质

　　《义务教育语文课程标准》指出："语文课程是一门学习语言文字运用的综合性、实践性课程。义务教育阶段的语文课程，应使学生初步学会运用祖国语言文字进行交流沟通，吸收古今中外优秀文化，提高思想文化修养，促进自身精神成长。工具性与人文性的统一，是语文课程的基本特点。"由此看来，新的课程标准给我们语文教育的性质作了明确定论。

　　在此以前，长期以来，有关语文课程的概念和语文学科的性质问题。我国语文教学界对语文课程概念的理解过于褊狭，只局限于语文学科课程的范围，严重阻碍了语文课程整体功能的发挥。为此，我们首先要明确语文课程的概念，指出课程包括教学科目、预期的学习结果、经验等多重含义。语文学科的性质是语文教学研究中的一个难题，对这个问题一直争论不休。新的课程标准明确了语文课程的性质为工具性和人文性的统一，这对语文课程的建设具有重要意义。

一、语文课程的概念

（一）什么是语文课程

　　"课程"一词在我国文献中的出现，始见于唐代。唐代孔颖达在《五经正义》中有句注疏："教护课程，必君子监之，乃得依法制也。"南宋朱熹在《朱子全书·论学》中有"宽在期限，紧在课程"，"小立课程，大作功夫"等句。这里的课程已经含有学习范围、进程、计划之义，与我们现在多数人对课程的理解有相似之处。在国外，"课程"一词的英语为"curriculum"，在西方教育史上，英国教育家斯宾塞在其名著《什么知识最有价值》一文中首先提出"课程"（curriculum）这一术语，并将之概念化为"教育内容的系统组织"。该词源于拉丁文"currere"，意为"跑道"，规定赛马者的行程，与教育中的"学习内容进程"之意较为接近。

　　课程是一个使用广泛而含义多重的教育学术语。不同的人，在不同的时代、不同的情境中，所使用的课程概念的内涵和外延是不同的。从某种程度上讲，每个人都有对课程的认识、理解与建构，由此导致人们在认识课程并对课程做出界定时，形成了各种类型和各种取向的课程概念。一种观点认为课程即教学科目，课程即"学科或教材"。这种课程观，强调学科知识的系统化及教育进程的安排。课程内容的来源主要是人类长期积累的知识，教育的任务就是把经过选择并系统化的知识传递给学生。其实质是从知识本身出发，强调学校教育向学生传授学科的知识体系，然而只关注教学科目，却忽视了学生心智发展、情感陶冶、个性发展等有重要影响的其他课程资源。另一种观点认为课程即学习结果或目标。一些学者认为，课程应该关注预期的学习结果或目标，即把重点从手段转向目的，因而要求事先制订一套有结构有序列的学习目标，然后围绕预定的教育教学目标而选择、组织学习经验，实施教育教学活动，并进行教育教学评价。这种课程强调课程的目的性、可操作性，然而，该课程过分强调教育的预先计划性而缺乏灵活性，不易照顾到变化的教育情境及客观要求，同时也容易忽视非预期的学习结果。还有一种观点认为课程即"经验"。持这种课程观的人把课程看作学生在教育环境中与教师、材料等相互作用的所有经验。这种观点强调了学习者的兴趣、爱好、需求和个性，重视学习者与环境的相互作用，重视教育环境的设计与组织，兼顾了课程过程与结果、预期与未预期的经验。

（二）语文课程内涵的发展趋势[①]

近来，语文课程的内涵发生了重要变化，呈现以下几个趋势：

1. 从强调学科内容到强调学习者的经验

长期以来，我们实行单一的学科课程，在应试教育的影响下，学科课程的局限性不断被强化甚至走向极端。我们的课程专注于学生知识内容的传递，知识外于学生。当人们只强调学科的时候，课程的内涵也就与语文学科内容等同起来，这样就越来越排斥学生的直接经验。这样的课程与学生的经验分离，与学生现实的人生无关。学习被看作是与学生生活经验无关的活动。学生的知识没有经过经验的统整和应用，只是机械地储存于记忆中，没有转变为行动的智慧，由此导致的结果是学生的权利、学生的发展在课程中得不到保障。为了切实保障学生的发展，把学生的发展置于课程的核心，人们越来越关注学习者的现实生活经验。课程内容是人类文化经验的精选，但它必须使个体的经验不断得到更新和发展。在课程进行中，存在着人类共同经验。教师和学生的经验相互交织着产生作用，在相互作用中，学生理解了人类共同经验，并使其融合于自己的经验中，发展自己的经验，因而课程是学生个体经验生成和更新的源泉。课程仅是个体经验的源泉，而且课程的进行要以学生的经验为基础，因为个体理解课程，是从自身已有的经验出发的，已有的经验是理解课程的基础，如果没有个体经验的参与，课程就无法理解。一方面，学习课程总是从已知走向未知，课程使学生感到已有经验的欠缺，从而在课程中探索未知；另一方面，通过已有经验的参照，课程被理解，从而与已有经验融合在一起。只有这样，课程的进行才能与学生的生活经验真正联系起来，使活动课程内容真正转化为个人的生活智慧。

2. 从强调目标计划到强调过程本身的价值

只把课程作为教学过程之前和教学情境之外设定的目标、计划或预期结果，如"课程计划"或"教材"等。按这种课程观，课程实际上是以预定的"结果"或"产品"的形式而存在。这种课程是封闭的、固定的、静态的，必然会导致把教育教学过程本身的非预期性因素排斥于课程之外。当特定的教学情境中教师和学生的主体性得到充分发挥的时候，这种教学的进程必然是富有创造性的，必然存在许多非预期性因素，正是这些创造性的、非预期性的因素才使教学拥有无穷的教育价值。对于课程的生成与创造而言，尽管在一定的程度上，它取决于"教学设计"或"教学预案"的质量，但无论"教学设计"或"教学预案"有多么完备、教师对教学的准备有多么充分，都取代不了教师在课堂实践中的即兴发挥与临场应变，所谓"教学机智"的运用即是针对这种情况而言的。教学中会存在许多模糊的、不确定的灰色地带，影响学生学习的许多变量是教师控制不了的。这看起来是个弱点，其实是个优点，因为它为教师在课堂实践中的即兴发挥与自主创造留下了空间。学生学习经验的获得既不取决于教材上写了些什么，也不取决于教师教了些什么，而是取决于学生在学习活动中实际上做了些什么，取决于学生是如何与教材、教师、同伴及周围的环境交往互动的。只有在教学过程中，师生之间、学生之间具有充分的交往互动（特别是对话与交流），学生积极主动地投入学习、参与学习，在学习活动富有创造性的时候才有"学习经验"的生成，才有"课程"的创造。因此，人们开始走出预期目标、计划的限制，关注教学进程本身的教育价值，强调过程课程。

---

① 李新宇主编：《语文教育学新论》，南京师范大学出版社，2006 年版。

3. 从只强调显性课程到强调显性课程与潜性课程并重

在课程论中，显性课程与潜性课程是两个相对应的范畴。所谓显性课程，是指学校教育中有计划、有组织实施的课程，是"正式课程"。潜性课程同显性课程共同构成教育课程的两大内容，是指在学校教育中没有被列入课程计划，但却在潜移默化地影响学生身心发展的全部学校文化要素的统称，是以间接的、内隐的方式呈现的课程，是学生在学习环境（包括物质、社会和文化体系）中，所学习到的非预期或非计划的知识、价值观念、规范。它不在课程规划、教学计划中反映，不通过正式教学进行，但又对学生的知识、情感、信念、意志、行为和价值观等起到潜移默化的作用。一般说来，语文潜性课程的内容可分作三个层面，即语文教材中的潜性课程、语文课堂教学活动中的潜性课程和语文课外活动中的潜性课程。语文教材中的潜性课程：语文教材是实施语文教学的依据，是一种教学资源，其中的教学内容是经过特殊筛选并加以定式化、组织化的语文基础知识和基本技能。在选择和组织的过程中必然会融进编者的教学观、知识观和价值观，语文教材除了具有外显的语文知识、技能的载体功能外，同时还含有丰富的政治、经济、历史、文化、哲学、道德、法律等内容，这些内容与知识即构成了语文教材中的潜性课程。语文课堂教学活动中的潜性课程：在语文课堂教学中，学生的学习态度、过程和方法，师生间的互动关系，同学间的互助学习和合作学习，课堂教学环境，教学方法的选择与运用，教学组织与管理，教师教学语言的选用，教师体态语言的展示，教学评价与反馈等环节都隐藏着无数的教育因素，这些潜藏着知识的或技能的教育因素，无时无刻不在潜移默化地影响着或引导着学生的学习生活和成长发展，无声地陶冶着学生的心灵。语文课外活动中的潜性课程：语文课外活动是指在语文课堂教学之外进行的，与语文相关的，以发展和锻炼学生能力为目标的活动，如课外阅读、自办报纸、创作、演出、演讲及社会调查等活动。在这些活动中，活动的环境、人与人之间的合作关系、活动的组织形式、活动的目的都会给学生带来一些语文潜性课程内容，这是在语文教材中、教学中难以全部学习和掌握的。由此得出结论，潜性课程是影响人发展的不可忽视的重要课程。学校中的潜性课程与显性课程是教育课程内容的两个方面，每一个受教育者的成长和发展都是在两者的相互作用、相互渗透中进行的。显性课程和潜性课程二者各司其职，各负其责。显性课程侧重于知识和技能层面的内容，而潜性课程则主要是情感和意志等内容的学习。显性课程和潜性课程二者互动互补，相互作用。

二、语文课程的性质

（一）语文学科性质观的嬗变

语文学科的性质是什么？这是长期以来语文学界一直在思考和争论的问题。这个问题既是基础理论的问题，又是对语文教育实践起着指导作用的根本性的认识问题。在近现代的语文教育史上，由于社会局限性、阶级局限性、历史局限性和文化局限性的影响，人们对语文学科性质的认识有深有浅、有偏有全，出现过各种不同的语文学科性质观。诸如认为语文学科的性质是"应用性"、"工具性"、"知识性"、"实践性"和"人文性"等，其中典型的观点是"工具性"说和"人文性"说。这些不同的观点反映出人们对语文学科性质观上存在着明显的差异。这正是语文教育陷入盲目性和随意性的误区，教育质量难以从根本上得到提高的病根之一。

我国古代没有严格分科意义上的语文教育。1903 年清政府颁布了《奏定学堂章程》，语文学科开始独立设科，人们对语文学科的性质的思考也因此而开始。对于语文学科性质观的嬗变过程，大体可以从不同时期的典型观点去分析。

1.20世纪初期：语文学科实用性的观点

从1903年语文学科独立设科至20年代中期，关于语文学科性质的典型观点有"实用性"说和"应用性"说。1909年，沈颐在《论小学校之教授国文》中认为"其所授国文，亦宜以实用为归而不必蹈词章之习"，强调"授以布帛粟菽之文字而不必语以清庙明堂，则真国民教育之旨也"。辛亥革命以后，许多学者提出：教授国文当注重应用。1915年，姚铭恩在探讨小学作文教授法时，对国文学科性质做出如下表述："国文作法教科之性质，发表的教科也，技能的教科也。……养成其自由活动发表之技能，则大失本科之性质也。"此时期人们认识到"国文"学科是一门技能学科，强调学科的应用性。五四运动以后，特别是1923年全国教育联合会颁布《新学制课程标准纲要》，规定中小学均改"国文科"为"国语科"，提倡白话文，使学生能够自由表达思想。这是语文教育史上的一个重大转折，人们对语文学科的实用性的认识进一步拓展和加深。1923年，穆济波就中学国文教学问题论及本科的地位和意义时，指出国文学科教育的唯一目的是："养成有理想，有作为，有修养，在中等教育范围以内，有充分使用本国语文技能的新中国少年。"1925年，朱自清对此也表明自己的看法，强调国文学科教学要重视"养成读书思想和表现的习惯或能力"，认为这是国文学科特有的个性。

2.30到40年代："工具性"思想初步形成

从1928年至1948年，关于语文学科性质的典型观点是"语文学科是语文训练的功课，而不是灌输知识的功课"。1931年，宋文翰在比较的基础上，指明国文学科"重在传授知识的文字的运用的训练"，"重在形式表现方法的探讨"，并且"国文科则于明了而外，尚须使学者能运用"。1940年，浦江清针对当时国文教学的情况，再次强调"中学国文应该是语文训练的功课，而不是灌输知识的功课，与理化史地等课程性质完全不同"。1942年，叶圣陶先生针对当时"重思想教育、轻语文训练"的弊端，指出"国文在学校里是几本科目的一项，在生活中是必要工具的一种。旧式教育的目标与方法不能养成善于运用国文这一工具的普通公民"。这是语文工具论的最早命题。此时期人们对于语文学科性质的认识，开启了语文学科性质之"工具"说的先声。

3.50年代初：关于语文课程具有工具性和思想性双重性质思想的初步形成

1950年8月，中央人民政府教育部颁布了《小学语文课程暂行标准（草案）》。该课程标准由"目标"、"教学大纲"和"教学要点"三部分组成，其中"目标"部分有四项：第一至第三项是阅读、说话、作文和写字教学方面的目标，主要属于掌握语文工具的目标；第四项则是属于知识教育和思想教育方面的目标。所以说，该课程标准比较明确地规定了语文课具有思想政治教育和语文教学的双重任务，比较集中地反映了国内语文界对语文课程具有工具性和思想性双重性质的认识。

4.60年代初：明确提出和重点强调语文课程的基础工具性

1958年掀起的"教育大革命"，使语文课被教成了蹩脚的政治课，学生语文"双基"的水平越来越低，这引起教育界深深的忧虑。1959年，中央教育工作会议决定以语文为重点学科，要求各级教育领导部门抓紧语文教学的改革，切实提高语文教学质量。为此，上海《文汇报》开辟专栏，首先展开"关于语文教学目的任务的讨论"。在讨论中，很多同志都袭用"文"与"道"的用语来说明语文教学中思想教育与语文知识教育这两种任务的关系。对这两种任务的不同理解和争论，即所谓当代语文教育史上的"文道之争"。在深入讨论的基础上，1961年12月3日，《文汇报》发表社论《试论语文教学的目的任务》，从语文教学的性质、语文知识教学和政治思想教育的关系及语文教学的规律方法三个方面对语文教学的目的任务作了深入分析。这场"文道关系"的争论及《文汇报》的社论，结束了相当长一段时间内语文教学不正常的局面。1963年，国家教育部颁布了《小学工作条例》和《中学工作条例》，条例提出了"以教学为主"的原则，明确了语文学科的工具性，指出"不要把语文课教成政治课"。在此历史背景下，1963年5月，国家教育部颁布《全日制小学语文教学大纲（草案）》和《全日制中学语文教学大纲（草案）》。这部大纲首次明确提出和重点强调语文的基础工具性，注重总结我国传统语文教学经验，也吸取了新中国成立后的有关教训，特别强调语文课程的基础工具性，主张走我国自己的语文教学的道路；但是有些矫枉过正，在教学目的和教学要求中没有明确提出思想教育的要求。

5.1966—1976年：语文课程沦为政治斗争的工具

"十年动乱"中，有很长一段时期"停课闹革命"，语文教学完全处于停滞状态。后来逐渐"复课闹革命"，学校逐步恢复了一些教学活动。当时，全国没有统一的语文教学大纲和教材，各省、市、自治区以至基层学校都根据中央的极"左"批示自编大纲和教材。在这一时期，各地的语文教材也编了一些基本训练题，但"左"气十足，和语文"双基"训练不沾边。

6.1978后：重新确认语文课程的工具性和思想性

1966年到1976年，国家经历了"十年动乱"。语文教学质量降到新中国成立后的最低点。粉碎"四人帮"以后，1978年2月，国家教育部颁发了《全日制十年制学校中小学语文教学大纲（试行草案）》，1980年12月，又进行了修订。这部大纲重新确认语文课程的工具性和思想性。它在前言部分首先指出语文学科的基础工具性，接着指出"它的重要特点是思想教育和语文教学的辩证统一"。在列举了入选课文的思想内容要求后，又在"教学目的和要求"中明确指出"必须重视从小培养学生的无产阶级世界观"。1978年的大纲是语文教学正本清源的结果，它对端正教学思想、明确教学目的、开展教学研究和教改实验有重要的指导作用。但是把"培养无产阶级世界观"作为思想教育的主要内容，一方面，没有充分考虑小学生的年龄特征，要求偏高；另一方面，由于急于提高小学生的语文水平，在基础训练方面所提的要求有些也偏高。

7.80年代中期以来：主张弘扬语文课程的人文精神，将工具性与人文性结合起来

20世纪80年代中期，在商品大潮的冲击下，人文精神的失落引起人们的普遍关注，也由于应试教育愈演愈烈，其对语文教学的负面效应引发了人们对强调语文课程工具性的质疑，于是在中小学语文界掀起了一场新的关于语文课程性质的论争。

陈钟梁先生在1987年第8期《语文学习》上发表《是人文主义，还是科学主义》一文，首先提出"科学主义"和"人文主义"这两个概念，从哲学的角度思考语文教学。认为现代语文教学很可能是语文教学科学主义思想与人文主义思想结合的发展趋势。随后，不少同仁纷纷发表文章、著书立说，对语文教学的科学性、工具性、人文性等问题展开争鸣。1997年11月《北京文艺》以"忧思中国语文教育"为专题发表署名文章，引发文化界人士也加入语文教育大讨论。人们将矛头纷纷指向历经二十几载风雨不变的"工具论"，从理论到实践对"工具论"展开了无情的批判，呼唤"还我人文精神"。在这场世纪之交的语文教育大讨论中，对语文科学性、工具性、人文性的认识大致有以下几种观点：

（1）批评语文课程的"唯工具论"、"唯科学化"倾向，强调语文课程的人文教育属性。

1995年6月，《语文学习》发表于漪的文章——《弘扬人文改革弊端——关于语文教育性质观的反思》，这是这场论争中的一篇重要论文。于漪指出，语言不但有自然代码的性质，而且有文化代码的性质；不但有鲜明的工具属性，而且有鲜明的人文属性。因此，语文学科作为一门人文应用学科，应该是语文的工具训练与人文教育的综合。

（2）反对把语文课程的人文性与科学性对立起来，认为两者都要加强。

1996年2月，《语文学习》发表张志公《提倡两个"全面发展"答＜语文学习＞记者》一文，文章指出，"现在，颇有一些人，认为我们的语文教学中科学因素太多，要加强人文性。我有些不同的想法，我们的语文教学，吃亏在于没有科学性，没有真正地深入调查研究，随意性太强。加强语文教学中的人文因素，我不反对，但把它与科学性对立起来，就走向了极端。过去，我们是人文性与科学性都谈不上，我称之为四不像。把多年来的语文教学没搞好的原因归纳为强调了工具性，搞多了科学性，就离谱了。科学性和人文性都得加强"。

（3）坚持语文课程的"工具"说。

1996年第7期《课程·教材·教法》发表刘国正《我的语文工具观》一文。刘国正认为，十多年来，语文教学改革的一个重要理论收获是肯定了语文学科的工具性。这是由语言是一种工具来决定的。他指出语言自身的特点：一是人类自身具有的工具；二是适应全民使用的工具；三是与生活密切相连的工具；四是与人的思维和思想感情不可分割的工具，或者说是人类精神的一个组成部分；五是技能性很强的工具。

这场论争显示：第一，多数人认为"思想性"已不足以涵盖语文课程育人的丰富多彩性，应该用"人文性"的概念来代替"思想性"的概念。第二，主张弘扬语文课程人文精神的多数人，并没有否定语文课程的科学性和工具性；而坚持语文课程具有工具属性的多数人，也并没有否定语文课程的人文属性。两者都认为工具性和人文性是语文课程的双重属性，应该相融，只是强调的重点有所不同。第三，少数人主张语文课程的单一属性，或者坚持"工具"说，或者力主"人文"说。

这次讨论的初步结果体现在2000年3月颁布的《九年义务教育初级中学语文教学大纲（试用修订本）》里，大纲开宗明义地指出："语文是最重要的交际工具，是人类文化的重要组成部分。""语文学科是一门基础学科，对于学好其他学科以及今后工作和继续学习，对于弘扬民族优秀文化和吸收人类的进步文化，提高国民素质，都具有重要意义。"2001年颁布的《九年制义务教育语文课程标准（试行）》进一步明确提出："语文是最重要的交际工具，是人类文化的重要组成部分。工具性与人文性的统一，是语文课程的根本特点。"这是科学主义与人文主义之争在语文教育界的深化与发展，反映了社会各界对语文教育的共同期望，语文学科"工具性与人文性的统一"的性质定位具有时代性特征。

（二）语文课程的工具性

关于工具性，绝大多数人一直持肯定意见。新中国成立以来多次制定的中小学语文教学大纲中，从未否定过工具性。语文的工具性首先取决于语言的工具性。正如革命导师列宁1914年在《论民族自决权》所说："语言是人类最重要的交际工具。"斯大林也说："语言是工具、武器，人们利用它来互相交际、交流思想，达到相互了解。"这表明语言是交际、交流思想的工具；语言的工具性还表现在，它是思维的主要工具。因为人的思维活动，即形成概念、进行判断与推理，都主要借助于词来完成，而且人的语言清晰度与其思维清晰度是密切相关的。概括来说，就外部语言而言，它主要是交际、交流思想的工具；就内部语言而言，它主要是思维的工具。

当然，语文教学并不等于语言活动，作为一门学科，它是学习其他学科的工具也是从事社会工作的工具。因为语文学科的内容包含了自然、社会、人文等各方面的基础知识，是我们从事理论研究和实践探索始终不可缺少的手段。

语文既然是工具，语文教学就要着力培养熟练掌握和善于运用工具的人，这就要求语文教学必须重视对学生进行科学的训练，科学的训练应当是语文作为工具的另一个显著的标志。所谓科学训练是指能够体现语文学习特点和规律的训练，如熟读成诵、多读多写。再如，引发学生深入思考的问题设计、学生阅读习惯的养成、阅读与写作技巧的指导等，都是在如何进行科学训练方面所要研究的问题。这里所强调的是，语文训练是在教师指导下学生实践操作的过程，学生在这一过程中应发挥主体作用。譬如，阅读课训练的目的是学生能够读懂一篇篇课文，训练过程的教师指导，要着眼于揭示规律，讲授具体方法。学生在教师点拨下应致力于自己理解课文，感悟文章结构、语言的精妙，从中获得文化熏陶。阅读课后的训练是学生主动地、有目的地阅读与课文相关的好文章，从而使自己举一反三，触类旁通。课外阅读的训练要求学生多读、熟读乃至背诵，使阅读内容烂熟于胸。只有这样，语言材料才能化为己有，语言表达才能流畅、自如，最终达到自能读书，不待老师讲。

（三）语文课程的人文性

汉语里"人文"一词来源于日文，日文中的"人文主义"是对英语 humanism 的意译，英语里的这个词源于拉丁语，含有"人性、人情、教养"之类的意义。古罗马先哲用这个词表达了一种教育理念：通过"教育、教化"使人获得全面、丰富、完美的人性。这当中体现了对人和人的问题的目标关怀、价值关怀。

今天我们所说的"人文性"，关注的是人与环境、文化的互动的关系。推敲"人文"的含义可以看到，这里面包含了两方面的基本因素："人"和"文"。"人"揭示了人的自然特质的一面，提示我们对人的本能需要、个性、潜能等方面的正视和尊重；"文"指的是文化，揭示对人的教育教化的必要性。强调"文化"的意思是，自然的、生物意义上的人在特定社会中，适应社会环境，接受文化规范，逐步形成与社会相容的思维方式、行为方式，成为社会的人、文明的人。

《义务教育语文课程标准》（2011年版）对人文性也有多处表述，归纳起来有以下三个方面：首先体现在价值观上。从有关国家和世界的价值标准来说，"培养学生热爱祖国语文的思想感情"，"培养爱国主义感情、社会主义道德品质"；从有关个人的价值标准来说，"倡导自主、合作、探究"，"培养学生主动探究、团结合作、勇于创新"；从认识过程的价值观来说，强调"逐步养成实事求是、崇尚真知的科学态度，初步掌握科学的思想方法"。其次体现在文化观上。既关注民族优秀文化，又主动吸纳全人类优秀文化。规定教材"要注重继承与弘扬中华民族优秀文化"，"理解和尊重多样文化"，在课程目标上则规定"认识中华文化的丰富博大，吸收民族文化智慧，关心当代文化生活，尊重多样文化，吸取人类优秀文化的营养。"再次体现在生命意识上。人文性的基石是人性。它关注人的自然发展，生命的健康成长和健康个性的发展。因此，以学生为主体，承认个体差异，重视个体体验，在探究中学习等备受关注。语文课程标准明确规定，教材要"关注人类"、"关注自然"，要"符合学生的身心发展特点，适应学生的认知水平"。在教学过程中，强调"语文教学应在师生平等对话的过程中进行"，"尊重学生的个体差异，鼓励学生选择适应自己的学习方式"。阅读教学要"珍惜学生独特的感受、体验和理解"，写作教学"应贴近学生实际，让学生易于动笔，乐于表达"，"要为学生的自主写作提供有利条件和广阔空间，减少对学生写作的束缚，鼓励自由表达和有创意的表达"。上述这些，都充分体现了对生命的尊重。

深刻理解语文课程人文性的特点，在语文教学过程中就要给学生更多的人文关怀，在课堂中营造宽松、民主的学习氛围，让学生真正成为学习的主人，拥有更多的思想自由和选择自由，让课堂充满人文气息，使每一个学生在学习过程中释放自我、创造人生，感受成功、进步和发展的欢乐。要尊重学生的独特体验，鼓励学生积极思考，促进学生的个性发展。

要充分挖掘教材的人文因素，通过一篇篇课文的教学，高扬爱国精神和民族美德，陶冶情操，净化心灵；关注人性之美，培养健全人格引导学生探索人生价值，唤醒生命意识，从而为人生打下精神的底子。

（四）工具性与人文性的统一

语文课程的工具性与人文性既不是互相排斥的，也不是各自独立地处于"并重"地位的，而是有机的统一体。作为工具性课程，要绕开语言反映的人文性的思想内容是不可能的，也是危险的，这可能会造成学生有知识、无文化，懂科学、无思想。但工具性是建立在理性的基础上的，人文性是建立在感性的基础上的，它们能和谐地统一在一起吗？答案是肯定的。语文课程的工具性追求唯一正确性，但不是以强权的方式迫使学生对一种结果的绝对盲从，更不能培养学生对"权威"结论顶礼膜拜的奴性；追求共性只应该体现在对人类语言共同规则的遵守上，涉及人的情感、精神、信仰、美感等人文领域则绝不能追求"唯一正确性"和"共同标准性"，否则将会钳制人的思想，贻害无穷。真正地、理性地让学生掌握语文这个工具，一方面是在掌握这个工具的同时获得一种科学的精神，一种实事求是的精神，一种敢于怀疑、敢于探索的精神，这些精神本身就具有很强的人文色彩。另一方面，汉语言是一个动态的符号系统，语言知识的传授必定离不开语言所生成的历史的、社会的背景，要对语言进行正确的解读，光靠"字、词、句、篇、语、修、逻、文"是不行的。语文的人文性也不是如有人所说的那样撇开语言的规则，一味地强调让学生去"悟"，过分强调"书读百遍，其义自见"，使语文几近于玄学。这种完全脱离理性思考的感性认识是不可靠的，也不利于学生掌握和正确地使用语文这个工具。只有语文课程的工具性与人文性统一了，学生学到的语文才是全面的、丰富的，而不是偏颇的、呆板的；才是灵活的、动态的，而不是强制的、机械的；才是自主的、富有创造性的，而不是被动的、应试的。为什么说，语文课程的性质是工具性和人文性的统一，而不是并重。按马克思主义的思维方式：具体问题，具体分析，具体解决。例如我们在学习某篇课文时，这篇课文的重点是知识性和技能性。这就必须要求我们在教学过程中突出工具性为主。而学习某篇课文时，这篇课文的重点是人文性。这就必须要求我们在教学过程中突出人文性为主。当然有的课文内容既有很丰富的知识性和技能性又有很强的人文性，这时我们的教学重点就必须把工具性和人文性统一起来。既要突出工具性的学习又要突出人文性的学习。只有这样才能使我们的教学实事求是，切合实际，突出重点，解决难点，从而"使学生初步学会运用祖国语言文字进行交流沟通，吸收古今中外优秀文化，提高思想文化修养，促进自身精神成长"。故："工具性与人文性的统一，是语文课程的基本特点。"（见《义务教育语文课程标准》）

【复习与思考】

1. 谈谈你对语文课程概念的认识。

2. 试述语文课程内涵的发展趋势。

3. 如何实施语文课程的人文性？

4. 如何在语文教学实施中把握好"工具性与人文性"的统一？

第二节 语文课程目标

本节首先探讨课程目标概念，指出课程目标与教育目的、教学目标有着各自的内涵和外延，不能混用。接着，阐述了拟定课程目标的三个主要来源：学生需要、社会需要和学科内容特点。最后解读了现行课程标准。现阶段的《义务教育语文课程标准》于2011年颁布实施。《义务教育语文课程标准》在制定本阶段的课程目标时包括总体目标和学段目标两部分内容，其中总体目标表明的是学生在本阶段学习结束后所应具备的语文素养的总体规格标准，而分段目标则是总体目标的具体化。

一、课程目标概述

（一）课程目标相关概念的辨析

随着国际学术思想的交流，各种有关课程教学的译著对于课程目标及相关概念的译法，也多种多样，诸如教育目的、教学目标、课程目标等译法或说法都有。术语概念说法不一，内涵、外延界定不明，这不仅影响学术思想交流，更影响我们广大教育工作者的认识统一，有碍于课程标准中课程目标的落实。因此对课程目标及相关概念有必要加以厘定。

1. 从教育、课程和教学三个层面来分析目的与目标

目的和目标是最容易混淆的两个概念。严格说来，目的概念的内涵具有更强的终极性、原则性、抽象性和概括性以及更远大的理念性；而目标概念的内涵则具有更强的阶段性、具体性、可操作性以及较为近期的理念性。目的外延应当大于目标的外延。教育目的和教育目标应该是有区别的，前者应该高于后者。

一般来说，在教育这个最上层的概念中，由于外延最为广泛，内涵最为概括，因此国家制订的有关教育文件，如果更强调终极性和原则性，则通常使用教育目的。

课程是一个中层的概念。课程目标体现国家某个历史时期拟定的教育目的和教育目标，同时，制定课程目标还考虑了其他因素，如学生心理特征和学科内容特点等。在我国，课程目标概念的使用范围限定于学科课程文件。教学是课程的实施，属于第三层面的概念。当我们把课程目标转入教学层面加以落实时，用教学目标更为科学。教师设计教案时也应称教学目标。

2. 课程目标概念的本质特点

什么是课程目标？如何进行界定？其实质是什么？概括各方面研究的成果，我们定义：课程目标是指通过具体的教学内容和教学活动使学生在某一时间内将发生的性质不同和程度不同的变化结果。课程目标的这一定义具有三种不同的重要内涵：一是目标的对象是指学生，而不是指教师或教科书编者，教师是课程目标达成的促使者；二是目标是指最终取得的结果，而不是指发展变化的过程和学生体验的过程；三是课程目标是分层次和类别的，因此我们说有性质和程度两种不同的变化。

根据以上课程目标的定义，同时与其他相关概念相比较，关于课程目标的本质特征，我们可抽象概括出这样几点：一是课程目标具有一定阶段的终结性；二是具有不同指向的方向性；三是具有激励进取的前瞻性；四是在达成的道路上具有一定的曲折性；五是在实施过程中必须具有可操作性。这些特性都是由学生的年龄特征决定的，是课程目标的基本内涵。课程标准是国家颁布的规范教育教学活动的文件，这种规范主要通过课程目标来完成，因此对课程目标的制定既不能过于笼统和宽泛，又不能过于狭窄和琐碎。我们需要把课程标准中的目标与其他领域或其他教育文件中的目标严格区别开来。

（二）课程目标拟定的基本来源

泰勒在《课程与教学的基本原理》一书中，通过总结美国"八年研究"的经验提出，目标的拟定主要来源有三个：一是学习者，即学生需要；二是社会生活，即社会需要；三是学科，即学科内容特点。制定课程目标要坚持三个来源，这既符合我国课程改革实际，也是大多教学者的共识。唯学生中心、社会本位或学科本位制定课程目标的观点和做法，都是片面的，也不符合我国的教育方针政策。

1. 学习者的需要

课程是学生的课程，课程的基本职能就是促进学生的身心发展，因而生成课程目标就必须考虑学生的需要。学生作为完整的人，需要是十分丰富的，而且不同的人也必然具有不同的需要。要使课程目标理论有效指导实践，它就不能简单地停留于"课程要满足学生需要"的抽象论述上，而是要详尽地把这些需要描述出来。美国课程论专家奥里弗在《开发课程》一书中提出，采用分类或分层的方法可以较为完整地描述出学生的需要，保证不遗漏一些重要的方面。这里的分类或分层的方法是指：采用一定的标准将学生的需要进行分类或分层表述。学生的需要可分为哪些层次和哪些种类呢？泰勒建议可以分为以下几个方面：健康；直接的社会关系，包括家庭生活以及与亲朋好友的关系；社会公民关系，包括在学校和社区的公民生活；消费者方面的生活；职业生活；娱乐活动。将学生的需要划分出不同层次和种类后，我们就需考虑如何将这些需要纳入到课程目标之中。一种较为常用的确定课程目标的方法就是把学生目前的状况与理想的状态加以比较，确认其中存在的差距，发现教育上的需要，从而提出课程目标。

2. 当代社会生活的需求

学生不仅生活于学校之中，而且还生活于社会之中，学生的成长是一个不断社会化的过程。人是社会的人，所以，当代社会生活的需求理应成为课程目标的基本来源之一。什么是当代社会生活的需求？这包括两个维度：从空间维度看，当代社会生活的需求是指从学生所在社区到一个民族、一个国家乃至整个人类的发展需求；从时间的维度看，当代社会生活的需求不仅指社会生活的当下现实需要，更重要的是社会生活的变迁趋势和未来需求。人类正进入国际化时代，国际化时代的社会需求必然是民族性与国际性的统一。人类正进入信息时代，信息时代的社会需求必然是当下现实需求与未来发展需求的统一。

3. 学科的发展

作为实质性规范的知识是任何形式课程的本原，没有知识的课程是不存在的。从这种意义上讲，知识是课程的原生性来源，学科是知识的最主要的支柱，因此学科知识及其发展应成为课程目标的基本来源之一。

什么是学科知识？学科知识即学科的逻辑体系，包括学科的基本概念和基本原理、学科的探究方式、学科的发展趋势、该学科与相关学科的关系等。怎样根据学科发展来确定课程目标呢?一般认为,应采用学科专家的建议。这是因为不同的学科专家对自己本学科领域内的基本概念、逻辑结构、探究方式和发展趋势有着比较清楚的了解。更为重要的是,不同的学科专家了解本学科的一般功能和特殊功能,可以为确定课程目标提供较为可靠的学科信息。在研究学科专家对目标的建议时,我们应注意以下一些问题:首先,不能将学科专家的建议当作教育目标的唯一来源,而应当将这些建议与对学生和社会生活的研究结合起来作为目标来源;其次,要避免课程目标过于注重学科特殊功能而忽视一般功能的倾向。学科专家所提出的教育目标经常过于专门化,所以在征求学科专家建议时,必须让其考虑这门学科对于一般公民有何贡献,这就可以避免他们提出过于专业化的课程目标,忽视该学科的一般教育功能。

(三) 确立语文学科教育目标的主要依据

语文学科教育目标的确立,作用在于引导语文学科教育的方向并规定教学任务完成的标准,是语文学科教育工作的前提之一。在我国,语文学科教育的总目标及学段、学年目标等,往往由教育行政部门组织专家学者研究制定,列入课程标准或教学大纲公布实行。学期以下的语文学科教育目标,大多由学校的语文教研组或语文教师个人自行确立。无论哪一层级的语文学科教育目标,都必须依据如下一些主要的制约因素,才能比较科学、客观地得以确立。

1. 社会发展水平和教育总体目标

语文学科教育作为教育的一个分支,必然受到社会经济、政治、文化科学发展水平的制约,受到社会各方面对人才质量规格需求的制约,受到根据社会发展总体水平制定的教育总体目标的制约。在我国现阶段,经济建设的中心任务,改革开放的大政方针,稳定发展的社会格局,乃至整个社会主义初级阶段物质文明和精神文明的实际状况,对各级各类学校的人才培养目标和学科教育目标,都已经提出了许多新的要求和新的期望,有的要求和期望已经在现行教育总体目标中得到了反映。因此,我们确立语文学科教育目标,应当顺应社会发展的潮流,符合教育总体目标的基本精神,满足社会对各类人才培养的语文素质要求。

2. 语文学科性质和语文教学系统

前面说过,语文学科的性质是关于中华民族通用语这一祖国语言的教育。语文学科教育不仅要使学生正确理解和运用祖国的语言文字,而且还要将他们培养成为具有中华民族行为方式与思想情感的人。语文学科教育目标必须依据本学科的性质和语文教学系统,进而联系现代社会的大语文教育观科学地加以设定。现代社会的大语文不仅包括各种口头和书面形式的语言,还包括语言文字、文章、文学、文化等多种形态。从发展前景来看,还将包括人机对话的计算机语言等。语文学科教育目标与现代社会不断发展的大语文相联系,才有可能构成充满生机与活力的语文学科教育目标的完整体系。

3. 学生发展状况和语文教学实际

语文学科教育目标,必须依据教育对象身心发展水平和语文教学的实际状况才能客观地设定。教育对象在特定的学习阶段里从什么样的语文基础起步,经过努力要达到什么样的语文程度,其身体素质和心理素质能否适应并因此得到进一步提高,往往从根本上影响到语文学科教育目标的设定;特定区域、学校、班级的教育条件及教学活动赖以展开的实际情形,也对语文学科教育目标的设定产生不可忽视的影响。确切地说,必须设定基于学生发展水平和语文教学实际,且最大限度地高于特定学段内学生发展水平和语文教学实际的语文学科教育目标，最终达到在语文学科领域内全面而充分地提高教育对象身心素质的根本目的。只有这样，作为构成这些目的重要分支的语文学科教育目标才会真正富有价值。

二、语文课程的目标

我们现在的基础教育分为义务教育及普通高中教育两个阶段，相应的，语文课程标准就有《义务教育语文课程标准》和《普通高中语文课程标准》两个。现阶段的《义务教育语文课程标准》（2011年正式版）在制定本阶段的课程目标时包括总体目标和学段目标两部分内容，其中总体目标表明的是学生在本阶段学习结束后所应具备的语文素养的总体规格标准，而学段目标则是总体目标的具体化。

（一）《义务教育语文课程标准》的总体目标

《义务教育语文课程标准》（11年版）课程目标根据知识与能力、过程与方法、情感态度与价值观三个维度设计的。三者相互渗透，融为一体。目标的设计着眼于语文素养的整体提高。将总体目标具体分为十条，内容是：[①]

（1）在语文学习过程中，培养爱国主义、集体主义、社会主义思想道德和健康的审美情趣，发展个性，培养创新精神和合作精神，逐步形成积极的人生态度和正确的世界观、价值观。

（2）认识中华文化的丰厚博大，汲取民族文化智慧。关心当代文化生活，尊重多样文化，吸收人类优秀文化的营养，提高文化品位。

（3）培育热爱祖国语言文字的情感，增强学习语文的自信心，养成良好的语文学习习惯，初步掌握学习语文的基本方法。

（4）在发展语言能力的同时，发展思维能力，学习科学的思想方法，逐步养成实事求是、崇尚真知的科学态度。

（5）能主动进行探究性学习，激发想象力和创造潜能，在实践中学习和运用语文。

（6）学会汉语拼音。能说普通话。认识3500个左右常用汉字。能正确工整地书写汉字，并有一定的速度。

（7）具有独立阅读的能力，学会运用多种阅读方法。有较为丰富的积累和良好的语感，注重情感体验，发展感受和理解的能力。能阅读日常的书报杂志，能初步鉴赏文学作品，丰富自己的精神世界。能借助工具书阅读浅易文言文。背诵优秀诗文240篇（段）。九年课外阅读总量应在400万字以上。

（8）能具体明确、文从字顺地表达自己的见闻、体验和想法。能根据需要，运用常见的表达方式写作，发展书面语言运用能力。

（9）具有日常口语交际的基本能力，学会倾听、表达与交流，初步学会运用口头语言文明地进行人际沟通和社会交往。

（10）学会使用常用的语文工具书。初步具备搜集和处理信息的能力，积极尝试运用新技术和多种媒体学习语文。

（二）《义务教育语文课程标准》的总体目标包含了语文教育的四个方面的任务

（1）全面提高学生的人文素养，人文性与工具性的统一是语文课程的基本特点

《义务教育语文课程标准》对语文课程的基本特点作了说明，认为语文不仅仅是文化

---

① 《义务教育语文课程标准》

的载体，同时也是文化的一部分，并且把培养学生的人文素养放在语文教育的重要位置，认为它是现代人必备的条件。

（2）培植热爱祖国语言文字的思想感情，养成语文学习的自信心和良好的学习习惯，掌握最基本的语文学习方法

《义务教育语文课程标准》在课程目标上的一个特色就是在情感态度及学习习惯上给予了特别的关注，如"喜欢学习汉字，有主动识字的愿望"，"喜欢阅读，感受阅读的乐趣"，"有表达的自信"，"养成正确的写字姿势和良好的写字习惯"，"学讲普通话，逐步养成讲普通话的习惯"等。自信是对自身能力的一种信心。养成语文学习的自信心，首先就是要学生树立"语文学习不难，只要认真，我能学好语文"的思想；其次，就是使学生在语文学习的过程中不断显示出"我能行"的思想。学习习惯是学生在学习上的一种自动化动作。良好的学习习惯会使学生终身受益。语文学习方法是指学生学习语言文字的方法，它包括识字写字的方法、阅读的方法、作文的方法以及提出问题、解决问题的方法等。

（3）培养学生适应实际需要的语文能力

能力是指人顺利地完成一定活动所必备的心理特征。《义务教育语文课程标准》明确指出，应使学生"具有适应实际需要的识字写字能力、阅读能力、写作能力、口语交际能力"。总体目标的第6至8条讲的就是语文的基本能力。这些能力是学生终身学习的基础。

（4）激发创造潜能，培养学生主动进行探究性学习的能力

《义务教育语文课程标准》在总体目标的第4、第5和第10条对语文教学激发学生的创造性潜能、探究性学习和科学素养做了明确说明。面对世界经济全球化、信息化和高科技迅速发展的趋势，我们必须培养适应社会发展需要的一代新人。这个目标的提出，是《义务教育语文课程标准》的又一突破，主要体现在以下三个方面：①激发学生的创造潜能，"在发展语言的同时，发展思维，激发想象力和创造潜能"。②培养学生的探究性学习的能力，能主动进行探究性学习，在实践中学习、运用语文，"初步具备搜集和处理信息的能力"。③逐步养成学生实事求是、崇尚真知的科学态度，初步掌握科学的思想方法。

（三）《义务教育语文课程标准》的阶段目标

《义务教育语文课程标准》的目标在"总体目标"之下是"学段目标"，即把义务教育阶段的九年划分为四个学段：小学三个学段，每两年为一个学段；初中三年是一个学段。然后按照四个学段，每个学段又分为识字写字、阅读、写作（写话、习作）、口语交际、综合性学习五个领域，分别提出学段目标。（略）

这些目标的各个部分都整合了"知识和能力、过程和方法、情感态度和价值观"的学习要求。我们在设计教学目标时必须严格按照以上目标要求，分清要设计的目标是属于哪个学段、哪个年级、是上册还是下册，并结合课文内容和学生实际进行设计，否则就不合要求。

【复习与思考】

1. 语文课程目标与教育目的的区别是什么？
2. 语文课程目标拟定的基本来源有哪些？
3. 语文新课程总体目标体现了哪些基本精神？
4. 从三个维度和五个领域的角度探讨义务教育课程标准的特点。

第三节　语文课程标准

国家课程标准是教材编写、教学、评估和考试命题的依据,是国家管理和评价课程的基础,体现了国家对不同阶段的学生在知识和技能、过程和方法、情感态度和价值观等方面的基本要求。它与以前的教学大纲有较大的不同,它更科学、更符合学生实际的需要。

一、语文课程标准与教学大纲

(一)课程标准的含义

《基础教育课程改革纲要(试行)》指出:"国家课程标准是教材编写、教学、评估和考试命题的依据,是国家管理和评价课程的基础,应体现国家对不同阶段的学生在知识与技能、过程与方法、情感态度与价值观等方面的基本要求,规定各门课程的性质、目标、内容框架,提出教学建议和评价建议。"

针对这一描述,我们认为,课程标准主要应是对学生经过某一段学习之后的学习结果的行为描述,而不是对教学的具体规定;它是国家制定的某一学段共同的、统一的基本要求,而不是最高要求;它隐含着教师不是教科书的执行者,而是教学方案的开发者;课程标准的范围应该涉及作为一个个体发展的认知、技能与情感三个领域,而不仅仅是知识方面的要求。

之所以作以上的强调,主要是想将现行的课程标准与以往的教学大纲加以区别。教学大纲是对各科课程进行规范的纲领性文件。以往的教学大纲是我国学习前苏联教育模式的一个重要表现。教学大纲实际上是规定教学工作的一个纲要性文件,其思维的角度和考虑的重点是教学工作的开展。大纲不仅要对教学目标和教学内容做出清晰精确的规定,如许多内容有量化的标准,有深度和难度上的明确指标,还要对这些教学内容的教学顺序做出安排。而且,由于教学大纲关注教师的教学工作,因此常常规定得十分具体细致,以便教师的教学工作真正能够起到具有直接操作性的指导作用。但这样的教学大纲存在一定的问题:一方面,教学大纲的重点是对教学工作做出规定;另一方面,教学大纲规定了教材、教学和评价的最高要求,教学会因加深加难而加重了学生的学业负担。由于以上两条原因,教学大纲对教材编写、教师教学和学业评价的影响是直接的、控制严格的、硬性的,限制得比较死。而课程标准的重点是对国民素质的基本要求作出规定,因此对教材编写、教师教学和学业评价的影响是间接的、指导性的、弹性的,给教材、教学与评价的选择余地和灵活空间都很大。

(二)课程标准的功能

"国家课程标准是教材编写、教学、评估和考试命题的依据,是国家管理和评价课程的基础。"由于课程标准规定的是国家对国民在某方面或某领域的基本素质要求,因此,它毫无疑问地对教材、教学和评价具有重要指导意义,是教材、教学和评价的出发点和归宿。因为无论教材还是教学,都是为这些方面或领域的基本素质的培养服务的,而评价则是重点评价学生在这些方面或领域的表现如何,是否达到了国家的基本要求。因此,无论教材、教学还是评价,出发点都是为了课程标准中所规定的那些素质的培养,最终的落脚点也都是这些基本的素质要求。可以说,课程标准中规定的基本素质要求是教材、教学和评价的灵魂，也是整个基础教育课程的灵魂。这也正是各国极其重视课程改革，尤其是极其重视课程标准研制工作的重要原因。如果说"课程是教育的心脏"，那么"课程标准就是课程的核心"。可以说，无论教材怎么编，教学如何设计，评价如何开展，都必须围绕着这一基本素质要求，都不能脱离这个核心。

课程标准是教材、教学和评价的灵魂，并不等于课程标准是对教材、教学和评价方方面面的具体规定。课程标准对某方面或某领域基本素质要求的规定，主要体现为在课程标准中所确定的课程目标和课程内容。因此，课程标准的指导作用主要体现在它规定了各科教材、教学所要实现的课程目标和各科教材教学中所要学习的课程内容，规定了评价哪些基本素质以及评价的基本标准。但是，课程标准对教材编制、教学设计和评价过程中的具体问题，如教材编写体系、教学顺序安排及课时分配、评价的具体方法等，则不作硬性的规定。总之，课程标准对教材、教学和评价的指导，既实实在在，又不是事无巨细、面面俱到地这也管那也管，不像教学大纲管得那么细，那么死。这是课程标准与教学大纲在功能上的一个重要区别。

（三）新中国成立以来语文教学大纲的演变

1950 年，中央人民政府出版总署编辑出版了全国统一使用的语文课本。课本前有"编辑大意"。"编辑大意"中规定了语文教学目的、选材标准等，并指出"说出来的是语言，写出来的是文章，文章依据语言，语和文是分不开的"。由此，语文这一名称便固定了下来。"大意"中还强调了语文教学中听、说、读、写不可偏轻偏重，要全面训练，协调发展。这份大意相当于一份内容焕然一新的语文教学大纲。

1956 年学习苏联教育经验，教育部主持编订了中学汉语、文学分科教学大纲：《初级中学汉语教学大纲（草案）》、《初级中学文学教学大纲（草案）》。这是新中国成立后颁布实施的第一套语文教学大纲，它结束了新中国成立初期我国语文教学无序、无格、无计划的混乱局面，纠正了重"道"轻"文"的偏向，改变了我国语文自设科以来汉语、文学混教互扰的情况，初步建立了语文学科内部比较完整的汉语学科和文学学科体系，强调了语文学科的严整性和语文知识的系统性，为探索语文教学的科学化作出了有益的尝试。但是由于这套大纲中规定的教学内容过多、难度过大，过分拘泥于学科体系的建立，造成知识教学脱离实际，学生难学、教师难教，加上当时中苏关系恶化，这套大纲仅施行了三个学期便终止了。1958 年 3 月，中央宣传部宣布汉语、文学仍合并为语文。

1958 年下半年，在没有语文教学大纲指导的情况下，片面强调语文教育为政治服务，忽视甚至违背了语文教学规律，语文教学质量明显下降，引起社会的不满。1959 年，教育部在语文界广泛开展语文学科性质、目的、任务和文道关系的大讨论。在讨论的基础上，1963 年，教育部制定了《全日制中学语文教学大纲（草案）》。这套大纲总结了过去语文教学正反两方面的经验，正确阐述了语文学科的性质、目的和任务，指出了处理好语文教学中的文与道的关系的重要性，提出了要重视读写能力的培养，并进一步明确了写作训练的序列，强调了对课文的安排要做到由简单到复杂，由浅入深，难易适当。这份大纲符合语文教学规律，颁布后受到了师生的好评。1966 年，"文革"开始，此大纲仅仅施行了三年便终止了。"文革"十年中，各省市自编中小学教科书，1968 年下半年学校开始复课，没有新的语文教学大纲产生，也没有全国统编教材。

1978 年，为了拨乱反正，迅速提高中学语文教学质量，教育部颁布了《全日制十年制学校中小学语文教学大纲（试行草案）》。这份大纲吸收了 1963 年大纲的长处，并融入了外国教育、教学成果，重新明确了语文学科的性质、目的、任务，进一步强调听、说、读、写要协调发展，并提出在培养语文能力、开拓学生视野、发展智力的同时，还要进行思想教育和审美教育。这份大纲基本解决了语文教育与思想教育这个长期影响语文教学的大问题，与以往大纲相比较，这是一个突破。这份大纲经 1980 年、1986 年两次修订后，作为正式大纲颁行。

1988 年，国家教育部根据九年义务教育的精神，制定了《九年制义务教育全日制中小学语文教学大纲（初审稿）》，并在实施过程中根据调整高中教学计划的要求进行了修订，在 1990 年 6 月出版了修订本。1993 年，教育部对'90 版大纲又进行了修订，颁发了《九年制义务教育全日制中小学语文教学大纲（试用版）》，这套大纲对语文学科的性质、教育目的、教学内容、教材体系及教学原则等方面的认识逐步提高。'90 版大纲对语文定性为"工具性"，'93 版改为"基础工具"，并强调语文应"工具性"与"人文性"并重；'88 版、'90 版大纲的语文教育视角为"升学"，'93 版转向"素质培养"，注重对青少年进行思想政治素质、科学文化素质和心理素质的全面培养，这是认识上的一次飞跃。

从 20 世纪 80 年代开始，在国家语文教学由一纲一本教材的国定制向多纲多本教材的审定制转轨过程中，一些地方教育行政部门和教学科研机构也陆续编制了一批带有地方色彩、门类特色的中学语文教学大纲或课程标准。

2000 年 3 月，教育部对'93 版语文教学大纲进行了再次修订，颁发了《九年制义务教育全日制中小学语文教学大纲（试用修订版）》，并于 2000 年秋季在全国施行。这份大纲的条目中增添了"教学设备"、"教学评估"、"古诗文背诵推荐篇目"与"课外阅读篇目"；内容上坚持强调语文"工具性"与"人文性"并重的原则，注重培养学生自学能力、健康个性、健全人格，突出学生在语文学习中的主导地位，特别强调"创新精神"、"创造性思维"在语文教学中的重大现实意义和深远的历史意义，更具有远见卓识。2001 年颁行的《全日制义务教育语文课程标准（试行）》，最后 2011 年正式颁布了《义务教育语文课程标准》。

二、现行义务教育语文课程标准

2011 年教育部对 2001 年 7 月教育部颁布的《全日制义务教育语文课程标准（试行）》进行了修订，并正式颁布了《义务教育语文课程标准》。该标准和其他学科一样，采取九年一贯整体设计的方法。课程标准包括"前言"、"课程目标与内容"、"实施建议"以及"附录"四大部分。设计思路是：首先明确语文课程性质、地位，提出语文课程的基本理念；而后阐述语文课程的总体目标和学段目标；接下来提出为了实现课程目标的几项建议——教材编写建议、开发与利用课程资源的建议、教学建议、评价建议；最后是附录，包括推荐的优秀诗文的背诵篇目、课外读物的建议以及语法修辞知识要点。

综合我国学者的研究成果，我们认为现行语文课程标准有以下特点：

（一）培养综合的语文素养

语文课程标准提出一个基本理念：语文综合素养，并有意识地凸显出来。这一理念是语文教育教学改革深化的产物。提高语文综合素养，或者说全面提高学生的语文素养，在今后相当长的时间里，将成为广大语文教育工作者的共识和不懈追求。在语文教育改革的进程中，一个时期有一个时期的基本理念：20 世纪 60 年代强调打好基础，提出"双基"；20 世纪 80 年代初强调能力，提出"培养能力，发展智力"；90 年代以后，素质教育的思想渐渐深入人心。既然教育要提高国民素质，那么，语文教育就要提高学生的语文综合素养。语文综合素养重在"综合"。它的内涵十分丰富，无论是哪个学段的学生，凡是在本学段应当具有的语文素养，统统包括其中。它以语文能力（识字、写字、阅读、习作、口语交际、综合性学习）为核心，是语文能力和语文知识、语言积累（文化底蕴）、审美情趣、思想道德、思想品质、学习方法习惯的融合。这种素养不仅表现为有较强的阅读、习作、口语交际的能力，而且表现为有较强的综合运用能力——在生活中运用语文的能力以及不断更新知识的能力。一句话，语文综合素养是适应生活需要的、整合的、具有良好发展前景的。

（二）把握语文教育特点，改变学习方式

"标准"对语文教育的特点做了界说：一是人文性，二是实践性，三是民族性。针对"人文性"特点，课程标准要求语文教育重视"熏陶感染作用，注重教学内容的价值取向，同时也应尊重学生在学习过程中的独特体验"。语文课程的"实践性"特点决定了这门课程应该从实践中学习。语文实践的基本方式是听、说、读、写，要让学生在听说读写的实践中全面提高语文素养。因为是母语课程，所以实践的对象不应限于书本，而应当让学生接触丰富的语文学习资源，重视各种语文实践机会。课程标准中特别强调："语文课不宜刻意追求语文知识的系统和完整。"这是因为追求完整、系统就会冲淡语文实践性的特点。语文课程的"民族性"特点突出表现在书写形式为方块字，语法结构灵活，思维方式具有模糊性等。这些特点决定了我们的语文教育要注重积累，培养语感，要让学生对作品进行整体认知，重视他们的感受和体验。学习方式的改革是本次课程改革的重要目标。改变学习方式，就是由过去的接受式的学习传统变为自主、合作、探究式的学习，改变消极被动的接受式学习状况，依据学生身心发展和语文学习特点，依据学生的个体差异和不同的学习需求，把学习方式变成学生在教师的指导下主动探索和积极构建知识的过程。

（三）努力建设开放、创新的课程体系

这次课程改革的一个重点目标是构建开放的、充满生机的基础教育课程体系。开放性和创新性是这个课程体系的两个显著特点。在课程体系上，探索课堂教学、语文活动、综合性学习的结合，学校、家庭、社区（社会）语文教育的结合，在广阔的时空背景之下，开展丰富多彩的语文实践活动，在不断地学习语文和运用语文中提高语文综合素养。在课程管理上，改革课程管理过于集中的状况，实行国家、地方、学校三级课程管理政策，地方、学校不仅有课程的实施权，而且有课程的开发权，逐渐开发地方课程和校本课程。不远的将来，语文课堂内容，由于地方和学校、教师参与开发，将成为源源不断、经常更新的一泓活水。语文课程体系，由于拆除了学校与社会与现实生活之间的壁垒，将变得开放而富有活力。

（四）促进学生全面发展的课程目标

新的课程目标按九年一贯整体设计，分为"总体目标"和"学段目标"两大部分。总体目标也就是九年要完成的终极目标，一共有10条；学段目标按1~2年级、3~4年级、5~6年级、7~9年级这四个学段分别提出。这样做有利于体现语文课程的整体性和阶段性。新的课程目标涵盖面很广，不仅包括过去"双基"的内容，而且也强调要促进青少年的身心健康和谐地发展，这完全符合国际上教育改革的总趋势。未来的公民，不仅要具备丰富的知识，而且更要具备健康的体魄和良好的心理素质，其中包括合作共事的能力、创新的能力、及时适应环境的能力、自主学习的能力、经受挫折的能力、谋求生存和发展的能力等。新世纪将是一个知识更新速度加快，新技术、新科技成果层出不穷的时代，这种客观形势要求学生不在于积累了多少知识，而在于要学会学习，有更新知识、发现真理的意识和能力。我们所说的综合性学习能力主要强调的就是这些方面。

（五）构建新型的评价系统

课程评价是课程改革的核心，是课程改革中最为敏感、最为困难的环节。针对传统语文教学评价"重选拔、轻发展，重知识、轻能力，重书本、轻实践，重课内、轻课外，重笔试、轻口试，重量评、轻质评，重结果、轻过程"的弊端，"标准"明确指出："课程评价的目的不仅是为了考查学生达到学习目标的程度，更是为了检验和改进学生的语文学习和教师的教学，改善课程设计，完善教学过程，从而有效地促进学生的发展。不应过分强调评价的甄别和选拔功能。"这段话说明"标准"主张发展性评价观，体现了质性评价的基本理念。"标准"从四个方面来阐释这一发展性评价原理：其一，突出语文课程评价的整体性和综合性，全面考察学生的语文素养；其二，形成性评价与终结性评价相结合，加强形成性评价；其三，定性评价和定量评价相结合，加强定性评价；其四，教师评价、学生的自我评价与学生间的互相评价相结合，加强学生的自评和互评，吸收家长参与评价。总的来看，语文课程评价重整体、轻局部，重过程、轻结果，重定性、轻定量，重自评、轻他评，这充分体现了评价的发展性目标。

【复习与思考】

1. 语文课程标准有哪些功能？
2. 新中国成立后各个阶段语文教学大纲有哪些不同之处？
3. 义务教育课程标准有哪些特点？

第四节　语文课程资源

课程资源也称教学资源，就是课程与教学信息的来源，或者指一切对课程和教学有用的物质和人力。课程资源的概念有广义与狭义之分。语文教材就是已经筛选了的课程资源，它虽然不是唯一的课程资源，但因与语文教育活动关系最为密切，是语文教育行为实施中最常规的媒介和载体，所以成为最主要的语文课程资源。语文教材的编写应遵循一定的原则，这样才能保证语文教材功能的发挥。我国语文教材的发展经历了古代语文教材、近现代语文教材和当代语文教材三个阶段。现行语文教材实行审定制，除了人民教育出版社先后编写出版了义务教育和普通高中语文教材外，各地也纷纷编写出版教材，体现了一定的时代特色和地方特色。

一、课程资源概述

课程资源也称教学资源，就是课程与教学信息的来源，或者指一切对课程和教学有用的物质和人力。课程资源的概念有广义与狭义之分。广义的课程资源指有利于实现课程和教学目标的各种因素；狭义的课程资源仅指形成课程与教学的直接因素来源。

目前已经出现多种对课程资源进行划分的方式。[①] 一是将课程资源直截了当地分为有形资源和无形资源。有形资源包括教材、教具、仪器设备等有形的物质资源；无形资源的范围更广，可以包括教师和学生已有的知识和经验、家长的支持态度和能力等。二是将课

---

① 吴刚平：《语文课程资源的分类及其意义》，载《语文建设》，2002 年第 9 期。

程资源划分为素材性资源和条件性资源两大类。素材性课程资源包括知识、技能、经验、活动方式与方法、情感态度和价值观以及培养目标等因素；条件性资源包括直接决定课程实施范围和水平的人力、物力和财力，如时间、场地、媒介、设备、设施和环境等因素。三是将课程资源划分为校内资源、校外资源及网络化资源。校内资源主要包括本校教师、学生、学校图书馆、实验室、专用教室、动植物标本、矿物标本、教学挂图、模型、录像片、投影片、幻灯片、电影片、录音带、VCD、电脑软件、教科书、参考书、练习册，以及其他各类教学设施和实践基地等；校外资源主要指公共图书馆、博物馆、展览馆、科技馆、家长、校外学科专家、上级教研部门、大学设施、研究机构、有关政府部门、其他学校的设施、学术团体、野外、工厂、农村、商场、企业、公司、科技活动中心、少年宫、社区组织、电视、广播、报纸杂志等广泛的社会资源及丰富的自然资源；网络化资源主要指多媒体化、网络化、交互化的以网络技术为载体开发的校内外资源。

要正确把握课程资源的含义，我们要注意以下几点：

（一）教材不是唯一的课程资源

教材一直是我国学校教育的主要课程资源，以至于人们常常误认为教材就是唯一的课程资源。一提到开发和利用课程资源，就想要订购教材，或者编写教材，甚至进口国外教材。进行课程改革，必然要打破教材作为唯一的课程资源的模式，合理构建课程资源的结构和功能，以适应时代发展的多样化的需求。

（二）教师是重要的课程资源

教师不仅决定着课程资源的选择和利用，是素材性课程资源的重要载体，而且教师自身就是课程实施的首要的基本条件资源，在这个意义上讲，教师是最重要的课程资源。教师的素质状况决定了课程资源的识别范围、开发与利用的程度以及发挥效益的水平。课程资源建设要始终把教师队伍建设放在首位，通过这一重要的课程资源的突破来带动其他课程资源的优先发展。

（三）教学环境是不可忽视的课程资源

教学环境是学习者可以在其中进行探索和自主学习的场所，在此环境中学生可利用各种工具和信息源（如：文字材料、书籍、音像资料、CAI与多媒体、课件以及互联网上的信息等）来达到自己的学习目标。随着课程资源领域的拓宽，时间、空间和学习材料等有效的教学环境中的几个极其重要的组成部分的范围也相应地扩展。创造良好的教学环境，有了更大的灵活性和创造空间。学校和教师应具备利用教学环境的能力，使学生自主地选择最合适的材料，决定什么时候、什么场所以及用什么样的方式去利用这些资源，并有多种机会，通过多种渠道获取评估和使用各类信息。

（四）学生也是课程资源

学生也是课程资源，其根本原因是学生是课程的主体，又是学习的主体。主体的经验就是课程的资源。一方面是指学生的现实生活和可能生活是课程的依据；另一方面是指要发挥学生在课程实施中的能动性，学生创造着课程。课程本身具有"过程"和"发展"的含义，课程学习就意味着学生通过与被称为课程的东西进行对话构建课程意义。从表层看，课程是由特定的社会成员设计的。但从深层上看，课程是由学生来创造的。课程的实施不是设计者预设的发展路径，学生也不是完全通过对成人生活方式的复制来成长的，他们在与课程的接触中，时刻用学生独有的眼光去理解和体验课程，并创造出鲜活的经验，而这些鲜活的经验又是课程极为重要的组成部分。从此意义上说，学生是课程的创造者和开发者。因此，不应把课程及其教材视为学生毫无保留地完全接受的对象，而应发挥学生对课程的批判能力和建构能力的作用。

二、课程文本资源——语文教材

课程资源以显性或隐性的方式存在，对教育活动起着直接或间接的作用。内容繁杂的课程资源与学校教育的容量限定和学生学习的可接受性之间是矛盾的，为使语文教育的内容具有代表性，必须对广泛的语文课程资源加以取舍。语文教材就是已经筛选了的课程资源，它虽然不是唯一的课程资源，但因与语文教育活动关系最为密切，是语文教育行为实施中常规的媒介和载体，因而成为最主要的语文课程资源。目前还没有哪一个国家的语文教育可以完全脱离语文教材。

（一）语文教材的概念和作用

"语文教材"这个词语，尽管我们经常在谈论和使用它，但是人们对它的内涵和使用意义并不是在所有场合都是一样的。有关专家从三个层面上界定了它的内涵：①泛指概念。对人的语言文字修养产生影响的一切书面的、非书面的语言材料。②特指概念。根据语文课程标准编写的、供语文教学中师生使用的材料，包括教科书、习题集、练习册、教学挂图、音像教材、教学软件、选修教材、教学指导书、教学参考书等。③专指概念。在上述的语文教材系列中占有特别重要地位的语文教科书，即课本。

语文教材是学生最基本的语文读物，语文基础知识的来源，也是学生思想品德熏陶、思维和语言训练、语文素养形成的典型范本。

（二）语文教材的编写原则

1.鲜明的时代性

鲜明的时代性主要表现在四个方面。一是要具有现代意识，反映时代的进步和时代的精神；关注当代文化生活，反映先进文化；反映具有时代特点的新观念，让学生接受新思想，形成符合时代精神的价值观念。二是应及时反映语言文学和语文教育的新成果、新思维，运用和传递语文学习的新知识、新方法。三是要运用鲜活的时代语言，即最新鲜的、活在人们口头上的语言。这些语言可以使学生受到生动活泼的、切实有用的语言教育。四是应充分注意信息技术背景下的学习方式，为网上学习提供机会与可能，注意培养学生多方面获取信息、自主处理信息的能力。此外，教材编排、装帧应具有现代感和时代特征，要有面向世界的追求。

2.丰富的文化内涵

丰富的文化内涵可以从两个方面理解。首先，认识中华文化的丰厚博大，弘扬民族文化，吸收民族文化智慧，培植民族精神。传统文化是我们的民族之魂，离开了传统文化，中国当代文化就失去了生生不息的生命源泉。重视对本土文化、传统文化的深度开掘与积极扬弃是世界各国母语课程所达成的一个共识。其次，尊重、理解多元文化，形成开放的文化胸怀。世界是丰富多彩的，各国文化自然也呈现出多样性、异质性的特点。"多元文化"的内涵包括两个方面：一是指世界各国的文化。世界上有一百多个国家，每个国家都有自己的文化。二是指民族文化。全世界有许多民族，每个民族都有自己独特的文化。

从本质上来说，语文教材应成为传统文化与当代文化、本土文化与外来文化展现的舞台。从中，我们能够看到人类的生命流转以及一幕幕亮丽的文化景观。《诗经》里流淌出的是远古先人浓烈而炽热的爱情吟唱；《论语》里有着儒家智慧的闪光；《老子》里展示进出最聪明的道家智谋；《唐诗》中呈现的是绚烂多姿的文化景致；《红楼梦》更是中华文化的精粹集锦，它是中华民族精神的艺术之神、美学之光。同时，沈从文笔下描绘的是纯净美丽的湘西民风、民俗、民画；泰戈尔诗中有着风光旖旎、奇妙无比的印度风情；舒婷在《致橡树》里呐喊的是闪烁着时代光泽的爱情宣言；阿来的《尘埃落定》凝聚的是浓郁而神秘的藏族风情与藏族文化；村上春树在《挪威的森林》中展现的是当代文化视野下都市青年心灵的苦闷与躁动……语文教材就应为学生提供与传统文化对话、与多元文化交流的一个平台，这将有助于开阔学生的文化胸襟，提升学生的生命智慧，形成学生良好的文化人格。

3. 符合学生发展规律

教材编写"应符合学生的身心发展特点，适应学生的认知水平"。教材不应以学科为中心，而应该以促进学生的发展为中心。首先，教材选文的题材应考虑学生认知发展的规律，要从学生的生活出发，更多地考虑学生熟悉的经验世界；要联系现实社会，逐渐丰富学生的社会经验和生活经验，努力拓展学生视野。比如有的教材以人与环境（自然、生态等）、人与社会（社区、群体、家庭、民族、国家等）、人与自己（人类、生命、自我、人格、人情、人生等）为主题组织教学内容，就是很好的尝试，既贴近生活又开阔视野，很容易引起学生的学习兴趣。其次，教材选文应考虑学生的学习兴趣，追求体裁的丰富多样，多选形象、直观、感性色彩强的作品。小学特别是低年级教材中，儿童诗歌、童话、故事、寓言、科普、科幻作品等应保持相当比例。再次，呈现方式力求学生喜闻乐见。设计精美的插图，使图与文融为一体，不但能吸引学生，唤起学生学习的欲望，而且有助于学生的阅读与理解。设计有趣的语文活动，创设生动的情境，不仅能激发学生的学习兴趣，调动学生学习的主动性和积极性，而且能以正确的学习方式引导学生，让学生在生动活泼的活动中学会学习。

4. 要有开放性和弹性

教材要有开放性和弹性，要给地方、学校和教师留有开发、选择的空间，也要为学生留出选择和拓展的空间，以满足不同地区、学校、教师和不同层次学生的不同需要。给使用教材的教师和学生留有一定空间，是教材编写理念的深刻变化，也是避免教材繁琐化的重要途径。教材开放并有弹性，有利于学习的个性化和个别化，促进不同层次的学生学会学习；有利于激发教师的创造性，促进教学生动活泼局面的形成；也有利于增强教材的适应性，教学内容要给教师留下灵活处理的空间，让教师可以根据需要适当地调换、补充、删减和调整。练习和活动设计要分出层次，有一定的选择性，既要有必须掌握的基本要求，又要有高一层次要求，以满足学生不同的需求。自主活动设计的指导要引导学生自行组织活动，不应包办代替。只有减少束缚、大胆放手，学生的自主活动才能丰富多彩。

（三）当代语文教材的发展

1. 新中国成立后的统编语文教材

1950 年，中央决定成立以编写出版中小学语文教材为主要任务的人民教育出版社。1951 年，宋云彬、朱文叔、蒋仲仁编辑了一套《初级中学语文教科书》（由人民教育出版社出版）。新中国建立之初的这些教科书，选文基本以白话文为主，配有大量的革命故事和配合政治宣传的时文，突出强调政治思想教育。这时期的语文教科书选文太少，不分单元，各类文章混编；文言文太少，时文过多，不够典范，对语文这门课程作为交际工具的性质重视不够。

时代在前进，人们在探索。1955 年，人民教育出版社根据新颁布的汉语、文学教学大纲，编辑出版《初级中学汉语课本》、《初级中学文学课本》。这成为现代中国语文教育史上影响深远的一件大事。

《初级中学汉语课本》共编 6 册，依据现代汉语的知识系统分为绪论、语音、文字、词汇、语法、标点符号、修辞 7 个部分。初、高中文学课本各 6 册。初中第 1、2 册按思想内容编排，第 3、4 册按文学史编排，第 5、6 册按体裁编排。每篇课文后面有思考练习。有的课文还配有与内容有关的插图。这套教科书受到了大多数师生的欢迎。但由于众所周知的原因，这套教科书的生命在 1958 年就匆匆走到了尽头。

1960 年，国家对国民经济实行调整政策，教育战线也逐步纠正"左"的影响。这时期语文教育界展开了一场大讨论，澄清了一些问题，取得了一些共识。1962 年，教育部制订了《全日制（十二年制）中小学语文教学大纲（草案）》。1963 年，人民教育出版社推出新的中学语文课本（刘国正、张传宗等编），编者在以往多套教科书的基础上，合理安排编排体系，围绕训练重点组织课文，配合课文编入语文知识短文，按照训练要求编配练习，还有专门的应用文教材。这是新中国成立以来质量较好的语文教科书，奠定了后来人教版中小学语文教科书编制的基础。遗憾的是，"文化大革命"的爆发，使这套教科书只出版了 4 册。

1977 年，人民教育出版社着手编写全国通用的中小学各科教科书包括中学语文教科书。1978 年开始在初一、高一试用。1979 年，初中全套教科书编完。1982 年修订。教科书突出训练重点，按单元组织课文。选文多是名家名篇和久经教学考验的传统课文。

1986 年，国家教委成立全国中小学教材审定委员会，从此中小学教材建设由过去的"编审合一制"变成"编审分开制"，这促成了中学语文教科书的多样化。由于人民教育出版社 1977 年始编、1982 年修订的那套教科书越来越不能适应时代的需要，所以，1988 年人民教育出版社组织编写义务教育初中语文教科书，1990 年在全国部分省市试用，1993 年在全国推广使用。1996 年，根据新的课程计划和教学大纲，人民教育出版社又着手编写新的高中语文教科书，到 1999 年 6 册全部编完。

2. 现行语文教材简介

（1）"人教版"初中语文教材①。

① "两大系统"。这套教材每册六个单元，每个单元由阅读与综合性学习两大系统构成，即阅读、写作、口语交际大融合，构成阅读系统；写作和口语交际整合并融合语文知识的综合运用以及课内外实践活动等，构成综合性学习系统。写作和口语交际，横跨两个系统。阅读系统，以阅读能力为内在线索，以抓住主要实践环节（整体感悟、理清思路、体验情感、把握意蕴、品味语言、鉴赏评价等）为显性标志，同时，各种常用的阅读技能与上述能力发展线索相配合，进行专题设计。综合性学习系统设计含六个综合性学习实践活动，包括"三大"、"三小"，即大型综合性学习与小型综合性学习各三次。其中小型综合性学习侧重培养学生的口语交际能力和写作能力，大型综合性学习以培养学生自主、合作、探究的学习习惯为主要目标，倡导学生自行设计、自行组织、自行探究，在活动中培养学生发现问题、分析问题、解决问题的能力，培养学生搜集、筛选、整理资料的能力。

② "三大板块"。融合人与自然、人与自我、人与社会三个方面。以往的教材内容，

---

① 顾振彪：《21 世纪中语文教材（人教版）的改革》——（人教版《语文》7～9 年级）介绍，载《语文教学通讯》，2004 年。

主要是"社会"和"自然"两个板块，"自我"这一块比较薄弱。该套教材增加了这一板块，按人与自然、人与社会、人与自我三大板块组织单元，在此基础上进一步细化为单元专题。

③"专题组元"。这套教材以"专题"来组织单元。以七年级上册为例，共有五个专题：人生（第一、二单元）、四季（第三单元）、科学（第四单元）、亲情（第五单元）、想象（第六单元）。

④开放弹性的设计思路，倡导自主合作探究的语文学习方式，突出语文实践活动，注重培养学生创新精神。开放性，指沟通课堂内外和学校内外。综合性学习系统的设置，以"月亮"为话题的"探索月球奥秘"，以"女娲造人"为引子的"追寻人类起源"看似内容单一，但从这一点出发，去探究的触角却可以延伸到历史、未来，延伸到文学、科学，延伸到生物、天文、物理，延伸到生活的各个方面，从而实现了语文课程与其他课程、课内学习与课外时间的沟通、结合。弹性，指为了满足不同地区、不同学校、不同学生的需要，两个系统都设计了若干活动，有的可以根据个人需要任选其一，有的可以根据学生水平稍作删减变化。如阅读系统，课文分为精读、略读，练习分为必做、选做，教学条件好的略读可以改为精读，选做改为必做。又如综合性学习系统，一般每次综合性学习都编排几项活动，而学生只需选做其一。

（2）"苏教版"初中语文教材①。

实验教科书围绕"单元主题"，把读写听说、综合活动和专题等加以优化整合，以获取整体综合语文教学效应。每册书设有6个"合成"单元、1～2个"名著推荐与阅读"和2～3个"专题"。每单元课文4篇；另编1～2篇"诵读欣赏"课文，让学生在大体理解文意的基础上熟读成诵，获得语感，丰富语文积累；接着"以读导写"，设计供选作的开放性作文题，让学生独立写作，自主表达，有创意地表达。单元最后编写"口语交际"或"综合实践活动"、"名著推荐与阅读"和"问题与讨论"等专题教材穿插在单元之间。这样，各部分内容纵有系列，横有联系，若即若离，互相为用。总之，单元教材和全册书都是有机的综合体。

①"合成单元"的设计思路和价值。围绕主题词把读写口语交际（或综合实践活动）加以优化整合，使之彼此渗透，互相联系。如七年级上册第一单元，围绕"亲近文学"这个主题，先编入中外四位名家的一组文学作品，作为主体课文；接着，编入供诵读的古代诗词四首和现代诗三首，让学生在大体理解、感悟、品味的基础上熟读成诵。作文的"导写"语，指点学生自己借鉴单元课文归纳出"有感而发"的写作要旨，并自由地选题作文。最后，组织"我爱文学"综合实践活动。这样的优化整合设计，显然有利于提高学生的语文整体素质和语文学习效率。

②"综合实践活动"的设计思路和价值。这一设计在相关单元课文学习的基础上，通过某一主题活动把读、写、听、说综合在一起，生动活泼，饶有趣味，集实践性、知识性、趣味性于一体。如第三单元的"走进图书馆"，巧妙地设计查书目、看期刊、读报纸、上网等四项活动。学生在活动过程中，不仅可以在大体了解"目录学"知识的基础上，自由选读自己需要的各类图书，而且能学会检索书本。借助工具书查找资料，浏览报纸杂志，还可以做摘录、制读书卡片，口头交流心得，有条件的还可以进行网络检索和阅读。这种综合语文能力是单一文选型教材不可企及的。

③"名著推荐与阅读"的设计思路和价值。这一设计的意义在于把读整本书引入课

---

① 洪宗礼：《构建面向21世纪中国语文教材创新体系的尝试》，载《中学语文教学参考》，2002年。

堂，打破了历来课堂上只能读单篇文章的惯例，让学生课内外结合，独立阅读整本书。借此，学生不仅可以扩大学习资源，增多语文积累，更可以初步培养阅读整本书的能力，逐步掌握读整本书的钥匙，可以说是终身受用的。例如教科书推荐学生阅读《钢铁是怎样炼成的》这部名著，除了让学生通读全书，阅读精彩片段外，还指点勾画圈点、浏览、精读等读书方法，安排了朗诵会、读书报告、出读书墙报、制读书卡片、写读后感等多种形式的读书活动。这项设计既可以使《课程标准》提出的读名著的要求落到实处，又可以使学生学得生动活泼，同时为学生进行独立学习、合作学习创设了学习情境和条件。

④"问题与讨论"专题的设计思路和价值。这项设计比较集中地体现研究性学习、跨领域学习的课程目标。内容和目标的设计，以学生语文素养、思想观念、思维方式乃至整体素质的发展为出发点和归宿点，着眼于学生语文的综合运用，着眼于调动学生的生活经验和多方面的知识，着眼于促进学生掌握新的学习方式，形成新的教学关系，着眼于语文学习资源的充分利用和开发。教科书在认识自然、认识社会、认识文化、认识自我这几个方面，选择值得关注的问题和容易激发兴趣的话题，如"狼"、"荷"、"汉字"等进行专题学习和探究。

⑤作文、口语交际情景设计的思路和价值。这两项设计的主导思想是布设情境。教科书不去解析作文技法，不去大谈口语交际理论，而是把学生引入丰富多彩的生活情境、语言情境和想象情境，让学生在这些特定情境中产生表达欲，写出真情实感的文章，自然地进行口语交际。

实验教科书虽然也包含相当数量的文选，却融合了读写口语交际、综合活动。整本书阅读和专题学习，体现了单元合成式、言语实践式、布设情境式、整本书导读式、跨学科综合式、探究讨论式等多种设计的结合。因而，它较好地体现了《标准》整合化、综合化的精神，可以说，既继承了我国传统文选式教材的长处，又吸取了国内外先进教材模式的优点。

三、语文课程资源的开发与利用

（一）课内与课外结合

教师灵活地利用语文课程资源，提高教学效果。譬如，培养学生听的能力，指导学生进行采访，作会议记录，报告整理，录音整理。培养学生说的能力，根据教学内容和教学特点安排，组织开展朗诵会、故事会、演讲会、问题讨论会、辩论会等活动。培养学生读的能力，利用有关学习资源作辅助，在教师的指导下，加强课外阅读，配合课堂教学，使课外读物成为开放的富有活力的语文课程资源。培养学生写的能力，结合学校开展活动，组织学生进行采访，召开新闻发布会。然后让学生把感受最深或生动有趣的人和事撰写成文。还应办好手抄报和墙报，同时要充分利用校内图书馆，引导学生设计图书使用活动方案，按照方案到学校图书馆查找各种资料，引导学生阅读古今中外的文学名著，以及自然科学和国内外有影响的报纸杂志。

（二）校内与校外结合

培养学生综合的语文素养，要与校外生活紧密地联系起来，挖掘语文学习的资源，提倡走出课堂，走出学校，在形式多样的活动课程中，培养学生搜集和处理信息的能力、获取新知识的能力、分析和解决问题的能力以及交流合作的能力。充分利用校外课程资源，既能拓宽学生的知识面，培养学生学习语文的兴趣，也能多方面地提高学生的综合素养。

（三）语文课程与其他课程结合

过去的语文课程过于强调以学科为中心，与其他学科隔离，独自为战，为语文而语文，忽视了语文课与其他课程的沟通。当前的课程改革，提倡跨领域学习与其他课程相结合，使语文课程与其他课程相互渗透与融合。语文学科有很强的综合性，在内容上涉及自然科学和人文科学的各个方面，如哲学、政治、军事、经济、科技、文化、艺术、宗教、民俗、伦理、历史、地理、数学、物理、化学、生物等内容。而语文与政治、历史、数学、物理、化学、生物等学科是互相沟通、联系渗透的，新编的语文教材就突出体现了跨学科的这一特点。语文课程与其他课程相互渗透和融合，是新课程改革的必然产物。

（四）语文课程与现代信息技术结合

社会信息化给人们带来丰富的知识资源。因此，除了合理有效地利用教科书之外，还要积极利用现代信息技术教育资源。电影电视具有丰富的表现力和表现领域，图文声像结合，形象逼真，感染力强。在语文教学中，结合电影电视手段，有利于提高教学质量。要充分利用收录机和广播资源。收录机可以记录和重复放音，广播可以远距离传送声音和放大声音，两者都是传递听觉接收信息的手段，运用这两种教学资源，有利于培养学生听说能力。要充分利用网络教育资源。网络教育是一种全新的教育方式，它向人们展示了一个崭新的广阔的学习世界，它为获取知识的人提供便利的学习机会。学生可以根据自己的需要选择学习内容和学习形式，用互联网查询、搜索有关资料，开展研究活动。

【复习与思考】

1. 课程资源包括哪些内容？
2. "苏教版"义务教育语文教材有哪些特色？
3. 如何认识语文课程资源的开发和利用？

第五节　语文课程评价

课程评价有广义和狭义之分。它具有导向功能、鉴定功能、交流功能、激励功能和调节功能。一般按照评价在语文教学过程中的作用，可分为定位性评价、形成性评价与总结性评价。要树立四个新型的评价理念：重视发展，淡化甄别与选拔，实现评价功能的转化；重综合评价，关注个体差异，实现评价指标的多元化，强调质性评价，定性与定量相结合；实现评价方法的多样化；强调参与互动、自评与他评相结合，实现评价主体的多元化。义务教育语文和普通高中语文有着各自的评价体系。

一、课程评价概述

（一）什么是课程评价

课程评价有广义和狭义之分。狭义的"课程评价"特指对课程计划、课程目标、教材在改进学生学习方面的价值作出判断的活动或过程，一般包括对课程目标体系的评价、对课程计划的评价、对课程标准的评价、对教材的评价等核心内容，它的实施一般是由受过专门培训的评价人员，借助于专门的评价方法和技术进行的。广义的课程评价即教育评价，是指按照一定的价值标准，通过系统地收集有关的信息，对教育活动中受教育者的变化的诸种因素满足社会与个体需要的程度做出判断，并为被评价者的自我完善和有关部门的科学决策提供依据的活动。新课程改革中所涉及的课程评价改革即是在这种意义上的课程评价改革。正确理解广义的课程评价概念，需明确以下两点：一是课程评价是一种价值判断活动，其结论要受到评价者教育价值观的影响。树立正确的教育价值观是有效开展教育评价、使教育评价对教育实践发挥正确的导向作用的必备前提。二是课程评价的对象范围是"受教育者的发展变化以及构成其变化的诸种因素"。课程评价对象的范围很广，涉及教育的各个方面。课程评价的重点对象是学生，与培养学生相关联的各种对象都是现代课程评价的对象。它既包括参与教育活动的教育者、受教育者、教育管理和教育辅助人员，也包括对教育的各种活动场所和设施设备、各种教育工具和辅助工具等的评价，还包括对教育制度、教育方针、教育政策、教育目标、教育规划、教育管理运行机制、教育内容、教育措施等方面的评价。

（二）课程评价的功能

课程评价的功能，指评价活动本身所具有的能引起评价对象变化的功用和能力。它通过教育评价活动与结果，作用于评价对象而体现出来。其功能的内容取决于评价活动的结构及运行机制。

（1）导向功能。课程评价具有引导评价对象向预定目标前进的功用和能力。它对教育目标的实现和教育方针的贯彻，有相当强的制约和保证作用。它通过课程评价结果及信息的反馈、利用，指导评价对象朝向目标行为的运行及实现。

（2）鉴定功能。课程评价具有对评价对象的目标达到度、合格与否、优劣程度、水平高低进行判断与鉴定的功用和能力。它主要通过对教育评价对象相关资料的收集、整理、分析、判断的运作机制得以实现，通过检查、比较、鉴定等评价工具的利用而获得。

（3）交流功能。课程评价使评价者与评价对象进行交流，具有使评价对象反省、克服不足、改变已有的不良状态、完善并促进发展的功用和能力。它主要是通过评价结果的信息反馈于评价对象，与其进行和谐的交流，并指导他们的具体运行得以实现。

（4）激励功能。激励是一种引起需要，激发动机，使人始终维持在一个兴奋状态中，以便向更高目标进取的心理过程。课程评价具有使评价对象产生或形成逼近并实现预期目标而不断进取的内在动力的功用和能力。它是通过评价对象，反馈评价的信息这一运行机制得以实现的。

（5）调节功能。课程评价具有使管理活动及评价对象的行为得到调节、控制、规范并使其趋向于教育目标实现的功用和能力。它是通过发布通知、行政命令或颁布法律、法规等进行导向、激励、监督、检查、鉴定，从而实现调节、控制、规范功能，以此保证教育目标的实现。该功能的发挥是建立在一系列严密操作程序基础之上的，优越于一般的经验性、行政性管理功能。

（三）语文课程评价的类型

按照评价在语文教学过程中的作用，可分为定位性评价、形成性评价与总结性评价。

（1）定位性评价。定位性评价又称安置性评价、预备性评价，主要是在语文教学活动展开之前，判定学生的前期准备。它要解决的问题是学生是否已具备了预定教学活动所需要的知识与技能，学生在多大程度上已达到了预期的教学目标，学生的兴趣、习惯以及其他个性特征显示何种教学模式最合适。

（2）形成性评价。这是指在教学过程中为使教学活动效果更好而修正教学运行的进程所进行的对学生学习进展的评价。在教学过程中，通过对学生的表现、态度观察，利用提问或测验获得反馈，考查教学目标的完成情况，以修正、改进后来的教学活动。因此，形成性评价又称学习中评定。形成性评价侧重于教学的改进和不断完善，是前瞻式的。它的目的在于通过多种评价手段和方法，对学生学习过程中表现的兴趣、态度、参与活动程度以及语言发展状态做出判断，对他们的学习尝试做出肯定评价，以促进学生的学习积极性，帮助教师改进教学。

（3）总结性评价。这是语文教学过程经过一段相对完整阶段后，对语文教学目标达到程度的判断，同时也提供了语文课程目标适当性与教学策略有效性的信息。

除了以上三种类型的评价外，近年来国外比较常见的还有"表现性评价"和"档案袋评价"。所谓表现性评价，指评定学生在工作项目中的实际行为表现，要求学生在学习过程中的表现、行为与具体的教学目标相符，同时必须要在真实的情境下实施。"档案袋评价"指每一个学生都有一个属于自己的资料袋，有目的地搜索个人在某个领域的作品，这些作品记录了学生自己努力、进步情况和获得的成就。档案袋中除了学生自己的作品外，还包括一些师生共同探讨和决定的内容、学生的自我评价等。

二、语文课程评价的新理念[①]

（一）重视发展，淡化甄别与选拔，实现评价功能的转化

随着信息技术的发展和网络时代的形成，知识在无限丰富与急剧增长，原有的以传授知识为主的基础教育课程的功能受到了极大的挑战，转而注重培养学生积极的学习态度、创新意识和实践能力以及健康的身心品质等多方面的综合发展，为学生的终身发展奠定基础。于是，配合课程功能的转变，评价的功能也发生着根本性转变，不只是检查学生知识、技能的掌握情况，更为关注学生掌握知识、技能的过程与方法，以及与之相伴随的情感态度与价值观的形成，评价不再是为了选拔和甄别，不是"选拔适合教育的儿童"，而是如何发挥评价的激励作用，关注学生成长与进步的状况，并通过分析指导，提出改进计划来促进学生的发展。从这个意义上讲，评价是帮助我们"创造适合儿童的教育"。换言之，评价是为学生的发展服务，而不是学生的发展为评价的需要服务。评价功能的这一转变同时影响着教师评价工作的开展。教师是教育的实施者，承担着促进学生发展的任务，教师的素质及其发展同样成为课程改革的重要话题。以往的教师评价主要是关注教师已有的工作业绩是否达标，同样体现出重检查、甄别、选拔、评优的功能，而在如何促进教师发展方面作用有限。因此，时代的发展向课程评价的功能提出挑战，评价不只是进行甄别、选拔，评价更重要的是为了促进被评价者的发展。这一点已在世界各国得到普遍认同。

（二）重综合评价，关注个体差异，实现评价指标的多元化

这是指从过分关注学业成就逐步转向对综合素质的考查。学业成就曾经是考查学生发展、教师业绩和学校办学水平的重要指标。但随着社会的发展，仅仅掌握知识与技能已远远不能适应社会对人发展的要求，于是学业成就作为评价单一指标的局限突显出来。在关注学业成就的同时，人们开始关注个体发展的其他方面，如积极的学习态度、创新精神、分析与解决问题的能力以及正确的人生观、价值观等，从考查学生学到了什么，到对学生是否学会学习、学会生存、学会合作、学会做人等进行考查和综合评价。

[①] 李新宇主编：《语文教育学新论》，南京师范大学出版社，2006年版。

98

（三）强调质性评价，定性与定量相结合，实现评价方法的多样化

这是指从过分强调量化逐步转向关注质的分析与把握。对科学的顶礼膜拜，使人盲目认为量化就是客观、科学、严谨的代名词，于是追求客观化、量化曾经是各国课程评价的发展趋势。但在今天，随着评价内容的综合化，以量化的方式描述、评定一个人的发展状况则表现出僵化、简单化和表面化的特点，学生发展的丰富性和生动性、学生的个性特点、学生的努力和进步都被湮灭在一组组抽象的数据中。而且，对于教育而言，量化的评价把复杂的教育现象也简单化了，或只是评价了简单的教育现象，事实上往往丢失了教育中最有意义、最根本的内容。质性评价的方法则以其全面、深入、真实再现评价对象的特点和发展趋势的优点受到欢迎，成为近三十年来世界各国课程改革倡导的评价方法。"成长记录袋"、"学习日记"和"情景测验"等质性评价的方法，目前也受到较为广泛的重视和认可。需要强调的是，质性评价从本质上并不排斥量化的评价，它常常与量化的评价结果整合应用。因此，将定性与定量评价相结合，应用多种评价方法，将有利于更清晰、更准确地描述学生、教师的发展状况。

（四）强调参与与互动、自评与他评相结合，实现评价主体的多元化

这是指被评价者从被动接受评价逐步转向主动参与评价。一改以往以管理者为主的单一评价主体的现象，目前世界各国的教育评价逐步成为由教师、学生、家长、管理者，甚至包括专业研究人员共同参与的交互过程，这也是教育过程逐步民主化、人性化发展进程的体现。这样，传统的被评价者成了评价主体中的一员，在评价主体扩展的同时，重视评价者与被评价者之间的互动，在平等、民主的互动中关注被评价者发展的需要，共同承担促进其发展的职责。在以往被动地接受评价中，评价者与被评价者扮演的基本上是管理者与被管理者的角色，被评价者对于评价结果大多处于不得不接受的被动状态，对于评价本身更是拒绝大于欢迎，或者处于"例行公事"的被动状态。与此相比，成为评价主体中的一员，并加强评价者和被评价者之间的互动，既提高了被评价者的主体地位，将评价变成了主动参与、自我反思、自我教育、自我发展的过程；同时在相互沟通协商中，增进了双方的了解和理解，易于形成积极、友好、平等和民主的评价关系，这将有助于评价者在评价进程中有效地对被评价者的发展过程进行监控和指导，帮助被评价者接纳和认同评价结果，促进其不断改进，获得发展。

（五）注重过程，终结性评价与形成性评价相结合，实现评价重心的转移

即从过分关注结果逐步转向对过程的关注。关注结果的总结性评价，是面向"过去"的评价；关注过程的形成性评价，则是面向"未来"、重在发展的评价。传统的评价往往只要求学生提供问题的答案，而对于学生是如何获得这些答案的却漠不关心。这样学生获得答案的思考与推理、假设的形成以及如何应用证据等，都被摒弃在评价的视野之外。缺少对思维过程的评价，就会导致学生只重结论，忽视过程，就不可能促使学生注重科学探究的过程，养成科学探究的习惯和严谨的科学态度与精神，反而易于形成一些似是而非的认识和习惯，不利于其良好思维品质的形成，限制其解决问题的灵活性和创造性。因此近年来，评价重心逐渐转向更多地关注学生求知的过程、探究的过程和努力的过程，关注学生、教师和学校在各个时期的进步状况。只有关注过程，评价才可能深入学生发展的进程，及时了解学生在发展中遇到的问题、所做出的努力以及获得的进步，这样才有可能对学生的持续发展进行有效地指导，评价促进发展的功能才能真正发挥作用。与此同时，也只有在关注过程中，才能有效地帮助学生形成积极的学习态度、科学的探究精神，才能注重学生在学习过程中的情感体验、价值观的形成，实现"知识与技能"、"过程与方法"以

及"情感态度与价值观"的全面发展。质性评价方法的发展为这种过程式的形成性评价提供了可能和条件，注重过程终结性评价和形成性评价相结合，实现评价重心的转移，成为评价发展的又一特点。

三、语文课程评价的实施

（一）语文课程评价的基本体系①

1. 建立促进学生语文素养全面提升的评价体系

语文教学评价的目的不仅仅是考查学生实现教学目标的程度，更是有效地促进学生语文素养的发展。促进学生语文素养的发展，是语文教学评价的出发点和归宿。"语文素养"指的是在语文学习过程中，内化汉语言的优秀文化成果，最终在学生身上养成的一种涵养水平。"语文素养"的内容非常丰富，它不是一种纯粹的知识或能力，而是一种综合性的涵养，是个体发展不可缺少的基本修养之一。语文素养的基本内容包括以下几点：

（1）热爱祖国语文的情感。包括热爱祖国的语言文字和祖国的语言文化。

（2）理解和运用祖国语文的正确态度。主要包括尊重祖国语文的态度，关心当代文化、尊重多样文化、吸取人类优秀文化营养的态度，逐步养成实事求是、崇尚真知的态度，主动学习语文的态度，敢于对自己的言行负责的态度等。

（3）丰富的语文知识。"语文课程标准"对学生掌握的语文知识做出了相应的规定，还要求把社会常识、科普常识作为教学内容安排在各年级的课程、教材之中。

（4）较强的语文能力。包括识字写字能力、阅读能力、写作能力、口语交际能力和综合性学习能力，并促使这些能力适应学生实际生活的需要。

（5）良好的语感。主要包括形象感、意蕴感、情趣感。语感强调个人经验、个人感悟和个人的语言修养。

（6）较高的思维水平。以激发想象力和创造潜能为重点，让学生初步掌握科学的思想方法，培养良好的思维品质。

（7）良好的个性。个性主要包括两个方面：一是良好的气质和性格，如自信、自主、创意等；二是良好的语文品质，如个人的语言习惯、语言风格和语言品位等。

（8）健全的人格。包括社会主义道德品质、积极的人生态度、正确的价值观、审美情趣、文化品位、良好的社会适应能力、健康的生活情趣等。

2. 建立三个维度、五个领域的指标评价体系

语文课程的实施是一个十分复杂的领域，它包含了众多相关的因素，应该从不同的角度、用不同的方法认识和评价具体的问题。根据现代课程的理念，结合语文课程的特点，语文教学评价应坚持全面评价取向，突出语文教学评价的整体性和综合性。从评价领域和评价内容看，可以把评价指标确定为三个维度、五个领域。

三个维度包括知识和能力，过程和方法，情感、态度和价值观。这三个维度既是语文教学的总体目标，也是评价语文教学的三个基本标准。这三个维度按逻辑关系来说，"情感、态度和价值观"是前提，"过程和方法"是路径，"知识和能力"是目标。其中，"知识和能力"、"过程和方法"是评价的明线，"情感、态度和价值观"是评价的暗线；"知识和能力"是评价的基点，"过程和方法"是评价的重点，"情感、态度和价值观"是评价的难点。这样，评价既对学习的结果进行描述，又对产生这一结果的多种因素和动态过程进

---

① 汪潮：《试论语文教学评价的体系和理念》，载《浙江教育学院学报》，2005年7月第4期。

行判断。

五个领域包括识字与写字（包括汉语拼音）、阅读、写作（包括写话、习作）、口语交际和综合性学习。

（二）义务教育阶段课程评价[①]

1. 关于识字与写字的评价

汉语拼音学习的评价，重在考查学生认读和拼读的能力，以及借助汉语拼音认读汉字、讲普通话、纠正地方音的情况。

识字的评价，要考查学生认清字形、读准字音、掌握汉字基本意义的情况，以及在具体语言环境中运用汉字的能力，借助字典、词典等工具书查检字词的能力。第一、第二学段应多关注学生主动识字的兴趣，第三、第四学段要重视考查学生独立识字的能力。

写字的评价，要考查学生对于要求"会写"的字的掌握情况，重视书写的正确、端正、整洁，在此基础上，逐步要求书写流利。第一学段要关注学生写好基本笔画、基本结构和基本字，第二、第三学段还要关注学生的毛笔书写，第四学段还要关注学生基本行楷字的书写和对名家书法作品的临摹。义务教育的各个学段的写字评价都要关注学生写字的姿势与习惯，引导学生提高书写质量。第三学段要求学生会写 2500 个字。对学生写字学习情况的评价，当以本标准附录 5 "义务教育语文课程常用字表·字表一"为依据。

评价要有利于激发学生识字、写字的兴趣，帮助学生养成写规范字的习惯，减少错别字。

2. 关于阅读的评价

阅读的评价，要综合考查学生阅读过程中的感受、体验和理解，要关注其阅读兴趣与价值取向、阅读方法与习惯，也要关注其阅读面和阅读量，以及选择阅读材料的能力。重视对学生多角度、有创意阅读的评价。语文知识的学习重在运用，其概念不作为考试内容。

能用普通话正确、流利、有感情地朗读课文，是朗读评价的总要求。根据阶段目标，各学段的要求可以有所侧重。评价学生的朗读，可从语音、语调和语气等方面进行综合考察，评价"有感情地朗读"，要以对内容的理解与把握为基础，要防止矫情做作。

诵读的评价，重在提高学生的诵读兴趣，增加积累，发展语感，加深体验和领悟。在不同的学段，可在诵读材料的内容、范围、数量、篇幅、类型等方面逐渐增加难度。

默读的评价，应从学生默读的方法、速度、效果和习惯等方面进行综合考察。

精读的评价，重点评价学生对阅读材料的综合理解能力，要重视评价学生的情感体验和创造性的理解。第一学段可侧重考察对文章内容的初步感知和文中重要词句的理解、积累；第二学段侧重考察通过重要词句帮助理解文章，体会其表情达意的作用，以及对文章大意的把握；第三学段侧重考察对文章表达顺序和基本表达方法的了解领悟；第四学段侧重考察理清思路、概括要点、探究内容等方面的情况，以及读懂不同文体文章的能力。

略读的评价，重在考查学生能否把握阅读材料的大意。浏览的评价，重在考查学生能否从阅读材料中捕捉有用信息。

文学作品阅读的评价，着重考查学生感受形象、体验情感、品味语言的水平，对学生独特的感受和体验应加以鼓励。第一学段侧重考查学生能通过朗读和想象等手段，大体感受作品的情境、节奏和韵味；第二学段侧重考查在阅读全文基础上对重要段落和语句的细

[①] 《义务教育语文课程标准》

致阅读，具体感受作品的形象和语言；第三、第四学段，可通过考查学生对形象、情感、语言的领悟程度，以及自己的体验，来评价学生初步鉴赏文学作品的水平。

评价学生阅读古代诗词和浅易文言文，重点考察学生的记诵积累，考察他们能否凭借注释和工具书理解诗文大意。词法、句法等方面的概念不作为考试内容。

要重视学生课外阅读的评价。应根据各学段的要求，通过小组和班级交流、学习成果展示等方式，了解学生的阅读量和阅读面，进而考察其阅读的兴趣、习惯、品位、方法和能力。

3. 关于写作的评价

写作的评价，应按照不同的学段的目标要求，综合考查学生写作水平的发展状况。第一学段主要评价学生的写话兴趣；第二学段是习作的起始阶段，要鼓励学生大胆习作；第三、第四学段要通过多种评价，促进学生具体明确、文从字顺地表达自己的见闻、体验和想法。对于作文的评价还须关注学生汉字书写的情况。

写作的评价，要重视学生的写作兴趣和习惯，鼓励表达真情实感，鼓励有创意的表达，引导学生热爱生活，亲近自然，关注社会。

写作材料准备过程的评价，不仅要具体考查学生占有材料的丰富性、真实性，也要考察他们获取材料的方法。要引导学生通过观察、调查、访谈、阅读等途径，运用多种方法搜集材料。

重视对作文修改的评价。要考查学生对作文内容、文字表达的修改，也要关注学生修改作文的态度、过程和方法。要引导学生通过自改和互改，取长补短，促进相互了解和合作，共同提高写作水平。

评价结果的呈现方式，根据实际需要，可以是书面的，可以是口头的；可以用等级表示，也可以用评语表示；还可以采用展示、交流等多种方式。

提倡学生在成长记录中收存有代表性的课内外作文和有价值的典型案例分析，以反映写作的实际情况和发展过程。

4. 关于口语交际的评价

口语交际的评价，须注重提高学生对口语交际的认识和表达沟通的水平。考察口语交际水平的基本项目可以有讲述、应对、复述、转述、即席讲话、主题演讲、问题讨论等。

口语交际的评价，应按照不同的学段的要求，综合考查学生的参与意识、情意态度和表达能力。第一学段主要评价学生口语交际的态度与习惯，重在鼓励学生自信地表达；第二、第三学段主要评价学生日常口语交际的基本能力，学会倾听、表达与交流；第四学段要通过多种评价方式，促进学生根据不同的对象和内容，文明地进行人际沟通和社会交往。评价宜在具体的交际情境中进行，让学生承担有实际意义的交际任务，并结合学生在日常生活和学习活动中的表现，综合考察学生真实的口语交际水平。

5. 关于综合性学习的评价

综合性学习的评价，应着重考察学生的语文综合运用能力、探究精神与合作态度。主要着眼于学生在综合性学习过程中的表现，如是否能积极参与活动，是否能主动提出问题，还有搜集整理材料、综合运用语文知识探究问题、展示与交流学习成果等方面的情况。第一、第二学段要较多地关注学生参与语文学习活动的兴趣与态度。第三、第四学段要多关注学生在语文活动中提出问题、探究问题以及展示学习活动成果的能力。各个学段综合性学习的评价都要着眼于促进学生提高语文水平的效率，并有助于他们扩大视野，更好地掌握学习语文的方法。

　　评价要尊重和保护学生学习的自主性和积极性，鼓励学生运用多种方法，从不同的角度进行探究。要充分注意学生解决问题的思路和方法。对有新意的思路和表达以及有特点的展示方式，尤其要给予足够的重视。除了教师的评价之外，要多让学生开展自我评价和相互评价。

　　总之，我们必须按照以上的评价要求和方法，根据学生的实际和语文课程评价的新理念，运用科学的方法进行恰当的客观评价，促使学生充分认识到评课程评价的作用，使之为提高教学质量发挥重大作用。

【复习与思考】

　　1. 语文课程评价有哪些类型？

　　2. 试述语文课程评价的新理念。

　　3. 语文课程评价的基本体系是什么？

第四模块　语文教学论

【内容提要】

在本模块中，我们主要研究语文学科的教学问题。

课程与教学、课程与教学论的关系问题，是教育理论研究的重要课题之一。直至目前，学术界尚未形成较为统一的观点。我们认为，课程与教学是相互依存、相互作用、紧密联系的：课程依教学而存在，离开了教学的课程也就失去了它的存在价值和意义；教学是课程的实施，也是课程的开发与建构，脱离了课程的教学已不再属于现代教学论意义的教学。两者既不可分割，又不是简单的包容关系。作为两个相对独立的概念范畴，它们有其质的规定性，因此又是可以分别加以研究的。基于以上认识，我们把"课程论"与"教学论"分模块进行论述。在本模块中，我们主要论述了语文教学的基本理念、语文教学设计、语文教学过程、语文学法指导、现代教育技术在语文教学中的运用等的基本理论问题和五大学习领域中的具体教学方法以及说课、听课和评课、语文微格教学等语文教学的实施问题。

第一节　语文教学的基本理念

语文学科的教学，既要遵循教学论的一般原理，又要依据学科的特点进行，形成基于学科特点的教学基本理念。工具性与人文性的统一，是语文学科的基本特点。此外，语文学科还具有实践性、综合性、民族性、审美性等几个显著特点。根据这些特点，必须坚持语文教学与人文教育相统一的原则，全面提高学生的语文素养；要注重语文的实践性和综合性，在广泛的语文实践中培养学生的语文能力；要根据汉民族语言文字的特点和学习规律进行教学，重视语文积累和语感培养；要遵循教学规律和美的规律，在语文教学中渗透审美教育。

一、语文学科的主要特点

作为基础教育学科之一的语文学科，既有与其他学科相同的共性，又有与其他学科相区别的个性，后者就是我们所说的学科特点。语文教学工作，既要遵循教学论的一般原理进行，又要依据学科的特点，遵循学科的教学规律组织实施，从而形成基于学科特点的教学基本理念。

关于语文学科的基本特点，《义务教育语文课程标准》（2011 年版）以及《普通高中语文课程标准》（2003 年实验版）在"课程性质"中都作了明确的阐述："工具性与人文性的统一，是语文课程的基本特点。"这一"基本特点"同时也是语文学科的性质。这在前几个专节中都已经作了较为充分的论述。需要指出的是，"工具性与人文性的统一"是对语文学科性质或总体特点的高度概括。具体地看，语文学科还具有以下一些特点。

（一）实践性

语文课程之所以具有实践性特点，这是因为，培养学生理解和运用语言能帮助学生掌握语文这一工具。实际上是形成一种技能。吕叔湘先生说："使用语文是一种技能……任何技能都必须具备两个特点，一是正确，二是熟练。""只有通过正确的模仿和反复的实践才能养成。"[①] 在语文教学中，无论是识字写字能力、阅读能力，还是写作能力、口语交际能力，只能在亲身反复练习、反复实践中才能获得，这就是叶圣陶先生所说的"历练"。在运用语言的过程中学习语言，这是任何人掌握语言技能的必由之路。

但是，语文学科的这一重要特点长期以来在语文教学中常常被忽视。重讲轻练，讲风太盛，过分地追求知识的系统性，用过多的分析代替学生的读书等，都是其具体表现。究其原因，一方面，在语文教育观念方面存在一定的偏差，另一方面，是应试教育带来的负面影响。重视语文基础知识的教学，这是新中国成立以后语文教学的一种进步，因为掌握一定的语文基础知识，不仅是语文教育的重要目标之一，也是提高能力的重要基础。但中小学语文学科的宗旨是为了帮助学生掌握语文这一工具，提高学生在实际生活中熟练地运用语文的能力。就语文教学的实际成效来看，不少学生对付语文考试能够得心应手，但在实践中运用语文的能力并不强，这就是所谓的"高分低能"现象。这不仅反映出语文教学中重知识、轻能力的偏颇，也反映出语文考试存在的弊端。

为了进一步明确语文学科的实践性特点和能力培养的任务，20世纪90年代，语文教育界学者根据瑞士语言学家索绪尔的观点提出，在语文教学中要区分"语言"和"言语"这两个概念。"语言指的是由语音、语汇、语法组成的符号系统，言语指的是对这一符号系统的具体运用。语言是工具，言语是特定场合下特定人对这一工具的运用。语言强调社会性，言语强调个体性。"[②]而中小学语文教学属于言语教育范畴。语文教学所面对的、语文教学所要解决的，并不是语言的问题，而是言语的问题。不管是口头上的，还是书面上的，都是言语的问题。语文教学就是利用他人成熟的、典范的言语结果和言语经验去指导学生的言语行为，养成他们的言语交际能力。有的语文教育专家进一步指出，我们的语文教学所要培养的"不是谈论语言的人，而是运用语言的人"。我们认为，这种概念上的区别，对于明确中小学语文教学的性质和特点、为语文教学准确定位、纠正认识上和实践中的偏差，既有一定的理论意义，又有一定的现实指导意义。

（二）综合性

语文学科的综合性特点源于语文的社会性。语文是人类的交际工具，因此，它无时不在、无处不用，渗透于社会生活的所有领域。语文是人类文化的载体，同时又是文化的组成部分，因此，语文学科与社会生活发生着最广泛的联系，具有很强的综合性。"语文学习的外延与生活的外延相等"，已成为流行于语文教育界的一句经典名言。语文学科的综合性，具体表现在以下几个方面：

1. 教育目标的综合性

从语文学科内部关系看，语文教育的目标是多元的、综合的。总目标是"全面提高学生的语文素养"。围绕这个总目标，知识和能力，过程和方法，情感、态度和价值观三个

---

① 吕叔湘：《吕叔湘论语文教学》，山东教育出版社，1987年版，第52～53页。
② 苏立康主编：《中学语文教学研究》，中央广播电视大学出版社，2003年版。

维度的目标交织综合，相互联系，形成一个多元综合的目标体系。

2. 学科知识的综合性

语文学科的知识主要包含两个方面的内容：其一，是在一篇篇选文中所涉及的人类社会古今中外各方面的知识，政治、经济、哲学、历史、地理、文学、艺术、文化等几乎无所不包。尽管语文教育的任务是通过这些课文学习"语文"，但毕竟不能脱离具体的内容去掌握"形式"，因此，学生学习语文的过程，也是增长综合性知识的过程。其二，是关于语文自身的基础知识，包括字、词、句、篇、语、修、逻、文的知识，关于阅读、写作、口语交际的知识，关于语文学习方法的知识等，这些知识也是综合性很强的。

3. 语文能力的综合性

在语文教育的目标中，理解和运用的语文能力是重点。语文能力包括识字与写字能力、阅读能力、写作能力、口语交际、综合性学习能力以及思维能力，这几种能力是相互联系、相互作用的。在语文教学过程中，要通过多种方法，训练、培养学生听、说、读、写、思的能力，全面提高语文素养。

4. 语文教育与社会生活联系的广泛性

从学科外部关系看，所有学科的知识都是用语文表达的，只有掌握了语文，才能学好各科知识；人们从事各项生产活动、科学研究活动、交往与交流活动、教育活动、人类文化的传承与发展等活动，都离不开语文。因此，语文学科与社会生活的广泛联系也决定了语文学科的综合性。

（三）民族性

一个民族的语文，是这一民族有别于其他民族的最重要的、最显著的特征之一，也是这一民族赖以生存的最重要条件之一。这里所说的"语文"，包括了口头语言与书面语言。每个民族的语言符号系统都有其独特性，表现为语音、词汇和语法等方面的差异性。文字是记录语言的书写符号系统，自文字产生以后，经过长时期的演变，形成了具有民族特点的不同形态。汉语言文字作为中华民族文化的组成部分和外部特征，具有悠久的历史、独特的形态和丰富的表现力。因此，以汉语作为母语的语文教育，自有其不同于其他语种的教学规律，这就使语文教育具有民族性特点。

汉语言文字是一种形体和意义紧密结合的表意体系文字，是由笔画构成的方块形符号文字，又叫"方块字"，它集形象、声音和辞义三者于一体的特性。它有别于其他的拼音文字。汉语言文字从其字形、字音、字义都有其独特的表现形态和丰富的内涵，这种独特表现形态和丰富的内涵是其他拼音文字无法比拟的，这就是汉语言文字的又一民族性特点。

不仅如此，作为文化的载体，一个民族的语文，又承载着这个民族的历史，凝聚着民族精神、民族心理和民族情感。每一个民族的人都具有一种独特的对于母语的深沉真挚的热爱之情，这是人们对于自己的亲人、乡土、民族和民族文化、生活方式热爱的感情的一种反映和体现，是一个民族的凝聚力的表现。因此语文教育的意义，不仅在于培养学生掌握语言这个交际工具，同时也在培养学生的民族情感和爱国精神，使他们在广泛吸收世界民族多元文化的同时，更加热爱祖国的语言文字，弘扬民族的优秀文化传统。在这个意义上，语文学科的民族性则具有更深层次的精神文化的内涵。

（四）审美性

在我们的生活中，美是无处不在的。对青少年进行审美教育，是基础教育各个学科的共同任务。审美教育，亦即美育，可以培养学生健康高尚的审美情趣和正确的审美观，培养初步的审美能力，丰富他们的情感，陶冶他们的性情，促进人格的完善，这是美育的目标和价值。当然，每个学科有各自的任务和特点，在美育的实施中，具体内容和方式不同，对学生产生的作用和影响也有很大的差异。在所有学科中，语文学科在美育方面则有其独特的功能和显著的优势，这是语文学科的又一特点。

首先，语文学科的审美性特点表现在审美内容的丰富性。仅以中小学语文教科书为例，从小学到中学12年中所使用语文教科书所入选的上千篇课文，就是一个丰富多彩、美不胜收的文化宝库。说它是"宝库"，是因为这些课文几乎都是题材和体裁风格多样的"美文"。以文学作品而言，这里有千古流传的诗词、意境幽远的散文、脍炙人口的小说、炉火纯青的剧本，它们是古今中外人类精神文化殿堂中的精品。即便是那些按严格的分类标准属于非文学性的课文，也都称得上意蕴丰富、文质兼美的艺术品。无论是理论文、实用文还是文学作品，在我们的学生面前，都展示着千姿百态的自然美、深刻感人的社会美、丰富多彩的艺术美。这为我们在语文教育中实施美育提供了丰富的资源。

其次，语文学科的审美性特点表现在审美实践的广泛性。如前所述。语文教育具有实践性、综合性特点，语文美育的资源极其广泛。它不限于文本资源，还包括生活资源（学校生活、家庭生活、社会生活）和网络资源；它不限于课内，还拓展到课外。可以说，凡是与语文教育相联系的地方都有美育资源。而且，课外的语文教育活动，例如阅读、观赏、朗诵、演讲、游览、制作等，更具有美育的开放性、自主性、趣味性特点。

再次，语文学科的审美性特点还表现在人格影响的持久性和深刻性。与视觉艺术、听觉艺术相比，语文，特别是文学作品，对人很少产生瞬间的强烈的情感冲击和震撼，但它对人的心灵、对于人格的影响极为深刻、极为久远。一本书、一篇课文、一个文学形象、甚至一节语文课，有可能影响人的一生，甚至改变人生道路。人类最美好的情感、高尚的德行、崇高的理想通过语言文字，渗入青少年的心田，在长期的潜移默化中，使他们情感变得丰富、灵魂得到净化、人生境界得到升华、人格趋于完美，语文教育正是以"美"的方式，给学生打下"精神的底子"，这是语文学科在育人方面的独特魅力。

因此，《义务教育语文课程标准》在语文教学中，要"培养爱国主义、集体主义、社会主义思想道德和健康的审美情趣，发展个性，培养创新精神和合作精神，逐步形成积极的人生态度和正确的世界观、价值观"。

二、语文教学的基本理念①

教学理念是指在教学实践中形成的关于教学工作的思想、观念，以及对某些问题的理性认识，它对于教学工作、教学行为具有一定的指导作用。学科的特点，我们提出以下几条教学基本理念。

（一）坚持语文教学与人文教育的统一，全面提高学生的语文素养

工具性和人文性的统一，是语文学科的本质特征。人们对语文学科的性质形成这样的认识，经历了长期的实践、深入的探索、反复的论争过程。

考察中外语文教育的历史和实践，任何一个国家的语文教育都不仅仅是单纯地指向传授一种符号系统，或者是单纯地指向掌握一种交际工具，而是在培养语言能力的同时，全方位地传播占统治地位的主流文化和道德伦理，注重它的教育功能。如前所述，我国几千

---

① 李新宇主编：《语文教育学新论》，南京师范大学出版社，2006年版。

年的传统教育，从来就是文、史、哲合一的教育，语文教育始终与做人教育相统一。因此，所有的母语教育问题从来就不是一个纯技术问题。

新中国成立后的语文教育，始终将思想教育作为语文教育的基本任务，每一部语文教学大纲都对思想教育的具体内容作了规定。在长期的语文教育实践中，人们把语文教学中的语言训练和思想教育的关系概括为"工具性"与"思想性"的关系，把"工具性和思想性的统一"或"文道统一"作为语文教学工作的一条重要原则。然而，如何正确认识和把握语文教育中"工具性"和"思想性"或"文"和"道"的关系，成为语文教育理论和实践的一个重要的课题。在新中国成立后的三次语文教育大讨论中，语文学科的性质、任务问题始终成为焦点。进入20世纪90年代，特别是世纪末的第三次语文教育大讨论，使人们对语文学科性质的认识产生了飞跃。人们认识到，语文学科从属于人文学科，在进行语言训练的过程中，它不仅包含思想政治教育、道德品质教育，还具有探索人生意义、陶冶人的情操、丰富人的精神世界、形成并完善人格、提升人的生命质量的功能。而"思想性"已无法概括语文学科的丰富的人文内涵。因此，用"人文性"来概括语文学科的人文内涵较之于"思想性"更为合适。语文作为一门应用性很强的人文学科，其基本性质是"工具性和人文性的统一"，这一"定性"已写进了语文课程标准。

坚持语文教学与人文教育的统一，这是语文教学的基本理念，也是最重要的语文教学原则，这是对"文道统一"教学原则的继承和发展。如果要继续沿用"文道统一"的提法的话，那么"道"的内涵就将比原有的内涵更加丰富，它不仅包含思想政治教育、道德品质教育内容，还包含了情感、审美、价值观等精神文化的内容。

在语文教学中贯彻语文教学与人文教育统一的理念，就是要遵循语文教育的规律，发挥语文学科的育人功能。全面提高学生的语文素养，是语文课程的总目标，也是贯串于语文课程标准的核心理念。"语文素养"这一概念，涵盖了语文教育全部目标要素，包括知识目标、能力目标、智力目标、情感目标、审美目标以及个性发展目标等。"全面提高学生的语文素养"，充分体现了语文学科的基本性质，高度概括了语文课程的任务。坚持语文教学与人文教育的统一，就是为了实现这一目标。无论是语文能力的培养，还是人文素质的培育，都应始终着眼于学生的全面发展和终身发展。充分认识教学理念与学科性质、学科目标内在的一致性，是我们搞好语文教学工作的重要基础。

在语文教学工作中贯彻语文教学和人文教育相统一的理念，语文教师应注重以下几个方面：

（1）要了解围绕语文学科性质问题所经历的认识过程。包括历史上出现的"文道之争"，语文教育大讨论中关于"人文性"的探讨，从而正确地把握、深刻地理解语文学科的基本性质，避免把"工具性"与"人文性"割裂开来或对立起来，也要避免在教学中出现一个极端掩盖另一个极端的倾向。语文教育的历史经验告诉我们：忽视语文学科的工具性质，不重视语文基本训练，学生的语文水平就不能提高，语文课就失去了应有的价值；相反，忽视语文学科的人文教育性质，只讲语文形式，只重技术训练，语文课也就削弱了育人功能，造成人文精神的失落，这就可能把充满生命意义的语文教育引向歧途。在语文教育的这一根本问题上，只有建立正确的理念，才可能摆脱实践中的偏颇或摇摆，使得语文教学沿着正确的方向进行。

（2）要全面把握、准确理解文本中的人文性的丰富内涵。要突破长期以来形成的关于"思想性"认识的局限，在更为广阔的视野中认识语文课程中的人文性。《语文课程标准》中关于人文教育的目标和要求是我们认识语文课程"人文性"的最重要的依据，必须认真学习，逐条理解，深入领会。语文教材中一篇篇课文都蕴含着生动的丰富的人文因素，需要我们深入钻研、慧眼发现。社会生活中到处都存在着与语文教育相关的人文教育资源，需要广泛发掘，合理利用。语文课程中人文教育的内容大致上可以归纳为：①思想、道德层面；②情感、态度、价值观层面；③审美层面；④文化层面；⑤个性、人格层面。概言之，它是在语言文字的训练活动中进行的、以"人"为核心的、以精神文化为主要内容的教育。

语文课程丰富的人文内涵对学生精神领域的影响是深广的，语文学科应该而且能够为造就现代社会所需要的一代新人发挥重要作用。在语文教学中弘扬人文精神，其意义绝不限于对人们过去所理解的语文课程中的思想教育的突破。新世纪的语文教育要有中国特色，要富有时代精神，就要弘扬优秀的民族文化精神，就要有面向未来的进取精神。而坚持工具性与人文性的统一，在语文教学中自觉地进行人文教育，对于培育具有上述精神的一代新人，具有十分重要的意义。

（3）在语文教学中进行人文教育必须根据语文学科的特点，结合具体的学习内容，在语言文字的学习过程中进行。一定要避免脱离语言实际、脱离课文实际的道德说教和各种游离于语文内容的"活动体验"，防止生拉硬扯、牵强附会或无限发挥、喧宾夺主，使语文课异化为品德社会课、历史课、艺术欣赏课或其他课。这些偏向，在语文新课程的试验阶段曾经出现，至今仍有存在，故有人呼吁：把语文课上成语文课。这类现象，值得我们重视。

在基础教育阶段，各个学科，尤其是人文学科的课程都承担着人文教育的任务。但由于各个学科性质、任务、目标、内容不同，实施人文教育的方法、方式、手段也各不相同，从而显示出人文教育的学科个性。语文学科的"个性"就是进行母语教育，因此，这一学科的人文教育功能的发挥必须在语文学习的过程中进行。强调这一"过程"是十分必要的，舍此，人文教育也就失去了学科价值。我们把这一点称为"人文教育的学科化"。

（4）语文教学中的人文教育，要根据语文教学的特点，选择适当的方式、方法。在贯彻"文道统一"原则的实践中，人们曾总结出许多行之有效的经验，如果不把这个"道"仅仅局限于思想道德范围，那么，这些经验仍适用于今天所倡导的人文教育。比如"熏陶渐染，潜移默化，循环往复，逐步加深"，这是语文教学中进行思想教育也是进行人文教育的基本方法和有效途径。又如："因文解道，因道悟文，引导学生通过语言文字正确理解课文的思想内容，又在领会思想内容的基础上，加深对语言文字的理解，收到语文教学应有的效果。"这一经验不仅揭示了在语文教学中"文"和"道"的关系，而且也揭示了阅读教学过程的基本规律，其内涵十分丰富，对我们今天在阅读教学中正确处理"文"和"道"的关系不仅具有认识意义，而且具有方法价值。再如，有人总结出，在语文教学中进行思想道德教育，要做到"有心"（自觉地进行）、"有机"（自然地进行）、"有法"（讲究教学艺术）、"有度"（避免失度）。这"四有"的经验，对我们在语文教学中进行人文教育也有一定的启示意义。

（5）要克服历史上曾经出现、至今仍然存在的一种错误认识。在有些人看来，所有文章都是内容和形式的统一，讲清了语文形式，就自然而然地进行人文教育了。这种单纯技术观点，势必忽视在语文教学中进行人文教育的必要性，有意无意地把人文教育排斥在语文教学之外，从而导致单纯的语文形式的训练。这样做的结果不仅不利于学生人文素养的提高，而且对学生语文能力的提高也很不利。这种认识，历史上曾经受到批评和否定，今天仍要继续纠正。我们认为，其次在语文教学中进行人文教育，要做到"有心插柳柳成荫"。"有心"和"无意"，结果不会相同。

（二）注重语文的实践性和综合性，在语文实践中培养学生的语文能力

《义务教育语文课程标准》指出："语文是实践性很强的课程，应着重培养学生的语文实践能力，而培养这种能力的主要途径也应是语文实践。"关于语文课程的实践性特点，在前面已经作了论述。为什么"重讲授、轻实践，重知识、轻能力"这种现象由来已久、如此普遍？从思想观念上讲，根本原因还是对语文学科的目标、特点缺乏正确的把握，对知识和能力、知识和实践的关系缺乏正确的认识。要改变这种现象，首先要从澄清认识、确立正确观念做起。在教学工作中，要为学生创造更多的语文实践的机会。要积极开发语文课程资源、拓展语文实践的空间。建立大语文教育观，把学校语文教育、家庭语文教育、社会语文教育作为一个整体。积极开展语文综合性学习，以实现语文教育的综合效应。其次在语文教学中注重语文的实践性和综合性，坚持在广泛的语文实践中培养学生语文能力的理念，要从以下几个方面努力。

1. 正确把握知识与能力、知识与实践的关系

如前所述，语文教育的目标是综合的、多元的，但是，在语文教育目标系统中，语文知识和语文能力、语文知识和语文实践是怎样一种关系呢？早在20世纪40年代，叶圣陶先生说得十分清楚明白："语言文字的学习，就理解方面说，是得到一种知识；就运用方面说，是养成一种习惯。这两方面必须联成一贯，就是说，理解是必要的，但是理解之后必须能够运用；知识是必要的，但是这种知识必须成为习惯。语言文字的学习，出发点在'知'，而终极点在'行'；到能够'行'的地步，才算具有这种生活的能力。""每一个学习国文的人应该清楚：得到阅读和写作的知识，从而养成阅读和写作的习惯，这就是学习国文的目标。"① 叶圣陶先生的话表明：第一，在语文学习中，获得语文知识和形成运用能力都是重要的，而且两者是不可分割的。第二，学习知识，在于理解；运用知识，在于形成习惯。"知"是基础，"行"是目的。所谓"成为习惯"，是指在生活中运用语文的熟练程度。在今天看来，叶圣陶先生的话仍然是正确的。中小学语文教学的主要任务不在传授系统的语文知识，而在于形成运用语文的能力，而能力形成主要在于实践，正如其他技能形成途径一样。能力的形成，又离不开知识。掌握一定的知识，对于培养能力、提高能力，不仅是有帮助的，而且是必需的。这样的道理，本来是不应存在认识上的问题的，但是在实际教学工作中，却经常出现关系的倒置，语文课堂上"教师滔滔讲授，学生默默聆听"，似乎这"一讲一听之间事情就完成了"。教师的"讲"，主要是讲知识，而知识是讲不完的，学生的语文能力光靠教师的"讲"是培养不出来的。"工具拿在手里，必须不断地用心地使用才能练成熟练技能的。"（叶圣陶语）因此，语文课程标准十分强调语文的实践性，强调在语文实践中培养语文能力。这一理念，在教学工作中应得到强化和贯彻。

当然，强调语文实践能力的培养，并非轻视或削弱语文知识教学，新课程所要纠正的只是"刻意追求语文知识的系统和完整的偏向"。就语文基础知识的教学来看，需要研究的问题仍然很多，比如：在语文教学系统中，到底需要什么样的知识和多少知识？对于语文能力的培养来说，哪些知识是必需的、有用的？各学习阶段知识教学的目标是什么？各项知识内在的有机联系是什么？这些知识如何分类？这些知识如何教学？等等。这些都需要我们进行理论和实践的探索。

---

① 叶圣陶：《略谈国文学习》，转引自《叶圣陶、吕叔湘、张志公语文教育语文论文选》，开明出版社，1995年版，第13页。

2. 为学生提供和创造更多的语文实践机会

首先，让学生更多地直接接触语文材料，这是语文实践的一个特点。在其他学科，"实践"往往与"读书"相对，而在语文学科，学生的阅读活动恰恰是一种重要的语文实践。在课内，要改变教师讲授过多的偏向，让学生有更多的时间自主阅读，教师则重在对阅读活动加以引导、组织，在阅读方法上给予指导。离开了阅读实践，学生是无法获得对课文的直接感受和真切体验的，这种独特的体验和感受，是教师的讲授所无法替代、无法传递的。让学生更多地直接接触语文材料，仅限于课内是不够的，大量的阅读活动是在课外。要把学生的课外阅读活动作为语文课程的重要组成部分，既要对课外阅读进行引导和指导，以保证阅读活动的成效，又要充分尊重学生的自主性、选择性。要提倡学生在广泛阅读的实践中，有计划地阅读一些经典名著。

其次，要多给学生提供交流、表达的机会。在阅读教学过程中，通过提问、对话、复述、讨论等方式，可以给学生增加口语表达的锻炼机会。课前几分钟演讲、模拟新闻发布会等活动，是广受学生欢迎的语文实践活动形式。习作活动是语文教学中培养学生书面表达能力的重要的语文实践活动之一，要为学生的自主写作提供有利条件和广阔空间，鼓励学生自由表达和有创意的表达。教师不仅要重视课内习作的指导和讲评，更要激发学生课外习作的兴趣和热情，要让学生在写作实践中学会习作。口语交际是语文教学的重要组成部分，口语交际课更应成为学生的口语实践课。教师在组织这些实践活动中，一定要面向全体学生，让每一个学生都能在语文实践中得到锻炼、提高。

3. 积极开发语文课程资源，拓展语文学习与实践空间

用"大语文"教育观来看，整个语文教育系统是由学校语文教育、家庭语文教育、社会语文教育三个系统组成的具有层次性的结构。对于一个人的语文素养的形成来说，每个系统都具有特定的功能并产生一定的影响。据此，我们可以说，一个人语文能力的获得、语文素养的形成，其途径绝不限于学校，更不限于语文课堂。作为母语教育课程，学习它的资源和实践的机会无处不在、无时不有。学生在语文课上学语文、用语文，在其他课程中，也同样存在语文实践的活动。由于学生身处母语环境，在社会生活多个领域，都有着广泛而丰富的母语学习资源。除了阅读书籍报纸外，收看电视广播，参观博物馆、展览馆，甚至街头的广告灯箱、标牌店招中，都含有语文学习的材料。学生在广阔的母语环境中接触语文材料、学习语文的同时，还在社会、家庭的各种人际交往中运用母语，这是最直接的语文实践活动。事实上，学生在所处的母语环境中学习和运用语文的时间、空间都远比语文课堂上要充分得多、广阔得多。然而，这些语文学习和实践活动基本上都是处于自发、自然状态，它们具有广泛性、动态性等特点，但缺少规范性和选择性，它们是语文学习和语文实践的自然资源，而并未成为课程资源。尽管过去一直提倡开展语文课外活动，但也仅仅把这种活动看作是语文课堂教学的"补充"或"延伸"。

语文新课程的一个重要发展是，第一次提出了"语文课程资源"这一概念。这个概念包含了学校语文学习资源、家庭语文学习资源、社会语文学习资源；包括了自然性资源、社会性资源和人文性资源。这就将原来处于自然状态下的语文学习资源纳入到语文课程范畴之中，这是语文教育观念上的一个重要的发展变化。用"课程资源"的观念看待语文教学，语文教材只是语文课程资源中的一部分，即"文本资源"。除此之外，还有生活资源和网络资源等。在新课程的实践中，语文教师要更新观念，自觉地开发和利用丰富的语文课程资源。首先，要引导学生会利用图书馆和网络等信息渠道获取资料，培养他们运用现代技术搜集和处理信息的实践能力。其次，创造性地开展丰富多彩的课外语文实践活动，

并在活动中培养学生的策划能力、组织能力、合作能力和创造精神。再次，要把学生课外语文学习、语文实践活动与课内教学结合起来，倡导"课内打基础、课外练功夫"，"得法于课内、得益于课外"。要加强课外活动的目的性和计划性。需要指出的是，这里所说的"课内"和"课外"，都是针对"课堂"而言，若论"语文课程"，无论是"课内"还是"课外"的语文学习或实践活动，则都是学科课程教学中应有之义。

4. 充分发挥语文综合性学习的功能，培养学生自主实践能力

语文综合性学习是语文新课程的重要组成部分。所谓"综合性"，主要是指：语文知识的综合运用、听说读写能力的整体发展、课文课程与其他课程的沟通、书本学习与实践活动的紧密结合。把语文综合性学习作为一种学习方式列入课程标准，这是语文新课程的又一重要发展。根据课程标准的规定，中小学语文教材设计了若干综合性学习的活动方案，让学生围绕一个学习主题，自主地收集、整理资料，进行观察活动、调查研究活动，开展交流研讨，展示学习成果。在综合性学习过程中，语文教育的三维目标可以得到有机的融合，学生的语文素养可得到全面的培养。综合性学习是一种以学生自行设计和组织为主的语文实践活动，应特别关注以下几点：①培养学生语文学习的好奇心理、探究兴趣、问题意识；②鼓励学生观察生活，并有所感受、有所体验；③强调学生的主体意识、参与意识、合作意识。对综合性学习活动进行综合评价，要关注学生在学习过程中提出问题能力、信息收集能力、系列活动能力、合作探究能力、展示成果能力以及反思学习能力的锻炼和进步情况，尤其要提倡和鼓励学生在语文实践活动中的创造精神。需要指出的是，语文综合性学习是语文学科中的一种学习方式，它与基础教育领域中的"综合实践活动课程"在理念上是相通的，区别在于：前者属于"学习方式"，后者属于独立设置的一门"课程"；前者重在培养"语文素养"，后者重在培养跨学科的"综合素质"。开展语文综合性学习活动，教材中的方案仅是"例子"，要鼓励语文老师和学生一起，设计出有本土特色、学校特色、富有创意的方案来。

（三）根据汉语的特点和学习规律进行教学，重视语文积累和语感培养

1. 根据汉民族语言文字的特点和学习规律进行教学

每个民族的语言文字都有自身的特点，主要表现在语音、文字、词汇、语法等方面的差异和特殊的规律性。不仅如此，一个民族的语言文字随着历史的推移也不断地发生演变，甚至是系统的改变。因此，母语的教学既要遵循语言学习的一般规律，又要立足于本民族语言文字的特点和演变情况进行。

以汉字的认读和书写为例。一般认为，汉字属于表意体系的文字，这是它与拼音文字的主要区别。每一个汉字都是音、形、义的结合体。汉字的形声字占现行汉字90%以上，能掌握形声字，特别是形声字的读音，就基本上掌握了汉字。汉字的数量繁多，但一个人如果认识2500多个常用字和次常用字，就可以认识现代书刊99%的字。随着对汉字科学化研究的不断深入，特别是汉字输入计算机技术问题的成功解决，人们对汉字的优越性、汉字的不可替代性、汉字的未来发展前景有了新的认识。但是，汉字的诸多特殊性又给汉字的学习带来一定的困难。汉字的数量多，而基本音节只有411个，这样就形成了大量的同音字；由于古今音变等原因，汉字的形声字如完全按照声符来读，半数以上要读错；汉字的形体是用来表意的，经历了几千年的形体变更，到了楷书，特别是简化了的楷书，已成为不具象形的象形字；有些字形与原先的形体毫不相干，可是经过历史沿革，变成了难以分辨的形近字；汉字有本义，也有引申义和假借义，不知其本义，也就难以理解其引申义和假借义；汉字的一字多义、多音多义现象不仅给认读，而且给阅读理解带来一定的困

难。凡此种种，要准确、熟练地掌握汉字，需要下很多的功夫，作长期的积累。从识字教学的角度来说，语文教育工作者要认真研究汉字的这些特殊性，遵循儿童认读汉字的心理规律进行教学。我国古代的蒙学教育在编写识字课本、训练儿童进行汉字的认读和书写方面积累了丰富的经验，比如运用"六书"的方法认读汉字，运用描红、仿影、临摹等方法训练书写等，这些方法都是符合汉字特点的，且行之有效。这些传统的方法，需要学习继承。近现代以来，我国的语文教育工作者在识字教学方面开始进行科学研究，特别是儿童识字心理的研究，所取得的成果值得我们重视。在长期的语文教育实践中，广大语文教师总结出丰富的识字教学经验，更值得我们认真吸取和借鉴。比如，以基本字带字的归类识字方法，以同类相聚为特点的集中识字方法，随课文识字的分散识字方法，以及注音识字法（注音识字、提前读写）、部件识字法、意义分类识字法、听读识字法、推测识字法、生活识字法等。

2. 重视语言的积累

这是传统语文教学的一条重要经验，也是当前语文教学需要重视和加强的一个环节。根据语言学习和语言发展的一般规律，儿童掌握新语言的过程大致由三个环节构成，即"理解—积累—运用"。传统语文教学重视语言的积累。现代语文教学重视语言的理解，至于语言的运用，从古到今采用的都是"无师自通"的策略。关于语言的运用，我们在加强语文实践能力培养这部分内容中已作了论述，这里侧重说说语言的理解和积累问题。

古人在处理语言"理解"和"积累"的关系上，是以积累为重点的，通过多读多背，大量储存语言材料，在语言的理解上，采用的是自然主义方法。古人读"四书"、"五经"，都是文言文，儿时基本不理解，甚至一窍不通。塾师的办法就是要求死记硬背，以后随着年龄的增长，孩子思维发展了，认知水平提高了，背的文章就逐步理解了。等到理解了，那些背熟的文章就有了会用的可能。所以古人采用的策略是"十五以前，童稚心智未开，多记性，少悟性。凡当背之书悉数背之"。① 从心理学和语言学关于语言学习的规律看，任何一种语言的学习都需要积累，所以要重视背诵；加上文言文的词语句子结构和平时生活中的口语差异很大，为了让儿童感性地认识并积累文言词汇、句式和语法规则，就更需要背诵。现代语文教学在批判古人"死记硬背"的同时，却有意无意地忽视了语言的积累，在"理解"和"积累"的关系上，与古代语文教学的做法正相反。教学中重视分析理解、重视讲授语言规则，学生的读书、记诵明显弱化。造成这种现象的原因之一，是认识上的误区：古人读文言文，学生不理解，所以只能靠"死记硬背"；现在读的是语体文，学生都能理解，因此不必记诵。特别是学生口语的获得情形更使人对此深信不疑。

现在看来，古代语文教学一味强调"死记硬背"的弊端是显而易见的，它严重地影响了学生学习的兴趣和积极性，对此所进行的批判已十分充分而深刻。但是由于儿童时期多读多背，积累了大量的语言材料，则为以后的理解和运用提供了可能，这一点从古代学有成就者的经历中几乎都可以得到印证。如果缺少一定量的语言积累，无论怎样强调理解，也是难以发展语言能力的。积累与理解相比，积累更是形成语言能力的基础。现代语体文的学习，仍然需要加强记诵。这是因为，书面语言中的一些词语和句子结构，学生在平时口语实践中的接触机会不多，而一般人口头语言表达时又很少运用，因此，更需要通过记诵增加积累。许多语言材料，即便读过了、理解了，但如果不通过记诵加以积累，那也不等于占有。而不能占有相当数量的最基本的语言材料，就不可能真正掌握好一门语言。当

---

① ［清］王筠：《教童子法》，转引自张志公：《传统语文教育初探》，上海教育出版社，1962年版。

代著名语言学家王德春指出："没有语言输入，根本谈不上语言学习。语言输入的内容、数量和方式，往往直接影响着学习的质量和速度。"这是语言学习的一条基本规律。

我们强调语言积累的重要，并非意味着忽视语言理解的作用，也不是简单地提倡回到传统语文教学的老路，只是要纠正语文教学中过分地强调"理解"而忽视"积累"的偏向，要从正确把握语言学习和语言发展的规律入手，继承和借鉴传统语文教学的经验，通过多种途径，让学生积累更多的语言材料，丰富他们的语言经验，为提高学生的语言运用能力打下基础。

3. 形成良好的语感

语文课程标准首次把"形成良好的语感"写入课程的"基本理念"，并作为阅读教学的目标之一。语感的培养对于语文学习具有十分重要的意义。敏锐的语感既是一个语文程度和心理发展水平的标志，也是学好语文、鉴赏文学作品的必要条件。

最早提出语感这一概念的是现代语文教育家夏丏尊先生，他于70年前所写的《我在国文科教授上最近的一信念——传染语感于学生》一文中说："在语感敏锐的人心里，'赤'不但只解作红色，'夜'不但只解作昼的反对吧。'田园'不但只解作种菜的地方，'春雨'不但只解春天的雨吧。见到'新绿'二字，就会感到希望焕然的造化之工、少年的气概等说不尽的情趣。见到'落叶'二字，就会感到无常、寂寥等说不尽的诗味来吧。真的生活在此，真的文学也在此。"这段话被看作是对"语感"这一概念较早的、较生动的解说。在作者看来，语感是对语言文字的意义和情味的敏锐感受力，是读者将自己的生活经验融合到语言文字上去的结果。其后，叶圣陶先生进一步阐发了以上关于"语感"的见解。20世纪90年代以后，人们重新提出"语感"问题，并对此进行了更为深入、系统的研究。综合这些研究成果，可以得到以下几点基本认识：

（1）语感的对象是言语。语言是一种以语音为形式，以语义为内容，包括语音、词汇、语法三要素的符号系统；言语是人们使用语言进行表达（说和写）和理解（听和读）的行为。语言在一定程度上已经被概括化、抽象化了，而言语则是具体的、生动的、丰富的。语感既然是"感"，它的对象只能是言语，而不是语言。

（2）语感的主体是个人。既然语言是个人的活动，那么语感的主体只能是个人，而不可能是群体。

（3）语感的方式是直觉。语感能够迅速、准确地对语言对象作出正误、真伪、是非、美丑的直觉判断。它并不是思维在当下的作用，而是在刹那间不假思索的反应。这种迅速、准确的反应是在潜移默化中形成的，是积淀了长期比较、揣摩、学习、训练的结果，是理性在感性中的沉淀，是溶解了理性的感性。

（4）语感的表现是能力。语感是一种"思维并不直接参与作用的而由无意识替代的在感觉层面进行言语活动的能力"，这种能力往往表现为一听就清、一说就顺、一看就懂、一写就通，而且听得真、说得好、看得明、写得美。

每个人的语感品位素质大致上可以从四个方面进行评价，即广度、深度、美度和敏度：①广度是指语感所能把握的语言对象的量的多少、面的宽窄。②深度是指语感对某一语言现象的形式与内涵感受的深浅程度，是指质的高低——是否能对语言表情达意的细微差别作精细的分辨。③美度是指语感对语言对象美丑的识别、判断的正确程度，是对语言对象的情感上的把握——是否真切、确切、贴切。④敏度是指对某一作用于人的语言对象作出反应的速度。感受敏锐、反应灵活，是语感好的表现；反之，则粗疏、迟钝、呆板。

一个人的语感是由多种心理因素组合而成的，其中最主要的是想象、联想和情感。我们说"思维并不直接参与作用",并非排斥思维因素,只是强调它作用于语感的方式并非"直接参与"。事实上,人的直觉能力的形成,都与思维能力的发展密切相关,人的语言直觉实质上是感性与理性的结晶。在语文教学中加强语感的培养,要特别注重以下几点:

一是要积累生活经验,联系生活体验。语感是以语言主体的生活体验为其内核的,没有生活经验,文字只能是枯燥的概念。叶圣陶先生在 20 世纪 40 年代与夏丏尊合著的《阅读与写作》就指出:"要求语感敏锐,不能单从语言、文字上去揣摩,而当把生活经验联系到语言、文字上去。""单靠翻字典,就得不到什么深切的语感,唯有从生活方面去体验,把生活所得的一点一点地积聚起来,积聚得越多,了解越见深切。"叶圣陶的话给我们的启示是:第一,语文教学必须联系学生的生活体验;第二,要引导学生多多参与生活实践,注意观摩,注意积累生活经验。这是培养学生语感的基本途径。

二是要以课文的言语为对象,具体地领悟表达形式的独特性。语感是对言语的感知,既然是感知,那就必然依存于对象对感官的刺激,否则,感知也就无从产生。为了达到培养语感的目的,应当把课文的言语当作学生语感的对象,即把聚焦对准课文的言语。这看起来不成问题,但在语文教学的课堂上,往往出现"焦点"的分散和偏移。一篇课文的教学,固然有很强的综合性,时代背景、作者生平、难词难句解释、段落层次、中心思想、写作方法乃至趣闻逸事等,都是语文教学的内容,但其中最要紧的还是课文的言语这个语感的对象。偏离了课文,培养语感也就成了缘木求鱼。瞄准课文的言语,既可以着眼于它的内容,也可以着眼于它的形式。就语文学科与其他学科的区别来说,明白课文的言语所表达的内容固然必要,但理解它是如何表达的,即言语的形式则是主要目的所在。对于一篇优秀的作品来说,言语表达的形式总是具体而独特的,使学生对这具体而独特的言语表达形式有所领悟、有所体验,从而广化、深化、美化、敏化他们的语感,正是语文教学的重点所在,也是语文教学的难度所在。决不能绕过这个重点,避开这个难点,化具体为抽象,化独特为一般。

三是要在读书实践中培植语感。将所感受到的言语对象转化为语感的主要途径是读书实践,在这一点上,我们尤其要向古人学习。我国古代的文言跟口语基本上是脱节的,但古代的语文教学可以在不太长的几年时间之内基本上能让大部分学生得心应手地运用文言表情达意,古代的语文教师之所以创造出这样的奇迹,就是源于他们对"读"的高度重视。古代虽然没有"语感"一词,但他们却深知"只有读才能培植语感"的道理。古人对读书的要求之严格,正是着眼于语感的培养。宋代著名语文教育家朱熹论述语文教育时,谈得最多的就是读书。在朱熹看来,读书要达到"使其言皆出于我之口"、"使其意若出于吾之心"的程度才算得上"熟读"。用清人唐彪的话来说就是:"文章读之极熟,则与我为化,不知是人之文、我之文也。"这就是言语对象在思想情感和言语形式两个方面彻底地主体化。古人关于读书的经验之谈极为丰富,其中蕴含的道理朴素而深切。当我们对几十年来的语文教学进步不快、成效不大的问题进行反思时,实在需要从读书上探究原因。而继承借鉴传统语文教学的经验,重视读书并通过长期而严格的读书训练语感,是最有价值、最基本的经验之一。

就现代语文教学的读书方式来说,培植语感最普遍使用的有效方式是朗读。朗读不同于"看"和"阅",必须发出声音,而且要"以声传情"。要让学生在朗读中边读边展开想象,让作品中的形象清晰而具体地浮现在自己的头脑里,也就是说要激起鲜明的内心视象。要达到这样的效果,需要训练,需要启发、引导,包括教师的示范。对朗读的进一步要求是"美读"。所谓"美读",就是将无声言语中渗透着的人的喜怒哀乐等一切微妙、复杂的感情在"读"中还原出来,"激昂处还他个激昂,委婉处还他个委婉"。这是声音的

"还原"，也是情感的"复现"。简单地说，"美读"就是"读进去，读出来"——用自己的思想情感读进去，把作者的思想情感读出来。美读是一种创造，一种美的有声言语的创造。要求和指导学生"美读"就是要求和指导学生沿着课文言语的阶梯去攀登课文作者的精神境界，攀登的过程就是作品的思想情感内化而为学生的思想情感的过程，同时也就是作品的言语积淀而为学生语感的过程。

语感的培养，除了课内的精读、朗读、美读外，更需要课外的泛读。要使读书成为学生的内在需要，成为他们生活的重要组成部分和自然习惯。总之，语感的培植离不开言语实践，而读书则是学生言语实践中最基本、最广泛的学习活动。

（四）遵循教学和美的规律，在语文教学中渗透审美教育

语文学科是具有美的魅力的学科。如前所述，它包容了一个与整个人类生活一样广阔的美的世界——从自然到社会，从生活到艺术，从远古到当代，从中国到世界，从微观到宏观。不仅如此，语文教学的过程，也应该是"按照美的规律"进行的创造性实践活动。在语文教学中进行审美教育，是语文学科的重要任务之一。在基础教育阶段的审美教育中，语文学科具有独特的优势。其实施要点是：

1. 明确语文美育的基本任务

语文学科美育的任务是：在语文教学过程中，充分发掘课程的审美资源，对学生进行审美教育，使学生树立正确的审美观，培养高雅、健康的审美情趣，形成初步的审美能力，陶冶道德情操，提升精神境界，从而更加热爱美的事物，促进身心的发展和人格的完善。

这里需要强调的是，首先，语文美育必须在学科教学过程中进行，而不是脱离语文教学的独立的审美教育活动。在语文教学的三维目标中，就渗透着审美教育的内容。其次，审美观反映了一个人对美、审美的总体观念，审美情趣则反映了一个人的审美倾向和审美爱好。语文美育当以培养正确的审美观和健康、高雅的审美情趣为总体目标。再次，审美能力包括审美感知、审美想象、审美情感、审美理解、审美鉴赏、审美创造等能力。其中，审美感知能力是最重要的审美基本能力。审美的敏感是一种善于在生活、自然、艺术等实践活动中发现美的能力，这是"由于反复的经验而获得的敏捷性"。没有审美感知力，人就不能与审美对象发生联系，也就不可能有想象、情感和理解的和谐活动。在语文美育中，引导学生关注生活、学会观察、积累生活经验，从而培养敏锐细腻的审美感知能力至关重要。而审美创造能力则是审美教育的"制高点"和"落脚点"。这是因为，它比审美感知力、鉴赏力等更高一筹，它是审美教育的最终目的。因此，苏霍姆林斯基称审美创造力是"美育中的精灵"。

2. 贯彻语文美育的一般原则

根据语文学科的特点，在语文教学中实施美育应遵循以下原则：

（1）形象化原则。

这一原则不仅体现了美育的一般特点，也体现了美的本质，因为，美是人的本质力量的"感性显现"，即通过具体可感的形象表现出来。没有形象，美就无可捉摸。所以黑格尔说："美只能在形象中见出。"审美离不开美的具体形象这一特征，决定了审美教育首先是形象化教育。审美教育过程，实际上就是通过审美活动，以形象对受教育者施加影响的过程。不过，与其他艺术作品中的形象不同的是，语文教材中的审美形象是用语言来塑造的，而不像造型艺术那样直接创造视觉形象，也不像音响艺术那样直接创造听觉形象。这就是语文教学中审美形象间接性特点。语文教学中的审美教育，必须通过语言这一中介，调动生活经验，并依赖人们的艺术修养，在联想和想象中感受审美对象的美。

根据这一特点，在语文教学中进行审美教育，必须依据语言材料。首先，只有了解文字的意义，感受语言形象，才可能使表象清晰、完整；其次，要运用多种手段，包括图画、音乐、实物、表演等，特别是语言的描绘，化抽象为具体，变静态的文字为生动的形象，让作品中的形象在学生头脑中"活"起来；再次，要联系学生的生活经验，引导学生通过联想和想象，获得对审美对象全面的感知和深入的理解。

（2）体验性原则。

在语文教学中进行审美教育就是培养学生发现美、认识美、品味美的过程。美感是审美主体在审美实践活动中获得的一种体验，而这种体验是其他人无法代替的。

从心理学角度说，审美心理结构是由感知、想象、情感、理解等要素以一定方式组合而成的感受、体验、领悟系统。感知是对审美对象的直接把握，领悟则是在感受、体验基础上的审美理解，是对审美对象的理性把握。没有感受和体验，就不可能有对审美形象的领悟。按照体验性原则进行审美教育，首先，要确立学生是审美主体这一认识，教师要创造更多的实践机会，让学生结合自己的生活经验去感知审美形象，引发联想和想象，获得真切的体验，而不是仅仅停留在教师的解说上，或仅仅把教师自己的体验"告诉"学生。其次，调动学生的感觉器官和思维器官，使学生多方面地感知作品，获得丰富的、深刻的审美感受。这种审美感受是一种高级的、复杂的精神活动，它积淀了审美主体的生活阅历、文化修养、审美情趣等多种因素。因此，在教学中，教师要引导学生通过眼看、口读、耳听，感知作品的形象，接受作品的美的熏陶，实现形象的感化作用。

（3）渗透性原则。

美育的显著特征是诉之于形象的感染，通过情感愉悦达到理性认识的目的。它不像德育、智育那样需要采取有约束力的、强制性的措施，需要运用伦理的、说服的方式，而是寓教育于美的享受之中，通过美的形象唤起人们的情感和共鸣，使人在赏心悦目中自愿接受美的熏陶，获得知识，受到教育，实现精神的愉悦、心灵的满足。因此，语文审美教育必须坚持渗透性原则。

贯彻这一原则，要从两方面把握：第一，处理好审美教育与语文教育中其他任务的关系。语文教育的任务是综合的、多元的，审美教育既不是唯一的，也不是独立的任务，所谓"渗透"，是指审美教育必须在语言教学的过程中进行。脱离了语言材料，脱离了语言教学活动，审美教育就失去了依托，也就不再成为语文审美教育。第二，就语文审美教育的方式来说，它不是靠理性的说教，不是用概念、判断、推理等逻辑的方式，甚至不是用直白的方式来实施的，它需要用感性的、潜移默化、熏陶渐染的方式进行。越是不留下"刻意"教育的痕迹，教育的效果就越好。在语文教学中进行审美教育，无论是美的情境的创设、气氛的渲染，或是情感的激发、想象的拓展，都必须按照美的特点和美育的规律进行。在这个意义上，贯彻"渗透性"原则，对教师的教学素养和教学艺术提出了更高的要求。

3. 开发语文美育资源

语文课程的美育资源，是无比丰富的，善于发现、发掘、利用这些美育资源，是实施语文审美教育的基础和前提。以语文课程的文本资源为例，这里包含着自然美、社会美、艺术美以及语言文字之美等丰富资源，是语文教学中进行审美教育的最基本的资源。

（1）自然美。

这是现实生活中自然感性而直接引起的人的美感。选入中小学语文教材中的展现自然美的课文题材广泛，内容丰富多彩。如：日月星云的千变万化，江河湖海的万象宛然，花草树竹的四季如画，山岳洞穴的千奇百怪，石壁园林的千姿百态，鸟兽虫鱼的万物精灵等尽收课文之中。

语文教材中的自然美具有感性形象的鲜明性和生动性与深刻的情感相交融的特点。在语文教学中，既要引导学生充分感受自然之美，陶冶他们的情操，又要引导他们透过审美形象，体验"景中之情"。

（2）社会美。

包括生产实践的美、社会生活的美、社会斗争的美，以及人性美、人情美等，其中主要是人物形象的美，核心是人的心灵之美。中小学语文教材中美的人物形象是多方面的：古代的仁人志士，革命斗争中的英雄，伟大的革命领袖，可敬的普通劳动者，等等。这些生动的形象对于学生的熏陶和教育作用是深刻而持久的。这类课文的教学，要把思想政治教育、道德品质教育与美育有机结合起来，注重从"美"的角度引导学生理解人物形象、理解课文，要避免历史上曾出现的把这类语文课上成政治课、思品课的倾向。

（3）艺术美。

语文教材中的艺术美包括两个系统：一是作为课文所写的对象，即课文内容的艺术美；二是课文形式的艺术美，包括体裁、结构、语言、韵律、表现手法等。在教学中要正确地把握这两个系统的关系和尺度。课文内容所反映的艺术美，包括课文中所描写的对象所表现出的绘画美、雕塑美、建筑美，工艺美、园林美、音乐美等，以及艺术家创造这些艺术作品的过程。要把握这类作品的审美功能，应侧重于以下几方面：①拓展学生的审美视野，增长多种艺术门类的知识；②接触一些关于艺术创造、美术、鉴赏的初步知识，比如艺术典型、意境、优美与崇高、悲剧与喜剧等；③感受艺术家们在艺术创作过程中表现出的执着追求、精益求精的精神，他们的艺术风格，他们的创造精神，以及在与命运的搏斗中所表现出的抗争精神等。在语文课上学习这些作品毕竟不同于上艺术课，对内容的把握不是全部任务，甚至不是主要任务，在弄清"写什么"的基础上，还要研究"如何写"的问题。因此语文审美教育应注重内容和形式的统一。在很多情况下，研究艺术表现形式重于研究表现对象，其中，又以语言表现形式为重点。因此，对待以艺术美为题材的作品，既要充分发挥它们特有的审美功能，又要避免把这类作品上成艺术欣赏课，这是语文学科的性质和任务所决定的。

（4）汉字美。

这一点，我们在语文教学中处处接触却往往缺少自觉的美育意识。汉语方块字是人类文字史上历史最悠久、表现力极其丰富、既形象美丽又蕴含智慧的文字。汉字经历了以图形表意到符号表意，再到音、形、意为一体的表意文字的历史过程，在形体上经历了从古拙方直的甲骨文到圆转厚重的金文，从玉箸龙筋般的小篆到方正有波磔的隶书，再到堂堂正正的楷书的演变过程。这一历史演变过程，是汉字不断丰富、不断发展、不断成熟的过程，凝聚着各个时代审美观念、审美情趣、审美思想的变化和嬗递。这样的文字起源及其发展使其具有两重性，一是用于表达语文的实用性，一是与绘画相通的造型能力而带来的艺术性。在语文教学中，特别是在识字教学中，要充分利用汉字的美的特点进行审美教育，在识字教学中渗透美育，以美育促进识字教学，从而形成良性循环。①感受形体美。充分揭示象形文字绘画美的因素，让儿童通过联想、体验，欣赏汉字优美的造型。在认读和书写教学过程中，引导学生领略字形结构之美和蕴含的意义。②感受语音美。汉字音节以元音为主体，发音谐畅饱满，具有浓厚的"乐音"色彩；汉字的声调抑扬顿挫，富有变化，按照一定的规律组合，则形成优美的韵律节奏。在教学中，教师要组织学生通过写其形、读其声，体会汉字的音美。③感受字意美。从语文教学的目的来说，掌握汉字的"义"是核心，汉字的形、音都是汉字表意信息的载体，是为"义"服务的。但是，汉字的审美信息除了"义"外，还包含了丰富的文化信息并融入了主体的意愿、情感和观念，它所透露出的美的特征可概括为"意美"。感受意美要以掌握字形和字音为基础，要充分调动学生的生活经验，在理解的过程中，引发他们的审美联想。

"形美以感目，音美以感耳，意美以感心"（鲁迅语），这是汉民族文字特有的审美功能。在语文教学中，教师要自觉地发掘文字本身的审美因素，引导学生感受汉字的形美、音美、意美，在学习文字的过程中培养热爱祖国语言文字的感情，获得美的熏陶。

4. 创造美的教学过程，塑造美的教师形象

语文教学过程在审美教育中具有重要的价值和意义。其一，语文课程丰富的审美资源，不可能直接成为学生的审美素养，只有通过教学过程中的审美实践活动，才能实现其育人价值。其二，教学过程本身就蕴含着美育的功能。教师通过运用各种教学艺术手段，创设美的情境、美的氛围，开展审美活动，充分调动学生的主观能动性，使他们产生强烈的审美需要，获得审美经验，进而进入审美愉悦之中。这就是教学的过程之美，也称为教学美。

教学美是一种动态之美，包括教学过程中的情境美、和谐美、节奏美等。这种过程之美主要通过教师的课堂教学艺术实现，比如导入的艺术、创设情境的艺术、提问的艺术、板书的艺术、课堂调控的艺术、朗读的艺术等。在这一意义上，教师是创造教学美的最重要的因素，也可以说，教学美在很大程度上体现着教师之美。这是因为：其一，在语文审美教育中，教师作为教学活动的组织者和实施者，教师审美活动的质量必然制约着学生审美活动的质量；其二，在审美教育中，要把教材中的审美资源转化为学生的审美素养，教师发挥着审美中介的作用；其三，教师形象对于学生来说具有一定示范性和教育性，教师的形象美和教学美，对学生的影响是巨大的，由此产生的美育功能是多方面的。因此，教师要注重教学过程中美的创造，重视美的形象的塑造。

教师的美主要包括外在美和内蕴美两个方面。外在美主要指教师的仪表美、风度美、语言美、教态美、教学行为美等；内蕴美主要指教师的道德品质、知识修养、能力结构、心理素质、美学修养等。

教师形象的外在美。教师的着装、仪表的修饰首先应与从事的职业、教育的对象相适应，其次是适合自身形体、年龄、性格，有时还要考虑特定的教学内容的需要。总的要求是高雅、明快、得体，于朴实中见高雅，于整洁中见涵养。教师的风度应诚于中而形于外，稳重端庄而不矫饰，活泼开朗而不轻浮，热情大方而不做作，善良和蔼而不怯懦，谦逊文雅而不虚伪。教师的教学语言应准确、清晰、条理、动听，富有启发性和感染力。除了具备科学美以外，还应具有形象美、文辞美、语音美等特征。教师的教态美包括神态美和姿态美。神态美主要是指亲切自然的眼神、态度给人的美感，从中传达出教师对学生的热爱、信任、期待、肯定、赞许、制止、鼓励，以沟通学生的心灵，唤起他们的学习欲望和信心。姿态美主要指教师的站姿、坐姿、走姿的优美，手势语的运用准确而得体。注重姿态美，不仅在课堂，也包括生活中时时处处。

教师的内蕴美。坚定的信念，强烈的爱国热情，勇于坚持真理的精神，高尚的责任感和敬业精神，构成教师的政治素质，这是决定教师在劳动中塑造自身美的形象的基础；献身教育，甘当人梯，热爱学生，诲人不倦，严于律己，为人师表，严谨治学，勤于进取，尊重他人，团结协作，构成了教师内在道德素质之美；乐观向上的心境，昂扬奋发的精神，平静幽默的情绪，豁达开朗的心胸，坚忍不拔的毅力，构成教师特有的心理素质之美；广博而专精的知识结构，全面而独特的教学能力，良好的美学素养，构成教师的学识才能之美。在教师内蕴美的诸多因素中，最重要的是教师的爱心：爱教育事业，爱学生。

在托尔斯泰看来，"如果一个教师把热爱事业和热爱学生结合起来，他就是一个完美的教师"。教师的内蕴美所表现出的是教师的人格的美和智慧的美。

如果把教师形象比作海上的一座冰山，那么，教师的外在美就是这座冰山水上的部分，而教师的内蕴美则是这座冰山的水下部分。每一位语文教师都应努力塑造美的自身形象，使自己成为学生爱美求善、尚美求真的楷模和引路人。

总之，语文教育的美需要尊循育的规律，贯彻美育的原则，教材中的美就随处可见：深邃的思想美、高尚的品德美、至诚的人情美、瑰丽的自然美、优雅的文字美、真是异彩分呈，令人赏心悦目。作为老师要善于发现这些美、鉴赏这些美。

【复习与思考】

1. 简要阐述语文学科的主要特点及其表现。
2. 如何正确理解"工具性与人文性的统一"？
3. 怎样正确把握语文知识与能力、语文知识与实践的关系？
4. 什么是"语感"？在语文教学中如何加强语感的培养？
5. 语文美育的基本任务是什么？在语文教学中实施美育应遵循怎样的原则？
6. 如何开展并利用语文课程的美育资源？应掌握哪些要点？

第二节　语文教学设计

教学设计是教育研究者和教育工作者系统地分析教学各要素，根据学生需要确定教学目标，计划教师教什么和学生学什么；制定教学策略和选择教学媒体，计划教师怎样教、学生怎样学；检查教学目标，评价教师和学生的收获。教学设计的概念的产生可以追溯到二次世界大战。20世纪中叶，行为主义学习理论的代表人物斯金纳提出了刺激反应理论，并将它应用于教学设计，出现了程序教学设计。到了20世纪60年代末，认知学习理论逐步取代了行为主义，成为教学设计的指导思想。20世纪90年代，建构主义理论对教学设计理论起了较大作用。一般说来，教学设计的内容主要包括以下几个方面：教学目标设计，教学方法设计，教学过程设计，教学策略的设计，教学媒体的设计，教学评价设计等。

一、教学设计概述

（一）什么是教学设计

什么是教学设计？有多种观点，第一种观点：教学设计是一个过程。持这种观点的研究者认为教学设计是一个过程，这个过程包括分析教学目标、寻求最优教学方法、合理配置教学资源、设计教学程序、客观评价学习过程。这种观点的代表者是美国的加涅，他认为：教学设计是系统化规划教学系统的过程。第二种观点：教学设计是一种技术。持这种观点的研究者认为教学设计是一种教育技术。在教学设计领域与加涅同称为"大师"的梅里尔认为：教学设计是一种以开发学习经验和学习环境的技术。第三种观点：教学设计是一门学科。持这种观点的研究者认为教学设计是研究教学目标、制定决策计划的教育技术学科。第四种观点：教学设计是一个操作程序。教学设计是应用系统分析的方法研究教学问题和需求，确立解决教学的方法和步骤，并对教学结果作出评价的一种计划过程与操作程序。

综合各种定义，我们认为，教学设计指的是：教育研究者和教育工作者采用系统分析的方法，以学习理论、教学理论和传播理论为基础，分析教学各要素，根据教材特点和学生需要确定教学目标，计划教师教什么和学生学什么；制订教学策略和选择教学媒体，计划教师怎样教、学生怎样学；检查教学目标，评价教师和学生的收获。

教学设计过程的基本要素：

（1）教学目标设计。教学目标应该说明学习结果（三维目标），在教学活动前，师生双方都应明确教学目标，以使教学、学习活动有的放矢。明确具体的教学目标有利于教学策略的制订和教学媒体的选择，同时也为教学评价提供了依据。

（2）教学策略设计。就是解决教师"如何教"，学生"如何学"的问题。

（3）教学媒体设计。根据学习内容的需要、学生的特征、教学目标的要求、教学策略的安排来选择最恰当的教学媒体。教学媒体有许多种类，各种教学媒体各有所长、各有所短，要突出教学媒体的目标性、功能性、针对性、适度性和方向性。把学习资源通过各种途径充分提供给学生，使学生花最少的时间，用最简洁的方式，获得更多的信息。

（4）教学过程设计。就是把教学的流程通过不同的方式表现出来，也就是简明扼要地表达各要素之间的相互关系，直观地表示教学过程，给大家提供一个可供参考的教学设计方案（文字叙述、图表式、框格式均可）。

（5）教学方法设计。根据具体的教学目标、教学任务（教学内容）、教学进度、教学时间和学生的实际选择教学方法。包括教法、学法。

（6）教学评价设计。教学评价设计，包括对教学方案的评价和调整，对学生学习的评价，对课堂教学的评价。

对教学方案的评价主要涉及：设计的教学方案是否能带来理想的教学效果？对学习的需要、学习的内容、学生的分析是否准确？教学目标的确定是否具体明确？教学策略的设计是否合理？教学媒体的选择和设计是否有效？对学生学习的评价主要包括：基础知识、基本技能评价；各科学习能力评价；学习过程的评价（学生参与教学活动的程度、自信心、与同伴合作交流的意识和情感，如能让学生了解自己的学习历程，看到自己的进步，会使他们感受到取得进步的喜悦，增强学习的自信心，激发学习的动力等）以及学科思维品质的评价。

（二）教学设计理论的发展

教学设计的概念的产生可以追溯到二次世界大战。美国大量从事心理学和教学研究的专家将他们的研究成果应用于培训士兵，形成了一整套系统分析的方法，这是应用教学设计理论的最初尝试。到了20世纪中叶，行为主义迅速发展，行为主义学习理论代表人物斯金纳提出了刺激反应理论，并将它应用于教学设计，出现了程序教学设计。到了20世纪60年代末，认知学习理论逐步取代了行为主义，成为教学设计的指导思想，其中，加涅的联结——认知教学设计思想有一定的代表性。20世纪90年代，建构主义理论对教学设计理论起了较大作用。

1. 程序教学设计

程序教学设计是以行为主义刺激——反应学习理论为基础而诞生的。当代行为主义的立言人斯金纳认为：一个有机体主要是通过在其环境中造成的变化来进行学习。所以，他以行为为研究对象。研究结果表明，外界环境对有机体有什么刺激，有机体会作出相应的反应；强化反应，可以增强有机体的行为。程序教学的步骤是：首先，确定学生所需要掌握的知识和达到的技能。其次，小步子呈现信息。将刺激物比如教材分成许多个小片段，依照由简单到复杂的顺序一步步地呈现于学生的眼前。两个步子之间依次增加的难度是很小的。再次，学生对刺激物作出积极的反应，教师对学生的反应作出即时的反馈。假如学生的答案是正确的，教师给予奖励或者表扬以示强化，鼓励学生有信心去解决下一个问题；假如答案是错误的，教师指出错误的原因，并引导学生一步步地去解题，一直到掌握了这个知识点，才可以进入下一个问题。

2. 加涅的教学设计理论

加涅的基于联结——认知学习理论的教学设计的基本思想是：有不同的学习结果，也有不同的学习条件；对掌握不同的学习结果而言，有不同的内部条件和外部条件；教学的目的就是为了合理安排可靠的外部条件，以支持、激发和促进学者内部条件。根据这个思想核心进行的教学设计为智能教学设计。这个教学设计包括一系列的过程，具体为：确定教学目标，进行教学分析，确定教学起点行为和特征，拟定业绩目标，编制标准参照测验项目，提出教学策略，开发和选择教学内容，设计和实施形成性评价以及总结性评价。

3. 建构主义教学设计

建构主义学习理论应用于教学设计有赖于创设能提供真实情景的建构主义学习环境。建构主义学习环境可以概括为：以学生的"学"为中心，不仅为学生提供信息资源、认知工具和师资设备等硬资源，而且为学生提供真实社会活动、社会协作等软资源，学习环境是由硬资源和软资源中的各个因素组成的融合体。其中软资源是建构主义学习环境的核心部分。在建构主义学习环境下，学生借助一定的情境（即社会文化背景），通过协作和会话等方式，结合自己的知识经验、心理结构，实现对知识的意义建构。其中，"情境"、"协作"、"会话"和"意义建构"是建构主义学习环境的四个属性。

二、语文教学设计的过程和方法

一般说来，教学设计的内容主要包括教学目标设计、教学起点设计、教学方法设计、教学过程设计和教学评价设计等。

（一）教学目标设计

1. 设计教学目标的步骤

（1）钻研课程标准，分析教材内容。

通过认真钻研课程标准（重点是本学段目标）、分析教材，做到能从整体上把握课程的基本结构，理清教材的知识体系。在此基础上，具体分析某单元的教学内容，找出其中的基本概念、基本原理和基本方法，确定教学的重点和难点，为建立教学目标奠定基础。

（2）分析学生学习状态，确定教学起点。

在充分钻研课程标准和教材内容的同时，教学目标的确定还要以学生的学习特点和已有的学习准备为基础，也就是说学生的已有经验是确定教学起点的依据。学习课堂教学就是要教给学生不懂或还不够懂的东西，而学生已经具备的知识技能则是进一步学习的基础，因此教学目标的确定不可能脱离开学生已有的准备状态——已有经验。教学目标应该是在学生已有学习准备的基础上，经过学生的努力而能够达到的目标。因此，学生原有的知识水平、心理发展水平和成熟状况，以及学生的态度、兴趣、爱好和学习的倾向性等个性因素，都需要在确定教学目标时予以认真考虑、分析。也就是说，教学目标必须与学生已有的学习准备状态相关。对群体教学而言，全班学生普遍具有的学习准备状态和一些共同心理特征是确定教学目标时应考虑的主要方面，但与此同时，目标的设计也应充分考虑到学生的个别差异性，特别是那些智力超常儿童和学习障碍儿童的特点，制定相应的发展目标，使每个学生都得到充分发展。

（3）确定教学目标分类。

在完成上述两项基础性工作后，目标设计工作就进入了提出目标、确定目标分类的实质阶段。根据《义务教育语文课程标准》教学目标可分为三类：知识目标、能力目标、情感目标。从不同角度和标准出发，我们可以对教学目标进行不同的归类。实施目标分类的主要目的是提高目标在教学中的清晰度和可操作性，便于教师更好地依据目标指导教学、实施教学、评价教学。美国学者布鲁姆及其同事对教学目标的分类作了系统研究，他们将教学目标分为认知、情感和动作技能三个领域，而每一个领域的目标又由低级到高级分成若干层次。这一分类方法在目前的目标分类研究领域影响较大，具有一定的合理性，可供教学设计人员在确定教学目标分类时借鉴、参考。

（4）陈述具体的行为目标。

即用能够引起具体行为的术语，列出一系列能够反映具体学习结果的教学目标来解释每个综合性目标，这些具体的行为目标是可以直接观察和测评的，它们能够解释学生达到目标的程度。

2. 教学目标的表述

在教学目标确定后，如何清晰、准确、具体地表述教学目标，就成为教学目标设计中的一个关键问题。教学目标的传统表述，常以教师为本位，以较抽象、笼统的话语来表达，例如"提高学生的写作技能"，"培养学生的良好习惯"等。这种表述方式的最大弊端就在于不够明确，缺乏操作性，难以测量评价，很难肯定教学目标是否确实达成。布鲁姆关于行为目标的研究表明，教学的完成是学生行为的改变，无论是认知、情意的学习，还是动作技能的学习，最后均能表现在学生行为上面，这些行为是可观察的，也是可测量的，以行为目标的方式来表述教学目标，可以有效提高教学目标对教学活动的指导作用。据此，一个好的教学目标的表述，就是要将一般性的目标具体化为可观察、可测量的行为目标，要说明学生在教学后能学会什么，学到什么程度，说明教师预期学生行为改变的结果，这样才有利于教师在教学时对目标的把握与评定。

一般说来，一个规范、明确的行为目标的表述，要包含以下四个要素：

（1）行为主体。

行为主体指的是学习者，因为行为目标描述的是学生的行为，而不是教师的行为。规范的行为目标开头应是"学生应该……"、"学生懂得……"、"学生学会……""学生掌握……"，如写成"教给学生……"或"培养学生……"则是不妥的，这样行为主体就变成了教师，教师的行为并不是教学目标应加以描述的内容。在表述教学目标时行为主体可以省略不写，但设计者思想上应牢记，合适的目标是针对特定的学习者的。

（2）行为动词。

行为动词用以描述学生所形成的可观察、可测量的具体行为，分为含糊的与明确的动词。设计者在表述行为目标时应尽可能选用那些意义确定、易于观察的行为动词，避免使用"懂得"、"了解"这类含义模糊、难以观察的动词。下面分别从知识、技能、情感三个方面列表说明一些常用的行为动词（如表4-2-1）[①]：

① 王文彦、蔡明：《语文课程与教学论》，高等教育出版社，2002年版，第86～87页。

表 4-2-1　行为动词表

知识水平	行为动词
了解水平：包括再认或回忆知识，识别、辨认事实或证据、举出例子，描述对象的基本特征等	辨认，回忆，背诵，选出，举例，复述，列举，描述，识别，再认等
理解水平：包括把握内在逻辑联系，与已有知识建立联系，进行解释、推断、区分、扩展，提供证据，收集、整理信息等	说明，阐明，解释，比较，分类，概述，归纳，概括，判断，区别，提供，把……转换，猜测，预测，估计，推断，检索，收集，整理等
应用水平：包括新的情境中使用抽象的概念、原则，进行总结、推广，建立不同情境下的合理联系等	使用，应用，质疑，辩护，设计，解决，撰写，拟定，检验，计划，总结，推广，证明，评价等

技能水平	行为动词
模仿水平：包括新的情境中使用抽象的概念、原则，进行总结、推广，建立不同情境下的合理联系等	重复，模拟，模仿，再现，例证，临摹，扩展，缩写等
独立操作水平：包括独立完成操作，进行调整与改进，尝试与已有技能建立联系等	表现，完成，制定，拟定，解决，安装，绘制，测量，尝试，试验等
迁移水平：包括在新的情况下运用已有技能，理解同一技能在不同情境中的适用性等	联系，转换，灵活运用，举一反三，触类旁通等

情感态度水平	行为动词
经历水平：包括独立从事或合作参与相关活动，建立感性认识等	感受，经历，参加，参与，寻找，尝试，讨论，交流，合作，分享，参观，访问，考察，接触，体验等
反应水平：包括再经历基础上表达感受，态度和价值判断，做出相应的反应等	遵守，拒绝，认同，认可，承认，接受，同意，反对，愿意，欣赏，称赞，喜欢，感兴趣，关心，关注，重视，采用，采纳，支持，尊重，爱护，珍惜，蔑视，怀疑，摒弃，抵制，克服，拥护，帮助等
领悟（内化）水平：包括具有相对稳定的态度，表现出持续的行为，具有个性化的价值观念等	养成，形成，热爱，建立，树立，具有，坚持，保持，追求，确立等

（3）情境或条件。

指影响学生产生学习结果的特定的限制或范围，主要说明学生在何种情境下完成指定的操作，如"借助工具书"，"无需参考资料的帮助"，"看完全文后"，"在课堂讨论时，叙述……要点"，等等。

（4）表现水平或标准。

指学生对目标所达到的最低表现水准，用以评量学习表现或学习结果所达到的程度。例如，"二十题中至少答对十五题"，"达到百分之九十的正确率"，"完全无误"，"一分钟内完成"等。标准的说明可以是定量的或定性的，也可以二者都有。

一个完整的行为目标表述如下：

同学们	在读完这两首诗后，	比较一下	这两首诗的	抒情方法有什么不同。
（行为主体）	（行为条件）	（行为动词）	（内容）	（行为标准）

（二）根据学生的实际水平确定教学起点设计

全面了解学生的现实发展水平，准确把握教学起点，是教学设计的一项重要内容。学生的现实发展水平，主要指学生已有的知识储备、能力水平、身心成熟程度和学习动力状态等。学生已有的知识能力水平和学习准备状况是教师施教的基础，教学只有建立在学生现实发展水平的基础上和学生的学习需求上，教与学之间的沟通才能成为可能。

确定学生的实际水平可以从以下几方面进行：

1. 学习者的认知成熟度

认知成熟度意指学习者的认知发展阶段。一般来说，我们从学习者的年龄来推断学习者的认知成熟度。瑞士心理学家皮亚杰将智力与思维发展分为感知运动、前运算、具体运算和形式运算四个阶段。感知运动阶段（0～2岁）是智力与思维的萌芽阶段。这一阶段的儿童离开了手工操作便无法思维。处于前运算阶段（约2～7岁）的儿童头脑中已经有了事物的表象，而且能用词来代表头脑中的表象，可以利用知觉表象进行思维。这一阶段的儿童可以从具体经验中学习概念。处于具体运算阶段（约7～11岁）的儿童，其认知结构中已经有了抽象概念，并且能进行逻辑推理。这一阶段的儿童可以在原有概念的基础上，以下定义的方式获得新的抽象概念，但仍需要实际经验作支柱，需要借助具体事物和形象的支持进行逻辑推理。形式运算阶段（约11～15岁）是思维发展的最高阶段。这一阶段的学习者已经具备理解并使用相互关联的抽象概念的能力，其思维特征表现为假设——演绎思维、抽象思维和系统思维等。

2. 学习者的动机水平

对于高动机水平的学习者，如果提供充分的学习者控制，那将会获得较好的学习效果。而对于低动机水平的学习者，如果保证适当水平的教师控制，将会获得较好的学习效果。

3. 学习者的归因类型

学习者的归因类型直接影响学习者的动机水平。有些学习者将学业失败归咎于努力不足这种主观因素，这样会导致学习者付出更多的努力；而有些学习者将倾向于将学业失败归咎于不够聪明或题目太难或没有复习等客观因素，这将无助于学习者提高学习水平。

4. 学习者的学习风格

学习风格是指对学习者感知不同刺激并对不同刺激作出反应这两个方面产生影响的所有心理特性。学习风格包括学习者在信息加工方面的不同方式，对学习环境和条件的不同需求等。

（1）信息加工的方式不同，学习风格则不同。习惯于归纳推理还是演绎推理，是喜欢动态视觉刺激（如电影）还是静态视觉刺激（如图片），是喜欢语言文字刺激还是喜欢听觉刺激还是喜欢动手学习，是沉思型还是冲动型，是场依存型还是场独立型。

（2）性格、环境、条件不同，学习风格则不同。①感情的需求：需要经常受到鼓励和安慰，能自动激发动机，能坚持不懈。②社会的需求：喜欢与同龄学生一起学习，喜欢向同龄同学学习，需要经常得到同龄同学的赞同。③环境和情绪的需求：喜欢安静或背景声或音乐，喜欢弱光和低反差，喜欢一定的室温，喜欢学习时四处走动，喜欢在某固定时间学习，喜欢某种座椅等。

在如何准确设计教学起点以帮助学生迅速有效地建立起新旧知识间的联系、促进学习任务的完成方面，美国学者奥苏贝尔提出的"先行组织者"学说具有重要借鉴意义。所谓"先行组织者"，实际上就是在正式的学习开始之前以学习者易懂的通俗语言呈现给学习者的一个引导性或背景性知识材料。"先行组织者"的主要作用是为教学提供一个适当的起点，充当新旧知识联系的桥梁。"先行组织者"最适宜于在两种情况下运用：一种情况是，如果原有知识与新知识之间缺少明确的可辨别性，学生学习新知识时容易产生新旧知识意义上的混淆，那么教师在教学开始时就可以先给学生设计呈现一种对新旧知识异同进行比较的材料，以提高新旧知识间的可辨别性，保证新知识学习的顺利进行。另一种情况是，当学生面对新的学习任务时，如果其认知结构中缺乏适当的上位概念可以用来同化新知识，教师就应该先为学生设计呈现一个包容概括水平高于要学习的新材料的先行组织者，让学生先学习这一组织者，以便获得一个可以同化新知识的认知框架，使新的学习任务得以完成。但是，能否设计出一个符合实际需要的先行组织者，为教学找到一个适当的起点，其先决条件仍是是否准确地了解了学生的已有知识准备状况。

了解、诊断、识别学生已有的知识准备状况、学习动机状态及其他方面情况的方法是多种多样的。根据教学的实际需要和教学内容的具体要求，教师可选择问卷法、谈话法、观察法、课堂提问、作业、测验和考试等各种方法去了解学生。只要每个教师在日常教学中都能有意识地多方面观察学生、了解学生，长此以往，学生的各种情况必然会了然于胸。如孔子一样注意观察了解学生，"视其所以，观其所由，察其所安"，"听其言而观其行"而且还"退而省其私"。（《论语·为政》）只有这样，在充分了解学生学习状况的基础上合理设计教学起点，安排教学进程，教学水平就会得到不断提高，教学质量就能得到有效保障。

（三）教学方法的选择与设计

1. 常用的教学方法

根据教学方法的不同形态和性质，语文教学方法可以分为语言性教学方法、直观性教学方法、实践性教学方法和探究性教学方法。

（1）语言性教学方法。

语言性教学方法包括讲授法和谈话法。

①讲授法。讲授法是教师通过口头语言向学生系统连贯地传授知识的方法。讲述、讲解、讲读、讲演、讲评五种方式。

②谈话法。谈话法亦称问答法，是教师根据学生已有的知识和经验，通过师生间的问答使学生获取知识的方法。它一般包括四种类型：一是启发性或开导性谈话；二是复习性或检查性谈话；三是总结性或指导性谈话；四是讨论性或研究性谈话。

（2）直观性教学方法。

直观性教学方法，是教师在教学过程中以实物或教具进行演示，带领学生进行教学性的参观等。这种方法以直接感知为主要形式，使学生掌握知识，其特点是生动形象，具体真实，学生视听结合，记忆深刻。包括演示法和参观法。

①演示法。演示法是教师配合讲授或谈话，通过演示实物、教具或进行示范性实验而使学生在观察中获取知识的方法。演示的种类很多，按演示教具分有实物、标本、模型、照片、图画、幻灯、录像、教学电影等。

②参观法。参观法是教师紧密结合教学，组织学生到校外一定场所进行直接的观察、访问、调查而获得知识或验证知识的方法。

（3）实践性教学方法。

实践性教学方法，是以形成学生的技能技巧或行为习惯等实际训练为主要形式的教学方法。其特点是学生在接受知识的过程中手脑并用，学以致用，包括实验法和练习法。

①实验法。实验法是学生在教师指导下，按照预定的要求，利用指定的设备，采用特定方法而进行独立操作，并在观察研究中获取直接经验、培养技能技巧的方法。

②练习法。练习法是学生根据教师的布置和指导，通过课堂及课外作业，有意识地反复完成某一活动，借以巩固知识、形成技能技巧的方法。

（4）研究性教学方法。

研究性教学方法具有探讨、商榷、深化的特点，它以学生间的集体讨论或自我发现等为主要形式的教学方法，多用于高年级的教学，包括讨论法和探究法。

①讨论法。讨论法是教师指导学生以班级或小组形式围绕某一问题各抒己见、相互启发并进行争论、商榷，以提高认识或弄清问题为主的方法。

②探究法。探究法是教师通过提供适宜于学生进行"再发现"的问题情景和教材内容，引导学生积极开展独立的探索、研究和尝试活动，以发现相应的原理或结论，培养学生创造能力的方法。其基本过程是：掌握课题、制定设想、提出假设、验证假设、发现和总结。

2.选择教学方法的原则

实践表明，选择恰当的教学方法有利于提高课堂教学质量。在实际教学中，不存在万能的或唯一好的教学方法，因为在某种教学情景下十分有效的教学方法，在其他教学情景下则可能效果不好。因此，用好教学方法的关键是根据需要合理选择、扬长避短、优化组合，而这一点也正是设计教学方法的根本目的所在。那么，怎样才能达到这一目标呢？这就要求教师在选择教学方法时遵循以下原则：

（1）根据教学目标、教学任务、教学进度和教学时间选择教学方法，比如考虑所选的方法是否适宜于完成教学目标，解决教材重点、难点问题、是否时间合理等。

（2）根据学生的学习特点和教师教学的特点选择教学方法。比如学生喜欢什么样的方式接受知识，教师的某些特长（如善于绘画、讲故事），教师的某些缺点（如不善于口头表达或书写）。

（3）根据现有的教学条件选择教学方法，如考虑到教学设施、教学媒体的现状等。

（四）教学媒体的选择与设计

教学媒体是教学的基本要素之一，教学活动离不开一定的媒体的支持。教学媒体内涵广泛，它既包括传统意义上的语言、文字、粉笔、黑板等传播媒体，也包括幻灯、录音、录像、电影、电视和电脑等各种现代教学媒体。教学媒体特别是现代教学媒体的运用，为教学信息的便捷、高效传递提供了可能，为教学质量的提高奠定了物质基础。研究表明，合理运用各种教学媒体，有利于调动学生多种感官对知识的感知，实现信息传递的多渠道化，从而加强学生对知识的感知度，提高学生对知识的吸收率，促进由知识向能力的转化。

教学媒体种类繁多，各种媒体的适用范围、特点和要求也不尽相同。因此，要想使教学媒体发挥最大的作用，还必须从以下几条原则选择与设计：

（1）依据教学目标选择教学媒体。在选择教学媒体时，应首先考虑媒体的使用是否有利于达成特定的教学目标，是否符合具体教学任务的实际需要，是否切合教学内容的性质和特点。否则，如果脱离开特定的教学目标和教学实际需要，媒体本身运用得再完美也毫无意义。

（2）依据教学对象的特点选用教学媒体。不同年龄阶段的学生对事物的感知方式和接受水平是不完全一样的，因此，选用教学媒体时必须考虑学生的年龄特点和学习的实际需要，以最充分地利用媒体的优势激发学生的学习兴趣，发展他们的学习潜能。

（3）依据媒体的技术特性选择教学媒体。具体有两方面要求：一是要考虑各种媒体的技术特点和功能，如录音、录像、幻灯、电视等媒体的技术特性和具体功能是不尽相同的，究竟选用哪种或哪几种，需结合这些媒体的技术特点加以考虑。二是要考虑教师自己能否熟练地操作所选媒体，以及运用媒体是否有助于发挥自己教学的特长。

（4）依据经济条件选择教学媒体。媒体的选择也要本着经济、有效、量力而行的原则行事，在尽可能满足教学需要的同时，也要注意节约，不要造成浪费。

（五）课堂教学结构的确定

课堂教学结构的设计也是教学设计的一项重要内容，在确定了具体的教学目标、内容、方法和媒体后，如何将这些因素有效地组织在教学过程中，就需要从教学结构的角度加以设计。因此，确定课堂教学结构的过程，实际上也就是对各种教学因素、教学环节进行组装、统整的过程。课堂教学结构的设计一般遵循三个步骤：

第一步，选取教学环节。一般的教学环节包括明确教学目标，阅读感知教材，教师讲授、解疑，学生讨论问题、演练、复习，系统小结等。但由于教学任务的差异，这些环节并不是每堂课都必须具备的。一堂课究竟应由哪些环节组成，需要教师根据学科特点和教学的实际需要来选取。

第二步，组织教学环节。要具体设计好课堂教学各环节的组织，即将各教学环节进行有机组合，安排各环节的先后顺序，使之前后环连，成为一个适于教学的整体结构。

第三步，协调教学环节的设计，使各部分教学内容的组织有机结合，协同作用，做到重点突出、兼顾全面，以保证整体功能大于各部分之和，保证教学目标的实现。

（六）教学环境的调控与设计

教学环境也是制约教学活动的一个重要因素，不同的教学环境会对教学形成不同的影响。因此，设计、调控教学环境是教学设计的一个重要方面。教学环境的有关实验研究及教育实践均表明，课堂座位编排方式对学生的课堂行为、学习成绩、社会交往、学习态度、人际关系以及整个教学活动发生着直接或间接的影响，因而是一个具有广泛的教育学意义的环境因素。如分学习小组，把不同生活经历、不同家庭环境、不同性格的学生分在一小组，可以使他们交流不一样的学习体验。从教育学的角度来看，合理设计和编排课堂座位，充分利用不同座位模式的特点适应教学目标和教学情境的变化，满足不同课程和不同教学活动的需要，是教学环境设计中一项非常重要的工作。然而，在日常教学生活中，大多数中小学教师却很少对课堂座位进行重新编排处理。因此，加强教学环境方面的研究与宣传工作在现在及将来都是十分必要的。就目前这方面的研究进展及实际状况来看，中小学一般的课堂座位编排方式主要有以下几种：①秧田式排列法。秧田式排列法是中小学最普通、最常见的一种传统的座位编排方法。②圆形排列法。圆形排列法也是目前中小学中比较常见的一种座位编排方式。按照这种座位模式，教师可以根据需要将课桌椅布置成一个或数个圆圈，让学生围坐在一起参与学习和讨论。③会议式排列法。会议式排列法类似于一般会议室的布置，它是将课桌椅面对面地摆成两列，学生分坐两边进行交流活动。④小组式排列法。小组式排列法是将课桌椅分成若干组，每组由四至六张桌椅构成。⑤马蹄形排列法。它是将课桌椅排列成 U 形，教师居于 U 形开口处。总之，不同的座位编排方式具有各自不同的特点。关键的问题是，教师必须根据教学目标和课程实施的要求，灵活运用各种不同的座位编排模式，使座位编排与教学活动的性质及参加人员的需要协调一致，使教学活动在相应的座位模式下获得最大效益。

（七）教学评价设计

教学评价在教学过程中具有十分重要的意义。合理设计教学评价，对于促进教学目标的达成和提高教学设计的科学性、有效性，具有积极的作用。实践表明，教学评价是一个系统的过程，整个教学过程的各个不同阶段都需要设计和实施教学评价。一般而言，在教学前要有"准备性评价"和"安置性评价"。前者在于了解学习者对即将开始的学习是否具备了必要的起点行为和基本技能，如果起点行为和基本技能不足，须先进行必要的补救性教学；后者的主要目的是评定学生掌握预定学习内容的程度，以便分别安置或调整教学的程度及深度，更好地因材施教。在教学进行中，要设计实施"形成性评价"，以此了解学生学习的进展情况和所达到的水平。如果学习进展顺利，可以给予必要的鼓励和强化；如果学习效果不理想或学习进展困难，则需要寻找原因并给予及时的帮助，必要时还需进一步作"诊断性评价"，通过这种评价诊断出学生学习困难的原因，以便对症下药，提供补救的教学措施。在教学告一段落时，可以设计实施"总结性评价"，以此来评定学生学习的成绩，判断学习水平的高低及相对地位，并对整个教学效果做出评价。教学评价采用的具体方式也是多种多样的，如课堂提问、讨论、练习、作业和各种测验等。教师究竟采用什么评价方法，运用何种评价手段，还需要根据评价的目标、性质以及教学的实际情况而定。总之，全面、客观、公正、及时应当是设计教学评价时遵循的基本准则。

【复习与思考】

1. 简要介绍程序教学设计、加涅教学设计、建构主义教学设计思想。
2. 语文教学设计的基本过程和方法有哪些？
3. 什么是教学设计？
4. 运用所学理论设计一节语文课的教学方案。

【案例研究】

《翠鸟》教学设计

一、教材分析：

本文是人教版小学三年级《语文》下册的课文。

《翠鸟》全文共有5个自然段，通过对翠鸟美丽的羽毛、小巧玲珑的外形和活动时机警、敏捷的特点描写，最后归结到对翠鸟的喜爱，层次非常清晰。作者观察细致，描写生动，字里行间流露出爱鸟的情感。

二、学情分析：

三年级的学生纯真善良，富有爱心。在他们居住的周围，时常可以看见麻雀、鸽子等小鸟，像翠鸟这样的水鸟他们却很少见到，加之翠鸟又如此漂亮，孩子们对《翠鸟》这篇课文的学习会有比较浓厚的兴趣。但由于孩子们的年龄特点，他们活泼好动，精力不易集中，故教学设计一定要注意直观与趣味性，让孩子们在"赏"中学，学中"玩"。

三、设计理念：

1. 为了调动学生的学习积极性，在学习方式上，我特别注重师生、生生之间的合作学习，使学生始终处于一种自觉、主动、热情的学习状态。

2. "阅读教学是学生、教师、文本之间对话的过程。"因此，在教学中，我努力营造民主、平等、和谐的对话氛围，开展各种形式的读书活动，让学生在交流中产生成就感，使生与生、师与生之间的对话，成为自主学习的深层次需求。

3. 学生生活经验的缺乏或陌生往往是理解文本的最大障碍，而多媒体资源的丰富性、直观性、生动性正好弥补了这一缺陷，所以在教学中我充分利用媒体资源来辅助教学，提高课堂教学效率，同时又能极大地丰富学生的认知和积累。

四、教学目标：

1. 知识目标：会认"衫"等11个生字，会写"疾"等13个字，掌握"疾飞"等11个词语。

2. 能力目标：能读懂课文第一自然段是怎样围绕总起句把翠鸟的外形特点写具体的，理解课文按照一定顺序描写翠鸟外形特点的写法，并能背诵自己喜欢的段落。

3. 情感目标：通过了解翠鸟的外形和生活习性，养成观察兴趣及方法，激发爱护小动物的情感。

五、教学重难点：

1. 重点是指导学生读懂课文，了解翠鸟的外形特点和活动特点，通过学习课文感受作者的语言美，受到爱鸟的情感陶冶。

2. 难点是抓住动物特点，用生动准确的语言有顺序的描写。

六、教学法：

1. 直观教学法。
2. 启发式讲读法。
3. 读写结合训练法。

七、课前准备：多媒体课件，翠鸟的轮廓画

八、课时安排：两课时

九、教学过程（预设）：

第一课时

课时目标：

1. 会认"衫"等11个生字，会写"疾"等13个字，掌握"疾飞"等11个词语。

2. 能读懂课文第一自然段是怎样围绕总起句把翠鸟的外形特点写具体的，理解课文按照一定顺序描写翠鸟外形特点的写法。

教学过程：

一、看图揭题，导入新课

1. 师：今天，老师给同学们介绍一位新朋友。课件展示：翠鸟图片，这种漂亮的水鸟就是翠鸟，又叫"叼鱼郎"，在我国东部和南部许多地方都能见到。

2. （板书课题）翠鸟。

3. 师：我们一起和它打声招呼吧——齐读课题，再亲切一点。

4. 师：你想知道翠鸟的什么？学生读课题质疑。（翠鸟的外形、住处、捕食等生活习性）

5. 师：我们带着这些问题，一起来欣赏翠鸟的美丽好吗？

二、初读课文，整体感知

1. 配乐朗读（出示课件）学生思考：课文是从哪几个方面介绍翠鸟的？

2. 学生自读课文，扫除字词障碍，教师巡视辅导。

学生自己朗读全文，提出要求：注意读准带拼音的字的字音，做到不添字漏字，不理解的词可以采用翻阅工具书、借助上下文理解等方法，也可以请教你身边的同学或老师。

3. 学生自读自学完后，安排同桌互查互助。

在交流中，教师相机出示课件（进行识字写字指导）。

4. 抽查朗读课文并借助媒体指导学生朗读。

出示课件：播放分段朗读同时演示动画。

三、细读课文，感悟鸟美，体会作者对翠鸟的喜爱

1. 师：同学们真能干啊，不用老师教就把生字新词学懂了，真了不起！请你再找出你最喜欢的部分用你最棒的朗读方式多读几遍，边读边想：你为什么喜欢这些句子，你读懂了什么？

2. 并在你觉得写得好的地方写上你的感受，你们能行吗？

四、品读课文，感受文美

学习第一自然段。（出示课件）

1. 学生自读，思考：这段写翠鸟的什么？（外形）

师：课文从哪些方面描写了翠鸟的外形？

分小组自学。

2. 交流讨论，教师适时点拨。重点引导学生理解：作者是怎样把翠鸟的鲜艳颜色写具体的？引导学生联系上下文，理解"鲜艳""小巧玲珑"的意思。

3. 师：为什么作者用"头巾""外衣""衬衫"来打比方？体现了作者怎样的一种感情？（对翠鸟的喜爱之情）

4. 师：你能在这段话里发现几种颜色？从这些颜色你能感受到什么？

学生个别自由回答。

5. 师：我们小朋友以后要把一件东西写漂亮，也可以用上一些写颜色的词，你积累的词越丰富，就能把这件东西写得越美丽。

要求学生再读这一段。

6. 师：你最喜欢哪一句，为什么？读一读。

点名朗读。

7. 片段仿说：课件出示翠鸟图片。让学生模仿第一段的写法，说一段话。

学生模仿。

师：真不错，模仿得很好。这节课我们学会了有关描写翠鸟的词语又了解了翠鸟的外形。下节课我们进一步了解翠鸟的生活习性。

第二课时

课时目标：

1. 引导学习二、三自然段。了解翠鸟的外形和生活习性，养成观察兴趣及方法，激发爱护小动物的情感。

2. 能背诵自己喜欢的段落。

教学过程：

一、师生品读课文

1. 师：上节课我们学习了第一自然段，知道了翠鸟不仅漂亮而且机灵，还擅长捕鱼。同学们，你们想知道翠鸟是怎样捕鱼的吗？现在来学习二、三自然段。

2. 引导学生品读"像箭一样飞过去，叼起小鱼，贴着水面一下子飞走了"、"只有苇秆还在摇晃，水波还在荡漾"等句子。

3. 此时向学生动画演示翠鸟捕鱼的情景。

4. 引导学生谈个人对文句的理解和感受，鼓励学生通过朗读来表达自己的情感。

二、比较分析用词的准确生动

1. 师：请同学们比较一下这两组句子看看有什么不同。

引导学生体会作者用词的准确生动，投影出示两组句子，让学生比较。

翠鸟叫声清脆，爱贴着水面飞。

翠鸟叫声清脆，爱贴着水面疾飞。

翠鸟蹬开苇秆，像箭一样飞过去。

翠鸟蹬开苇秆，很快地飞过去。

……

2. 师：这么可爱的翠鸟，你们不想把它的形象永远地留在脑海中吗？谁喜欢翠鸟外形部分？愿意亲手画一画翠鸟吗？——请和同桌或小组合作，拿出画笔，把老师事先发给大家的翠鸟（轮廓画）按课文上描写的美丽颜色的特征和顺序涂色。

3. 师：再请一位同学到黑板上来画，那位最勇敢的小画家，在黑板上给大家画出来。

三、展示作品，评议作品

1. 师：画得真好……

2. 师：同学们，翠鸟不仅美丽而且机灵，老师真想捉一只来饲养，大家说老师这种想法对吗？为什么？

分小组讨论，让学生各抒己见。

生1：翠鸟太可爱了，应该保护它。

生2：翠鸟的家在陡峭的石壁上，很难捉到。

生3：翠鸟应该生活在大自然里，不能捕捉，如果捉了也活不久，会害了它。

生4：鸟是我们人类的朋友，我们不能捉。

……

3. 师：同学们说得真好，不错，小鸟跟我们人类一样生活在地球上，它也有它自己生活的权利，它也需要自由，我们不能因为自己的自私而伤害它们，不仅如此，还要好好地保护它们，跟它们和平相处，跟它们交朋友，这样我们的地球才会越来越美丽……

四、拓展探究，激发求知欲和创造欲

1. 师：翠鸟漂亮吗？来，你来做做这只美丽的翠鸟，作个自我介绍吧！
2. 师：课件演示翠鸟。
请学生自我介绍。
3. 教师和同学分别评论。

五、课外实践

师：同学们，我们今天了解了翠鸟的美丽外形和生活习惯，学到了怎样描写翠鸟。为了把它记住，希望同学们回去后把你喜欢的段落背出来。同时收集有关鸟类的图片和资料，办一期以鸟类为主题的手抄报。

附：板书设计：

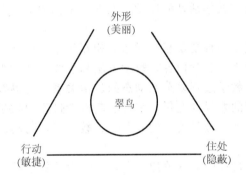

注：供参考。

第三节　语文教学过程

教学过程的理论主要研究教学过程的本质问题和教学过程的程序即教学过程模式问题。语文教学过程是语文学科课程的实施过程，语文教学过程模式是教育理论与教育实践的中介。20世纪80年代后，我国语文教育领域对语文教学过程模式的多元化探索以及多种教学模式的出现，是语文教学改革繁荣兴旺的标志。语文教师对待教学过程模式要有正确的认识：语文教学要模式，但不能绝对化、凝固化；教学模式要多样化，不要单一化；要因教学内容、课型、教学对象的变化灵活、合理地运用教学模式，不定于一尊，不囿于一法；要在教学实践中深入研究并积极创建新的教学模式。

一、教学过程的基本理论

在教学论领域，教学过程理论是一个重要的、基本的理论范畴。它要回答或解决的问题主要有两个：一是关于教学过程的性质问题，特别是教学过程的本质问题；二是关于教

学过程的结构、环节、阶段、程序等，即教学过程的模式问题。这两个问题密切相关：教学过程观决定着教学过程模式，而每一种教学模式都体现着一定的教学过程观。语文学科教学论从属于教学论范畴，因此，研究语文教学过程，必然要联系教学过程的基本理论，并在此基础上，研究语文学科教学过程的特殊性和教学模式问题。

（一）什么是教学过程

要回答什么是"教学过程"这一问题，首先要弄清什么是"教学"。一般认为，所谓教学，简言之："是以课程内容为中介的师生双方教和学的共同活动。学校实现教育目的的基本途径。特点为通过系统知识、技能的传授和掌握，促进学生身心发展。"①

这是迄今为止，人们对"教学"这一概念大致趋同的看法。人们所说的"教学"，主要是指学校教育范围内的教学活动，它是课程的具体实施；构成这一活动的要素是教师、学生和课程内容；它是由教师的教与学生的学构成的"共同活动"，两者相互依存，相互作用；它以系统知识、技能的传授和掌握为主要活动内容——在教师，侧重于"传授"；在学生，侧重于"掌握"；并以"学生的身心发展"为根本目的。由于学校的教育活动主要通过分科教学进行，因此，明确"教学"这一概念的含义对于正确理解语文教学过程，搞好语文学科教学显得十分必要。

基于这一认识，教学过程是"师生在共同实现教学任务中的活动状态变换及其时间流程"。②具体地说，它是指"教学活动的启动、发展、变化和结束在时间上连续展开的程序结构"。③

这种"程序结构"是由多种要素相互联系、相互作用、以动态方式呈现的。这些要素是：教学目标、教师和学生、教学内容、教学方法和手段、教学组织形式、教学环境、教学测评。这些要素构成了教学过程复杂的动态的教学关系，使得教学过程充满诸多依存性和制约性，其中每一因素的差异和变化，都会引起教学过程中教学关系的变化。充分认识教学过程构成要素的多元性、教学关系的复杂性、教学运行的动态性，是把握教学过程性质的基础。

教学环节是构成教学过程的基本单位。它是教学活动的运动、变化、发展在时间连续性上展开所需经历的具体阶段。不同形态的教学过程，都是由一个个操作性的、具体的教学环节"链接"而成。每一个环节都以相对独立的活动方式呈现。环节与环节之间，既相互区别，又相互联系。形象地说，教学过程与教学环节的关系，是"链"与"环"的关系。两者在概念性质上的区别是："教学过程"是集合概念，"教学环节"是非集合概念。各种教学模式在"程序结构"上的差异，就活动形态来说，主要表现为教学环节及其链接方式的差异。

（二）教学过程的本质④

教学过程的本质问题，是教学论研究的核心问题。它不仅要解释"什么是教学过程"，更要追究"教学过程是什么样的过程"。这一命题中至少包含三个基本问题：第一，如何认识教学过程不可取代的基本任务？第二，如何认识教学过程中不可缺失的基本元素及其内在关系结构？第三，如何认识教学过程展开、进行的独特内在逻辑？围绕这些问题，教育理论界进行了长期

---

① 《教育大辞典》，上海教育出版社，1999年版，第185页。
② 《教育大辞典》，上海教育出版社，1999年版，第191页。
③ 黄甫全主编：《课程与教学论》，高等教育出版社，2002年版，第420页。
④ 李新宇主编：《语文教育学新论》，南京师范大学出版社，2006年版。

的研究和探索，由此产生的认识形成了一定的教学本质观或教学过程本质观。

1. "特殊认识论"的形成、发展及其局限

这种观点认为，教学过程的本质是一种特殊的认识过程。这是在我国教育界影响最大、认同者最多、占主导地位的教学本质观。这种观点起源于前苏联教育家凯洛夫的教育学理论，我国在学习前苏联教育学理论的基础上，以马克思主义辩证唯物论的认识论为指导，通过长期的研究、探讨而逐步形成并完善起来。

"特殊认识论"对教学过程本质的理解是：根据马克思主义的认识论，教学过程和认识过程都是人脑对客观世界的反映，没有反映者主体和被反映者客体，认识就不能发生或受到影响；社会实践是认识的目的、基础和检验的标准，教学也不能超越一定的社会历史实践，必须在一定的社会实践基础上进行；认识过程是一个由感性认识发展到理性认识，再由理性认识发展到实践的复杂曲折的过程，教学过程同样也是如此；人类通过认识过程不仅改造着客观世界，同时也改造自己的主观世界，并同时发展自身的各种能力和素质。因此教学过程本质上是一种认识过程。其特殊性在于：第一，它具有间接性，教学过程中的学生认识活动主要通过学习间接经验进行；第二，具有引导性，学生的认识活动主要是在教师引导下进行的；第三，具有教育性，学生在发展认识的同时也接受德、智、体、美、全面发展的教育。

如前所述，自20世纪50年代以来，关于教学过程本质的"特殊认识论"长期处于教学论的主导地位。但是，这一观念在20世纪80年代以后遇到了较多的质疑和严重的挑战。归纳起来，主要集中于以下几个方面：一是把教学过程归结为认识过程，囊括不了教学过程的本质，因为教学过程除了认识价值以外，还有丰富的育人价值；二是它不能够概括和指导一切教学活动和学科教学；三是在理论上有囿于僵化地理解和应用马克思主义哲学思想的弊端，因为马克思主义的认识论只能用于指导而不能替代教学过程本质的理论；四是用"特殊认识论"指导教学工作，容易导致教学实践中片面强调传授知识和技能，而忽视学生的全面发展；等等。

尽管如此，人们仍然肯定"特殊认识论"的理论功绩与意义：它以马克思主义认识论为指导，按照认识的普遍规律来把握教学的一般过程，确定了教学理论与实践的方法论前提，为后继有关教学理论的适应性和有效性确定了一个基本维度和初步的基础。这一教学过程本质观及其指导下的教学实践所存在的突出问题，即重手段轻目的，见特殊忘普遍，以局部代整体，以认识代实践。人们对其所存在的问题及其在教学实践的反映，从方法论的高度进行反思、质疑乃至批判，反映和表达了教学理论与实践要求突破传统教学本质观的局限，在理论扬弃的基础上观照教学改革实践的实际问题，促进理论本身的发展，进而给予实践以更加有效的理论指导的强烈愿望。

2. 当代教学过程本质观的发展与更新

自20世纪80年代以来，对于教学过程本质的新的探索，有代表性的观点主要有：发展说、认识—发展说、实践说、认识—实践说、层次类型说、学习说、交往说、价值增值说等。这些观点分别从不同方面、不同层次、不同角度揭示教学过程的本质，以突破传统的教学过程本质观的局限，从而丰富了对教学过程本质的认识，为进一步深刻把握教学过程的本质开辟了新的道路。这里仅对其中几种观点作简要的论述。

（1）"发展说"与"认识—发展说"。

这种观点认为，认识过程实质上是一种心理活动过程，而学生的发展过程包括生理和心理两个方面，所以认识过程也包含在学生的发展过程之中。因此，把教学过程的本质概

括为促进学生发展的过程更为恰当。教学过程的根本目的就在于培养人，促进学生德智体美全面发展。认识过程只是一种心理活动，它不包括学生的发展，发展高于认识。新的科技革命时代，要求教学由获取知识、技能为主的认识过程转变为促进学生发展的过程。

把"发展说"与"特殊认识论"结合起来是"认识—发展说"。这种观点认为，教学过程的本质应当包括三方面：①教学过程是以认知为基础的知情意行的统一培养和发展过程；②教学过程是以智育为关键的德智体美全面培养的发展过程；③教学过程是个性全面培养和发展的过程。概言之，学生的认识过程和发展过程内在地统一于教学过程中，因此，教学过程本质上是学生认识与发展相统一的过程。

（2）"实践说"与"认识—实践说"。

这种观点认为，教学是一种特殊的实践活动。作为教师的实践，促进学生成长是其教学活动的根本目的，也是教学活动区别于其他活动的特殊性所在；作为学生的实践，教学活动是其通过有组织的实际活动展开一种特殊的社会生活的过程。在"实践说"里，所有教学环节、组织活动、掌握知识、应用知识等，都是达成教学之发展目的的必要手段而不是最终目的，是实实在在的生活、循序渐进的生长、持续不断的改进，儿童和青少年由此逐步成长而最终成为社会的合格成员。

把"实践说"与"特殊认识论"结合起来是"认识—实践说"。这种观点认为，教学过程是认识和实践统一的过程。在这一过程中，教育者的"教"属于一种特殊的社会实践活动；而受教育者的"学"则是一种特殊的认识活动。教学是一种具有双重本质的社会活动。与此说相似的另一种观点是，确认教学过程是人类社会的一种特殊认识过程，它包括认识和实践两个方面，教学过程是学生在教师的指导下，对人类已有知识经验的认识活动和改造主观世界、形成和谐发展个性的实践活动的统一过程。在确认教学过程是认识与实践统一的过程这一点上，这两种观点是一致的。但前者把学生作为认识的主体，把教师作为实践的主体，后者并不作这样的区分，立足点都在学生。

（3）特殊交往说。

这种观点认为，教学活动是发生在师生间的一种特殊的交往活动，教学过程是一种特殊的交往过程。在这种观点的持有者看来，无论是确认教与学彼此不可分割的联系，还是探讨教学过程中"教"与"学"谁是主导、谁是主体，本质上都没有跳出传统教育过程观的认识框架。课堂教学中的师生关系是特殊的"人"—"人"的关系，教学过程是师生为实现教学任务和目的，围绕教学内容。共同参与，通过对话、沟通和合作活动，产生交互影响，以动态生成的方式推进教学活动的过程。它不是"学"围绕着"教"或"教"围绕着"学"的天体运行中行星与卫星式的关系，也不是"一方面"与"另一方面"的平面构成关系。教学过程中师生的内在关系是教学过程创造主体之间的交往（对话、合作、沟通）关系，这种关系在教学过程的动态生成中得以展开和实现。

概括起来，"交往说"在师生关系上超越了"主体"、"主导"的论争，确认师生都是"创造主体"，教学过程中的活动是师生间的交往，交往的方式是对话、合作、沟通，教学过程展开的内在逻辑是多向互动、动态生成。这些观点不仅突破了传统的教学过程观，而且也突破了既有的教学过程观，给教学过程本质的理论探索带来了新思维、新思路和新视角。

以上列举的几种观点反映了在教学过程本质的认识上的多维度探索，尽管这些观点在理论上尚未臻于完善，但却体现了改革开放以来，我国教学论研究的新发展。这种探索呈现出开放融合的态势，各种观点之间既相互争鸣，又相互吸收、相互渗透。即便是传统的"特殊认识论"，也充分地吸收了自 20 世纪 80 年代以来教学理论与实践研究以及相关学科研究的成果，从其他观点中获得启示，努力克服其局限，使之不断完善和发展。

了解教学论领域关于教学过程本质的基本理论以及研究探索的新进展，对于我们正确认识和把握语文教学过程有一定的指导意义和思想开拓意义。

（三）语文教学过程

语文教学过程是指语文学科课程的实施过程，是师生根据语文教学的具体目标、任务和所确定的教学内容、教学方法，以平等对话、合作互动的方式，有计划、有组织、有步骤地开展教与学活动的过程。语文教学过程是培养和提高学生的语文素养、促进其身心发展的基本途径。

语文教学过程是从语文教学实践中抽象概括出来的，它既要符合一般教学过程的基本规律，又要体现语文学科的特点。这一点，我们在"教学理念"中或其他专节中已作了论述。这里着重强调在语文教学过程中要正确认识和处理以下几方面的关系。

1. 正确处理教学中的师生关系

在教学过程中要充分发挥教师的主导作用和学生的学习主动性，这是教学论中处理师生关系的一条基本原则。自20世纪80年代以后，教学过程中的师生关系多被表述为"教师为主导"与"学生为主体"的辩证统一。这种认识，突出了学生在学习活动中的主体地位，强调了学生学习主动性和积极性的发挥。但这种概括在理论上的缺陷是明显的，因为"主导"与"主体"这两个概念分属不同的活动层次和不同的理论范畴："主导"属于教学活动范畴，"主体"属于认识活动范畴，两者不是同一对矛盾的互相对立又互相依存的两个方面，因此是无法"辩证统一"的。把这两个不同范畴内的概念对举，也是不符合基本的理论常识的。因此，在教育理论界人们一般不取这样的表述。然而，作为相对独立的两个命题，它以简明而通俗的表述方式强调了教学活动中教师的"主导"作用的发挥，特别是在认识活动中学生"主体"地位的确认，对于改变教学过程中学生的被动学习状态，调动学生的学习主动性和积极性，则具有一定的现实意义。这是这一对命题在理论上虽不完美但在教学实践乃至教学研究中却产生广泛影响的重要原因。

在语文教学过程中，学生是语文学习的主人，他们不仅是认识活动的主体，也是语文实践活动的主体。要把人类积累的精神文化和经验转化为学生的精神财富，要把知识转化为能力，要促进学生的全面发展，使他们不仅在知识、能力方面，而且在情感、态度、价值观等方面都获得发展，必须通过学生自己的认识和实践才能实现。在建构主义学习理论看来，学生掌握知识、技能，获得发展的过程，绝不是一方"给予"一方"接受"的过程，而是学习主体自我建构意义的过程，即主体经验的重组、改造、提升的过程。因此，在语文教学过程中，教师不应代替学生，而是积极地引导学生、帮助学生学习，培养他们自主学习的意识和习惯，为他们创设良好的自主学习情境，促进他们主动、积极的发展。作为学习活动的组织者和引导者，语文教师要着眼于学生的学习与发展，深入研究学生、钻研教材，创造性地理解和使用教材，灵活运用多种教学策略，指导学生富有成效、富有个性地学习。语文教师应尊重学生的人格，关注个体差异，满足不同学生的需要。语文教学过程中的新型师生关系应是"民主平等、合作互动、共同发展"的关系。要在建立新型师生观的基础上，重在改变教师的教学行为，克服或避免实际教学工作中以教师为中心或以学生为中心的倾向。这两种倾向，虽然在理论上很少为人接受，但在实际教学工作中，却仍有各种形式的表现。特别是后者，又往往在以"学生为主体"的口号下出现，更应引起我们的关注。

2. 正确处理教学过程中"预设"和"生成"的关系

语文教学过程既然是有目的、有计划、按照一定的规则和步骤展开活动的过程，因此，它是可预期、可设计、可控制的；语文教学过程又是一个由多元因素构成的多向互动的动态过程，因此，它又具有生成性。对于前者，人们在认识上一般不存在太大的问题，这里侧重说说如何充分认识教学过程中的动态生成问题，以及如何处理"预设"和"生成"的关系问题。

首先，如何认识教学过程中的动态性。事实上，凡"过程"都是对运动、变化着的事物而言。之所以强调动态性，是因为在实际语文教学工作中，有些教师往往不自觉地以静态的眼光看待动态的过程，例如在把编写教案视为建筑工程师精心设计"蓝图"的隐喻中，就隐含着这种认识的误区。在教学活动中只关注如何按照事先设计好的"蓝图"，按图索骥式地完成既定程序的做法中，也反映了这种认识上的偏颇。有的教师虽然也意识到教学过程的动态性，但是却把教学过程看作是机械运动的过程，如同刻板地按照时刻表在一条直线上运行的列车一样，从起点到终点，每一个环节在内容上是不可变通的，在程序上是不可逆的，在时间上是必须精确的。这种情况，在 20 世纪 50 年代推行凯洛夫的课堂教学"五环节"时达到了极致。事实上，在一个真实的、互动的教学情境中，教学活动的展开、教学环节的推进这一过程，不应该是也不可能是机械运动的过程，除非剥夺学生应有的与教师互动以及主动学习的权利。教学过程中教学活动的运行方式与自动化生产流程中的机器运行方式有很大的不同，虽然它有明确的目标、一定的程序和设定的时限，但它的运行方式不是机械的、纯线性的、不可逆的，它是可调控、可变通的。这就是我们所强调的教学过程的动态性以及这种动态的特殊性。这种特殊性除了与教学因素的多元性、教学关系的复杂性有关，还与教学过程的生成性有关。

其次，如何认识教学过程中的生成性。近几年来，人们越来越多地关注过程中的动态生成问题。那么，什么是教学过程中的"生成"呢？"生成"这一概念本不是教育学的固有概念，而是从其他学科"移植"的概念。从广义上讲，师生在教学的互动过程中的"经验的生长"即"生成"。具体地说，它包括新知识的掌握，认知的提升，技能的形成，信息的积聚，情感的激发，自我期待和自信力的增强，等等。狭义的"生成"则与教学的"预期性"、"预设性"相对，它是指师生在互动过程中，对既定的教学目标、教学内容、教学方案的超越和突破。在课堂教学中，最突出的表现是创造性思维的活跃，灵感的闪现，新问题的产生以及探究兴趣的高涨，等等。人们在使用"生成"或"动态生成"这一概念时多取狭义的理解。教学过程中的这种"生成"，具有非预设性、情境性、发散性和连续性的特点。这种"生成"不仅体现在学生身上，也体现在教师身上。当教师置身于具体的教学情境之中，因师生互动而撞击出思想火花，因相互感染而迸发出教学激情，教师的思维与储存的知识及生活经验瞬间接通，精言妙语脱口而出，趣闻逸事信手拈来，教学灵感不期而至……这一切都是非预设的，是在教学过程中生成的。

用动态生成的观点认识教学过程，是富有开放意义的。它确认学生和教师是具有自我建构、自我发展的生命个体，同时也是教学过程中的创造主体；它不仅关注教学过程中既定方案的实施，更关注师生在互动过程中的创造和发展；一切被传统教学观视为"偶发事件"、"节外生枝"、"旁逸斜出"等意料之外的情况乃至"险情"，都成为教学活动展开与运行中的常态，并可能作为"再生性资源"进行重组，从而具有教育的价值。从某种意义上讲，教学过程中师生的生成状态，在一定程度上体现着教学的成效和价值。

再次，如何认识和处理教学过程中的"预设"和"生成"的关系。这既是一个认识问题，也是一个实践问题。我们认为，确认教学过程具有动态生成的性质，并非否定教学过程的可预期性和预设性。就两者的关系来说，它们是相互依存的：所谓"生成"，是对"预设"而言，没有"预设"，便无所谓"生成"。那种否定教学的预设性，完全以"生成"状况随机确定教学目标的取向，在理论上是脱离实际的，在现实中也是不可行的。以动态生成的理念对待教学设计，既要考虑教学目标如何确定、教学任务如何完成、师生活动如何合理配置，又要考虑为师生留下一定的"生成"空间，从而形成弹性化的教学方案。需要强调的是，我们所说的"预设"，主要是指教学方案的设计，教学目标的设定，教学环节的设置，绝非对每一个具体问题的"标准答案"或问题结果的设定，客观地说，对于学生的学习结果，它是可预期而不可预设的。我们尤其要反对那种事先设定一个"正确答案"的圈套，然后千方百计地"启发"学生揣测并"说出"那个答案的做法。用动态生成的理念进行课堂教学，仍然要以教学方案为师生开展教学活动的依据。只是要特别关注学生在课堂教学活动中的状态，包括他们的学习兴趣、积极性、注意力，学习方法与思维方式，合作能力与质量，发表的意见、建议、观点，提出的问题与争论乃至错误的回答，等等，无论是以言语，还是以行为、情绪方式的表达，都是教学过程中的生成性资源，教师要能迅速作出判断，从这些生成性资源中发现教育价值，重组教学资源，推进教学活动的继续开展。在这一系列的重组资源的过程中，教师既要依据教学方案，又要及时调整教学方案和教学策略，使之适应教学过程中的生成状况。在这样认识基础上的"预设"，是适应"生成"的"预设"；在这样认识基础上的"生成"，又是以"预设"为方向、为目标、为依据的"生成"。由此而展开的教学过程，既是"有目的、有计划、有步骤"的活动过程，又是充满活力、有利于实现师生共同发展的过程。

3. 正确处理教学过程的系统性与非系统性的关系

语文教学过程是一个系统的动态过程。语文教学过程的系统性主要表现在这一过程具有一定的整体性、有序性、有规律的动态性等方面。

语文教学过程是由各个要素组成的，这些要素包括教学目标、教师与学生、教学内容、教学方法和手段、教学组织形式、教学环境、教学测评等。要素与要素之间具有一定的相关性和依存性，由此而形成的组织形式使得教学过程的结构具有整体性和有序性。即便是其中的一个要素，也是一个相对完整的系统。例如教学目标系统，它由总目标和子目标构成，而子目标又是分层级、分类别、呈序列状态的：有学段目标、学期目标、单元（组）目标、单篇目标；有识字与写字教学目标、阅读教学目标、作文教学目标、口语交际教学目标、综合性学习目标等。所有的子目标全都指向语文教学的总目标，而平列的目标之间，既相对独立，又相互关联。

作为一种运动形式，语文教学过程呈现出一种有规律性的活动进程。一堂课、一篇课文、一个单元（组）、一册教科书，乃至一个学年或整个学段的教学活动，如何开始，往哪里发展，到哪里结束，都要按照一定的规律——教学过程的一般规律、语文教学的特殊规律以及学生身心发展的规律进行设计并组织实施。例如一篇课文的教学，大致要经历感知—理解—应用这样几个阶段，尽管在具体的教学环节上可能有诸多变化，但这一过程则体现了学生学习和掌握课文的基本规律。这种有规律的动态性也是语文教学过程系统性的具体体现。

充分认识语文教学过程的系统性，对于正确把握语文教学的规律、提高教学的科学性是十分重要的。

语文教学过程还存在着非系统性。它主要表现在某些方面存在一定程度上的无序性、模糊性、非逻辑性以及非理性。这种非系统性在教学过程中是一种客观存在，而在语文教学过程中又表现得比较突出。

首先，语文教学过程的非系统性取决于教育的非系统性。教育的非系统性客观地存在于教育的要素中、教育的结构中、教育系统与环境的关系中。以教学过程中的师生关系为例，从每个学生个性来说，不仅不同的学生与教师形成不同的师生关系结构，而且即使同一个学生，也会因时因地因人而异，同教师构成不同的师生关系。这种结果在很大程度上取决于师生双方的非系统因素，反过来，这种结果也在一定程度上体现出非系统性。教育的非系统性的存在，是导致"教育本质的不清晰性"、"教育性状的不确定性"、"教育功能的相对性"等特性的根本原因。作为从属于教育的语文学科教学，在教学过程中呈现出非系统性也就不可避免了。

其次，语文学科的特殊性决定了语文教学过程的非系统性。与其他学科相比，语文学科具有突出的人文性、开放性、艺术性等特点，这些特点使得语文教学过程充满了情感性、创造性、主观性、偶然性、即兴性，以及直觉、灵感、激情等，这些因素往往无法进入系统，也无法以规则、有序的方式加以设计和控制，这使得语文教学过程状态纷呈，复杂多变。单以"序"而言，从教学内容来说，一篇《故乡》，可以编入初中教材，也可以编入高中教材；可以按照体裁编入小说单元，也可以按表达方式编入记叙文单元，还可以按题材类别编入其他单元。就一篇课文的教学程序来说，"练习"这一环节，既可以放在一节课的最后阶段，也可以放在一节课的中间，甚至放在起始阶段。一般情况下，一篇课文的教学多从解题开始，或从首段开始，有的老师却来个"中间开花"，或结尾"解"题，往往收到出奇制胜的效果。凡此种种，不一而足。

充分认识语文教学过程中的非系统性，对于我们正确把握语文教学中的主体性、生成性、无序性、生动性等特性及其教育价值是十分必要的。

在经历了20世纪关于"语文教学科学化"的探索之后，人们对语文教学过程中的系统性与非系统性、有序性与无序性、清晰性与模糊性、线性发展与螺旋上升等对立统一的运动状态有了更为充分、更为深刻的认识。我们所面对的语文教学过程是这样一个充满矛盾着的统一体。

语文教学过程具有系统性，如果不具有，语文教学就变得无规律可循，教学活动就会变得盲目而随意；语文教学过程具有非系统性，如果不具有，语文教学过程只能成为按照刻板的程式机械运动的过程，语文教学过程也就失去了应有的生机和活力。

事实上，语文教学过程就是这种系统性与非系统性对立统一的过程，正是由这两方面的对立统一，我们对语文教学规律、对语文教学科学化的探索才是有价值和意义的，语文教学的过程才充满了无穷的变化和奥秘。这一过程是复杂的，也是丰富而生动的，我们对它的探索是永无止境的。这就是语文教学过程的魅力所在。

二、语文教学的一般过程

（一）教学过程模式与教育思想

我们在前面指出，教学过程理论不仅要研究教学过程的本质问题，还要研究教学过程中的程序问题。它包括以下一些基本问题：在一定的教学时段里，教学活动如何开始、如何展开、如何结束？这一过程设置哪些教学环节？为什么设置这些环节而不是别的环节？这些环节以怎样的方式、按照怎样的逻辑方式连接而成？为什么用这种方式而不是别的方式？等等。

当某种教学程序在实践中经过概括、提炼进入相对稳定的状态时，这种程序就成为教学模式，或称教学过程模式。教学模式具有简约性、操作性、整体性等特点，它是教学理论与教学实践之间的桥梁和中介，在教学论中对于教学程序的研究，往往指向教学过程模式的研究。研究的问题主要是：这些教学模式是根据怎样的教育思想、教学理论构建的？它有什么样的特点？它在哪些方面体现了教学过程的规律？它对教学实践的指导和改进有怎样的意义？它的适用性如何？它存在哪些局限？等等。

从广义上讲，有学校教学活动，就有教学的程序，比如，我国古代语文教育在实践中形成的"识字—读文—讲文—作文"这样阶段性过程，可视为语文教学的大致程序。但这种"序"并不是我们所说的教学论意义的"教学过程"，更不是教学过程模式。一般说来，教学过程模式的出现是在赫尔巴特的教育理论产生之后。

近代德国著名的教育家赫尔巴特从心理学的统觉理论出发，认为人的认识活动过程是一个统觉过程，即新经验和已构成人的心理的旧经验联合的过程，新的经验只有当它们同已在统觉团里的观念发生联系时才能学到。基于这一思想，他根据自己多年对兴趣和注意规律的分析研究，提出了"明了—联想—系统—方法"这样一个由四个阶段组成的、以教师系统传授为主、以掌握书本知识为主的教学过程模式。这一模式体现了教学认识活动的特点，适应了普及教育的历史需要，在当时以及其后相当长的时间内，盛行于欧美各国乃至其他许多国家，被认为是教育史上第一个完整的教学过程模式。

与以赫尔巴特为代表的"传统教育派"相对立的是美国著名教育家杜威。在杜威看来，教学过程是儿童通过亲身实践获取经验的过程。教育即经验的生长。思维起源于疑难，疑难产生于活动，活动的过程就是学习的过程。根据杜威的实用主义教育思想而创立的设计教学法，确立了由六个基本环节构成的教学过程模式：创造情境—引起动机—确定活动目的—制订活动计划—实施活动计划—评价活动成果。这一活动过程模式，突出了学生的中心地位，紧密联系生活实际，充分激发了学生兴趣，但要求学生事事经过实践活动来获取知识，忽视教材和教师的作用，在一定程度上又背离了教育和教学的规律。

以上两大流派的教育思想及其教学过程模式在"五四"前后都对我国的语文教育产生过重要的影响。自 20 世纪 50 年代以来，前苏联凯洛夫的教育思想及其教学过程模式对我国学科教学的影响更为广泛，更为深远。凯洛夫从辩证唯物主义的认识论出发，根据巴甫洛夫心理学的条件反射理论来解释教学过程。在他看来，一个完整的教学过程应包括"知觉具体事物，理解事物的特点、关系或联系，形成概念，巩固知识，形成技能技巧，实践运用"等基本环节。就课堂教学活动来说，一节课的教学程序，则由"组织教学—复习旧课—讲授新课—巩固新知—布置作业"五个教学环节组成，这就是为我国广大中小学教师熟知的课堂教学"五环节"。

从以上对教学过程模式的形成、发展的简要回顾中，我们可以看出，教学过程模式的产生是近现代学校教育发展的产物，每一种模式都反映着一定的教育思想和教学理论：模式的创立者们都试图通过教学模式揭示教学规律，指导教学实践，以实现教育目的。教学过程模式不仅集中地体现了创始者的教育思想，也刻下了时代的印记。

（二）语文教学的一般过程①

就语文教学过程的类别来说，可以从多种角度进行划分：从教学活动的内容划分，可分为识字与写字教学过程、阅读教学过程、作文教学过程、口语交际教学过程、综合性学

---

① 李新宇主编：《语文教育新论》，南京师范大学出版社，2006 年版。

习教学过程；从时段的长短划分，可分为学段教学过程、学年教学过程、单元教学过程、单篇教学过程、课时教学过程；从教学活动展开的逻辑方向划分，可分为归纳式教学过程、演绎式教学过程，等等。这里重点介绍单元教学和单篇课文的一般教学过程。

1. 单元教学的一般过程

单元教学最早出现于 19 世纪末 20 世纪初，是欧美"新教育运动"的产物。其主要主张是把学习的内容划分为较大的单元，反对把教材分割成一课一课来教学。20 世纪 30 年代，美国的莫里逊所倡导的单元教学法具有一定的代表性，主张学生在一周或数日内学习一项教材或解决一个问题，以促进学生人格的发展。"五四"运动后，单元教学法传入我国。20 世纪 20 年代，以梁启超提出的"分组比较"教学法为代表。随后单元教学便广泛得以实践和探索，如夏丏尊、叶圣陶合编的《国文百八课》教材，20 世纪 60 年代初统编语文教材等。1988 年，人民教育出版社正式出版了较为规范的以单元为编排体例的新教材，将语文单元教学推向了一个新的探索研究高度。

(1) 单元教学的结构。

一般包括以下几部分：①介绍、定向。主要任务是向学生介绍单元课文的构成，单元教学的目的、阅读的重点以及学习的程序。②讲读、自读。主要任务是通过讲读，指导学生掌握课文中带有规律性的知识，教给阅读方法，引导学生在阅读的实践中能够举一反三，积极主动地获取知识、增长能力。③总结、练习。主要任务是指导学生对单元知识点进行梳理、归纳、总结和概括，使学生对本单元所学知识能够加深理解、巩固消化，并学会扩展使用，以促进阅读能力的形成。

(2) 单元教学过程模式。

由于单元阅读教学过程的设计具有较大的灵活性，在长期的语文教学实践中，人们探索出许多各具特色的单元教学模式。有代表性的如"四步六环三反馈"单元教学法，"五步三课型反刍式"单元教学法，"四步骤"语文单元教学法等。"四步骤"语文单元教学模式的具体过程：领起—教读—自读—总结。

第一步"领起"。基本任务是定向，明确单元教学目标，通过速读预习或略读预习，初步熟悉课文内容。主要做以下四项工作：①指导学生通读预习，初步了解本单元的教学内容。②师生共同确定本单元的教学目标。③指导学生借助工具书解决课文中的生字、难词及问题。④教师讲述本单元有关知识。

第二步"教读"。该步骤是单元教学的精读、研讨阶段，其基本任务是"范例"剖析，概括规律。师生共同研讨一篇或两篇课文，抽取出规律性知识，作为下一步自读的"范例"。该步骤中教师应注意的问题是：①选文要有代表性，一般从教材的教读课文中选取。②注重方法的引导，教方法，作示范，给学生的阅读引路；教师或提示、或点拨、或讲解，提高学生的参与度。③发挥教师的主导作用，采用不同的课型和多种阅读教学方法，致力于培养自主学习的能力。

第三步"自读"。这是体现单元教学目标的主要步骤，重在培养学生的自学能力。基本任务是让学生充分运用在教读过程中习得的知识、方法，按照教学目标和训练要点进行自读，教师从旁启发点拨。一般操作程序是：①教师明确自读目标和要求。②学生自读课文。③师生围绕目标讨论，互相质疑问难，进行多向交流，解决具体问题，独立完成课后练习。④教师小结。

第四步"总结"。这是体现单元教学整体性、阶段性的环节。其根本任务是：①学生通过各篇课文的阅读进行比较、参照、领会、巩固。②将知识进行梳理、迁移、延伸，并把知识上升为能力，使学生学会概括和总结。

（3）单元教学的新生机。

实施课程改革以来，根据语文课程标准编制语文教材，虽然仍然以教学单元面貌出现，但是其实质已经发生了根本性的变化。这些单元已经不再着重于语文知识点、能力点的逻辑排列，而是根据不同年级段设计若干"主题"或"情境"，来实现知识与能力、过程与方法、情感态度与价值观的总体目标。例如"苏教版"《语文》七年级上册六个单元的题目分别是："亲近文学"、"金色年华"、"民俗风情"、"多彩四季"、"关注科学"、"奇思妙想"。"人教版"小学《语文》六年级上册前三组分别是这样安排的：感受大自然之美好、感受爱国之情怀、感受人间之真情。从这些单元题目中可看出，新教材的单元编排，实际上是给学生提出了一个个与学生生活很贴近的专题，有利于激发学生学习语文的兴趣。总体说来，新教材编写的单元具有如下特点：

①从教学目标上看，每个单元从知识与能力、过程与方法、情感态度与价值观三个维度上进行整体推进，教学目标具有弹性。

②从教学内容上看，单元教学以综合性语文实践活动为主，不仅综合了语文知识和技能，综合了语文能力与观察、调查、参观访问、搜集资料等社会活动，而且还注重语文课程与其他学科的结合，以及语文课程与其他社会生活的联系。单元内部结构灵活，选题具有开放性，师生可以根据实际情况调整、补充或重选。

③从教学方法上看，学习这种主题或情境式的话题单元，势必要求师生侧重于探究性学习方式；同时既要求学生个体主动去理解体验，又要求展开群体性对话与交流。这样的单元编排，在给广大师生带来新挑战的同时，也必将为单元教学法注入新的活力和生机。

2. 单篇课文的一般教学过程

关于单篇课文教学过程的探索，自20世纪初，伴随着语文单独设科开始，到现在经历了百年的历史。在20世纪前期，语文教育界的前辈们曾创建了多种教学过程模式，如本书前面提到的"渐明法"、"因文而异教学程序"、"三段六步教学程序"等，从而为我们积累了宝贵的经验，至今仍具有一定的借鉴和启示意义。

自20世纪50年代以后，由于以行政的力量在全国广泛推行凯洛夫的教育思想和"五环节"教学过程模式，我国中小学的语文教学以"五环节"为基本框架，逐渐形成了较为固定的教学过程模式。这种以"篇"为单位的课文教学程序大致如下。

中学语文课堂教学程序，一般由五个环节构成：作者介绍—时代背景—段落大意—主题思想—写作特点，有人称为"五大块"。或在此基础上细分为八个环节：板书课题和解题—介绍作者和时代背景—朗读课文—讲解生字词—分析课文—归纳中心—总结写作特点—练习和布置作业，有人称为"老八段"。

小学语文课堂教学程序，一般由以下环节构成：启发谈话—阅读全文—读后谈话—逐段分析—编写段落大意—复述或创造性讲述—结束谈话。或在此基础上改造为"讲读型"程序：揭示课题—阅读全文—划分段落—概括段意—提炼中心—复习练习—进行小结—布置作业。

以上教学过程模式自20世纪50年代形成以来，在相当长的时间内成为广大中小学语文教师实施课堂教学的基本模式，其推行之广、影响之深，直到今天还没有任何一种模式与之相比。究其原因，除了形成这一教学过程模式的特殊历史背景外，最主要的还是这一模式本身的因素。从总体来看，这一教学过程模式比较符合课文的教学规律和学生的一般认知规律。其程序分明，操作简便，活动内容明确，先干什么，后干什么，十分清楚。因此，这一教学模式很快为广大中小学语文教师所掌握，并在长期的教学实践中得到强化。由于这一模式是建立在前苏联的教育理论基础上的，因此，侧重于教师的作用，忽视了学生的主体作用和学习主动性的发挥；侧重学生的认识发展，忽视了除认识之外其他方面的发展；则重于讲授，忽视了教学过程中的实践活动。而这一过程模式长期以来几乎成为中小学语文教学中的唯一模式，这是造成语文教学模式凝固化、教学过程单一化、语文课堂教学缺乏生机和活力的重要原因之一。

总结反思 20 世纪 50 年代以来语文教学的实践经验，根据教学过程的一般规律以及语文学科的性质和特点，我们认为，就一篇课文的掌握来说，一般要经历以下过程：

——着眼于课文处理，其过程为"整体—局部—整体"；

——着眼于思维方法，其过程为"综合—分析—综合"；

——着眼于语言形式与思想内容的关系，其过程为"形式—内容—形式"（因文解道，因道悟文）；

——着眼于心理过程，其过程为"感知—理解—应用—迁移"；

——着眼于教学活动，其过程为"认读感知—再读思考—精读品味—熟读欣赏—练习应用"。

以上不同角度的描述，大致上反映了语文教学过程一般发展方向和经历的主要阶段。至于教学过程中的具体环节以及这些环节的连接、组合方式，则因教学的具体内容、课型、教学对象等不同而变化，从而形成多种模式。

三、语文教学过程的模式

自 20 世纪 80 年代以来，在语文教育改革实践中，广大语文教育工作者，特别是一批勇于探索的语文特级教师，他们在一定的教学思想、教育理论的指导下，通过教学实验、经验概括和提炼，在对传统的语文教学过程模式的反思、改造的基础上，创建了多种教学过程模式。这些模式，或以某种教学方法，或以某种学习方式，或以某种课型为特征，努力从不同的角度、不同的层面揭示教学过程的规律，体现教育观念的更新，使得我国中小学语文教学过程模式呈现出多元化的态势。

有关语文教学过程的模式，叶圣陶先生在《〈精读指导举隅〉的前言》一文中详细地论述了语文教学过程。

（1）预习。非常强调预习效果。预习应完成如下工作：①通读全文，了解文章大意。要求学生对分段、标点作一番思考。②认识生字生词。要求一方面知道解释，另一方面更知道该怎么使用。③解答教师提问。问题包括作者思路发展的线索，文章的时代背景等，让学生在预习的时候寻求解答。如果学生能够解答得大致不错，就算真正做到了精读。④写预习笔记。将教师提问、答问要点写下来，作为上课讨论依据。

（2）讨论。上课由学生讨论，教师做主席、评判人和订正人，养成学生讨论问题、发表意见的习惯。讨论要训练："听取人家的话，评判人家的话，用不多不少的话表白自己的意见，用平心静气的态度比勘自己的与人家的意见，这些都要历练的。"[1] 最后教师小结，要简短扼要，要求学生记在笔记本上。

（3）吟诵。吟诵就是心、眼、口、耳并用的一种学习方法，即诵读。吟诵对于讨论中所得不仅要理智地理解，而且要亲切地体会，使内容与理法化为读者自己的东西。要教学生诵读符号，以标示诵读时声调高低、强弱、缓急。

---

① 《叶圣陶语文教育论集》上册，教育科学出版社，1980 年版，第 12 页。

（4）参读相关文章。以精读篇为基础，扩展阅读内容，达到精读与博览相结合。

（5）应对教师考问。考查的方法很多，如背诵、默写、简缩、扩大、摘举大意、分段述要、说明作法、述说印象。

下面简要介绍几种常见的教学模式。

（一）小学语文教学过程模式

1. 以读、议、讲、练法为特征的语文教学过程模式

（1）预习阶段：

①初读课文。初步理解生字难词和课文主要内容。

②思考问题。对文章标题、作者思路和文章结构以及文章重点部分和语言表达、文章主题等问题的思考；思考的问题随年级增长而逐步加深，要求带着问题读书，逐步要求学生写预习提纲和笔记。

（2）读、议、讲阶段（这是教学过程的主要阶段）：

①细读课文。分段、分层读，逐句、逐字地读；对文章的语言、结构、思想内容、写作方法，进行细琢细磨地研读。尤其是重点段落，要将字里行间的含蓄之意、比喻之意、言外之意体会出来；将作者的思路、情感理清、读懂。

②深读课文。从语言表达的角度去读，分析、比较、概括作者的立意、构思、语言表达特点，体会语感，欣赏和记取精美、规范的语言，提高对主题思想的理解，学习表达方法。细读、深读紧密结合，以读为主，读不懂的部分或重点可以议论及教师讲解，在教师指导下，将读、议、讲融为一体。

（3）练习阶段：

熟读课文，要求背诵的篇目或片断要熟读，练习的目的主要是提高读写能力，练习方式多样。检查效果可以在练习后进行，也可以和练习结合进行。

其特点是：

①体现学生学习语文的心理过程，由语言形式到思想内容，再由思想内容到语言形式；通过细读、深读完成读写结合。

②以学生读为主，重视学生掌握读书方法，将精读法具体化，通过初读、细读、深读、熟读，在阅读实践中逐步掌握精读方法。

③既重视了学生为主体的读和练，又重视了发挥教师的主导作用。

2. 以导学为特征的语文教学过程模式

（1）预习。

学生初读课文，自学生字难词。

（2）教师辅导。

教师布置自学提纲，随着年级增长，学生可以自拟学习提纲。

（3）学生开始自学。

学生依据读书提纲认真读书、使用工具书、做读书笔记。

（4）师指导下学习。

在教师指导下进行朗读、默读、质疑、讨论。对课文进行深入理解和欣赏、评论。

（5）练习和作业。

学生依据读书提纲的要求，完成练习和作业。

该语文教学过程模式，以学生自读为主，教师要指导学生认真读书。关键是把自学提纲拟好；自学提纲要反映教学目标、教学重点以及难点等训练项目。要教给学生读书

方法。

3. 以探究为特征的语文教学过程模式

引导学生发现问题，独立自主或者通过小组合作解决问题，是这种课型的特点。其教学过程大致经历"初读课文—提出探究主题—思考探究—成果交流"几个阶段。"提出探究主题"是让学生提出初读过程中不懂的问题，教师分类处理，整理出最有探究价值的问题，作为探究研讨的主题，也可以由教师直接提出有价值的探究主题。"思考探究"阶段是让学生独立思考和探究，或者组成小组进行合作探究，寻找解决问题的途径，找到问题的答案，读的训练穿插其中。"成果交流"阶段是让学生交流各自或合作探究的成果。有的还有"延伸拓展"阶段，引导学生把目光从课内引向课外，作广泛的学习和探究。探究型教学，摆脱了多余的分析和繁琐的提问，注重学生动脑、动手的实践，有助于培养学生实践能力、合作能力和创新精神。

4. 以读写结合为特征的语文教学过程模式

这种模式以探究课文是"怎样写的"为重点，读中悟法。从读学写，先读后写，以实现读写迁移。其教学过程大致经历"明确目标—阅读课文—领悟写法—迁移习作"几个阶段。这一模式强调，一个完整的阅读教学过程，必须要经历"披文得意"和"缘意识文"这两个心理过程。读中学写，则实现了这两个心理过程的融合。这种教学模式的条件是"读"和"写"要有结合点。教学中"读"和"写"仍有各自的目的、任务和要求，但以读为基础，以读学写，以写促读，而不是抛开课文的内容和思想感情，仅仅把眼睛盯在写作技巧上。

5. 以综合训练为特征的语文教学过程模式

这种模式以综合训练为主要手段，听说读写，感受、理解、积累、运用和谐运行。其教学过程大致是"导入课文—初读课文、整体感知—研读课文、综合学习—练习表达、总结释疑"。这一模式的特点是，以读的训练为"经"，以说写或者积累运用训练为"纬"，组织教学过程。其进程大致类似于朗读型阅读教学过程，只是其能力训练内容更丰富，综合性比较强。

6. 以情境教学为特征的语文教学过程模式

这种模式为小学语文特级教师李吉林所设计和运用的一种语文教学过程模式。充分利用形象，创设具体生动的情境—通过生活显示情境，实物演示情境，音乐渲染情境，图画再现情境，扮演体会情境，语言描绘情境，阅读贯串始终。将言、形、情融为一体，促进学生对教材的理解、体验和记忆。具体程序如下：

（1）初读—创设文本情境，抓全篇，理解作者思路—读通。通过各种方式创设情境导入新课，初步感知教材；理解作者思路，了解课文大意。

（2）细读—突出情境抓重点，理解关键词、句、段—读懂。强化感知，充分利用情绪加深内心体验；提供契机，展开联想与想象，丰富课文内容；设计训练，在运用中加深理解。

（3）精读—凭借情境品语感，欣赏课文精华—读深。运用比较、诵读方法进行语感教学。影响儿童产生与作者共鸣的情感，进一步获取关于是与非、美与丑的审美观念。

7. 以单元导练为特征的语文教学过程模式

这种模式是小学语文特级教师丁有宽所设计和采用的一种语文教学过程模式。以一个单元教材为单位，突出导练重点。每单元有七八篇课文，分精读课、略读课、自学课、综合练习四类课型。精读课的教学，主要任务是使学生基本掌握本单元规定的训练目标，以及掌握学习重点的要领、方法，为略读课、自学课奠定基础。

其教学程序如下：

（1）导自学。通过预习指导学生自学课文，初步理解课文生字词及课文内容。

（2）导精读深究。深究重点段，品词、品句领会学法。要求达到五会：会理解、会复述、会背诵、会品评、会运用。

（3）导练习。指导学生运用和总结学习方法巩固知识，加深理解，提高语言运用能力。进行多层次练习，达到掌握训练目标。

单元导练教学过程模式是以目标教学理论和语言构造方法为指导的，全过程体现读写结合，注重指导学生在理解基础上的自学练习，以提高学生独立的听说读写能力。

8. 以"尝试教学"为特征的语文教学过程模式

这是从小学数学教学中移植到小学语文教学中的一种教学模式，其倡导者是江苏省特级教师邱学华老师。其特点是：把由教师灌注为主的讲读过程变为学生主动地尝试阅读过程。在学生独立初读课文、掌握大意的基础上，因文而异地设计大跨度的尝试题，引导学生独立理解课文，"尝试探索，自求得之"。其教学过程是：先练后讲，以练为主；先学后教，以学为主。这种教学实验是对以教师为中心的阅读教学的一种突破，具有"探究性学习"因素，有利于培养学生自主、合作、探究的学习能力。

（二）中学语文教学过程模式

1. "自读—教读—练习（运用）"三段式教学过程

这是在中学语文教学中运用较为普遍、操作较为简便的教学过程基本模式，大致上体现了对一篇课文的感知、理解、巩固、应用的认识发展规律和技能形成过程。

自读阶段：学生在教师的指导下独立地自学课文，利用注释或工具书解决生字词，根据自己的学习习惯作出标注，了解课文大意，获得对课文的初步感知，收集相关的资料，完成教师布置的其他学习任务，记下疑难问题。自读活动可以在课内进行，也可以在课前进行。从广义上讲，"预习"属于"自读"的范畴，但"自读"不等于"预习"。预习的目的仅仅是让学生熟悉课文，为讲读教学作准备；而自读活动是一个完整的教学过程的组成部分。就学生的长远发展来说，自读训练的目的在于培养学生自己读书的良好习惯和自学能力。"自读"的提出，是对"预习"的发展，不仅是教学环节的提法的改变，也反映了教学思想的变化。

教读阶段：这是课堂教学过程的中心环节，是师生对课文进行深究的阶段。这一阶段，要对学生自读的成效进行交流和检查，并有针对性地解决自读阶段提出的问题，把学习引向深入。对课文内容和表达形式的深入理解是这一阶段教学的重点。教读阶段要在师生互动中进行。可以综合运用多种教学方法，也可以一种方法，多种方法配合使用。要积极开展自主、合作、探究式的学习活动，但要注重实效，防止形式主义。这一阶段的教学活动一定要以语言材料为凭借，避免脱离课文的架空分析。这一阶段包含着划分段落、归纳中心思想、总结写作特点等活动，但要避免程式化、形式化、简单化。要从课文实际出发，明确目标、注重实效，划分段落重在理清文路，训练思维的条理性而不是要寻求"标准答案"；归纳中心思想重在加深对课文的理解，训练学生把握中心的能力和概括能力，而不是要死记硬背；不要牵强附会地把不是"特点"的写作方法硬说成"特点"，研究写作方法，引导学生体会课文的表达形式与内容的关系。在教学过程中，要突出"学"的特点，讲究"导"的艺术，提高"议"的质量，抓好"练"的安排。

练习（应用）阶段：练习活动是把阅读过程中获得的知识和能力用于实践的训练，是在前两阶段的基础上再实践的活动，它不仅起到巩固知识、发展认识、加深体验的作用，而且具有实现知识迁移和拓展、提高应用能力的作用。练习的方式方法应是多样的。除了完成习题、写作等书面作业外，还包括朗读、背诵、复述、评论、演讲等以语言表达为主的实践活动。要注重拓展性、延伸性练习，引导学生开阔视野，把知识学活，并且学会发现、学会创造。在教学实践中，练习活动既可以在教学过程中的某一阶段进行，也可以有机地穿插在各个阶段进行。

有的教育工作者在上述"三段式"教程的基础上增加了"检测、反馈"教学环节，形成"四段式"教程。其主要过程和实质与"三段式"是基本一致的。

2. 上海育才中学"八字式"教学过程

上海育才中学在多年的语文教学改革实践中，总结出"读读—议议—讲讲—练练"八字教学过程，曾在全国产生一定的影响。

读读：指导学生认真读书，熟知课文内容，培养学生主动获取知识的自学能力，并在读书中发现问题。

议议：针对学生阅读中发现的疑难问题，组织学生讨论切磋。学生畅所欲言，各抒己见。自己提出问题，自己解决问题，使学生学习的主动性、积极性得到充分的发挥。

讲讲：指教师在学生讨论过程中，要充分发挥指导、引导作用，注意倾听学生意见，发现问题，随时启发引导，点拨释疑并进行必要的讲解。

练练：主要是指导学生把当堂学到的知识运用于实践，使其在练习的过程中巩固知识，加强理解，形成技能，不断把知识转化为能力。

这一教学过程模式中，读是基础，议是关键，练是手段，讲要贯穿始终。这一教学形式生动活泼，它突破了死板、僵化的教学模式，体现了教学民主，有利于发展学生思维，培养自学能力。

3. 钱梦龙"语文导读法"教学过程

上海市特级教师钱梦龙于20世纪70年代末到80年初创建了"三主四式语文导读法"。所谓"三主"，即以教师为主导、以学生为主体、以训练为主线，这是这一教学法的指导思想或理论基础。所谓"四式"，即自读式、教读式、练习（或作业）式和复读式四种基本课型。这四种课型可视为一个教学过程，每种课型又有一定的教学程序。以"自读课"为例，学生自学一篇课文由六个环节组成："认读—辨体—审题—问答—质疑—评析"。钱梦龙的"语文导读法"教学过程强调学生的参与，师生的合作，使教学成为一个有规律、可控制的流程，也突出了导读过程的启发性和趣味性。这种教学模式是一种"引导学生真正学得主动，在学习过程中积极思考，从而锻炼自学能力的新型教学法"。

4. 魏书生"六步式"教学过程

辽宁省特级教师魏书生，在教学改革实践中，总结出"定向—自学—讨论—答疑—自测—自结"六步教学过程模式。第一步，定向：明确学习任务，公布训练重点和难点，使学生读书有目标，训练有方向，有利于集中力量，突破重点。第二步，自学：学生根据学习重点和疑点自学，学习有困难的学生可根据自己的实际水平完成自学内容。第三步，讨论：在自学的基础上，围绕疑难问题，或小组切磋，或全班讨论，在讨论中集思广益，解决疑难。第四步，答疑：教师针对学生讨论中尚未解决的疑难和答案尚有分歧的问题，进行释疑解惑。第五步，自测：根据"定向"中提出的重点、难点，由学生自拟一组十分钟的自测题，自我测试，自我评分，自我检查学习效果。第六步，自结：在上述各阶段学习的基础上，学生总结学习收获，总结经验，找出不足，以调节自己的学习行为。这一教学过程模式突出了学生自主学习能力的培养，体现了教学民主化与科学化思想。

5. 潘凤湘"八步教读法"教学过程

江西省特级教师潘凤湘将一篇课文的教学过程概括为八个步骤，其大致程序是：①默读课文，标出节码，画出生字。②查工具书，解决生字难词。③小组内朗读、听写。④每个人写课文分析草稿。⑤小组讨论课文。⑥听记教师分析课文。⑦个人完成正式的分析课文作业。⑧写读书笔记，背诵课文。这是一种操作活动比较具体的教学过程模式。

6. "四遍八步"自读教学过程

把一篇课文自读过程分为读四遍，通过八个相连接的步骤训练学生读、说、写的能力。第一遍跳读，完成两步任务，记梗概，了解主要人、事、物或观点，初步了解文章整体内容。第二遍速读，复述内容，理清文章脉络，锻炼学生说的能力和快速阅读中的思维能力。第三遍细读，完成理解字词句、圈点摘要、归纳中心三项任务，这是阅读的深入阶段。第四遍精读，完成分析写作特色任务，这是对文章的综合分析阶段。至此，一篇课文的独立学习活动结束。这种读书程序符合学生由浅入深、由感性到理性的认识规律，是培养学生"自能读书"能力的有效方法。

以上我们列举了改革开放以来我国中小学语文教学中若干有代表性的教学过程模式，反映了语文教学过程模式由单一走向多样、变传授知识为主为培养能力为主、变单向传输为主为多向互动、更加注重学生自学能力的培养等发展趋势，从中折射出语文教学思想、教育理论和教学改革实践的时代变化。

（三）正确认识和合理运用教学模式①

1. 教学模式的科学性和局限性

教学模式是人们对教学过程中教学活动及其程序的设计和安排，它之所以称为"模式"。是因为在教学过程中，所有相对独立的教学活动都建立了内在联系，成为具有一定逻辑顺序、前后链接的活动流程，从而形成一个系统、一种活动范式。它使得教学过程具有一定的规范性、稳定性和科学性。但是由于一切模式都是某种教学思想、教育理论的具体体现，而人们的教学思想、教育理论是主体对教育教学规律的认识，这些认识可能是正确的，可能是基本正确的或部分正确的，因此，教学模式的科学性是相对的。所有模式也都是从某个角度、某个侧面反映教学过程的客观规律，它对教学规律的反映是间接的、折射的，而不是直接的，更不是唯一的。它的功能和作用的发挥、它的适用性要受到一定条件、一定范围的限制，这就是教学模式的局限性。因此，所有的教学模式都有其长处和不足。无论是传统的教学模式，还是新创建的教学模式，概莫能外。试图探求一种尽善尽美、放之四海皆准的教学模式是不现实的。传统的模式有它的合理性，新创的模式有它的局限性。我们认为，教学需要模式，模式需要发展但不要绝对化。那种过分迷信教学模式、盲目地照搬模式，或简单地否定传统模式而把某种模式奉为至尊的认识和做法都是不可取的。

2. 教学模式的稳定性与变通性

教学模式是一个整体，结构要素之间是密切相关、前后连贯的，每一个阶段、每一个环节又有其质的规定性，这就使得教学模式具有一定的稳定性。运用教学模式，可以使教学活动的开展规范、有序、流畅。但是，这种稳定性是相对的。由于教学过程是一个由多

---

① 李新宇主编：《语文教育学新论》，南京师范大学出版社，2006 年版。

元因素构成的动态生成的过程，它既具有系统性又具有非系统性，因此，教学模式又有一定的变通性。许多教学模式的创建者都特别强调这一点。特级教师钱梦龙在讲到他为什么把"语文导读法"中的四种课型称为"基本式"时指出："因为它们不是固定不变的程式，是'基本'有式'，允许'变式'。'常中有变，变中守常'，这是我对'基本式'的基本认识。"①钱梦龙老师的这段"自白"实际上揭示了教学模式的稳定性与变通性的辩证关系。如果细心观察一些特级教师的课堂教学实践的话，就会发现这样的现象：几乎所有的教学模式的创建者在运用模式、实施教学的过程中，都不会固守模式，机械地按照既定的程序操作，而是根据教学内容、教学对象等条件，灵活地运用模式。这就是钱梦龙老师说的既有"常式"，又有"变式"。这对我们语文教师来说具有一定的启示意义。实践证明，任何一种教学模式如果不具有变通性和发展性，就会变得凝固和僵化，失去它的生命力。

3. 教学模式的合理运用和创新

充分认识教学模式的科学性和局限性、稳定性和变通性，对于我们正确运用教学模式是十分重要的。在语文教学实践中，语文教师如何合理地运用教学模式呢？我们认为，教学模式的运用要结合考虑各种因素。首先，要把握所选用的教学模式的实质和特点，即渗透在这一模式中的教学思想、教育理论。它在哪些方面体现了教学过程的规律？它和别的教学模式相比，有什么样的特点？它的长处和局限是什么？在这样的基础上，才能自觉地、理性地运用教学模式，从而扬长避短，发挥其应有的功能。其次，运用教学模式，要正确地把握体现教学规律的基本过程，而不必拘泥于具体环节，具体环节的设计和安排应富有变化。再次，在以一种基本模式为主的基础上，根据教学内容、课型、教学对象的具体情况，灵活地运用多种模式。从教材来看，形象性强的课文，宜用情境型模式；逻辑性强的课文，宜用发现型模式；知识性强的课文，宜用传授型模式。从课型来看，自读型、讲读型、鉴赏性、参观型、练习型等不同课型的教学，要选用与之相应的、体现课型活动特点的教学模式。从对象来看，一般低年级多用活动型模式，高年级多用传授型、发现型模式。总之，不要定于一尊，囿于一法。只有这样，才能通过正确运用教学模式提高语文教学的效率和质量，推动教学改革，而不是束缚教学，抑制教学的生机和活力。

教学模式的多样化，需要不断地创新。一种新的教学模式的建构需要教学思想的指导和教育理论的支撑，也需要充分的实践和必要的试验。事实上，设计一种模式仅仅是一种假设，这种假设要经过科学的论证和实验的印证才具有应用的价值。因此，在语文教学改革中，要勇于探索，勇于开拓，积极探索、创建新的教学模式，同时，又要以科学的态度、科学的方法建构模式。要避免仅仅在形式上标新立异，也要避免在缺乏充分的理论准备和必要的实验的情况下急急忙忙地搞模式。20世纪80年代出现的众多教学模式中，有些就是在缺少必要条件和充分准备的情况下产生的，这样的模式缺少真正的创新价值和应用价值，往往昙花一现，自然不会有生命力。

本节论及的教学过程模式是阅读课型教学模式，且以单元教学和单篇课文的教学为主，至于其他课型教学模式，另作论述。

【复习与思考】

1. 什么是教学过程？构成教学过程的要素有哪些？

① 钱梦龙：《从"基本式教学法"到"语文导读法"》，引自《新中国中学语文教育大典》，语文出版社，2001年版，第1107页。

2. 什么是语文教学过程？

3. 如何认识和处理教学过程中教师与学生的关系，"预设"与"生成"的关系，系统性与非系统性的关系？

4. 如何认识和评价以"五环节"为基本框架的语文教学过程模式？

5. 从语文教学的多种模式中选择两种作比较分析，指出它们的特点、长处与不足。

第四节 语文学法指导

学法指导是学习方法和策略指导的简称。教育工作者通过一定的途径对学生进行学习方法和策略的传授、诱导、诊治，使学生掌握科学的学习方法和策略，并灵活运用于学习之中，逐步形成较强的自学能力。也就是说，学法指导就是教学生学会学习。学法指导的前提是了解学习理论。20 世纪的心理学对学习理论的研究形成了学派纷呈的局面，从中可以区分出三种有关学习的不同观点：行为主义、认知主义和建构主义。语文学法指导还需要了解国内外的各种学习方法和策略，在指导的过程中，要注意了解学情、制订计划、实施指导环节。

一、现代学习理论简介

从宏观的角度看，学习指导是当今世界各国教学改革的共同趋势。正因为这样，今日中国的学习理论研究渐趋兴盛，学习理论成了教师教学改革、教学研究的出发点。学习理论简称"学习论"。学习论要研究的范围很广、内容很多，例如什么叫学习，学习由什么构成，学习素质、学习能力、学习目标、学习心理、学习方法、学习策略、学习风格、学习艺术、学习条件、学习环境、学习技术、学习活动、学习结果、学习管理，等等。今天的教师，不精通学习论就成不了好教师，要进行学法指导，就必须掌握学习论。研究人类的学习问题，可以从哲学认识论、心理学、教育学等学科加以解释研究。20 世纪的心理学通过学习理论的研究对教育中的应用产生了深远影响，形成了学派纷呈的局面，从中可以区分出三种有关学习的不同观点：

（一）行为主义学习理论

行为主义学习理论是基于行为主义心理学家从活动的结果对学习性质作出界定的研究成果，他们将学习的结果看成是行为上的变化，他们把学习定义为：由练习或经验引起的行为的相对持久的变化。行为主义学习理论的积极意义在于：以行为变化来定义学习，使学习成为可观察、可测量的科学概念，使课程设计、教学过程遵循一定的顺序和步骤，一定程度上可提高知识获取的速度。但它没有解决和回答学习的本质，把人的学习机械化、被动化、简单化。它忽视了个体的主观能动性，同时也不能回答学习是否一定会引起行为的变化。

（二）认知主义学习理论

认知主义的学习理论是立足于从学习者个体内部寻求突破，解决学习的本质问题。根据认知学派心理学家的一系列实验，他们得出的结论是：学习的本质在于学习者大脑中的认知结构发生了变化，而不是行为上的变化。在很多情况下，个体在外在行为上并没有表现出差异，但内部的思想态度却各不同。如果他们不表露出来，那么这些内部变化就很难为人所知。认知学派强调整体，认为个体对外界刺激的反应不是彼此孤立的知觉反应，而是集知觉而成意识的整体反应。认知学派的代表人物加涅认为：学习是人的倾向或能力的变化，这种变化要能保持一段时期，并且不能单纯归因于生长过程。从这个认识出发，可以明确，学习应是行为潜能的持续变化，这种变化发生在内部，人们必须通过外部行为推断出学习是否发生了，并且这种内在变化和外部行为不一定完全同步，要多次观察和测量才能推测出来。认知主义学习理论的积极意义在于：强调了学习是学习者利用原有认知结构对外部刺激信息主动选择、加工的过程，重视和突出学习是认知结构的建立与组织。

（三）建构主义学习理论

1. 关于学习的含义

建构主义认为，知识不是通过教师传授得到，而是学习者在一定的情境即社会文化背景下，借助他人（包括教师和学习伙伴）的帮助，利用必要的学习资料，通过意义建构的方式而获得的。由于学习是在一定的情境即社会文化背景下，借助其他人的帮助即通过人际间的协作活动而实现的意义建构过程，因此建构主义学习理论认为"情境"、"协作"、"会话"和"意义建构"是学习环境中的四大要素或四大属性。

"情境"：学习环境中的情境必须有利于学生对所学内容的意义建构。这就对教学设计提出了新的要求，也就是说，在建构主义学习环境下，教学设计不仅要考虑教学目标分析，还要考虑有利于学生建构意义的情境的创设问题，并把情境创设看作是教学设计的最重要内容之一。

"协作"：协作发生在学习过程的始终。协作对学习资料的搜集与分析、假设的提出与验证、学习成果的评价直至意义的最终建构均有重要作用。

"会话"：会话是协作过程中不可缺少的环节。学习小组成员之间必须通过会话商讨如何完成规定的学习任务的计划；此外，协作学习过程也是会话过程，在此过程中，每个学习者的思维成果（智慧）为整个学习群体所共享，因此会话是达到意义建构的重要手段之一。

"意义建构"：这是整个学习过程的最终目标。所要建构的意义是指：事物的性质、规律以及事物之间的内在联系。在学习过程中帮助学生建构意义，就是要帮助学生对当前学习内容所反映的事物的性质、规律以及该事物与其他事物之间的内在联系达到较深刻的理解。这种理解在大脑中的长期存储形式就是前面提到的"图式"，也就是关于当前所学内容的认知结构。

由以上所述的"学习"的含义可知，学习的质量是学习者建构意义能力的函数，而不是学习者重现教师思维过程能力的函数。换句话说，获得知识的多少取决于学习者根据自身经验去建构有关知识的意义的能力，而不取决于学习者记忆和背诵教师讲授内容的能力。

2. 关于学习的方法

建构主义提倡在教师指导下的、以学习者为中心的学习，也就是说，既强调学习者的认知主体作用，又不忽视教师的指导作用，教师是意义建构的帮助者、促进者，而不是知识的传授者与灌输者。学生是信息加工的主体、是意义的主动建构者，而不是外部刺激的被动接受者和被灌输的对象。学生要成为意义的主动建构者，就要求学生在学习过程中从以下几个方面发挥主体作用：

（1）要用探索法、发现法去建构知识的意义。

（2）在建构意义过程中要求学生主动去搜集并分析有关的信息和资料，对所学习的问题要提出各种假设并努力加以验证。

（3）要把当前学习内容所反映的事物尽量和自己已经知道的事物相联系，并对这种联系加以认真地思考。"联系"与"思考"是意义构建的关键。如果能把联系与思考的过程与协作学习中的协商过程（即交流、讨论的过程）结合起来，则学生建构意义的效率会更高、质量会更好。协商有"自我协商"与"相互协商"（也叫"内部协商"与"社会协商"）两种，自我协商是指自己和自己争辩什么是正确的；相互协商则指学习小组内部相互之间的讨论与辩论。

3. 建构主义的学生观

（1）建构主义强调，学习者并不是空着脑袋进入学习情境中的。在日常生活和以往各种形式的学习中，他们已经形成了有关的知识经验，他们对任何事情都有自己的看法。即使是有些问题他们从来没有接触过，没有现成的经验可以借鉴，但是当问题呈现在他们面前时，他们还是会基于以往的经验，依靠他们的认知能力，形成对问题的解释，提出他们的假设。

（2）教学不能无视学习者的已有知识经验，简单强硬地从外部对学习者实施知识的"填灌"，而应当把学习者原有的知识经验作为新知识的生长起点，引导学习者从原有的知识经验中，生长新的知识经验。教学不是知识的传递，而是知识的处理和转换。教师不单是知识的呈现者，不是知识权威的象征，教师应该重视学生自己对各种现象的理解，倾听他们时下的看法，思考他们这些想法的由来，并以此为据，引导学生丰富或调整自己的解释。

（3）教师与学生、学生与学生之间需要共同针对某些问题进行探索，并在探索的过程中相互交流和质疑，了解彼此的想法。由于经验背景的差异不可避免，学习者对问题的看法和理解经常是千差万别的。其实，在学生的共同体中，这些差异本身就是一种宝贵的现象资源。建构主义虽然非常重视个体的自我发展，但是也不否认外部引导，亦即教师的影响作用。

学习是伴随着人类成长进步的主要文化行为，古今中外，关于学习理论有许多真知灼见，从学习论看语文的学法指导，会有思路相当开阔的启示。

学习论指出，"学习"就是后天习得的行为变化过程，这个过程主要反映在三方面的持续变化：态度、知识、技能。这种变化是受行为主体控制的，有目的和方向，是有选择的。学习具有以下几个特点：①学习是个体行为，因人而异。②学习是积极主动的过程，教师可以教，但不可以代替学生学习；学生不是被动接受知识的容器，学生必须对自己的学习负责。③学习是个社会化的过程，需要在合作的组织形式中进行。④学习是一个愉快的过程，其乐无穷。⑤学习意味着变化。学习面临着挑战，既可以令人振奋，也可以令人气馁。所以学习需要有一个宽松、和谐的氛围和恰当的程度。

从上述关于学习的五个特点看语文学习，尤具对应意味。语文学习具有更多个人性格和精神因素。每一个人的读书方法和作文方法都是不同的，这首先源于个人经验和个性的差异，因此语文学习非常富于主体性特点，它不应当追求千篇一律的标准答案，也决定了语文学习方法的多样性、个体差异性和风格因素。每一个人对意义的理解是不同的，对一篇、一段、一句、一词的解释完全可以有较大的自由空间，要求一种结论就会窒息学生个人思想的发生。个人进行理解、表达的过程既然是个性化的，教师在进行学法指导时，应当提供多样的方法供学生选择，而且鼓励学生用自己的方法来解决问题。特别注意学生个人学习方法的使用、个人构思的独特性、个人独到的结论，这是语文学习人文性的最大特点。对语文学习来说，更着重"过程比结论重要"的意义。语文学习是充满情趣的人文活动，如果语文学习不愉快，那么它就一定是失败的。情境学习、快乐感受、美的熏陶、趣味作文是语文学习的题中应有之义。如果让学生的个性、创造性得到发挥，在每一次学习中都让学生积极主动地回忆自己的经验，沉浸到作品的意境中，努力去探索意义，那么，必然会使学生在学习语文的过程中引起情意、态度、认知、技能的变化，这是一种精神性的、心理的、性格的潜移默化。语文学习应当在审美活动中发展人的自由本质，因此，语文学法指导最关键的是在这方面体现人类学习的原理。

二、语文学法与学法指导

如前所述，学法指导是学习方式方法和策略指导的简称，它是教育工作者通过一定的途径对学生进行学习方法和策略的传授、诱导、诊治，使学生掌握科学的学习方法和策略，并灵活运用于学习之中，逐步形成较强的自学能力。也就是说，学法指导就是教学生学会学习。学法指导的目的就是通过现代的学习理论树立正确的学习观点，掌握科学的学习方法和策略，逐步提高学习能力，形成良好的学习习惯。要形成良好的学习习惯，这就要做到孔子讲的那样"知之者不如好之者，好知者不如乐之者"（见《论语》），把学习当着一种快乐的趣事，就能有效地提高学习质量。

（一）语文学习方法

1. 学习方法的分类

学习方法可以从大到小分为四个层次。第一是学习原则和学习策略层次，它对学习作方向性的要求，是学习过程中的方法指南，如人们所熟知的"循序渐进"、"博约结合"、"学贵有恒"等学习原则和学习策略。第二是一般学习方法层次，即适合于各个学科的学习方法，如"观察法"、"记忆法"、"自学法"、"研究法"等。第三是某学科特有的学习方法层次，如语文学科学习的"识字法"、"阅读法"、"作文法"等。第四是各种具体的学习方法层次，如语文学科的"韵语识字法"、"诵读法"、"一题多作法"等。语文学习方法作为一个学科的学习方法，它包含着以上所述的学习方法的四个层次，即语文学习原则和学习策略层次；适用语文学科学习的一般学习方法层次；语文学科特有的学习方法层次；语文学习的具体学习方法层次。语文学习方法在语文学习活动中，要受到学习主体、学习目标、学习内容和学习环境等内外各种因素的制约。学习主体为了一定的学习目标和要求，根据自己的学习环境条件和学习内容，选择和采用适宜的学习策略、技术和手段，以保证学习活动的有效进行，达到预期的学习效果，实现学习目的。这样，在语文学习活动中被使用的语文学习方法，就成为一个语文学习的观念、知识、能力、思维、技术和程序的综合系统了。基于以上的认识，语文学习方法的基本概念可以作这样的表述：语文学习方法是在语文学习活动中为达到预期目标而采用的有效策略、技术和手段的总和。

2. 新《课标》倡导的学习方式

根据新《语文课程标准》要求，大力"倡导自主、合作、探究的学习方式"，这是顺应社会发展的需要。

倡导自主、合作、探究的学习方式，也是激活学生的积极性和创造性，使其成为知识发现者和研究者的重要手段。大量研究表明：学习方式是决定学习质量的重要一环，学习方式和学习结果存在着密切的关系，学生参与课堂教学和课外学习的方式直接影响着他们的学习效果。被动地参与往往留不下什么太深的印象，只有以"积极的情感体验和深层次认知参与"为核心的学习方式，才能促进学生包括高层次思维在内的全面素质的提高。

自主、合作、探究的学习的特点主要是：

（1）自主学习。

自主学习，是指导学习主体有明确的学习目标，对学习内容和学习过程具有自觉的意识和反应的学习方式。

自主学习是一种主动学习，具有主动性。主动性表现为学生在学习过程中不是被动地适应，而是积极自觉地行动，是"我要学"，而不是"要我学"；对学习有一种内在需要，有较强的兴趣，有强烈的目标意识和责任感，能积极参与学习活动，学习活动对他们来说不是一种负担，而是一种享受，是一种愉快的体验。

自主学习是一种独立学习，具有独立性。独立性是自主学习的核心品质。如果说主动性表现为"我要学"，那么独立性则表现为"我能学"。独立性在思想观念上集中体现为自尊、自立、自觉、自强等自我意识，表现为较强的注意力、自信心、自觉性和较强的自我调控能力。自主学习方式充分体现了学生在学习中的主体地位，在课程改革中占有很重要的地位。

（2）合作学习。

合作学习是指学生在学习群体中为了完成共同的任务，有明确的责任分工的互助性学习。合作学习首先要有明确的合作动机（合作目的），其次要有一定的组织形式、组织者，还要有合作的时间、合作的具体分工等，其目的是要拿出合作的"成果"。当然这个成果并不仅仅是指解决了学习上的某一具体问题，它还包括培养合作意识、合作精神和合作能力的过程。合作学习将个人之间的竞争转换为小组或是团队间的竞争，有助于培养学生的合作精神和竞争意识。合作学习能够节约个体学习者的时间，能够开阔学习者的思维，实现智慧的公用和资源的共享，从而提高学习效率。

合作学习具体分为几个方面的要素：积极参与因素的相互支持、配合，特别是面对面的促进性的互动；积极承担在完成共同任务中个人的责任；期望所有学生能进行有效的沟通，建立并维护小组成员之间的相互信任，有效地解决组内冲突；对于个人完成的任务进行小组加工；对共同任务的成效进行评估，寻求提高其有效性的途径。

"合作学习"并不是几个人围在一起随便说上几句的代名词。"合作"的基础是分工，没有分工就不能谈合作。"分工"对学生来说，首先是独立。合作学习的范围不只是课堂，它还包括学生课内外的一切学习活动。在课堂上"合作学习"的基础是学习独立读书，独立思考，有自己的见解以后再去"合作"。在"合作"的过程中，每个人都要阐明自己的观点，这种"合作"，更可以是全班的交流，是生与生、师与生之间的交流。在语言交流的过程中，在思维火花的碰撞中，大家对所讨论的问题有了更明确的认识，在获取知识、感悟方法的同时获得极大的情感满足。

合作伙伴可以是教师，也可以是同学、家长甚至其他任何人。"合作"的分工可以明确，也可以"暗中"设定。在分工的同时，共同研究并找出解决问题的途径，最后争取获得良好的效果。

（3）探究性学习。

探究性学习，是指学生独立地发现问题，通过学生独立或是合作地思考、调查、收集、处理信息以及实验、研讨、交流等探索活动，来完成要研究的主题从而获得自主发展的学习方式。它的特征是具有更强的问题性、实践性、参与性和开放性。语文教学中的探究学习，是指学生在语文实践中获取知识、方法、情感体验的过程。探究可以是学生感悟学习和领悟学习方法的过程。"探究"关注的不是结果，而是探究过程本身，是在这种学习过程中学生实践能力、探究意识、探究精神和探究能力的培养。

自主、合作、探究这三种学习方式相互影响。自主是合作、探究的基础和前提,合作是促进自主、探究的形式和途径,探究是自主、合作学习的目的,三者互为一体,又互为促进。我们应积极倡导在自学、自悟基础上的各种形式的合作与探究学习,培养学生自主意识和合作精神。

3.常用语文学习方法[①]

(1)传统的学习方法。

①诵读法。诵读法就是读出声。它与朗读法的区别是:朗读多是读给别人听的,而诵读多是为了自己学习,是为了通过读来加深对文章的理解和记忆。它要求放开声音反复地读,直到熟练地记住并准确地理解为止。古人具体的做法有四种:连续反复地读、间歇反复地读、连续与间歇结合的反复读、与抄写结合的反复读。

②出入法。"入"就是要深入,深入到书中去细细钻研,认真思考,以求得真谛。"出"就是在深入钻研、把握了书的实质后,又不受书中思想的束缚,能在此基础上有所创造、有所前进,要从中跳出来。

③循序渐进法。现代人也称之为"程序学习法"。就是将学习内容,按其内部结构和关系,排列出一个由低到高、由浅入深的次序,订出一个合理的计划,有步骤有次序地进行学习的方法。

④"八面受敌"法。这是苏轼在总结治学经验时提出的一种学习方法,指的是要从各个不同的角度去学,不是学一次就完了,要多次反复地学,每学一次换一种角度,逐步学透彻。

⑤"钩玄提要"法。这是韩愈在总结自己的治学经验基础上提出的。这里所说的"提要"就是抓住要点;"钩玄"就是探求书中的精义,掌握书中的精神实质。所谓"钩玄提要"就是指学习要善于抓住主要矛盾,抓住书中的本质东西。主要矛盾抓住了,其余则势如破竹。

(2)现代学习方法。

①结网学习法。就是把学习的知识编织成网络,进行系统化的处理,使之便于理解和记忆的一种学习方法。第一,阅读有关书本前先详看目录和各章节的小标题,使自己对全书的部分内容及其逻辑层次、内在联系有个大致的了解。第二,阅读具体内容要注意练习、探寻本章节内容与前后章节的联系,找出本部分内容的重点、难点和新点。第三,每读完一个部分暂停一下,概括其要点,找出贯穿全文的主线,推测下一部分的内容。第四,读完全书后,在对原有各部分概括要点的基础上,进行比较全面的整理归纳,找出其内在的逻辑关系,编织成知识之网。

②框架学习法。将某一方面的知识,根据其内容的特点和规律性,经过分析和归纳,形成一个个结构"框架",在学习有关方面的内容时,便可按已有的"框架"去归纳和对比,迅速找到相应的内容,更好地把握和记忆。以议论文为例,议论文具有论点、论据、论证三个要素,这三要素就构成"框架",按这一"框架",我们在读一篇议论文时,就要看它提出什么样的论点、用哪些内容作论据、怎样论证的。

③逆向学习法。逆向学习法与循序渐进法正好相反,它不是按照常规一章一章、一节一节的根据先后顺序去学习,而是有意识地打乱书中的顺序,先从结论或中间某一部分入

---

① 李新宇主编:《语文教育新论》,南京师范大学出版社,2006年版。

手，运用自己的思维能力来分析形成结果的原因和依据，从本质上去理解和记忆要学习的内容。

3. 常用的语文学习策略①

目前学术界对什么是学习策略尚未取得一致的看法。根据已有文献可归纳为如下四种观点：①把学习策略看作是内隐的学习规则系统。②把学习策略看作是具体的学习方法或技能。③把学习策略看作是学习的程序与步骤。④把学习策略看作是学生的学习过程。以上观点从不同侧面揭示了学习策略的特征。如果把上述观点加以综合考虑，似乎能更全面地勾画出学习策略的完整图形，揭示出学习策略的本质。据此，我国学者、教育心理学专家刘电芝教授认为：学习策略是指学习者在学习活动中有效学习的程序、规则、方法、技巧及调控方式。它既可以是内隐的规则系统，也可以是外显的操作程序与步骤。

全面理解学习策略的基本含义，应当把握以下三点：

①凡是有助于提高学习质量、学习效率的程序、规则、方法、技巧及调控方式均属学习策略范畴。

②学习策略既有内隐、外显之分，又有水平层次之别。如学习策略既可能是外显的程序步骤，也可能是内隐的思维方式。例如复述策略，有可能是简单地按次序复述，也可能是选择陌生的或重点的内容复述。

③学习策略是会不会学的标志，是衡量个体学习能力的重要尺度，是制约学习效果的重要因素。

常用的语文学习策略有：

（1）确定阅读目标策略。

一个熟练读者在阅读文章时，要做的第一件事情是确定阅读目标。确定什么样的目标，要取决于文本、读者以及读者对文本的需要，而读者的阅读状况（例如做不做笔记、快速还是慢速、重读还是只读一遍等）反过来又受阅读目标的影响。

有时读者的阅读目标是获取某一特定的信息，或者是某个球员的分数，或者是评论员对当前某部大片的评论观点；有时候阅读的目标是从文本中学习任何值得学习的东西；有时候只是为了娱乐，比如读小说和短小的故事。所有这些目标都是正当的。教学这项策略的目标是让学生学会确定在特定场合下制定合适恰当的阅读目标，并达到这个目标。

（2）激活和运用背景知识的策略。

这项策略要求读者激活他们的背景知识并运用背景知识来帮助理解读物。背景知识是由一个人的生活经验（包括阅读）以及有关书面文本观念构成的。书面文本的概念包括认读、单词意义、文本结构等。研究结果表明，读者现有的知识对决定他们理解文本的能力至关重要。认知心理学对人们探明理解是如何运作这一问题的一项重要贡献就是图式理论。这一理论基础就是组织和激活已有知识。根据图式理论，人们在了解世界的同时，在头脑中形成一个巨大的知识结构网络，或称图式。每一个图式与其他图式相连接，当人们通过经验和阅读获得新的信息时，图式也随着发展和改变。当认知心理学家把图式理论运用到阅读理解领域时，他们发现：一个优秀的读者在阅读时，会不断地将已有的知识与文本中遇到的新知识产生联系。事实上，当他们开始阅读时，就立即激活图式，起初的图式又激活其他图式，这些都直接影响到读者理解文本和对文本产生反应。与文本结构相关联的图式对阅读理解尤其重要。具备有关文本的结构知识能够提高

---

① 李新宇主编：《语文教育学新论》，南京师范大学出版社，2006年版。

学生文本理解的水平。

（3）图解组织者策略。

图解组织者指的是展示各种关系的表格或图形，包括语义地图、论述地图、故事地图、故事图式以及图形（空间）隐喻（被认为可以促进学习和记忆文本）。它可以用来表征文章的上位和下位观点。在教学生使用外在手段来表征文本中各意义之间的关系时，教师可以让学生通过绘制观念图形来组织他们的观念，正因为如此，这种策略被称为"图解组织者"。为了帮助读者建构文本意义和组织文本提供的观点，制作和使用图解组织者能使读者将注意力集中到概念以及这些概念与其他概念之间的关系上。它们特别适合论述类文章的阅读，当然也可以用在叙述类文章的阅读中，这时，我们称其为故事地图。图解组织者的用途：①帮助学生注意文章结构；②提供研读文章的辅助手段，视觉表征文章内容之间的关系；③辅助写作文章小结。

（4）问题产生策略。

策略教学的最终目的是使学生成为一个能使用策略来提高阅读水平的独立、主动的读者。可以帮助实现这个目标的一项重要的策略，即问题产生策略。运用这项策略时，读者不断地提出有关阅读的问题。没有经过训练的读者，不大可能向自己提问，也不大可能自发地运用问题来作推测。基于问题产生的假设策略是：①读者通过质疑学会与文本产生联系，由此构建更好的记忆表征。②什么时间、什么地点等诸如此类的问题，可以帮助人们整合信息、识别主要观点、总结信息。提出恰当的问题可以使好的读者将注意力集中在文本的重要信息上，由此提高阅读理解水平和记忆效果，并获得对文本更加深刻的理解。③问题产生策略还可以帮助读者形成有关文本是否理解了的自我意识。提出好的问题能帮助读者注意理解过程中出现的问题，从而采取行动解决这些问题。当教师在场的时候，学生提出的问题可以表明理解的成败，这样可以促使教师或学生本人采取补救措施来挽回理解失败。教学步骤如下：教师要求学生在阅读过程中提出问题，所提出的问题应该能够整合文章不同部分的信息；教师要求学生对他们提出的问题就诸如是否涵盖了重要材料、是否具有综合性、是否基于文章提出等方面作出评价；教师对问题的质量提供反馈，或者帮助学生回答产生的问题。

（5）推论策略。

这项策略要求读者对文章提供的信息作出推论。作者并不总是对某个话题、背景、人物、事件提供详细描述，或提供明确信息，然而他们通常会为此提供一些线索，读者利用这些线索，通过运用推论策略将文本信息与读者的背景知识结合起来，领会字里行间的言外之意。研究表明，当读者学会如何使用推论策略后，他们建构文本意义的能力会有显著提高。

（6）预测策略。

这项策略指的是读者通过有根据的预测来获取文本信息的能力。熟练的读者能够运用预测策略将现有知识与从文本中获取的新的信息联系起来，从文本中提取意义。阅读前，读者通过对作者的了解来预测文本大致会写些什么内容。文章的标题也可以触发读者记忆中与文本相似的内容，从而展开对新文本内容的预测。

阅读中，熟练的读者可能会预测接下来会发生什么，或者预测作者会提出什么论据来论证他的论点。读者会不时地对自己的预测进行评价，修改未被阅读证实的预测。

（7）识别重要信息的策略。

使用这项策略要求读者对文本中哪些是重要信息作出判断。大多数文章所包含的信息比读者注意到的信息要多得多。因此，识别重要信息是一项重要的并经常用到的策略。有时，课文中有重要信息的直接线索——概述、标题、小结等，然而在很多情况下，文章不包括明显的重要信息的线索，这时候就得要求读者利用已有知识去推断什么信息是重要的。

（8）理解监控策略。

阅读行为中的理解监控指的是对自己获取意义的成败状况的注意。一个相关的概念是元认知意识，即通过监控自己的理解过程了解怎样做才能使阅读变得有意义。运用理解监控策略的读者可以向自我提出以下问题：我理解了作者的意思了吗？我不理解文本该怎么办？怎样做才能更好地理解作者意思？做些什么能帮助我更好地记忆文本信息呢？对阅读来说，理解监控就是"思考自己的思维过程"，一种读者对自己正在进行的理解过程的自我意识。这项策略包括自我倾听和听取别人意见以及思维理解监控。理解监控策略训练目标在于使学生形成对阅读理解的自我意识，并学会解决阅读中出现的问题的方法。方法可能包括：列出困难所在，复述所读内容，回顾所读文章，在文章中寻找有助于解决问题的信息等。

（二）语文学法指导的要求和过程

1. 语文学法指导的要求

（1）了解学生学情。了解学生学习方法的情况是搞好学法指导的重要前提，否则学法指导就是盲目的，随意的。因此，要了解学生的学习方法情况，做到有的放矢，对症下药，提高学法指导的效率。

（2）制订计划，做好准备。在了解学情的基础上，制订计划就是根据学情，选择学法指导的途径、方法、时机，明确指导的目标和方法，不打无准备之仗，把学法指导做到有计划性、有目的性、有科学性。

（3）实施指导。

以上三个环节相辅相成，在实施过程中验证学情掌握的准确程度以及计划的可操作性，反之，如果学情掌握得准确，计划制定得科学，那么实施就顺利，效率就高。如刚入学的小学一年级的学生和初中一年级学生，对他们的认知水平、思想品质、家庭环境、个人爱好等问题，先逐一了解，同时指导他们了解小学生、初中生的特点，对他们进行树立正确的学习动机，培养良好的学习习惯和学习态度的教育。教师问清情况后，根据具体情况，制订相应计划，实施不同教育。

2. 学习方法指导的过程

（1）趣味引入。通过对话或有趣事例引入，也可先让学生自发地完成某项学习任务，待其产生困惑或无力解决时，再呈现新方法。总之，以不同的方式、多样化的手法激发学生学习方法的欲望与动机，使学生处于一种渴求知道的积极情感状态。这样，教师的外在指导才能有效地转化为自己的内在需要。

（2）方法剖析。此阶段教师应深入浅出地说明方法的实质（根据不同年龄对象，采用不同方法。一般来说，年龄小的宜采用归纳法；年龄大的，宜运用演绎法），详细揭示方法的运用过程，选择较多的恰当事例说明其应用的多种可能性。选择的实例应利于学生接受，特别是学科学习方法的阐述离不开具体的知识。因此，阐述方法的知识点应在学生已有的知识背景中选择，应符合学生的接受能力，否则，由于其知识的陌生或难度过高，就会影响其对方法本身的理解。此外，通过实例说明方法运用的过程，要尽可能地详尽展示内隐的思维过程，步骤要具体，学生充分体会到方法运用的过程与有效性，使学生处于跃跃欲试、欲罢不能的状态。如果能做到这一点，教师的方法剖析就成功了。

（3）方法运用。让学习者了解自己所学习的方法，必须提供练习这些方法的机会，深刻体验到自己运用方法的过程，这才可能真正学会这些方法。在方法的运用阶段，教师应设计或精选能运用该方法的典型个案，呈现的材料应尽可能丰富化、多样化，从不同角度让学生进行尝试。通过本阶段的练习，学生能切实掌握并运用于日常的学习中。

（4）方法反思。方法反思是方法教学必不可少的阶段。包括方法运用过程的回顾、方法运用的关键地方、方法运用的有效性评价（激发运用方法的积极情感体验）、方法的迁移（即还可运用的类似地方）。

【复习与思考】

1. 简介三大学习理论。
2. 谈谈语文学习的常用策略。
3. 语文学法指导的要求和过程是怎样的？

第五节　识字与写字教学

本节内容上突出了语文教育的实践性与民族性特点，汉语拼音教学强化了趣味性和情境性。识字写字教学的策略，主要突出"拼读音节"这个重点和语文教育实践性特点，并且强调发挥评价的积极作用。具体方法主要介绍汉语拼音教学方法和识字写字教学方法。汉语拼音教学方法重点阐述"借助情境图、语境歌学习拼音"，"通过活动游戏练习拼读音节、认读汉字"，"通过各种途径巩固练习汉语拼音"等；识字写字教学方法，主要介绍"追源溯流识字法"、"寓教于乐识字法"、"别出心裁识字法"等。

一、识字与写字教学的目标

（一）识字与写字教学的总体目标

"学会汉语拼音。能说普通话。认识3500个左右常用汉字。能正确工整地书写汉字，并具有一定的速度。"这是《语文课程标准》对识字写字提出的目标。这里我们要明白的是，识字写字不是目的，它们是为读写服务的。由于考虑到大量识字能使学生早日进入阅读领域，课程标准明确要求"多认少写"。

（二）识字与写字各学段的教学目标①

第一学段（1~2年级）识字与写字目标
（1）喜欢学习汉字，有主动识字、写字的愿望。
（2）认识常用汉字1600个左右，其中800个左右会写。
（3）掌握汉字的基本笔画和常用的偏旁部首，能按笔顺规则用硬笔写字，注意间架结构。初步感受汉字的形体美。
（4）努力养成良好的写字习惯，写字姿势正确，书写规范、端正、整洁。
（5）学会汉语拼音。能读准声母、韵母、声调和整体认读音节。能准确地拼读音节，正确书写声母、韵母和音节。认识大写字母，熟记《汉语拼音字母表》。

---

① 《义务教育语文课程标准》

（6）学习独立识字。能借助汉语拼音认读汉字，学会用音序检字法和部首检字法查字典。

第二学段（3～4年级）识字与写字目标

（1）对学习汉字有浓厚的兴趣，养成主动识字的习惯。

（2）累计认识常用汉字2500个左右，其中1600个左右会写。

（3）有初步的独立识字能力。会运用音序检字法和部首检字法查字典、词典。

（4）能使用硬笔熟练地书写正楷字，做到规范、端正、整洁。用毛笔临摹正楷字帖。

（5）写字姿势正确，有良好的书写习惯。

第三学段（5～6年级）识字与写字目标

（1）有较强的独立识字能力。累计认识常用汉字3000个左右，其中2500个左右会写。

（2）硬笔书写楷书，行款整齐，力求美观，有一定的速度。

（3）能用毛笔书写楷书，在书写中体会汉字的优美。

（4）写字姿势正确，有良好的书写习惯。

第四学段（7～9年级）识字与写字目标

（1）能熟练地使用字典、词典独立识字，会用多种检字方法。累计认识常用汉字3500个左右。

（2）在使用硬笔熟练地书写正楷字的基础上，学写规范、通行的行楷字，提高书写的速度。

（3）临摹名家书法，体会书法的审美价值。

（4）写字姿势正确，有良好的书写习惯。

（三）识字写字教学目标的特点

1. 学段目标编排的特点

（1）目标内容比较全面。

就横向而言，每个学段都从"情感态度和价值观"、"过程和方法"、"知识和能力"三个维度来确立"识字与写字"的教学目标。例如第一学段共6项目标中，第1项"喜欢学习汉字，有主动识字的愿望"和第3项"初步感受汉字的形体美"目标，侧重于"情感态度"方面；第2、5项侧重于"知识和能力"方面；第4、6项则侧重于"过程和方法"方面。

（2）目标体现了循序渐进的原则。

就纵向而言，四个学段的"识字与写字"目标，彼此相互联系，做到阶段性和连续性的统一，体现了循序渐进的教学原则。特别是第三学段（5～6年级）与第四学段（7～9年级）之间做到自然衔接，克服了长期存在的小学和初中脱节的问题，使九年的学习目标彼此衔接、浑然一体。

（3）目标要求弹性化处理。

课程标准在各个学段提出的"识字与写字"的教学目标，是应当达到的基本要求。教师在实施过程中，要因地制宜、因人而异，做到下要保底、上不封顶，使广大学生都能达标，使学有余力的学生学得更好、更快。

2. 具体教学目标的特点

（1）准确定位汉语拼音学习目标，适当降低汉语拼音教学要求。

过去小学语文教学大纲规定：汉语拼音具有帮助识字、阅读、学习普通话三项功能。

这种规定难度偏大，负担过重。《义务教育语文课程标准》对汉语拼音的要求是：能读准声母、韵母、声调和整体认读音节；能准确地拼读音节，正确书写声母、韵母和音节。现在只把汉语拼音作为认读汉字字音和学习普通话的工具，起一个辅助作用。

（2）"识""写"要求分开，提出"认识"和"学会"两种目标。

考虑低年级学生的身心特点，设定"识字写字"目标的一个重要指导思想是多识字、少写字，实行"识写分开"，提出"认识"和"学会"两种要求。要求认识的字，只要认识就行，不抄写、不默写、不考试；要求学会的字，从以往强调的"四会"（会读、会写、会讲、会用），调整为会读、会写；了解字词在语言环境中的意思，逐步过渡到能在口头上和书面表达中运用。另外，减少写字的知识性要求，更重视写字的学习过程，也相对减轻了低年级学生的学习负担。

（3）引导学生掌握基本的书写技能，养成良好的书写习惯，体会汉字的优美。

《义务教育语文课程标准》在写字方面，各个学段都有明确的要求。写字既是一项重要的语文基本技能，又是一个人语文素养的体现，教学中要根据各个阶段目标的具体要求，加强引导和训练，让每一个学生把字写得既规范又美观。

（4）给学生打下扎实的可持续发展的识字基础。

《义务教育语文课程标准》不仅把识字作为第一学段（1～2 年级）的一个教学重点，而且明确提出识字的"质"和"量"的要求。在"量"方面，两年要求认识 1600 个常用汉字，其中 800 个左右会写；在"质"方面，提出"能借助于汉语拼音认读汉字"，"掌握字的基本笔画和常用的偏旁部首"，"能用音序和部首检字法查字典"。这就为一、二年级的小学生打下了比较扎实的识字基础。

二、识字与写字教学的策略与方法

（一）识字与写字教学的策略

1. 突出"拼读音节"重点

（1）注重拼读音节的训练，避免繁琐的知识灌输。把握汉语拼音教学目标，重在"能读准声母、韵母、声调和整体认读音节；能准确拼读音节，正确书写声母、韵母和音节"。

（2）以活动和游戏为主，使儿童在兴趣盎然中学习拼音。教学中要采取多种多样的儿童喜闻乐见的形式，复习巩固汉语拼音。

（3）要把巩固汉语拼音与学说普通话、与识字相结合，充分发挥汉语拼音帮助识字、学习普通话的作用。

2. 突出语文教育实践性特点

（1）识字教学提倡情境性和生活化。

正确把握语文教育的"人文性"、"实践性"、"民族性"特点，是语文课程的基本理念之一。在情境中识字，在生活中识字，利用儿童已有的经验，用自己喜欢的方式识字，正体现了这一理念的要求。

识字教学要将儿童熟识的语言因素作为主要材料，同时充分利用儿童的生活经验，注重教给识字方法，运用多种直观的教学手段，创设丰富多彩的教学情境，让儿童在各种别有生趣的游戏和活动中轻松学习，培养识字兴趣。

（2）多层面多渠道地开展识字教学。

要将识字教学与复习汉语拼音、阅读、写话结合起来，使儿童通过多种途径、多种渠道学习和巩固汉字；要引导学生将识字练习从课内延伸到课外，将书本学习与语文综合实践活动紧密结合起来。①借助于汉语拼音识字；②在阅读各类读物中识字；③在日常生活中渗透性地识字；④根据汉字造字规律，通过偏旁、部首和笔画识字；⑤通过归纳、比较和辨析同音字、近义字和形近字来识字，用音序和部首查字法查字典、词典识字；⑥借助于传统蒙学教材"三"、"百"、"千"、"千"（《三字经》、《百家姓》、《千字文》、《千家诗》）等识字；⑦在键盘上借助汉字输入法识字；等等。

3. 发挥评价的积极作用

注意形成性评价，要突出评价的激励、反馈功能。因此，设计识字、写字练习应该有适当的难易程度区别，通过分组照顾到所有儿童的实际能力，使各个能力水平的儿童都能在活动中取得进步，感受到成功的快乐，从而增强自信心和学习的兴趣。

《义务教育语文课程标准》中提出了"识字与写字"的评价建议。汉语拼音学习的评价，重在考查学生认读和拼读的能力，以及借助汉语拼音认读汉字、讲普通话、纠正地方音的情况。

识字的评价，要考查学生认清字形、读准字音、掌握汉字基本意义的情况，以及在具体语言环境中运用汉字的能力，借助字典、词典等工具书查检字词的能力。第一、第二学段应多关注学生主动识字的兴趣，第三、第四学段要重视考查学生独立识字的能力。

写字的评价，要考查学生对于要求"会写"的字的掌握情况，重视书写的正确、端正、整洁，在此基础上，逐步要求书写流利。第一学段要关注学生写好基本笔画、基本结构和基本字，第二、第三学段还要关注学生的毛笔书写，第四学段还要关注学生基本行楷字的书写和对名家书法作品的临摹。义务教育的各个学段的写字评价都要关注学生写字的姿势与习惯，引导学生提高书写质量。第三学段要求学生会写 2500 个字。对学生写字学习情况的评价，当以本标准附录 5 "义务教育语文课程常用字表·字表一"为依据。

评价要有利于激发学生识字、写字的兴趣，帮助学生养成写规范字的习惯，减少错别字。

（二）识字与写字教学的方法

1. 汉语拼音教学方法

（1）借助情境图、语境歌学习拼音。

可以采用游艺会的形式，将参与的学生分为"故事大王"、"超级儿歌"和"快乐字母" 3 个小组，由老师或学生代表担当"主持人"。运用这类方法要注意防止上成"看图说话"课，只强调了"情境图"、"语境歌"的观察及思维和表达功能，而忽略了汉语拼音的根本目的，造成本末倒置。要始终把声母、韵母和拼读练习作为重点。

（2）通过活动、游戏练习拼读音节、认读汉字。

①"碰碰车"式。让参与的学生组成红、蓝两个代表队，红队"驾驶"（戴头饰）b、p、m、f 发号"碰碰车"，蓝队以同样方式"驾驶" a、o 号"碰碰车"。按照拼音规则让两个代表队队员依次碰撞，并指导拼读。

②"花丛采蜜"式。把参与的学生编成红、黄、蓝、绿代表队，分别扮演"拼音蜜蜂" in、ing、en、eng，另外的学生再组成代表队，分别扮演"汉字花朵"今、争、晶、伸等。由教师或学生扮演管理者"蜂王"。"拼音蜜蜂"的主要活动是"采蜜"，即去寻找韵母与其一致的"汉字花朵"。"蜂王"根据情况评判"采蜜"又快又好的小组。

（3）"钥匙开锁"式。教师出示"huǒbàn"、"dàshān"等"拼音锁"卡片，请红、黄、蓝、绿各队快速寻找手里的"汉字钥匙"卡片，并贴在相应的锁下面。开锁又多又快的为优胜队。

（3）通过各种途径巩固练习汉语拼音。

①做名片。学生在纸片上用拼音拼写自己的姓名并设计图案，制成名片。然后同学间交换，练习拼读。

②布置"拼音世界"。各小组设计主题为"拼音世界"的教室环境布置方案，如粘贴拼音迷宫图、字母表、拼音口诀表、带有音节的课程表、带有拼音的全班同学名单或座位表等，将设计方案写在纸上，在全班交流。

③睁大慧眼去发现。广泛搜集广告、商标、包装纸等上面的拼音内容，精心制成"拼音八宝袋"，自己练习拼读，并互相交流欣赏。

2. 识字教学方法

（1）追源溯流识字法。

追源溯流就是利用汉字造字规律进行识字教学的方法。从汉字造字方法入手开展识字教学，可以帮助儿童认识汉字特点和造字规律，从而完成由学习一个字到几个字，再到一类字的点、面过渡。汉字作为表意文字，其最大的特点就是形、音、义三者紧密结合。因此，在识字教学中引入一些象形字、指事字、会意字、形声字的有关知识，使儿童掌握汉字的造字规律，不仅可以提高识字效率，扩大识字量，避免误读误写，收到举一反三、触类旁通的效果，而且有利于激发儿童识字的兴趣。

①字音识字教学方法。主要方法有：借助拼音法；利用声旁法；以熟带生法；比较认读法，如"根"与"耕"比较，"思"与"湿"比较；歌诀正音法，如竖"衷"、横"衰"、口内空空是个"哀"，点"戌"、横"戍"、"戊"中空，张口"己"、半口"已"、抿口"巳"。

②字形识字教学法。主要方法有：分析笔画法，多用于独体字；分析偏旁法，多用于合体字；分析结构法，如上下结构、左右结构、内外结构；利用归类法，包括同义归类、形声归类、会意归类、象形归类、量词归类等；演示识字法，如"掰"，将手心相对的两只手分开；猜谜识字法，如"有手有脚，贼难逃走"（捉），"有心记不住，有眼看不见"（忘、瞎）。

③字义识字教学法。主要方法有：造字分析法，即利用会意、指事、象形、形声等造字法记忆字义。如"休"，人倚在树旁休息；"囚"，人被关在屋子里没有自由。直观演示法，如用具体的颜色讲：赤、橙、黄、绿、青、蓝、紫的字义。分析比较法，利用近义词、同义词、多义词来理解字义，如大小、好坏、黑白、善恶、多少等。引申比喻法，先讲本义，再讲引申义或比喻义。如，水井很"深"（水不浅，本义）；"深"夜（时间久，引申义）。

（2）寓教于乐识字法。

就是运用游戏、活动等儿童喜闻乐见的形式进行识字教学。这是一种常用的识字教学辅助手段，它能起到消除儿童倦意、活跃课堂气氛、巩固识字效果等作用。

①寻找朋友。将几个合体字拆开并分写在两种颜色的卡片上，让一部分成员拿着偏旁，另一部分成员拿着独体字；然后两部分成员根据自己手持的偏旁或独体字，快速"找朋友"，拼合成合体字。

②抛发彩球。由小组一个成员将彩球抛给组内任意成员，同时一个形容词，如"深"，要求接到彩球的成员迅速说出反义词，如"浅"；紧接着接到彩球的同学将彩球抛给另一个组内成员，同时再说出一个形容词，要求对方迅速说出反义词。

③击鼓传花。准备好写有读拼音、认汉字、组词和造句的纸签、鼓、红花，并选出一

位击鼓手；参与者围成圆圈传递红花，鼓止花停；持花者则到存放纸签处抽取纸签，并按签上的要求作出回答。

④词语接龙。将男女学生组成"龙"、"凤"两个擂台队，通过抽签决定由哪一队先说出成语，让对方队友接下去。事先要明确"接龙"规则：一方说出一个成语或词语，另一方要以对方词语的末尾一个字，或该字的同音字为开头，再说一个词语让对方再接着说。例如："不三不四—四大发明—明目张胆—胆战心惊—惊魂未定"等。

（3）别出心裁识字法。

①轻轻松松记生字。谜语记忆法，根据字的形与义编成谜语。如"左边有月却不明，右上有木未成林，一人正在木下走，碰得露水对脚淋"（膝）。比较记忆法，根据字的结构相近、字音相同或相似，通过比较找出它们的不同之处，让学生便于区别。如："有脚就要'跑'，有手就会'抱'，有衣就穿'袍'，有火就开'炮'。"歌谣记忆法，将一些意象鲜明的字作简单分解，然后编成顺口易记的歌谣，有利于学生记忆和理解字义，如："火一盖是灭，人倚木是休，人跟人是从，屋关人是囚。"

②巧思善解记难字。如"好高骛远"的"骛"与"趋之若鹜"的"鹜"字不容易记住，但是根据其字形。"骛"编成顺口溜"文将军，手持长矛，骑马飞跑"。"鹜"则是"文将军，手持长矛，射下了鸟"。这样，则有利于学生正确书写和理解该字。

③生动归纳同类字。例如用拟人手法，编写"心"字的自述：古时候人们把"心"写得非常像心脏的形状，所以我是象形字。那时候人们总是以为心脏是思维的器官，所以给了我一个引申义——"情感、思想"。因此，许多与思想有关的词语都叫我参加，如"心意"、"心事"、"心潮"、"心灵"等。又因为心脏位于人体当中，人们又给了我另一个引申义——"中央"。如"圆心"、"轴心"、"核心"中的"心"就是"中央"的意思。尽管我是一个独立的字，但在大多数情况下，我却成了别的字的偏旁，许多与思想感情有关的形声字，都请我去做形旁，如"恋"、"怨"、"愁"、"悲"等。另外，在做偏旁时我还会"变脸"呢。当我立在字的左边时，就变成"忄"，人们把这时的我叫"竖心"，如"悦"、"恼"、"恨"、"怕"等。当我在"恭"、"慕"中时，我就变成了"小"字右边多"一点"。

（4）"消毒"纠正广告字。

商品广告设计者常常故意改变些约定俗成的固定词语中的用字，以达到别具一格、引人注意的目的。这些广告词设计对中小学生的识字往往构成负面影响，是社会用字不规范的一种现象。因此，给这些广告词"消毒"，是引导学生从课内走向课外，在实践中学习汉字的很好手段。例如以下广告词都值得"消毒"：①药物类：某口腔药——快治人口（脍炙人口）；某止咳药——咳不容缓（刻不容缓）。②家用电器类：某洗衣机——闲妻良母（贤妻良母）；某热水器——随心所浴（随心所欲）；某电脑——码到成功（马到成功）。③某燃气灶广告：烧胜一筹（稍胜一筹）。④某蚊香广告：默默无蚊（默默无闻）。⑤某摩托车广告：骑乐无穷（其乐无穷）。⑥某磁化杯广告：有杯无患（有备无患）。⑦某保健品广告：鳖来无恙（别来无恙）。⑧某服装广告：百衣百顺（百依百顺）。⑨某明目器广告：一明惊人（一鸣惊人）。⑩某品牌酒广告：喝酒必汾，汾酒必喝（合久必分，分久必合）等。

3. 写字教学方法

（1）讲授法。

讲授法是教师用语言来讲解写字知识、书写要领的方法。讲授时应突出重点，解除疑难。语言要准确精练，通俗明白，有吸引力，富有启发性。

（2）观察法。

观察法是教师有目的、有计划地引导学生用直接知觉去观察汉字的造型特点的方法。指导观察时要注意：一要有目的，有具体的观察要求；二要有顺序；三要动脑。有了准确的观察，写出来的字就容易符合要求。

（3）示范法。

教写字只靠讲不行，必须书写示范。教师示范时应注意动作缓慢，可边示范边讲解，帮助学生看准字的形态和结构，看清书写的过程，进而理解运笔造型的道理。引导他们眼看、耳听、心想、手动，加深体验。

（4）比较法。

运用比较方法，可以帮助学生掌握字的特点：写字教学中有正确与错误、美观与丑陋、主要与次要的对比。比较的形式也有新旧知识之间的比较、示范的比较、正误的比较、练习情况的自我比较等。比较时，学生可在老师的指导下进行，也可独立运用比较的方法认清字形，分析字的特点，有效地进行书写练习。

（5）实践法。

学生写字，不是要口头懂得多少写字知识和书写规则，而是要在实践中体验和掌握书写技法，形成书写能力，这个实践就是练习书写：练习书写不是动作的机械重复，要与观察、思考、记忆结合。要依据学生的年龄特点、心理特点和书写实际，合理安排时间和难度，同时还要注意激发学生的积极主动性，采取有效的方法激发学生学习的兴趣，使练好字成为学生的一种内心需要。

（6）熏陶法。

熏陶法是学生在学习书法的过程中，运用多种教学手段，对学生进行熏陶感染，逐步培养学生审美趣味，引起审美心理的逐步变化。运用熏陶法，要营造良好的学习环境，使学生受到环境的感染。例如，布置浓厚学习氛围的书法教室；学生练习时播放恬静优美的乐曲；引进文学艺术书法作品，增添书法欣赏的文化品位和趣味性；讲述书法家学习书法的故事，介绍其绘画作品，引起学生对书法家的崇敬；经常观察碑帖、字帖，让学生体悟中国书法艺术美。

（7）多媒体辅助法。

运用多媒体课件辅助教学，直观形象，富有动感，能激发学生的兴趣，更好地掌握写字方法与技巧，有效地提高教学效率。例如，运用多媒体创设写字教学情境，能激发起学生写字兴趣；运用多媒体演示汉字的笔画或书写过程，能促使学生尽快地掌握汉字的笔画书写要点和笔顺书写规则；运用多媒体突出关键笔画，可以引导学生尽快掌握书写规律，根据汉字的特点将字写得规范美观；运用多媒体展示名家书法作品或学生中的优秀作品，引导学生欣赏、品评，展示自己的习作并学会评价，从而不断地提高审美能力。

以上是写字基本的教学方法，每种方法都不能孤立地使用，应考虑学生的实际情况，因人而异，不同的教学内容综合运用多种方法。

"识字与写字"，在《义务教育语文课程标准》中位于语文教学五大板块之首，体现了它的基础地位。"识字与写字"目标的全面性，使学生在九年义务教育阶段，不仅能认识3500个左右的常用汉字、会写其中的3000个字，而且培养了学生热爱祖国语言文字的感情，培养了主动识字的愿望和主动识字的习惯，使学生具有较强的独立识字的能力。这不仅对于学生学好语文、提高语文素养很有帮助，而且对于学生的终身发展，都是一笔宝贵的财富。

【复习与思考】

1. 识字与写字教学在九年义务教育阶段有何重要意义？
2. 进行识字与写字教学要遵循哪些策略？
3. 请设计几种拼音和识字教学的活动或游戏。
4. 请设计一节拼音教学和一节识字教学方案。

【案例研究】一

《识字4》教学设计

一、教材分析

本文是人教版小学一年级《语文》下册的课文。

《识字4》是一首充满童趣的儿歌，写小动物在夏天活动的情形，告诉学生各种不同的小动物，它们活动特点也不一样。让学生通过正确、流利地朗读这首儿歌，学会识字、写字。

二、学情分析

学生只是六七岁的孩子，具备一般的辨别能力，能从中感受小动物在夏天活动的情形，了解小动物们活动特点的不一样。

三、设计理念

课程标准指出"充分利用儿童的生活经验，注重教给识字方法，力求识用结合。运用多种形象直观的教学手段，创设丰富多彩的教学情境"。本课采用个性化教学，以学生原有的知识经验为基础展开教学，通过创设情境，激发学生的识字兴趣，引导学生"自主、合作、探究式"的学习识字。该设计本着充分尊重学生独特的感受、体验和理解，本着以学生独立识字取代教师分析为宗旨，以学生自己的感受体验取代整齐划一的理解指导。整个过程为张扬学生个性、激发学生灵性服务。

四、教学目标

(1) 认识"蜻"、"蜓"等14个生字；学会写"蚂"、"蚁"等6个生字。

(2) 能正确流利地朗读这首儿歌，并能背诵。学会用"前"、"房"、"空"等几个字进行组词。试着仿编儿歌。

(3) 了解夏天各种动物的生活习性，激发学生热爱大自然、热爱生活的情趣。

五、教学重点、难点

教学重点：认写生字、朗读和背诵这首儿歌。激发学生热爱大自然、热爱生活的热情。

教学难点：生字的书写和组词。

六、教学方法

（1）情境创设。
（2）找朋友游戏。
（3）观察、模仿法。
（4）榜样示范。

七、课前准备：生字卡片、动物图片和几块划有田字格的小黑板等

八、教学时间：两课时

九、教学过程

第一课时

课时目标：

1. 认识"蜻"、"蜓"等14个生字，读准字音。
2. 熟读儿歌，了解各种动物的特点。
3. 感受儿歌的韵律美，培养对语文学习的兴趣。

教学过程：

（一）谈话导入

1. 导入。

师：同学们，你们知道一年当中哪个季节最炎热吗？

生：夏天。

师：我们刚刚走过夏天，谁能说说在夏天里你看见过哪些小动物？

学生自由回答。（略）

2. 揭题。

师：今天我们要学习的《识字4》，它向我们介绍了好多小动物，以及这些小动物在不同季节里是怎样生活的。我们一起来看看吧。

演示课件：课文中所提及的各种动物图片及动物名字的画面。

（二）双向互动，趣味识字

1. 开火车识字。

师：同学们，你们认识这些小动物吗？请选择你喜欢的小动物，大声地说出它们的名字。

学生开火车读出小动物的名字，要求读准字音。

师：小动物们听到小朋友热情的呼喊，都跑出来了。

在黑板上贴出动物图片。

2. 做游戏识字。

师：同学们，现在你还认识它们吗？下面我们来做一个小游戏，看看谁真正认识了这些小动物朋友。老师请出一个小动物（即拿起一张动物图片），请你们马上找到写有这个小动物名字的卡片，比比谁找得又快又好。

3. 辨识偏旁识字。

演示所有小动物的名字。

师：同学们，仔细看看这些名字，你发现这些字有什么相同的地方？

生：都有"虫"字旁。

师：对，它们都和"虫"有关，像这样一边有形旁，一边有声旁的字，叫形声字。

（三）学习儿歌再识字

1. 质疑问难。

用动画展示小动物们的活动。

师：夏天，小动物们在干什么？谁能用自己的话说一说。

学生用自己的话述说。（略）

2. 读儿歌再识字。

师：大家说得真不错。我们读一读这首儿歌，请小朋友们打开书读一读。

（1）自由读儿歌，读准字音。

（2）指名读儿歌，纠正字音。

（3）学生再读课文，画出表示动物名称的词和生字再读三遍。

3. 解难识字。

师：读了这首儿歌，你觉得还有不认识的字或不明白的问题吗？请提出来，大家一起帮助你。

学生提疑，在教师引导下其他学生互相解答。（略）

（四）感情朗读，激发兴趣，巩固识字

师：同学们，看到这么多可爱的小动物，你的心情是怎样的？你觉得应该怎样来读这首儿歌？请用你觉得最好的方法把儿歌读一读，然后说说你最喜欢哪一句。你觉得这一句应该怎样读？

学生再读儿歌。（略）

师：我们来一个儿歌朗读擂台赛，比比谁读得最棒。

学生又再读儿歌。（略）

评选小擂主。（略）

（五）课堂小结

同学们，小动物一直是我们的好朋友。今天我们认识了6种小动物，在大自然中的小动物还有很多很多。你还知道哪些小动物？你能编成一首儿歌来把它们介绍给大家吗？回家试试看吧，老师相信你们能行！

同学们，回家后把你喜欢的小动物做个头饰带来。

第二课时

课时目标：

1. 复习巩固生字，学会写"蚂"、"蚁"等6个生字。并学会用"前"、"房"、"空"等几个字组词。

2. 精读儿歌，背诵儿歌，试着仿编儿歌，从而提高学生识字和写字的兴趣。

3. 了解夏天各种动物的生活习性，激发学生热爱大自然、热爱生活的情趣。

教学过程:

(一) 复习生字

师:同学们,上节课我们认识了许多小动物和它们的名字,小动物们想回家了,你能帮它们找到自己的家吗?

课件展示一些小房子,小房子上写上拼音。另外一些卡片上写着动物的名字,打乱顺序,请学生将字与音对应起来。

(二) 表演式读儿歌,巩固识字

1. 学生戴上自己喜爱的头饰。

师:上节课,老师请小朋友回家做一个自己最喜欢的小动物的头饰,现在,请把它戴起来吧。

2. 表演式的朗读儿歌。

师:每种动物请一个同学上台来表演式的朗读,边读边自由发挥做一些与动物相配的动作。

师:刚才这些同学表演得都不错,下面大家都来学着边读边表演。

学生各自学着边读边表演。

3. 分组表演。

分六个小组(每个小组代表一种动物)边读边表演。

(三) 趣味学写字

师:小动物们,你们会唱儿歌,会写字吗?老师只知道小学生会写字,但不知道小动物们会不会写字?

1. 教师示范指导写字。

注意:教师一定要选好示范字,在米字格或田字格里写,边写边讲解写字的要领。

2. 学生在下面练习写。

师:刚才教师教了你们写字,现在你们再写一遍。

3. 学生表演写字。

师:谁愿意露一手给我们看吗?

请三个学生上台在米字格或田字格里书写。

同学和教师对书写的字进行评论。

4. 擂台写字。

师:同学们,下面进行擂台写字,看哪些小朋友能在写字擂台中获胜呢?让我们一起比拼。

出示生字:蚂蚁。

师:谁来说说这两个字有什么特点?书写时要注意什么?

学生回答,教师认定。

师:现在请五个同学上台来比一比,看谁写得又快又好。

写完后师生共同评议,评出两个最好的给予表扬,其他同学也给予肯定态度。

(四) 用生字组词

师:小动物们都写得很好,你们会组词吗?请用"前"、"房"、"空"这几个字组词。

学生先组词,师生共同给予认定。

（五）背诵课文

教师指导背诵课文的要领。同时要求边背诵边表演动物的样子。

1. 集体背诵课文。

2. 分小组背诵课文。

3. 个别背诵课文。

教师对背诵课文的情况不论如何，都要给予表扬，以此来肯定学生的学习成果。

（六）拓展

师：上节课老师让小朋友回家学着编一首其他动物的儿歌，你们编得怎么样？

请几个学生读一读自己编的儿歌，不论质量如何都给予肯定态度和表扬。

师：同学们，通这篇课文的学习，我们都会自己编儿歌了，还编得不错，又认识了这么多可爱的小动物。我们要热爱大自然，保护这些小动物，增加我们的生活的情趣。回去后把自己编的动物儿歌再修改一下，读给你们的家人听，好吗？愿意给我看的，还可以在修改后给我看。今天就上到这里，下课。

【案例研究】二

识字教学案例①

1. 准备

准备"红苹果"、"黄香蕉"、"紫葡萄"、"绿橄榄"、"水蜜桃"5个头饰，再准备5张卡片，1到5号卡片上分别写上要求完成的内容。1号：给提供的汉字注音；2号：根据提供的字各组一个词；3号：根据提供的拼音写出汉字；4号：按卡片上的要求各填一个形声字；5号：用提供的词各造一个句子。

2. 分组

教师根据实际需要和水平，把参与学生分成"红苹果"、"黄香蕉"、"紫葡萄"、"绿橄榄"、"水蜜桃"5个小组，每组选出一位组长，组长戴上本组头饰作为该组的标志。

3. 活动

①教师把1到5号材料分别配给"红苹果"、"黄香蕉"、"紫葡萄"、"绿橄榄"、"水蜜桃"组，但由各组长到讲台上来"自取"材料。②由各组长把卡片分发给本组成员，让他们快速完成。③通过抽签决定先后，依次展示小组完成的情况，由师生共同作出评价。

思考：

1. 卡片1～5的内容在难度上有什么不同？

2. 为什么给不同小组分发不同的材料？教师为何不亲自把练习材料发给每个小组，而要让学生"自取"？

3. 你觉得这个识字活动的设计主要体现了什么教学理念？

注：供参考。

---

① 靳健主编：《小学语文参与式教师培训教程》，首都师范大学出版社，2003年版，第59页。

第六节 阅读教学

本节前部分主要阐述微观视野中阅读的本质含义，指出现代阅读理念的精神实质；概括阅读的基本原则和一般规律，论述阅读的基本能力，并且从四个角度揭示阅读教学的重要性，从五个方面阐述阅读教学的主要职能。根据义务教育阶段语文教学，阐述阅读教学的基本内容，探究阅读教学的一些方法。最后从文学作品教学、实用文教学、文言文教学三个方面，对各种文体教学的意义、方法和策略予以全面阐述。

一、阅读教学概述

（一）阅读的本质

阅读的本质含义可从宏观视野和微观视野去解读。宏观视野中的阅读本质，包括阅读的哲学解释学意义、阅读的心理学意义、阅读的语言学意义、阅读的教育学意义、阅读的社会学意义、阅读的历史学意义等。这里主要阐述微观视野中阅读的本质含义。

1. 阅读是物质活动和精神活动的统一

阅读是一种物质活动过程。首先，读物是由物质材料构成的；其次，读者自身也是一个物质的存在；再次，阅读环境也离不开光线等物质条件。阅读更主要的是一个精神活动的过程，是读者一系列精神活动的纪实。读物所负载的知识、思想、观念、情感、态度，都是精神的产物，阅读是文本作者、编者和读者之间理智的转换，心灵的交流。

2. 阅读是心理活动与生理活动的统一

在阅读行为中表现出读者的一般心理过程，如感觉、知觉、记忆、思维、想象等；表现出一般的心理状态，如注意、情感、意志等；还会表现出读者的个性心理特征，如智慧、品质、能力、性格、气质等。心理是大脑的属性，读者在阅读活动中的多种心理活动和品质特征，是他们健康的生理机能系统的反映。因此，注意阅读的心理卫生和生理卫生，是开展阅读教学必须重视的一个问题。

3. 阅读是言语操作技能和言语心智技能的统一

《中国大百科全书·教育卷》的解释："阅读是一种从印的或写的语言符号中取得意义的心理过程，阅读也是一种基本的智力技能，它是由一系列的过程和行为构成的总和。"美国阅读心理学家吉布森等人认为："阅读乃是从课文中提取意义的过程。"故，阅读智力活动是读者主体与读物之间相互作用的辩证统一。

4. 阅读是一种审美实践活动

阅读的基本特征是情境性。读物的基本构成单位是词语，在文章或语段中，词语的意义一定是语境意义，读物中的任何一项信息，都是"境"中之物、"境"中之人、"境"中之意或"境"中之情。因此，阅读美文和文学作品也是一种审美实践。在阅读美文和文学作品过程中，读者需要亲历审美注意、审美感知、审美联想和想象等一系列完整的审美心理活动，因而有助于形成和完善读者的审美意识系统。

（二）阅读的新理念

阅读是人类吸收文化财富、获得精神营养和生存能力的基本途径之一。现代阅读理念认为，一般意义上的阅读，是搜集处理信息、认识世界、发展思想、获得审美体验的重要途径。现代对话理论认为，作者与读者的关系，就其本质而言，体现了人与人之间的精神联系，阅读行为也就意味着在人与人之间确立了一种对话和交流的关系。这种对话和交流是双向的、互动的、互为依存条件的，阅读成为思维碰撞和心灵交流的动态过程，是主体与客体之间的关系。因此，我们要注重以下阅读教学理念。

1. 重视学生在阅读过程中的主体地位

在阅读教学中，存在着多重对话关系，如学生与文本作者的对话，教师与学生的对话，学生与学生的对话，学生、教师与教材作者和编者的对话等。但对话的中心应该是学生个人，必须强调学生阅读的自主性和独立性，要让学生自己通过阅读学会阅读。

2. 重视学生的独特感受和体验

由于遗传、社会环境、家庭条件和生活经历的不同，每个人都形成了独特的"心理世界"，他们在兴趣、爱好、动机、需要、气质、性格、智能、特长等方面是各不相同和各有侧重的。因此，应该鼓励学生对阅读内容作出有个性的反映，在文学作品的阅读教学中，不要刻意追求"标准答案"。

3. 明确教师在阅读教学中的地位

教师是课堂阅读活动的组织者、学生阅读的促进者，也是阅读中的对话者之一。课堂教学是在特定的群体中实施的，与完全个人化的阅读不同，因此，营造良好的课堂氛围十分重要，教师不可越俎代庖，取代学生在阅读中的主体地位。

（三）阅读的能力[①]

能力，是一个心理学范畴的术语，是指人们成功地完成某种活动所必需的个性心理特征。阅读能力是个体能够对自己的阅读实践活动直接起稳定、调节和控制作用的心理特征。

1. 积累性阅读与阅读感知力

积累性阅读，是指读者通过阅读对于语言文字符号、优秀的言语材料的积累。这种阅读主要依靠读者对语言和言语的敏锐感知，感知的范畴很广：①对汉字字形和字义的感知；②对汉语词语在语境中的意义和感情色彩的感知；③对词语在意义上的联系以及语序变化的感知；④对不同句型的表意色彩的感知；⑤对修辞格式的隐喻意义与功能的体会等。这种对语言的感知力，带有直接性，而这种直接力，既来自于语言理法知识的指导，更来自于日常对言语材料的大量积累。

2. 理解性阅读与阅读理解力

理解性阅读，是指为了透彻地理解读物的内容而进行的阅读。阅读理解力指的是在阅读感知基础上，深入到字里行间去获取意义的能力。理解性阅读是个体从事学习的主要活动，因而，阅读理解能力是独立阅读能力的最基本能力。

读者在阅读过程中通过深入思考、消化吸收，可以学习知识、磨砺思想、提高认识能力、促进智力发展。

3. 欣赏性阅读与阅读审美力

欣赏性阅读是一种审美阅读，对于一般读者而言，是指为了获得审美愉悦而进行的阅

---

① 李新宇主编：《语文教育学新论》，南京师范大学出版社，2006年版，第237～239页。

读；对于学生而言，阅读不仅仅是为了获得审美愉悦，还具有认识属性、文化属性和审美属性。因此，欣赏性阅读一方面应当了解有关文学作品的客体知识，另一方面还要着力构建自己的审美意识系统。

4. 研究性阅读与阅读评价力

研究性阅读又叫探究性阅读，其目的或是为了评价读物，或是为了解决某个问题。评价是一种侧重于理性认识的活动，必须在理解和鉴赏的基础上，对读物在选材立意、布局谋篇、遣词造句等方面，进行具体的分析，要充分肯定准确的、深刻的、优秀的内容和形式；批判错误的、浮泛的、平庸的内容和形式；并要求读者能说出自己独特的认识和评鉴，不人云亦云。

5. 创意性阅读与阅读创造力

创意性阅读也叫创造性阅读，它以形成读者自己的创见为目的。如果说，积累性阅读、理解性阅读、欣赏性阅读，都是以作者和作品为主要对象的话，那么，在研究性阅读、创意性阅读中，读者的注意力已经侧重于读者自身了。在创造性阅读中，读者把所有的读物都视为一种参照系，他们的注意力始终集中在提出自己的、与众不同的见解和观点上。

6. 信息阅读与信息素养

尽管前几种阅读类型，都包括从读物中汲取和处理信息的意义与方法，但是当今知识经济、信息社会的生存环境已经变化，人们获取信息的渠道不断增多，信息的公用性以及更新性越来越强。因此，《语文课程标准》明确指出，"阅读是搜集和处理信息的重要途径"，学生应"能够利用图书馆、网络搜集自己需要的信息资料"，培养"运用现代技术搜集和处理信息的能力"。因此在学校语文教学中，我们要重视对学生信息素养的培养。

（四）阅读教学的地位

就学校语文教学而言，阅读是奠定青少年精神根底的基石，是语文学习之根。从语文学科的性质看，"工具性与人文性的统一"的特点，决定了学生学习其他课程，常常要借助语文课上获得的本领，尤其是阅读本领。从个人发展来看，阅读几乎是人们每天都要进行的，由阅读积累知识、发展智力、净化思想、陶冶情操，是人类自身发展的基本需要。从社会需求来看，阅读也是一种重要的社会活动，它不但涉及个人的发展，而且关系到国家的发展；阅读能力的高低，直接影响人才的质量和水平。

（五）阅读教学的任务

1. 训练阅读技术，提高阅读能力

阅读技术是阅读能力的重要组成部分，阅读技术越高、越熟练，阅读能力就越强。通过阅读教学，训练学生根据阅读需要，正确选择和寻找读物，准确确定阅读类型，灵活运用不同阅读技术来提高阅读的效果。

2. 学习规范语言，提高表达能力

丰富多彩的阅读教材，为写作、说话教学提供了很好的范例。众多名篇佳作，无论是审题立意、布局谋篇，还是遣词造句，都反映了鲜明的个性特色和创新意识，都是学生学习规范语言的典范。

3. 丰富文化知识，发展认识能力

按照新的课程标准编制的阅读教材，无论是国家还是地方开发的，都具有体裁多样、内容丰富、形式新颖、贴近生活等特点，文章的内容涉及自然科学、社会科学等各种知识。学生通过阅读有"生活教科书"之称、有巨大的认识价值的大量的文学名著，实现知识迁移，可收到举一反三、触类旁通的效果。

4. 发展思维品质，培养创新能力

在阅读教学中，学生通过学习文本作者观察生活的态度和方法，以培养观察的目的性、精确性、概括性等心理品质；通过理解和记忆字、词、句、篇等语文知识，背诵一定数量的名家佳作，以提高记忆的准确性、敏捷性、持久性等心理品质；通过梳理分析文章的结构层次，以培养分析和综合能力；通过对文章的内容和形式的评价，锻炼抽象和概括的能力，养成思维的敏捷性、灵活性、深刻性和独特性等心理品质。阅读文学作品，更有利于发展学生的想象和联想能力，培养想象的主动性、丰富性、生动性等心理品质。

5. 陶冶道德情操，提升人格境界

任何作品都反映了作者一定的思想感情，都会对读者产生潜移默化的影响。指导学生阅读优秀文章，能帮助学生初步形成科学的世界观和方法论，引导学生树立正确的社会观、人生观、道德观，对学生思想品德的健康发展起到重要的感化作用。《义务教育语文课程标准》明确提出"能初步理解、鉴赏文学作品，受到高尚情操与趣味的熏陶，发展个性，丰富自己的精神世界"等要求。

二、阅读教学的目标和内容

（一）义务教育阶段阅读教学的目标和要求

根据《义务教育语文课程标准》规定阅读教学的目标和要求，在总体目标第 7 条是对阅读提出的目标要求。它首先在于突出学生是阅读的主体。阅读教学是创造阅读情境、引导多重对话的过程，这个过程的中心是学生。其次突出了多读，重视了积累。这是历次《大纲》从未提出过的，它汇集了传统教学的精华，又注意到新时代对人才的要求。最后突出了能力的培养。读懂和会谈是阅读能力必须具备的两条。"发展个性"即提倡个性化阅读，因为只有真正尊重人的个性，才能尊重学习的主体。

义务教育阶段各学段阅读目标：[①]

第一学段（1～2 年级）

1. 喜欢阅读，感受阅读的乐趣。养成爱护图书的习惯。

2. 学习用普通话正确、流利、有感情地朗读课文。学习默读。

3. 结合上下文和生活实际了解课文中词句的意思，在阅读中积累词语。借助读物中的图画阅读。

4. 阅读浅近的童话、寓言、故事，向往美好的情境，关心自然和生命，对感兴趣的人物和事件有自己的感受和想法，并乐于与人交流。

5. 诵读儿歌、儿童诗和浅近的古诗，展开想象，获得初步的情感体验，感受语言的优美。

6. 认识课文中出现的常用标点符号。在阅读中体会句号、问号、感叹号所表达的不同语气。

7. 积累自己喜欢的成语和格言警句。背诵优秀诗文 50 篇（段）。课外阅读总量不少于 5 万字。

---

① 见《义务教育语文课程标准》。

第二学段（3～4年级）

1. 用普通话正确、流利、有感情地朗读课文。

2. 初步学会默读，做到不出声，不指读。学习略读，粗知文章大意。

3. 能联系上下文，理解词句的意思，体会课文中关键词句表达情意的作用。能借助字典、词典和生活积累，理解生词的意义。

4. 能初步把握文章的主要内容，体会文章表达的思想感情。能对课文中不理解的地方提出疑问。

5. 能复述叙事性作品的大意，初步感受作品中生动的形象和优美的语言，关心作品中人物的命运和喜怒哀乐，与他人交流自己的阅读感受。

6. 诵读优秀诗文，注意在诵读过程中体验情感，展开想象，领悟诗文大意。

7. 在理解语句的过程中，体会句号与逗号的不同用法，了解冒号、引号的一般用法。

8. 积累课文中的优美词语、精彩句段，以及在课外阅读和生活中获得的语言材料。背诵优秀诗文50篇（段）。

9. 养成读书看报的习惯，收藏图书资料，乐于与同学交流。课外阅读总量不少于40万字。

第三学段（5～6年级）

1. 能用普通话正确、流利、有感情地朗读课文。

2. 默读有一定的速度，默读一般读物每分钟不少于300字。学习浏览，扩大知识面，根据需要搜集信息。

3. 能联系上下文和自己的积累，推想课文中有关词句的意思，辨别词语的感情色彩，体会其表达效果。

4. 在阅读中了解文章的表达顺序，体会作者的思想感情，初步领悟文章的基本表达方法。在交流和讨论中，敢于提出看法，作出自己的判断。

5. 阅读叙事性作品，了解事件梗概，能简单描述自己印象最深的场景、人物、细节，说出自己的喜爱、憎恶、崇敬、向往、同情等感受。阅读诗歌，大体把握诗意，想象诗歌描述的情境，体会作品的情感。受到优秀作品的感染和激励，向往和追求美好的理想。阅读说明性文章，能抓住要点，了解文章的基本说明方法。阅读简单的非连续性文本，能从图文等组合材料中找出有价值的信息。

6. 在理解课文的过程中，体会顿号与逗号、分号与句号的不同用法。

7. 诵读优秀诗文，注意通过语调、韵律、节奏等体味作品的内容和情感。背诵优秀诗文60篇（段）。

8. 扩展阅读面。课外阅读总量不少于100万字。

第四学段（7～9年级）

1. 能用普通话正确、流利、有感情地朗读。

2. 养成默读习惯，有一定的速度，阅读一般的现代文，每分钟不少于500字。能较熟练地运用略读和浏览的方法，扩大阅读范围。

3. 在通读课文的基础上，理清思路，理解、分析主要内容，体味和推敲重要词句在语言环境中的意义和作用。

4. 对课文的内容和表达有自己的心得，能提出自己的看法，并能运用合作的方式，共同探讨、分析、解决疑难问题。

5. 在阅读中了解叙述、描写、说明、议论、抒情等表达方式。

6. 能够区分写实作品与虚构作品，了解诗歌、散文、小说、戏剧等文学样式。

7. 欣赏文学作品，有自己的情感体验，初步领悟作品的内涵，从中获得对自然、社会、人生的有益启示。对作品中感人的情境和形象，能说出自己的体验；品味作品中富于表现力的语言。

8. 阅读简单的议论文，区分观点与材料（道理、事实、数据、图表等），发现观点与材料之间的联系，并通过自己的思考，作出判断。阅读新闻和说明性文章，能把握文章的基本观点，获取主要信息。阅读科技作品，还应注意领会作品中所体现的科学精神和科学思想方法。阅读由多种材料组合、较为复杂的非连续性文本，能领会文本的意思，得出有意义的结论。

9. 诵读古代诗词，阅读浅易文言文，能借助注释和工具书理解基本内容。注重积累、感悟和运用，提高自己的欣赏品位。

10. 随文学习基本的词汇、语法知识，用来帮助理解课文中的语言难点；了解常用的修辞方法，体会它们在课文中的表达效果。了解课文涉及的重要作家作品知识和文化常识。

11. 能利用图书馆、网络搜集自己需要的信息和资料，帮助阅读。

12. 学会制订自己的阅读计划，广泛阅读各种类型的读物，课外阅读总量不少于260万字，每学年阅读两三部名著。背诵优秀诗文80篇（段）。

（二）阅读教学的内容

1. 经典文章

经典文章就是从古今中外文化典籍中选出来的世界和民族的优秀文化和文学作品。朱自清认为，"经典训练的价值不在实用，而在文化"。通过学习经典文章，有利于学生认识中华文化的博大精深，吸收民族文化智慧，关心当代文化生活，尊重多样文化，吸取人类优秀文化的营养。因此教材中编选的原汁原味的经典，学生学习的主要任务是沉浸于这些诗文作品，并把它内化为自己的文化素养。

2. 言语经验

语文教材中有一部分选文是作为运用语言表情达意的成功范例而编选进来的。它们都是作者运用语言来表达自己的思想、观点、情感、态度、主张的"言语作品"。这些作品以活生生的状态告诉学生：他的写作意图是什么，是如何选择材料的，怎样组织篇章的，以及如何选词造句，等等。而这些正是语文课程的重要任务之一。这些课文就成了训练语文能力最好的"凭借"。教师在使用这些"凭借"时，要注意寻求它在哪些方面发挥了"例子"的作用，以达到学习借鉴的最佳效果。

三、阅读教学的方法

（一）指导学生阅读文本的主要方法

1. 指导学生理清文本结构的分段方法

分段是指把文章分成结构段（或称逻辑段）。结构段在意思上比较完整，在文章中是相对独立的单位，但它有别于文章的自然段。划分段落有助于理清文章的层次结构，了解作者的思路，加深对文章内容的理解，还有助于逻辑思维能力的发展。分段的主要方法是归并邻近的自然段为结构段，即把同一个意思的几个自然段合并为一个结构段。如果一个自然段讲了一个完整的意思，那么这个自然段可以单独成为一个结构段。

根据课文的不同特点，分段也有不同方法。在学生刚开始练习分段时，主要采用归并自然段的方法，然后再逐步教给学生其他分段的方法，例如先找出中心段，再分段。这种方法适用于中心段比较明显的课文。例如小学四年级上册《麻雀》一课是讲老麻雀不畏强暴，奋不顾身保护小麻雀的故事。学生了解课文内容之后，可让他们思考：课文从哪儿到哪儿是写老麻雀保护小麻雀的？学生找准之后，再考虑中心段前后的段落怎样划分的。再有，可从文章的整体入手划分段落。记事的课文，一般按事情的发生、发展、高潮、结局等几个阶段来分段。一个阶段，一般是围绕一个意思说的，可划为一段。

分段，是理解课文内容的方法，也是一项重要的逻辑思维训练。训练学生分段，一定要让学生养成根据文章的内容进行具体分析的习惯，而不要用开头、中间、结尾这样的形式去套。这种通常所说的三段分法，不能说不对，但如果成为固定的模式，分段便失去了思维训练的意义。

2. 指导学生归纳段落大意的方法

归纳段落大意，指的是分段以后归纳结构段的主要内容，这是理解课文内容、把握作者思路的重要手段，也是抓住课文主要内容、概括主题思想的前提。

归纳结构段段意和归纳自然段主要意思的方法基本相同，要促使方法的迁移，引导学生将归纳自然段意思的方法，用于归纳结构段的段意。

归纳结构段段意有三项要求。一是能反映段的主要内容，二是用语简单明确，三是各段段意连起来能反映文章的主要内容。这三项要求，前两项与归纳自然段主要意思的要求是一致的，第三项是归纳结构段段意和归纳自然段段意的不同之处。所以在指导学生练习归纳结构段的段意时，除了引导学生运用归纳自然段段意的方法外，还要十分重视归纳段意与理解课文主要内容的结合，使学生懂得，归纳段意要联系全文，要在了解全文的基础上进行，在归纳某一段的段意时，要考虑这一段的内容与前后段落之间的联系。归纳段落大意，要联系全文，考虑段与段之间的联系；归纳出的各段段意，也要有内在联系，反映出文章的主要内容。一篇文章中有几个结构段的段意，归纳的角度应当是一致的。记事的文章要以事件的发展顺序为线索。写人的文章要以人物的活动或思想感情的发展变化为线索进行归纳。说明文要以说明顺序——空间、时间、总分等顺序为线索划分。

段意，一般包括两部分：谁或什么，干什么或怎么样。有时也包括"在什么情况下"。例如小学三年级课文《珍贵的教科书》，四段的段意是：①我们渴望有教科书；②我和张指导员取教科书；③张指导员用生命保护教科书；④教科书和指导员的话激励我前进。我们从这四段的段意，就能了解这篇文章的主要内容、全文的脉络和各段之间的联系。还有一些课文是写景状物的，这类课文的段意应当显示出"景物"的某一方面怎么样或景物有什么特点。

关于归纳段意的知识和方法，要逐步授给学生，并要注意指导学生练习运用。学生能够自觉地反复练习，才能真正掌握并形成归纳段意的能力。在指导学生练习的过程中要说写结合。对中年级学生一般只要求说段意，不要求写。对高年级学生，则要求写段意，可以先说后写，也可以先写后说，使说和写互相促进。提高学生归纳段意和语言表达的能力。一个班里的学生概括段落大意的能力是有差异的，对同一段的段意可能有不同的说法。教师要注意学生为什么这么说，分析学生是怎么想的，怎么概括的，有针对性地加以指导或引导，而不要由教师代替学生归纳。那种教师把现成的段意写在黑板上让学生抄的做法，是不可取的。

3. 指导学生概括课文主要内容的方法

概括课文的主要内容，是读懂课文的重要标志。通过小学阶段的阅读教学，学生可以掌握两种概括课文主要内容的方法：一种是用归并段落大意的方法抓住主要内容，即先给课文分段、归纳段落大意，再在深入理解每段内容的基础上把各段意连起来成为连贯的一段话，这一段话就是课文的主要内容；一种是用提问题的方法抓住主要内容，即先按照课文的思路顺次提出几个问题并根据课文的内容对问题做出回答，再把回答的要点归纳到一起。例如，阅读记叙文可以依次提出：事情发生在什么时间、什么地点？主要人物是谁？事情的起因是什么？经过是怎样的？有什么样的结果？回答了这些问题，也就抓住了课文的主要内容。对于说明文或写景状物的课文，可以按文章叙述的几个方面提出问题，来概括课文的主要内容。

教师要根据课文的不同特点指导学生运用不同的方法概括课文的主要内容，使学生在实践中学到概括课文主要内容的不同方法，并通过反复运用，逐步熟练，形成能力。

学生概括课文的主要内容，要防止两种倾向：一是过于简单，例如把《东郭先生和狼》这篇课文概括为"东郭先生和狼的故事"，这不能说明已经抓住了课文的主要内容；另一种倾向是过于繁琐，几乎是复述课文内容，这说明学生还不能分清主次，抓不住主要内容。出现这两种情况，可能是由于学生还不懂得怎样概括课文的主要内容，也可能是他们对课文内容没有较准确的理解。老师要针对学生的实际情况，给予具体指导。我们可以让学生尽量用文本中的最简洁而又不会改变文本的意思语言或词语概括段意或主要内容。

4. 指导学生概括课文主题思想的方法

小学高年级学生阅读一篇课文，仅仅做到能概括主要内容是不够的，还要进一步学会概括课文的中心思想，也就是要能够懂得作者的写作目的，了解作者通过课文的内容要表现什么，说明什么，歌颂什么，批评什么，表达什么样的思想感情。指导学生概括主题思想，培养学生概括主题思想的能力，是篇章教学的一个重点。

课文的主题思想是由课文的内容透露出来的，课文的内容是服从于主题思想的。课文的主题思想，有的明确说出来，有的暗含在课文的语言文字之中。教师要根据课文的不同特点加以指导，使学生掌握一些概括主题思想的方法。有的课文的标题点明了中心，如六年级课文《伟大的友谊》，可以借助标题看出课文是赞颂马克思和恩格斯的伟大友谊的。有的课文中有点明中心的句子，就可以抓住重点语句来概括中心思想，如"人民教育出版社"四年级《语文》下册《苦柚》中，旅居海外的"伯父"说的："在这个世界上，金钱可以买到山珍海味，可以买到金银珠宝，就是买不到高尚的灵魂啊！"这正是这篇课文要说明的问题。多数课文的中心思想要通过对课文主要内容的分析来概括。又如"人教版"六年级《语文》上册《我的伯父鲁迅先生》，写了几件内容不同的事：在万国殡仪馆的礼堂里看到的情景，说明人民群众崇敬和爱戴鲁迅先生；读《水浒传》，说明鲁迅读书认真，而且注意教育孩子认真读书；谈"碰壁"，说明鲁迅痛恨旧社会，勇敢坚决地与反动派作斗争；救助车夫这件事和女佣阿三说的话，说明鲁迅对劳动人民的同情、关心。我们把这些思想内容联系起来，往深处想一想，就会发现：作者写这些事，是从几个不同的方面说明鲁迅爱憎分明，为别人想得多，为自己想得少的高尚品质，表达了作者敬爱伯父鲁迅先生的思想感情，这就是课文的中心思想。

上述几种概括主题思想的方法，都要以准确理解课文的思想内容为基础，因为中心思想并不是在课文的某些语句中突然冒出来的，而是渗透在整篇课文的思想内容之中的。所以，概括主题思想的练习不能作为一个孤立的教学环节，故不能让学生在对课文思想内容还不够理解的时候就去乱找、乱猜主题思想，而要引导学生在反复阅读课文的时候，从内容到思想的理解过程中，注意领会重点词、句、段，使课文的中心思想在头脑里逐渐明晰起来，然后再用自己的话进行概括。

　　指导学生概括课文的主题思想，不能强求一个正确的结论，而要着眼于切实提高学生的理解能力和思维能力。在练习过程中，一定要充分调动学生的积极性，鼓励学生独立思考。对一篇文章的中心思想，学生往往会有不同的体会。一位老师教完北师大版四年级下册《跳水》这篇课文以后，提出一个问题："大作家托尔斯泰为小朋友写了这篇故事，他想告诉我们什么呢？"学生发言踊跃。有的学生说："他想告诉我们，遇到紧急情况，要沉着冷静，不要慌张，要像那位船长那样想办法解决问题。"另一个学生说："托尔斯泰是想告诉我们，做事情要考虑后果，不能任性。那个孩子追猴子的时候就没有考虑后果，最后追到最高的横木顶端，就走到了危险的地步。"第三个学生说："托尔斯泰告诉我们，开玩笑不能过分，开玩笑要有一定的分寸，过分了就可能出问题。那些水手开玩笑就过分了，这个孩子追猴子已经很危险了。可是他们还在哈哈大笑，弄得这个孩子哭笑不得，不停地往上追，最后出了危险。所以，开玩笑要有一定的分寸。"学生联系自己的思想和生活，谈出了自己的体会。这些回答不一定全面，但都有可取之处。概括文章的主题思想如果言之成理，言之有据，就应当加以肯定和鼓励，不宜用一个固定的答案来限制学生。只要坚持按照正确的路子加强训练，学生经历了一次次认真阅读思考、分析概括的过程，概括中心思想的能力必定能逐步提高。

　　5. 指导学生体会课文思想感情的方法

　　概括课文的主要内容和主题思想，是评价读懂课文的要求；为了使学生能从阅读中得到更多的收获，特别是从中受到感染和陶冶，还要指导学生体会课文的思想感情，做到不仅理解、读懂，而且动心动情，这是篇章的教学中较高的要求，也是语文教学最终的目的。指导学生体会课文的思想感情，最重要的方法是培养学生在阅读的时候，把心放到课文中去，设身处地像作者那样去想，仿佛自己已身临其境。例如学习"人教版"小学五年级《语文》上册《十里长街送总理》，学生好像置身于十里长街送总理的人群之中在等灵车，望灵车，送灵车，就很自然地深化了崇敬和怀念总理的思想感情。再如"冀教版"小学五年级《语文》上册《假如只有三天光明》，作者海伦·凯勒是世界闻名的女作家和教育家，她又是一个又盲又聋的残疾人。学生在阅读这篇课文时，要仿佛自己就是一个又盲又聋的人，什么也看不见，什么也听不到，只能凭触觉来了解世界。这样，对课文中的"一件东西一旦失去，才会留恋它"、"黑暗将使他更加珍惜光明；寂静将使他真正领略喧哗的欢乐"等语句就能理解得比较深刻，就能被作者那种渴望光明、热爱生活、珍惜生命的思想感情深深地打动，对作者提出的"假如你只有三天的光明，你将如何使用你的眼睛"等问题，就会严肃认真地去思考，并从中受到启发。

　　指导学生体会课文的思想感情，还要启发他们联系自己的思想生活实际，使他们跟课文表达的思想感情产生共鸣。例如，"人教版"小学四年级《语文》上册课文《为中华之崛起而读书》时，教师引导学生联系自己的生活体验想一想：当年我们的好总理周恩来同志，在青少年时，我们的民族多灾、多难。他却有多么远大志向，要为中华之崛起而读书。而我们今天生活在这幸福的社会主义社会里，有的人却没有为人民、为民族、为国家的任何志向。让学生谈谈自己感受，使之增强对老一辈的崇敬，对现实生活热爱，树立正确的读书观。

　　有感情地朗读也是体会课文思想感情的重要方法。通过有感情地朗读，既可以把体会到的思想感情表达出来，又可以进一步加深对课文思想感情的体会，所以在阅读教学中要尽可能多地安排学生进行有感情地朗读。

（二）阅读能力训练方法

1. 阅读技能的训练方法

1）朗读

朗读是阅读教学的重要方法之一，也是必备的阅读技能。朗读是一种眼、口、耳、鼻、脑协同并用的有声的阅读活动。它把书面语言变为有声语言，使文本内容形式化。朗读有助于帮助学生发展口语，培养语感；以声解义，加深对文本的理解；以声传情，领略文章的精妙之处，体会作者的思想感情，感受艺术形象，领会祖国语言文字的优美，受到真善美的熏陶和教育。朗读是教师了解学生对文本理解程度的一种重要手段，是一种重要的教学方式。

（1）朗读训练的要求：①能正确地读。要用普通话读，发音标准，吐字清晰，声音响亮；要一字一句读准确，不读错字，不丢字，不添字；通常按各标点符号要求，不重复字句，不顿读；要有良好的朗读习惯，不指读，不唱读。②能流利读。要把句子读完整，不读断句；要读出句与句之间、段与段之间的间歇；要读得连贯流畅，速度适中。③能有感情读。要读出不同的语气，语调适当；要读得有轻重缓急，能比较准确地读出课文的思想感情；情感的表露要朴实、自然，要用自己声音的本色表情达意。正确、流利、有感情。在这三项要求中，正确是最基本的要求。

（2）朗读训练的方式。在阅读教学过程中指导朗读的方式多种多样，主要有以下几种：①范读。就是示范性的朗读。可以由教师范读，也可以用朗读磁带代替教师范读，还可以让朗读水平较高的学生范读。小学生模仿性强，范读便于学生模仿。语文教师最好能做美妙动听的示范朗读。范读可以读全文，也可以根据教学需要读一段或一句。②领读。领读又叫带读，就是带着学生读。学生朗读水平低时，在小学低年级时，教师要一句一句地领读。遇到长句子，可以把句子分成几部分指导，然后再读完整的句子。领读一般用来帮助学生读得正确、流利。③齐读。就是全班同学或一组同学一起读。齐读，可以使较多同学有朗读的机会，也有利于训练学生读准字音，正确停顿。但齐读不便于边读边思考，也容易形成唱读，所以要运用得当。④个人读。包括自由读和指名读。自由读，就是全班同学在同一时间里就一篇课文或一段课文自己小声朗读。其好处是全班同学都可以得到练习，也便于边读边思考边体会。个人读包括指名读。指名读便于针对学生朗读中的具体问题进行指导。指名读的面要广，使好、中、差学生都能得到当众朗读和老师指导的机会。⑤分角色朗读，就是由两个或两个以上的学生分别读出不同人物的有关语句。这种朗读形式，低年级学生很喜欢，有利于学生对课文内容的深刻理解，培养学生有感情地朗读的能力。

对指导朗读的方式，教师要根据课文内容的特点和教学的需要恰当地选用，讲求训练的实效，防止单纯追求形式的多样化。

（3）朗读技巧的指导。朗读有一定的技巧，如停顿、语调、重音、节奏等。这些主要是在实际朗读过程中让学生模仿体会，不能架空讲授朗读知识与技巧，教师要在具体语言实践中，让学生掌握一定的朗读技巧。如有老师在教"人教版"二年级《语文》上册《四季的脚步》一课时，指导朗读的片断。

师：现在我们来朗读课文的第一段。这里一共有五句话，有三层意思。要读出对春天的情感。你们先听老师读一读。（边读边打朗读指导记号）

春天的/脚步/悄悄，

悄悄地，/她/笑着/走来——

溪水/唱起了/歌儿

——丁冬，/丁冬，

绿水/和/鲜花/赶来/报到。

2）默读

默读是不出声的阅读，是一种最基本的阅读方式。默读不受课文内容和作者感情所规定的语速的严格限制，可以边读边思考，便于集中注意理解内容，可以根据需要反复读，也可以根据不同的目的选读或浏览。

（1）默读训练的要求。

小学阶段的默读训练，要使学生达到能够比较熟练地默读课文。具体要求包括以下几个方面。①读的时候，只用眼、脑，不用口、手，做到不出声，不动唇，不指读；认真阅读，精力集中。②能按阅读目的要求读课文，理解主要内容，体会思想感情。③能运用通读、摘读、跳读等各种不同的阅读方法，适应不同的需要。④要有一定的速度，在限定的时间内，能较快地读完该读的内容。

（2）默读训练的方法。

默读，要在学生具有一定朗读能力的基础上进行：要指导学生逐步学会边默读边思考。随着年级的升高，适当提高默读的速度。

小学阶段，默读训练和朗读训练的关系十分密切。小学生默读能力和习惯的形成，一般经历两个阶段：一是小声读阶段，二是无声读阶段。小声读阶段，嘴唇不断微动，口中发出轻而急促的声音。这时，学生还不能用视觉从书面语言中理解所表达的内容，一般需要读出字音，才能领会。朗读的模式仍在默读中起作用。小声读阶段，是由朗读向默读过度的阶段。无声读阶段，才是真正的默读阶段。根据这样的发展过程，教学时，首先要加强朗读训练。在学生具有初步的朗读技能的基础上，不失时机地开始默读的训练，让学生较快地度过无声读阶段。可以在一年级上学期重点进行朗读训练，下学期有意识地将大声朗读和小声朗读结合起来训练，一进入二年级就开始进行默读训练。

默读要做到"三到"：眼到、心到、手到。眼到，就是看清每一个字。心到，就是集中注意力，一边读一边想，对文本中的词句能边读边分析整合，理解词句的意思和内在联系，并能提出自己不懂的问题。为了训练学生"心到"，在读前，教师要提出要求，让学生带着问题去读，读后及时检查学生的理解程度，或让学生回答默读前提出的问题。手到，就是训练学生边读边动笔。中年级学生可以边读边画出重点词句，或标记出段中的层次和自己不懂的问题等，也可以写出段的主要意思。到了高年级，可以做些简单的批注。学生边读边动笔，能促进思考，提高默读效果：

（3）逐步提高学生的默读速度。

默读能力包括两个方面，一是能够准确理解课文的思想内容，二是有一定的速度。在我们的生活、学习、工作中，需要阅读的书报杂志非常多，默读的速度快，就能在较短的时间内阅读较多的材料，获得较多的知识，这是很有好处的。在小学高年级，要重视提高默读速度的训练。

默读有一定的速度，首先要眼睛看得快，要学会"扫读"，扩大视觉的范围，也就是由原来的一字一词地看书，变为一眼就扫过一句、一行、甚至几行。其次要由眼入脑想得快，脑子要跟着眼睛扫读思考，弄清楚眼睛扫过的文字说的是什么。为了提高学生的默读速度，可以提出要求，让学生在限定的时间内默读课文，然后检查默读的效果。这样不断训练，就能使学生逐步做到眼睛看得快、脑子想得快。根据日常阅读的需要，在小学高年级，还可适当安排浏览报纸、杂志的训练，使学生了解浏览的一般方法：

3）诵读

诵读是一种传统的阅读方法，是指反复朗读自然成诵，也就是人们常说的抑扬顿挫地朗读。诵读有助于从文本的声律气韵入手，逐步加深理解和体验，体会其丰富的内涵和情感，达到潜移默化的目的。熟读成诵，也有利于记忆、积累和培养语感。

（1）诵读的要求。①内容要求。第一学段要求诵读儿歌、童谣和浅近古诗，第二、三学段诵读优秀诗文，第四学段诵读优秀诗文和古代诗词。②质量要求。第一、二学段要求"展开想象，获得初步的情感体验"，第三学段达到"通过诗文的声调、节奏等体味作品的内容和情感"，第四学段"诵读古代诗词，有意识地在积累和运用中，提高欣赏品位和审美情趣"。

（2）诵读的训练。诵读的训练着重从朗读和背诵两方面着手。其要求：①加强朗读训练，多给学生朗读训练的机会。②指导诵读。第一，诵读要求用普通话，力求正确、流利有感情。第二，诵读要运用各种形式，如竞赛式、游戏式、表演式、互检式、朗读式等。激发诵读兴趣，使学生感到诵读是一件轻松愉快的事情。第三，诵读也有一定方法可指导学生运用。如：抓住关键词句，抓住重轻音有感情地诵读。

4）精读

精读是认真仔细地研读，通过精读应完全理解阅读文本的内容和见解。精读，用古人的话说就是"熟读玩味"，也就是放慢速度，反复咀嚼，读通、读懂、读透。通过认真细读，揣摩研究，结合联想和想象，加深对文本的理解，进而形成自己的判断和评价。精读不但是充分理解阅读材料的重要方法，而且有利于提高学生理解和运用语言文字的能力，培养他们良好的阅读习惯，促进语文素养的提高。精读的基本要求：精读要求探究词句，揣摩表达顺序，领悟方式，体会作者的思想感情。

精读训练主要是通过教材中课文的教学进行训练。精读训练的基本方法：一是提示精读的步骤和要求；二是指导学法，即针对不同的文本引导学生采取不同的学习方法。比如，教师要注意质疑问难、自主析疑；三是提示阅读重点，及时将学生的阅读指向调整到文本中能加深理解把握的部分；四是对难点点拨，学生确实难以理解的难点内容加以阐释，对学生的理解或思考与文本出现严重偏差处提供必要的知识背景，以教师的理解，特别是人生阅历等学生尚不具备的储存，给学生的心灵以引导；五是引导学生品读优美语句、精彩片断甚至整篇文章，体验文章所蕴含的情、理、趣。

5）略读

略读就是粗略地读，只求概览大意地读。叶圣陶先生曾经指出："略读的'略'字，一半系教师的指导而言：还是要指导，但是只需提纲挈领，不必纤屑不遗，所以叫做'略'一半系学生的工夫而言：还是要像精读那样仔细咀嚼，但是精读时候出于努力钻研，从困惑达到解悟，略读时却已熟能生巧，不需多用心力，自会随机适应，所以叫做'略'。"略读就是能够很熟练地运用在精读中所获得的技能技巧进行阅读。略读方法在日常生活中运用最广泛，实用性也最强，各门学科的课本、课外阅读报刊和书籍都需运用略读的方法。特别是当今社会，信息量急剧增加，更要求人们具有略读的技能，整体把握阅读材料，善于快速准确地捕捉到关键信息。

略读时要求能迅速地准确地从全局上把握文本的主要内容和特点。

略读训练的内容和方法大体可以包括以下几项：①在认真读书的基础上迅速把握文本的主要内容；②抓住文章的关键词、句、重点段落，并做出准确的一般性解释；③要求学生根据教师的要求寻找内容；④根据一定的需要作摘录。

6）浏览

浏览是快速地大概了解文本大意，或估量其阅读价值。浏览接近无意阅读，更适于博览和查找信息。浏览可以迅速选择阅读材料，收集信息，开阔视野，增长知识，扩大知识面，也可以消遣娱乐。在倡导阅读能力主动发展和全球信息化的今天，略读和浏览是现代阅读必须掌握的方法和具备的能力。

根据阅读方法的区别，浏览可分为扫描式和跳跃式两种。扫描式浏览的特点是阅读时视线快速运动，按行按段扫视阅读材料，每次扫视只注意其中少数几个重要的词语。跳跃式浏览可以称为"概括地读"或"挑着读"，它的特点是着重扫视段落的开头、结尾，注意标题、特殊的字句、专门用语等提示性信息，把文本的引文、推理过程等略过，有的段落可以不看，甚至整页地翻过去。扫描式浏览和跳跃式浏览往往在具体阅读时交替使用。

7）复述

复述，就是让学生运用自己的语言，把课文内容叙述出来。复述可以帮助学生加深对课文思想内容的理解，也有助于提高学生运用语言的能力。在阅读教学中，复述的训练也是很重要的。

（1）复述训练的要求。①不改变原意，又能抓住重点。要在掌握课文主要内容和思想感情的基础上复述，不能脱离课文的原意，更不能改变原意，即使是创造性复述，也要以原文为依据。但是，复述是有选择地叙述，即使是详细复述，也应该突出重点。②恰当运用课文的语言和组织自己的语言。要做到不看课文，能把课文中的词语、句子组织到自己的语言之中，连贯地叙述课文，并能表达课文的思想感情。③用普通话复述课文。复述是训练学生语言规范化的有力措施，要用普通话复述，做到语音正确，语调适当，声音响亮，口齿清楚。

（2）复述训练的方式。①详细复述。详细复述是一种接近课文原文的复述。要求学生较详细地叙述课文的内容，较多地运用课文的词语和句子。其优点是能促进学生细致地阅读课文，训练思考能力和记忆能力，增加运用课文语言的机会。低年级、中年级采用详细复述较多，一般选择篇幅较短的课文或较长课文的重要片断进行。详细复述前，要让学生认真读书，记住课文中的重点语句，并能读出人物对话的不同语气、神情等。在有感情朗读的基础上再练习复述。教师可用提示性的问题，帮助学生掌握作者的思路；还可引导学生在细致地观察课文插图后详细复述，使学习观察和学习表达联系起来。②简要复述。简要复述是一种概括地说出课文主要内容的复述。要求学生按照课文的顺序叙述，并能把课文中重要的词语、句子组织起来表达主要内容。简要复述，以对课文的深刻理解和全面概括为前提，是对课文理解深度和自身语言概括能力的标志。中、高年级采用简要复述较多，宜选择篇幅较长、情节较复杂的课文。指导学生简要复述，可先编好复述提纲，不过提纲要简明、扼要，能起到帮助记忆的作用就行。根据课文的不同内容，复述提纲有不同的方式。例如，有的围绕主要人物，把课文内容组织起来；有的以事件发展顺序为线索，概括事情发展各个阶段的主要内容；有的用一系列问题代替提纲等。③创造性复述。创造性复述是依据课文内容，发挥想象力，用自己的语言进行的复述。它的优点是有利于发展学生的创造性思维，培养丰富的想象力，促进学生语言的发展。创造性复述需要较高的独立性。小学高年级才可适当使用这种复述方式。指导学生创造性复述，有的是改变作品的表现方式，如改变人称的复述；把对话部分改为叙述的复述；有的是改变作品的体裁，如把诗歌和剧本改用故事的形式进行复述；有的是改变作品的结构，如本来是倒叙的写法改用顺叙复述；有的是增删作品的内容，如让学生发挥丰富的想象，增添一些情节或减少某些细节等。无论进行哪一种创造性复述的训练，在复述前，都要让学生反复朗读或默读课文，深入理解课文的思想内容。学生复述时，教师要注意倾听，发现优缺点，及时记下，采用灵活的办法辅导有困难的学生，又不打断学生复述的思路。复述后，及时组织学生评议，必要时让学生再复述，使每次训练都能收到实效。

8）背诵

背诵是我国传统的学习语文的重要方法之一。在口诵心思的过程中，学生能够加深对课文思想内容的理解。背诵可以积累大量的词汇、句式和精彩段、篇，有助于提高学生的语言表达能力。背诵还能锻炼学生的记忆能力，培养认真读书、勤奋学习的学风。在阅读教学中要重视背诵的训练，尽可能地多给学生提供练习背诵的机会，青少年期是学生记忆力的最佳期，让他们多熟记背诵一些名篇佳作。

（1）背诵训练的要求。

各年级的语文教材中都提出了背诵的篇目或段落，凡要求背诵的内容，每个学生都应做到正确熟练地背诵。背诵时，不添字、不漏字、不颠倒、不结巴、口齿清楚、速度得当。对于已经能够背诵的课文，还要经常复习巩固，做到熟记于心，防止遗忘。

（2）背诵训练的方法。

背诵的基本方法有。①纲要法——根据课文结构的内容特点，将课文编成段落层次提纲，再按提纲进行背诵。②提问法——背诵前，将要背诵的课文转化为一个个问题，学生回答问题的过程就是背诵的过程。③关键词句法——确定关键词句，这些关键词句可以是首字、首句、过渡句、关联词语，也可以是重点词句等。④规律法——有些结构工整，句子之间、段落之间结构相似的文章，可以抓住规律进行背诵。⑤分解法——背诵的课文较长时，可以将课文内容分解，一部分一部分地背诵。⑥比较法——有些诗文内容大体相同，但写法有异，背诵后，过一段时间再回忆，容易发生张冠李戴的现象，对于这样的诗文可以采用比较法背诵。

（3）背诵的数量要求。四个学段背诵总量为240篇（段）。

2. 阅读智能的训练方法

有关研究证明，在大多数情况下，阅读活动中的视觉活动只占5％，而思维活动则占95％。可见在进行阅读技能训练的同时，应当重视阅读智能的训练。语文课程培养思维的基本任务就是让学生掌握基本的思维方法，具有较强的思维能力，具备完善的思维品质，养成良好的思维习惯。思维能力包括形象思维能力和抽象思维能力。

形象思维的训练，主要是阅读想象和阅读联想的训练。

（1）想象的训练。

阅读中的想象，主要是"再造想象"，即读者按照读物中的描述，在脑子里构成形象。训练想象可从两方面进行：一是引导学生想象文本中描绘的人物、图景等，常用图片说明、朗读、复述的方式，调动学生记忆中的各种表象；二是引导学生从作者的角度去想象，从中学习作者想象的思路和方法，常借助分析课文的构思特点和描写方法来调动学生的想象力。

阅读想象的方法训练法有：①扩展性描述，即把某些简明扼要的文字详尽地描述出来；②组合性编写，即把两个互相不关联、各自独立的材料，通过一定的手段组合在一起；③传奇性编创，即根据既定的阅读材料，编创离奇的情节或超常的故事；④推测性填补，即根据某一读物的内容加以发挥，进行增添补充；⑤表演性再现，即把具有鲜明形象的读物内容。用图画、图示、雕塑、短剧演示出来。

（2）联想的训练。

阅读中的联想是扩展读者思路、沟通知识、加深对读物内容和形式特点的理解的必由之路。如相关人物形象的联想，相似事物的联想，相反观点意义的联想，相近的读者个人经历和体验的联想等。这种由一事物想到另一事物的思维能力，具有"触景生情"、"由此及彼"的特点。

阅读联想训练可以从三方面进行：①丰富知识，扩大积累，帮助学生打好联想的基础；②启发引导、搭桥架梯，指导学生在阅读中发现"彼"与"此"的联系，通过联想把浅显的引向深入；③定向训练，按照联想产生和发展的规律，进行分解训练，提高联想的广度和深度。

阅读联想常用的几种方式：①接近联想，即由事物在时间和空间上的联系引起由此及彼、由今而昔的联想；②类似联想，即由事物间相似特点引起的联想；③对比联想，即由事物间相反或相对立的关系引起的联想；④关系联想，即由事物间各种关系，如因果关系、种属关系等引起的联想。

（3）抽象思维的训练，主要是"分析与综合"、"比较与概括"的训练和"思维品质"的培养。

①分析与综合的训练。

分析的训练，在教师指导下，学生对文章的整体作分解性理解，找出文章各部分、各方面、各因素之间的联系。在现代阅读理念指导下，分析能力的训练，要注意在整体把握的前提下进行，侧重于对文本语言的品味与理解，不能把文章切割成一个个知识块、能力块加以分析，使文章失去了整体的美。

综合的训练，与分析的训练在思维方向上正相反，是在分析的基础上，把文章各部分、各方面、各因素联系起来，概括成一个有机的整体，以求更深入、更充分地认识整体的本质特征。如对读物内容和材料的综合，对人物形象和性格的综述，对事件和情节的综合评述，对环境和场景的综合描述，对事物特征的综览认识，对文章表达方式或语言特点的概括，对文章主题思想的归纳或对阅读感受的陈述等。综合能力的训练对培养学生的语文能力具有更重要的意义。当然，分析与综合是相互联系和依存的，它们是一个相辅相成的完整的思维过程，不可将二者割裂开来训练。

②比较与概括的训练。

比较。有助于读者正确、深刻地认识和评价读物，有助于从广泛的比较中去把握读物等内容和语言形式的特点，更有利于学生创造性思维的发展。

通过阅读来训练学生比较能力的途径有：一是从同一篇课文中选取比较的内容，如人物性格的比较，事物特征的比较，论据作用的比较等。二是从不同读物或篇章中引出比较的内容，如两篇散文的风格比较，两篇记叙文在记叙顺序上的比较，两篇说明文在说明方式和方法上的比较等。三是从作者手稿与修改稿的对照中引出比较的内容，借以学习严谨的语言艺术。

阅读训练中的比较是多类型、多层次、多角度的：一是从比较的类型看，有求同比较、求异比较。二是从比较的层次看，有篇章比较、段落比较、选词用句比较。三是从比较的角度看，有时间先后的纵向比较，有分门别类的横向比较；有全局的比较，有局部点上的比较等。

概括，在阅读能力训练中对提高学生的理解水平起着关键的作用。为了准确把握作者在读物中所表露的观点、思路、情感、态度等，学生必须经由提炼、概括这一途径。概括的内容和范围是多方面的，如句内语意的概括，段落大意的概括，全文思想的概括，写作特点的概括等。在新的阅读理念中，尤其要重视培养学生对自己阅读体验和对文本认识的概括与表述能力。

3. 思维品质的培养

在阅读教学中培养学生的思维品质是开发智力、培养能力的主要途径。思维品质，又叫思维的智力品质，它是在思维发生和发展过程中所表现出来的个性差异。发散性思维，又称多向思维、辐射思维，就是沿着不同方向、不同角度思考问题，从多方面寻找解决问题答案的思维方式。它的表现形式为多向思维、侧向思维、反向思维，具有流畅性、变通性、独特性等特性。①流畅性，是指发散性思维用于某一方向时，能举一反三，迅速沿着这一方向发散出去，形成同一方向的丰富内容；②变通性，是指思维能从某一方向跳到第二、第三个甚至更多方向，使方向越来越多，可供选择的余地也就更多；③独特性，是指发散性思维的内容常常极富创造性，有时表现为突如其来的心有灵犀的领悟和理解，形成与众不同的独特见解。

四、文学作品的教学

（一）神话、童话、寓言的教学

1. 神化、童话、寓言教学的意义

（1）对学生进行情感态度和价值观的教育。

神话所反映的题材是关于宇宙的创造、人类的起源、自然界的变化以及人类与自然的关系等重要的哲学、史学问题，在教学中，如果能够结合唯物主义观点和现代科学的观点来解读，则既可以使学生正确地理解神话作品的思想内容，又可以帮助学生树立唯物主义的自然观和社会历史观。童话和寓言多以伦理道德和人生哲理为基本主题，体现了作者的人生理想和道德观念。学习这类作品，有助于培养学生辨别善恶美丑的能力，树立正确的人生观和惩恶扬善的道德规范。

（2）丰富知识，发展智力。

神话可以使学生对远古时期的社会状况，原始初民的智力水平、认识能力、生产生活方式等人类文化现象有所了解；寓言充满哲理，学生能从中受到启发，对社会、人生进行理性思考，从而提高认识能力和思辨能力。童话对开发学生智力，增长学生智慧有重要作用。

（3）提高学生的创造力和语言表达能力。

这些作品新颖独特的构思，生动活泼的语言形式，深入浅出的表达效果，对学生都有启发作用，有助于培养学生的想象能力和创新思维。

2. 神化、童话、寓言的教学策略

（1）分析神话人物，认识神化本质。

神话是人类童年时期，原始初民不自觉地把自然力神化、拟人化，而形成的以神为核心的幻想故事，如开天辟地神话、日月星辰神话、雷电神话、季节神话等，都是解释自然和宇宙创始的神话，是人类理性思维极不发达时期的社会意识形态。

（2）通过朗读、复述、编写童话等手段，加深对童话内容的理解。

童话语言对话较多，浅显易懂。童话的人物或是人，或是人格化的动物、植物，或是超自然的神仙、鬼怪、小精灵等；童话的情节离奇曲折，耐人寻味，富有戏剧性，适合表情朗读、复述和编童话剧。童话教学可以把学生带入童话世界，在体会人世间的悲欢离合中，同情和赞赏善良、友谊、机智、勇敢，憎恨和批判凶残、狡诈、愚蠢、自私。

（3）用寓言中的道理来评论现实中的人和事。

寓言往往假托短小生动的故事，来寄寓某种哲理，具有教谕、劝诫，或讽刺、歌颂的意义。如九年级《语文》中的《愚公移山》，就是把中华民族脚踏实地、艰苦奋斗、百折不挠的精神，通过愚公这个典型形象折射出来，以弘扬民族优秀传统。联系当代现实生活。如我国开展规模浩大的三峡工程建设，三峡库区人民积极响应国家号召。纷纷"移屋"，举家迁移他乡，重新建设家园。应该说这正是愚公精神在新的历史时期的一种表现，说明新时代的"愚公"们在认识自然、利用自然方面更加聪明、更加理性。寓言作品揭示某种哲理或主题，一般不直接表露，而是曲折地隐含于故事中，如七年级《语文》中的《塞翁失马》和小学二年级《语文》中的《揠苗助长》等，隐含着深刻的生活辩证法，教学时要带领学生联系生活实际去理解领悟。

（二）诗歌与散文的教学

1. 诗歌教学的意义

（1）陶冶性情，净化心灵。

诗歌是通过形象思维，用凝练、形象和有韵律节奏的语言，集中地反映社会生活，抒发作者思想感情的一种文学样式。语文教材中编选了大量不同时代、不同体裁的诗歌，内容丰富，形式多样。诗歌大多是言志抒情之作，诗人在诗中表现的思想倾向、道德观念、审美情趣，必然会对学生产生潜移默化的影响。如：七年级《语文》中的《登幽州台歌》中陈子昂那种"心事浩茫连广宇"的孤独寂寞，八年级《语文》中的《茅屋为秋风所破歌》中杜甫悲天悯人的济世情怀，八年级《语文》中的《行路难》中李白对世事艰难的慷慨悲吟，六年级《语文》中的《别董大》中高适豁达洒脱的人生态度等，都会感染学生，对学生心灵的净化起到一定的作用。

（2）体察民情，了解民风，知人论世。

诗歌是社会现实的反映，语文教材中所选的历代诗歌，反映了不同历史时期的风土人情，这有助于学生认识历史和现实，丰富历史文化知识。如读杜甫的诗，能从中了解唐朝连年征战给人民带来的痛苦；读高适、岑参的诗，能够领略到唐朝时期的边塞风光。

（3）培养语感和思维能力。

诗歌语言极为凝练，讲究韵律，富于音乐性，且饱含情感，富于想象。学生通过朗诵诗歌作品，在赏鉴的同时逐渐养成提炼、推敲、加工语言的习惯和兴趣。诗歌语言的简约、结构的跳跃以及比兴手法的运用，能给学生留下较大的想象和联想的空间，欣赏诗歌的过程，也就是训练学生艺术想象力和艺术再造能力的过程。

2. 散文教学的意义

散文有广义、狭义之分。广义的散文泛指诗歌、戏曲以外的所有文学样式；狭义的散文指与诗歌、小说、戏剧相并列的文学样式。这里主要阐述狭义散文教学的意义。

（1）进行情感、态度、价值观教育。

散文多为作者有感而发、因情而作，都或隐或显地体现作家对社会现实的哲学思考和道德判断，总是表明作者对社会、人生的理解和态度。阅读优秀的散文作品，能对学生起到陶冶情操、启迪悟性、促进形成正确价值观和人生观的积极作用。

（2）进行基本的思维和写作训练。

散文篇幅短小，文理清晰，特别是议论性散文，富有逻辑性；和论辩性，有利于训练学生的思维和提高思辨性。另外，散文取材灵活，结构精巧，语言简练，通过阅读教学可以提高学生的选材能力、构思能力和语言表达能力。

（3）开阔视野，及时了解社会动态。

散文取材广泛，宇宙自然、社会人生都是其反映对象。散文篇幅短小，反映生活迅速。学生通过阅读散文，可以从中获取多方面知识、经验，也可以及时了解社会发展情况，准确把握时代脉搏。

3. 诗歌教学的策略

（1）把握诗歌的抒情性特征，创设情感共鸣的氛围。

"抒情性"是诗歌艺术创作的基本特征，具体表现为诗情的真实性和典型性。诗情的"真实性"，指好诗都是"情动于中而形于言"的产物，是诗人内心情感的一种艺术表现。凡是感人的好诗，都是以真情的力量来打动读者、征服读者的。如陆游的《钗头凤》中"错！错！错！"、"莫！莫！莫！"饱含陆游对自己婚姻悲剧追悔莫及的满腔痛苦。又如艾青的《大堰河——我的保姆》、舒婷的《致橡树》、杨牧的《我是青年》等，都以真情动人心魄。诗情的"典型性"，指真正的诗都是典型情感的结晶。所谓典型情感，就是既具有独特的情感个性，又具有鲜明的情感共性，是个性与共性的统一。这种统一，能够超越时代的、阶级的、空间的限制，引发人们的情感共鸣。诗歌阅读教学中，教师要引导学生加强诵读，体会蕴藉丰富的诗情，真正做到把作者寄寓的情思化为自己的情感体验。如贺知章《回乡偶书》的悲喜交集，曹操《观沧海》的慷慨悲壮，陆游《示儿》的殷殷报国情怀等。

（2）探寻诗歌意境创造，培养诗歌鉴赏能力。

意境是诗所创造的艺术境界，具有意境是诗歌独特的艺术特色。所谓"意"，是经过物象化处理的情思，即抽象的情思表现为具体的景观；所谓"境"，又称"境界"。是诗人主观情感体验过的景物的艺术升华。清代王国维在《人间词话》中指出：境界分有我之境和无我之境。有我之境，以我观物，故物皆着我之色彩，如"泪眼问花花不语，乱红飞过秋千去"，"可堪孤馆闭春寒，杜鹃声里斜阳暮"；无我之境，以物观物，故不知何者为我，何者为物，如"采菊东篱下，悠然见南山"，"寒波澹澹起，白鸟悠悠下"。教学中教师要以优美、准确、形象、生动的语言，引导学生进入诗的意境，去体会诗人的情思，体悟诗人的感受。

（3）品味诗人的"炼字"，启发学生想象和联想。

语言的凝练是诗歌又一特色。如苏东坡《念奴娇·赤壁怀古》中"乱石穿空，惊涛拍岸，卷起千堆雪"句中"乱"、"惊"、"雪"，从形、声、色几个方面突出古战场的壮阔豪迈；毛泽东《沁园春·长沙》中"鹰击长空，鱼翔浅底，万类霜天竞自由"句中"击"、"翔"、"竞"，不仅写出了景物的动态感，而且突出了雄鹰的强劲和游鱼的自由自在。再如舒婷的《致橡树》中"你有你的铜枝铁干，像刀，像剑，也像戟；我有我红色的花朵，像沉重的叹息，又像英勇的火炬"。前句抓住橡树的特征，塑造了富有阳刚之气的男性主人公的高大形象，后句则紧扣木棉的特征，刻画了既有阴柔之美、更具坚韧独立品格的新女性精神风貌。诗歌的"炼字"往往表现为超常规的语序表达，如温庭筠的"鸡声茅店月，人迹板桥霜"，杜甫的"清新庾开府，俊逸鲍参军"等诗句中的用字或语序表达，都值得引导学生认真揣摩玩味。

4. 散文教学的策略

（1）重视散文主体性特征的把握。

散文是一种主体性很强的文体，它重在作家主体意识的坦诚流泻，传达作家对人生、自然、社会的歌颂或批判。郁达夫说散文最大的特征，是作家所"表现的个性"；朱自清说，散文就是要"表现自己"；刘白羽认为，散文就是作家的"血"和"感情"的"燃烧"。余秋雨曾经对学生说："我把想清楚了的问题交给课堂，把能够想清楚的问题交给研究，把想不清楚的问题交给散文。""想不清楚就动笔为文并不是不负责任，而是肯定苦闷、彷徨、混沌、生涩、矛盾的精神地位和审美价值。"这些散文大家创作的切身经验，说明凡是优秀的散文作品，无不涌动着作家对生活和人生的深层感悟和对生命现象、生活态度、人生真谛的诠释。因此，在散文教学中，必须重视致力于探究作品展现的主体个性美，把握作品对生活、对人生、对自然、对社会的深层的、独特的感受和理解；而不是像过去，仅仅从"题材广泛、手法灵活、形散神聚"方面去进行散文教学。

（2）抓住不同品类散文的特点进行教学。

语文教材中的散文，内容丰富、形式多样，但按其内容的性质和表达方式的不同可分为三个品类：一是记叙性散文，即以写人记事为主，它善于通过某些生活片段、生活场景和细节的艺术描写，来表现人物的形神风貌，揭示事件的审美意义。如鲁迅的《藤野先生》、唐弢的《琐忆》、朱自清的《背影》、杨绛的《老王》等。教学这类散文，应着力研究作者描写的人物、生活片段和场景，去领悟作者寄寓在这些描写中的主观感受和情思。二是抒情性散文，即以抒发作者的生活激情为主，寓情于景，寄情于物，借景抒情，托物言志，如茅盾的《白杨礼赞》、巴金的《灯》、史铁生的《我与地坛》等。教学这类散文，应着力领悟作者寄寓在景色、物象之中的情思，探讨作者情感抒发的方式，着力探求作者感情抒发和深化的过程。三是议论性散文，即以描述事理为主，但它并不是侧重议论的逻辑推理和严密论证，而是运用文学形象来发表议论，说理和形象相融注，议论和抒情相结合，具有鲜明的形象性和艺术性，如鲁迅的《论雷峰塔的倒掉》、《拿来主义》等；在教学中，对这类散文的分析研究，要注重揭示运用文学形象进行说理的作用，引导学生深入认识和理解形象的思想意义。

（3）理清散文的思路。

散文无论结构怎么千变万化，但总有一根贯穿全文的线索将文章连成一个有机的整体，这就是散文"形散神聚"的特点。抓住了文章的线索，就容易理清结构，把握文章的思路。体现线索的方式是多种多样的：或以序为线，即以时空的转换、人物的活动或事件发展变化的先后顺序为线索；或以物为线，即以某种特定的事物作为全文的线索；或以情为线，即以感情的发展变化为线索，来穿引整篇文章。

（4）启发联想，感受意境。

散文的意境，是作者主观思想感情与客观生活（人、事、景、物）的描绘熔铸在作品中，并能够引起读者充分想象空间的艺术境界。教学散文时，要引导学生通过联想和想象，开拓作品的意境，使学生进入散文所描绘的生活画面中，从而提高阅读鉴赏能力。如林觉民《与妻书》："初婚三四个月，适冬之望日前后，窗外疏梅筛月影，依稀掩映；吾与汝并肩携手，低低切切，何事不语？何情不诉？"这几句话描绘了林觉民夫妻安逸、恩爱的生活，让人如临其境，深受感染；然而面对国难当头，他却毅然发出"吾今死无余憾，国事成不成自有同志者在"的铿锵心声，这就尤其感人肺腑，真所谓："无情未必真豪杰，怜子如何不丈夫！"

（5）朗读成诵，增加积累。

朗读并背诵优秀的散文，能够形成多方面的积累，如语言的积累、生活的积累、思想和创造的积累等。因为阅读和阅读教学行为，是一种从经验到技巧、从技巧到艺术、从艺术到原则、从原则到哲学的积极发展过程，也是人由阅读的自然境界、功利境界向道德境界、人性境界过渡的过程。完成这样一个由阅读的功利境界到精神境界的过渡，必须经历三个阶段：其一，入境：昨夜西风凋碧树，独上高楼，望尽天涯路。其二，求索：衣带渐宽终不悔，为伊消得人憔悴。其三，领悟：众里寻他千百度，蓦然回首，那人却在灯火阑珊处。

（三）小说与戏剧教学

1. 小说教学的意义

（1）小说的人物对学生的精神产生影响。

小说是一种叙事性文学样式，它以塑造人物形象为中心，通过叙述故事和描写环境，形象而广阔地反映社会生活，具有其他文体所没有的震撼人心的艺术魅力。小说中正面人物的思想性格和言行举止，会对学生产生潜移默化的影响，对加强学生的道德修养。树立正确的人生观，有着积极的意义。小说对人物、环境、事件的描写，体现作家的审美观点和生活理想，学生会从中受到健康审美情趣的感染，提高审美趣味。

（2）丰富学生的知识和对社会、人生的体验。

古今中外的政治、经济、文化、宗教信仰、风土人情、自然景观，在小说中都会有所反映，学生通过阅读，可以扩大知识视野。小说用典型化的方法，形象地揭示社会生活的本质，介绍社会发展的方向和道路，学生可以从中了解和认识社会。小说中各种人物的命运、遭遇、结局以及造成原因的艺术再现，可以让学生间接地感受、体验人生的悲欢离合，认识人生的价值和意义。

（3）提高学生的鉴赏和写作能力。

小说是青少年喜爱的文学样式之一，其构思的新颖，描写的细腻，人物形象的丰富多彩，叙事方式的灵活运用，有利于指导学生阅读鉴赏小说，有利于培养学生写作能力。

2. 戏剧教学的意义

（1）优秀戏剧作品有激发情感的作用。

例如阅读莎士比亚的《罗密欧与朱丽叶》，会被两个年轻人忠贞不渝的爱情所打动，学习郭沫若《屈原》中的"雷电颂"，会对屈原的爱国情怀产生崇敬之情。

（2）获取社会知识和人生经验。

戏剧浓缩了社会生活的场景，给学生展示不同时代、不同阶级层、不同民族、不同信仰的人以及他们的不同人生。学生从这些内容中，能够了解不同时期的社会现实，从戏剧中刻画的人物身上，能分辨出真善美、假恶丑。如从莎士比亚《威尼斯商人》中，学生能够充分认识夏洛克吝啬与凶残的卑劣本性。

（3）提高戏剧的鉴赏水平和语言表达能力。

戏剧有完整的故事情节，有紧张、尖锐的矛盾冲突，有富有个性化的人物语言，学生阅读优秀的戏剧作品，可以提高戏剧文学的欣赏能力，同时提高自己的语言表达能力。如曹禺的《雷雨》中，情节的跌宕起伏、矛盾的纵横交错，周朴园与鲁侍萍几十年后偶然相遇的语言对话，都会给学生留下深刻的印象，提供学习的范例。

3. 小说教学的策略

（1）分析小说的情节结构。

首先，引导学生熟悉故事情节，理清情节发展的过程和线索。其次，注意情节发展的各个阶段，研究情节在小说中的重大作用。故事情节对于展示人物的性格和命运，表现小说主题思想有重大作用。因此从故事情节入手，常是小说教学的一个很好的突破口。再次，重视情节发展的偶然性。这正是小说构思精巧的特点，例如《项链》中的主人公最后才知道自己花了十年辛苦和磨难，拼命偿还的那条项链，原来是假的。这既出乎意料，但又在情理之中，因为前面的情节中有多处暗示铺垫。最后，注意分析情节对刻画人物的意义。如《失街亭》中诸葛亮挥泪斩马谡的情节，就展示了人物丰富而复杂的内心世界，是塑造血肉丰满的人物形象的重要一笔。

（2）掌握刻画人物形象的方法。

小说对于生活的反映和解释，是通过典型人物形象的塑造来完成的，人物形象是小说的主要要素。指导学生掌握刻画人物形象的常用方法：肖像描写、行动描写、语言描写、心理描写、环境描写、细节描写等。

①肖像描写。是指作者为了展示人物性格特征而对人物的容貌、姿态、风度、服饰等外部特征所进行的具体描绘。如鲁迅笔下孔乙己、闰土、杨二嫂、祥林嫂的肖像，如油画、像浮雕，又恰似电影特写镜头一般，栩栩如生地呈现在读者面前，令人难忘。

②语言描写。是指对典型环境中典型人物的语言进行描述。例如《故乡》中杨二嫂的语言：见到"我"的第一句话就是"哈！这模样了！胡子这么长了！"当她发现"我""愕然"时，又连续发出尖刻的责问："忘了？这真是贵人眼高……"当索取受拒绝时，又以语言报复："啊呀啊呀，真是愈有钱，便是一毫不肯放松，愈是一毫不肯放松，便愈有钱……"通过这些语言，惟妙惟肖地刻画了杨二嫂尖嘴厉舌、油滑泼辣、浅薄自私的性格特征。

③动作描写。是指作者为表现人物性格特征而对人物具有典型意义的行为动作进行的描绘，如《药》中的康大叔在刑场交易人血馒头时的动作："嚷道：'怕什么？怎的不拿！'便抢过灯笼，一把扯下纸罩，裹了馒头，塞与老栓；一手抓过洋钱，捏一捏，转身去了。"一个惯于在刑场上做交易的刽子手的老道、凶残、贪婪跃然纸上。

④心理描写。这是对人物心理状态的描写。如《项链》中描写路瓦栽夫人对于富贵奢华生活的梦想，把她向往"高雅和奢华生活"的隐秘心理表现得淋漓尽致。又如契诃夫《装在套子里的人》中对别里科夫战战兢兢的言行状态的描写，突出了他"千万别闹出什么乱子"的恐惧心理。

⑤环境描写。环境是人物活动的地方和故事发生的场所，特定的人物总是在特定的环境中成长起来的。所以，对小说中的环境描写的分析，也是理解人物形象一个极其重要的方面。环境描写包括自然景物描写和社会环境描写。社会环境描写，如《祝福》开头：通过"我"的见闻和感受，鲁镇年底那种"年年如此，家家如此，今年只要是买得起福礼的，照样还如此"的年底准备祝福的景象，暗示了辛亥革命后的旧中国农村，仍然被封建迷信和地主阶级统治着，这正是祥林嫂这个典型人物生活的典型环境。还有自然环境描写，如孙犁的《荷花淀》中水生嫂在自家院里编织苇席等待丈夫归来时的景物描写："她像坐在一片洁白的雪地上，也像坐在一片洁白的云彩上。她有时望望淀里，淀里也是一片银白世界。水面笼起一层薄薄透明的雾，风吹过来，带着新鲜的荷叶荷花香。"这样的描写，并不是为了达到诗情画意的效果，而是为刻画人物服务。这些美丽的景色，都是主人公眼中的景色。正因为家乡非常美丽，她们才会热爱家乡，才会积极支持丈夫离家打仗，才会在探望丈夫途中偶遇伏击战而表现得沉着勇敢，才会在秋后积极投入到波澜壮阔的抗日斗争中。

（3）分析理解人物形象的社会意义。

引导学生从两方面分析人物形象，一是联系写作背景和小说中的社会环境描写，挖掘人物形象的社会意义；二是鼓励学生个性化地解读人物形象，创造性地理解小说。例如《项链》中主人公玛蒂尔德，传统的"定论""是一个小资产阶级妇女形象，小说尖锐地讽刺了虚荣心和追求享乐的思想。"这种"一元理解"，显然不利于学生个性化解读能力的提高和创新性思维习惯的培养。在多元化解读的理念前提下，师生畅所欲言，会出现很多不同声音：爱穿漂亮衣服难道就是虚荣心？参加舞会何尝不是改变命运的一次机遇？在21世纪，安贫乐道还会是我们追求的目标吗？玛蒂尔德含辛茹苦，不惜以十年代价偿还债务，这不正是现代人所缺乏的"诚信"么？面对意外的命运，主人公义无反顾，毅然直面这惨淡的人生，靠自己的劳动堂堂正正的还债，不是很有些英雄气概吗？为了片刻的灿烂，甘心付出十年的艰辛而不后悔，这种韧性也值得称赞。诸如此类地带着时代特色的"个性化解读"，只要言之成理，就应当鼓励。

4. 戏剧教学的策略

(1) 指导学生演戏。

让学生带着准备演戏的任务自由阅读课文，然后扮演剧中人物，体验剧中人物的思想感情及其发展变化。在此基础上，再分析人物的个性化语言和性格特征。这样做的目的在于把学生都带入剧情，以引起情感的共鸣。

(2) 指导学生分析台词。

台词是分析人物和故事情节的主要依据，分析时着力挖掘台词所表现的人物性格特征。如曹禺的《雷雨》中周朴园认出眼前的"下人"就是和侍萍的一段对话："你来干什么？""不是我要来的。""谁指使你来的？""命，不公平的命指使我来的！"这几句台词，表现出周朴园冷酷、自私、善于自我保护的本性，而鲁侍萍的悲愤控诉，既揭示了周鲁二人30年的恩怨，又表现了鲁侍萍对自己悲苦命运的痛苦和无奈。在分析台词的过程中，要指导学生表情朗读台词，在朗读中体味角色的情感，掌握人物的性格特征，感悟戏剧所蕴含的思想。

(3) 指导学生编写剧本。

这是在理解戏剧的类型及特点基础上，进行创造性思维训练和语言表达能力提高的一个教学环节，关键在于尝试，不必追求专业化。练习编写剧本的形式很多，或自行创作一个短剧，或改写课本剧。也可把一首脍炙人口的小诗改写成剧本，例如杜牧的《清明》就可改写成简短的剧本。

五、实用文教学

实用文是指现代记叙文、说明文、议论文等现实社会普遍、经常使用的文章。它们是基本的、重要的阅读材料，是与现实社会的连接点。语文教学应当高度重视实用文的阅读教学，把培养实用的语文能力作为重要目标，以适应现代社会生活的需要。

(一) 记叙文教学

记叙文是以记叙、描写为主要表达方式来反映现实生活、表达作者思想感情的一种文章体裁。常见的有新闻报道、通讯、特写、回忆录、参观记、访问记、传记等。进行记叙文教学，必须注意把握其文体特征，探讨其教学的特点和规律。

1. 整体感知全文，领悟基本思想

记叙文有以记人为主和记事为主两大类型。以记人为主的记叙文，着重通过人的外貌、言语、行动、心理的描写，来认识所写之人的精神品质、道德风貌。以记事为主的记叙文，要抓住事件的发生、发展、高潮、结局的过程，了解人物在事件中的表现，从具体的人物、事件的记叙中，领悟事件的本质意义。

2. 理清思路，了解结构布局

记叙文的思路往往体现在线索的安排上。线索的类型有事、物、感情、诗句等。记叙文的结构类型有纵式结构、横式结构、纵横式结构。纵式结构，是以时间或事件发展过程为写作顺序的，如鲁迅的《藤野先生》。横式结构，是以空间场景的转换或按事件的性质分类为顺序组织文章的，如《琐忆》是以"俯首甘为孺子牛""横眉冷对千夫指"两句诗来结构全文的。纵横结合式结构，是时空交错的结构方式，如《包身工》，以时间为顺序，通过起床、早餐、上工、收工等四个生活场景的描写，巧妙地将包身工的全部悲惨遭遇，浓缩在一天的生活中，当中还介绍了包身工制度的形成、发展等因素，融入了深广的社会内容，深刻地揭示了主题。在掌握了文章的谋篇布局特点的基础上，研究文章怎样开头、结尾，如何伏笔、过渡、照应等问题，来提高学生的阅读和写作能力。

3. 学习表达技巧，提高读写能力

记叙文的表达技巧以叙述、描写为主，以议论、抒情为辅。叙述的技巧常见的有顺叙、倒叙、插叙、补叙等。描写有人物描写和景物描写。人物描写有肖像描写、动作描写、语言描写、心理描写等。景物描写有自然景物和人为景物的描写。总之要写触动心灵的人和事，写景要抓住景物的特点，写人要突出人的个性，叙事要有点曲折波澜。记叙文中的议论抒情，是在叙述和描写的基础上进行的，它不像叙述、描写那样，要求比较具体，而是要求精要，起到画龙点睛的作用。

4. 品味语言，培养语感

记叙文以记叙、描写为主要表达方式，生动形象是其语言的突出特点，往往通过运用动词、形容词来使语言新鲜、活泼、富有形象性。在阅读教学中，要体会领悟这些语言的艺术魅力。如朱自清《背影》中描写父亲的"背影"："蹒跚地走到铁道边，慢慢探身下去，尚不大难。可是他穿过铁道，要爬上那边月台，就不容易了。他用两手攀着上面，两脚再向上缩，他肥胖的身子向左微倾，显出努力的样子，这时我看见他的背影，我的泪很快地流下来了。"这段描写运用一连串的动词，把父亲对儿子的无限牵挂和浓浓的挚爱细腻地表达出来；而儿子潸然而下的泪水中，也折射出对父亲已老迈却困顿、颓唐的理解，更有自己不能为父亲分忧解难、让他安度晚年的愧疚。在这样的语言品味中，才能使作品所折射的人性之光，照亮学生的心灵世界。

（二）说明文教学

说明文是以说明为主要表达方式，用来介绍和说明事物、事理的文章。从内容上可分为两大类：一类是说明实体事物的说明文，如叶圣陶的《苏州园林》、茅以升的《中国石拱桥》；另一类是说明抽象事理的说明文，如谈家桢的《奇妙的克隆》、竺可桢的《大自然的语言》。说明文教学应把握以下几点：

1. 把握事物特征，领悟思想内容

如黄传惕的《故宫博物院》，抓住了故宫规模的宏大壮丽、布局的层次井然这一特点；《奇妙的克隆》突出了"克隆"这一现代科学技术的神奇玄妙；《苏州园林》则突出了苏州园林的共同特点——"务必使游览者无论站在哪个点上，眼前总是一幅完美的图画"；《看云识天气》则抓住了云的形态、色彩变化与天气变化的关系这一特征，进行有条有理的说明。建筑园林、名胜古迹是人类创造活动的实物记录，体现了人民大众的智慧，具有丰富的文化内涵；科普说明文，体现了人类在探索自然奥秘过程中要讲究科学精神、科学态度和科学的思想方法，这是阅读说明文首先要领悟的思想内容。

2. 理清说明顺序，掌握结构特色

人们接受知识的过程是按一定的认识过程由浅入深、从简单到复杂、循序渐进、逐步深化的，因此，说明文在结构安排方面也就必然遵循这一规律。有的按时间顺序说明。如《一次大型的泥石流》；有的按空间顺序，如《苏州园林》；有的按逻辑顺序说明，如贾祖璋《南州六月荔枝丹》、《花儿为什么这样红》。要让学生知其然，还要知其所以然，例如《南州六月荔枝丹》为什么要从成熟的果实写起这样的问题。

3. 研究说明方法，学习写作技巧

常用的说明方法有下定义、分类别、举例子、打比方、作比较、列数字、配图表等。例如法布尔的《绿色蝈蝈》，运用拟人和比喻，形象生动地说明蝈蝈的生活习性和外形特征。比较复杂的说明文往往要综合运用多种说明方法，《打开知识宝库的钥匙》、《语言的演变》等，运用多种说明方法，使内容丰富，兴味盎然，行文生动，浅显易懂。

4. 体会语言特点，增强表达能力

说明文的语言大体上有三个特点：一是正确、严密；二是简洁、明晰；三是生动、形象。如《中国石拱桥》，谈到《水经注》里的旅人桥时说"旅人桥，大约建成于公元282年，可能是有记载的最早的石拱桥了"，体现了语言的准确严密。《绿色蝈蝈》："耳朵灵的人，能听到弱肉强食处四周的绿叶丛中，蝈蝈在窃窃私语。那像滑轮的响声，很不引人注意，又像是干皱的薄膜隐隐约约的寒串作响。"这生动形象地写出了蝈蝈的习性。教学说明文还要鼓励学生尝试说明文的不同表述形式，如叙事式、散文式、诗歌式、童话式。叙事式说明文如2001年高考优秀作文《患者无诚信的就诊报告》；散文式，如叶永烈的《巨人族的英雄——钛》；诗歌式，如高士其的《我们的土壤妈妈》；童话式，如《对老鼠的审判》（2000年"人教版"高中语文读本第二册）。

（三）议论文教学

议论文是以议论为主要表达方式，运用逻辑推理来阐明道理，揭示事物之间因果联系的文章体裁。议论文种类比较复杂，而选入中学教材的多是常用的议论性文章，如社论、评论、序跋、杂文、讲演稿等。议论文和记叙文、说明文一样，在人们的日常工作、学习和生活中有着广泛的使用价值。

1. 识别论点、论据，体会思想内容

论点是议论文的价值所在，是文章的"灵魂"，即作者要表达的思想。抓住并正确理解中心论点。是阅读议论文首要的一步。中心论点的提出一般有四种情况：①在文章的开头，所谓开门见山、开宗明义，如吴晗的《谈骨气》、苏洵的《六国论》。②在文章的中间，承上启下，例如鲁迅的《拿来主义》、恩格斯的《在马克思墓前的讲话》。③卒章显志，在文章的结尾处归纳得出中心论点，如贾谊的《过秦论》。④隐含、渗透在整篇文章中，如闻一多的《最后一次演讲》。

论据是论证论点的根据，有事实论据、理论论据两种。写文章既要摆事实，又要讲道理，不可写观点与事例简单相加的文章。教学中要加强对说理精辟的章节反复朗读体会，增强语感。如苏洵《六国论》的开头一段，提出论点后进行精辟而周密的阐述，与下文遥相呼应，可谓点水不漏、天衣无缝。

2. 研究结构方式，揣摩论证的逻辑

议论文的篇章结构，通常有开头、中间、结尾三部分，即绪论（提出问题）、本论

（分析问题）、结论（解决问题）。议论文的论证结构，常见的有总分式、并列式、对照式、递进式四种。如《在马克思墓前的讲话》中两个"对于"是全文论证的总纲，它与下文构成"总分关系"。《拿来主义》中对待"大宅子"的三种错误态度是并列式，但与下文"拿来主义者"的态度又构成对比式。引导学生精读、揣摩、领会这些内容，有助于提高逻辑思维能力。

3. 探讨论证方法，训练思维能力

议论文的论证方法多种多样，从不同角度分，主要有以下几种：①从论证的性质看，有立论和驳论；②从逻辑推理的形式上看，有归纳法（由若干个别的具体事例，推出一般规律的论证方法）、演绎法（从一般规律推论到个别事物的论证方法）、类比法（从已知的特殊事物推论到相类似的特殊事物的论证方法）；③从论据的特点分，有例证法、引证法、因果论证法；还有正反对比法、比喻论证法等。

4. 体会语言的论辩性，学以致用

议论文语言具有准确性、鲜明性、生动性的特点。如《拿来主义》：这种奖赏（磕头贺喜讨来的"残羹冷炙"），不要误解为"抛来"的东西，这是"抛给"的，说得冠冕些，可以称之为"送来"。这三个词语体现了语言的准确性。又如《在马克思墓前的讲话》："他对这一切毫不在意，把它们当做蛛丝一样的轻轻拂去，只是在万不得已才给以回敬。"这生动地表现了马克思对敌人极度蔑视的态度。

六、文言文教学

（一）文言文教学的目标及意义

《义务教育语文课程标准》有关于文言文阅读的总体目标提出："能借助工具书阅读浅易文言文"。语文教科书中文言文的数量随年级的递增而增加。学习从历史发展的角度理解古代文学的内容价值，从中汲取民族智慧；用现代观念审视作品，评价其积极意义与历史局限；阅读浅易文言文，能借助注释和工具书，理解词句含义，读懂文章内容。了解并梳理常见的文言实词、文言虚词、文言句式的意义或用法，注重在阅读实践中举一反三。诵读古代诗词和文言文，背诵一定数量的名篇。（可参考附录一《关于诵读篇目和课外读物的建议》）民族传统文化是通过古代典籍记载得以保存和流传下来的，学习文言文，可以了解古代的社会状况和生活方式、思维方式，对于了解我国古代灿烂文明，继承民族优秀文化传统，培养爱国主义感情，具有无可替代的意义。同时，文言文语言的简约和凝练，结构的缜密和精巧，以及构思立意的匠心独运，都有利于学生阅读能力和写作水平的提高。

（二）文言文教学的基本内容

过去鉴于语文教学大纲规定文言文的教学目的是"培养学生阅读浅近文言文的能力"，教师在教学中则偏重于文言实词、虚词、语法、句法等知识的传授。而新课程语文课程标准在强调"继续培养学生阅读浅近文言文的能力"同时，又增加了"提高学生的文化素养"、"重视优秀文化遗产的继承"等目标。

1. 整体感知和领悟文章的思想内容

从语文学科的特点出发，坚持文道统一的原则，运用历史唯物主义的观点，对文言文的思想内容进行恰如其分的分析，吸取其精华，批判其糟粕或局限，是文言文教学必须把握的一个根本问题。

（1）前提——了解作品的时代背景和作者的有关情况。

古代作品是当时社会生活在作者头脑中的反映，它必然受到一定社会现实的和作者生活经历及思想倾向的影响，因此，了解作品的时代背景及作者的有关情况，是正确分析、深入理解文章思想内容的重要前提。如教学《孟子·鱼我所欲也》就必须让学生知道孟子生活在战国时代的复杂社会里，就提出人不能为物质欲望所迷惑和蒙蔽而失其本心。

（2）途径——因文解道。

"因文解道"就是通过字、词、句、篇等语文知识的学习，使学生正确理解文章的思想内容，这是深入理解文章思想内容的基本途径。如《两小儿辩日》结尾文章指出："两小儿笑曰：'熟为汝多知乎！'"启发我们观察事物要注意精神实质，不要以偏概全，同时告诉我们：无论什么人，哪怕是学识再渊博，也绝不可能无所不知。

（3）原则——批判地继承。

文言文反映了当时的生活和作者的思想感情，即使是精选的文质兼美的名家名篇，由于时代、阶级的局限，也会有精华和糟粕共存的情况。因此取其精华、去其糟粕，是分析文章思想内容的基本原则。如《师说》中韩愈对从师学习态度的肯定与赞赏，在当今，仍有积极的现实意义；而文中认为士大夫阶层天生应该比"巫医、乐师、百工之人"聪明的观点，则反映了阶级的局限性。

2. 了解并分析文章独到的表现形式

选入教材中的文言文，大多是文质兼美的佳作，具有高超的艺术技巧。在写法上，或叙事生动，刻画人物性格鲜明，如《廉颇蔺相如列传》；或说理透辟，具有严密的逻辑力量，如《出师表》；或写景优美，状物逼真，如《滕王阁序》。对这些独到的表现形式进行恰如其分的分析，吸取其艺术营养，对提高学生语言表达能力有着重要的作用。

（1）基本手段——因道悟文。

根据作品的思想内容，对表现形式进行分析，使学生认识到，内容对形式起决定作用，要从如何表现思想内容的角度去研究写作技法，这样才能充分体会文章构思的妙处，从中得到启发，并在写作中有所借鉴。如《邹忌讽齐王纳谏》：由"家事"而"国事"、由"比美"而"察政"的构思特点；《病梅馆记》托物言志的写法；《曹刿论战》、《崤之战》描写战争"避实就虚"的取舍等。

（2）研讨章法，学习借鉴。

有的文章讲究开门见山、开宗明义，如《岳阳楼记》、《芙蕖》；有的文章推崇水到渠成、卒章显志，如《石钟山记》、《游褒禅山记》等。

3. 学习语言，培养语感

当前在新课程实施中文言文教学出现了三个误区：一是内容上摒弃工具性，独树"人文性"；二是方法上摒弃讲练，只重"演""说"；三是手段上独尊"多媒体"。"因文解道"，即通过字、词、句、篇等语文知识的学习，使学生正确理解文章的思想内容，这是深入理解文章思想内容的基本途径。因此，文言文教学更不能只顾"道"而丢掉"文"。

（1）关于字的教学。

教学中应注意三种情况：一是"形近字"，如"析"与"柝"。二是笔画复杂的"难识字"，如"爨"、"镵"。三是古代的"异读字"。破音异读，如"沛公欲王关中"；通假异读，如"明日不可不蚤自来谢项王"；古音异读，如"周景王之无射（yì）也"。

（2）关于词的教学。

①掌握古今词义的变化。在教学中要注意把握三种情况：一是词义的扩大，如"曹操自江（专指长江）陵顺江东下"；"践华为城，因河（专指黄河）为池"。二是词义的缩小，如"亲戚（包括内亲外戚）或余悲，他人亦已歌"；"穷饿无聊，追购（悬赏追求、重金收买）有急，天高地迥，号呼靡及"；"衡少善属文，游（交游、游学）于三辅"等。三是词义的转移，如"烈士（勇敢刚烈之人）暮年，壮心不已"；"檐牙高啄，各抱地势，钩心斗角"等。

②了解古代汉语中"一词多义"现象。引导学生结合上下文在具体语境中理解词义。如"家贫，无以致书以观"、"使人遗赵王书"；"师者所以传道授业解惑也"、"吾师道也"、"吾从而师之"、"渔工水师虽知而不能言"。

③了解词类活用现象及其规律，增强语感。常见的词类活用类型有：名词用作动词，如"范增数目项王"、"假舟楫者，非能水也，而绝江河"；名词作状语，如"常以身翼蔽沛公"、"其一犬坐于前"；形容词用作名词，如"将军身披坚执锐"、"居庙堂之高……处江湖之远"；形容词作动词，如"使上官大夫短屈原于顷襄王"、"亦以明死生之大，匹夫之有重于社稷也"；动词用作名词，如"殚其地之出，竭其庐之入"、"退而甘食其土之有"；使动用法和意动用法也是一种常见的词类活用。使动用法，如"销锋镝，铸以为金人十二，以弱天下之民"、"李牧连却之"等；意动用法，如"吾妻之美我者，私我也"、"成以其小，劣之"等。

④了解虚词的作用及意义。在教学中让学生注意几方面：一是要把握文言虚词在某些语境中"虚词不虚"的特点。如"陈涉少时，尝与人佣耕，辍耕之（走）垄上"、"余亦悔其（自己）随之而不得极夫游之乐也"。二是掌握文言虚词的不同用法及其意义。一般紧扣单元教学目标，或者该篇课文后的相关练习题，不必追求其系统化。

（3）关于句的教学。

①熟悉古今不同的词序。首先，表现在宾语的位置上。宾语前置：如"大王来何操"、"自古及今，未之尝闻"、"句读之不知，惑自不解"、"惟利是图"。其次，表现在介词结构的位置上。介词结构后置：如"唐浮图慧褒始舍于（其址）"、"余方心动欲还，而大声发于（水上）"。再次，表现在定语的位置上。定语后置：如"求人（可使报秦）者未得"、"石之（铿然有声）者"、"马之（千里）者"。

②识别词语省略的现象。文言文中，省略词语现象很多而且情况复杂，它对正确理解句子和文意有着重要的影响。最基本而有效的方法，就是引导学生根据上下文意，推知被省略的成分。如："永州之野产异蛇，（蛇）黑质而白章，（蛇）触草木，（草木）尽死，（蛇）以啮人，无御之者。"

③掌握常用的固定句式。文言文中固定句式很多，如"……者……也"、"得无……乎"、"……孰与……"、"无乃……乎"、"不亦……乎"等。教学中要结合具体课文中的例句讲解它们的不同用途，以会翻译、能理解句意为主要目的。

（三）文言文教学的基本方法

《语文课程标准》有关文言文的教学建议是："古代诗文的阅读，应指导学生学会使用工具书，自行解决阅读中的障碍。文言常识的教学要少而精，重在提高学生阅读古诗文的能力。要求学生精读一定数量的古代优秀散文和诗词曲作品，教师应激发学生诵读的兴趣，培养学生诵读的习惯。"

1. 串讲

这是传统的文言文教学最常用的方法。"串"重在串通句子的意思和上下文的联系，

"讲"主要是讲解学生所不理解的字词的含义和用法。这种方法有讲有串，串、讲并行；它讲求词句落实，易于学生理解文章的意思，为进一步分析文章的思想内容和篇章结构铺平了道路。串讲课文应该注意的几点：①不能无的放矢，平均用力。要根据学生实际，明确学生困难所在，有重点有难点地讲。②不要旁征博引，搞烦琐考据；也不要海阔天空，漫无边际；更不要在枝节问题上纠缠。讲解词句、疏通文义，以使学生理解本文为度；能够通过串讲给学生留下清晰完整的印象。③倡导自主学习，鼓励学生借助工具书，自主探究知识，教师不可"代替包办"。

2. 评点

即对文章进行"评论"和"点拨"，在文章的关键处、词句的精细处设计点评，如文章的要旨所在、精彩之笔、疑难之点。选材立意、谋篇布局、遣词造句等，对它们进行评论、说明、分析，来启发学生的思维，帮助学生领会文章深刻的思想内容和匠心独运的艺术特色。点评应注意几点：①整体着眼，顾及全篇。"点"不可选得太多，失之烦琐、散乱，要突出重点、难点。②点评分析，要简明精练、要言不烦，力求内容贴切。③尽量引导学生自己评点，充分尊重学生的个性化解读或创造性发现。

3. 练习

为了使学生透彻地理解并掌握、巩固、消化所学的文言知识，教学中进行适当的练习是非常必要的。常用的练习方法有：①熟读和背诵。在熟读和背诵中品味语言的优美，体会感情的浓郁，领悟文意的深邃，理解构思的奇巧，等等。②试讲和回讲。旨在培养学生独立查阅注释、使用工具书的能力和自学习惯，能够调动学生学习的主动性与积极性，同时还可以提高学生的口头表达能力。③点读和翻译。点读，就是给没有加标点的文言文断句、加上标点。这是一种识字、辨词、析句的综合训练，它可以培养学生阅读文言文的能力。翻译的要求是：信——忠实于原文的内容；达——准确通顺，明白地表达原意；雅——语言要优美、流畅，符合规范。

（四）文言文翻译的策略

1. 注意特殊句式的翻译

（1）何由济乎？
（2）其李将军之谓也？
（3）石之铿然有声者，所在皆是也。
这些常见的倒装句翻译时要恢复成现代汉语的正常句式。

2. 把握固定句式的用法和意义

古汉语中有些不同词性的词，经常连用或配合使用，形成一种固定的格式。或称"凝固结构"，翻译时要注意这些习惯句式的翻译。

（1）如今人为刀俎，我为鱼肉，何辞为？——何……为：表反问，译为"为什么……呢"。

（2）舟已行矣，而剑不行。求剑若此，不亦惑乎？——语气委婉的反问：译为"不是……吗"。

（3）日饮食得无衰乎？——表推测语气：译为"该不会……吧"。

3. 注意偏义复词的取舍

偏义复词，即一个词由两个意义相近、相反的语素构成，其中一个语素有意义，另一个只作陪衬，翻译时该衬字省略。

（1）宫中府中，俱为一体，陟罚臧否，不宜异同。——不同。

（2）昼夜勤作息，伶俜萦苦心。——劳作。

（3）今有一人，入于园圃，窃其桃李。（《墨子·非攻》）种树之处叫"园"，种菜之处叫"圃"，此处专指"园"。

4. 理清互文合叙的顺序

（1）负者歌于途，行者休于树。（《醉翁亭记》）——负者行者在路上唱着歌，在树下休息。

（2）主人下马客在船，举杯欲饮无管弦。——主人和客人一同下马，上了船。

（3）素湍绿潭，回清倒影。（《水经注·江水》）——洁白的激流回荡着清澈的漩涡，碧绿的深潭倒映着周围的景物。

5. 准确传达比喻和借代的意思

（1）乃使蒙恬北筑长城而守藩篱。——边防屏障。

（2）万钟则不辨礼义而受之，万钟于我何加焉！——优厚的俸禄。

（3）大阉之乱，缙绅而能不易其志者，四海之大，有几人欤！——士大夫，做大官的人。

6. 注意婉辞表达

（1）五步之内，相如请得以颈血溅大王矣！

（2）今治水军八十万众，方与将军会猎于吴。——打仗。

（3）一旦山陵崩，长安君何以自托于赵？——喻帝王之死。这里指赵太后去世。

7. 注意典故使用

（1）称心快意，几家能够？司马青衫，吾不能学太上之忘情也。（《与妻书》）——司马青衫，指白居易；"太上之忘情"，修养最高的人，忘了喜怒哀乐之情。

（2）程婴、杵臼、月照、西乡，吾与足下分任之。（《谭嗣同》）——我要像杵臼、西乡那样为维新变法这个理想而死，以报答皇上；您要像程婴、月照那样为维新变法这个理想而出走，以图谋将来，我们各自担负自己的责任。

（3）时运不济，命运多舛。冯唐易老，李广难封。（《滕王阁序》）——我担心自己像冯唐那样轻易地衰老了，像李广那样难以得到封爵。

阅读能力是一项综合性很强的能力，因而影响这一能力的形成和提高的因素也很多。阅读教学最基本的目标是培育学生具有独立的、有创意的阅读能力。因此阅读教学首先要致力于激发和保持学生的阅读动机和兴趣，要根据学生的年龄特点和个性差异，以及阅读教学过程中对话的多重性和多角度，精心组织实施阅读教学。同时，阅读教学需要有教育哲学、教育心理学和教学论等理论的指导。教师要善于根据不同的阅读目标和内容以及学生不同的阅读心态，选择适当的阅读教学方法，有计划地发展学生的阅读能力。

【复习与思考】

1. 结合阅读的本质谈谈现代阅读理念的科学性。

2. 阐述阅读能力和阅读技能有哪些构成因素？

3. 结合一篇课文阐述阅读教学包括哪些具体内容。

4. 设计一篇体现新课程教学理念的单篇阅读教学方案。

【案例研究】一

《桥》教学设计

一、教材分析

本文是人教版小学五年级《语文》下册的课文。

《桥》全文共有 27 个自然段，通过一场山洪来临之际，记叙了老支书指挥全村一百多号人，安全通过木桥，而自己和儿子却被洪水吞没了的英雄壮举，生动地歌颂了共产党员一切为人民着想，舍己救人的高尚品质和共产主义精神。作者描写生动形象。

二、学情分析

学生已是十一二岁的学生，具备一般的是非辨别能力，能从中感受共产党员的模范作用。在学习人物刻画、环境描写方面的表达技巧等知识外，侧重情感价值观的教育。感受共产党人处处为人民着想，不怕牺牲的精神。

三、设计理念

根据课程目标的三个难度的要求，在本文中不仅要学习人物和景物的描写的技巧，而更重要的是要从情感态度和价值观入手进行人文教育，以便全面提高学生的人物描写和环境描写的技能，使之达到工具性与人文性统一。

四、教学目标

（1）认识："肆"、"揪"等 6 个生字，学会书写并理解本课的"咆哮"、"疯"、"狞"、"放肆"等字词。

（2）有感情地朗读课文，感悟和学习老支书在危难面前所表现出来的无私无畏、舍己救人的高尚品质和共产主义精神。

（3）学习记叙文的结构、顺序及有特色的语言和人物刻画、环境描写等方面的表达技巧。

五、教学重点

学习课文的人物描写和环境描写的表达技巧和记叙文的结构和顺序，体会和学习老支书忠于职守、舍己为人的崇高品质和共产主义精神。

六、教学方法

主要使用讲授法、讨论法、谈话法和演示法。

七、课前准备

搜集各地遭受洪灾的文字、图片或音像资料，让学生感受洪水对人类带来的巨大灾难。

八、课时安排：两课时

九、教学过程

第一课时

课时目标：

1. 认识："肆"、"揪"等6个生字，学会书写并理解本课的"咆哮"、"疯"、"狞"、"放肆"等字词。

2. 学习记叙文的结构、顺序。

3. 有感情地朗读课文，感悟老支书在危难面前所表现出来的无私无畏、舍己救人的高尚品质和共产主义精神。

教学过程：

（一）从"桥"引入课题，初步感知课文梗概

1. 播放搜集来的多处遭受洪灾的文字、图片或音像资料，让学生感受洪水对人类带来的巨大灾难。

2. 谈话引入课题。

我们在四年级学习过一篇课文《跨越海峡的生命桥》，今天，我们要学习的课文是《桥》，也是一座生命桥。

板书或用多媒体演示课题——《桥》。

请读课题《桥》。

我们要想知道这两座"桥"有什么同和不同吗？一起来学习这篇课文吧。

3. 初读课文，了解课文梗概。

要求：先解决生字新词，注意读准生字词的音，读通句子，难读的句子多读几遍，可放声读。

(1) 学生自由读课文，教师巡视，选择容易读错的几个字词讲解。

注意：读中认字，读中解词，读中组词，读中学写字。教师引导，学生参与训练。

①会认"揪"(jiū)、"瞪"(dèng) 等6个生字。

②会写"咆哮""疯"、"狞"、"揪"、"祭奠"等字词。

③解释"狞笑"、"放肆"、"祭奠"等词。

(2) 再读课文，概括课文的梗概。

可分角色读，读后概括课文的梗概。

请2至3个学生讲述课文的梗概。（略）

最后教师概括。

有一个村庄，原来村子有一座窄窄的木桥通往村外，这座桥和村子里的一百多号人一起经历了一场可怕的山洪。山洪袭来之际，一百多人在党支部英勇的指挥下，有秩序而又安全地通过了窄窄的木桥。老支书和他的儿子最后却被洪水吞没了。

二、根据故事发生、发展、高潮、结局的情结给课文划分结构段，并概括段意（注意：概括段意尽量用课文中的最简洁的原文）

1. 默读课文 教师巡视

2. 给课文分结构段

教师引导学生抓住关键词语概括结构段意，先请2至3个学生讲，然后教师小结，并

板书段意。

（1）发生（1～4自然段）：

读课文，抓住关键语句。

"黎明的时候，雨突然大了。像泼 。像倒。"

请看课文中的图1。

"山洪咆哮着，像一群受惊的野马，从山谷里狂奔而来，势不可当。"

"人们惊醒，你拥我挤，近一米高的洪水已经在路面上跳舞了。东西无路，只有窄窄的木桥。"

板书：

（1）发生（1～4自然段）：

山洪咆哮

人们无路

（2）发展（5－13自然段）：

读课文，抓住关键语句。

"洪水狞笑，人们跌跌撞撞地向木桥拥去"。

"老汉像一座山。"

请看课文中的图2。

"老汉沙哑地喊话：'桥窄！排成一队，不要挤！党员排在后边！'"

他指挥疏导，"一百多人很快排成队，依次从老汉身边奔上木桥"。

板书：

（2）发展（5－13自然段）：

老汉指挥疏导

人们排队过桥

（3）高潮（14～23自然段）：

读课文，抓住关键语句。

"水渐渐地蹿上来，放肆地舔着人们的腰。"

"老汉突然冲上前，从队伍里揪出一个小伙子，吼道：'你还算共产党员吗？排到后面去！'老汉凶得像只豹子。"

"小伙子站到后面。"

"木桥发抖，痛苦呻吟。"

"最后，只剩下他和小伙子。"

"小伙子推老汉先走，老汉推小伙子先走。"

"木桥塌了，洪水吞没了老汉和小伙子。"

板书：

（3）高潮（14～23自然段）：

桥塌了

老汉和小伙子牺牲了

（4）结局（24～27自然段）：

读课文，抓住关键语句。

"五天以后，老太太祭奠丈夫和他的儿子。"

（文章在最后才交代老汉和小伙子的关系，这个结局太出人意料了，太让人震惊了。老汉太伟大了……）

板书：

（4）结局（24～27自然段）：

祭奠英灵

（三）课后思考一下，老汉是个怎样的人？你是从哪些地方感受到的？

第二课时

课时目标：

1. 有感情地朗读课文，进行人物分析，进一步感悟和学习老汉无私无畏，舍己救人的共产主义精神。

2. 积累课文中的特色的语言，学习课文中的人物刻画、环境描写等方面的表达技巧。

教学过程：

（一）回顾上节课所学的知识及提问，进行人物分析

1. 老汉是个怎样的人？你是怎样感受到的？

引导学生找出有关句子。

先由2至3个学生回答，后由学生和教师共同认定。

预设：

师：作为一名共产党员，他忠于职守，临危不惧，他是无愧的；作为一个父亲，他和天下父母一样舐犊情深（疼爱儿女）。在生死关头，老汉做出的重大抉择，表现出的大爱，让我们为之动容。他的身上充满着崇高的人格魅力，闪耀着灿烂的人性光辉。

他是名优秀模范共产党员。

2. 老汉具有什么精神？

他具有临危不惧，英雄无畏，舍己救人的高尚品质和共产主义精神。

（二）课文是怎样描写这位英雄的？

先让学生讨论，师生共同认定。

1. 他像一座山。

他临危不惧，巍然屹立。

2. 老汉沙哑地喊话："桥窄！排成一队，不要挤！党员排在后边！"

话语简短有力，以严格的先人后己的党纪控制了危险局面，组织大家有序地撤离。

（学生：临危不惧、临危不乱、坚定果断、先人后己……）

3. 老汉突然冲上前，从队伍里揪出一个小伙子，吼道："你还算共产党员吗？排到后面去！"

老汉凶得像只豹子。

从"冲、揪、吼"这几个动词可以看出老汉表面上对小伙子很凶，实际上是严于律己，是对儿子的大爱，是一种不徇私情，大公无私的真实写照。

故后面又写他"推"小伙子先走。

这是对儿子的真爱。

（三）学习课文的语言特色及人物刻画、环境描写等方面的表达技巧（同学相互交流这样写的好处）

1. 课文多处采用拟人或比喻等修辞手法进行形象地描述。

（1）写洪水：

"雨突然大了。像泼 。像倒。"

"像受惊的野马……"

"在路面上跳舞……"

"洪水的狞笑……"

"放肆地舔着人们的腰。"

"水，爬上了老汉的胸膛。"

"小伙子被洪水吞没了。"

"老汉……也被洪水'吞没了'。"

这些语句让我们非常真切而又形象地感受到洪水的肆无忌惮，洪水就是魔鬼猛兽，突出了情况危急，渲染了紧张气氛。又衬托了党支书在大难面前临危不惧，不怕牺牲，舍己救人的高尚品质。

（2）写老汉：

"他像一座山。"

"老汉沙哑地喊话……"

"老汉冷冷地说……"

"老汉吼道……"

这些语句描绘了党支书动作果断，临危不惧，坚持原则，秉公办事，不徇私情，先人后己……歌颂了他的英雄无畏，舍己救人的高尚品质和共产主义精神，使得英雄形象更加高大。他真是全村人拥戴的优秀模范共产党员，是我们的好榜样。

（3）写木桥：

"窄窄的木桥……"

"木桥开始发抖，开始痛苦呻吟。"

"突然，那木桥轰的一声塌了。"

这些语句描绘了木桥的单薄，情况危险到情况十分危急，则面衬托了党支书的不徇私情，先人后己，舍己救人的高尚品质和共产主义精神。

这是一座什么桥？与我们在四年级学习过一篇课文《跨越海峡的生命桥》有什么不同和相同？（先让学生回答，后师生共同认定）

不同：载体不同。（表面）

相同：意义一样。（实质）

都是"生命桥"。

（四）我们想对英雄说些什么？怎样以自己的实际行动学习这位英雄？

1. 我们想对向英雄说些什么？（预设）英雄远离了我们，他们的亲人更是肝肠寸断、长跪不起。同学们，洪水无情人有情。面对此情此景，你最想说的是什么？请拿起手中的笔，用饱含深情的笔，把自己对英雄的哀思，对英雄家人的宽慰记录下来吧！

爷爷，我们想您！

老支书，慢走！

挥泪送别老支书！

我们永远纪念您！

2. 人们会怎样对待老太太，怎样对待老支书和她儿子的牺牲？

学生发言谈感受。

赡养老人，纪念英雄等。

（五）拓展学习

1. 写篇短文。联系当今的英雄和课文内容，谈谈怎样以自己的实际行动学习这位英雄？（感动中国 2011 十大人物：烈焰之中筑大爱——王茂华、谭良才；感动中国 2012 十大人物：吴菊萍——托举生命的最美妈妈等）

2. 拓展阅读，积累知识。（也可二选一）

（1）阅读《欧阳海之歌》。

（2）阅读《钢铁是怎样炼成的》。

【案例研究】二

《苏州园林》教学设计

一、教材分析

《苏州园林》是人教版八年级《语文》上册，第三单元的一篇讲读课文。

这是叶圣陶先生的一篇介绍江南园林建筑的说明文，此文准确把握了事物特征，原是为摄影集《苏州园林》写的序。苏州园林闻名中外，设计者与建筑者争奇斗巧，别出心裁，因此异彩纷呈，特色鲜明。而本文作者牢牢抓住苏州园林的"图画美"这一特征，从总体上介绍，顺畅自然，通俗易懂，不仅展现了深厚纯熟的文字功力，更显示了不同凡响的思维水平。

二、学情分析

学生已是十四岁左右的少年，具备一定的辨别能力，能从园林的美景中感受到自然美和人工美的巧妙结合，从而了解到苏州园林的特点，学到一些说明文的写作技巧。

三、设计理念

《义务教育语文课程标准》指出："在通读课文的基础上，理清思路，理解、分析主要内容，体味和推敲重要词句在语言环境中的意义和作用。""对课文的内容和表达有自己的心得，能提出自己的看法，并能运用合作的方式，共同探讨、分析、解决疑难问题。"本课主要是让学生自己去体味和推敲重要词句在语言环境中的意义和作用。采用边读边悟，读中悟道，尽量避免依赖于老师的传统习惯。

四、教学目标

1. 掌握并积累"轩榭、败笔、邱壑、嶙峋、镂空、蔷薇、明艳、因地制宜、重峦叠嶂"等词的语音、义，并能运用。

2. 学习本文准确、简洁、生动形象的语言，在从反复诵读重点词句的赏析中，体会文章的语言美。

3. 通过品读课文，学习本文的说明方法、说明顺序，了解总说和分说的结构特点，学习写说明文。

4. 整体感知课文，领略我国江南园林建筑的风貌，从而得到美的享受，并激发学生热爱祖国灿烂文化的感情。

五、教学重点、难点

重点：理清课文思路，把握课文的结构特点和写作顺序，学习本文准确、简洁、生动的语言，学写说明文。

难点：把握课文的结构特点和写作顺序，学习语言特色和写说明文。

六、教学方法

1. 点拨法与讨论法相结合。
2. 读与悟相结合。
3. 多媒体演示与文字讲解相结合。

七、课前准备

多媒体教室、录放机、示范朗读资料。有关苏州园林的资料和照片等。

八、课时安排：两课时

九、教学过程

第一课时

课时目标：

1. 掌握并积累"轩榭、败笔、丘壑、嶙峋、镂空、蔷薇、明艳、因地制宜、重峦叠嶂"等词的语音、义，同时能运用。

2. 学习本文准确、简洁、生动形象的语言，在从反复诵读重点词句的赏析中，体会文章的语言美。

教学过程：

（一）谈话导入

1. 引题

师：俗话说："上有天堂，下有苏杭。"苏州之所以获得"天堂"的美称，在很大程度上由于它拥有一批全国以至世界知名的古典园林。中国古典园林艺术家陈从周曾说："江南园林甲天下，苏州园林甲江南。"苏州园林究竟魅力何在呢？

让我们在清雅的古筝曲中，一起来欣赏园林的美景。（播放苏州园林的图片）

师：我们刚才看到的是哪里的美景？

生：苏州园林。

师：对。今天，我们一起来学习叶圣陶先生写的《苏州园林》。（板书或用演示板展示课题。）

2. 解题

师：同学们去过苏州吗？

学生回答。（略）

师：《苏州园林》写的是一处园林吗？

学生回答。（略）

师：对，不是一处，苏州城里有好多处园林，你们知道苏州城里有哪些园林吗？

先让学生回答，然后教师归纳。（也可用多媒分别演示）

（1）宋代的"沧浪亭"，是现存苏州园林中历史最为悠久的园林。

（2）元代的"狮子林"，以湖山奇石、洞壑深邃而享誉盛名，素有"假山王国"之美誉。

（3）明代的"拙政园"，拙政园与北京颐和园、承德避暑山庄、苏州留园并称为我国四大古典名园，现为全国重点文物保护单位。

（4）"留园"，园内有园、景外有景。沧浪亭、狮子林、拙政园、留园并列为苏州宋、元、明、清四大园林。

师：苏州市除了这四大园林还有很多园林，如"网师园"、"怡园"。网师园占地不及拙政园的六分之一，但小中见大，布局严谨，主次分明又富于变化，园内有园，景外有景，精巧幽深之至。建筑虽多，却不见拥塞，山池虽小，却不觉局促，因此被认为苏州古典园林中以少胜多的典范。怡园是苏州园林中建筑最晚的园林，因而得以博采众长，形成其集锦式的特点。

师：我们今天学习的叶圣陶先生写的《苏州园林》就是指这些园林总的景观特色。

3. 介绍作者：叶圣陶（1894—1988）原名绍钧，字圣陶，以字行。江苏苏州人。作家、教育家。代表作品有《稻草人》、《古代英雄的石像》、《倪焕之》、《多收了三五斗》等。他创作态度严谨，语言洗练优美，风格朴素自然，有"优美的语言艺术家"之称。（用多媒体演示）

（二）初读课文，整体感知课文内容

1. 用媒体播放课文，并配轻音乐。

同时多媒体演示与课文内容相关的苏州园林图片，如亭台轩榭、假山池沼、花草树木、花墙廊子等。

2. 让学生整体感知课文，谈谈对苏州园林里景观有什么感想？最好用课文中的原文概括。

生："是我国各地园林的标本。"

生："一幅完美的图画。"

生："各个角度看都成一幅画。"

生："是一幅好画"，等等。

（三）默读课文

扫除阅读课文的字词障碍，找出课文的好语句。

要求学生就有关描述苏州园林景观特色的句子和生疏词语做好标记。然后，与同桌讨论，也可用工具书解决词语的意思。

学生回答时演示。（预设）

1. 找词语：

"轩榭、败笔、丘壑、嶙峋、镂空、蔷薇、明艳、因地制宜、重峦叠嶂"等。

2. 找句子：

"一幅完美的图画"、"美术画"、"各个角度看都成一幅画"、"鱼戏莲叶间"、"是一幅好画"、"每一个角落都注意图画美"、"图案……雕镂……功夫都是工艺美术的上品"、"门和窗……图案美"、"显得……明艳照眼"等。

（四）品赏语言美

对以上这些准确、简洁、生动形象的语言，反复诵读。对重点词句的进行赏析，体会文章的语言美。

学生先找，然后讨论，最后教师认定。（注意：教师认定时尽量以学生的回答为准）

如："一幅完美的图画"、"美术画"、"图案画"、"图案美"、"图画美"、"鱼戏莲叶间"、"各个角度看都成一幅画"、"每一个角落都注意图画美"。

"讲究亭台轩榭的布局，讲究假山池沼的配合，讲究花草树木的映衬，讲究近景远景的层次。"

"高低屈曲任其自然"、"布置几块玲珑的石头"。

"高树与低树俯仰生姿。落叶树与常绿树相间，花时不同的多种花树相间，这就一年四季不感到寂寞。"

"有几个园里有古老的藤萝，盘曲嶙峋的枝干就是一幅好画。开花的时候满眼的珠光宝气，使游览者感到无限的繁华和欢悦，可是没法说出来。"

"墙壁上有砖砌的各式镂空图案，廊子大多是两边无所依傍的，实际是隔而不隔，界而未界。"

"苏州园林里的门和窗，图案设计和雕镂琢磨功夫都是工艺美术的上品。"

"简朴而别具匠心更显得各种花明艳照眼。"

（五）作业

1. 通过这节课的学习，写一篇对本文语言美的感想。（200字至300字）

2. 对本节课学习的有关词语进一步理解和运用。

第二课时

课时目标：

1. 进一步体会文章的语言美。

2. 通过精读课文，学习本文的说明方法、说明顺序，了解总说和分说的结构特点，学习写说明文。

3. 整体感知课文，领略我国江南园林建筑的风貌，从而得到美的享受，并激发学生热爱祖国灿烂文化的感情。

教学过程：

（一）检查上节课的作业

师：同学们，上节课要求写一篇读后感，写了的请举手。请几位同学读一下自己写的读后感。

请两三个同学读，供师生共同评论。（略）

（二）精读课文

1. 理清文章思路，划分结构层次，归纳段意

师：请同学们自由地读一遍课文，然后给课文划分结构段，并归纳段意。

注意：要求学生在归纳段意时，尽量用最简洁的课文原文，即苏州园林的特点来概括。

在划分结构层次，归纳段意时，每个环节都要先让几个学生发表自己的意见，经过学生讨论后，教师给予认定，教师认定时尽可能用学生答案。（略）

预设：（板书或用演示板演示）

第一层：（第一自然段）是我国园林的标本（全文总写）

第二层：（第二至第九自然段）"总是一幅完美的图画"（分写）

（1）（第二自然段）用四个"讲究"说明"一切都要为构成完美的图画而存在"（第二层的总写）

（2）（第三自然段）亭子、回廊"是美术画"

（3）第四自然段

①假山："重峦叠嶂"，"使游览者攀登的时候忘却苏州城市"

②池沼：活水、宽敞，绝不雷同的桥梁

池边沿高低屈曲，玲珑的石头

池里金鱼、鲤鱼、荷花、睡莲

"鱼戏莲叶间"

（4）第五自然段

①树木：高低俯仰生姿，落叶树常绿树相间，花时多种花树相间

②藤萝：盘曲嶙峋的枝干，开花时珠光宝气

（5）第六自然段花墙和廊子：层次多，"隔而不隔，界而未界"

（6）（第七自然段）"每一个角落都注意图画美"，书带草、爬山虎、蔷薇、木香、竹子、芭蕉

（7）（第八自然段）

门和窗："简朴而别具匠心"，"图案设计和雕镂琢磨功夫都是工艺美术的上品"，"高度的图案美"。

（8）第九自然段

建筑色调：墙壁白色，内墙壁下、屋瓦、檐漏一律淡灰色。

第三层：（第十自然段）无穷的美景，美不胜收。（全文总写）

师：简洁的话语，给人无限的想象。

2. 分析本文的结构

根据刚才的分析，请同学们想一想本文的结构，要求学生先个别回答，然后再由大家讨论认定。

总写（第一自然段）——分写（第二至第九自然段）——总写（第十自然段）。

（三）默读课文，找说明方法

师：同学们，刚才我们给课文划分了结构层次，归纳了段落大意。现在来默读课文，找一找本文用了哪些说明方法。

要先让几个学生发表自己的意见，经过学生讨论后，教师给予认定。（略）

预设（板书或用演示板演示）：

1. 下定义：如"是我国各地园林的标本"，"是一幅完美的图画"，"是美术画"，"是一项艺术而不仅是技术"等。

2. 举事例：如假山、池沼、亭子、回廊、花草树木、门窗等。

3. 作比较：如苏州园林与北京的园林比，图案画与美术画比等。

4. 打比方：如"开花的时候满眼的珠光宝气"，"是我国各地园林的标本"。

5. 摹状貌："如假山的堆叠……重峦叠嶂"、"古老的藤萝，盘曲嶙峋的枝干就是一幅好画"等。

6. 分类别：假山、池沼、树木、藤萝、竹子、芭蕉、花墙、廊子、门窗等。

（四）诵读课文，激发热爱祖国灿烂文化的感情

领略我国江南园林建筑的风貌，从而得到美的享受，并激发学生热爱祖国灿烂文化的

感情。

1. 分小组朗读。

每小组朗读一自然段，其他学生认真听。

2. 全班朗读。

3. 请几个学生分段诵读课文。

（五）作业

1. 学写一篇说明文。

可以介绍：一处街心花园、一个运动场、一个超市、一处农贸易市场或一个教室等。注意：把握说明的对象；抓住事物的特征；理清说明的顺序；掌握说明方法；揣摩说明的语言。（至少要用三种说明方法，字数500字以上）

2. 预习《故宫博物院》，查找有关图片和资料。

注：供参考。

第七节　写作教学

写作能力是语文素养的综合体现。本节前部分重在阐述写作的性质，澄清"写作"与"作文"概念的区别，研究新课程写作教学的目标和要求，理解写作教学新理念。后部分重点探讨如何培养写作能力和进行写作技能训练，并且通过对传统作文教学的反思。结合对近年来高考作文的分析与研究，重点阐述作文的立题、指导、批改和讲评的几个重要环节的规范化操作，力求避免写作教学过程中的随意性和盲目性。

一、写作的性质与写作教学新理念

（一）写作与作文的含义

"写作"和"作文"，在有关文章和教材中往往混用，在新颁布的《语文课程标准》中，目标名称与建议条款中也有混用现象。"写作"与"作文"在概念内涵上有无区别呢？顾明远主编的《教育大辞典》中对"作文"的注释是：①中国语文教学的组成部分；②中国清末学堂的科目。该书对"作文教学"的注释是："语文教学的组成部分。各级学校的语文教学都有这项内容，但要求不一样。"《现代汉语词典》对"写作"和"作文"的解释则区分出两者的本质不同："写作，写文章（有时专指文学创作）。""作文：①写文章（多指学生练习写作）；②学生作为练习所写的文章。"有人据此断定，语文教学中所进行的是"作文教学"，而不是"写作教学"。但是新颁布的义务教育阶段和普通高中阶段的"语文课程标准"，涉及作文教学的目标名称，或有关教学建议时，一般都用"写作"来表述，即使有的阶段目标条款中出现"作文"，也是取其名词义项。如第四学段的"写作"目标第8条中"养成修改自己作文的习惯……互相评改作文"，第10款中"作文每学年一般不少于14篇"我们认为，对作文教学的不同表述，正是语文课程标准较之过去的语文教学大纲，具有很大的弹性在作文教学方面的具体体现。如第一学段叫"写话"；第二、三学段叫"习作"；第四学段以及高中阶段叫"写作"。也就是说，随着学生年级的升高与思想的丰富，作文教学在模仿练习的同时，"鼓励学生自由地表达、有个性地表达、有创意的表达，尽可能减少对写作的束缚"。因此，用"写作"比"作文"更能体现新课程培养创新精神的教学理念。

（二）写作的性质

1. 写作是人的一种心理要求

写作是一种言语活动，是一种复杂的情感活动和心智活动过程。写作是个体的言语行为，是人的一种表达。所表达的是某一个体对事物的独特认识，因此语言形式往往表现为个性化色彩。

2. 写作是一种积极的情感活动过程

情有所感，才会有写的冲动，在具体写作过程中，情感活动会贯穿写作过程的始终。巴金曾说："我在写《家》的时候，我仿佛在跟一些人一同受苦，一同在魔爪下面挣扎。我陪着那些可爱的年轻生命欢笑，也陪着她们哀哭。"福楼拜说过，在写到包法利夫人服毒自杀时，自己也感到"嘴里砒霜的味道"。情感始终是写作的动力。

3. 写作是一种通过内部言语来操纵的技能

（1）要从记忆所存储的材料中调出有关知识、经验、思想，这既是一个活跃的想象和联想过程，又是一个从表达目的出发，进行一个选择的过程。

（2）对所选的思想材料进行编码，即运用较完善的内部言语，对所表达的内容进行分析，而后进行合乎逻辑的安排。

（3）将内部言语转化为外部言语，即选择恰当的词语来表达这些内容。

（三）写作教学新理念

1. 贴近学生生活，重视真情实感

《义务教育语文课程标准》在"习作教学建议"中指出："习作教学应贴近学生实际，让学生易于动笔，乐于表达，应引导学生关注现实、热爱生活、表达真情实感。"学生要写出诚实的、自己的话，就要去寻找习作的源头，源头"就是充实的生活"。贴近学生生活，就是要引导学生关注自然、关注社会、关注自己身边的人和事，积累生活素材，感悟生活真谛。生活是写作的源泉：只有贴近了学生生活，学生才能写出自己内心的真情实感。因此，在教学中，一是要少写命题作文，多让学生结合自己对生活的感悟和内心的感受自己命题，因为教师命题可能远离学生的生活，学生不一定"有话可说"，而学生自己命题才能写出真情实感。如果要写命题作文最好是给学生一个半命题作文，如"我最喜欢……"、"站在……的门口"、"我的一次深刻的……"等，学生对半命题作文有很大的自我写作空间，这个空间就是学生的生活。有时也可以给学生一个写作的范围，让学生根据自己的实际需要确定题目开展写作。二是切忌为文而文。为文而文，往往脱离学生生活实际，学生将会无话可写，那将得不偿失。作文是将自己的所见、所闻、所思、所想写出来，脱离了学生生活，写出来的作文也不会有真情实感。三是要开展形式多样的活动，让学生在活动中丰富生活素材，引起内心思考，触发写作内在动因。例如，组织学生参观访问、参加劳动、开展课外活动、进行科技小制作小实验等，以此丰富作文内容。一个好的语文教师应该关心学生，留心学生身边发生的事情，才能独具慧眼，小中见大，发现指导写作的材料。了解学生、熟悉学生、关心班级，是引导学生观察、思考的前提，也是做好命题、指导工作的前提。远离学生生活实际，学生不会写出真情实感的作文。

2. 鼓励自由表达，重视写作兴趣

《义务教育语文课程标准》提倡学生在写作过程中进行自由表达，尤其对于小学低中年级强调要不受文体束缚。例如，在第一学段提出"写自己想说的话，写想象中的事物，

写出自己对周围事物的认识和感想"；第二学段提出"能不拘形式地写一下见闻、感受和想象，注意表现自己觉得新奇有趣的或印象最深最受感动的内容"；第三学段提出"珍视个人的独特感受"。这表明，学生在习作中想说什么就写什么，想怎么说就怎么写；想写什么就写什么，想怎么写就怎么写，大胆放手，不要怕不合规范。

（1）教师要用儿童的眼光看儿童的习作。

儿童是天真烂漫的，他们是以儿童的眼睛观察世界，用儿童的心灵感受社会，感受生活，以童心写童真，他们表达的内容与成人世界的想象往往不同，有些离奇的想法在成人看来是不可思议的，但在儿童看来是天经地义的，所以教师不要用成人对社会的看法要求来规范儿童的习作。

（2）要激发学生的想象，要鼓励有创意的表达。

教师要让学生展开想象和幻想，尽情抒写想象中的事物。习作中无论选材、立意、结构、语言的某一方面有创意、出彩、有亮点都应加以鼓励。比如立意，既可以鼓励学生从"正面"立意，也可以鼓励学生从"反面"立意。只要是学生的真情实感，都要及时给予充分的肯定。

3. 培养写作习惯，重视个性发展

在写作教学中，培养学生写作习惯非常重要，它是提高学生写作水平的前提和保证。培养学生良好的写作习惯应注重以下两个方面。

（1）留心观察生活，养成积累写作材料的习惯。

叶圣陶先生指出："写东西要靠平时的积累，不但著作家、文学家是这样，练习习作的小学生也是这样。小学生今天写某一篇习作，其实就是综合地表现他今天以前的知识、语言、思想等方面的积累。"叶老此话强调说明了写作积累的重要性。因此，在写作教学中，要培养学生在平时的生活与学习中积累写作材料的好习惯。一是引导学生在生活实践中积累。写作材料的源头在丰富多彩的生活中，学生的生活阅历浅，知识经验不足，思想欠成熟，因此，要引导学生真正接触生活，从学校、家庭和社会中观察、体验、积累写作材料。从生活中积累，要引导学生树立观察意识，做生活的有心人；要教给学生观察的方法，如要全面细致、要注意角度与顺序、要抓住事物的特征与本质等；要借助观察日记、生活札记等方式随时记录。二是引导学生从阅读中积累。阅读，是作文积累的重要途径，它既可以帮助学生学习祖国的语言，积累丰富的语言材料，又可以使学生获得各种知识，还可以使学生受到思想的启迪和情感的熏陶，为写作能力的发展提供坚实的基础。

（2）努力养成认真修改自己习作的习惯。

"文章不厌百回改"，修改作文是认真调整思路、斟酌取舍内容、培养缜密思维的过程。《义务教育语文课程标准》高度重视作文修改，明确指出："养成修改自己作文的习惯，修改时能借助语感和语法修辞常识，做到文从字顺。能与他人交流写作心得，做到互相评改作文，以分享感受，交流见解。"

修改可根据每次习作的要求，从内容和形式两方面入手。看看思想是否正确，内容是否真实具体；段落层次是否清楚，语句是否通顺；用词是否准确，有没有错别字；运用标点是否正确等。修改的方式，既可以自己修改，也可以与他人共同修改。从修改的时间上看，既可以及时修改，也可以热写冷改。写作需要热情、灵感，有时作文写成之后，作者还保持着满腔的写作热情和良好的思维状态，趁热打铁修改，往往能事半功倍。但是，在多数情况下，写作刚刚脱稿，学生还没有跳出原有的思维定势，不容易发现写作上的毛病，"不识庐山真面目，只缘身在此山中"。遇到这种情况，教师要引导学生暂时把文章放下来，待原有的思维逐渐淡忘，走出"山中"，再回过头来用新的角度、新的眼光去审视原来的作文，就容易发现原来难以发现的毛病。故此，何时趁热打铁，何时热写冷改，应根据主客观条件来决定，重视个性发展。

4. 激励自我评价，增强写作自信

习作教学中的积极的评价方式，就是要求对学生的习作给予正面的鼓励。一般说来，正强化比负强化更具有激励作用，更能使学生产生成就感。心理学研究表明，经常不断地批评比经常不断地表扬更易失去效果。所以，在作文教学中，教师可从分数、评语、奖励等几个方面采取积极有效的方式对学生进行激励。

作文分数有测量和激励的双重功能，作文分数测量功能主要用在期中、期末的作文考试上。但在平时的作文评价上，应充分发挥分数的激励功能。要勇于给高分、给满分，让每个学生每次作文都能获得较客观的分数，使他们都能享受成功的欢乐，增强写作自信。

积极的评价方式要求评语具体，以激励为主，针对毛病提出建议，而不是求全责备，专挑问题，更不是讽刺挖苦。下面这位教师对一位四年级学生写的一篇题为《倒霉》的习作的评价（旁批和尾批），就很成问题。（见本节后面的案例研究）

二、新课程写作教学的目标及特点

（一）写作教学的地位与任务

1. 写作教学的地位

（1）写作是语文学习的重要内容。

写作是人终身发展必不可少的素养之一，在现代信息社会，写作成了生活中不可缺少的组成部分。

（2）作文是衡量语文素养的重要尺度。

叶圣陶先生说过："就学生说，作文是各科学习的成绩、各项课外活动的经验，以及平时思想品德的综合表现。"语文课程标准设计的五大学习任务，都能通过写作进行检测。

（3）学习写作为了更好地适应社会生活的需要。

写作教学的终极目标，是着眼于学生将来更好地适应社会生活的需要。

2. 写作教学的任务

（1）训练言语表达，提高语文素养。

写作是一项实践性很强的学习活动。写作训练，有助于提高识字写字、阅读、写作和口语交际的能力和发展智力；有助于训练语感、培养思维品质；有助于拓宽知识视野、提高文化品位和审美情趣；有助于形成正确的情感态度和价值观。

（2）提高认识能力，促进全面发展。

写作教学首先重在观察社会、认识生活。教师指导学生把写作的客观对象转化为写作内容的过程，也就是帮助学生准确地观察、认知、分析、研究自然现象、社会现象和精神现象的过程。每一次写作练习，都会引起学生思想、心理、精神、语言运用等方面的反应，对教育学生说真话、抒真情，培养道德情操，提升人格，形成健康高尚的人生观、价值观等，都有促进作用。

（3）发展思维能力，培养创新意识。

写作是极富个性化的学习活动，学生通过写作自由地、个性化地、有创意地表达自己的思想感情，表达自己对自然、社会、生活的认识，这对于培养学生自主意识、张扬个性、发展个性，有着不可替代的作用。

（二）义务教育阶段写作教学目标及特点

1. 义务教育阶段写作教学的目标

（1）总体目标。

写作教学的总目标，是国家针对学生特定的生理、心理特点，结合写作教学自身的规律，在语文课程标准中明确提出的总体任务。《义务教育语文课程标准》的写作教学总体目标的第 8 条中明确指出："能具体明确、文从字顺地表达自己的见闻、体验和想法。能根据需要，运用常见的表达方式写作，发展书面语言写作运用能力。"这与以前的《大纲》相比，这个目标表现了以下新思想：降低了要求，淡化了文体；写作的内容要求具体明确，文章的语句要求通顺；文体的要求只有纪实作文与想象作文两种。这种新思想实际上是鼓励学生从自由表达至个性化的表达。

（2）学段目标。①

第一学段（1～2 年级）写话：

①对写话有兴趣，留心周围事物，写自己想说的话，写想象中的事物。

②在写话中乐于运用阅读和生活中学到的词语。

③根据表达的需要，学习使用逗号、句号、问号、感叹号。

第二学段（3～4 年级）习作：

①乐于书面表达，增强习作的自信心。愿意与他人分享习作的快乐。

②观察周围世界，能不拘形式地写下自己的见闻、感受和想象，注意把自己觉得新奇有趣或印象最深、最受感动的内容写清楚。

③能用简短的书信、便条进行交流。

④尝试在习作中运用自己平时积累的语言材料，特别是有新鲜感的词句。

⑤学习修改习作中有明显错误的词句。根据表达的需要，正确使用冒号、引号等标点符号。

⑥课内习作每学年 16 次左右。

第三学段（5～6 年级）习作：

①懂得写作是为了自我表达和与人交流。

②养成留心观察周围事物的习惯，有意识地丰富自己的见闻，珍视个人的独特感受，积累习作素材。

③能写简单的纪实作文和想象作文，内容具体，感情真实。能根据内容表达的需要，分段表述。学写读书笔记，学写常见应用文。

④修改自己的习作，并主动与他人交换修改，做到语句通顺，行款正确，书写规范、整洁。根据表达需要，正确使用常用的标点符号。

⑤习作要有一定速度。课内习作每学年 16 次左右。

第四学段（7～9 年级）写作：

①写作要有真情实感，力求表达自己对自然、社会、人生的感受、体验和思考。

②多角度观察生活，发现生活的丰富多彩，能抓住事物的特征，有自己的感受和认识，表达力求有创意。

③注重写作过程中搜集素材、构思立意、列纲起草、修改加工等环节，提高独立写作的能力。

---

① 见《义务教育语文课程标准》。

④写作时考虑不同的目的和对象。根据表达的需要，围绕表达中心，选择恰当的表达方式。合理安排内容的先后和详略，条理清楚地表达自己的意思。运用联想和想象，丰富表达的内容。正确使用常用的标点符号。

⑤写记叙性文章，表达意图明确，内容具体充实；写简单的说明性文章，做到明白清楚；写简单的议论性文章，做到观点明确，有理有据；根据生活需要，写常见应用文。

⑥能从文章中提取主要信息，进行缩写；能根据文章的基本内容和自己的合理想象，进行扩写；能变换文章的文体或表达方式等，进行改写。

⑦根据表达的需要，借助语感和语文常识，修改自己的作文，做到文从字顺。能与他人交流写作心得，互相评改作文，以分享感受，沟通见解。

⑧作文每学年一般不少于14次，其他练笔不少于1万字，45分钟能完成不少于500字的习作。

（3）义务教育阶段写作教学目标的特点。

①重视学生写作兴趣的激发和培养，让学生对写作有兴趣、有乐趣、有自信心。

②重视学生对生活的感受、体验，鼓励学生留心观察，善于发现，珍视感受，有创意的表达。要求学生在写作中说真话、做真人。

③重视学生联想和想象能力的培养。注重方法的传授、技能的训练以及良好习惯的养成。

三、写作的能力培养和技能训练①

（一）写作能力的培养

1. 观察能力

（1）观察的含义及意义。

所谓观察，即运用外部感官直接感知外界客观世界的一种实践活动过程。观察是认识客观世界和社会生活的重要方法，对写作具有特殊意义。观察是搜集材料的重要途径。并且能激发写作动机和灵感。观察既是写作的基础，又是写作的一项基本功。观察能力，就是指作者凭借外部感官摄取信息、感受刺激的能力。

（2）观察能力的构成。

①注意力。要学习写作，就要做生活的有心人，时时处处调动自己的注意力，用自己的视觉、听觉、嗅觉以及内心审视，去观察了解事物的本来面目。养成"留心周围事物，乐于书面表达"的写作习惯。

②鉴别力。观察要善于从比较中鉴别"同中之异"或"异中之同"；鉴别力强，才能在司空见惯的客观事物和社会现象中，准确发现"真善美"或"假恶丑"。

③联想力。《中国百科全书·心理卷》解释："一般来说，在空间上或时间上同时出现或相继出现，在外部特征和意义上相似或相反的事物，反映在人脑中并建立联系，以后只要其中一个事物出现，就会在头脑中引起与之相联系的另一事物的出现，这便是联想。"对于写作，联想至少有两方面的意义：首先联想是拓展思路，把相关材料从记忆中调出来的关键；其次，联想与习作的立意有密切关系。有些文章的立意过程，正是作者对客观事物的意义赋予新认识的过程，而这种认识又是借助于联想的思维形式完成的。

（3）观察能力的培养途径。

①激发学生观察的兴趣。首先要让学生了解观察在写作中的重要性，其次注意因势利

---

① 李新宇主编：《语文教育学新论》，南京师范大学出版社，2006年版。

导，根据学生好奇、求新的心理特点，尽量利用各种机会，引导学生接触千姿百态的大自然，留心身边的人和事，关注社会热点、难点问题。

②教给学生观察的方法。其一，抓住特征。观察时只有精细地辨别事物的特征，写作时才能写出不同的人、物、场景以及细节，从而表达独到的思想和情感。其二，讲求顺序。要根据观察对象的特征，合理安排观察顺序：由远及近或由近及远；先里后外或先外后里；从整体到局部或从局部到整体；从起因、经过到结果或从结果到起因、经过；立足点不动，变换观察点，或观察点不动，变换立足点，等等。其三，比较观察。有两种取向：一是横向比较，即比较不同观察对象在同一时期或同一环境之下的异同，如朱自清《绿》为了突出梅雨潭水那醉人的绿，用了比较的手法：北京什刹海佛地的绿杨太淡，杭州虎跑寺的"绿壁"太浓；西湖的波太明，秦淮河的水太暗。二是纵向比较，即比较同一事物在不同时期的异同，如鲁迅《祝福》中对祥林嫂的三次肖像描写，概括了祥林嫂悲惨遭遇的几个发展阶段，反映了封建礼教杀人的本质。

（4）观察习惯的培养。

①培养学生随时留意的观察习惯。引导学生主动关心自己身边的人和事，并把自己的所见所闻、所思所感，用语言文字记述下来。

②培养学生认真细致的习惯。青少年学生容易粗疏、马虎，兴趣也容易淡化，因此要加强对学生观察的目的性、主动性、自觉性和耐久性的教育和培养，使学生在观察中养成沉着、冷静、认真、细致的好习惯。

③培养学生深入思考的习惯。观察，不仅仅是用眼睛看，用耳朵听，更重要的是用"心"去看、去听、去想、去感受。因此必须引导学生在观察中思考、在思考中观察的习惯。

2. 积累能力

（1）积累的含义及意义。

广义的积累，泛指写作主体对客体由外而内的一切摄取吸收，包括生活积累、知识积累、技巧积累、语言积累等。狭义的积累，专指写作材料的积累和储备。这里主要阐述狭义的积累。对学生进行积累材料的训练，目的不仅仅在于为写作储备材料，还在于指导学生多观察、多体验、多思考，做一个积极投入社会、关心生活的有心人。

（2）积累材料的分类。

①直接材料的积累。生活中通过耳闻目睹、亲身经历获取来的材料，就是直接材料，这是写作材料的主体。

②间接材料的积累。间接材料是指通过书面、屏幕、网上阅读获取的，不是作者亲身经历、直接接触的材料。间接材料对写作也非常重要，因为一个人不可能事事都经历，处处有体验。就文章而言，直接材料和间接材料总是相辅相成、互为补充的；只有两者有机的统一，文章的内容才会充实，有广度，有深度，有力度。

（3）积累材料的方法。

①通过细心观察世界、用心感受生活获得直接材料。观察、感受、体验的结果，可以用观察日记、随笔、周记、读书笔记等形式记述下来。

②通过广泛涉猎各类读物获得间接材料。养成到图书馆查阅资料的习惯，要善于利用网络搜集自己需要的资料。对这些间接材料的积累保存，可以摘抄、输入电脑。或剪贴、复印，有的还可记忆、背诵下来。

③增强记忆力。记忆力是写作活动的基础能力．没有良好的记忆力，写作时必然内容贫乏，形式单调。记忆大体可分两类：一是具体形象记忆，即指人、物、景、图像等的记

忆；二是抽象记忆，即指对语言、文字等抽象材料的记忆。这两类记忆是相辅相成、互相影响的，在写作中都有重要的意义。

3. 感受能力

（1）感受的含义及意义。

感受是指写作主体对客观事物的刺激产生相应的感觉、知觉所呈现的富有情感和个性的心理活动。感受是内情与外物的统一，主观与客观的统一。感受不同于观察。观察侧重于客观方面，着眼于捕捉客体的具体形貌；感受侧重于主观方面，着眼于主体的情感活动；感受总是在观察的基础上进行的。感受对写作有重要的意义。

①感受有助于积累深层的写作材料。文章不是生活的复制品，写作并非将所见所闻原原本本地纳入文章中，而是要经过真切的、深刻的感受，并融入强烈的、细腻的心理认识和情感。

②感受能激发写作热情和冲动。写作主体对生活的感受，不管是一时的、突发的，还是长期的、自然获取的，都可以诱发写作冲动。

③感受是写作立意的前提和传情的基点。写作主体对自然、社会、人生的感受越深刻、越独特，对某种思想或情感的体验越真切、越细腻；文章的立意就越高远、越不落俗套，抒发的情感就越感人、表现的思想就越深邃。

（2）写作对感受的基本要求。

①感受要独特。感受是一种心理活动，具有浓厚的个人主观色彩。每个人的生活经验、知识积累、兴趣爱好、心境情绪，都各有不同，因而对生活的感受也必然有差异。例如同样是面对夕阳，唐代诗人李商隐会感慨"夕阳无限好，只是近黄昏"；朱自清则觉得"但得夕阳无限好，何须惆怅近黄昏"；而叶剑英元帅却挥毫写道："老夫喜作黄昏颂，满目青山夕照明。"抒发了一个老一辈无产阶级革命家对祖国前途命运信心百倍的豪情。又如，来鹄《梅花》诗中指斥梅花"占得早芳何所利，与他霜雪助威棱"，主要针对那些为虎作伥的小人有感而发；陆游《咏梅》一同赞扬梅花"零落成泥碾作尘，只有香如故"，就一种坚贞不渝的人格有感而发；而毛泽东的《咏梅》词中道："已是悬崖百丈冰，犹有花枝俏"，则写出了一种临危不惧的品质。

②感受要敏锐。观察事物要有一双慧眼，发挥自身的能动作用，迅速捕捉事物的美；同时，又要有敏锐的思维，迅速捕捉自己内心细腻、微妙的情绪和感情波动。宋代词人李清照，晚年身处国破家亡的落寞，面对秋天乍暖还寒的天气、峻急的晚风、飞行的雁群、堆积的黄花、滴雨的梧桐，极其敏感，用"寻寻觅觅，冷冷清清，凄凄惨惨戚戚"描写出自己百无聊赖的心境，发出了"这次第，怎一个愁字了得"的旷世慨叹。

③感受要深刻。作者感受深刻，所写文章就会深刻。感受深刻取决于两个方面：一是客观事物对作者的刺激作用。一般情况下，刺激越尖锐、越强烈，作者的感受就越深刻。二是作者的主观能动作用。即作者面对客观事物，通过选择、想象、联想、分析、思考，来强化感受的广度和深度。如面对西北高原上一排排普通的白杨树，茅盾却看到了它的不平凡处："虽在北方风雪的压迫下，却保持着倔强挺立。"并且想到它是象征着北方的农民质朴、坚强、力求上进的精神，进而写出一篇脍炙人口的散文《白杨礼赞》。

④感受要细腻。要想使文章收到以小见大、见微知著、生动感人的功效，就要求作者观察细致入微，感知精确细腻，表达独特传神。例如余光中的散文《听听那冷雨》中"先是料料峭峭，继而雨季开始，时而淋淋漓漓，时而淅淅沥沥，天潮潮地湿湿，即使在梦里，也似乎把伞撑着。"通过细腻的笔触渲染了"冷雨"季节的氛围，给人带来一种"连

218

思想也都是潮润润"的感受。又如流沙河《就是那一只蟋蟀》通过那只蟋蟀"在夜夜唱歌","在海峡这边唱歌,在海峡那边唱歌","在你的窗外唱歌,在我的窗外唱歌",揭示了"中国人有中国人的心态,中国人有中国人的耳朵"。在表达乡愁主题上,与余光中的《乡愁》有着异曲同工之妙。

(3) 感受能力的培养。

①积极参加社会实践。这是培养感受能力的根本途径,要引导学生投入丰富多彩的社会生活,关心生活、热爱生活,在亲身观察、体验中,有意识地培养感受身边的人和事的良好习惯。

②培养敏锐的感知能力。感知即感觉和知觉的合称,是人的认识过程的初级阶段。人们感受客观事物,主要通过眼、耳、鼻、舌、身五种官能,因此要训练学生灵敏的观察力和独特的体悟力,要开放五官,不失时机地追踪与摄取有写作价值的信息。如朱自清在《荷塘月色》中对月色下的荷叶、荷花、荷波、荷香的感知,就是调动了多种感官完成的,其中"微风过处,送来缕缕清香,仿佛远处高楼上渺茫的歌声似的"一句,就是运用"通感"手法,极为细腻传神地写出荷香隐隐约约、若有若无的特征。

③积淀丰富的情感经验。情感是人对客观事物所持态度的一种心理体验。丰富的情感经验是文章丰富生动的土壤。诗人余光中,如果没有骨肉分离的切肤之痛,没有对台湾与大陆"咫尺天涯难相见"的深沉思考,就难以把"乡愁"这一平凡而又深邃、具体而又抽象的情感话题,浓缩在"一枚小小的邮票"、"一张窄窄的船票"、"一方矮矮的坟墓"、"一湾浅浅的海峡"上。学习写作,就要对生活进行多元化的情感体验,要深入到不同人等的内心世界,去观察、体验他们的心理、情感,从而丰富自己的情感积淀,培养、提高、丰富、发展自身的感受能力。

4. 思考能力

思考是人的大脑对客观事物的一种间接的、概括的、能动的反应。它以感觉、知觉、表象为基础,以语言为工具,运用归纳、演绎、分析、综合等思维方法,对客观事物进行由感性到理性的认识,揭示事物的本质和规律。思考贯穿于整个写作过程,审题、立意、选材、构思、表达、修改等,都是在思考的直接指导下进行的各个环节。思考能力是写作的核心能力。

(1) 提高归纳、演绎和分析、综合的能力。

①归纳与演绎:归纳,就是从个别到一般,即从许多同类的个别事物中,经过分析,概括出一般原则的思维方法。演绎,就是从一般到个别,即从一般的原则出发,推论出个别事物的认识。写作中,从材料中提炼主题,主要用归纳;在主题基本确立,根据主题的需要来选择典型、新鲜、生动的材料,就要用演绎。

②分析与综合:分析,就是把客观事物整体分解为各个部分、方面、要素,然后逐个加以研究的方法。综合,就是在分析的基础上,把对象的多个部分、各个方面、多个环节、多种因素,联系起来加以整体考察的方法。观察生活,选择材料,确立和提炼主题。安排结构,都离不开分析和综合。

(2) 加强联想和想象的训练。

所谓联想,通俗地说就是见到甲而想到乙。写作中运用联想,主要目的有两个:其一,就文章全局来说,联想能拓宽思路,弘扬题旨;其二,从文章的局部来说,运用联想能丰富和深化文章的内容。联想有各种分类方法,按联想产生的内容可分相似联想、相关联想、相对联想。

①相似联想。相似，包括"形似"与"神似"两种。利用形似而产生联想，如由一个"圆"的图形，想到月亮，想到月饼，想到各种圆的事物；又如，由杨万里的"接天莲叶无穷碧，映日荷花别样红"，想到他的"小荷才露尖尖角，早有蜻蜓立上头"，想到周邦彦的"叶上初阳干宿雨，水面清圆，一一风荷举"。利用神似而产生的联想，如由"出淤泥而不染、濯清涟而不妖"的荷花，想到古今高洁之士；由"日行一千、夜行八百"的千里马，想到当今的改革家形象，等等。

②相关联想。相关，指两事物之间有因果关系、从属关系，或者在时间、空间上有所关联。如看到赤壁想起曹操或苏轼；看到红军鞋想到老区人民对红军的殷切希望；看到"烟枪"和"烟灯"想到中国积贫积弱的近代史等。

③相对联想。相对，是指两事物之间有对比或对立关系。如由欢乐想到烦恼；由顺利想到困难；由某人的成功想到其成功道路的艰难困苦；由眼前的崭新面貌想到当年的荒凉贫瘠等。

所谓想象，就是人在头脑里对记忆中的表象进行分析综合、加工改造，从而形成新的表象的心理过程。"表象"，即在记忆中所保持的客观事物的形象。想象根据内容可分为两种：

①再造想象，是指根据现成的语言或其他手段的描绘，在头脑中再造出相应的新形象的心理过程，阅读活动中用的主要是再造想象。

②创造想象，是指在脱离眼前知觉对象的情况下，运用记忆中的表象独立创造出新形象的心理过程，写作活动中用的主要是创造想象。如鲁迅在《我怎么做起小说来》中说："人的模特儿也一样，没有专用一个，往往嘴在浙江，脸在北京，衣服在山西，是一个拼凑起来的角色。"此话道出了作家写作时进行创造想象的过程。

（3）学会综合运用多种思维。

人的思维形式主要有三种：①形象思维，是指以表象为工具，通过联想、再现、想象来组成形象、画面的思维活动。它最突出的特点是鲜明的形象性、浓郁的情感性。②抽象思维，是指以分析与综合、归纳与演绎等为基本方法的一种思维形式。③灵感思维，是指人们在科学或文艺创造中，突然出现的、瞬间即逝的顿悟、理解、豁然开朗的一种思维形式。写作中的灵感思维，可以使作者迅速获得精巧的构思、动人的情节、美妙的语句等。由于这三种思维形式在写作实践中相互联系，相互交叉，所以应当综合起来加以运用。

（4）学会辩证思考问题。

辩证思考，就是要求全面地、统一地认识事物，联系地、系统地看待事物，灵活地、变化地考察事物，具体地、实践地分析事物。如 2003 年高考江苏一篇高分作文《眼中的水》（话题为"水的灵动，山的沉稳"）末尾：

正视水的人们说水仅仅是自然界的一种物质。

不同的人们怀着不同的感情去看待水。我看到的是水的柔美，他看到的是水的狡诈，只有正视水的人才看到水的真谛。

你若爱水，水便是美的；

你若恨水，水便是丑的；

只有你正视水，水才是真实的。

水犹如此，他物又何尝不是如此呢？

（5）善于运用创造性思维来表情达意。

创造性思维是指突破已有思维定势与方法，在揭示事物本质的基础上，向人们提供区别于他人的思路、方法、认识的思维。

创造性思维主要包括发散性思维和聚合性思维：发散性思维，又称多向思维、开放思维、求异思维，是以一个信息为圆心向四周进行发散性思考的思维活动。这种思维的流程是多向的、多线的，不依常规、寻求变化、从多方面寻求答案的，在写作教学中引导学生进行发散性思维，就是要追求思考问题角度的广泛性，分析问题观点的创新性，作文构思立意的多元性。聚合性思维是指作者从若干不同信息源上开始，中外向内地向一个中心集中的思考活动，也称求同思维、集中思维、辐射思维。依据多元化题目写作，就必须运用聚合思维。例如1983年高考作文题《树木·森林·气候》，写作时就要聚合这三者的内在联系。

5. 审美能力

（1）审美的含义及特征。

审美是人对客观事物的美的品鉴和领会，是人类特有的一种心理功能。审美的对象非常广泛，社会的、自然的、艺术的客观实体，都可以作为审美对象。写作中的审美有两个特征：一是情理兼容，即作者的审美，既是情感的，又是理智的；在生活体验中获得美、感受美，同时靠理智和情感去鉴别美、发掘美和开拓美。二是思维的多样性，作者从产生美感到作出审美鉴赏和评价，要调动形象思维、抽象思维等多种思维方式。

（2）写作对审美的基本要求。

①形象性。对客观物形象的表现程度越鲜明，美的表现也就越鲜明；要发现美、感受美、表现美，首先要把握审美对象的形象性。

②情感性。在整个审美过程中，审美主体总是或多或少、或强或弱地进行着各类情感的体验和作出相应的情感反应，凡是被情感渗透滋润过的，无论是人还是物，都会呈现出特有的光彩和动人的生命力。如作家张抗抗，面对令人叹为观止的大自然奇迹——地下森林，展开想象的翅膀，思绪飞越千年万载，用生花妙笔，成就了一篇撼人心魄的杰作《地下森林断想》。其中有一段字里行间闪耀着人性之光：

山顶的鱼鳞松时时顾盼着它。虽然相对无言，却是心心相通。它敬仰峡谷深沉的品格，钦佩峡谷坚韧的毅力，它为阳光的偏爱愤懑，为深渊的遭遇不平。秋天，它结下沉甸甸的种子，便毅然跳进峡谷的怀抱，献身于那没有阳光的"地下"，也许为它所感召，纯洁的白桦、挺拔的青杨、秀美的黄菠萝，它们勇敢的种子，都来了，来了。一粒、几十粒、几百粒。不是出于怜悯，而是为了试一试大自然的生命力究竟有多强……

③功利性。就个人而言，审美具有非功利性。人们在审美过程中，并没有个人实用的、功利的目的性，只是在不知不觉中获得美的感受和精神的满足。就社会而言，审美却具有功利性。写作就体现了这种社会功利性，这种功利性主要指写作的教化作用。在文章中表现高尚的情操，纯美的心灵，崇高的思想境界和人格品质等，这些都将有益于弘扬正气，树立公民道德规范，推动社会文明进步。

④真实性。求真、至善、达美，既是做人追求的目标，也是为文追求的目标。写作中的求真包括三方面：一是外物真。文章所写是真人真事，至少要符合生活的真实。二是意蕴真。审美对象的内在规律、意义是客观存在的，不是虚幻的。三是情感真。说真话、诉真情是作文的基本要求，没有真切的审美情感，写作时往往言不由衷，矫情造作，空话连篇。

（3）审美能力的培养。

①培养健康高尚的审美观。审美观是审美主体从审美的角度对客观事物的一种判断和评价。人的审美观是其世界观、人生观的重要组成部分。在写作教学中，要培养学生正

确、健康、高尚的审美观，首先要引导学生学习掌握科学的美学理论；其次要组织学生进行健康的审美实践活动，包括社会、自然、文学、艺术等范畴。理论学习与实践活动互相结合，有利于形成健康高尚的实践活动。

②培养审美感受能力。审美教育的本质在于培育美的意识和美的精神。比如，自然现象是客观存在的，基本上无所谓美与不美，正如"水"，你若爱它，则有"柔情似水"、"鱼水之情"、"水光山色"之类的赞颂之词；你若恨它，就会联想到"穷山恶水"、"洪水猛兽"、"水性杨花"等不好的事物。因此，要让学生深入生活，观察生活，准确捕捉生活中的人、事、物、景的美之所在，以及自己对这些美的感受，并诉诸笔端。

③培养审美鉴赏能力。鉴赏即鉴别和欣赏。鉴别，就是区分美与丑，识别美的形态、范畴和程度。欣赏，就是领悟和评价审美对象的美。例如，白居易在《长生殿》中的一段描写："眼看猫睛石，额雕玛瑙文，密蜡装牙齿，珊瑚镶嘴唇。"这是在以美写丑，写出一个丑女俗不可耐的形象。对社会、人生中的审美鉴赏，表现在对"真善美"与"假恶丑"的挖掘、发现、鉴别和推崇、扬弃。

（二）写作技能的训练

1.审题立意技能

审题立意是写作的第一步，而且是作文成败的关键一步。审题，就是认读、分析、研究题目，弄清命题意图，包括题目内涵、主题、写作对象、选材范围、写作重点、体裁等相关要求。立意，就是确定在文章中要表达的中心意思，即观点、主题或思想感情。

（1）命题作文的审题立意。

所命之"题"，可以是一个词，如"筷子"（2005年重庆高考作文题）；可以是一个短语，如"留给明天"（2005年天津高考作文题）；也可以是一个句子，如"今年花盛去年红"（2005年辽宁高考作文题）。不管哪种类型的题目，审题时都要做到正确分解题意，准确揭示本质。

①弄清字面意思，全面把握内涵。从题目的内容、语法、要求或暗示的体裁、人称等，进行多方面推敲、揣摩，不能走马观花，浮光掠影。如文题为"由一则名言所想到的"，首先要注意"一则"、"名言"，其次，"想到"了什么？重点在发表议论，而不是局限于解释该名言的内涵。

②适当改造题目，分解具体内容。有些题目，或涉及范围过大，或所暗示的态度模糊，或过于抽象。这种情况下就有必要对题目进行改造、分解，使抽象的变得具体化，模糊的变得清晰些；使之虚实互补，大小兼顾。如"说'安'"（2005年北京高考作文题），题目比较宽泛，但如果加上限定成分，即可化大为小，化虚为实。如"安全"、"安定"、"安稳"，或者"社会的安定"、"生活的安宁"、"人民的安危"等。这样改造分解后可以更好地确定自己写作的思维走向。

③分析词语间关系，辨明题目寓意。对题目进行综合分析和判断，看其中究竟有哪些含意，可以有哪些不同理解。如表层意义与深层意义，隐含意义与言外之意等。例如《树木·森林·气候》这样的多元化文题，首先要理解三个词语之间的关系，在写作中必须揭示其间的辩证关系，并且要引申到社会生活中加以论述。森林是由树木组成的，树木形成森林后，又会影响气候；气候的变化，又会反过来影响森林，气候好了，就会保护森林，促进树木的成长，形成良性循环。由此联想到其他事物或社会现象，如个人、集体和社会等。

（2）材料作文的审题立意。

①审清材料类型。材料作文的材料大致可分两类，一类是事例型材料。要求取其原

意，即对材料本身所述事实阐明看法。如 1992 年全国高考作文题的材料：候车亭前关于碎玻璃瓶的一幕。这类材料，要求就事例本身展开议论，不要求有比喻义。另一类是寄寓型材料。材料本身就是喻体或象征体，取其隐含、影射的意义，要求对材料影射的现象展开议论。如 1995 年全国高考作文提供的材料《鸟的评说》就是属于这一类。

②找出隐含信息。一般情况下材料作文所提供的多为寄寓型材料，它是一个寄寓某种道理的载体，与社会生活中的人、事、理、情，往往有某些相似之处。这就需要通过联系、分析、比较、联想，揭开题目表面的遮蔽，找出材料的隐含信息。如 1995 年全国高考作文的材料是一则寓言诗《鸟的评说》，该诗的寓意就是，讽喻现实社会中那些对别人的特点、特长有偏见，甚至将其曲解为缺点而大加批评甚至攻击的现象，审题时如果立意为"仁者见仁，智者见智"，或"要敢于批评"等，则为不切题。

③提炼本质含义。在找出各种不同理解的基础上，提炼出材料本身所固有的本质含义。如 1990 年全国高考作文材料《玫瑰园》是一则寓言，其中孪生姐妹的话是隐含信息的聚焦点："这里是个坏地方"、"因为这里的每朵花下面都有刺"；"这里是个好地方"、"因为这里每朵花下面都有花"。据此可以提出多种立论角度：全面与片面；困难与成功；外貌与个性；现象与本质；自由与法治；优点与缺点；美与丑；等等。如果是话题作文，那么上述几种角度都可以写，但是就材料作文而言，还是要求提炼出材料的本质含义来立题，如"全面与片面"、"现象与本质"；其余的几个角度则容易打"擦边球"，甚至偏离题意。

（3）话题作文的审题立意。

话题，即说话的由头、说话的中心，是引发学生由此说开去的"引子"。话题作文，就是就着所提供的"引子"说理论事、抒情言志。话题作文有两类：一类是词句或短语式话题，如"纪念"（2005 年广东高考作文题）、"双赢的智慧"（2005 年山东高考作文题）等。这类话题涉及的内容很宽泛，大到国家小到个人，古今中外，物态人情，只要与该话题相关的都可以谈。另一类是提供一段材料作为话题，让学生按照具体要求写作。

①话题作文与命题作文的区别。命题作文的"题"指标题或题目，写作时不能变换；而话题作文的"题"是说话的由头或引子，写作时可以作为文章的标题，也可在话题范围内另拟题目。一般情况下，命题作文的文体有一定的局限性，选择余地较小；而话题作文文体选择的余地较大。

②话题作文与材料作文的区别。材料作文的"材料"，是写作时立意的出发点与归宿，它提供的一般是中心意思，它往往是写作的根本依据。不能偏题。而话题作文提供的"材料"，只是命题者所作的"导引"，具有很大的灵活性。二者的本质区别，就体现在所写作文与所提供材料之间的关系上。有研究者诙谐地用流行歌词来作比喻。材料作文：妹妹坐船头，哥哥在岸上走，恩恩爱爱纤绳荡悠悠。——材料作文的构思立意、行文布局、材料组织乃至语言表达，都要紧紧扣住所提供的材料。所给材料可以作为文中的一个论据或事例来运用。话题作文：天上有个太阳，水中有（无数）个月亮，山上有棵大树，山下有（无数）棵小树。——言话题作文的构思、写作与所给材料只要有相关性即可。从这个意义上说，话题作文比材料作文更趋向于"淡化审题"，更容易使学生写出自己的实际水平。

③话题作文审题的具体要求。

首先，正确理解话题，辩证分析话题。要注意话题中关键词语的基本义、引申义或比喻义，注意其逻辑关系，运用辩证思维分析话题所涉及的内容。如话题是"诚信"，则要理解"诚信"义为"诚实守信"，如果将其理解为"忠诚"或"自信"则明显不切题。又如 2003 年高考作文话题"感情亲疏和对事物的认知"，应理解为"情感的亲近或疏远会影响人对事物的价值判断"，如果从"内举不避亲，外举不避仇"角度立意，是切题的；若立意为"不可意气用事",或"对事物的态度不可随情绪的好坏而变化",就偏离了题意。

其次,适当切分话题,"大"题"小"做,"抽象"题"具体"做。写作要打"深井",不宜挖"池塘"。角度小,便于深入开掘,容易突出中心,收短小精悍之效。如2000年高考作文话题"答案是丰富多彩的",江苏一名考生以《给孔子的一封信》为题,以了孔子的一个普通子孙名义,对孔子主张的"温、良、恭、俭、让"中的"让"提出质疑:一味忍让,换得的是生灵涂炭、国土沦丧;而据理力争,当仁不让,才赢得港澳回归;信息社会,日新月异,我们还能不投入激烈的竞争,恪守您的"让"么?与该文的大气磅礴不同,另一名考生的立意则洋溢着细腻的理趣:作者先提出"春天是怎样的",然后援引白居易的回答、苏轼的回答、李白的回答、杜甫的回答,接着"我去寻找春天",发现春天在南方、在北方、在孤儿院、在人们的心里。

再次,选择最适合的文体。现在提倡作文淡化审题,但不是不需要审题,而是不在审题上故意为难学生;提倡考场作文淡化文体,但并非不要文体,更不是可以写"四不像"的文章。所谓淡化,一是说文体可以自选,二是指不必苛求哪种语言表达方式所占的比重。选择文体一般从两方面考虑:一是根据自己的判断,选择该话题比较适合的文体;二是要选择自己所擅长的文体。

(4)作文立意的具体要求。

王夫之说:"无论诗歌与长行文字,俱以意为主。意,犹帅也,无帅之兵,谓之乌合。李杜之所以称大家者,无意之诗十不得一二也。烟云泉石,花鸟苔林,金铺锦帐,寓意则灵。"可见,文章的"意"是文章的灵魂,它制约和规范着文章的全局,是文章优劣成败的关键所在。

①立意要正确。真实客观地反映社会生活,表达积极的健康向上的价值取向,这是写作的基本要求。如高考话题作文"答案是丰富多彩的",有的考生竟然这样构思:身为皇帝的"我",征选美女入宫,各路大臣选来的美女各有特色,难以取舍;由于"美是丰富多彩的",于是决定统统留下,纳入后宫。文章表现出对封建帝王腐朽生活的津津乐道,反映了思想意识的不健康和价值观的混沌。

②立意要鲜明。文章要旗帜鲜明地反映作者的爱憎态度,不能含糊其辞、模棱两可。做到立意鲜明的最好办法,就是使"立意纯",即使立意集中、单一,所谓"意多乱文"强调的就是这个道理。主题多了,势必要面面俱到,效果必然如隔靴搔痒。

③立意要深刻。所谓"意",有深浅之分,文章立意,忌肤浅和一般化。"意",是作者对客观事物的认识、看法,或愿望、意图,或情致、理趣,反映了作者对自然、社会、人生、时代的深层思索和领悟。立意,就是让这些思索和领悟在文章中反映出来,思索和领悟越深入、越独到,文章的主题就越深刻、越高远。比如,现在颇为流行的一种艺术活动"沙滩雕塑":当海水退潮时,无数的人拥向沙滩,抓紧有限时间,在沙滩上塑起心爱的动物、建筑、人像等,可海水涨潮时却将它们全部卷走了。但是人们为了这短暂的美丽而乐此不疲。如果要对此现象发表看法,说"这是一种新的娱乐形式,反映了人们生活的闲适和无忧",也是可以成立的一种立意。但是如果作如下表达则要深刻得多了:

人们为何对此有如此大的热情?它并不增加任何财富,甚至不留下一点痕迹。我想,这种创造笑的活动,对于荡涤心灵中占有的欲望;对于摆脱生活中患得患失的狭隘心理;对于激发封存已久的创造热情;对于潇洒地面对社会风云变幻,进入不以物喜、不以己悲的人生境界;应该说不失为一种很有意义的活动。

④立意要新颖。新颖之"新",并非指"奇怪"、"怪异",而是从司空见惯的事物或现象中,洞悉事理,发现真谛。立意新颖,就是要求文章要表现新思想,传达新认识,阐发

新启示；或者是抒发自己愉悦与痛苦、困顿与彻悟、愤慨与感动、前进与彷徨等极具个性化的情感。如唐代诗人刘禹锡的《秋词》："自古逢秋悲寂寥，我言秋日胜春朝。晴空一鹤排云上，便引诗情到碧霄。"姑且不论写景抒情的功力，单就立意而论，较之常见的写秋之作，收到了不落窠臼的功效。

（5）立意技能的训练途径。

①努力提高思想境界。文章的立意与作者的认识能力、思想水平和人格品行有密切关系，一个心灵卑鄙的人是很难写出纯洁高尚的文章的。鲁迅说过："从喷泉里出来的都是水，从血管里出来的都是血。"如果文章立意格调低下，思想灰暗，甚至腐朽不健康，就不仅仅是作文问题，已经涉及做人的问题了。学作文，首先要学做人。提高学生的思想境界和感悟生活的能力，是提高学生作文立意能力的必经途径。

②运用求异思维思考问题。文章最忌人云亦云、千人一面；而泛泛而谈、"四话"连篇（大话、空话、套话、抽象话）的文章，也令人生厌。要达到立意深刻、新颖、不落俗套的功效，必须进行求异思维。如针对"滥竽充数"故事，可用多向思维立意。从南郭先生角度：假冒伪劣必将无处藏身；逃之夭夭比拉关系开后门、赖着不走更明智些；坑蒙拐骗不是值得提倡的"冒险精神"。从齐宣王角度：官僚主义要不得；形式主义可以休矣；不深入群众，必然遭受蒙蔽。从南郭先生同事角度：明哲保身思想不可取；净化社会环境，人人都有责任；"见义勇为"与"见义智为"。可用逆向思维给文章立意的话题很多，诸如《"班门弄斧"之我见》《东施"效颦"何过之有》《"顺境"更应出人才》等。

③结合创新性阅读强化立意训练。新课程立足于培养学生的创新精神，要求学生在阅读与欣赏中"善于发现问题、提出问题，对文本能作出自己的分析判断，努力从不同的角度和层面进行阐发、评价和质疑。"并且要求学生"学习从历史发展的角度理解古代作品的内容价值，从中汲取民族智慧；用现代观念审视作品，评价其积极意义与历史局限"。因此，要利用语文教学"读写结合"的规律，强化训练学生的立意能力。如阅读《失街亭》，写作《诸葛亮斩马谡"挥泪"是否"做秀"》，引导学生质疑：诸葛亮用人失当该不该负一定责任；学习《龟兔赛跑》，在立足文本，掌握该寓言的教育意义之后，让学生讨论：如果让该乌龟和该兔子重新赛跑，究竟谁会取胜？从而引导学生走出思维定势，养成承认现实，尊重科学，客观辩证地分析问题的良好习惯。

2. 选材剪裁技能

选材剪裁，是指写作过程中根据主题需要，对材料进行的选择和取舍。主题从材料中提取，主题还要靠材料来表现。要写好文章，首先要广泛积累材料，即所谓"博观约取"、"厚积薄发"。

（1）围绕主题选择材料。

主题是选材剪裁的依据，要选取最能表现主题的材料，舍弃与主题无关或关系不大的材料。选材是通过分析、比较、鉴别，最后决定取舍的思维过程，也是"肯定—否定—肯定"的辩证认识过程。选材最忌不分主次巨细、一味地堆砌材料。

（2）选择真实、典型的材料。

真实，就是要求材料符合生活实际、符合生活逻辑，提倡"我手写我心"，说真话、抒真情。典型，就是要求选择有代表性的、最能反映事物本质的材料，以更好地突出主题。关于选材的真实性和典型性，中外文学大家的作品就是典范。如刻画守财奴、吝啬鬼：弥留之际的严监生对着"长明灯"中的"两茎灯草"，迟迟"不得断气"；老葛朗台留给亲生骨肉的最后一句话却是"把一切照顾得好好的。到那边向我交账！"中外作家的选材，可谓具有异曲同工之妙。

（3）选择新颖、生动的材料。

①要选择能反映社会发展、应和时代脉搏、体现生活气息的材料，大到政治、经济、文化、科学技术等方面的热点、难点问题，小到寻常百姓、柴米油盐、生老病死，都可以作为选择的对象。

②要选择与众不同的材料，尽量避免拾人牙慧、人云亦云。另外，可以从新的角度使用材料。大艺术家罗丹说过："用自己的眼睛去看别人见过的东西，在别人司空见惯的东西上能够发现出美来。"一些被别人用过的所谓"旧材料"，由于切入的角度不同，也会收到"横看成岭侧成峰"的效果。比如同样是面对霜后红叶的景色，杜牧有"停车坐爱枫林晚，霜叶红于二月花"的兴高采烈；《西厢记》中崔莺莺却发出"晓来谁染霜林醉，总是离人泪"的悲伤哀怨；而毛泽东则赞叹"看万山红遍，层林尽染……万类霜天竞自由"，抒发了满腔的革命豪情。

3. 布局谋篇技能

（1）布局谋篇的原则和要求。

布局谋篇的原则可概括为三点：一是要符合客观事物发展规律和人类思维的逻辑规律，二是要有利于突出文章的主题，三是要根据不同文体、不同读者对象精心设计安排。布局谋篇的基本要求是完整、严谨。完整，即构成文章的各个局部应该结合成一个完美统一的整体，结构不可残缺；严谨，是在完整的基础上提出的进一步要求，指文章的起、承、转、合要和谐自然，井然有序，各部分之间有严密的逻辑关系。内容要有曲折变化，"文似看山不喜平"。

（2）布局谋篇能力训练的途径。

①理清思路，选好线索。思路，就是作者在头脑里如何安排材料。线索是作者写作思路的体现，是用来串联全文思想内容的人、事、物、情、理。线索的形式是多种多样的：有的以感情为线索；有的以实物为线索；有的以时空发展变化为线索。

②安排好层次、段落。不同文体的层次段落，安排上应该有所不同。记叙文一般按事件发生的先后、因果、始末的关系以及空间位置的变换来安排，记叙方式有顺叙、倒叙、插叙、补叙等；议论文主要根据论据与论点之间的逻辑关系来安排层次结构，常见的有总分式或分总式、递进式、并列式、对比式等；说明文的层次安排主要体现在说明顺序的安排上，一般是按时间顺序、空间顺序、事理顺序等。

③写好开头和结尾。好的开头堪称"凤头"，小巧而俊俏。常见的开头方法有：开门见山式，如吴晗的《谈骨气》；造成悬念式，如鲁迅的《祝福》；直抒胸臆式，如朱自清的《绿》。好的结尾，能产生余音绕梁、余味无穷的效果。常见的结尾方式有：点明题旨式，如贾谊的《过秦论》；首尾照应式，如朱自清的《绿》；总结全文式，如鲁迅的《拿来主义》；深沉含蓄式，如夏衍的《包身工》；号召希望式，如鲁迅的《故乡》。

④处理好过渡和照应。过渡，是文章中前后层次、上下段落的衔接和转换，起承上启下作用。一般情况下，需要过渡的地方有两种情况：一是内容转换处；二是表达方式、写作手法变换处。具体操作时，可以设置过渡词或过渡句，也可以设置小标题、序数词或安排空行，来达到过渡的目的。照应，指前文交代和后文呼应。常见的方法有首尾照应、论点照应、气氛照应、事物照应等。照应既能反映篇章的严谨，又能表现脉络的连贯。

4.语言表达技能

（1）叙述能力训练。

①学会用多种人称叙述。第一人称，以"我"或"我们"的身份，叙述所见、所闻、所感，把人物经历、事件经过以及体验和感悟告诉读者。"我"在文章中的角色，有的是主人公，如日记、书信、游记以及抒情言志散文中的"我"，如史铁生的《我与地坛》；有的是见证人，如鲁迅的《藤野先生》中的"我"；还有的是在作品中起穿针引线作用的重要人物，如鲁迅小说《故乡》、《一件小事》中的"我"。第一人称叙述的长处是真实、亲切、自然，短处是受"我"生活视野的限制，不便于反映广阔的现实生活。第二人称，用"你"或"你们"的形式来叙述，事情的开端、发展、结果，作者是通过对"你"或"你们"的倾诉、激励、赞颂、劝慰等表达出来的。使用第二人称的长处是采用面对面的倾诉形式，更容易打动读者；短处是适用于这种面对面形式的文章内容较少。第三人称，作者站在"局外人"的立场，用叙述他人事情的口吻，把人物的经历、事件告诉读者。这种叙述方式，其长处是不受时间、空间的限制，写作比较自由灵活，能够把人和事直接展现在读者眼前。有的作品会娴熟地交替使用第一人称和第三人称，如鲁迅的《祝福》。学生选用人称要注意，选用最能表现主题的人称；人称在文章中尽量前后一致，以避免人称混乱、条理不清。

②掌握多种叙述方式。一是顺叙，按照人物成长过程或事件发生、发展的自然顺序，从头至尾，依次交代。这是最常见的一种叙述方式，长处是容易使文章眉目清楚，条理分明，结构完整。采用顺序方式，应该注意详略得当，避免平铺直叙，呆板枯燥。可在叙述中适当运用抒情、议论、描写等手段。二是倒叙，即打破时间的先后顺序，把事件的结局或发展过程中最突出、最精彩的某个情节提前叙写，然后再按照事件的发生、发展顺序进行叙述交代。运用这种叙述方式，可以造成悬念、吸引读者，使情节波澜曲折，利于更好地揭示事物的本质，起到深化主题的作用。三是插叙，在叙述中暂时中断叙事线索，临时插入另一故事片断，或补充、交代，或说明有关内容。运用插叙，有利于情节的进一步展开，有利于对人物进行全面的刻画。可以使中心事件和主要情节更加丰满；也可避免结构上的平铺直叙。插叙应根据需要进行，插叙的内容与正文内容有相关性，与情节或主旨相吻合。插叙起止要交代清楚，承接自然，切忌喧宾夺主。四是补叙，在叙事过程中，对人物、事件或有关情况作必要的说明，用以补充和丰富上下文内容。用这种叙述方式，可以使情节更加完整充实，同时也加强了情节的曲折性。补叙要紧扣上下文，内容要合乎事件或情节发展的逻辑；文字要简练，忌拖泥带水。

（2）说明技能训练。

说明，是指用简洁明了的文字对事物的成因、特点、情状、功能、构造、规律、发展过程等，进行解释和介绍。说明的基本特点，就内容而言，具有知识性、科学性和实用性；就表达效果而言，具有通俗性、解释性和条理性。说明这种表达方式运用很广泛，是说明文的主要表达方式，同时其他文体也经常使用。

①说明要抓住事物的特征。特征是事物区别于其他事物的主要标志，只有把握事物的特征，才能把它们的独特的形状、性质、构造、用途等能够解说得清楚明白。

②学会运用多种说明方法。常见的说明方法有：下定义、分类别、举例子、作比较、打比方、列数字、配图表等。

③合理选择恰当的说明顺序。要有条不紊地说明事物的特征，就必须根据说明的对象，确定合理的说明顺序。常用的说明顺序有：时间顺序、空间顺序、逻辑顺序。根据说明的需要，可以采用单一顺序，也可以采用复合顺序。

（3）议论技能训练。

议论，是通过事实材料及逻辑推理，达到明辨是非、阐发道理、表明见解、推行主张的目的，议论文主要采用这种表达方式。

①观点要正确、鲜明，要实事求是，符合辩证法。

②论据要确凿有力，与论点有紧密的逻辑联系，不可道听途说、牵强附会。

③论证要严谨周密。议论文要具备"论点、论据、论证"三要素。论证一般有两类：立论和驳论。论证的基本方法有：归纳论证、演绎论证、类比论证、对比论证、引用论证、比喻论证等。论证时可综合运用多种论证方法。

（4）描写技能训练。

描写，是以生动、形象的语言，对人物、事物和环境作绘声绘色的细致描绘和刻画。在写作过程中，描写常与叙述结合运用。叙述一般反应的是事物或现象的存在，是回答"是什么"的问题；而描写则反映存在着的事物或现象的具体形态、状况，是回答"怎么样"的问题。

①人物描写。包括：一是肖像描写，即用描写容貌、神情、姿态、服饰等来刻画人物特征。肖像描写要抓住人物特征，以形传神，即透过外形揭示身份、性格、内心，切忌脱离人物性格和作品主题孤立地描写；也不可把人物公式化、脸谱化，正面人物高、大、美，反面人物矮、小、丑。二是语言描写，即以个性化的人物语言来刻画人物的一种方法。具体方式主要有独白、对话、会话等。运用语言描写要透露人物的内心世界，显示人物性格特征以及人物所处的环境。语言往往和行动结合起来描写。三是行动描写，即以个性化的行为动作表现人物性格的描写方法。运用行动描写，要注意两个方面，一是目的明确、有所选择；二是生动性与典型性紧密结合。前者强调描写人物的动作行为是为了揭示人物的性格特征；后者强调要选择那些既符合生活的真实、又符合人物性格发展逻辑的行为动作加以描写。切忌笼统化、概念化。四是心理描写，即以人物内心活动为描写对象的描写方法。首先，要写特定人物在特定环境中产生的心理活动；其次，要注意把握心理描写的时机，只有在有关情节、动作、感情出现时进行心理描写，才显得真实、自然。再次，进行心理描写要细致入微、合情合理。

②环境描写。包括自然环境描写和社会环境描写。自然环境，包括节序时令、自然气候、山川湖海、动物植物等；社会环境，包括社会生活情景和人物活动具体场所的陈设、格局、气度、色调等，用来烘托人物志趣、气质、情操等。环境描写要抓住景物特征进行，力求渗透人物感情，适当结合运用对比和象征手法。

③细节描写，即对有典型意义的细枝末节进行生动、细腻的描写。细节的范畴包括肖像、语言、行动、心理、环境、景物等。细节描写，能够反映人物、事件、外貌特征及其内容的内在本质，突现作品主题，增强作品的艺术感染力。

（5）抒情技能训练。

抒情，作者把由现实生活中激发出来的主观感受、心理反应、思想感情等，通过某种方式或技巧，借助于语言文字，间接或直接地表露和抒发出来。运用抒情方式，可以起到渲染环境、制造气氛、开拓意境、深化主题的作用。

①直接抒情。亦称直抒胸臆，即对着抒情对象，倾吐胸中的感情。如古代乐府民歌《上邪》就是用这种抒情方式，表现了一个女子对爱情的山盟海誓，感情浓烈、直露而真挚。

②间接抒情。即在叙述、描写和议论中渗透自己的情感，或借人物之口抒发自己的感情。间接抒情的方法有：通过叙述抒情，如记叙文中的抒情。通过描写抒情，如散文中的抒情；或寓情于景，或借景抒情，或情景交融。通过议论抒情，是一种寓情于理的抒情方

法，议论只是抒情的手段。例如杨绛《老王》末尾："但不知为什么，每想起老王，总觉得心上不安。因为吃了他的香油和鸡蛋？因为他来表示感谢，我却拿钱去侮辱他？都不是。几年过去了，我渐渐明白：那是一个幸运的人对一个不幸者的愧怍。"这些文字，看似议论，实为抒情：抒发了作者以善良去体察善良的情怀。

③抒情的要求。首先要积极、健康。通过抒情所传达出来的，是积极的人生态度、健康的人格境界、高尚的道德情操。其次要自然、真挚。只有发自内心的情感，才真挚感人；而矫情造作则令人生厌。第三要把握分寸。恰如其分的抒情，能够收到贯通文意、深化主题之效；而无病呻吟或言过其实，都有可能冲淡主题，甚至毁损文意。

5. 修改润色技能

文章不厌百回改。古今中外的文章大家，都十分重视文章的修改。清李沂说："能改则改瑕可为瑜，瓦砾可为珠玉。"

（1）完善主题。

这是指为了深化主题或变更主题而进行的修改。主题是文章的灵魂，修改文章首先要从总体上审视文章主题是否正确、鲜明，是否恰当地反映了客观事物，是否具有思想深度。有时在写作初始阶段，作者对事物或现象的认识并不深刻：或抓不住事物的本质，或未提炼出深刻的主题，或情感态度价值观出现偏离。因此修改时必须对文章主题进行深层次思考、开掘，使之立意更深刻、完善。

（2）增删材料。

这是指对文章所用材料进行增补或删减的修改方法。材料是主题的支撑，文章没有好的材料，就无法很好地表达主题。主要操作方法有：①核实材料，对材料进行取舍与订正，以是否符合真实为依据。②增删材料，增补有感染力、有说服力的材料，避免抽象、浮泛，使文章更加充实；删去多余材料，使文章更加精炼，主题更加集中。③替换材料，用典型的新事例、新数据代替旧事例、旧数据。

（3）调整结构。

这是指对文章结构进行重新调整，甚至重新安排的修改方法。对结构进行梳理，检查各部分的逻辑关系是否清晰，段落间的过渡与交代是否连贯、自然。有时语句的结构也会影响文章的"意"。晚清曾国藩与太平天国起义军作战，几经失败后，让其属下代拟一个向朝廷请罪的奏折，几经修改曾都不满意，便请左宗棠捉刀代笔。左看过后只改动一处：把"屡战屡败"改为"屡败屡战"。这样一改，语句表达的意蕴则大不一样：屡战屡败，是无能，窝囊落魄之态毕见；屡败屡战，是顽强、不服输，颇有些英雄气概；这样在皇帝那儿就能够赢得些许理解和宽容。

（4）润色语言。

即对文章中语言运用，包括字、词、句、段，乃至标点，进行增、删、调、改的修改和加工的过程。修改语言的范围较广，如纠正语义不清的词语、语法混乱的句子、不合事理的描写、繁冗重复的表述等。润色的范畴包括：检查语言风格是否符合所写文体的语体要求，选择的语言表达方式是否得当，遣词用句是否贴切等。

四、写作教学的基本过程

（一）对传统作文教学的反思

1. 对作文教学中存在问题的反思

（1）写作需要创设自由空间。

作文一旦成了应试的工具，就会走向僵化。如前几年高考作文题"战胜脆弱"、"诚信"、"心灵的选择"等，都是把考生的思维纳入一个预先设置好的、与社会道德规范相符合的模式中，学生面对这样的题目，几乎没有个性化的解读和创造性的想象空间，没有表现自己个人意志的余地，只能无奈地接受道德拷问。素质教育要求教师要重新认识作文与做人的关系，重视立言立人，强调说真话、抒真情；教师要为学生自主写作提供有利条件和广阔空间，杜绝那些脱离学生生活，拷问学生心灵的做法；提高写作兴趣，激发创作欲望，鼓励学生自由地表达，有个性地表达，有创意地表达。

（2）写作的丰富源泉是生活。

生活单调、见识短浅、思想浮泛，是学生惧怕写作或难以写出佳作的主要原因。写作教学要重视语言表达能力和认识能力的同步提高。因此必须广开生活之源，加强语文教学与生活的联系，使学生学会多角度地观察生活，丰富生活经历和情感体验，对自然、社会和人生有自己的感受和思考，在关注生活中有感而发。

（3）继续发扬读写结合的教学传统。

读写结合，既是传统作文教学的宝贵经验，也是写作教学必须遵循的一条规律，从心理学角度看，阅读和写作是相互沟通、互为促进、互为发展的。在遵循读写结合规律过程中，要注意以下几点：①强调读写结合，不能把"读"变成"写"的附庸。②不能把"写"理解为只是"读"的简单模仿。③不能让"读写结合"变成加重学生学习负担的理由。这些情况在应试教育升学大战异常激烈的地区和学校，确实应该引起足够的重视，不要使"读写结合"的原则被曲解或异化。

（4）学生写作能力的发展要遵循先放后收的规律。

先写"放胆文"，再写"小心文"，最后达到"下笔千言、倚马可待"的水平。这是我国古代写作教学的宝贵经验。让学生以宽松、愉快、积极的情绪进入写作状态；而在作品修改中则要严格坚持规范的写作标准。

2. 对传统作文教学结构模式的反思

（1）"命题—指导—批改—讲评"模式。

这是一种极为流行、也极为普遍的作文教学结构模式。这种模式是传统教育思想作用下的产物，用现在的教育教学理念审视它，显然存在着许多不科学的地方。因为这种模式，忽视了学生学习的主体地位，片面地把写作教学看作是教师单方面活动的过程。

（2）"观察、思考—构思、表达—修改、润色"模式。

这种模式与前一种相比，显然是把写作教学过程看作是学生主动学习的过程，而且突出体现了作文教学的本质特征。但是，它又忽视了教师在写作教学中的主导地位和指导作用，忽视了写作教学中师生的互动性。

（3）"作文前指导—作文中指导—作文后指导"模式。

这种模式把作文过程中学生和教师的活动分别概括为"作文"和"指导"，反映了写作教学过程中师生双边互动的相互联系，并且对教师的指导作了时间前后的划分，应该说具有很强的针对性。但是，与前两种相比，它又不免太笼统，从中很难看出作文教学自身的特殊性和规律性。

上述对几种传统作文教学结构模式的评价，都是就其字面意义而言的。事实上，每一种结构模式都是用静态的语言来描述动态的作文教学过程，其结果，必然容易导致挂一漏万的缺憾。其实在实际运用过程中，教师只要自觉地、理性地弥补这些缺憾，那么无论哪一种结构模式，都是有一定可行性的。

（二）作文的立题、指导、批改和讲评

1. 作文的立题

"立题"与"命题"是有区别的。立题，体现了以学生为主体的教学理念。立题目的过程，对学生而言，是明确要求、活跃思维的过程，有时还包括立意、选材、构思的过程。作文题目大体有两种类型：一是与阅读教学相关联的题目，二是与阅读教学无直接联系的题目。

（1）与阅读教学相关联的作文立题。

《义务教育语文课程标准》第四学段的写作目标之六要求："能从文章中提取信息，进行缩写；能根据文章的内在联系和自己的合理想象，进行扩写、续写；能变换文章的文体或表达方式等，进行改写。"

①缩写。在不改变文章原意的前提下，根据要求加以提炼，压缩成短文。写作前一定要明确要求，如缩写的目的、读者对象、内容要点以及字数等。

②扩写。对原文中的某一部分或某一些内容进行扩展和生发，可以展开想象、补充细节，但不能改变原意。扩写立题的关键就是选准那些叙述较为概括、表达较为凝练的情节，让学生进行扩展。

③续写。一般是补充原文的未尽之意，使之获得新的发展；或是根据文章的开头，接着写下去。如给莫泊桑小说《项链》续写一个结尾；给寓言《蚊子和狮子》续写一个既是意料之外又是情理之中的结尾。

④改写。就是同一内容，用不同形式来表达。如改换人称，改变文体或语体，改变叙述顺序或叙述角度。与阅读相联系的作文还有其他形式，如仿写、读后感、文学评论等。

（2）与阅读教学无直接联系的作文立题。

①命题作文。命题作文，对调动学生的写作兴趣、刺激学生的创作灵感，有着不可替代的积极意义。近年来，命题作文在沉寂了一段时间后再次受到高考命题者的重视，有不少自主命题的省市高考中采用了命题作文的形式。命题作文主要形式有"全命题"和"半命题"两种。全命题，即命题完整，题意显露，取材范围比较明确。半命题，指命题只提供一个不完整的标题，空缺部分让学生根据自己选择的写作取向自行补齐。命题要注意：一是命题的角度要新颖；二是题目要小而具体；三是题目的措词要能触及学生的心灵，调动其真情实感。

②材料作文。材料作文又叫供料作文、条件作文，由教师或其他命题者提供一定的材料，要求学生根据这材料完成一定规格的作文。这是一种颇为有效的写作训练形式，大致有以下几种类型：一是文字材料作文。即提供一段文字材料，同时提出一定的写作要求，让学生根据这一材料和要求进行审题、立意，构思、表达。可根据年级高低灵活选取仿写、缩写、改写、续写、读后感或评论等形式。二是图片材料作文。可提供漫画、年画、连环画、邮票、插图、制图、图表、图示等，让学生看图作文，借以培养其观察力、思考力、联想力和语言表达能力。三是音响材料作文。是以声音为载体给学生提供材料，让学生通过辨析声音的意义，展开合理的想象，从而完成写作任务。四是实物材料作文。向学生提供具体可感的小型物体，如鲜花、盆景、文物等，要求学生说明来历成因，或描写形状，或抒发感慨，或评论鉴赏等。所选实物要小巧、优美，内容健康、形象可人，或饶有情趣，以便于刺激学生表情达意的内在需求。

（3）话题作文。

①话题作文的特点有：一是开放性。呈现全方位的开放态势，立意不限，文体不限，

写法不限，内容不限。二是灵活性。体现在审题方面为题意直露、显豁，较少审题障碍；体现在立意方面为"材料作文"的立意思路是：事—理（升华）；而话题作文的立意思路是：由一个（话题）到多种（相关事理）的发散；话题只是触发点、引爆点，引导学生作纵向、横向、顺向、逆向，正面或侧面，分开或者聚合等多方面思考，创新的导向性、思维的发散性很明显。三是创造性。话题作文提供给作者的创造性思维的空间很大，作者可以针对话题大胆质疑。

②话题作文中"另类"作文的引导。"另类"常见的有"科幻"、"戏说"、"秋雨体"、"故事新编"等。新课程倡导学生"有个性、有创意的表达，根据个人特长和兴趣自主写作"。因而这种"另类"作文颇受学生青睐。但要强调杜绝以下情形：一是文史知识漏洞百出；二是内容空洞，思想苍白，没有什么文化含量；三是装腔作势，用半生不熟的语言充当文化含量或高深学问。

2. 作文的指导

（1）审题方法指导。

①审读圈点法。有引言的话题作文，常常要用到这种方法。例如：

材料：网，有有形的，有无形的；有有益的，有有害的……

要求：请以"网"为话题，自拟题目，写一篇不少于600字的作文，除诗歌外，文体不限。

在审读圈点的基础上注意两点：一是题目的限制是什么？如上述题目中，"自拟"的要求，字数的规定，体裁的限制等，都要明确。二是题目可从哪些方面引发联想。如"有形"的网，可以联想到渔网、蜘蛛网、河网等；"无形"的网，可以联想到情网、关系网、因特网等。根据有形的网或无形的网进一步展开联想，如由"渔网"联想到过分捕捞对人类生态环境的破坏；由蜘蛛织网过程联想到人类建设家园的艰辛等；由"关系网"联想到建设文明、和谐社会的必要性和紧迫性；由"因特网"联想到信息社会、知识经济时代日新月异的发展速度，给人带来的生存压力或发展契机等。

②结构分析法。这种方法一般用于词句式命题作文。题目结构不同，其表意重心也不同。题目是偏正结构的，其表意重心往往在偏的部分，如文题"平凡的人，伟大的心"重心应在"平凡"与"伟大"上。题目是联合结构的，题目的重心在词与词之间的关系上，如《树木·森林·气候》重心应该在揭示三者之间的辩证关系上。题目是动宾结构或主谓结构的，表意重心往往在谓语动词上，如《出卖诚信》、《宝钗鸣冤》，重心分别在"出卖"和"鸣冤"上。题目是独词的，其表意重心就在它的本质特点上，或者在其比喻义、象征义或引申意义上，如"蜕"、"路"、"秤"。

③题目补充法。这种方法主要针对那些概括性很强的文题，主要是在文题的前、后或中间补充相应的内容。例如"回报"经过补充，可以展开一组题目：我对妈妈的回报；我怎样回报老师的爱；中国足球，你就这样回报你的球迷吗；索取与回报；一个人，不能不懂得回报。对题目作补充的实质就是将抽象的事物变得具体可感，变得更加容易引发联想和想象。

④比较辨题法。在认识事物时，要避免只注意一般性而忽视其特殊性，如把"新人新事"仅理解为"好人好事"。虽然"新人新事"一般说来也是"好人好事"，但"新人新事"还带有新的时代特点，反映一种新的观念或新近发生的事情等。

（2）写作过程指导。

写作过程指导包括立意指导、选材指导、谋篇布局指导、修改润色指导（详见"写作技能训练"）

（3）创造性作文构思的指导。

①与课文结合的口头作文指导。课文为口头作文训练提供了广阔的空间，既可以片段模仿，也可以扩展描述，还可以补充接续。无论哪种方式，都可以引发学生的想象和联想。例如在老师引导下学生对《蚊子和狮子》进行反方向创编："正当那蜘蛛一步一步临近蚊子、张开了他的大嘴时，从那高大的松树上，掉下来一滴松脂，正好落在了那张大嘴的蜘蛛身上，那蜘蛛就被松脂包在里面，再也动弹不得了。由于松脂的重量，那蜘蛛网被拉破了，蚊子也因此得救了。"创编的结尾，既在意料之外，又在情理之中。

②蕴含创造性的专题口头作文指导。北京语文特级教师宁鸿彬经常出一些超出常规的作文题目来训练学生的逆向思维，如《冷的火》、《水火交融》、《"飞蛾扑火"新解》；或将一些看似毫不相干的事物放在一起组成作文题目，如《羊肉·菜汤·考试》。这些题目本身就蕴含着大量的创造性因素，能够激发学生的创造性冲动。

③科学化思维方式的指导。指导学生运用对立统一的观点看问题，防止作文中出现片面性或绝对化倾向。如写作《我为改革者塑像》一文，首先要求打开思路，除了塑造人物外，还可以把物体、动物、几何图形等作为象征体出现。其次引导选择形象或象征体，如千里马形象，"沙漠之舟"骆驼，"刺破青天锷未残"的长剑，丑小鸭等。接着讨论：改革者的性格与精神是丰富而深刻的，而一座塑像只能突出一两个方面，如何解决这一难题？最后达成共识：用以小见大、以点带面、以简驭繁的方法，大胆吸取改革者这一群体的某一方面的性格特征来象征：骆驼形象，代表改革者坚忍不拔、埋头苦干的精神；千里马的英姿象征着改革者锐不可当的气势；长剑则寄寓改革者大无畏的勇气与胆识；而可爱的丑小鸭则预言改革事业的前途是无限美好的。

3. 作文的批改

（1）批改的原则。

①兼顾内容和形式，体现全面性原则。这是语文教学"文道统一"原则在写作教学中的具体运用。教师在评改作文时既要注意文章的观点是否正确，内容和感情是否健康，又要注意文章的表达形式和方式是否恰当。评改中对作文的"个性化"和"创新性"在呵护、张扬的同时，不可忽视对其中可能出现的情感态度和价值观问题进行诊断、引导和纠正。

②尊重学生劳动，体现鼓励性原则。传统作文批改提倡的"多就少改"、"多批少改"、"多表扬少批评"，实质上就是体现这一原则。当然表扬和批评要注意实事求是，掌握分寸，不能言过其实，不要随意否定或任意拔高。

③因材施教，体现针对性原则。学生的写作水平存在着明显的差异，评改时要区别对待。对于作文水平较高的学生，要高标准、严要求，鼓励他们多观察、多研读、多思考、多酝酿，力求个性化表达、有创意地写作。对水平较低的学生先要求他们把文章"写"出来，并且写"清楚"、"通顺"，对他们的作文尽可能地加以肯定，即使是微小的进步也要进行赞赏和鼓励。

④认真负责，体现示范性原则。身教重于言教，教师同样需要在作文评改中展示认真、负责、规范的态度，给学生做出示范。

（2）批改的范畴。

①内容方面：主题或中心是否明确、集中；选材是否恰当。

②形式方面：语言表达方式是否符合文体要求；层次是否清楚；详略是否得当；开头和结尾是否恰当，过渡和照应是否自然。

③语言方面：字写得是否正确；用词是否准确，词序、语序是否恰当；句子是否通

顺、合理，句与句之间是否连贯；修辞是否需要推敲润色。

④书面表达方面：标点是否正确；书写、行款格式是否合乎规范。

以上列举的是就作文评改的整体范围而言的，而在每一次作文评改中，则要按照写作教学的计划确定评改重点，不必面面俱到，千篇一律。每一次作文的评改，方向要明确，重点要突出，以使学生注意力指向相对集中，写作训练收效显著。

（3）批改的方法。

"批"，是对学生作文的评论，或对教师修改的解释或说明。"改"，是对作文不足之处加以修改。批改的方法有以下几种：

①旁批。又称眉批，指在文章的边格空白处写的批语，主要用来指出作文中局部的优缺点或修改的原因。旁批常用的形式有：其一，评述式，对优缺点加以评述，有时还说出理由，如"开头简洁不啰嗦，收开宗明义之效"。其二，说明式，对修改作简要说明，如删去一段文字后批写："此事例与文章主题联系不大，删掉更好。"其三，商量式，对原文不作改动，只提建议，以引起学生思考，让其自行纠正：如"此句似有不通，怎样调整就通顺了？请思考。"其四，训诫式，用比较严肃的语气对作文中出现的不应该有的错误或问题进行批评和诘问，以引起学生足够的重视或震动。一般用于写作态度不端正或出现屡教不改错误的情况。鉴于要呵护学生的写作积极性和尊重学生的尊严，这种旁批尽量不要用，用"面谈"效果会更好些。

②总批。又叫尾批，是写在篇末的、教师对该篇作文总的看法和评价、要求和希望。常见的有：一是综合式，即教师对该文进行总的评价、指导，指出其主要优缺点，并鼓励学生扬长避短。二是举要式，即教师对该文某些重要方面或重要问题进行评价，使学生结合自己的写作实践，提高某一方面的思想认识，或进一步理解、巩固某一方面的知识。三是比较式，即指出本文的优缺点之后，结合该生以前的作文，比较其进退得失；或让该生参阅另一同学的优秀作文，以取人之长，补己之短。四是指令式，即根据作文批改重点及学生作文实际情况，简单批几个字，提出明确要求。如"严重偏离题意，重写。"

③面批。即当面批改，又称个别批改，是教师和个别学生用面对面讨论、交谈的方式进行批改的方法。这种方式有利于师生拉近距离，进行心灵的沟通对话，从而更具体地了解学生的写作实际和心理状态，同时当面点拨、启发学生思考，会产生更直接的效果。

④修改。主要指运用增、删、调、换等手段，使文章在原来基础上更好些。增，即添加上必要的字、词、句，使文章通顺、明确、充实、生动；删，即删除多余的不必要的字、词、句、段，使文章简练精要；调，就是调整改动字、词、句、段的排列次序，使句子通顺，段落连贯合理；换，即更换文中不恰当的字、词、句、段，与增、删同时运用。作文批改用约定俗成的常规符号，可以节省批改文字。

（4）批改的方式。

①教师批改。包括：精批细改，这是作文批改的基本方式之一。要求对学生的作文从主题、取材、结构到语言表达，作全面细致的批改。该方法如果运用得当，有利于教师了解学生实际水平，便于因材施教。全收全改，就是对全体学生的作文全部进行修改，可以全面了解学生的作文水平和能力，但工作量很大。该方法可以在起始班级运用，以便有的放矢地制订作文训练计划。也可在开学和学期结束时实施这种方法，从而更好地全面掌握学生在写作上存在的问题和取得的进步。轮流批改，指每次作文只批改其中一部分，以了解各类学生的作文情况，同时也使教师从繁重的工作负担中解脱出

来。但要注意均衡性，批改要兼顾所有学生。重点批改，即根据每次作文训练的重点进行详细批改，其他方面则可以粗略些。这样针对性更强，学生的收效会更大。也可以挑选有代表性的习作进行重点批改，为讲评提供典型案例。示范批改，选择几篇突出的习作，或对全文进行精批细改，或针对训练重点详细批改，然后将原文及教师的批改印发给学生，或讲评时通过多媒体呈现出来，引导学生理解该文的得失以及修改的理由，并启发学生学会自改作文。

②学生批改。包括：一是自改，即在教师指导下，根据批改的原则、要求、方法，让学生自己动手批改。学生自改后，教师要及时收回自改习作检查、讲评。二是互改，即学生之间相互批改作文。形式多种多样，有两人对改、小组互改、班级交换改等。关键是要明确要求、教会方法，还要端正态度，不可敷衍了事。

③师生共改。从学生作文中挑选出一篇或几篇具有代表性的作文印发给学生，或用多媒体呈现出来，让学生发表修改意见，教师以"平等者中的首席"身份参与讨论，与学生一道修改、评价，并提出合理建议。

4. 作文的讲评

讲评是一次作文训练的最后一个重要环节，它是批改的延续、发展和提升。讲评既要面对个别，又要面对整体；好的作文讲评，可以扩大批改的成果和效用，而且可以进一步激发学生写作的欲望和热情。

（1）讲评的要求。

①有计划有重点。作文讲评切忌全面出击、面面俱到。每次作文应着重解决一两个重点问题，讲评的重点要与指导、批改的重点保持一致。

②实践结合理论。讲评时不要就事论事、就文说文，要以语文知识和写作理论为指导，针对学生的作文实际，就文论理，使感性认识上升到理性认识；把作文中的进步和存在的问题，提高到写作规律上来认识；做到讲评一个"点"，解决一个"面"。例如通过讲评，总结出议论文的中心论点在文中出现的几种方式：在开头，是开门见山式；在中间，是叙述导引式；在结尾，是水到渠成式。

③多鼓励重发展。要充分肯定学生的成绩和进步，对作文表现出的进步，要作适当表扬；要善于发现作文中的亮点，并适时加以热情赞扬。对作文的缺憾和不足，不要求全责备，更不能挖苦打击，而要耐心、真诚地作引导，帮助学生切实解决问题。

④师生积极互动。讲评要力避"一言堂"或"满堂灌"，整个讲评过程要成为师生交流互动的过程。如教师引导优秀作文的作者现身说法；或让学生当堂朗读自己的佳作；或师生共同剖析一篇作文功亏一篑之处，并且一道探讨补救的方法。

⑤巩固讲评效果。为了巩固讲评的效果，发挥批改的积极作用，培养学生严肃的写作态度，讲评后要及时布置反馈作业。如订正错别字和标点，修改题目或病句，改写某片断，或重新完成一篇作文等。

（2）讲评的方式。

①综合讲评。这是讲评的基本方式，带有总结的性质。教师对全班学生作文进行概括分析，肯定优点，指出不足，并举例说明。在讲评中，提出问题并加以分析，要有所侧重，注意点面结合，以"例"带"类"。当然在解决了重点和普遍问题后，还可以解决个别问题。

②专题讲评。抓住学生作文中个别方面的问题进行重点评述。如针对学生作文立意不够深刻的普遍问题，专门讲如何使文章立意深刻。讲评时结合具体习作，剖析其在选材立

意上的得失，探究一些调整、补救的措施。最后还可以出示一组题目，让学生快速立意，以加深对立意问题的理解。

③典型讲评。这也是常用的一种作文讲评方法，即选出一篇或几篇有代表性的作文进行讲评。所选的例文可以是优秀佳作，目的是引导学生学习、模仿；也可以是一般的平实之作，但具有一定的普遍性，因而颇有借鉴价值；也可以是较差的失败之作，意在引起共同"疗救"，避免重蹈覆辙。

④对比讲评。就是通过不同作文的比较分析，让学生感性地知晓文章的优劣。对比的形式多种多样：或优秀作文与拙劣作文的对比，或优秀作文与优秀作文的不同特色对比，或学生习作与范文的对比，或同一篇作文改前与改后的对比；还可以是文章的局部对比，如开头或结尾，过渡和照应等。对比的例文选用要慎重，失败习作尽量不暴露作者姓名，要力避伤害学生的自尊心，挫伤其写作的积极性。

⑤交流互动。就是让学生充分交流写作经验和心得体会。讲评前将批改过的作文发给学生，让他们仔细审阅，并写出心得体会。教师把其中代表性、启发性强的挑出来，安排重点发言，最后教师予以总结；也可将优秀习作印发给全年级学生，以收公诸同好、资源共享之效。

写作教学是语文教学的一个重要组成部分，是一种具有高度综合性、创造性的言语活动，它对全面提高学生的语文素养、发展学生良好的个性和健全人格，具有重要的意义。写作能力既是个体全面发展的需要，也是社会发展对公民素质的要求。在新课程背景中开展写作教学，更加要求教师重视对写作教学的研究，在探究中掌握写作教学的规律，获得指导学生写作的策略和方法。在探究中提高自己个性化、创造性地实施写作教学目标的能力。

在作文教学中，我们还可以根据中小学生争强好胜的心理特点，采用多种类型的评奖活动进行积极评价。例如，设立"优秀奖"、"进步奖"、"希望奖"，还可以分别开展评选"小小文学家"、"优秀通讯员"、"优秀小记者"等活动。同时，还可以将学生的佳作和作文中的佳句张贴出来让全班同学欣赏，对特别好的文章，推荐给公开发行的刊物发表。评奖激励，一是要面向全体学生，让班级学生人人参与；二是尽量扩大获奖面，尽可能让更多的学生获奖。

【复习与思考】

1. 语文课程标准提出了哪些作文教学新理念？
2. 作文能力培养与写作技能训练有何区别？
3. 你更推崇什么样的作文讲评方法？
4. 请设计一节作文指导课方案。

【案例研究】

《语文园地三》教学设计

一、教材分析

本课是人教版小学三年级《语文》下册中的《语文园地三》。

1. 中年级习作教学，首要的任务是拓宽学生的思路，增加生活的积累，激发学生的习作欲望。

2. 本课要求学生在学会口语交际的同时开始学习习作。在教学中让学生多看、多记、多说、多写。在活动中让他们学会观察，乐于表达，善于习作。

二、学情分析

1. 三年级的学生才刚刚开始接触习作，所以在习作指导的时候，我们要与口语交际紧密结合，在训练学生的听、说、评的一系列活动的基础上，引导学生看一些有关写自己的文章，启发思路。尽可能地组织一些活动和游戏。

2. 开始学习习作的孩子，往往会觉得难写，无话可写。因此，在指导的过程中，我们要本着"乐于书面表达，增强习作的自信心，愿意与他人分享习作的快乐"为出发点。做到有话可说、有话可写的教学指导，要求学生积极思考，大胆发言。

三、设计理念

本课教学，以教师为主导，以学生为主体，以训练为中心。让学生在轻松愉快的情境中完成学习任务。学生学得愉快，教师教得轻松，同时提高学生的观察能力和语言表达能力，使学生能根据习作要求，知道如何"介绍自己"，该从哪些方面去讲，可从哪些方面去写。以自主、合作、探究式的学习方式为主。

四、教学目标

1. 学会仔细观察，发现自己与众不同的特点，增强说话的兴趣，能自主、自由、快乐、积极地与同学交流。

2. 选择最能反映自己特点的某些方面，按一定的顺序将它真实、具体地写出来。并能"根据表达的需要，正确使用冒号、引号等标点符号"。

五、教学重点、难点

教学重点：善于观察思考，乐于表达，有条理地介绍自己的特点。并能按一定的顺序将它真实、具体地写出来。

教学难点：提高学生的表达欲望，有条理地用语言和文字介绍自己的特点。

六、教学方法

1. 情境创设。
2. 游戏，观察、模仿。
3. 范文演示。

七、课前准备

准备一些小红花，一台收录机，把介绍自己的一段文字和《聪明可爱的小男生》一文录下来，用小黑板写好"习作要求"和"温馨小提示"。

八、教学时间：两课时

九、教学过程

第二课时

课时目标：

1. 选择最能反映自己特点的某些方面：性格、爱好、优缺点和特长等。按一定的写作顺序将它真实、具体地写出来。

2. "根据表达的需要，正确使用冒号、引号等标点符号。"

教学过程：

（一）谈话导入

师：上节课我们把自己的特点讲了讲，与同学们进行了分享。这节课为了让我们进一步互相了解，把我们上节课的介绍写出来。先请同学们齐读一遍课文的"习作"部分。

（二）欣赏范文

师：刚才我们读了课文，根据课文要求，把自己的特点写出来。注意不要把自己都写成一个模样，能做到吗？

生：不会，因为我们每个人都是不一样的。

师：对！我们不但个性、爱好、长相不一样，而且经历的事情也不一样。看，这里有一位小朋友的经历就很有意思，我们一起听听吧！

放《聪明可爱的小男生》一文的录音。

"嗨！大家好！我今年9岁啦！胖乎乎的脸蛋，个子不高不矮。浓浓的眉毛下面长着一双机灵的眼睛。见过我的人都说这孩子真'精'！

我属鼠，有句成语叫胆小如鼠，可我一点儿也不胆小，有时还胆大包天呢！不信呀，我告诉你一件事吧！有一次，爸爸买了几斤黄鳝，叫我去捉一条，我毫不胆怯，伸手就捉，爸爸直叫好，妈妈在一旁连连说：'宝贝，赶快放下！会咬人的！'我拍拍胸脯，骄傲地说：'这有什么可怕的？不会咬！胆子都是练出来的嘛！'

对了，我特爱打乒乓球。为这爱好我还被妈妈狠狠教训过一次呢！那是去年的事了，一个星期天，我在门外的墙壁上打乒乓球，一直打到中午了，妈妈叫我停下来快去吃饭。我说：'好的，马上就来。'可耳朵听进去了，嘴里却还继续数着：一、二、三——手根本就停不下来。这一打，又是半个多小时。这下可把妈妈惹火了，等我回来时，饭菜都收到厨房里去了，也都凉了，还狠狠地臭骂了我一顿。事后，我想：练习打乒乓球是好事，但要合理安排时间，不然就会得不偿失的，我一定要记住这次教训。

你们喜欢我吗？愿意和我交朋友吧！这就是我，一个活泼机灵的男孩——李俊。"

（三）回忆经历，准备习作

师：想必在平时大家肯定也有过这样独特又精彩的经历吧！现在就和你身边的小伙伴说说你那些有趣的经历。

学生在小组交流，老师巡视。（略）

师：老师真羡慕你们，每个人都有自己不同的特点和独特经历。那么，我们把它写下来吧！

（四）提出习作要求

师：把上节课与同学交流的我和刚才讨论的我结合起来，在这基础上添头加尾，突出自己的性格、爱好、优缺点和特长等特点。要求大家都写出一个真实的我，与别人不同的我。

出示习作要求。

师：请大家一起来读。

1. 要按一定的顺序写，先写什么，后写什么。

2. 语句要通顺、连贯、有条理。

3. 抓住自己的主要特点写。并注意良好的书写习惯。

4. 根据需要，正确使用冒号、引号等标点符号。

师：我们习作，不仅要看清楚要求，还要注意写上一个好题目，同时要学会修改。

（五）学生习作，老师巡视

（略）

（六）温馨小提示：

要完成一篇完整的习作，请注意：请看看这里的温馨小提示吧！

1. 写好以后，别忘了给你的佳作配上一个吸引人的精彩的题目。比如：《爱哭鼻子的我》《胆小如鼠的我》《我是个电视迷》《我的自画像》等。

2. 俗话说：好文章不厌千回改。同学们写好习作以后可要反复去读，再三修改，才能出佳作。

（七）共享习作

师：请几个写得好的同学，读习作给大家分享。（略）

（八）总结：

今天，我们的课就上到这里，回去以后把自己的习作再进行修改，改后交给老师欣赏。感谢大家今天陪老师度过了快乐时光！祝大家以后都能成为小作家！

第八节　口语交际教学

口语交际与过去《教学大纲》强调的"听话"和"说话"有着明显的区别。"听话"、"说话"是一种单向自我式的静态语言实践，或指单纯地"听"，或指单纯地"说"；而口语交际则是一种双向互动式的动态语言实践。进行口语交际教学，首先要明确口语交际的内涵、特点及与"听话、说话"的区别。口语交际具有瞬时性、简约性、交际性、互动性等特征；语文课程标准中规定的口语交际教学目标，具有发展性、整体性、操作性等特征；口语交际教学的内容包括耐心专注地倾听，自信负责地表达，文明得体地进行交流；口语交际教学的策略是——交际策略，情境策略，互动策略；口语交际教学的方法主要有以培养倾听能力为主的方法和以培养表达和交流能力为主的方法两大类。

一、口语交际教学概述

（一）口语交际含义和概念

1. 口语交际含义

口语，即口头语言，是人类语言的基本形式，包括言语、语音、语调、语态、语气和节奏等。人们在日常生活中使用口语进行思想和情感交流，在交流过程中根据需要选择不同的语气，运用不同的语调，再辅以合适的语态和节奏，以表达自己丰富的情感和深刻的思想。

2. 口语交际概念

口语交际指人们运用连贯标准的有声语言和无声语言交流思想、传递信息、表情达意的社会活动。语文教学视野中的口语交际，是指交际双方（交际对象）为了特定的目的（交际目的），运用自己的口头语言和适当的表达方式（交际手段）进行思想感情交流的一种言语活动。在言语交际中，人们运用不同的语音、语调、语态、语气和节奏来表达自己丰富的思想和情感。

（二）口语交际的特征

1. 口语的特征

口语的主要特征是"直接性"和"整体性"。直接性指发话者和听话者同处于一个时空中，面对面地进行你来我往的交流；整体性是指人们在使用口语过程中，会调动视觉、听觉、触觉、味觉、嗅觉和心智等所有感觉同时发挥作用。

2. 口语交际的特征

（1）瞬时性。口语交际时，交际双方的声音只能停留一个瞬间，稍纵即逝，双方思考的时间非常短暂。发话者的内部语言思维和外部语言的表达几乎同步，边想边说，话语之间不允许有长时间的停顿。听话者听话时也必须快速思考、处理信息，并快速做出反应。

（2）简约性。表现为交际双方可以在说话的同时，加进某些表情或动作，以表达新的更为复杂、含蓄的信息，如借助于交际时的情境、动作、表情等，省略一些句子和已知的信息。

（3）交际性。在口语交际过程中，无论是发话者还是听话者，都是带着交际目的进行"说"和"听"活动的，因此训练交际能力，既要注重语言表达能力的训练，又要注重人际礼貌、身份协调，甚至跨文化冲突等规则的领会。

（4）互动性。在口语交际过程中，交际双方相互既是发话者，又是听话者。口语交际过程是能动的、充满变数和应对技巧的过程。这个过程既受主观意识支配，又受客观条件控制，因而听和说双方必须处于互动状态。在互动过程中，要采取各种语用策略，通过提出、控制、转变、解释等来把握话题，使交际活动朝着有利于自己的交际目的方向发展。

（三）口语交际教学的意义

1. 口语交际教学的概念

口语交际教学，是指在语文教学中培养学生运用规范、简明、连贯而得体的口头语言，再辅之以适当的非言语形式与人交流，实现某种交际能力的教学活动。口语交际与以往语文教学大纲强调的听话、说话有着本质的区别。"听话"、"说话"是一种单向自我式的静态语言实践，或指单纯地"听"，如"听广播"练习；或指单纯地"说"，如"看图说话"练习。而口语交际则是一种双向互动式的动态语言实践，交际双方要不断发出信息、接收信息，同时听者和说者的地位也随着交流的需要在不断转换。

2. 口语交际教学的意义

（1）口语交际具有多重功能。

交际手段多种多样，书信、表情、信物、手势都可运用到交际领域。随着社会的发展，出现了电子邮件、网络文字聊天、视频语音聊天等新型交际手段。不同的交际手段尽管各有优势．但口语交际的优势最为突出，它具有简便、易懂、经济、快捷、生动、鲜明的特点，是社会交际过程中最重要、最大众化的交际手段，具有交流信息、沟通情感、审美愉悦、促进和谐的多种功能。

①交流信息功能。

口语交际是一个信息交流系统，它负载着巨大的信息容量，有输出、输入和调整、反馈的功能。说话人用语言说给对方，就完成了信息输出；受话人听取了对方的评议就完成了信息输入；受话人把接受的信息消化后，再将自己的思想说给对方，就完成了一个回合的信息交流。以此循环，直到这种交流达到双方满意为止。人类每天都在重复着这个过程。有人做过统计，全世界每人每天平均用只少要用一小时进行着口语交际。口语交际能直接、快捷、大量地交流信息是显而易见的。

②沟通情感功能。

情感是一种高级的心理现象，是人对客观事物是否符合自己的需要、愿望和观点而产生的体验。现实中，有些事物使人高兴欢乐，而有些事物使人忧愁悲伤，有些事物使人赞叹喜爱，有些事物使人惊恐厌恶。这些以特殊方式表现出来的情感体验，时时刻刻都反映在口语交际中。因此，口语交际不仅是信息的交流，还是情感的载体。在现实生活中，口语交际在情感沟通方面，比其他交际手段更直接、更生动、更形象、更有力、更具个性色彩。

③审美愉悦功能。

人类的口语蕴涵着丰富的美感。因为它是语言中最充实、最生动、最鲜明、最感人、最有魅力的语言。人们在口语交际中，会充分体验到这种美感。苏联著名的文学家高尔基曾说过："作为一种感人的力量，语言真正的美，产生于言辞准确、明晰和动听。"在口语交际中，不乏这样的语言。

④促进和谐功能。

冲突常常产生于交际中，作为交际最重要的手段之一的口语交际，在促进人际关系和社会和谐方面的功能是十分重要的。心理学研究表明，人与人之间的口语交际，能给人带来精神上的影响。一方发出的帮助、支持、同情的话，可导致另一方的信任、接受反应；一方发出的同意、合作、友好的话，可导致另一方的协助、温和的反应；一方发出的指导、劝告、教育的话，可导致另一方的尊敬、服从的反应；一方发出的攻击、惩罚的话，可导致另一方的敌对、反抗的反应。因此文明积极意义的口语交际，有助于建立和谐的人际关系，保持人与人之间的亲密性、融洽性和协调性。

（2）口语交际是社会发展的需要。

口语交际有它自身的发展历程。原始社会，类人猿只会发出简单的声音。在共同的劳动中，他们又练出了复杂的声音。封建社会，口语得到了长足的发展，但小农经济又约束了口语交际的进一步发展。现代社会是开放的社会，是信息高度发达的社会，口语交际得到了前所未有的发展。与此同时，对口语交际的要求也越来越高，如果不进行教育培养，很难适应现代社会的需要。

①对口语交际的规范性要求越来越高。

社会越发展，社会活动方式越多样，口语交际应用范围也越广泛。口语交际被广泛地应用到了政治演说、商务谈判、司法审判、课堂用语、科普宣传等领域。而且随着科学的发展，电话和网络的出现，口语交际不再受声波传播的范围限制，应用空间也大大延伸。在广泛的领域与广阔的空间内进行口语交际。交际双方都必须遵守基本的交际规则，否则交际将无法有效进行。尤其是随着现代通信传声技术的发展，人机对话的时代已经到来，人不仅要跟人进行口语交际，还需要与机器对话。由于机器只能听懂规范的语言，这就要求人们必须说标准语，如果说话不准确、不简洁、不规范，缺乏条理性，交流根本无法进行下去。因此，在语文教学中加强说话能力的训练尤为重要。

②对口语交际的艺术性要求越来越高。

现代社会惜时如金，时间意味着效益。在这种情况下，人们都希望在有限的时间内，通过增强口语交际的艺术性，来增添口语交际的信息量，强化口语交际的感染力。例如电视节目中的获奖者的答谢辞都规定有明确的时限，要求获奖者在有限的时间内进行口语表达，以传达自己的心情，展示自己的人格。获得中国电影节第八届金鸡奖和第十四届百花奖的焦裕禄扮演者李雪健，他在不到一分钟的时间里，面对 1700 多名观众发表获奖答谢辞，真诚坦率地说出了一句肺腑之言："苦和累都让一个好人焦裕禄受了，名和利都让一个傻子李雪健得了。"此言一出，全场观众立刻报以雷鸣般的掌声。这短短的一句话，准确生动，简洁动听，让人得到了一种美的陶冶和愉悦。

③对口语交际的专业性要求越来越高。

据有关资料，现今，美国的小学普遍开设了社会交际课，内容就是对儿童进行口语交际基本知识的教育。美国的高等教育，"说学"非常盛行。十多年前就有 300 所大学设有"说学系"、"传播系"和"现代演讲学系"。仅在四年中，美国就有"说学"毕业博士 3000多人，硕士 20000 多人。在美国从事"演讲学"的教授就有 10000 多人。此外，法国、英国、德国、日本、加拿大等国家，也都在自己的名牌大学设立了社会交际课。口语交际，正成为一门新型的专业学科引起各国的重视。我国《语文课程标准》也将过去大纲中的"听说"教学改为"口语交际"，这绝不是一个名称变换的问题，而是理念的变换，体现了对口语交际的重视。

（3）口语交际有助于教学目标的实现。

口语交际是现代公民必备的能力，开展口语交际教学对全面提高学生的语文素养，有效地实现教学目标，培养创新型人才有着积极意义。

①有助于思维能力的发展。

口头表达是人们将自己的内部言语（思维），借助于词语，按一定的句式快速转换为外部言语（有声语言）的过程。在这个过程中，由内部言语到外部言语的转换几乎是闪电般的快捷，心里想的立即成为嘴上说的，边想边说，边说边想，不断地把自己的意见完整地表达出来。由此可见，思维、词语、句式的选择与组织、语言运用的技巧，是口头表达的中心环节。而其中思维是首要的，思维不清或者思维迟钝，都会影响口头表达的效果和效率。因此，良好的说话能力是思想的敏捷性、灵活性和严密性的重要标志，进行说话能力的训练，必然有助于思维能力的发展。

②有助于读写能力的发展。

叶圣陶先生强调："不善于听未必善于读，不善于说未必善于写，故而应当一把抓。"说与写本来就是相辅相成的。把话说好，是写好文章的基础。书面语言是在口语的基础上发展起来的，语言教育是从口语教育开始的。许多家长和教师很重视从训练孩子们的口语能力入手，先说后写，说写结合，所以有效地提高了书面表达能力。在语文教学中，口头训练和书面训练不可偏废，应当密切结合，相辅相成，互相促进。那种只偏重书面而忽视口头，对"语"和"文"采取分而治之、厚此薄彼的做法，很不利于提高语文教学的效率，也严重地脱离了社会生活实际，必须切实改变。

③有助于心理智力的发展

口语发展关系着人的智力发展。古代埃及国王曾做过一个残酷的试验，把两个新生婴儿放进地下室喂养，满足他们生活上的要求，就是不让他们与外界交流交际。他们长到 12岁，什么也不会说，智力极其低下，竟同禽兽一般。这就有力证明，口语能促进儿童心理发展。从智力的结构要素——注意力、观察力、记忆力、思考力、想象力来看，哪一个要素都与口语直接相关。学生在口语交际的过程中，从语言形式到思想内容，又从思想内容到语言形式，从个别到一般，又从一般到个别，反复思维，不断分析、综合、判断、推理，形象思维到抽象思维交替进行，其注意力、记忆力、联想力、想象力都得到良好的锻炼。口语交际往往不受时间、场地等条件限制，很多是在群体活动中进行的，具有多向性、随机性、及时性、临场性的特点，这样更有助于锻炼学生的胆识与魄力，有利于培养具有分析力、应变力的创新型人才。

二、口语交际教学的基本理念

在提出口语交际教学基本理念之前，必须先对口语交际的生成过程、特点有着基本认识，在此基础上才能提出口语交际教学的基本理念。

（一）情境化理念

情境化理念指在教学过程中，根据学生年龄特征和认知特点的不同，注重创设适宜的口语交际学习情境，激发学生思维，引发学生表达，促进学生交流。口语交际教学离不开特定的情境，口语交际知识、能力及文明修养的获得、提高需要情境化来实现。教师要创设情境、营造氛围，使学生产生"如入其境"的亲历感、现场感和对象感。只有在这种情境中，学生的口语交际能力才能得到有效锻炼。

贯彻情境化理念，应把握如下三个方面[1]：

（1）创设的情景必须真实、有意义，符合特定的社会文化背景，要体现学生实际交际的需要，让学生了解在不同的场合，针对不同的对象，围绕不同的目的，采用不同的态度和表达方式。

（2）情景的创设要注意趣味性，可以通过做游戏、分角色表演等学生喜闻乐见的形式来激发学生的交际欲望。

（3）情景的创设还应体现一定的梯度，以适应不同层次交际的需要。例如，在学习的初级阶段，教师应尽可能地提供真实情境，使他们产生身临其境的真实感，产生用语言表达的急切需要。当学习达到一定阶段，可设置模拟情境，启发学生想象，进入角色，开展口语交际活动。

（二）互动化理念

互动化理念指在口语交际教学中要注重开展师生、生生等群体之间的互动，使学生在多向互动中提高口语交际能力。教学中，通过对话、交流，实现师生之间、生生之间的双向或多向的合作学习，达到提高学生口语交际能力的目的。合作学习是互动教学的一个重要内容，它以组织学习共同体为基本形式，在教学中主要以小组的形式出现。语文课程标准中多次提到"同桌交流"、"小组交流"、"全班交流"，这实际上就是互动化理念的体现。

贯彻互动化理念，从互动的主体角度考虑，要注意把握以下两个方面：

（1）师生之间的互动要在民主、平等的气氛中进行。教师要放下架子，乐与学生平等交流，鼓励学生积极参与，自己也尽量参与其中。

（2）学生之间的互动主要通过设置合作情境，让学生在合作中学会自尊与尊重他人，提高交际能力。例如，同桌之间、前后座位之间、小组之间，用说、问、评、议、比、演

---

[1]　张淑娟：《口语交际教学的基本原则和途径》，语文学刊，2005（2）。

等方法，进行评论、交流，互相促进，共同提高。

从互动的形式角度考虑，要拓展互动的渠道，注重"讨论式"互动、"比赛式"互动、"辩论式"互动等在教学中的应用。对于"讨论式"互动，在教学过程中教师要注意三点：①讨论的话题要适合学生，不要脱离学生的实际；②要给足讨论时间，让学生把问题讨论透彻；③讨论的形式要多样，可以全班讨论，也可以小组讨论，还可以同桌讨论。

（三）生活化理念

生活化理念指在口语交际教学中应注重选择贴近学生生活实际的话题，注重引导学生在日常生活中锻炼口语交际能力，激发学生作为生活主体参与活动的强烈愿望，让他们在生活中学习，在学习中提高。选择贴近学生生活的话题，既可从教材中选择，也可从学生生活中选择，选择的话题能使学生有话可说，有话乐说。同时，教师要把课内与课外的学习有机结合起来，变单调的学习活动为生动有趣学生活动，变单一的体验渠道为复合体验渠道，从而有效提高学生的口语交际能力。

（四）个性化理念

个性化理念指口语交际教学中应十分注重培养学生的个性，努力使学生做到"声如其人"、"闻其声知其人"。德国教育学家赫尔巴特指出："一切教育的起步在于个性，终点在于德性。"从中可见个性教育的重要意义。在实际的教学中，教师往往会忽视培养学生的语言个性化，从表达习惯到逻辑顺序，从句法到词汇，按设定的标准、期待的答案进行评价，指导缺乏多样性。同一个话题，几十个学生说话大同小异，甚至大同无异，这显然不利于学生语言个性的发展。

贯彻个性化理念，应注重两个方面。

（1）应注重激发学生求异。教学中，教师不能用自己的思维代替学生的思维，不能打断与教师预定思维结果不一致的话语，对于同一个话题，让学生说出自己不同的看法，同样的意思鼓励学生运用不同的词汇、不同的句式来表达。在评价时，教师对学生在说的过程中富有个性的、新颖的见解，要大力褒奖，在学生中形成一种说出自己真实想法，敢于异想天开的求异氛围。

（2）应重视学生的语言积累。语言积累是个性化表达的前提，个性化表达是语言积累到一定程度的体现。语言积累有很多方法，其中较为有效的方法是朗读、背诵和阅读三种。通过个别读、齐读、分角色读等方式培养学生的语感，通过背诵佳词妙句、古诗、精彩片断丰富学生的语言，通过课外阅读、摘抄好词好句的方法扩充学生的词汇，为个性化表达创造良好的条件。

三、口语交际的教学目标及要求

（一）口语交际教学的要求

口语交际能力是现代公民的必备能力，应在具体的口语交际情境中，培养学生倾听、表达和应对的能力，使学生具有文明和谐地进行人际交流的素养。

（二）义务教育阶段口语交际教学的总目标

《义务教育语文课程标准》明确提出了口语交际的总目标：使学生"具有日常口语交际的基本能力，在各种交际活动中，学会倾听、表达与交流，初步学会文明地进行人际沟通和社会交往，发展合作精神。"

口语交际是一种能力。口语交际是听话、说话的发展。它不仅要求训练学生听和说的能力，而且要求在口语交流中，培养言语交际能力。口语交际能力是一种在人与人的交往过程中表现出来的灵活、机智的听说能力和待人处世的能力。它不仅仅是一种语言能力，还是一种做人的能力、交往的能力、做事的能力。

（三）义务教育阶段口语交际教学的学段目标①

第一学段（1～2年级）

1. 学说普通话，逐步养成讲普通话的习惯。

2. 能认真听别人讲话，努力了解讲话的主要内容。

3. 听故事、看音像作品，能复述大意和自己感兴趣的情节。

4. 能较完整地讲述小故事，能简要讲述自己感兴趣的见闻。

5. 与别人交谈，态度自然大方，有礼貌。

6. 有表达的自信心。积极参加讨论，敢于发表自己的意见。

第二学段（3～4年级）

1. 能用普通话交谈。学会认真倾听，能就不理解的地方向人请教，就不同的意见与人商讨。

2. 听人说话能把握主要内容，并能简要转述。

3. 能清楚明白地讲述见闻，说出自己的感受和想法。讲述故事力求具体生动。

第三学段（5～6年级）

1. 与人交流能尊重和理解对方。

2. 乐于参与讨论，敢于发表自己的意见。

3. 听人说话认真、耐心，能抓住要点，并能简要转述。

4. 表达有条理，语气、语调适当。

5. 能根据对象和场合，稍作准备，作简单的发言。

6. 注意语言美，抵制不文明的语言。

第四学段（7～9年级）

1. 注意对象和场合，学习文明得体地交流。

2. 耐心专注地倾听，能根据对方的话语、表情、手势等，理解对方的观点和意图。

3. 自信、负责地表达自己的观点，做到清楚、连贯、不偏离话题。

4. 注意表情和语气，根据需要调整自己的表达内容和方式，不断提高应对能力，增强感染力和说服力。

5. 讲述见闻，内容具体、语言生动。复述转述，完整准确、突出要点。能就适当的话题作即席讲话和有准备的主题演讲，有自己的观点，有一定说服力。

6. 讨论问题，能积极发表自己的看法，有中心、有根据、有条理。能听出讨论的焦点，并能有针对性地发表意见。

四、口语交际教学的内容和方法

（一）口语交际教学的内容②

1. 口语交际的静态知识

语言知识即关于语音、词汇、语法、语篇的知识，这些语言知识是口语交际能力形成

---

① 见《义务教育语文课程标准》。

② 相萌萌：《浅谈口语交际教学》，载《聊城大学校报》，2006-10-14。

内基础。从一般的口语知识要求（如要求学生说规范的普通话，用词正确，语句通顺，并能做到边听边思考，说话要连贯、有逻辑性），到具体的各种口语交际场合的特殊要求（如要针对不同对象而变换口语表达方式的规律性要求采取恰当的语速、语气、语调等），都需要教师在交际情境中对学生有所传授。

2. 口语交际的动态能力

动态能力包括倾听的能力和表达的能力以及应对的能力；倾听的能力包括辨别语音能力、快速抢记能力、理解语义能力和语感能力。这四种能力是构成倾听能力的基本因素，辨别语音能力是倾听的前提，不能辨音便不能听；快速抢记能力是倾听的基础，记住了语音理解才有可能；理解语义的能力是倾听的核心，倾听而不理解其义，就等于白听；语感能力是倾听的综合能力，能提高倾听的层次和水平。

表达能力包括言语内容的组织能力、言语快速的编码能力和运用语音的能力。这三个方面大致反映了说话活动中"思考－造句－发声－表述"的一个完整过程。语言组织得是否连贯畅通，内部语言的编码与传码能否依据不同的交际对象转化为有声语言的不同形式取决于这四个步骤的协调统一，从内部言语生成到外部言语表达，都与人的思维活动密切相关，所以言语表达的过程也就是锻炼思维灵敏性、深刻性和丰富性的过程。

人们在交际过程中往往会随着交际环境、交际内容、交际对象的变换不断调整自己的思维方式和语言风格，这就是口语交际的应对能力。在交流过程中，要根据交际对象的具体情况（如面部表情和说话语气），以及情绪的变化及时调整自己表达的内容和方式，提高口语交际的应对能力。

3. 口语交际的技巧艺术

古人说："听君一席话，胜读十年书。"又说："良言一句三冬暖，恶讯伤人六月寒。"无论是倾说还是倾听，都是有一定的技巧性和艺术性。例如《战国策·触龙说赵太后》一文中，大臣强谏赵太后允许长安君到齐国作为人质，以获得齐国的兵出求赵，赵太后对此十分愤怒，对左右人说："有复言令长安君为质者，老妇必唾其面！"在这种情况下，触龙出面，从日常生活谈起，紧紧抓住赵太后救国爱子的心情，通过谆谆而导，终于说服了赵太后同意长安君到齐国作为人质。同样一件事，众大臣劝说导致两种结果，就是前者没有注意劝说的技巧与艺术，而触龙则注意了技巧与艺术。由此可见，口语交际的必要的技巧也是实现交际的重要保障。因此在教学中，除传授一定的知识能力、态度情感外，还要注重技巧与艺术的培养。

4. 口语交际的情感态度

口语交际的情感态度包括倾听的态度、表达的态度和应对的态度。良好的口语交际态度是一个人文明素养的表现，也是提高口语交际效果的必不可少的条件。与人交往时要有最基本的礼貌。首先要耐心、专注地倾听他人的表述；其次，要培养学生在公众场合表达时克服紧张、胆怯心理，做到自然大方、热情自信和负责任的心态，最后，说话者在进行交际的时候不仅要给对方乐观、自信的形象，更要注意自己的人文修养，使得一颦一笑、一举一动都展示出自己广博深厚的知识修养和以诚待人的处世风格。

（二）口语交际教学的方法①

1. 以培养倾听能力为主的方法

（1）聆听训练法。

聆听训练法包括课堂上培养注意力，训练闹中求静的本领、训练合理调整和分配自己的注意力等手段。口语交际中，说话人的话语不以听话人的意志为转移，有的条理不清，有的艰涩费解，有的方音较重，有的语言杂质太多。这就要求听话人善于控制自己的注意力，集中精力捕捉那些最具信息价值的话语。

（2）听记训练法。

听记的心理过程包括识记、保持、再认三个环节。听记训练的内容可以是课文、报纸、新闻广播、生活见闻等；也可以是报告、专题讲座、讨论、辩论等。听记的训练形式一般包括瞬时记忆、短时记忆、长时记忆三种。听记训练，可以先听读句子、句群、语段，听说新闻片断，记录原文，再逐步过渡到听读整篇文章，听说整个事件，速度由慢到快，要求逐步提高。

（3）听写训练法。

包括记录性听写、记忆性听写、辨析性听写、选择性听写、联想性听写、概括性听写等多种训练方式。

（4）听说训练法。

①听述：让学生把听到的内容用自己的语言复述出来。

②听评：让学生对听到的内容做出评论。

③听后感：让学生针对听到的话语或文章发表个人的感想。

④问答：这种问答主要是以训练听话能力为目的，因此问题要设计得复杂些，最好环环相扣，层次相接；题目要准确，无歧义，且富有启发性。

⑤变说：根据需要把听到的话由长变短；或由短变长；或改变说话的顺序、语气等。在听说训练中，教师应对训练提出明确的要求，要对听说质量及时进行评价和指导。

2. 以培养表达和交流能力为主的方法

（1）课堂教学中的训练方法。

①答问。就是回答教师提出的问题。尽管课堂上答问的目的不仅仅是为了训练口语表达，但它是课堂教学中使用最频繁的口头训练方式。回答问题内容要正确，除此之外，还要求回答的语言准确、简明，合乎语法规范，且条理清楚。

②朗读。朗读可以丰富口头语汇，增强语感；可以练习正确的发音，学习表情技巧；也有利于训练口才，锻炼胆量。朗读是说话能力训练的基本方法，课堂上教师要有目的、有计划地进行，而不能仅仅将其作为阅读教学的辅助手段而已。

③看图说话。图画包含着丰富的情节，有的抒发了强烈的情感，有的蕴含着深刻的哲理。可以结合教学内容，适时地展示一些人物画或风景画，让学生仔细观察后，或讲述故事，或发表感想，或阐发议论。运用这一训练方式要注意选图的标准，要符合学生的年龄特征和认识水平，不应过于深奥或浅显，还要注意选图对学生身心健康的影响。

④口头复述。这一方法除了可以使学生熟悉文章内容、体会文章结构特点和语言风格外，还可以培养学生系统而连贯的说话能力。口头复述的形式有详细复述、简要复述、摘要复述、综合复述等。口头复述训练中，教师要作示范指导，要给学生留有足够的时间阅

---

① 李新宇主编：《语文教育学新论》，南京师范大学出版社，2006 年版，第 317～319 页。

读原文，复述时要求尽量不看原文。

⑤讨论。是由教师或学生提出议题，组织全班同学发表自己的见解或主张的一种教学形式。讨论的形式大体上有两种：一是有计划、有组织、有准备的讨论；二是针对课堂动态生成的因素而即兴组织发动的讨论。

⑥口头作文。这是一种难度较大的说话能力训练方式。它要求学生按照给定的文题、话题或材料，在短时间内构思、立意，并打好腹稿，然后说出一段中心突出、首尾连贯、语言简练的话来。课文为口头作文训练提供了广阔的空间，既可以进行片段模仿，也可以进行扩展描述，还可以进行补充接续。

（2）课外活动中的训练方法。

①情景会话。这是指模拟日常生活或特定情境的对话进行说话训练。例如接待、采访、致词、导游、解说；自我介绍、慰问病友、商讨难题；指示、请示、请求；电话对话、商业广告、推销产品等。情景对话由于贴近生活，实用性较强，学生对此训练的兴致很高，因而会有很好的训练效果。训练时选择生活情景尽量使覆盖面大一些，小组之间不要重复训练，尽量让所有的学生都参与。

②讲故事。这是一种学生喜闻乐见的说话训练方式。故事的来源可以是文学作品、影视戏剧、所见所闻等。故事的内容要求思想健康，倾向积极，趣味性较强，艺术性较高。学生讲完后，教师要有简短的评点，表扬长处，指出不足。

③口头报告。这是围绕某个问题、某件事情、某项活动的前因后果，向听众作比较完整的口头介绍。形式有读书报告、实验报告、参观活动报告等。报告前要求学生选取自己力所能及的题目，充分准备和提炼材料，拟好报告提纲。

④演讲。这是在公开场合面对较多观众，针对某一问题或某一事件发表见解，阐明道理，或进行宣传鼓动的一种说话形式。演讲者，不但要以雄辩的逻辑力量使人信服，还要以充沛的感情、生动的语言、大方和谐的表情动作使人深受感动，从而产生强烈的共鸣。

⑤辩论。辩论是对于某一特定的议题持有不同意见的人们，按照公认的规则，当面进行论证与辩驳，以促成实现彼此彻底的沟通。辩论是一种高层次的说话形式，在培养学生的思辨能力及说话的机敏程度等方面，有着特殊的意义。

⑥编演课本剧。这种训练方式，既能有效地训练学生表达个性化语言的艺术技巧，又能加深对课文内容的理解。

⑦谈话。谈话是人们最常用的交际方式之一，是指说与听在共同创设的语言情境中相互应答的活动形式。其主要特点是：信息交流的双性向或多向性，话题的灵活性，语言句式的松散性等。

⑧访问。访问也是交谈的一种形式，是为了获取某些信息而作的专门性谈话。访问训练应该从访问和接受访问两方面进行指导。访问必须注意：一要目的明确，态度诚恳，提问得当，措辞得体；二要记下对方所说内容，以便随机应变，提出新的问题。接受访问应注意：态度谦逊，说话真诚，要针对所提问题作答等。

⑨电话交谈。这是当前运用得较广泛的一种交际活动形式，当前许多外资或合资企业经常通过电话交谈来选拔、定夺员工。通过电话交谈的训练，可以锻炼学生机敏的思维能力，清晰的说话能力。电话交谈应注意：声音要温和；要使用文明礼貌语言；表述要简明，语音要清晰；要注意听清对方的反馈信息。

口语交际是语文教学的重要组成部分。在现代信息社会中，口语交际能力是每一位社会公民必不可少的基本素养。教师要不断探索和实践口语交际教学的途径和方法，要把语文课内的和课外的口语交际训练结合起来，把各种社会生活中的口语交际活动联系起来，根据学生的心理特征和认知水平，因地制宜，因材施教，精心创设口语交际的良好环境，开展多种形式的口语交际训练活动，让学生在实践中锻炼表达和交流的能力，切实提高表达与交流的实际水平。

【复习与思考】

1. 交流能力由哪些要素组成？
2. 设计一节口语交际教学课教案，并说明设计意图。
3. 设计一个具体体现某年级口语交际活动方案，并说明设计意图。

【案例研究】一

《语文园地三》教学设计

一、教材分析

本课是人教版小学三年级《语文》下册中的《语文园地三》。

1. 中年级习作教学，首要的任务是拓宽学生的思路，增加生活的积累，激发学生的习作欲望。

2. 本课要求学生在学会口语交际的同时开始学习习作。在教学中让学生多看、多记、多说、多写。在活动中让他们学会观察，乐于表达，善于习作。

二、学情分析

1. 三年级的学生才刚刚开始接触习作，所以在习作指导的时候，我们要与口语交际紧密结合，在训练学生的听、说、评的一系列活动的基础上，引导学生看一些有关写自己的文章，启发思路。尽可能地组织一些活动和游戏。

2. 开始学习习作的孩子，往往会觉得难写，无话可写。因此，在指导的过程中，我们要本着"乐于书面表达，增强习作的自信心，愿意与他人分享习作的快乐。"做到有话可说、有话可写的教学指导，要求学生积极思考，大胆发言。

三、设计理念

本课教学，以教师为主导，以学生为主体，以训练为中心。让学生在轻松愉快的情境中完成学习任务。学生学得愉快，教师教得轻松，同时提高学生的观察能力和语言表达能力，使学生能根据习作要求，知道如何"介绍自己"，该从哪些方面去讲，可从哪些方面去写。以自主、合作、探究式的学习方式为主。

四、教学目标

1. 学会仔细观察，发现自己与众不同的特点，增强说话的兴趣，能自主、自由、快乐、积极地与同学交流。

2. 选择最能反映自己特点的某些方面，按一定的顺序将它真实、具体地写出来。并能"根据表达的需要，正确使用冒号、引号等标点符号。"

五、教学重点、难点

教学重点：善于观察思考，乐于表达，有条理地介绍自己的特点。并能按一定的顺序将它真实、具体地写出来。

教学难点：提高学生的表达欲望，有条理地用语言和文字介绍自己的特点。

六、教学方法

1. 情境创设。
2. 游戏，观察、模仿。
3. 范文演示。

七、课前准备

准备一些小红花，一台收录机，把介绍自己的一段文字和《聪明可爱的小男生》一文录下来，用小黑板写好"习作要求"和"温馨小提示"。

八、教学时间：两课时

九、教学过程

第一课时

课时目标：
1. 学会仔细观察，发现自己与众不同的特点，积极与同学交流。
2. 增强说话的兴趣，能自主、自由、快乐地表达。

教学过程：

（一）趣味导入

师：今天我给大家带来一位新朋友，你们想不想认识他？

生：想。

师：先请同学们齐读一遍课文的"口语交际"部分。

师：根据课文内容要求，那我们就来互相认识一下吧，交个朋友。下面就让我们互相做个自我介绍，好吗？

生：好！

然后请同学们自我介绍。（略）

师：真是一群勇敢的孩子，又那么热情，说得真好。（不管说得如何都要以鼓励学生为主）

（二）示范习作

引出介绍顺序和要点。

师：嗯！请大家听一听这段录音，听完之后猜猜这里介绍的是谁？同时学学如何介绍自己。

"大家好！我是一名小学语文老师，今年28岁的我，身高1.6米，身材偏瘦。我有一头披肩长发，一张鹅蛋脸上镶着两条弯弯的柳叶眉，下面是一双炯炯有神的眼睛，和不高的鼻子，还有一张能说会道的嘴巴！熟悉我的人都知道我是一个开朗、爱打羽毛球、又是一个心灵手巧的人。"

师：同学们猜猜，录音里介绍了谁吗？

生：我们的老师。

师：对，这个人就是我，你们太聪明了，一猜就准。可是你们谁能告诉我，你是根据录音中的哪些地方判断是我呢？

生：职业、年龄、身高、长相、性格、爱好……

学生说出相关的句子，老师相机点拨，并让学生上台板书关键词语。

（三）初步口语训练

师：根据刚才的录音介绍，再一次请几个同学说说自己与同学的不同。

同学们自我介绍。同时请几个同学上台把有关的词语写出。（略）

师：你们真能干，不仅会听，还会写。我们除了职业、年龄、身高、长相、性格、爱好等的不同，我们每个人还会有哪些与别人不同之处呢？思考一下。

生：每个人的"声音"不一样。（学生上台板书）

生："穿着"不同。（学生上台板书）

生："特长"不同。（学生上台板书）

……

（四）玩中说，说中玩

师：看样子，每个人都有许许多多方面和别人不一样。老师想问问大家，喜欢玩游戏吗？

生：喜欢。

师：哎哟，真是一群活泼可爱的孩子！我相信，待会儿你们在游戏中，一定都能踊跃发言，为自己争取到更多的小红花。

师：今天我们要玩的游戏是找不同，把男同学和女同学分成两组，两组各请一位同学上台来当代表，帮我个小忙，谁来呢？

同学们推荐了两位同学。

师：这两位同学真勇敢，请你们上台来，下面的男女同学都仔细观察，看看他们有什么不同的地方？说对了，奖励小花一朵，说错了，减掉小花一朵。大家快点加油哦！

学生分别举手发言，这两位上台的同学帮忙交叉贴小红花。男同学贴女同学那组的，女同学贴男同学那组的。

师：男女同学们都很厉害，拿到了不少小红花呢。不过刚才同学们说的都是表面能看到的不同，还有些不同是看不到的。请这两位代表也来说说自己的不同吧！比如可以说说：爱吃什么，爱玩什么，或者有什么特长或缺点，等等。

男代表：……

女代表：……

师：你们都说得很好，真棒。

（五）再次口语交际

师：刚才我们都了解了这两位代表的情况。那么，大家想不想，也来说说自己的性格、爱好、优缺点和特长等给大家听听呢？

学生举手发言，教师点拨。（略）

师：孩子们，刚才大家都是从自己的个性、爱好、特长、优缺点等方面介绍了自己。把一个真实的我说出来了，这很好。

特别要提出来表扬的是……

今天就上到这里，下课。

【案例研究】二①

以下是德国北威州完全中学《现代德语》第7册"说写综合训练"活动设计。阅读后说说这样的活动设计体现了教材编者什么意图。

（1）人物描述游戏。全班准备四个分别标有名字、职业、形容词和动词的箱子，学生们各自将自己想到的名字、职业、形容词和动词分别写在纸上，投进相应的箱子。然后，要学生在集中了纸片的四个箱子里各任意抽取一张纸片，根据这四个数据构想出一个人物并发挥想象描述这个人物。

（2）触摸游戏。让三五个同学组成一个小组，各人将自己的笔、尺子等学习用品秘密地放进一只包里。然后，让一个学生蒙着眼睛，在集中了各人用品的包里摸出一件物件，向本组成员描述该物件。

（3）摄影游戏。选两个同学，其中一人扮演"镜头"，另一人为拍摄的"快门"，先让"镜头"关闭（即闭上眼睛），"快门"说"开始"，"镜头"立刻睁眼，在一秒钟内，扫视一个物体或情景，然后闭上眼睛描述自己的所见。

（4）观察。向窗外观察一分钟，之后描述自己所见的东西，在讲述观察时自己的内心活动情况。

（5）猜猜看。让一个学生描述自己家中一件厨房用具或五金工具，让别人猜是何物件。

（6）感知。教材画有三排魔方，每排六个，每块的呈现角度各不一样，让学生找出二、三排中的哪块魔方与第一排的哪块是一致的。

提示：

对写作和口语交际来说，课程内容往往是通过活动来体现的，活动的设计和呈现便成为主要的教材内容。上述游戏和活动，显然是在课程指引下的语文实践活动，其中明显潜藏着教学中需要教的语文知识，如"观察"、"感知"、"表达与交流"等。这些实践活动也含有将语文知识转化为语感的设计意图。

注：供参考。

第九节　语文综合性学习教学

语文综合性学习是形成"自主、合作、探究"学习方式的重要途径，语文综合性学习目标的设置，体现了人们对语文课程的再认识。语文综合性学习目标具有实践性、自主性等特征；语文综合性学习可以采用社会活动型、虚拟活动型、模拟实践型、角色体验型、专题研究型、自由拓展型几种基本形式。实施过程中要注意遵从个性化原则，遵循循序渐进原则；实施语文综合性学习要注重评价，评价应着重考察学生的探究精神和创新意识，尤其要尊重和保护学生学习的自主性和积极性。

① 柳士镇、洪宗礼主编：《中外语文教材评介》，江苏教育出版社2000年版，第334～335页。

一、语文综合性学习的概述

（一）语文综合性学习意义[①]

1. 有助于培养学生的自主意识

"综合性学习"的内容有两个方面：一是学生在教师指导下自主进行的主题活动；二是学生在教师指导下选择和确定有关语文或与语文有关的研究专题，并在学习的过程中主动获取知识、应用知识、解决问题的学习活动。在综合性学习中，"学什么"、"怎样学"都是学生自主解决或在教师的指导下自行解决。在学习过程中，教师只是一个平等的参与者，参与选定主题，制定研究方案，在实施中提供一定的咨询，整个学习活动都以学生为主，让学生在学习活动中拥有充分的自主权。因此，开展综合性学习能有效地培养学生的自主意识和学生自我发展的能力。

2. 有助于培养学生的问题意识

问题是思维的核心，是创新的激发点。爱因斯坦说：发现问题比解决问题更重要。长期以来，我国的语文教育主要是一种"接受教育"，这种教育严重抑制了学生问题意识的形成和强化，学生的问题意识越来越淡化，逐渐变得循规蹈矩而没有个性。综合性学习的主要内容之一是"学生自主地提出学习和生活中感兴趣的问题"，问题都来源于学生主体，这就要求学生学会发现问题，不断提高发现问题的能力。在实践中，学生从感兴趣的事或直接经验入手，确定研究的主题，学生在发现问题和研究问题的同时，就会有助于培养学生的问题意识。

3. 有助于培养学生的合作意识

良好的合作意识和有效的人际交往能力是 21 世纪的人应具备的基本素质。综合性学习为合作学习提供了广阔的空间，它强调"共同讨论"、"在活动中学会合作"，许多学习任务都必须是几方面共同努力才能完成。因此，综合性学习，能有效促进学生与外界的交往，促进学生之间的团结协作，增强学生合作的意识，培养学生合作的品质。

4. 有助于培养学生的社会责任感

对社会的责任感，是一个人工作的永恒动力和不竭源泉，世界上的一切国家和民族都要求其成员对自己的国家、民族乃至家庭、朋友等尽责任。语文综合性学习的内容多数取材于现实生活，如环保问题、健康问题、社区文化问题、百姓生活、城市建设等，引导学生对这些问题展开研究，在增强学生对社会的了解和理解的同时，也培养学生对社会、对家乡、对他人的一份责任感。综合性学习密切了学生和社会的关系，增进了学生对社会的了解，从而有效激发学生的责任感和使命感，

5. 有助于培养学生的信息意识

现代社会是信息化社会，多种媒体、多种信息的出现，要求人们具有采集信息、交流信息和处理信息的综合能力。以往的语文教学注重的是知识的传承，学生无需寻找自己需要的资料与信息，从而导致学生收集信息、利用信息的意识淡漠、能力薄弱。在语文综合性学习的过程中，学生为了深入研究某一课题，或调查访问，或实地考察，或上网查询，需要利用多种手段，通过多种途径来获取信息，并根据学习的需要科学处理这些信息，恰

---

① 刘本武主编：《小学语文新课程教学法》，首都师范大学出版社，2012 年版，第 124～125 页。

当地利用信息，运用已有语文知识和积累的各种方法能力完成自己的课题。在这一过程中，学生收集和处理信息的能力得以逐步提高和强化。

（二）语文综合性学习的基本理念

1. 重探究

综合性学习是以学生解决问题为核心的一个学习过程，它需要培养学生发现和提出问题的能力，解决问题的设想能力，以及搜集资料、分析资料从而得出结论的解决问题能力。在语文学科的综合性学习中，语文教师应善于指导学生将所学的语文知识逐步深化综合，并将其引向社会生活，把语文与生活实际结合起来，以培养学生提出问题、分析问题和解决问题的综合实践能力。问题可以是学生在主动探究中自主发现获得，也可以是在语文教师的指导启发下获得；可以是语文学科内部的问题，也可以是和其他学科有关的问题；可以是单一性问题，也可以是综合性问题；可以是单纯的语文问题，也可以是与社会生活相联系的问题。而解决问题的方式可以是自己独立思考解决问题，也可以是与他人合作共同解决问题。总之，语文综合性学习离不开问题的提出和探讨，没有问题，综合性学习就难以实施，就会成为无源之水。

2. 重综合

重综合是语文综合性学习最主要的特征。它的综合性主要体现在四个方面。第一，学习目标的综合性。它包括识字与写字、阅读、写作和口语交际四个方面学习目标的综合；包括"知识和能力"、"过程和方法"、"情感态度和价值观"三个方面目标的综合；还包括跨领域学习目标的综合，要求学生在学习和生活的各个方面、各个领域学语文用语文。第二，学习能力的综合性。强调语文听说读写能力的整体发展，培养学生创新意识与实践能力、语文能力的综合发展。第三，学习方式的综合性。强调接受性学习和探究性学习的综合，书本学习和实践活动的综合，提倡观察性学习、体验性学习、探讨性学习、合作性学习、研究性学习等多种学习形式。第四，学习资源的综合性，主张课内与课外两种学习资源相结合。总之，教师在教学过程中要注意从学生的经验和发展需要出发，注重知识的关联性、内容的综合性、方法的灵活性和途径的多样性，帮助学生在合作探究的氛围中，获得对语文知识和社会生活的整体性认识。

3. 重主体

《义务教育语文课程标准》提出："综合性学习应突出学生的自主性，重视学生主动积极的参与精神，主要由学生自行设计和组织活动，特别注重探索和研究的过程。"因此，语文综合性学习应尊重学生的主体地位，在尊重学生身心发展规律的前提下，从学习的需要出发，从学生的角度来开发学习的课题。这里所谓的学生的需要，首先应当是学生的兴趣。只有学生感兴趣的事物才能引起学生的好奇心和进一步探究的欲望。语文综合性学习的开展首先应当从学习者的兴趣出发，把兴趣作为学习者问题提出、讨论和研究的出发点，要求学习者能就感兴趣的事物进行探讨。教师要充分尊重学生的个性意识，发挥不同学生的才智，尽可能满足每一个学生的兴趣需要，从而调动每一个学生的主体性意识，积极参与活动。

4. 重合作

《义务教育语文课程标准》明确指出："综合性学习应强调合作精神，培养学生的策划、组织、协调和实施能力。"因此，在语文综合性学习过程中，学生在自主探究学习的基础上，还应具备很强的合作意识和合作能力。语文综合性学习为学生提供了有利于人际沟通合作的良好空间：研究任务的完成，一般离不开课题组内同学的合作及课题组外师生的沟通合作。学生在探究过程中要培养、发展乐于合作的团队精神，学会交流和分享研究的信息、创意和成果。在学生语文综合性学习的过程中，应当充分发扬团队的合作精神，以养成取长补短、互相学习的集体意识，形成人与人、人与社会友好相处的心态。语文教师也应为语文综合性学习创造一个良好的合作、互助、民主、开放的学习氛围，倡导师生之间、生生之间的平等对话和协商以及对经验和成果的共享，促进学生合作意识和合作能力的形成，为今后走向社会做好准备。

5. 重开放

开放性是语文综合性学习的外部环境。语文综合性学习应有一个宽松、开放的外部学习环境。从内容上看，综合性学习不局限于语文学科特定的知识体系，也不局限于语文能力的某个方面，而是着眼于语文学科的整体，着眼于语文素养的全面提高。因而，学生探究的问题和搜集的资料来自不同的渠道，既有来自语文学科的，又有来自其他各种学科的；既有来自课堂教学的，又有来自现实生活的；既有来自间接知识的，又有来自直接经验的；既有来自文字资料的，又有来自实物和影视资料的。其学习内容具有开放性。从形式上看，语文综合性学习不受时间和空间的限制，既有教师的指导，也有学生的参与；既有学生个体的独立探究，也有小组相互合作的研讨；既有文字表达，又有角色扮演。其形式具有开放性。从评价上看，语文综合性学习关注学生在学习活动过程中所产生的丰富多彩的学习体验和个性化的创造表现。学生的体验和收获各有差异，情感、态度、价值观的形成也不相同，研究的结论没有固定的标准答案，因此其评价标准具有开放性。因此，语文综合性学习面向的是学生的整个世界，关注的是语文与生活、人与社会的沟通与联系，目标是适应开放性社会的发展趋势。

6. 重实践

语文综合性学习的过程是一个实践的过程，它强调学生的亲历参与，强调学生的实践体验。《义务教育语文课程标准》在探讨语文教育的特点时就明确指出："语文是实践性很强的课程，应着重培养学生的语文实践能力，而培养这种能力的主要途径也应是语文实践，不宜刻意追求语文知识的系统和完整。语文又是母语教育课，学习资源和实践机会无处不在，无时必有。因而，应该让学生更多地直接接触语文材料，在大量的语文实践中掌握运用语文的规律。"《义务教育语文课程标准》中还指出："综合性学习主要体现为语文知识的综合运用，听说读写能力的整体发展，语文课程与其他课程的沟通，书本学习与实践活动的紧密结合。"因而，教师可以在语文综合性学习中设计实践性课题，引导学生运用自己所掌握的语文知识和其他学科知识，在实践活动中去调查、搜集和整理信息，引导学生主动地去观察问题、体验社会生活，力求在实践活动中解决问题，以此为学生将来适应社会、参与社会、解决实际问题奠定基础。

7. 重过程

《义务教育语文课程标准》指出："综合性学习应突出学生的自主性，重视学生主动积极的参与精神，主要由学生自行设计和组织活动，特别注重探索和研究的过程。"可见，语文综合性学习强调的是学生把所学到的基础知识、基本技能应用到实际生活中去解决问题的过程。这一过程将促进学生对社会文化、人文精神、社会发展等方面问题的思考，从而使学生加深对知识内涵的理解和掌握，提高语文能力和运用语文的能力。综合性学习注重学生对所学知识的实际运用，特别注重学习的过程及学生的实践和体验，通过学生自主参与研究活动，获得亲自体验，逐步形成一种在学习和生活中乐于质疑、善于探究的心理倾向，激发学生的探索和创新的欲望。语文综合性学习的目标，只是让学生在探究的过程，学习如何提出问题，如何搜集、整理、分析和运用相关知识来解决研究课题，重在参与、过程和体验，让学生在探究过程中学会学习，在学习过程中学会探究。

（三）语文综合性学习的基本形式

（1）社会活动型。

这是指充分利用生活资源，引导学生融入社会，在观察与交往中体验社会生活，从而学习语文知识，增强语文能力，提高语文素养。如"开展对教师普通话水平测试工作的调查"：通过走访、调阅资料、分析数据、考查普通话运用现状等大量的调查研究工作，对当前这项工作的效应进行客观的评价和冷峻的质疑，敏锐指出开展普通话水平测试并评定等级目的不是发放证书，而是推广普通话、提高工作效率、强化汉语魅力的手段，呼吁有关部门要真正加强普通话运用这一环节的管理措施，切实使普通话成为校园语言、工作语言、交际语言。

（2）虚拟活动型。

互联网是一个莫大的虚拟世界，是不可多得的学习资源。教师以语文实践为核心，让学生在虚拟活动中收集资料、讨论合作、制作网页、交流欣赏等，从中提高语文学习的兴趣，体验合作和成功的喜悦。如学习课文《阿Q正传》，可以在网上开展一个"说不尽的阿Q"大讨论。学生可以借助网上资源，诸如"阿Q精品推介"、"解读阿Q"、"点击名人——阿Q"等网页，发表自己大胆而独到的观点和看法，以培养学生学会多角度看问题、勇于质疑和善于质疑的能力和精神。

（3）模拟实践型。

通过模拟的物化世界，让学生去大胆实践。通过对各种问题的模拟，把现实问题转化为语文问题或与语文相关的问题来解决，引导学生在自主选择和自主参与中展开创造性学习，培养学生的创新意识和实践能力。如模拟开办某公司，在具体的策划、组织、协调中提高语文综合素质。

（4）角色体验型。

利用角色效应，激发学习兴趣，让学生在角色扮演等语言活动中获得对学习的体验。通过角色体验，学生能够把丰富的学习资源内化为自身的财富，从而形成学力，发展个性。例如通过某企业人力资源部招聘员工这一环节的模拟实践，来体验"口语交际"能力在择业方面的重要作用。

（5）专题研究型。

学生通过综合运用历史与现实、自然与人文、科学与艺术等资源去发现问题，确立语文综合性学习的主题，进而分析并解决这些问题。专题研究有助于培养学生初步的语文研究能力，并为今后进一步的学习与研究奠定基础。例如让学生在学习文史知识基础上，对古代文化现象进行专题研究，设计"古代人名、字、号、谥号面面观"，或"初识诸子百家"等课题，让学生在专题研究中提高语文素养。

（6）自由拓展型。

学生根据学习内容自由选择学习项目，开拓语文学习领域，培养语文综合能力。这种形式的综合性学习，能够充分调动学生语文学习的积极性。如学习《三国演义》中的《失街亭》等节选课文后，教师将相关网站地址列出，诸如"网上三国"、"三国志"、"精彩三国"、"三国战役"、"国史畅谈"、"三国文艺"、"三国人物"、"点评三国演义"等，让学生自由查阅，任其兴趣进行拓展。

二、语文综合性学习的目标

（一）义务教育语文综合性学习目标

1. 义务教育语文综合性学习总目标

语文课程标准强调了"综合性学习"的要求，以加强语文课程内部诸多方面的联系，加强与其他课程以及与生活的联系，促进学生语文素养全面协调地发展。综合性学习主要体现为语文知识的综合运用、听说读写能力的整体发展、语文课程与其他课程的沟通、书本学习与生活实践的紧密结合。

2. 义务教育语文综合性学习学段目标[①]

第一学段（1～2年级）

（1）对周围事物有好奇心，能就感兴趣的内容提出问题，结合课内外阅读共同讨论。

（2）结合语文学习，观察大自然，用口头或图文等方式表达自己的观察所得。

（3）热心参加校园、社区活动。结合活动，用口头或图文等方式表达自己的见闻和想法。

第二学段（3～4年级）

（1）能提出学习和生活中的问题，有目的地搜集资料，共同讨论。

（2）结合语文学习，观察大自然，观察社会，用书面或口头方式表达自己的观察所得。

（3）能在教师的指导下组织有趣味的语文活动，在活动中学习语文，学会合作。

（4）在家庭生活、学校生活中，尝试运用语文知识和能力解决简单问题。

第三学段（5～6年级）

（1）为解决与学习和生活相关的问题，利用图书馆、网络等信息渠道获取资料，尝试写简单的研究报告。

（2）策划简单的校园活动和社会活动，对所策划的主题进行讨论和分析，学写活动计划和活动总结。

（3）对自己身边的、大家共同关注的问题，或电视、电影中的故事和形象，组织讨论、专题演讲，学习辨别是非、善恶、美丑。

（4）初步了解查找资料、运用资料的基本方法。

第四学段（7～9年级）

（1）自主组织文学活动，在办刊、演出、讨论等活动过程中，体验合作与成功的喜悦。

（2）能提出学习和生活中感兴趣的问题，共同讨论，选出研究主题，制订简单的研究计划。能从书刊或其他媒体中获取有关资料，讨论分析问题，独立或合作写出简单的研究报告。

（3）关心学校、本地区和国内外大事，就共同关注的热点问题，搜集资料，调查访问，相互讨论，能用文字、图表、图画、照片等展示学习成果。

（4）掌握查找资料、引用资料的基本方法，分清原始资料与间接资料的主要差别，学会注明所援引资料的出处。

语文综合性学习目标的设置，体现了人们对语文课程的再认识。语文综合性学习主要体现为语文知识的综合运用，听说读写能力的整体发展，语文课程与其他课程的沟通，书

---

① 见《义务教育语文课程标准》。

本学习与实践活动的紧密结合。语文综合性学习是形成"自主、合作、探究"学习方式的重要途径，它注重学习过程，注重激发学生的创造潜能，在实践中培养学生的观察感受能力、综合表达能力，人际交往能力，搜集信息能力，组织策划能力，互相合作和团队精神等。

三、语文综合性学习目标的特征

（1）综合性。

①学习目标的综合性。

语文综合性学习的终极目标是培养学生的综合素养，体现在两个方面：一方面体现"识字与写字、阅读、写作和口语交际"四种能力的综合，如"书面语与口语结合表达自己的观察所得，尝试运用语文知识和能力解决简单问题"等。另一方面体现"知识和能力"、"过程和方法"、"情感态度和价值观"三个维度的综合，如"学习辨别是非善恶"，"体验合作与成功的喜悦"等。

②学习内容的综合性。

学习内容的"综合"范围很广泛，包括学生学习和生活的各个方面，如"在家庭生活、学校生活中，尝试运用语文知识和能力解决简单问题"；"为解决与学习和生活相关的问题，利用图书馆、网络等信息渠道获取资料，尝试写简单的研究报告"等。

③学习方式的综合性。

学习方式是自主学习和他主学习的结合；是个体学习和合作学习的结合；是探究学习和接受学习的结合；是书本学习和实践活动的结合。其中，"自主、合作、探究"是最主要的学习方式。

（2）实践性。

①重探究、重应用。

综合性学习的前提是：培养学生对世界事物的好奇心，产生强烈的探究兴趣，具有问题意识。专题探究是综合性学习的内容之一，从研究专题的确立到实施，从方法的选择到研究结果的验证，每一步都需要探究。学生在探究中尝试采用不同的方法，摸索适合于自己获取知识和能力的途径。"重应用"表现为"综合性学习"的目标和学生的实际生活紧密联系，设计的活动也应该是"为解决与学习和生活相关的问题"、"共同关注的热点问题"等。

②重过程、重参与。

"综合性学习"课程的目标一般不是指向某种知识或能力达成度，而是提出一些学习的活动及其要求，主要指向探究知识、提升能力的"过程"。关注过程，就是关注学生对学习活动的参与以及参与程度。

③重方法、重体验。

在"综合性学习"中，要学生掌握的方法主要在于各种知识和能力的"整合"，课内外学习的"结合"，书本学习与实践活动的"结合"，语文课程与其他课程的"沟通"。学生在探索并运用这些方法的过程中，会获得多种体验。

（3）自主性。

"综合性学习"注意培养学生策划、组织、协调和实施活动的能力，主要是由学生自行设计和组织活动，特别注意探索和研究的过程。强调观察周围事物，亲身体验，包括自然、生活、社会等各个方面，做到有所感受，有所发现。

四、语文综合性学习的实施

《义务教育语文课程标准》中明确指出："综合性学习应突出学生的自主性，重视学生主动积极的参与精神，主要由学生自行设计和组织活动，特别注重探索和研究的过程。"因此，语文综合性学习应尊重学生的主体地位，并且要能充分调动学生的主体性意识。要求学生在感兴趣的自主活动中全面提高语文素养并实现个性张扬。它对教师指导提出了新要求，也带来新的难度。教师在指导语文综合性学习时要注意把握好一个"度"，努力处理好教师指导和学生自主的辩证统一关系。

指导意味着外部的干预和控制，自主则意味着排斥外部干预和控制。然而学生由于经验局限与发展需要决定了他们自主性的相对弱化以及对教师指导的依赖。因此，教师要能认识到指导不是包办代替，而是一种价值引导，指导必须对学生的自主学习起到积极的协调与促进作用。这样，教师指导就不可能是固定的、确定的线性程序，而应是灵活的、随机的非线性程序，甚至可能显得混沌不清。

（一）语文综合性学习指导中应强化的意识[①]

语文综合性学习要求教师和学生不做书虫和学匠，要能超越文本学习而成为有实践能力的人。这种实践能力不是通过文本学习而是通过实践活动获得经验而产生，也就是从事经验性反思的能力。在这种反思性实践中，教师指导在于帮助学生发展关于语文的创造性组织能力。为此，教师要强化三种意识，即目标意识、过程意识和评价意识，这是确保综合性学习系统优化的必要前提。

1. 目标意识

综合性学习的目标不仅仅是知识与能力，而应是包括知性、感性和社会性在内的整体的语文素养和丰富的人文精神。在综合性学习活动开展之初，教师必须根据教材设计理念对学生发展提出的要求来对此次活动目标作大致预期，这也是学生此次综合性学习的理想结果。但是学生在活动过程中的情感态度和思维水平，以及学生在活动结束后所能达成的实际程度是教师无法预期的。因此教师要树立这样的目标意识，即将行为目标、展开性目标与表现性目标统筹兼顾。例如，在小学六年级，开展学生办主题宣传板报的综合实践活动，让学生学会选择、创作、编辑、合作等，这类活动就是学生应该追求的目标，但是学生在活动中所表现出的认知水平、理智探索、情感升华等高级心理活动以及活动完成的黑板报所反映出的学生的文学理解、编辑水平与生活感受等，包括取得的经验和存在的不足，也应该是教师的关注目标。

2. 过程意识

语文综合性学习的目标，重在参与、过程和体验，让学生在探究过程中学会学习，在学习过程中学会探究。因而，在语文综合性学习的活动中，学生要做到自主搜集并选择信息，主动探究，相互协商，以保证问题的顺利解决。这种活动的过程既是学习的过程，也是探究的过程，更是一个动态的整合过程；这种动态的整合过程是协商的而不是预设的，是创造出来的而不是被发现的。学生在这一过程中会产生回归性反思行动，即对自己做什么与如何做的合理性进行重新审视与思考。学生回归性反思的内容包括信息的选择、观点的判断、程序的确定、方法的质疑，以及生命感悟、价值体现与伦理关照等。教师在指导学生的综合性学习时，要强化过程意识，强调学生的参与和体验。因为学生只有在参与活

---

① 刘本武主编：《语文新课程教学法》，首都师范大学出版社，2012 年版。

动的前提下才可能产生回归性反思，而这又是学生个体将自己与自己所知道的区分开来的创造性方式，也是学生个体借助与他人、环境以及文化的相互作用以形成经验转变的重要方式。例如，在创办主题宣传板报的活动中，学生积极投入到从收集资料、选择和创作文本、设计版面到编辑制作全部过程之中，成为积极的活动参与者，而不是传统文本学习下的知识旁观者。师生在回归性反思与批判性对话中实现课程共创与课程共有。

3. 评价意识

《义务教育语文课程标准》指出："综合性学习的评价应着重于学生的探究精神和创新意识。尤其要尊重和保护学生学习的自主性和积极性，鼓励学生运用多种方法，从不同的角度，进行多样化的探究。"由于学生在参与过程中产生的回归性反思，综合性学习更多地表现为一种经验转变的过程，一种同化和顺应的过程，而不是学生掌握一套固定成果和知识的过程。因而教师在指导语文综合性学习时，要能建立起符合新课标精神的全新的评价意识。关注学生在活动过程中表现出来的解决问题的办法的多元化和个性化，而不要仅仅关注活动的结果。例如，在创办主题宣传板报的活动中，学生根据主题取材广泛而内容丰富，反映出学生的思想认识、情感爱好、对学习与生活的态度与课外阅读情况等，虽然有些也存在一些问题，如版式欠美观、选文多而创作少、有错别字等，但是不能否认他们的积极探索以及由此而产生的一定成效。教师要正确认识学生的不足之处和错误，因为学生通过活动意识到自己的错误也是一种进步表现。

（二）教师指导时应讲求的策略

基于以上三种意识，教师指导要讲求以下三种策略。

1. 小组指导策略

小组合作学习有助于加强学生之间的交往，培养并形成学生之间彼此负责、相互信赖的心理。小组合作学习同时还为小组成员营造了一种学习氛围，使得学生能更多地感受到来自其他成员的信息刺激，包括学习材料、情感态度与思维方法等，并产生积极的相互作用，从而有利于促进学生学习。教师在开展综合实践活动之前，要按照学生的兴趣与能力并且依照互补性、互助性原则进行分组。小组人员确定后要选出小组负责人，明确责任分工，共同承担责任。在活动进行过程中教师不要轻易对小组提出建议实施干预，只有当小组提出指导需求时才给予帮助，并且这种指导必须顺从小组活动的设计思路而不是推翻其设计。

2. 情境指导策略

因情境而产生的意外干扰会引起学生心理的不平衡，从而形成同化和顺应的反应心向，这种灵敏而难以预期的反应心向是学生自主学习的条件与动力。因此，教师要善于创造良好的情境以激发学生积极的反应心向，并且教师的角色还要能从情境的营造者转化为情境的共存者，即情境的一部分，以此来成为学生学习的内在引导者，而不是学生学习的外在专制者。这种特定情境包含丰富的不确定性因素，它要求学生主动探究，并通过对话性相互作用而最终获得确定性形式。例如，在创办主题宣传板报活动中，语文教师要注意同其他老师沟通以减少学生的课业负担，为学生赢得一种轻松自在的活动环境。活动本身将学生置身于一个解决问题的情境之中，活动中的协商交流又将学生引入对话性相互作用的情境之中，面对丰富的信息资源，学生既要作出自己的选择判断，又要自主创作，这就使得学生又置身于选择创作的情景之中。最终学生能从活动中学会选择，大胆创造，积极交流，表现出较强的自信心与责任感。

3. 对话指导策略

在对话中多种方案多种观点成为富有意义的相互干扰而被放到一起比较、辨别，能够引发学生的思考和反思。学生通过自己的思考以及反思与其他同学或教师之间相互作用，进而达到个体理解上的转化和意识上的提高。因此，教师在指导语文综合性学习时要善于运用对话策略，在指导过程中起着"协调信息"的作用。"协调"活动的参与者，即对话的各方应积极地倾听对方在说什么，在理解对方观点的基础上，批判性地提出自己的观点。教师的指导不在于证实一种观点的正确与否，而是要将不同观点联系起来，使得对话的各方通过积极地参与对方而使自己发生转变和提高。例如，在主题宣传板报活动中，有学生提出要求自己独立完成，这样不会出现小组合作时因意见不统一而引起争执。这反映出学生缺乏合作学习的意识和经验，但教师在指导时不能简单批评否定学生，而是要与学生进行对话。在对话中学生能够认识到：合作学习远比个体学习优越，有分歧才有吸引力。这样的指导不仅使得学生在相互理解的基础上得到提高，而且又实现教材的设计理念。教师尤其要关注并组织好活动后期的成果交流，使学生在交流中不仅能转变经验提高认识，而且能够体验到学习和生活的快乐。

（三）教师指导时的要求

教师在指导时应力争做到以下三点。

1. 导探究，重运用

综合性学习的前提是培养学生对事物产生强烈的探究兴趣，令学生具有问题意识。在教学中，设计的活动应该是"为解决与学习和生活相关的问题"、"自己身边的、大家共同关注的问题"、"学习和生活中感兴趣的问题"、"共同关注的热点问题"等。这些问题的设计，可以由教师提出，给学生以引导示范。更多的是希望学生自己提出，如此更能激发学生的兴趣和参与的积极性。

2. 导过程，重参与

语文综合性学习的教学目标一般不指向某种知识或能力的达成度，而是提出一些学习的活动及其要求，主要指向过程。因此，教师要引导学生全程参与学习活动，注意活动中每个环节的开展与自己的感受，积累自己的收获并得到提高和发展，学习并掌握初步科学研究的过程。培养学生强烈的参与意识和合作意识，激发学生主动积极投身活动的兴趣，善于与他人合作。教师还要关注学生对活动是否都参与，是否积极认真地参与，活动过程中是否还有其他的成果和表现。

3. 导方法，重体验

引导学生养成良好的学习习惯，掌握科学的学习方法，有利于学生终身学习和发展。在综合性学习的各个环节都要重视"方法"的学习引导。在语文综合性学习教学中，学生应掌握的方法有：各种知识和能力的"整合"，课内外学习的"结合"，书本学习与实践活动的"结合"，语文课程与其他课程的"沟通'等。在指导过程中，教师要让学生学会制订学习活动计划和方案，指导学生在活动结束后写总结报告。要让学生在教师的点拨、示例下，在学习实践中，去体验和掌握这些方法，而不是讲授有关理论。

五、语文综合性学习的评价[①]

综合性学习强调的是过程，而非结果；强调的是会学，而不一定要学会。所以，综合性学习的评价，应着重考察学生的探究精神和创新意识尤其要尊重和保护学生学习的自主性和积极性。

1. 在评价内容上，由注重结论转变为注重过程

关注学生在活动中的合作态度和参与程度。学生能否根据占有的课外材料，形成自己的假设或观点。在活动中学生能否主动地发现问题和探索问题；学生能否积极地为解决问题去搜集信息和整理资料；语文知识与能力综合运用的程度，跨领域学习的程度；学习成果的展示与交流是否充分。

2. 在评价主体上，由"单一化"、"单向性"转向"多元化"、"互动性"

改变过去单一的教师评价学生的状况，实现学生自评、学生互评、师生互评的多元化评价。增强评价的民主性，强调评价主体之间的双向选择、沟通和协商，使评价对象最大限度地接受评价结果，而不是把评价的结果"强加"于评价对象。

3. 在评价标准上，弱化"班级成员参照"，强化"自我参照"

评价标准是实施评价的首要前提和条件，传统的评价标准过分强调"班级成员参照"，而且往往以班级尖子生作为评价的参照，容易挫伤大多数学生的积极性。因此，在进行语文综合性学习的评价时，要确立因人而异的、具有个体性和灵活性的"个体标准"，使学生在对自己过去、现在和未来的认识中增加自信，发挥潜能。

4. 在评价方式上，由单一的"量化评定"转变为多样化的"综合评定"

语文综合性学习是一项较为复杂的语文实践活动，如果采用单一的"量化评定"方式，非但不能反映综合性学习的本质，而且会在很大程度上压抑学生个性发展的丰富性。因此，在进行综合性学习评价中，要做到"定量评价"与"定性评价"、"形成性评价"与"总结性评价"有机结合，通过多维度、多侧面地综合评定，全面而客观地反映学生语文综合性学习的效果，既让学生获得分享成果的喜悦，又能够让学生找到自己下一步的努力方向。

实施以培养创新精神和实践能力为重点的素质教育，关键是要改变教师的教学方式和学生的学习方式。设置语文综合性学习课程的目标，就是要改变学生以往单纯地接受教师传授的学习方式，为学生构建开放的语文学习环境，提供多渠道、多层面的实践学习机会，全面提高学生的综合素质，从而真正实现"人的发展"的教育的根本性要求。

【复习与思考】

1. 语文综合性学习的目标有哪些特征？如何在落实这些目标的过程中体现这些特征？
2. 你认为应该怎样评价学生语文综合性学习的效果？
3. 谈谈教师在语文综合性学习过程中的作用。

---

① 李新宇主编：《语文教育学新论》，南京师范大学出版社，2006年版。

【案例研究】①

　　我们中华民族自古以来就重视"老吾老以及人之老，幼吾幼以及人之幼"的爱心教育，"尊老、爱老、敬老"是我们民族的传统美德，让每一位老人"老有所养，老有所乐"是全社会义不容辞的责任。现在我国已开始进入老龄化社会，作为学生，我们也应该关注这一社会问题。试就老年人生活状况开展一次社会调查活动。

　　实施建议：

　　（1）了解《老年人权益保护法》等法律规定。

　　（2）制订调查计划，确定调查方式。

　　（3）开展调查活动，做好调查记录。

　　（4）对调查结果进行分类、统计、分析，得出调查结论，写出调查报告，可以将调查报告提交有关部门。

　　（5）制订助老行动计划，为需要帮助的老人做一些切实可行的事。

第十节　说　　课

　　说课是当今教学改革的新课题，是教学研究工作的新形式，说课活动的开展，引起了广大教育专家和教师的广泛重视与关注，它为教学研究工作注入了新的生机与活力。年轻教师越来越多，学校领导非常重视新教师的培养工作。对师范生来说，说课也是一种必要能力。说课又是当前招聘教师的必要程序之一。

一、说课的概念和作用

（一）说课的概念

　　说课是教师在备课的基础上，面对同行教师或评委（专家、教研人员、领导等），系统地述说自己的教学设计及其理论依据的一种教学研究或评议活动。通俗地讲，就是要说清：教什么？怎么教？为什么要这样教？这样教有什么特色？"说课"以说为主，是教师对教案本身的分析和说明，是一种口头叙述为主的教案分析。说课是说课者和听课者双向互动活动。说课者把教学设计中的平面静态的隐性思维进行显现，听者对其进行评议，共同优化课堂教学设计，以便提高教学质量。

（二）说课的作用

　　说课是一种重要的教学研究活动，在教学活动中具有重要的作用。

　　1. 说课是提高教师教学水平和进行教学艺术修养的有效途径

　　说课提供了学习、交流和共同研究的场所，它能把教师个体的教学思维置于集体的评议之中，说课者和评议者是面对面的学习和交流。说课者从中吸收评议者的意见，评议者也可从说课中受到启发。不难看出，这对于提高教师教学水平和进行教学艺术修养具有重要作用。

---

　　① 选自语文出版社《义务教育课程标准实验教科书·语文》（九年级下册，略有改动）。

2. 说课是提高教学质量的可靠保证

在说课活动中，说课者既要述说"教什么"的具体内容、"怎么教"的具体策略，同时还要述说"为什么这样教"的理论依据。有些教学设计可能做得还不是十分满意，而通过说课活动，就可以在共同的探讨研究中修正不合理的教学内容、教学环节和教学方法，充实教学理论，使教学设计更合理、更科学、更具有实效性。

3. 说课有利于发挥优秀教师的传帮带作用

优秀教师具有辐射效应，他们对教学理论的解读，对教材的理解，对教法的选择，对学法的选用，对教学结构和教学时间的安排有独到之处。其教学设计具有示范性，通过说课，可以充分地展示他们教学理念、教学艺术和教学风格。对于教学经验缺乏的教师，如大专院校的师范生，或是正在培训的未来教师有潜移默化的熏陶作用，能使他们"知其然，也知其所以然"，同时可以促使他们加强教学理论的学习和运用。

二、说课的基本原则

按照现代教学观和方法论，成功的说课应遵循如下几条原则：

1. 说理精辟，突出理论性

说课不是宣讲教案，不是浓缩课堂教学过程。说课的核心在于说理，在于说清"为什么这样教"。因为没有在理论指导下的教学实践，只知道做什么，不了解为什么要这样做，永远是经验型的教学，只能是高耗低效的。因此，执教者必须认真学习教育教学理论，主动接受教育教学改革的新信息、新成果，并应用到课堂教学之中。

2. 客观再现，具有操作性

说课的内容必须客观真实，科学合理，不能故弄玄虚，故作艰深，生搬硬套一些教育教学理论的专业术语。要真实地反映自己是怎样做的，为什么这样做。哪怕是并非科学、完整的做法和想法，也要如实地说出来。引起听者的思考，通过相互切磋，达成共识，进而完善说者的教学设计。

说课是为课堂教学实践服务的，说课中的一招一式、每一环节都应具有可操作性，如果说课仅仅是为说而说，不能在实际的教学中落实，那就是纸上谈兵、夸夸其谈的"花架子"，使说课流于形式。

3. 不拘形式，富有灵活性

说课可以针对某一节课的内容进行，也可以围绕某一单元、某一章节展开；可以同时说出目标的确定、教法的选择、学法的指导、进行程序的全部内容，也可只说其中的一项内容，还可只说某一概念是如何引出的，或某一规律是如何得出的，或某个演示实验是如何设计的等等。要做到说主不说次，说大不说小，说精不说粗，说难不说易；要坚持以有话则长、无话则短、不拘形式的原则，防止囿于成规的教条式的倾向。同时，说课必须体现教学设计的特色，展示自己的教学风彩。

三、说课的内容

1. 说教材

（1）教材分析：一是教材的来源和范围。本教材是那个出版社的；本课程的教材是一节课的教材还是一篇课文的教材、一单元的教材或一册的教材。二是本课程的教材所属的学段。根据《义务教育语文课程标准》的要求，对教学内容要把握前后知识的内在联系。本课程内容是在学生已学哪些知识基础上进行的，是前面所学哪些知识的应用，又是后面将要学习的哪些知识的基础，在整个知识系统中的地位如何。在学生的知识能力方面有哪些作用，对将来的学习有什么影响等。

（2）本教材的主要内容和特色：这里只要三至五句左右的话概括即可。

（3）教材处理：根据课堂教学需要，不要盲目地依赖教材而循规蹈矩，而要创造性地对教材内容进行授课顺序调整和补充，以纵横知识联系，降低学生认知难度。把有关知识、技能、思想、方法、观点等用书画文字等形式加工整理，转化为导向式的教学活动。教材处理的目的是使学生容易接受、融会贯通，体现教师熟悉教材的程度，把握教材的能力。

2. 说学生

说学生。主要分析教学对象的现状，以便确定学生的起点目标：包括学生的学习基础、学习习惯、学习能力、学习方法以及教学人数等。为设计教学方案、确定教学起点目标、选择教法和学法作可靠依据。

3. 说教学目标

教学目标包括：知识目标、能力目标、情感和价值观目标。同时要阐述确定教学目标的依据。

4. 说教学重点难点

指出本课程的教学重点和难点以及确定重点和难点的依据是什么。

5. 说教法

常用的教学方法有讲授法、谈话法、演示法、读书指导法、参观法、实验法、实习作业法、练习法等；近年来随着教学方法的改革，提出了情境教学法（发现法）、启发式教学法、程序教学法、多媒体教学法等。

选择教学方法的基本依据是：①《义务教育语文课程标准》的要求，②教学任务，③教学内容，④学生的年龄特征、学生的认识规律和发展水平。选择教学方法不要局限于某种方法，要灵活多样，对症下药，一把钥匙开一把锁，使学生灵活地掌握知识、培养能力、发展智力。

要说明通过什么途径有效运用这些教学方法，要达到什么效果。如何发挥教师主导的作用。

6. 说学法

阐述如何引导学生运用正确的学习方法完成本节课的教学活动，怎样让学生进入角色充当课堂教学的主体，怎样帮助学生自觉、主动地进行思维活动。突出语文课程标准提出的"积极倡导自主、合作、探究的学习方式"，使学生既学到了知识又掌握了学习方法，既提高了能力又发展了智力。

7. 说教学程序

说教学程序是说课中最重要的环节。既复杂又简单，复杂是要说的内容多而繁，简单是只要能抓住本节课教学目标的重点及特色即可。

（1）导入新课：导入新课的方法很多。如：解题式（小学大多数课都可从解释课题入手）、温故知新式、讲故事式、提问式、谈话式、情景式（通过音响、动画等多媒体）、游戏式都是巧妙的方法。阐述采用什么方式导入新课，这样导入的好处是什么。

（2）讲授新课：讲授新课是教师主导课堂教学的全过程。要做好：怎样引经据典、循循善诱、循序渐进、精心设疑，引导学生积极思维。怎样启发学生踊跃参与，进入角色充当主体。哪些答疑让个别学生独立完成，哪些答疑让群策群力来实现。要学生掌握哪些知识、培养哪些能力、达到什么目标。学生在课堂上有哪些思维定势，需要采取哪些克服措施。如果学生的活动脱离教师的思路轨道，怎样因势利导，采取哪些应变措施稳妥地引上正轨。如何诱导学生生动活泼地学习，不仅学会，而且会学；既学到知识，又掌握了学习方法，还能很快乐，一举多得。

讲授新课是课堂教学的重中之重，是精彩之处、关键所在、教学特色。要阐明怎样让课堂运作起来，体现教师的主导。怎样规范板书和口语表达。既设疑又答疑，既突出重点又突破难点，既注意教学程序又运用切合实标的教学手段，既正常发挥又采取应变补救措施，既正确地叙述和分析教材又做到工具性和人文性的统一、观点和材料的统一。

（3）归纳总结：教师说课时应着重综合归纳本节课教学目标，传授了哪些知识，并且将其纳入原有知识的体系之中。加强知识之间纵横联系的复习，提高各种能力，养成用辩证唯物主义思想分析问题。同时提出一些思考性的问题，既激发学生的求知欲望，又为下一节课教学做伏笔。

8. 说板书，展示教学媒体运用及设计，说课前准备等

展示本课文的完整板书设计。板书设计是用教师教学基本功中的规范"粉笔字"来体现的，要概括课文的全面性、准确性、工整性和美感性，同时又要简洁、明了、完整。

媒体运用的设计要科学、切合实际。

课前准备要充分，根据教学实际需要。（课前准备也可在"说学生"后说）

四、说课的语言要求

说课者要使用独白语言和教学语言。

（1）独白语言。是独自向其他教师或有关专家、领导说课时的用语。要做到语言简明、条理清晰、重点突出、讲述自然生动，切忌念稿或背稿。

（2）教学语言。即把听众当学生，仿用课堂教学语言。主要是在说明教学目标、教学过程或教学方法中使用，如说明课堂导语、结束语、课堂提问或答问举例、示范朗读课文等。使用教学语言表情达意生动形象，能真实再现说课者课堂教学侧影，利于听者了解说课者处理教材和课堂调控能力，领略其课堂教学艺术水平。

总之，说课是为上课提供可靠的理论依据。说课是上课的升华。说课的最终目的是为了更好地上课。说课与上课不能有大的反差，怎样上课，就怎样说课，如出一辙。但说课有别于上课。它要遵循说课的程序，怎样分析和处理教材、怎样选择教学方法、怎样运用教学手段、怎样设计教学程序，总体介绍这节课在哪些方面做出大胆的尝试和探索，有什么特色之处，为什么这样教，有什么理论依据。说课要体现真实性、科学性、逻辑性、系统性。说课不能变成上课，说课只要画龙点睛，说课时间一般为15～20分钟。（有时根据主持说课人的要求定时）说课结束时，评委可以提出许多问题，说课者应该胸有成竹地当场逐一回答或委婉解释、说明，应对答如流，交出圆满的答卷。说课时的答辩实际上是"即兴演讲"，进一步是考核执教者的口语表达能力和思辨能力。

五、"说课稿"与"教案"的关系

"说课稿"和"教案"是完全不同的两个教学概念，但两者有着极其紧密的相互联系，也存在有许多共同点，我们有些青年教师往往分不清"说课稿"和"教案"的区别，甚至有的教师把"教案"拿来读一遍，就以为是"说课"，这是不正确的。

从目标上讲"说课稿"和"教案"都是为了上好一堂课所设计方案。"说课稿"和"教案"都要求教师要掌握和吃透教材的重点和难点，都要求教师要明确教学的目标，并根据教材内容，安排正确的传授方法和教学手段，以期达到理想的效果。

从内容上讲"说课稿"和"教案"都离不开教材，但它们的侧重点是截然不同的，"教案"侧重于对某一教学目标实施过程的安排和某种教学手段的实现，而"说课稿"则侧重于对某一教学目标所采用的教学方法、教学手段实施的理论依据的说明，"说课稿"要求教师能理论联系实际，从理论上阐述对某一教学目标的安排的理由。

从对象上讲"说课稿"和"教案"截然不同，"说课"的听众主要为教育工作者，说课者的"说课"本身就带有一定的经验介绍和经验交流性质，对教师的理论要求比较高，而"教案"的服务对象是学生，则要求教师能通俗易懂地向学生传授知识，并不需要教师向学生讲解教育学、心理学等与教育目标不相关的理论知识。

六、撰写说课稿时的注意事项

说课，不是拿着教案或教学设计去说，也不是凭借头脑中的设想去说，说课要根据教学设计写出书面说课文稿，使述说的内容重点突出、条理清晰、说服力强。

说课稿的撰写要注意以下几个问题。

（1）确立说课稿的人称。

撰写说课稿用第一人称的手法。说课者述说的是自己"教什么"、"怎样教"和"为什么要这样教"的问题，述说的内容是自己的教学设计及其理论依据。

（2）把握说课稿的结构。

说课稿的结构可分为四部分：教学内容述说，即分析教材、确定的教学目标、教学重点和难点；教学策略述说，即述说教学方法的选择、学法的设计、教学媒体的运用、板书设计、教学时间的分配；教学过程述说，即述说教学结构、教学层次以及教学内容和师生间、生生间的双向活动；教学特色等。

（3）渗透教学的理论依据。

教师的教学行为和学生的学习行为是在一定的教学理论支配和调控下进行的。说课中要用教学理论解说教学设计的环节（特别是重点环节），就是说为什么要这样教才能使人"知其然"和信服，同时又能展示说课者教学理论水平。

有人总结为"六说"。①说"对"教材；②说"明"目标；③说"精"过程；④说"准"重难点；⑤说"透"教法和学法；⑥说"清"拓展和巩固。

【复习与思考】

1. 为什么要进行说课？
2. 根据自己的教学设计方案撰写一篇说课稿。

第十一节　听课和议课

无论是传统教研，还是目前大力倡导的校本教研，听课与议课都是教学研究活动的重要形式。听课，大家都比较了解，有人执教，有人听讲课，故为听课。议课，以往我们把议课和评课混为一谈，认为评课就是议课，其实不是。评课是以评为主：即评论、评价、评判。给这讲的课作一结论，这种活动一般是专家、领导的行为，而执教者只能是多听少作答。而议课它是以议为主：即讨论、商榷、建议，也就是执教者与听课者的到互动。当然也有适当的评议，但主要是各叙己见，是所有的听课者和执教者都可以充分发表自己的意见。故评课和议课各自侧重点不同，其目的意义也不完全一样。所以我这里讲的是议课。议课才是真正的校本教研活动，是提高教学水平和能力的有益活动。有的老师在听课、议课中存在随意性和盲目性，使听、议课的效果大打折扣。要有效地听课、议课，需要正确的方法和程序。我们结合中小学语文教学的特点，就听、议课的类型、标准、内容和要求、操作方法、技术和相关程序做一些探讨。听课和议课是教学工作中的一项经常性的活动，是检查教师教学质量和促进教师相互学习的重要手段，也是提高教学能力的重要途径。

一、听课

（一）听课前准备

"凡事预则立，不预则废"，要克服听课活动的盲目性和随意性，必须增强听课的主动性、目标性和针对性。为此，听课之前，教师一定要做好做细相关的准备工作。

1. 明确听课目标，分清听课类型

首先，要弄清听课的类型。然后，要根据类型确定听课的目标。一般来说，听课大概有五种类型。一是检查性听课、二是研究性听课、三是随堂听课、四是辅导性听课、五是观摩性听课等。听课是有目标性的，其目标性是多方面的。

（1）检查性听课。

检查性听课是以检查教师教学态度、教学思想、教学水平、教学能力和教学质量为目标的听课。课堂教学是学生获取知识、提高能力、掌握学习方法和进行人文素养教育的重要阵地，教师的教学行为在课堂教学中起着重要的作用。通过检查听课，有助于教师改进和加强教学研究，有助于教师提高自身教学素质，研究教学方法，从而提高教学质量。

（2）辅导性听课。

这类听课一般是指"师傅带徒弟"的课，学校往往确定了"以老带新"的结对帮扶，成熟教师或骨干教师对年轻教师进行帮带，指导教师要善于发现新手的缺点，更要有针对性地对存在的问题提出具体的指导意见。辅导课可以"师前徒后"，也可以"徒前师后"。

（3）随堂听课。

这类课一般是常态课。听常态课时，听课人要结合自己的实际，合理取舍，注意发现经验和亮点，增加自己的教学积累。

（4）研究性听课。

研究性听课。以研究教学方法、揭示教学规律为目标的听课。带着问题听课是研究性听课的特点。例如，某项实验研究课题的教学研究，不同教师同篇课文的教学研究，不同教师教学风格的教学研究等。听课人要以积极参与的态度，对教学中改革、探索的成分进行科学的综合、分析、比较，而执教人要虚心听取别人的意见，从中获取经验或教训，必要时交流自己教学中的得失。通过研究性听课，进一步感悟新的教学方法，揭示教学规律，提高教师教学能力。

（5）观摩性听课。

观摩性听课又称为听示范性课、听优质课。讲课人大多是骨干教师、优秀教师或教育教学专家。他们主要是输出教学经验。听课人要抱着虚心学习的态度，认真吸收授课人娴熟的课堂教学技艺。观摩性听课是以总结和学习教师的教学经验和教学风格为目标的听课。讲课人在教学上有其示范性，其自身素质及其新的教学思想、新的教学理论、新的教学理念、新的教学方法都能融入课堂教学之中，还能给人启发和美的享受。

2. 了解课堂教学内容

听课前要对本学段的课程标准，本课的教学内容进行认真研究。重点要了解本单元的教学要求，本课的教学目标，以及本课前后教学内容的衔接。同时，还应对听课班级的学生基本情况进行一些了解。

3. 准备相关材料

（1）课本。组织者提供听课人每人一份。

（2）教案。教学设计，由授课者提供。（如没有印制，听课人应课前参阅听课人的教教学设计，或课后翻阅授课人的教学设计）

（3）听课笔记。

（4）课堂评价量表。

（5）评议记录工具：如"时间和活动过程双向记录表"、学生活动微格记录表等。

（二）听课的内容

听课的内容涉及教师的教学行为和学生的学习行为以及课堂教学氛围等多方面。教师的教学行为包括教学目标的确定、教学内容的把握、教学结构的安排、教学方法的运用、教学关系的处理、教学环节的调控以及教师自身素质的表现等。听课中要看教师对教学目标的确定是否准确、全面、具体、有重点；对教学内容的把握是否恰当，重点是否突出，难点是否突破；对教学结构的安排是否合理。对教学方法的运用是否切实可行，符合学生的认知规律；是否能有效地调动了学生学习积极性，促进学生知识能力、学习方法、情感态度和价值观协调发展；对教学关系的处理，是否体现了教师主导、学生主体的教学原则，教学环节是否张弛有度、疏密相合、环环紧扣、首尾贯通。对于教师自身的素质，可从以下方面衡量：教学情态是否有亲和力、自然、大方；教学语言是否清晰、明白、流畅、生动、普通话标准；教师书写是否工整、清晰、有条理、简洁；有无驾驭课堂的组织能力等。

学生的学习行为也是"听"的重要内容，看学生是否发挥了主体效应，是否积极主动地参与到学习的全过程．显现鲜活、快乐的学习气氛。

（三）听课的要求

（1）做好听课准备：一是要确定听课目标，制订听课计划，安排听课时间；二是要了解讲课的教学内容及教学设计；三是要备好专门的听课和评议的笔记本。

（2）记好听课笔记。听课是议课的基础，听课应作好听课记录。听课记录包括听课人的姓名，授课班级及人数，听课时间，教学课题，课型，教学内容及其过程，听课时的感受（经验得失）等。听课必须思想专注、观察全面，既要注意教师的活动，又要注意学生的活动和反应。还要按教学过程的先后顺序，提纲挈领地记下主要的教学环节、教学内容和方法，较详细地记录教师向学生提出的问题和作归纳小结的语言，以及环节过度的言语。此外，对各教学环节所用的时间、课堂内被提问的人数、学生训练的人数和人次，以及课堂中师生间、生生间情绪的变化及存在的问题等。记录后听课教师要及时整理听课内容并写出听课意见。

二、议课

议课是教学、教研工作过程中一项经常开展的活动，有同事之间互相学习、相互促进、共同研讨的议课；有学校领导诊断、检查、发现不足的评议课；有专家鉴定、评判，了解教学动态，发展教学理论，推广教学经验的评议课，等等。

（一）议课的内容

议课是在听课的基础上进行的。议课可分为自评自议和他评他议两种形式。自评自议是由讲课者自我分析，主要对教学目标的确定、教学内容的处理、教学方法的选择、学生的学习状况以及自我感知的经验教训等方面作出说明。他评他议是听课者对教师的教学行为和学生的学习行为以及课堂教学氛围和教学效果进行评议。

1. 评议教师的教学行为

评议教师的教学行为主要是对教学目标（包括知识目标、能力目标和情感目标）的确定是否准确、全面、科学；重点是否突出，难点如何解决；教学结构的安排和教学时间的分配是否合理；教学方法选择运用是否恰当；教与学的关系处理是否体现了教师的主导性和学生的主体性；训练是不是主线。以及教师自身素质如何，包括教师业务素质是否良好，仪表是否端正，亲和力是否强，普通话是否标准，语言是否规范，是否富有启发性、引导性，板书是否精当、书写是否工整；组织教学能力是否强，是否善于根据课堂实际情况调整教学策略和处理好"预设"和"生成"的关系；是否有效开发和拓展语文学习资源，是否体现大语文观，等等。

2. 评议学生的学习行为

评议学生的学习行为包括学生是否明确学习目标，在教师的启发诱导下，是否围绕学习目标积极主动快乐地学习，是否把握了学习重点、达到了学习目标等。

3. 评议教学效果

评议教学效果，既要看教师的教学行为，又要看学生的学习行为，特别是学生在教师主导下是否积极主动快乐地学习。完成教学目标程度，学生的受益面，学生获取的知识和能力效果等。

（二）议课的原则

（1）议课要坚持实事求是的客观性原则。要抱着对讲课教师高度负责的态度，肯定成绩，指出不足，分析原因，共同研究探讨解决问题的办法。力求做到科学公正，恰如其分。

（2）正确把握新课程语文课堂教学的议课标准的原则。一方面要按照新课程语文课堂教学的评议指标和标准，客观公正地评议讲课老师的课堂教学情况，按标准严格要求。另一方面，更要从教师个人的实际情况出发，考虑教师本人的心理承受能力，针对其不同的心理特征，如刚上岗教师或教了几年学的教师等，采取相应的评议策略和评议方式。

（3）议课要讲究沟通语言艺术的原则。要善于将批评的语言转化为建议或商榷，还要依据空间、环境或对象的变化而变通。领导在场或大会议课重在概括，原则议、重点议，多鼓励、少批评。在教研组可对执教者本人，要详细议、具体议，优点说够、缺点说透，既要诚心帮助，又要促进提高。甚至对不同个性特点的教师，议课方式也要有变化。对心高气傲或谦虚平和的教师，要用不同模式；对自信心较强的教师或自信心不强的教师，也要针对其不同的心理特征讲求策略。

（4）议课要根据不同类型的课而强调各自的特点，体现各自不同目标的原则。对常规课和研讨课的议课，应突出"实"，提倡"促"，实事求是的评议，具体问题具体分析，促进教师提高教学质量；对年轻教师的试讲课和汇报课，应突出"导"，提倡"帮"，应充分肯定成绩，激励他们积极进取，对教学中出现的问题，分清主次，认真分析，进行具体地指导，热情帮助他们找出解决问题的办法，促进青年教师不断提高教学能力；对评优参赛的课，应突出"严"，提倡"学"，严格按照标准评议，激励大家互相学习，掌握课堂教学的基本规律和课堂教学的基本技能，大面积提高教育教学质量；对教改观摩课，要突出"研"，提倡"创"，认真研究问题，倡导探索精神和创新意识，深化教育教学改革。

（5）议课还要善于抓住主要矛盾的原则。无论何种类型的课，都应从目标、过程和效果三个主要方面进行具体评议。第一，要看教学目标是否正确，能否在教学过程中有效实施。第二，要看教学过程是否科学合理，能否正确处理教材和教与学的关系，能否正确处理知识与能力、一般和个别的关系，是否既面向全体学生，又能因材施教。第三，要看教学效果是否显著。

（6）议课要本着相互学习，共同研究，探讨切磋的态度的原则。从提高教学质量的愿望出发，提出中肯客观的评议，达到提高课堂教学效率和教学质量的目的。

综上所述，议课是为了帮助教师解决新课程课堂教学中遇到的实际问题，激励教师积极参与新课程课堂教学改革，促进教师迅速提高教学技能水平，推动新课程改革的顺利实施，全面提高语文的教育教学质量。

（三）议课应注意的几个问题

（1）站得高看得远。精彩的议课应结合有关教育教学理论，站在课标、教材，站在当前教学的高度，引导听者透过某些教育教学现象，总结经验，吸取教训，揭示教育教学的本质规律，而不仅仅是抓枝节问题，如字错，音错等。

（2）议课要摆事实讲道理。议课者在议课前要充分熟悉教材内容，课标要求，听课时详细地记录好教学过程，把随感随想以批注形式写下来，并及时地整理、归纳。便于议课时具体指出哪个环节好，好在哪里，哪些环节出现了问题及原因，应怎样改进。以便使人心服口服。

（3）议课要体现以师为本。无论是教育教学专家，还是学校领导，均应成为一线教师教育教学的服务者、协作者。所以除了议课外，我们还要注意向他们学习。要尊重教师创造性劳动，即使课堂出现偏差，也不要过分批评指责。议课者还要因人、因课型而异，确定议课侧重点及议课方法。

（4）议课要讲求语言技巧。议课态度要平和，语言力求口语化，深入浅出，对于引用的教育教学名言要结合具体教学作以具体解释，避免语言晦涩。对于执教者存在的问题不要冷嘲热讽，建议宜用商榷口吻提出，易于执教者与被听者接受。

总之，议课要及时认真地进行。议课时可先邀请讲课教师自述。议课要根据教学实际，实事求是地进行评议，对于教师的优点，要给予充分的肯定；对于教学中的不足，要给予必要的剖析。要与讲课教师坦诚地交换意见，用以借鉴。

【复习与思考】

1. 组织学习优秀教师教案。先自己研读教材、构思教案，然后对照优秀教师的教学设计，说说自己的教案构思哪些方面是可取的、哪些方面还存在不足，分析其产生的原因并加以修改。

2. 观看优秀教师录像课，写出观看课后的感受。

3. 在中小学语文教材中，自选一篇课文，设计一篇完整的教案，并开展试讲、相互评议。

第十二节　现代教育技术在语文教学中的运用

以多媒体技术和网络技术为核心的现代教育技术在语文教学中的广泛运用，拓展了语文教学资源，丰富了语文教学手段和方法，并引发和促进了语文学习方式、教学方式乃至师生角色等一系列变化。现代教学媒体的使用要遵循适用性、互补性、最小代价、教学最优化原则，充分发挥计算机多媒体在语文教学中的功能。要充分利用网络技术的特点和优势，培养学生的信息收集、处理能力，课外阅读能力，自主、合作的学习能力，同时要加强网络条件下的思想、道德教育，提高学生的自控能力和选择能力。

在语文教学中运用现代教育技术，要正确认识和处理技术与理念、手段与目的、形式与内容、传统教学媒体与现代教学媒体等方面的关系。语文教师要努力更新教育教学观念，提高信息素养，熟练地掌握现代语文教育技术，实现现代教育技术与语文教学真正意义上的整合。

一、现代教育技术与语文教学

自 20 世纪以来，随着现代科学技术的发展，现代化的教育媒体广泛应用于教育，现代教育技术应运而生，并逐渐成为一个新兴的科学研究领域。近 20 多年来，以计算机多媒体技术、网络技术为核心的现代教育技术在各学科教学领域迅速普及，由此引发并促进了课程与教学的一系列变革。语文学科领域同样如此。由于现代教育技术在学科教学中的作用日益重要，因此熟练地掌握现代教育技术成为每一个语文教师从事教学工作的必备的技能，也成为在信息化社会终身学习、实现自我发展的迫切需要。现代语文教育技术的研究，是语文教育研究的一个重要课题，也是语文学科教学论体系中的重要组成部分。

（一）现代教育技术概述

"教育技术"这一概念最早出现于 20 世纪 60 年代，在教育文献和教育实践中，这一概念往往与"教学媒体"、"教学手段"等交替使用或者并用，比如"教育技术手段"。实际上这几个概念既是相互联系、相互交叉的，也是有区别的。

一般说来，教学媒体是为实现教学目的，在教学过程中介于教师的教与学生的学之间，携带并传递着教学信息，影响师生信息交流与传递的工具，它能储存、表达、传递和传播教学信息，能在教学过程中为人所选择、控制和操作使用。教学手段是指师生在教学中相互传递信息的媒体、工具或设备，也包括教学过程中为解决问题而采取的行为方式，如形体、动作、表情等。

"教育技术"虽然与"教学手段"意思相近，但它的外延与内涵并不完全重合。作为科学术语，"教育技术"比"教学手段"更为明晰，更具有确定性和规范性，在许多情况下，两者是不可替代的，比如，把"教育技术学"称为"教育手段学"显然是无法被人认可的。

现代教育技术的产生主要是以现代教育媒体的应用为条件和标志的，但"技术"不同于"媒体"。"媒体"是负载信息的工具，它可以为人选择、控制和使用，"技术"则是媒体的运用。两者的区别在于：前者是工具，后者是工具的开发、使用；前者指向"物"，后者立足于"人"，在工具的开发使用中包含着知识、经验和人的智慧。

随着教育技术的发展，人们对"教育技术"的认识和理解也在不断的变化中。综合各种观点，人们对"现代教育技术"主要从以下三个角度加以理解：首先，将现代教育技术看作是教学活动中现代化教学设备，包括硬件和软件的开发和使用；其次，将现代教育技术看作是运用科学知识和技能解决教学任务的过程，包括视听教学、媒体教学、演示教学和计算机辅助教学等；最后，将它看作是对教学全过程进行设计、实施和评估时，媒体因素（硬、软件技术）、人的因素（教师、教学辅助人员、工程技术人员、管理人员、学生等）、人机之间交互关系所构成的一种系统。

以多媒体技术和网络技术为核心的现代教育技术的主要特征是：第一，多媒体化，即通过多种媒体组合，为学习者提供更多的信息接收通道，增加信息的可靠性，消除不稳定因素，提高学习效率。第二，信息化，即以信息流的形式传递教学信息。教学信息由口头信息、文本信息扩展到视音频信息，信息传递的时间由异步趋于同步。第三，网络化，即将网格作为一个具有交互性的教学活动的大平台，不仅使教学中的认知领域得到扩展，而且使多点、双向、多媒体的传播成为可能。第四，智能化，即能通过人类自然语言实现人机对话，对教学过程和结果作出判断、监测和反馈，为学生的自主学习创设良好的条件。

（二）现代教育技术对语文教学的影响[①]

在我国，现代教育技术广泛运用于语文教学始于20世纪70年代后期。以用"电"的教学媒体的使用为标志，包括录音机、录像机、幻灯机、投影仪、电视机等电教媒体，使用这类媒体的教学活动被称为"电化教学"。进入80年代，特别是90年代以来，计算机技术、网络技术日新月异，并迅速地应用于语文教学，对语文教学产生了深刻的影响。主要表现在以下几个方面。

1. 突破文本限制，拓展了语文教学资源

传统的语文教学资源主要是以书本式教材为主的印刷型文本资源，这也是几千年来学校教学的主要媒体。现代教育媒体进入语文教学之后，形成了印刷型资源、教学软件、电子教育信息资源相结合并与生活资源广泛联系的语文教学资源系统。文本资源不仅以纸质的书本为载体，同时也增加了教学软件，使信息容量剧增。一个普通的只读光盘，可以

---

① 李新宇主编：《语文教育学新论》，南京师范大学出版社，2006年版。

"装载"几十本、上百本文学名著，或从小学到大学所读的全部教科书。有了各种"软盘"、"硬盘"，不仅可以储存大量的文本资料，也为阅读、教学活动提供了极大的便利。教学软件中除了文本资料以外，还包括各种音像资料、投影资料、多媒体课件及交互式学习系统等。电子信息资源主要指网络教育资源。网上教育资料作为立体化教学资源，采用超文本链接方式将全球的网上图书馆、网上报纸杂志、网上书店、网上藏书屋、网上数据库、信息资料中心、实验中心、计算中心、远程教学机构及专家系统等链接成巨大的多媒体信息库，构成一本没有页码的按照多线索、多层次交叉编辑的巨大"天书"，供学生按照个人的兴趣进行自主地浏览阅读。这本"超文本天书"的存在必然引发语文教材在内容和编排形式上的变革，使我们极大地拓展语文学习的内容，突破教材的极限，弥补教材的缺陷，改变原来教材内容知识点少的状况，使语文和生活紧密结合起来，使大语文教育的理想得到实现。

2. 丰富了语文教学手段和方法，提高了教学的效率、效果和质量，促进了教师施教能力的发展

首先，现代教育技术运用于语文教学，极大地提高了教学效率。在教学过程中，由于信息传递速度的加快、信息转换形式的便捷，节省了大量的教学时间。网络的出现，更使语文教学突破了时空的限制，语文教师能在同一个时间与空间教授更多的学生，为不同知识和能力水平的学生提供个性化辅导的教学理想也逐步实现，语文教学的效率因而得到了大幅度的提高。

其次，现代教育技术运用于语文教学，极大地提高了教学效果。传统的语文课堂教学主要以口头语言、体态语言、文本作为主要手段传递和交流教学信息，以实物、图表、板书等作为辅助手段开展教学活动，信息传输的方式比较单一。运用现代教育技术，可以兼容上述各种传输方式的功能，又突破了传统媒体的各种限制，有效地把文字、声音、图像三者结合起来。可以根据教学需要，创设各种图文并茂、形象直观、活动化的教学情境，从而激发学生的学习兴趣，调动他们多种感官参与学习活动，增加了课堂语文实践的机会，提高了课堂教学的效果。

再次，现代教育技术运用于语文教学，也为教师教学能力的施展提供了便捷的条件和广阔的平台。对语文教师来说，现代教学技术赋予了教师广泛的选择余地和丰富的创作空间，他们可以根据专业特点、学习对象及媒体特征选择设计教学方案，可以将教学内容通过网络下载到自己的计算机上，并对材料进行加工、提取和编辑，以供在教学中长期反复使用。对同一种教学内容可以用文字、图形来表示，也可以用动画、视音频来展现，并通过多种教学媒体的使用突出教学的重点和难点，提高教学的质与量。

3. 引发并促进了教学方式、师生角色等一系列变化

首先是教学方式的变化。由于现代教育技术所提供的信息和技术资源的最大特点是具有共享性，计算机的使用和资源的网络化等技术环境，不但有益于语文教学任务的完成，也孕育和发展着学生之间合作学习的方式，为学生之间的交流提供了机会，因此，课堂教学必然会更多运用合作学习的策略，从而改变传统语文教学的教师单一传授的方式。

其次是教师角色的转换。在充分利用现代教育技术的课堂中，教师由传统的教学设计者和控制者转变为学习资源的提供者、学生学习的合作者和建议者。教学责任也因之发生变化：把教学时间更多地分配给学生从事探究和开展讨论，提示如何讨论和选择解决问题的策略；由原来对学生机械记忆的纸笔测验，转向更多地评价学生解决问题的过程；课堂

活动中不可预测的活动增加，要准备为学生的学习活动提供合理的建议。

再次是学生自主意识的增强和学习方式的变化。对学生来说，现代教学技术的运用使语文学习资源无限的扩大，为学生探究性学习、主动性学习和实践性学习创造了良好的条件，他们可以在教师的指导下，根据自己的知识基础和学习风格自由地选择适合的学习资源，按照适合于自己的方式学习，获取比课本更丰富更及时的知识和信息。在这样的教学环境中，学生会不断意识到自己对学习所负有的责任，由被动的接受者转变为主动的探索者和积极的合作者，促进他们"学会学习"、"学会选择"、"学会思考"。

现代教育技术在语文教学中的普遍应用，还影响着教学组织形式、教学过程、教学内容乃至理解和表达方式等一系列变化。当前，在推进语文新课程进程中，如何进一步提高现代教育技术的应用水平，如何利用现代教育技术推进语文教学改革，如何应对由此产生的技术与人、传统媒体与现代媒体之间的关系等问题，是我们面临的新的课题。

二、多媒体技术在语文教学中的运用

多媒体技术就是将各种媒体有机组合起来，使他们成为一个统一的整体，功能上相互补充，以达到比单媒体更丰富、更理想的效果。运用于教学的媒体我们称为"教学媒体"。

（一）语文教学中常用的现代媒体

1. 录音媒体

录音设备的出现和普及使语言符号、声音信息"传于异地，留于异时"的古老意愿成为现实。该媒体除了具有语言符合传递信息的能力外，还可直接反映事物的状态和所处的情境，弥补了语言、文字无法反映丰富信息的缺陷。该媒体软件的录制、播放不受时空限制，可适时进行。虽然它对声音信息和语言的呈现仍是一维的，但因有重放、快速前进和后退播放等功能，弥补了语言、声音一过即失、难以记忆和模仿学习的缺陷，能为教学提供地道的语言范例，供学生模仿，还使学生的自我反馈成为可能。录音媒体主要适用朗读教学、口语交际教学及教学评价。

2. 幻灯媒体

幻灯是以存储、传递静止图像为主、文字符号为辅的传播媒体。它善于在屏幕上显示静止的画面，用其反映动态事物的瞬间形态特征和静态事物的形态、结构、色彩等外部特征；但它对动态事物的描述是有限的，只能显示动态事物的瞬间，而不能显示其运动过程，无法提供听觉、嗅觉和触觉等方面的信息。利用它可以直观再现语文教学中抽象的内容，使学生能正确地感知和认知，产生清晰的表象。它的软件幻灯片需事先制作，不能在课堂上进行制作和修改。它还可以与录音媒体结合起来使用，声画同步连续放映。

3. 投影媒体

从工作原理和软件上看，投影媒体与幻灯媒体的区别不大，但由于投影仪是平台式。投影片不需要夹在片夹中，不受立式狭小放映区域限制，因而它比幻灯媒体有着更多的优势。投影片可以事先制作，也可当堂制作，教师可以像使用黑板那样面对学生直接书写。它的放映方式灵活，可一张张放映，可部分放映，也可叠加放映，因而可以变静为动，通过线条动片、抽拉动片将运动过程呈现出来，直观地反映事物间的联系及其本质规律。在语文课堂教学中，通过投影媒体能再现文中人物和事物的形象、事件和事物变化的过程，使抽象的事物具体化、复杂的事物简单化，激发学生兴趣，解决学生认知上的难点，同时投影媒体还可用于一些珍贵资料的介绍和学习成果的交流，尤其方便作文的当堂讲评。

4. 录像媒体

录像媒体能存储和传播的符号种类之多是前几种媒体无法相比的，它能以三维的形式将活动图像与音响、语言融合起来，多角度地、多方位地、连续地反映静态事物及其时空关系，使学生的视野得到极大的拓展。录像媒体可以在不同抽象层次上同时反映和把握事物的不同属性以及本质，有助于学生全面系统地了解和掌握新的知识技能，满足语文教学的直观要求、重放要求及扩大教学规模要求。它的软件录像带价格便宜，获取较为容易，因此在语文教学中应用广泛，特别在创设教学情境、演绎教学内容方面有着独特的功效。

5. 计算机媒体

近10年来，以计算机为媒体的多媒体技术迅速发展，这是以交互方式将文本、图形、图像、音频、动画和视频等多种信息经过特定的软硬件获取、制作、编辑和处理后，以单独或合成的形态表现出来的技术和方法，它集录音、幻灯、投影、录像等媒体功能于一体，故称为"多媒体技术"或"计算机多媒体技术"。由于其功能强大，在教学中得到了广泛应用。它最突出的优势是：能在播放中接受使用者的反馈信息，并根据反馈信息及时控制输出信息，调整播放内容，实现教学中的双向交流。计算机媒体的使用使教学双方的地位和作用发生很大的改变，教师由知识传授者转变为学生学习的指导者和帮助者，学生可以根据自身能力的高低自由调节计算机媒体内的信息，实现真正的自主学习。从这个意义上说，计算机媒体从教与学两个方面使语文教学产生了前所未有的崭新变化。

（二）选用教学媒体的因素与基本原则

教学媒体的选择与使用，既包含丰富的知识，也包括大量的技能，涉及多方面的因素。一般说来，要对以下几方面因素进行分析。

1. 教学目标和任务

选用教学媒体的目的是有效地实现教学任务，完成教学目标。不同的教学目标和任务，对媒体的要求有所不同。例如侧重口语交际或以朗读训练为主的课，选用听觉媒体为宜；侧重情境创设或以鉴赏为主的课，选用视听媒体为宜。忽视教学目标和任务任意选择媒体，就无法实现最佳的教学效果，甚至产生消极后果。

2. 学生与教师

学生因素包括：学生的年龄特征、兴趣爱好、学习能力、学习态度以及学生群体的规模等。其中，学生群体规模的大小对于媒体的选用有很大的制约作用。教师的因素主要包括：教师的教学能力、业务素养、管理能力、对各种教学媒体的特征和使用方法的掌握程度等。其中对教学媒体的熟悉程度，更直接影响教学媒体的使用。如果教师受过专门训练或积累一定的实践经验，媒体就可能得到更为有效的运用。

3. 媒体功能特点

各类教学媒体在应用过程中，对不同教学内容、教学目标、教学环境所起的作用是不同的。它的作用大小通常是由其表现力、重现力、接触面、参与性和受控性等因素决定的。在综合考虑以上五个因素的基础上，结合其他因素，我们才能对教学媒体的选用作出正确的决定。

4. 经济与条件因素

经济因素包括硬件、软件的购置和制作、设计等方面的成本费用，选用教学媒体必须经济实用。条件因素包括时间、资源和环境因素。时间因素主要指教学所允许的制作和使用媒体的时间，只有在教学所允许的时间内能够制作和使用的媒体才是实用的。资源因素主要指可供媒体使用的教学资源是否丰富，能否满足所选用的媒体制作和使用所需要的基本条件。环境因素是指用于教学的场所及其配套设施等，比如教室的空间大小，是否可以接通电源，是否有电子屏幕，等等。

在分析上述因素的基础上，选用教学媒体应遵循以下基本原则：

1. 适用性原则

这是选择教学媒体的最基本原则。所谓"适用"，是指媒体适合于教学，在教学中能充分发挥实效。选用教学媒体的直接目的，是有利于教学目标的达成，如果媒体的使用无助于教学目标的实现或教学效果的优化，或者使用现代媒体与不使用媒体效果相同，那么，媒体也就失去了它的教学价值。因此，是否需要使用现代教学媒体，选用什么样的教学媒体，必须首先从教学目标、内容的实际出发。其次要从学生和教师的实际、当地教育资源的实际出发，做到因地制宜、因人制宜、因课制宜。

2. 互补性原则

这一原则要求在选用教学媒体时，尽量避免单一，应综合运用，互为补充。研究表明：所有的媒体都有其长处和短处，没有一种媒体永远优于其他媒体，也没有哪一种媒体能解决所有的教学问题。有时，这种媒体的短处，可能恰恰是另一种媒体的长处。比如，计算机集诸多媒体的优点于一身，且接触面广，学生参与面大，是最优的教学媒体，但它的使用及课件的制作需经过培训，还要具备一定的教学条件，如果仅仅以训练朗读为主要任务，那么一台便携式录音机就比计算机方便得多。坚持互补性原则，要求根据教学任务综合使用或交替使用各种教学媒体，包括传统媒体，取长补短，充分发挥教学媒体的整体功能。从学生学习的角度来看，可以让学生用多种感官、以多种方式参与学习活动，有利于激发学习兴趣，接受多重刺激，提高学习效果。

3. 最小代价原则

教学媒体选择要尽可能降低所需付出的代价，提高媒体产生的功效。也就是说，要选用代价小、功效大的教学媒体。因此选择教学媒体时，最重要的是分析教学媒体在完成某一特定教学目标中所起的作用，以及把该教学媒体引入教学过程所需付出代价的大小。如果有两种教学媒体，其功效相同，我们应该选择代价小的媒体，如果需付出的代价相同，我们就应该选择多功能的媒体。

最小代价原则实质上就是经济原则，要求选用教学媒体降低成本，少花钱，多办事，效益高。不仅如此，它还包括人力投入、时间投入的节省。有时某些学校为了一节公开课，动用诸多人员和设备，花费大量时间，不论教学效果如何，这种"过度准备"的公开课往往缺少普遍推广价值，因为它有悖于"最小代价"原则。

4. 教学最优化原则

这是选用教学媒体的根本原则。教学最优化原则是指把选用教学媒体的过程放在整体的教学设计中，充分考虑教学的各种因素，协调教学媒体与教学的各方面的关系，使教学媒体的功效服从于整体教学设计，以取得最佳教学效果。首先，实施这一原则的关键是对教学的各个方面进行系统的分析，包括明确教学目标和任务，分析教学内容的特点、结构、重点和难点及其教学意义，了解学生的学习起点、学习习惯，认识教师个人的教学风格和教学能力，特别是教师驾驭教学媒体的能力，熟悉学校的教学设备和教室的环境条件等。其次是充分认识各种教学媒体的特征、功能及其发挥积极作用的主客观条件，准确地估计各种媒体可预期的效果和可能发生的问题，能作出应对各种可能发生的变故的策略和预案等。在综合分析以上因素的基础上以实现教学的最优化为目标，在若干预选方案中确定最佳的教学媒体。

（三）多媒体课件的设计

由于以计算机为媒体的多媒体技术在教学中广泛应用，多媒体课件的设计制作和使用成为现代教育技术中的重要内容，并逐渐成为教师运用现代教育技术实施教学的基本技能。课件设计与制作的质量，课件的使用，在很大程度上影响着语文教学的成效。

"课件"属于教学软件。在计算机辅助教学（CAI）起步阶段，主要发挥"资源库"功能，它可以把文字图表、画片、音频、视频、动画等各种媒体制作的素材资料，按照一定的检索方式汇集起来，以便教学中使用。随着多媒体计算机技术的发展，多媒体课件的储存、传递、演示和交互功能不断增强，在多媒体教学中，课件属于关键部件。

1. 多媒体课件的类型

作为对课程资源和教学方式进行优化处理的课件，大致可分为演示型、交互型、测试型、游戏型、工具资料型、课案型等基本类型。

从"资源呈现"类别看，有的重在学科知识的形象演示，有的重在抽象问题的直观表现，有的重在复杂内容的简明归纳，有的重在逻辑结构的分析梳理，有的重在情境意趣的感性渲染。从"教学方式"看，有的重在课堂上的演示，以辅助教师的讲授；有的重在为课堂上师生交互活动提供凭借，体现对学生学习的引导；有的为学生自学设计问题，提供情境，进行辅导；也有的为评价学习效果进行测试和反馈。至于综合性较强的"课案型"的大型课件，往往兼具以上几种类型的课件的特点和功能。课件类型的确定，主要是依据教学目标、任务和课型。

2. 多媒体课件的设计

多媒体课件的设计，是根据一定的教学思想、教学目标，为适应一定的教学需要，选择恰当的教学内容，优化处理教学资源，并对呈现方式进行技术处理和艺术加工，最终形成可操作的实用教学软件的过程。

一个课件的设计，一般要考虑以下四个技术性要素：

（1）树型结构。

树型结构指妥善安排课件内容的组合关系，包括领属关系、并列关系等，这些关系必须梳理清楚，使全部内容整合成完整的"树型结构图"，才能进入制作。"树型结构"的设计实质上是系统设计工作，要求条理清晰，逻辑严谨，层级分明。

（2）呈现方式。

这是指内容素材用什么方式呈现，是用文本、图片，还是用音频、视频或者动画，按照怎样的顺序，以何种方式加以组合。即使是文本，也要考虑字型的大小、颜色的变换、组合样式的变化、复杂内容的线性处理等。

（3）呈现控制。

呈现控制指利用素材呈现方式的可控性，模拟学生的认知程序，对有关资源内容与师生互动方式进行初步整合，以求提高课堂教学活动质量。利用素材内容呈现方式的可控性，可以使语文教学中一贯倡导的"启发式"教学原则，在新的平台上取得最佳效果。

（4）拓展选择。

拓展选择指利用信息数据的巨大存储功能，利用网络技术的灵活性，从语文学习的实际出发，在不同层次、不同维度上对资源内容进行整合，以有利于拓展教与学的选择空间，有利于因材施教，有利于开展自主性学习和研究性学习。

多媒体课件设计的总体要求是：

（1）要体现先进的教育思想、教学理念，以促进学生语文素养的全面提高。

（2）要紧扣教学目标，优化教学资源，突出重点、难点、疑点，体现语文学科。

（3）要符合学生的学习心理规律，具有形象性、趣味性，激发学生的内在动机和学习兴趣，注重交互性，有助于学生学习主动性的发挥。

（4）内容精当，繁简适宜，经济实用，操作简便。

（5）设计新颖，美观大方，努力体现教师的教学个性和教学艺术。

总之，多媒体课件的设计是思想与技术的整合，是内容和形式的统一，是技术和艺术的合成。

三、网络技术在语文教学中的运用

当代信息技术的发展以超乎想象的速度和程度改变着世界，影响着社会的方方面面。国际互联网的建立，为人们提供了一条通往信息世界的渠道。计算机网络不仅作为技术因素，同时也作为社会文化因素对教育以巨大冲击，引发了迅速发展的教育信息化进程。网络技术在教育中的应用给语文教学带来了变革的活力，为语文教学开辟了更为广阔的天地。传统的语文教学内容、教学组织形式、教与学的方式因网络的出现而发生了深刻的变化。

（一）网络教育资源与网络教学的特征

1. 信息资源的丰富性与信息形式的多样化

互联网以信息高速公路的形式把数以亿计的计算机连接起来，实现了跨国家、跨地区、跨民族、跨人群、跨领域的信息交互、语言交互、思想交互、情感交互和文化交互。互联网汇集了全世界包罗万象、浩如烟海的信息资源，成为人类历史上最庞大的图书馆和数据库。网络中的信息资源极其丰富，人们随时随地都可以从互联网上获取所需要的资料。同时，网上的信息又是多媒体形式的结合体，不仅有文字，还有图像、声音、动画和影视节目，它是广播、电视、电影和报纸杂志的优化组合，在广播电视中能听到或看到但无法重阅或保存的信息，在互联网上既能听到，又能看到，也能查阅到，而且可以下载、保存，从而为语文学习和语文教学提供大量的信息资源。

2. 信息传递的时效性、共享性和获取的便捷性

网络技术使得信息传输的容量剧增，速度快捷，它可以和广播、电视等媒体一样进行现场直播报道，实现信息的共时性。网络资源具有共享性的特点，人们可以通过网址或搜索引擎进行检索，获取所需要的信息资料，真正实现资源共享。从网上获取的资料可以很方便地在计算机上进行编辑、保存、打印或发送，可直接用于多媒体课件的制作，其可操

作性和便捷性远远胜过教科书、录音磁带和录像带，可极大地提高工作和学习的效率。

3. 学习方式的多元化与交互性

随着网络技术的发展、网络教学的兴起，"在线学习"成为语文学习的一种全新的学习方式。根据不同的学习目标和任务，可以分为以下几种类型：

（1）在线浏览，即按照"上网阅读—寻找资料—摘录"的程序进行快速浏览，查阅文献，选取所需信息。

（2）在线检索，即采用任务驱动式搜寻法，按照"提出检索任务—确定检索标志—选定搜索工具—输入检索途径—查找原始文献资料"的程序进行语文学习。

（3）在线下载，即指导学生利用文件服务器，采用复制粘贴法、目标另存法等对信息进行下载，并对获得的大量信息进行分类、编码、编制索引等加工处理，使下载的信息简明化、系统化，以便进一步查阅。教师也可以将各种学习资源，以软件资料库的形式放在互联网上，供学习者自由下载。

（4）在线讨论，即利用电子布告牌系统（BBS）的用户管理、讨论管理、即时交流、文章讨论、电子信件、用户留言等诸多功能，引导学生登录到某一主机，然后进入 BBS 系统进行讨论式学习。

（5）在线传递，即通过文件服务器的上传功能或电子邮件，发送自己的意见或邮件等，参与网上讨论、信息交流，完成作业等在线语文学习活动。

（6）在线登录，即指导学生通过网上邻居或远程登录，将自己的计算机登录到教师或其他远程主机上，并运用该主机上的各种功能进行在线语文学习。教师可以专门开辟一个可供学生登录的区域，安排好各种学习课件，让学生进行个别化学习。

网络教学的出现以及网络信息资源的不断丰富，使传统的"语文课堂"概念发生了变化，虚拟世界的"语文课堂"与现实世界的"语文课堂"共同成为开展语文教学活动的有效空间。而"虚拟课堂"既有超越时空的优势，又兼具信息交互的功能，它为实现开放式、自主性以及个性化的语文教学提供了平台。

（二）充分利用网络功能，培养学生语文学习能力，提高语文素养，促进健康发展

1. 引导学生根据学习任务和需要，学会收集、选择、整理、利用信息资料

网络上的资源是无穷无尽的，面对浩如烟海的资料，如何收集和处理，这是现代社会所需要的信息处理能力，也是一种学习能力。在这方面，教师要加强引导和培养。首先，要围绕学习目标检索网上的资料，要分清主次，是必需的还是相关的，是原始的还是间接的，收集多少可以满足需要。其次，对收集的资料进行筛选和整理加工，包括取舍、下载、分类、重新编辑、保存等。再次，充分利用资料，把经过整理的资料用于作业、交流、研究性学习，或作为写作的素材等。教师要把从网上收集信息资料并进行交流作为常规学习任务对学生提出要求，并且及时加强指导，以不断提高学生的信息意识和利用网络收集、处理信息的能力。

2. 利用网络丰富的学习资源，拓展学生课外语文阅读空间

语文学习的有效途径是扩大阅读、注重积累，就语文能力的形成来说，仅仅局限于课堂、局限于教科书，是远远不够的，必须通过大量的课外阅读，积累语言材料，培养语感，开阔视野，丰富思想情感。学校图书馆、家庭藏书、购买书刊等固然是重要学习渠道，但无论在数量上或经济条件上还是在方便程度上都受到一定的制约。有了网络条件，

学生可以通过上网轻松阅读网络版报刊、各类名著和最新的畅销读物，这不但可以拓宽学生的知识面，而且能提高学生的阅读能力。利用网络有效地提高学生课外阅读能力，关键在于教师要善于引导和指导，要把课内学习与课外学习有机结合起来，及时推荐优秀网站和高质量的网络读物，开展形式多样的网络阅读交流活动，结合网络阅读开展写作活动，激发学生阅读兴趣，掌握网络读物的阅读方法，不断提高阅读质量。

3. 教师要充分准备，精心设计，为学生上网学习创设良好条件

网络教学的出现，对教师的教学工作提出了新的要求：教师的备课不仅是要钻研教材、编写教案，还要考虑如何利用网络开展教学活动。无论是基于网络的教学活动，还是把网络作为面对面教学的辅助手段，教师都要做好以下几方面工作：首先，教师的教学方案设计不应仅局限于课本和教材，还应包括网络，要求学生查阅、收集网上资料，教师首先要作尝试，并对学生提出明确的要求。其次，根据教学内容和目标要求，确定网络教学活动的形式。比如，在教学设计中提供网上阅读资料，链接需要访问的网站，提供必要的讨论空间，设计用于检测学习成效的试题，或设计帮助学生自主学习并可与教师交流互动的课件，等等。教师的准备工作越充分，设计安排越精心，学生凭借网络学习的效果就能得到保证，网络的功能就能得到充分的发挥。

4. 要注重思想道德教育，促进学生健康成长

网络的出现给青少年打开了通向虚拟世界的大门，青少年所面对的这个虚拟世界，是一个丰富多彩、斑驳陆离的世界，这里汇集了人类的知识和智慧，也充满着诱惑和陷阱。青少年进入网络世界后，往往出现缺乏自制力、不会利用网络、找不到所需要的好的网络资源等问题，甚至出现沉湎于网络游戏而不能自拔的现象。针对这种情况，因噎废食，简单地采取"封杀"的做法是不可取的，应加强教育和疏导。首先，要对学生进行必要的道德教育、法律教育、伦理教育，以端正他们的上网态度。其次，要帮助他们提高辨别、选择和抵御不良诱惑的能力，根据学习需要，向他们及时提供一些优秀的网站，教给他们选择的方法。再次，与家长共同配合，经常关注他们的上网情况，或采取适当的防护措施。

总之，网络技术进入语文教学，拓展了语文信息资源，为学生的自主学习提供了新的平台，也为大语文教育理想的实现创设了条件。

（三）部分网络语文教学资源

互联网有着极其丰富的语文学习与教学资源，其中有特色的、有代表性的语文教学类专业网址主要有：

（1）中学语文教学资源网（简体码）：http：//www. ruian. com/—yrw/

（2）人教网中学语文（简体码）：http：//www. pep. cn. can/zhongyu/

（3）作文岛：http：//www. sq. k12. com. cn/zuowendao

（4）LD 远程语文学习网：http：//ww2. cnnb. net/likegang/

（5）中小学作文网：http：//www. zuowen. com/

（6）语文大观园：http：//sq. k12. com. cn/—wcunzhi

（7）语文教育网：http：//61. 132. 96. 134/ycy

（8）语文在线：http：//ywzx. 126. com

（9）人教网小学语文栏目：http：/www. pep. com. cn/xiaoyu/index. htm

（10）中国基础教育网语文栏目：http：//www. cbe21. com/subject/Chinese/

（11）LD语文热线：http：//www2. cnnb. net/likegang/

（12）小学语文教育资源网：http：//zzyww. bbt. com. can/yuwen/index. asp

（13）中国语文网：http：//www. cnyww. com/

（14）语文天地：http：//www. ywbs. com. cn/

（15）小语在线：http：//www. 15163. com/

（16）小学语文家教之窗：http：//lvhensky. myrice. com/xy/jiazhang/index. htm

（17）小学语文教学网：http：//www. vastman. com

（18）中小学作文教学研究网：http：//aitu. nease. net/

（19）多媒体识字写字教学研究所：http：//www. hztools. com/

四、运用现代教育技术应正确处理的几个关系

现代教育技术的快速发展及其在学科教学中的广泛运用，极大地提高了教学效率，给语文教学带来了一系列深刻的变化。但是，我们应该看到，由于地区经济、文化、教育等发展水平的不平衡，现代教育技术的普及、应用状况存在着很大的地区性差异；即便是有了现代化的教学设备，其应有的功能未必在教学中得到充分开发、利用，技术优势未必完全转化为教学效益；与此同时，在运用现代教育技术的过程中，还存在着一些认识和实践性上的误区。这些现象和问题，值得我们认真关注。我们认为，在语文教学中运用现代教育技术，并充分发挥其应用的功能，需要正确认识和处理以下几方面的关系。

（一）技术与理念的关系

拥有现代化的教育设备和教育技术是否等于教育的现代化？答案是否定的。教育设备和技术的现代化固然是教育现代化的重要基础和组成部分，但教育现代化的核心是教育思想、教学理念的现代化。先进的设备和技术，只有用先进理念来支撑，才可能创造出超越传统教学手段条件下的教学效益；如果没有人的现代化，没有教育思想、教学理念的现代化，教学设备和技术即使再先进，也不可能产生现代化的教学，甚至成为用现代技术包装的"旧酒"。在我们所接触的语文课堂中，使用现代教学媒体已日益普遍。但是，并不鲜见的现象是，一些教师演示的课件只是板书的搬家、文本的搬家或资料的堆砌，有的甚至以课件的演示代替了教师的上课。虽然教学手段发生了变化，但与传统教育并无本质的区别：把教学看作是知识传输的过程，把学生看作知识的被动接收者。形成这种现象固然与教师教育技术的开发、利用能力有关，但最根本的还是教育思想、教学理念问题。教学改革首先是教育思想、教学理念的更新，其目的在于凭借一切手段兴利除弊，实现教学的优化。当前，我们尤其要关注的是：怎样调动学生学习的自主性和积极性，使他们真正成为语文学习的主人？怎样加强语文教学的实践性，使学生在语文实践的过程中增强语文应用能力？如何培养学生学习语文的兴趣和良好习惯，掌握学习语文的有效方法？如何加强课堂教学中的互动，提高课堂教学的效益？凭借现代教育技术可以把哪些问题解决得更好些？只有建立在这样的追求基础上，现代教育技术才可能成为推进教学改革的先进手段，成为实践先进教学理念的"利器"，运用了现代教育技术的课堂才有可能发生根本性的变化。

（二）手段与目标的关系

无论是运用传统教学媒体，还是现代教育技术，都是实现教学目标的具体手段。是手段服务于目标，还是过度地关注手段而忽视了目标，甚至把手段当成目标？这是我们在运用现代教育技术过程中需要反思的一个问题。在语文教学实践中，手段与目标倒置的现象

时有发生。有些学校由于片面强调教学现代化，形成"无多媒体不成公开课"的局面；课堂教学中，不管教学是否需要，多媒体使用多多益善；花费大量的时间和精力去制作课件，却忽视了学生的需要；课堂教学中，教师关注的焦点不是学生，而是课件的演示、设备的操作，教师的角色似乎成了软件的操作员，等等。在这样的课堂，教师围绕课件"忙"得不亦乐手，学生跟着媒体应接不暇。针对现代教学媒体在课堂上用得过多过滥现象，有些老师提出质疑：传统教学中的"满堂灌"固然要不得，那么课堂中的"满堂电"是不是走进了一个新的误区？

对于这种本末倒置的现象，我们确实需要回到教学的原点上进行思考：教学的目的究竟是什么？运用教育技术为了什么？作为教学手段，它是否有助于教学目标的实现？它是否会带来教学效果的实质性提高？学生是否接受、是否喜欢？这些手段如何运用才能发挥它的最佳效益？等等。在课前准备以及教学过程中，应该始终把关注的焦点对准目标、对准学生：关注他们的需要、他们的期待、他们的情绪、他们的学习状态、他们的困难、他们的进步，等等。只有始终保持这种关注，做到"心中有本，目中有人"，我们才不至于错把手段当作目标，不会把"利器"变为束缚自己的枷锁，从而走出技术主义或形式主义的误区。

（三）形式与内容的关系

就现代教育技术在语文教学中的具体运用来说，存在着一个形式与内容的关系处理问题。这里所说的内容，指的是不同题材、不同体裁、不同风格的课文的教学，以及不同类型的语文教学活动；这里所说的形式，指的是媒体形式、媒体呈现方式、课件的设计形式等。在语文教学中，媒体的选用与呈现方式、课件的设计与编排方式都要根据内容确定，与内容和谐统一。例如：苏教版小学语文教材中《二泉映月》一课的教学，最好的媒体形式是音乐，把阿炳的二胡名曲《二泉映月》有机地融入教学活动之中，在感受乐曲的过程中加深对课文、对人物命运的理解，又在理解课文的基础上更深切地感受乐曲之美，最终落实到语文素养的提高上，从而达到媒体形式与教学内容的和谐统一。

在语文新课程的实施过程中，我们也常常看到这样一些现象：有的教师不考虑学科特点，不考虑教学内容，凡是能用得上的媒体都搬进课堂；不考虑内容的需要，不考虑教学效果，不讲究编排，音频、视频、动画等各种形式不加选择，粗制滥造，随意叠加，往往显得杂乱无章，不能达到理想的教学效果，甚至干扰了学生的学习。这种忽视形式、不顾效果的做法是不可取的。

提倡多种媒体的综合运用和教学手段的丰富多样，并不等于每一节课都要把各种媒体都搬进课堂，更不是一味在课堂教学形式上花样翻新，因为在教学形式上搞得花里胡哨，不仅会影响学生的注意力，还有可能抑制、扼杀了学生的想象力。语文教学的根本任务是培养学生理解和运用语言的能力，无论是运用什么手段，都不能替代学生对语言材料的直接感受，如果让各种图像、音乐占据了课堂教学的时间和空间，语文教学的任务是不可能得到落实的，是有悖于语文教学规律的。因此，根据教学内容，确定技术形式，是运用现代教育技术的基本出发点。

（四）传统媒体与现代媒体的关系

如前所述，任何一种媒体都有它的长处和局限，现代教学媒体同样如此。它的局限是成本高、对环境条件要求高；而且科技含量越高的媒体，其操作程序越复杂。如果不能熟练地掌握或正确地运用，在课堂上很可能影响师生间的直接交流和互动。反之，传统的教学媒体（如口语、板书、挂图、教具、标本、实物等）就其功能来说，虽然显得"落后"，但它们使用方便，成本低廉，对环境、条件要求低。适用面广，因此仍具有重要的教学价值。尤其是板书，它在教学过程中的随机性、与教学的同步性、体现教师的示范性等方面，往往是课件所无可比拟的，即使是在多媒体技术日益普及的情况下，它仍然是教学的重要辅助手段。

针对过度使用、过分依赖现代教学媒体而鄙弃传统教学媒体的"时弊"，近些年来，有人呼吁教学要"返璞归真"，倡导"简洁为美"，或者在达到同样效果的情况下，努力用"低科技"来取代"高科技"，把教师从机器的束缚中解放出来。这种呼声，可看作是对现代教育媒体过分追求的理性反思。正确的选择是：运用现代教育技术要与传统教学手段结合起来，使两者之间互为补充，"尖端武器"与"常规武器"各为所用。

若干年前，当现代教育技术的浪潮涌进教学领域的时候，我们曾经为之鼓舞，为之欢呼——"我们将彻底告别靠一支粉笔、一块黑板教学的时代"。但时至今日，粉笔和黑板仍然与多媒体及网络共存，以后也许仍然如此。我们可以这样说，信息时代的语文教师，既要具有熟练驾驭现代教育技术的十八般武艺，又要能"靠一支粉笔、一块黑板"在三尺讲台上展示现代语文教学艺术的精彩。

在人类文明的发展史上，任何技术的发明者都是人，使用者也是人，人可以掌握技术，但技术替代不了人。如何充分发挥现代教育技术在语文教学中的优势，关键在于教师。置身于信息时代的语文教师，面临着诸多新的课题和挑战，每一个人在更新教育思想、教学理念的同时，要努力提高自身的信息素养，在实践中学习并掌握现代教育技术，加快实现信息技术与语文教学的整合，使之成为推进教学改革的强大动力，并转化为语文教学的显著效益，促进学生的全面发展。

【复习与思考】

1. 现代教育技术有哪些特征？
2. 现代教育技术对语文教学产生哪些影响？
3. 选用现代教学媒体应遵循哪些基本原则？
4. 网络教育资源和网络教学的主要特点是什么？
5. 如何充分利用网络技术促进学生语文素养的提高和健康发展？

第十三节　语文微格教学

微格教学，亦称微型教学或小型教学，是规范受训者教学行为，培养受训者教学技能的一种有效方法，也是师范类学生进行试讲训练的有效方法。中小学语文微格教学是根据中小学语文教学技能训练目标，围绕中小学语文教学内容开展的教学片段设计（静态技能）和教学技能训练（动态技能）。

学习本节要根据中小学语文微格教学技能训练目标要求，结合中小学语文教材进行教学片段设计，并进行教学技能训练。对教学片断的设计和教学技能的训练要认真组织好评议。

一、微格教学概述[①]

（一）微格教学含义及特点

1. 微格教学的含义

微格教学（micro teaching），亦称微型教学，是在教学理论指导下，利用现代教学媒体（主要是摄录像媒体）将受训者的教学行为全程记录下来，再播放出去，对受训者的教学行为进行分析，针对问题提出改进方案，然后让受训者再次训练，再次记录下来，再次分析，直到受训者的教学行为达到确定的标准为止的一种小型教学活动。它是规范受训者教学行为，培养受训者教学技能的一种有效方法。

2. 微格教学的特点

（1）微格教学重点是对教学技能进行训练，让受训者熟练和掌握课堂教学中的各种教学技能。目前，对教学技能的划分大致有十一种类型，即导入技能、结束技能、讲解技能、板书技能、教学语言技能、教学组织技能、提问技能、变化技能、强化技能、练习技能、多媒体教学技能。教学技能训练是从单项开始的，当单项技能达到自动化的程度后，则要进行综合技能训练。综合训练是微格教学的最终要求和目标。

（2）微格教学中，不仅要向受训者讲解微格教学理论，而且还要组织受训者观摩示范课，让受训者感知模仿，从而介入良好的教学技能。模仿，是依照别人的行为样式自觉地或不自觉地进行仿效，做出同样或类似的动作、行为的过程，是学习的一种重要形式。在具体教学中，教师可选用具有较高水平的录像课让受训者观摩，或聘请优秀教师上示范课，也可以把完整的课堂教学录像课进行剪辑，根据教学需要，重新编辑归类让受训者观摩。同时，指导教师的每一节课也应该成为受训者的示范课。受训者观摩示范课，是将理性认识和感性认识有机结合，是把"示范者"良好感知，而且能使受训者有意识地模仿，促使其不断地修正和弥补自己的教学行为，形成良好的心理和行为定势。

（3）角色扮演，改变传统的教学模式。角色扮演是微格教学的显著特点。围绕着技能训练的内容，教师组织受训者有目的地进行实际训练，训练时以微型班（一般15人左右）的形式进行，即创设一个与真实的课堂教学相应的模拟环境。微型班由指导教师、受训者和模拟学生组成，模拟学生一般由受训者的同学或正在中小学学习的学生充当。这种训练模式改变了传统的教师讲、学生听的教学模式，是微格教学的中心环节所在。技能的掌握要经过长期反复的练习，否则就难以形成技能。师范生教学技能训练历来是薄弱环节，往往是只有教育实习才为其提供上讲台的机会，但这已是面临毕业，其教学技能难以掌握，更谈不上熟练。角色扮演为受训者提供了练习的机会，受训者把备课时的设计以及对技能的理解都用自己行为表现出来，并同时进行录像，受训者由被动的听课者变为教学的参与者。这不仅显示了受训者主体作用，而且也为受训者掌握和熟练教学技能提供了条件。

（4）自我透视，规范良好的教学技能。自我透视是微格教学的又一特点。某一教学技能训练完成后，通过看录像获得信息反馈，以自评、互议、他评等形式对受训者的教学行为进行定性评价和定量评价，改变过去只凭记忆、印象的概括评议为目标评价。由于录像记录了受训者的全部教学行为，这就为信息反馈提供了直观的评议依据，更为受训者提供了自我透视的视觉形象。通过反复评价，受训者就能不断地规范自己良好的教学行为。

---

① 刘本武主编：《语文新课程教学法》，首都师范大学出版社，2012年版。

（二）微格教学的教学过程

微格教学训练前，首先要学习微格教学的基本理论，让受训者明确做什么、怎么做以及为什么要这样做，在此基础上进行单项技能训练。基本遵循学习—实践—反馈的过程，并循环反复。

教学过程一般分为六步：理论辅导，观摩示范课，确定训练技能、进行教学设计，角色扮演，反馈评议，修改教案、改进教学行为。微格教学流程如图 4-13-1 所示。

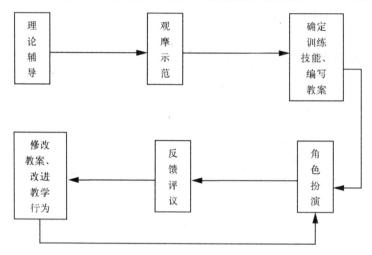

图 4-13-1 微格教学流程

1. 理论辅导

讲解某项教学技能的理论，包括该技能的概念，应用目标、分类或构成要素、应用原则和实施要点，从而让受训者对该项技能有一个全面了解。

2. 观摩示范

针对该项技能，选择具有典型性的示范课供受训者观摩，为受训者提供生动具体的视听形象，让受训者感知模仿。示范的理论基础是模仿理论，即感知模特。模仿理论表明，即使是复杂的社会性行为，也能通过完全的模仿获得。教师在引导受训者观摩示范课的同时，要加以讲解说明，以帮助受训者"知其然，知其所以然"。

3. 确定训练技能、编写教案

在编写教案前要确定所训练的教学技能。微格教学的目标是培养受训者的教学技能，其特点是把课堂教学分为不同的单向技能分别进行训练，每次集中训练 1—2 个教学技能。在进行教学设计时，要认真钻研教材，然后针对某一教学技能的训练，结合教材内容编写 5—10 分钟的一个教学片断，其重点考虑该项目技能的运用。

4. 角色扮演

角色扮演是改变传统的"教师讲、学生听"教学模式的关键一步，是微格教学的中心环节所在。受训者把备课时的设想，对教学技能的理解，用自己的行为表现出来，并同时进行录像，以便及时、准确地获得反馈信息。教学中，角色扮演者（受训者）要与听课者（一般是受训者的同事同学）进行沟通配合，使"师生"双方真正进入角色，以便更好地完成训练任务。

5. 反馈评议

根据角色扮演的录像开展自评和互议。评议由受训者、听课者和指导教师组成。在评议中，受训者一般首先进行自评，自我分析教学技能应用的方式和效果，总结成功的地方和不足的方面。在自评的基础上，小组成员之间开展互议，采用的方式是定性评价和定量评价。定性评价是从宏观的角度加以评价，是一种感性的评价；定量评价是根据某项教学技能评价单中各指标要素及其权重进行评价，并直接计算出受训者该项教学技能的成绩。互议在评议中是很重要的，它是一块双面镜，既能看到自己的优势和不足，又能看到别人的优势和不足，便于相互学习、取长补短，因此，在互议中要坦诚相待，以理服人，乐于助人。

6. 修改教案、改进教学行为

根据自评和互议的结果，由受训者修改自己的教案，并进行第二次训练。微格教学中，教学设计是重要的教学技能，是要特别加以训练的，但教学设计是静态的，它更多的是偏向心智技能；教学行为是动态的，教学设计必须通过教学行为加以实施，才能完成教学任务。微格教学更多的是侧重对受训者进行教学行为的训练，因此，在再次训练中，受训者要针对教学行为的不足加以改进，使教学行为达到规范的教学要求。

当单项技能经过训练，达到一定水平后，再进行综合训练，从而全面提高教学技能，达到培养目标。

在微格教学中，指导教师的作用是十分重要的，指导教师既是组织者和辅导者，又是示范者和评议者。因此，它要求指导教师应深刻把握微格教学理论，认真组织和辅导受训者开展教学技能训练，并对受训者的教学行为作出积极的评价。

二、中小学语文微格教学的设计

中小学语文微格教学设计是根据教学技能训练目标，围绕中小学语文教学内容进行的教学片段设计。它包含两个方面，一是教学技能训练的目标，即某项教学技能训练要达到的目标；二是语文教学内容的目标，即以语文教学内容为依托对教学技能进行训练，训练时不能脱离语文教学内容应有的目标。

（一）语文微格教学设计的步骤

微格教学的教学设计既要遵循课堂教学设计的原理和方法，又要体现微格教学的教学技能训练特点。它的教学设计包括三个阶段：第一阶段是前期分析，包括钻研教学大纲和教材、教学内容分析、对学习者分析、教学目标和训练目标的阐明；第二阶段是教学策略的确定，涉及课堂教学策略和教学技能策略的设计（其中包括教学方法的选择和组织、教师活动的设计、教学技能训练的设计、学生学习活动的设计、教学媒体的选择和制作）；第三阶段是微型课的教学设计成果试行、评议、修改，也就是微型课的训练、微格教学方案和技能运用的评价和修改。各步骤设计如下面所述。

1. 钻研教学大纲和教材

微格教学的技能训练，虽然只是通过某一简短的教学内容训练某项教学技能，但这一简短的教学内容必须以教材内容为客观依据来组织。微格教学设计的优劣，和受训者对教材的理解、分析和研究是分不开的。

2. 教学内容分析

教学内容分析，就是教师依据课程标准，结合学生的实际情况，在钻研课程标准和教材内容的基础上，确定学生所应掌握的知识体系结构，突出教学重点，明确教学难点，以使教学更有成效。微格教学训练的教学内容，虽然只是某个概念、问题或过程，也必须明确这一简短教学内容在课程知识体系中的地位和关系，并分析这一教学内容的微观结构和内容组织。

3. 对学习者分析

对学习者分析是教学设计的一个重要步骤，它是分析教学起点、决定目标体系、选择教学策略、设计教学活动、制定评价方法和编制测量工具的重要依据。微格教学训练时的学习者由受训者的同伴来扮演，模拟训练课堂存在着师生互动作用，学习者分析的重要性不亚于一般的课堂教学设计，进行微格教学训练时，主要引导受训者从两方面对学习者进行分析：一是学习者的一般特征，二是学习者原有的知识和技能基础。

4. 教学目标和训练目标

教学目标是教师和学生通过教和学的活动所预期要实现的学生行为的变化，是教学过程所依据的目标，同时也是评议教与学活动的依据。微型课技能训练有着双重目标，因此其目标阐明一方面是将教学内容分解为若干知识点，确定每个知识点要达到的学习水平等级，并用行为动词加以描述；另一方面则是确定要训练的技能目标。在阐明目标时应遵循以下几点要求：①教学目标和训练目标都要明确具体；②教学目标和训练目标便于测量和评价；③具有可行性，便于训练操作。

二、中小学语文微格教学设计方案的编写

微格教学设计给出的微型课的框架，要付诸实践，特别是考虑到便于训练，还要把它落实为具体的方案，即微格教学教案。教案的内容包括以下几个方面。

1. 教学目标

教学目标要符合课程要求，切合学生实际，其表述要具体、确切。此外，不可贪大求全，要便于评价。

2. 教师的教学行为

按教学进程，写出讲授、提问、演示、举例等教师的活动。

3. 应用的教学技能

在教学过程中，教师的某些行为可以归入某类教学技能，在其对应处注明。对重点训练的技能应注明其构成要素。这样便于检查教师教学技能的训练成果，是训练教师对教学技能的识别、理解和应用能力的一项内容。

4. 学生行为

教师预想学生在回忆、观察、回答问题的可能行为。对学生行为的预计是教师在教学中能及时采取应变措施的基础，它体现教师引导学生的认知策略。

5. 教学媒体

将需要使用的教学媒体，按顺序注明，以便准备和使用。教学中预计教师行为、学生行为持续的时间。

6. 时间分配

教学中预计教师行为、学生行为持续的时间。微格教学的时间通常限 10－15 分钟左

右，要估计好每一教学行为所用的时间。

教学编写的形式，可用文字表达式，也可用表格式表达。文字表达式是用文字叙述教学内容和教学过程，类似于电影、电视脚本。表格式是通过表格反映教学内容和教学过程。

三、中小学语文微格教学的评价

（一）微格教学评价概述

1. 教学评价的概念

教学评价是依据教学目标，对学生和教师系统测量，并评价其价值和优缺点以求改进的过程。

教学评价的种类很多。按评价目标分，有预测性评价、形成性评价、总结性评价、诊断性评价；按评价对象分，有学生成绩评价、智力评价、能力评价。由于涉及面不同，教学评价可分为综合评价和单项评价，也可分为对学生的评价和对教师的评价。从运用方式上说，有主观性评价和客观性评价，还有定性评价和定量评价等。

2. 教学评价的功能

教学评价的功能是多方面的，概括起来有以下几个方面。

（1）导向功能。

导向功能主要指通过制定评价指标和编制测量工具的内容，引导教学过程更符合客观规律，更趋于合理，使学习不断深化和提高。

（2）鉴定功能。

教学的目的在于改变受训者的行为。这就要对教学的结果进行测量和评价，以确定教学方案是否成功，教学目标是否达到以及应该达到的程度。

（3）交流功能。

评价者与评价对象进行交流，具有使评价对象反省、克服不足、改变已有的不良状态、完善并促进发展的功用和能力。它主要是通过评价结果的信息反馈于评价对象，并指导他们的具体运行得以实现。

（4）激励功能。

激励功能主要通过评价使受训者看到自己的成就和缺陷、成功和失败，从而激励起责任感，激发和调动学习的积极性。

（5）改进功能。

改进功能主要运用反馈原理，通过评价来了解教和学中出现的问题，并及时调整教学，纠正偏差，使教学过程始终处于优化状态。

3. 微格教学中评价的意义

教师的课堂教学过程是一个十分复杂的脑力劳动过程，要对教学质量做出恰当评价并非易事。因为它是一个多因素、界限较为模糊的事物，很难像物质产品那样用一个具体的标准来准确地加以衡量。但是，现代科学发展的普遍规律都是处于定量化的趋势，教学质量定量化的评价标准应该是客观存在的，问题是我们如何去探究出比较完善的、科学的定量化的评价理论和方法来。在教学技能的学习和形成这一动态的过程中，评价又起着重要的作用。可以这样说，没有评议，就不能进行微格教学。微格教学中的评议是形成性评价，也就是指活动过程进行中的评价。它评价活动本身的效果，并用以调节活动的过程，是保证教学目标实现而进行的评议。评议应及时获得反馈信息，适时的调控，缩小过程与目标的差距，及时改进教学方法。

（二）微格教学评价的基本过程和方法

1. 确定评价指标体系

教学评价是以教学技能实际情况与预定目标相比较，从而做出的价值判断。因此，建立合理的教学技能评价指标体系，是微格教学中评价工作的关键。根据教学规律对教学技能目标在各个方面作出规定，使目标成为具体的、可测的、行为化、操作化的规定，通过它们来判断目标要求是否达到。对每一种教学技能提出若干条要求作为评价指标，这些评价指标的集合就是评价指标体系。

例如，导入技能的评价就有以下指标：自然导入新课、衔接恰当；导入时间适当、紧凑；与新知识联系紧密、目标明确；能引起学生的兴趣和积极性；感情充沛、语言清晰；确实将学生引入学习的情境；能面向全体学生。评价的指标体系对受训者有着重要的导向作用。评价的指标体系必须从实际出发，在广泛征询意见的基础上，指标应该突出重点，不能太多，一般五至十条为宜。

2. 建立各项技能的评价标准

（1）将评价指标划分若干等级并订出每一等级的评分标准。

评分等级不宜太多。分得过细表面上看来似乎更精确，其实并非如此。由于评价人员不易掌握各等级之间的界限，并不能提高评价质量。因而，一般以三至四级为宜（即好、中、差或优、良、中、差）。另外，也可以给出各等级标准的分值数，例如：好＝90分、中＝75分、差＝55分，或者，优＝95分、良＝80分、中＝65分、差＝50分。

（2）确定权重。

所谓权重就是某一项指标在整个技能指标中的重要程度，用数量表示出来。关键的、核心的项目权重应该大一些，其他项目的权重应该少些。各项权重之和必须等于1（100％）。例如，导入技能中，导入时间适当、紧凑，确实将学生引入了学习的情境，引起学生兴趣和积极性。权重各占20％＝0.2；其余四项次之，权重各占10％＝0.1。

3. 制定评价单

制定评价单就是将各项指标条款内容、等级标志和所占权重列成一张供听课人评价使用的表。

4. 微格教学评价的方法

微格教学的评价应采取定性评价和定量评价相结合的方法。

（1）定性评价。

这是微格教学常用的评价方法，应采取自评与互评相结合的方式，在角色扮演之后立即进行效果最好。首先自评，由角色扮演者自己找出优缺点，这样在互评时可以有心理准备。然后由指导教师组织互评。在评议时注意优点和缺点都要指出来。如果只说缺点不说优点，会挫伤受训者的积极性；如果只说优点不说缺点，会使受训者不知怎么改进，产生自满情绪。特别是指导教师的评价，指出的优、缺点要并重。因为定性评价是对照技能理论，分析成败的原因，所以有很强的激励功能和改进功能。对于调动受训者的积极性和及时发现不足、明确改进方向有很大的推动作用。

（2）定量评价。

这是一件较为复杂的工作。根据教学技能评价指标体系，统计和计算出教学技能成绩。这里提供一种简便的计算方法。我们以"导入技能评价单"为例说明如下。

评价人每人填写一张评价表（如表 4-13-2）。

表 4-13-2　中小学语文微格教学评价量表

姓名		课型		课题		时间	

听课后对以下各项评价指标在适当等级上划"√"

<table>
<tr><td colspan="2" rowspan="2">评价指标</td><td colspan="4">等级</td><td rowspan="2">权重</td></tr>
<tr><td>好
95</td><td>较好
80</td><td>一般
65</td><td>差
50</td></tr>
<tr><td rowspan="8">导
入</td><td>1. 自然导入新课、衔接恰当</td><td></td><td></td><td></td><td></td><td>0.1</td></tr>
<tr><td>2. 导入时间适当、紧凑</td><td></td><td></td><td></td><td></td><td>0.2</td></tr>
<tr><td>3. 新知识联系紧密、目的明确</td><td></td><td></td><td></td><td></td><td>0.1</td></tr>
<tr><td>4. 能引起学生的兴趣和积极性</td><td></td><td></td><td></td><td></td><td>0.2</td></tr>
<tr><td>5. 感情充沛、语言清晰</td><td></td><td></td><td></td><td></td><td>0.1</td></tr>
<tr><td>6. 确实将学生引入学习情境</td><td></td><td></td><td></td><td></td><td>0.2</td></tr>
<tr><td>7. 面向全体学生</td><td></td><td></td><td></td><td></td><td>0.1</td></tr>
<tr><td colspan="6">您还有什么意见</td></tr>
<tr><td rowspan="8">提
问</td><td>1. 提问有趣味性，能引发学生的求知欲</td><td></td><td></td><td></td><td></td><td>0.1</td></tr>
<tr><td>2. 提问思路清晰、步步深入，紧密联系教学内容展开</td><td></td><td></td><td></td><td></td><td>0.2</td></tr>
<tr><td>3. 问题难易适中，简单提问适量，有一定发展思维的问题</td><td></td><td></td><td></td><td></td><td>0.1</td></tr>
<tr><td>4. 提问的语言简练、准确，停顿适当，有儿童特点</td><td></td><td></td><td></td><td></td><td>0.1</td></tr>
<tr><td>5. 面向全体，提问面广，涉及大多数同学</td><td></td><td></td><td></td><td></td><td>0.1</td></tr>
<tr><td>6. 学生回答后，有恰如其分的评价</td><td></td><td></td><td></td><td></td><td>0.2</td></tr>
<tr><td>7. 有随机应变能力，对于学生意外的回答处理恰当</td><td></td><td></td><td></td><td></td><td>0.2</td></tr>
<tr><td colspan="6">您还有什么意见</td></tr>
<tr><td rowspan="7">板
书</td><td>1. 板书内容是否是教学的重难点</td><td></td><td></td><td></td><td></td><td>0.2</td></tr>
<tr><td>2. 板书设计条理清楚，脉络分明</td><td></td><td></td><td></td><td></td><td>0.2</td></tr>
<tr><td>3. 板书强化讲解内容，便于记忆</td><td></td><td></td><td></td><td></td><td>0.1</td></tr>
<tr><td>4. 板书形式与内容吻合，图形、表格使用得当</td><td></td><td></td><td></td><td></td><td>0.1</td></tr>
<tr><td>5. 板书设计有艺术性，布局合理，给人美感</td><td></td><td></td><td></td><td></td><td>0.2</td></tr>
<tr><td>6. 板书文字、符号规范、正确</td><td></td><td></td><td></td><td></td><td>0.2</td></tr>
<tr><td colspan="6">您还有什么意见</td></tr>
</table>

续表

教学语言	1. 吐字清楚，语言清晰				0.2
	2. 音量大小适中，有变化				0.1
	3. 语速适中，节奏鲜明				0.1
	4. 单调变化丰富，抑扬顿挫				0.1
	5. 语句通顺完整，无口头语				0.2
	6. 语言富于感染力				0.1
	7. 语义准确				0.2
	您还有什么意见				
电化教学	1. 电教媒体的选择和运用与教学目的、内容和谐				0.2
	2. 电教媒体和方法的运用对突出重点、突破难点确有作用				0.2
	3. 准确运用综合性原则				0.1
	4. 演播与讲解统一				0.1
	5. 电教手段应用适时适量				0.1
	6. 发挥学生的主体作用，师生共同参与				0.1
	7. 反馈调控及时、准确				0.1
	8. 操作电教媒体熟练、规范				0.1
	您还有什么意见				
讲解	1. 讲解的语言生动、流畅、有儿童特点				0.2
	2. 讲解的语言准确、逻辑严密、无科学错误				0.2
	3. 讲解的例证充分、贴切、恰当				0.2
	4. 讲解的程序条理清楚，层次分明				0.1
	5. 变化技能应用适宜，其他技能配合恰当				0.1
	6. 课堂气氛轻松愉快，能调动学生积极性				0.1
	7. 反馈准确、及时，调控自如				0.1
	您还有什么意见				
组织教学	1. 语言恰当，要求明确，控制教学效果好				0.3
	2. 及时运用反馈，调整教学进度				0.2
	3. 组织教学方式灵活多样				0.3
	4. 教学进程自然，师生相互合作好				0.2
	您还有什么意见				

续表

变化	1. 能引起注意，有导向性					0.1
	2. 能强化教学信息传递					0.1
	3. 能有效激发学生兴趣					0.2
	4. 声音节奏、强弱变化得当					0.2
	5. 手势、动作变化自然得体					0.2
	6. 变化教学媒体					0.2
	您还有什么意见					
强化	1. 强化目标明确					0.2
	2. 强化吸引了全体学生的注意力					0.2
	3. 促进了学生参与教学活动					0.2
	4. 强化运用时机恰当					0.2
	5. 强化方式多样					0.1
	6. 以正面强化为主，激励学生进步					0.1
	您还有什么意见					
结束	1. 有利于巩固所学知识					0.2
	2. 结束环节反馈了教学信息					0.2
	3. 布置的作业及活动面向全体学生					0.2
	4. 进一步激发学生兴趣，且余味无穷					0.2
	5. 结束环节时间掌握好					0.2
	您还有什么意见					

　　他们在听课后，根据评价指标中的七个项目给出的评价等级，用各项所给等级对应的分值乘以该项所占的权重，得出该项的得分，每一项的得分之和便是某一评价人给出的量化成绩；然后逐张统计出每张评价单的得分，计算出平均分，作为讲课人这次角色扮演的量化成绩。这一量化成绩能在一定程度上反映出讲课人运用技能的情况。

【复习与思考】

　　1. 语文微格教学有什么作用？

　　2. 怎样设计语文微格教学方案？

第五模块　当代语文教师论

【内容提要】

　　教育工作是塑造人完美个性的工作。教师的职业是一种特殊的职业，教师所扮演的社会角色具有多重性和复杂性的特点。本模块重点阐述了语文教师的角色与使命、语文教师的素质、语文教师的课堂教学艺术与教学风格、语文教师的专业发展与终身教育、语文教学研究等。重心放在教师如何"育己"上，因为教师要"育人"，必须先"育己"。没有教师的主动发展，就很难有学生的主动发展；没有教师精神的解放，就很难有学生精神的解放；没有教师的教育创造，就很难有学生的创造精神；没有教师生命质量的提升，就很难有高的教育质量。教育是一项使教育者和受教育者都变得更加完善的事业，只有当教育者自觉地完善自己时，才能更有利于学生的完善与发展。

　　这里的"育己"不是指那种脱离了职业实践的自我修养，而是指教师在专业实践中对完美的职业角色形象的探究和实践、思考与行动。一名专业教师，不仅要掌握扎实的专业知识，而且更要具有深厚的教育基础理论和教学技能。同时语文教师还必须具备广博的文化素养和高尚的人格境界。

第一节　当代语文教师的角色与使命

　　当代语文教师在新课程背景中应该调整角色定位，明确自己的神圣职责，把握语文教育的本质，熟悉语文教育行为的内容。本节一方面针对以往应试教育中语文教学注重"工具性"而忽略"人文性"的突出问题，把重点放在阐述如何进行中国传统文化资源的开掘与利用上，即探究语文教育人文价值追求的深层含义及其途径。另一方面针对课程改革在推进过程中一线教师缺乏实践指导与示范操作的实际情况，在解决了"是什么"、"为什么"之后，重点打造"怎么做"，增强内容的可操作性。

一、语文教师的角色

（一）语文教师的角色意识

　　角色，指戏剧或电影、电视剧等文学作品中演员扮演的剧中人物，泛指生活中某种类型的人物。

　　在社会生活中，每个人都属于一定的团体，在其中都有一种身份，处于某一位置，分担一些责任。个人在团体里的身份与责任一经团体确认，就成为一种社会角色。社会按照各类社会角色所规定的行为模式去要求每个社会成员，这被称为"角色期望"。当一个人认识到自己在某一条件下所担负的社会角色和社会对他相应的角色期望时，便有了角色意识。当代社会对语文教师的角色期望是：全面提高学生的语文素养，充分发挥语文课程的育人功能，注重语文应用、审美与探究能力的培养，促进学生均衡而有个性地发展。

（二）语文教师的角色

1. 传统的教师角色定位及其利弊①

传统教育环境下的教师角色："教师是蜡烛"，"教师是春蚕"，"教师是人类灵魂的工程师"，"教师是辛勤的园丁"，"要给学生一碗水，教师要有一桶水"……这些认识强调了教师的社会责任，忽视了教师从事教育事业的个人生命价值的体现；强调了教师的权力角色，忽视了学生与教师的合作关系；强调了教师的业务能力，忽视了培养人的专业意识；强调了教师劳动的传递性，忽视了教与学互动过程中的创造性。

（1）"教师是蜡烛"——燃烧自己，照亮别人。

利：奉献与给予。

弊：忽视教师的持续学习与成长；淡漠教师的内在尊严与劳动的欢乐。

"照亮"一词体现了以教师为中心的观念。与其"照亮"学生，不如"点燃"学生。其一，被"照亮"者只是反射别人的光，类似月亮；被"点燃"者是自己发光，类似太阳。其二，"照亮"好像施恩，"点燃"则是互动。其三，"照亮"者以自我为中心，瞄准对象射出光芒，对方则被动地接受；"点燃"者则认为：我亮，我相信你也能亮，也许你比我更亮，我只是帮你点燃了自己的火焰！

（2）"教师是园丁"——精心培育，辛勤管理。

利：田园式的宽松环境；重视学生的成长历程；注意学生发展的个性差异；强调教师作用的发挥。

弊：教育阶段顺序有固定性，教育欠缺不可修复（季节与时令）；存在淘汰制（拣苗）；有人为的强制性（修复），"管"的意识强于"帮"的意识。

其实，"帮"与"管"是两种截然不同理念支配下的行为。"帮"是以被帮者为主体的，我只是帮助你，大主意得你自己拿，事情得你自己干；我可以推你一下，拉你一把，至于走向什么目标，达到什么标准，完全以你为主体。"管"就不一样了，管是以管束者为主体，你得听我的，大主意我来拿，走向何目标，达到何标准，都由我来安排；我要对上级负责，你则要对我负责。可见，帮助者更倾向于替对方着想，而管束者更倾向于为自己着想。

（3）"教师是人类灵魂的工程师"——给人创设美好的精神产品。

利：工程师，强调了教师职业的重要性；灵魂，表明教师关注的是人的心灵的发展。

弊：工程师的工作性质暗示一种固定的、统一的标准，忽视了学生的差异性；整齐划一，批量生产，容易形成新的机械运动。

（4）"教师要给学生一碗水，自己得有一桶水"——为人师的标准。

利：强调做教师要有足够的知识和能力的储备；学科知识的有效传递，很讲究"倒"的过程和方式。

弊：灌输的教学方式，学生被当作知识的容器；传递内容单一。教学内容的学科性过强，不利于知识的汇通；教与学不是一个简单的"倒给"。忽视了教学的创造成分。

（5）教师像"警察"——违法必究，执法必严。

利：维持必要的秩序，强调纪律性。

---

① 李新宇主编：《语文教育学新论》，南京师范大学出版社，2006年版。

弊：对学生实行严格控制；师生关系过于严肃，缺乏亲和力；着眼于学生的问题与错误，挑剔多而鼓励少。

2. 当代语文教师的角色

在信息化的时代，掌握知识的多少已经不是最重要的，而如何掌握知识和应该怎样运用知识才是至关重要的。教学也不仅仅是知识、技能的传授，更是情感的交流、心灵的沟通、生命的对话。所以，教师的角色必须转换，要从以知识和能力为本转向以学生发展为本，教会学生学会选择、学会学习，使知识转化为智慧。关于教师角色定位，学术界说法很多：学生发展的促进者、教育教学活动的研究者、教育教学资源的开发者、与时俱进的学习者、新知识的创造者、平等中的首席者、学生学习激励者、新课程的建设者、教学意义上的对话者、教育活动的合作者、精神生活的创造者和富有者……

当代语文教师的角色，我们可从五个方面来看。

1. 新型知识的传授者

现代科学技术的迅猛发展，引发了一场"知识革命"。据有关资料统计：近30年人类知识总量翻了一番；未来的30年知识总量将翻三番。随着"知识爆炸"，知识更新的速度将不断加快。知识更新周期已缩短为2～5年，网络技术更新周期缩短为8个月，真可谓日新月异。作为中小学语文教师，理应努力学习，由职业教育者成为教育学习研究者，从他人成果的消费者转变成为自身成果和新知识的创造者，从为获取从教资格而学习转变为终身学习。教师的定律，一言以蔽之，就是一旦你今日停止成长，明日你就将停止教学。

因此，中小学语文教师不能停留在"吃老本"的层面上，照本宣科，做知识经济时代的"老学究"。而应该与时俱进，自觉开拓多种渠道，充分利用有利条件，不断获取新的信息，吸收新鲜血液，不断"洗脑"，不断充实自己、丰富自己。只有首先做孜孜不倦的学习者，然后才能做新型知识的传授者。否则，壶里连水都没有，拿什么去"倒"？

苏霍姆林斯基曾深刻地指出："真正的教师必是读书爱好者……一种热爱书、尊重书、崇拜书的气氛，乃是学校和教育工作的实质所在。"读书——丰富知识和理念的源头活水，不仅是为人师者的发展所需，更是教师的职业尊严所系。

2. 学生学习的促进者

传统的教学是教师牵着学生走，学生围绕教师转。信息交流主要以教师讲、学生听的单向传输方式为主，教师单独拥有权力，学生在教师的控制和监督下学习。在新课程实施中，学生的学习方式正由传统的接受式学习向主动探究式学习转变，这就要求教师必须转变角色，从"传道授业解惑"的知识传递者、学生学习的仲裁者，转变为促进学生建构和个性发展的促进者。促进者的角色，要求教师在教学过程中至少应注意以下几个方面：一是创设丰富的教学情境，激发学生兴趣，充分调动学生的学习积极性；二是结合学生的心理特点，创设轻松的学习环境与和谐的师生关系，使学生的思维更加活跃，探索热情更加高涨；三是要及时反馈，多肯定，多鼓励，让学生充分享受成功的喜悦，同时要帮助学生对学习过程和结果进行评价，使学生形成自我实践和反思的能力；四是注意培养学生的自律能力，注意教育学生遵守纪律，注意培养学生的合作精神，在此基础上形成同学之间相互学习相互促进的局面。

3. 教育改革的研究者

过去，在很多教师看来，教师的任务只是教学，教育教学研究是专家们的"专利"。

而今，新课程所蕴含的新观念、新方法以及新课程实施过程中所遇到的各种各样的新问题，都是过去的经验和理论难以解释和应付的，教师不能被动地等待别人把研究成果送上来。之后再不加思考地把这些成果应用到教学中去。因此，这就需要教师自己应该是个研究者。

苏霍姆林斯基说过："如果你想让教师的劳动能够给教师带来乐趣，使天天上课不至于变成一种单调乏味的义务，那你就应当引导每一位教师走上从事研究这条幸福的道路上来。"事实上，如果教师不把教学作为研究对象，不进行深刻的反思，其本身就会失去思想和发展的活力。素质教育背景下新课程的实施，使教育教学过程中的问题大量增加并变得非常复杂，因此，教师必须逐步养成自我反思、科学设计教育教学行为、从事教育教学研究的意识和能力，这既是素质教育发展和促进学生发展的需要，也是教师自我发展的需要。

在新课程背景下，在教育改革的大潮中，值得中小学语文教师去研究的内容很多，比如：新课程理念的实践研究；新课程资源的开发与运用研究；指导学生掌握科学学习方法的研究；培养学生自主学习精神，创新意识和实践能力的研究；新课程特别是综合实践活动课程的协同组织，创新教学方法的研究；把知识学习、能力培养与情感体验有机结合起来的新课程目标整合研究。只要教师们能够以研究者的心态置身于教学情境之中，以研究者的眼光审视和分析教学理论与教学实践中的各种问题，对自身的教学行为加以反思、研究与改进，提出最贴切的改进意见，那就是在做研究工作。其实，教师处在教学的前沿阵地，那是一个极其有利的研究位置，最容易获得具有实践价值的研究成果。

4. 语文课程的开发者

在我国，长期以来教师被当作是课程实施的"工具"，往往只是课程和教材的被动的、忠实的执行者，只是考虑怎样将国家规定的教材内容教给学生，而没有选择用什么教材、教什么内容的权利。而今，新课程倡导民主、开放的课程理念，同时确立了国家课程、地方课程、校本课程三级课程体系，这就要求课改，必须与教学相互整合，教师必须在课程改革中发挥主体作用。教师不能只成为课程实施中的执行者，教师更应成为课程的开发者和建设者。

《义务教育语文课程标准》明确指出："语文课程资源包括课堂教学资源和课外学习资源。""各地区都蕴藏着自然、社会、人文等多种语文课程资源。要有强烈的资源意识，去努力开发，积极利用。""语文教师应高度重视课程资源的开发与利用，创造性地开展各类活动，增强学生在各种场合学语文、用语文的意识，多方面提高学生的语文能力。"这就要求中小学语文教师在实施国家课程中，要根据本地、本校、本班的实际情况，特别是针对学生的心理特点和已有知识，依据学生的兴趣、爱好和个性对教材进行科学的、艺术的处理，即进行再创造，从而形成可操作性强、富有地方特色、富有教师个性的新教材。只有这样，才真正做到了"用教材教，而不是教教材"。

5. 循循善诱的引导者

《义务教育语文课程标准》指出："教师是学习活动的组织者和引导者。教师应转变观念，更新知识，不断提高自身的综合素养。应创造性地理解和使用教材，积极开发课程资源，灵活运用多种教学策略，引导学生在实践中学会学习。"这就是说，在新课程的实施过程中，学生是学习的主人，教师必须是引导者，即教师对学生的学习一般是引领而不是强制、灌输。教师作为引导者要做到：一是对自己教学的每一个步骤、每一个环节都要精心设计，时刻注意引导学生质疑、探究、发现；二是引导学生充分利用课程资源，即引导学生走出教科书，走出课堂和学校，走向生活，走向社会和自然，充分利用校外各种资源，在社会的大环境里学习和探索。

6. 社区型开放的文化建设者

从杜威的"教育即生活，学校即社会"到陶行知的"生活即教育，社会即学校"，都强调了教育与生活折重要关系。随着社会的发展，学校教育与社区生活正在走向终身教育要求的"一体化"，即学校教育社区化，社区生活教育化。新课程特别强调学校与社区的互动，重视挖掘社区的教育资源。因此，教师的教育工作不再仅仅局限于学校、课堂，教师不仅是学校的一员，而且整个社区教育、科学文化事业的共建者。

二、语文教师的职责与使命

语文教师是从事语文教育工作的专业人员，语文教育的根本任务，就是着眼于人性的升华与完美。语文教育的任务通过语文教育行为来实现。

（一）语文教师的职责

1. 语文教育行为的本质

语文教育行为包括语文德育行为、语文智育行为、语文美育行为；语文教师是语文教育行为的主体。语文教育是一种活动过程，是学生在教师有目标、有计划的指导下，积极、主动地掌握系统的语文基础知识和阅读、写作及口语交际基本技能的过程，同时也是学生开阔视野、发展智力、培养创新精神、提高文化品位和审美情趣、形成一定的思想品德和健康个性的活动过程。

2. 语文教育行为的内容[①]

（1）语文德育行为。

①传授道德知识。内容包括：借助语文中所包含的民族的思想认识、历史文化和民族感情，培养学生热爱祖国语言文字和民族传统文化的感情，增强学生的民族意识，提高民族凝聚力。强化民族精神的现代化，培养社会主义思想品德。指导挖掘语文材料中的民族心理和个性，体验独特的语文感受，学习和吸收中华民族的优秀文化。关注个性心理，促进人格的健全发展。

②激发道德情感。主要途径：通过创设情境，渲染气氛，唤醒学生的情感积累。提供情感材料，建立情感联系，沟通教师、作者、学生的情感"通道"。引导学生在与文章作者、语文教师及同学的语言交往中，感受到真情的奔泻和心灵的遥相呼应，在叹服文章作者道德情感的同时，触动自己的情感之弦。帮助学生从感情上体验到科学的世界观和方法论、崇高的理想、博大的胸怀、积极的人生追求、乐观的生活态度、无私奉献的精神等所带来的幸福感与快乐感。

③养成道德行为与语文学习习惯。道德行为是人们思想品德的重要标志，形成道德行为是进行道德教育的手段，同时也是进行道德教育的终极目标。经过巩固并自动化了的道德行为称为道德行为习惯。良好的语文学习习惯，包括：书写规范；善用工具书；广泛阅读；勤思好问；勤于背诵；勤于练笔等。语文德育的内容不是固定的，也不是外加的，而是从教学的具体内容出发，因文而异、因人而异；其方式主要是熏陶感染，潜移默化。

---

① 李新宇主编：《语文教育学新论》，南京师范大学出版社，2006年版。

（2）语文智育行为。

发展智力是智育的核心，知识和技能是智力发展的基础，能动的活动是智力发展的条件。语文教育中的智力发展，是学生通过接触语文材料，对语文教材进行不断的分析、综合，在认识教材的主体性活动中实现的，是在对语文教材的感知、理解、评价等活动中，通过掌握语文知识、训练语文技能的主动性、主体性活动中得到发展的。因此，语文教育中的智力训练应落实在"识字写字"、"阅读"、"写作"、"口语交际"、"综合性学习"的具体教学活动中。

（3）语文美育行为。

美育，是培养学生认识美、追求美和创造美的能力的教育。语文教育中的美育，就是借助于语文教材中美的因素来培养学生的审美观点和审美能力，并养成高尚的情操和文明行为的教育；主要是感受语言文字所反映的社会生活美、自然风光美和文学艺术美。语文学科中的社会生活、自然风光，是被人文化了的，包含着人的主观心理、文化意识与情感体验。因此，审美教育首先应该是一种独立、自由、精神的教育，它是建构学生人格的有效途径，内容包括对审美感受能力、审美鉴赏能力、审美创造能力的培养。

（二）语文教师的使命

1. 新时代呼唤新的教育精神

（1）知识经济呼唤创新精神。

当今世界竞争的实质，就是知识的竞争，也就是人才的竞争。知识经济社会对人才提出三方面要求：一是人才素质的综合化；二是人才的个性化、创新性；三是人才的多样化。学校教育的根本任务就是培养符合社会发展需要的人才。江泽民同志曾经指出："创新是一个民族的灵魂，是国家兴旺发达的不竭动力。"因此，把学生生命中的创造潜能开发出来，让他们拥有一个充满信心、勇于开拓发展的积极的人生，树立为中华民族的伟大复兴而奋斗的高远志向，是当代教育特有的历史使命和社会价值。

（2）高科技发展呼唤人文精神。

当今时代，科学技术所催生的物质文明正以惊人的速度发展，它在提高人们生活水准的同时，也带来许多社会矛盾。当前物欲膨胀、唯利是图的社会风气日趋严重，对大自然的破坏已经造成严重后果，甚至危害人类生存。如何摆正人在社会和自然中的位置，是人类不得不面临的问题。呼唤人文精神的回归是目前当务之急，必须通过教育促使公民人文素养的整体提高，让所有人都懂得，我们不仅要与人为善，还要与自然为善。广大语文教师，必须站在社会和时代的高度，带着深刻的社会责任感，用蕴涵于语言文字中的丰富的人文精神"育人"。

2. 语文教师的教育使命

（1）追求人文关怀。

人文关怀是语文教育目标的终极追求。新时代人文精神的内涵可概括为八个方面：健康人格；高创造力；主体意识；求实求真；乐于竞争与善于合作；个性和谐；乐观开放；热爱生活。同其他学科相比，语文教育除了要完成一般学科必须共同承担的智育任务外，还要密切关注审美教育、人生观教育与人格教育，并以此作为自己的最高价值追求。语文教师只有自觉地承担起人文教育这一历史使命，把人文精神贯注到整个语文教育过程中去，关注人的精神世界的构建和人格的养成，才能对现代社会精神异化日趋严重的现象给予有力的回击和深刻的影响，从而为人的全面发展开辟道路。

（2）挖掘传统文化资源①。

在经济资源一体化、信息传播全球化的当今社会，人们不仅要"学会认知"、"学会做事"、"学会生存"，更要"学会共同生活，学会与他人一起生活"，这恰恰与我国注重"和合"的传统文化教育有共通之处。我国传统文化是语文教育的重要资源，语文教师要致力于对中国传统文化教育资源进行挖掘与现代转化。

① "有教无类"的全民观念。

儒家文化本质上是一种极具普世心的教育家文化，其创始人孔子提出的"有教无类"，不仅在实践上冲破了当时"学在官府"的僵化模式，为多样化人才的涌现开辟了道路，而且在理念上洞察了人类文化教育的本质。在孔子看来，只要有愿学之心，无论贵族还是贫民，都有权接受教育，享受文化熏陶。孔子的教学相长、因材施教等教育思想对中国乃至世界都有很大的影响。我国当前基础教育课程改革的核心理念"一切为了每一位学生的发展"与"有教无类"思想是一脉相承的。

② "智仁双修"的人格理想。

儒家文化是以伦理政治为本位的，在设计人格理想时自然把仁义之道立于核心地位，如孔子精心修订的"六艺"——诗、书、礼、乐、易、春秋，充分体现了重德思想。但孔子同样也重视智育的地位，他将"爱人"与"知人"结合起来，表现为尊崇德行，追求智慧。"智仁双修"的思想，发展到今天，已经有其新的历史积淀，体现在当前基础教育课程改革中，就是科学精神与人格素养并举；体现在语文课程中，就是对语文课程性质的科学界定："工具性与人文性的统一。""工具性"告诉人们"是什么"，"人文性"告诉人们"应该怎样"；前者是逻辑判断，后者是价值判断。"工具性"着眼于培养学生语文运用能力；"人文性"着眼于对学生进行感情熏陶和文化提升。两者要达到和谐统一，积淀在人们的意识里，才可能造就立体的人，高素质的人。

③ "义利统一"的价值取向。

儒家文化一贯反对见利忘义、唯利是图。孔子主张"见利思义"、"以义制利"，要求把"义"与"利"统一起来，个人利益服从整体利益。这是值得弘扬和深入挖掘的，因为光讲义不讲利，必然不能满足人民群众日益增长的物质文化需要，以致使"义"失去必要的物质基础，这样的"义"只能流于虚妄；反之，光讲利，不讲义，必然导致私欲膨胀、唯利是图、假公济私、损人利己，世风日下，道德沦丧；甚至导致人性的极度扭曲和整个社会的恶性变形。因此，必须通过教育，使人遵循社会道德规范，重视现实生活，提高生活情趣，处理好个人利益、集体利益和国家利益的关系。

④ "天人合一"的博大情怀。

儒家不仅注意人与人之间的关系，提出"己欲立而立人，己欲达而达人"，"己所不欲，勿施于人"的人道原则；而且由己及人，由人及物，关怀人与自然的关系，提出"仁者与万物为一体"的天道原则，体现了人与自然和谐统一的博大思想。这种"天人合一"的伟大情怀，对于弥补科学文化对自然界的过分征服，对于挽救人类在工业化过程中对自然资源的过度攫取而造成森林破坏、水土流失、洪水泛滥、大气污染、酸雨降临、生态失衡等种种恶果，具有发人深省的巨大力量。现在教育界有识之士提出"生态教育的理念"，正是对古人"天人合一"思想的科学发展。

⑤ "整体辩证"的思维方式。

由于中华民族信奉的是"天人合一"的整体思维，因而很注重系统、全面、普遍联系

---

① 黄书光、王伦信、袁文辉：《中国基础教育改革的文化使命》，教育科学出版社，2001年版，第202～204页。

地看问题。与整体思维相适应，辩证思维是中国传统思维的另一主导性思维方式。从孔子的"叩其两端"到老子的"有无相生、祸福相依"，我们从中能够感受到这种动态思维，对于今天瞬息万变的知识经济时代具有不可低估的理论价值和现实意义，不能静止地、机械地、片面地观察客观事物，而应该时移事易，与时俱进，个性化地、创造性地开展学习和工作。

三、语文教师行为的转变[①]

（一）师生关系方面，强调尊重、赞赏

1. 学会尊重学生

要实现"为了中华民族的复兴，为了每位学生的发展"这一教育理念，教师必须尊重每一位学生做人的尊严和价值，尤其要尊重以下六种学生：①智力发育迟缓的学生；②学业成绩不良的学生；③被孤立和拒绝的学生；④有过错的学生；⑤有严重缺点和缺陷的学生；⑥和自己意见不一致的学生。尊重学生的同时还意味着不伤害学生的自尊心，即不体罚学生；不辱骂学生；不大声训斥学生；不冷落学生；不羞辱、嘲笑学生；不随便当众批评学生。

2. 善于赞赏学生

教师不仅要尊重每一位学生，还要学会赞赏每一位学生。赞赏每一位学生的独特性、兴趣、爱好、专长；赞赏每一位学生所取得的哪怕是极其微小的成绩；赞赏每一位学生所付出的努力和所表现出来的善意；赞赏每一位学生对教科书的质疑和对教师的超越。

（二）教学关系方面，强调帮助、引导学生

1. 帮助学生的内容

帮助学生检视和反思自我，明了自己想要学习什么和获得了什么，确立能够达成的目标；帮助学生寻找、搜集和利用学习资源；帮助学生设计恰当的学习活动和形成有效的学习方式；帮助学生发现他们所学的东西的个人意义和社会价值；帮助学生营造和维持学习过程中积极的心理氛围；帮助学生对学习过程和结论进行评价，并促进评价的内在化；帮助学生发现自己的潜能。

2. 引导学生的策略

教育的本质在于引导，引导的原则在于：含而不露，指而不明，开而不达，引而不发。引导的行为指向不仅包括方法和思维，同时也包括价值和做人。引导表现为：①启迪，当学生迷路的时候，教师不是轻易告诉其方向，而是引导他怎样辨别方向；②激励，当学生登山畏惧了的时候，教师不是拖着他走，而是唤起他内在的精神动力，鼓励他不断向上攀登。

（三）对待自我方面，强调反思

教学反思，就是教师对自己的职业行为以及这种行为所产生的结果进行审视和分析的过程。它被认为是"教师专业发展和自我成长的核心因素"。教学反思分为三个阶段：

（1）教学前的反思。即备课，现在称为教学设计。这种反思能使教学成为一种自觉的实践，避免随意性和盲目性，做到有的放矢，便于达到教学目标。

（2）教学中的反思。即在教学过程中机智灵活地处理"突发事件"、"意外问题"，使教学高质量高效率地进行。

---

① 李新宇主编：《语文教育学新论》，南京师范大学出版社，2006年版。

（3）教学后的反思。即课后对教学行为进行批判地分析和总结，扬长避短，精益求精；这种反思能使教学经验理论化。

（四）和其他教育者的关系方面，强调合作

1. 与同事的合作

教师相互合作的益处很多：①取得心理支持，与同事分工合作，共同分担任务与问题，分享成功与失败。②产生新想法，同事是教学信息和灵感的巨大来源。③汲取力量，作为一个集体，可以获得更多的理解与主持，使工作取得更大成效。④起示范作用，教师以身作则，实施合作，对倡导自主、合作、探究的学习方式有积极的促进作用。

2. 与家长的合作

家庭教育的重要性是不可低估的，教师必须处理好与家长的关系，加强与家长的联系与合作，共同促进学生的健康成长。一要尊重学生家长，虚心倾听家长的教育意见；二要与家长保持经常的、密切的联系；三要在教育要求与方法上与家长保持一致。

3. 与教育管理者的合作

教师要勇于向管理者阐明自己的教育理念和工作计划，与他们共同制定并推行改革方案，同时还要配合学校搞好本校课程评价方式的改革。

4. 交往与合作的方法策略

交往与合作的方法策略有：①倾听，无条件地、全身心地倾听对方的意见；②交谈，让所有的人都能够畅所欲言，表达自己的心声；③沟通，真正理解各方的立场和看法，在对话中达成共识和行动方案。

教师要从传统的角色中走出来，不仅需要从教育教学的规律出发给自己的职业定位，而且需要了解社会对教师职业的新期待，进而形成新的教育教学行为。对人类的热爱和博大的胸怀，对学生成长的关怀和敬业奉献的崇高精神，良好的文化素养，复合的知识结构，在富有时代精神和科学性教育理念指导下的教育能力和研究能力，在实践中凝聚生成的教育智慧，这就是适应新时代、新教育需要的教师的理想风采。广大中小学教师应该有信心、有能力通过自己的努力，早日成为这一理想的教师队伍中的一员，不辱历史使命，托起明天的太阳。

【复习与思考】

1. 新的教育理念对教师有哪些新的角色期待？如何看待传统的教师角色定位？
2. 新课程中教师的教育教学行为将发生哪些变化？结合教学实践谈谈为什么要发生这样的变化？
3. 谈谈你如何看当代语文教师的角色。

第二节　语文教师的素养

语文教师在教育中承担着主要的职责，具有重要的地位。现代语文教师不仅要具有良好的思想道德素养、广博的科学文化知识，而且要具有很强的教育教学能力和科研能力。语文教师的素质结构包括知识结构素质和能力结构素质。这些素质需要在教师职前教育和职后教育中不断学习修养才能获得，以适应基础教育改革和发展的要求。

当今社会是信息的社会，是知识经济大爆炸的社会。科教兴国，是党和国家实现民族强大的伟大战略决策和必然的历史选择。世界各国经济实力的较量，归根到底是人才素质的较量。经济要振兴，需要科技发展，科技发展靠人才，人才培养靠教育，教育发展靠教师队伍。教师素质的高低直接决定着培养出来的人才的素质高低，直接关系到中华民族的素质和中国社会主义的前途。

温家宝总理在 2006 年教育工作座谈会上指出："提高教育质量必须依靠教师。中国需要建设一支规模宏大、素质优良的教师队伍，造就一大批教育家。国家要进一步加大对师范教育的支持力度，吸引全社会最优秀的人来当老师。没有爱就没有教育。我们需要更多一辈子献身教育、学为人师、行为世范、让学生永久铭记的教师。"[①]

语文教师在基础教育中肩负着重要的责任，那么，要做一个合格的语文教师应具备哪些素质呢？有人用一表格比较全面地阐述了教师素质的内容及其评价标准。如表 5-2-1 所示：

表 5-2-1　教师素质的评价标准

评价内容	评价标准
职业道德	1. 爱心 2. 正直诚实 3. 公正 4. 上进 5. 奉献、职业热情 6. 健康心态
学科知识	1. 正确掌握本学科的有关概念 2. 灵活应用本学科的基本方法 3. 了解本学科的动态与发展 4. 熟悉本学科的基本体例 5. 善于将学科知识与生活实际相结合
教学能力	1. 有所教学科的良好知识，并且能将这些知识通过精心计划的、有趣又有效的教学方式教给学生 2. 能通过形成性评价和总结性评价持续而有效地掌握学生的进步情况，并且采用有效和革新的措施巩固评价的成果 3. 拥有出色的学生管理技能，形成良好的纪律，建立积极的师生交往，体验积极的情感，赢得学生的尊敬，能激励他们超越自己
文化素养	1. 热爱学习，有良好的阅读习惯和获取新知识的意愿，能够主动地从生活实践中不断总结、学习新知 2. 具备基本的百科常识和生活常识，能够较为自如地应付日常生活的需要，并可灵活地在各知识点之间建立联系 3. 对祖国文化的了解和热爱，熟练掌握祖国文字 4. 具备较高的文明礼仪水平

---

① 《温家宝在教育工作座谈会上强调把教育摆在优先发展的地位》新华网，2006-11-21。

续表

评价内容	评价标准
参与和共事能力	1. 要参与学校发展规划的设计，并能提出可行性意见 2. 要参与时间及其他资源在教学课程中的分配等教学规划 3. 要参与设计本学科、所在教学组的发展规划，并提出可行性建议 4. 要参与制订和实施同事们的专业进修计划 5. 能与学生、家长、同事建立良好的关系，在同事中有好朋友
反省与计划性	1. 制定并有效实施个人发展计划，并有随环境变化的调整能力 2. 制定并有效实施工作计划，包括分月计划、学期计划、学年计划 3. 计划制定中考虑多方面的影响因素，如年龄、性别、学生班级特点等，并有意识地听取有关人员的意见和建议，如同事、领导或者学生及家长等 4. 建立反省习惯，可以分天、周、月、学期等不同的形式进行；在反省结果与下一期计划之间建立联系

曾经有人这样评说语文教师：语文教师不是幽默大师，但是要有带给学生快乐的本领；语文教师不是语言大师，但是要有纯熟的驾驭语言的能力；语文教师不是相声大师，但能在欢快愉悦的气氛中带给学生知识与智慧；语文教师不是书法家，但要有正确理解汉字文化和写一手好字的能力；语文教师不是艺术家，但要有敏锐的观察力、独特的审美力；语文教师不是诗人，但要有玲珑剔透的童心和天真直率的性格；语文教师不是演员，但要有激情的投入；语文教师不是模特，但要有规范得体的体态语言；语文教师不是救世主，但要有一颗慈善而又能包容的心；语文教师不是神，但要有拯救心灵的魅力；语文教师不是完美的人，但要有成为完美人的信念……

《语文课程标准》中有很多论断从不同角度对教师应该具备的素养提出了更新、更高的要求。且看"教学建议"中列举的五条建议：

（1）充分发挥师生双方在教学中的主动性和创造性；

（2）在教学中努力体现语文的实践性和综合性；

（3）重视情感、态度、价值观的正确导向；

（4）正确处理基本素养与创新能力的关系；

（5）遵循学生的身心发展规律和语文学习规律，选择教学策略。

这五条，条条都是对语文教师的素质的"考验"。

综上所述，语文教师的素养是多项素质的整合，包括人文素质、教育素质、科学素质、创新素质、信息素质、美学素质、实践素质等诸多方面。下面主要从思想道德、科学文化知识、教学与科研能力等方面来阐述中小学语文教师的素质。

一、语文教师的思想道德素质

一个人的思想道德素养对他的生活、事业等各个方面的影响都非常大。语文教师的思想道德素养的基本内容是什么？一般被简要地概括为四条：忠诚于人民的教育事业，热爱学生，团结协作，为人师表。也有人把中小学语文教师的师德素养归结为三个"心"，即忠诚于人民教育事业的事业心，热爱学生的高度责任心，为人师表不断上进的进取心。

可以这样说：爱心、责任心和进取心，是语文教师师德素养的核心内容。而且，这三者之间有着密切的内在联系：因为有"爱"，才会尽职尽责；因为有"责任"，才会精益求精，不断探索，不断创新，不断进取。

1. 胸怀博大的爱心

温家宝总理明确指出："没有爱就没有教育。"① 这里的"爱"至少包含两个层面的意思。一是对教育事业的爱。古人云："十年树木，百年树人。"教育事业是一项繁琐、复杂、持久但又不可能立竿见影的事业，需要恒心，需要耐心，更需要爱心。二是对学生的爱。学生是稚嫩的幼苗，无论是生理、心理、习惯，还是知识、能力等，任何一个方面都需要老师倾注全部的爱心，百般呵护，精心培养。很难设想一个对教育工作毫无兴趣的人，一个见到学生就心烦的人，会努力作好教育教学工作。

窦桂梅老师在他的《特级教师专业成长研究》②里介绍说："1994年下半年，我新接了一年级五班。在这片'自己的园地'倾注了全部心血，和我的学生以及其他科任教师一起用心经营了六年"；"学生不但积累了大量语文知识，而且在书籍的人文熏陶中建构精神世界，形成健全人格"；"我带领学生背诵了300多首古今诗词"；"六年级的下半年，我又开展了教师和学生的心灵对话。我给75个孩子写了75封心灵对白。根据每个学生的性格、特长、优缺点等用六年里发生的小故事进行叙说。从写给赵航平的《想念你优美的声音》到写给黄杉的《努力吧，石头会变成钻石》，从写给宋宇庭的《擦干眼泪你会变得更潇洒》到写给谢瑶的《你拥有比分数更重要的东西》。学生以自己的爱回报了我的爱——从齐林的《让生命闪光》到宫策远的《点亮一盏心灯》，从孟楠的《太阳每天都是新的》到《酒逢'知己'千杯少》，一封封纯真、感动、感激，甚至提建议和意见的信都化作了爱的翅膀让我的心伴着幸福的泪飞翔！所有的感觉都沉淀成一句话：当老师，值！"

且不说别的，单说"我给75个孩子写了75封心灵对白"，而且是"根据每个学生的性格、特长、优缺点等用六年里发生的小故事进行叙说"，可见窦老师对学生的博大的爱心！

2. 爱岗敬业的责任心

敬业精神是语文教师师德素养的一个非常重要的方面。《中华人民共和国教育法》规定，教师要"忠诚于人民的教育事业"。这意味着忠诚于人民的教育事业，已经不只是个人的意愿和行为，而是全社会对教师的共同要求；同时也意味着这已是教师群体的共同意志。而要让这种法律条文转化为教书育人的动力，就需要教师的"责任心"，需要教师对自己所从事的教育事业的高度的责任意识。

温家宝总理指出："教育振兴是中国振兴的重要标志。我国经济持续28年高速增长，已发展成为世界第四（编者注：现已为世界第一）大经济体。我们的国家能否持续繁荣下去，可持续发展的基础和动力在哪里，关键在人才，根本在教育。教育的发展不仅关系当前而且关系长远，不仅关系经济繁荣而且关系社会进步和国民素质提高，的确是百年大计。"③

教育的发展靠谁？靠教师。可见教师肩上的担子之重，责任之大。没有强烈的责任心，何以承担教书育人之重任，何以承担振兴中华之重任！

① 《温家宝在教育工作座谈会上强调把教育摆在优先发展的地位》，新华网，2006-11-21。
② 窦桂梅：《特级教师专业成长研究二·跋涉——自觉尝试》，载《上城教育信息港》，2004-07-01。
③ 《温家宝在教育工作座谈会上强调把教育摆在优先发展的地位》，新华网，2006-11-21。

3. 永不满足的进取心

古语云："打铁先需自身硬。"中小学语文教师要练就一身过硬的本领，就必须有一颗永不满足的进取心。古人说"学不可以已"、"学无止境"，同样"教不可以已"、"教无止境"。

国际 21 世纪教育委员会在向联合国教科文组织提交的报告中指出："终身学习是 21 世纪人的通行证。"

因此，每个语文教师都应有强烈的上进心，学习学习再学习，不断吸收新鲜血液，不断充实自己，业务上精益求精，方法上不断创新，勇于攀登教育教学的一座座高峰。

著名的特级教师支玉恒老师本来是体育学校毕业的体育老师，年近四十，经验有了，资格有了，照说应该是"倚老卖老"的时候，可是他却开始改行教语文。他没有受过专门的语文教育，没有系统地经历过语文教法培训，但是，他的语文教学却形成了自己鲜明而独特的风格。年逾花甲，他还频繁地应邀外出讲课。据说他给自己立下一条规矩：绝不在同一个地方讲同一课。原因何在？除去他具有一定的天赋之外，最重要的是他对语文教学所特有的浓厚兴趣和忘我的勤奋，他有一颗永不满足的进取之心。

窦桂梅老师曾说："我来自农村，那块沃土把执著追求和脚踏实地的精神植入我的生命——我坚信，要自强不息，要奋力拼搏"；"如果抱守以往的经验或成绩，自己的专业就会停止成长。因此，新课程下的语文教师应该继往开来，让经验成为进一步研究的出发点，并站在'课程'的高度，成为课程的建构者、践行者、创造者——既要改变传统的教学理念，更要改变每天都在进行着的、习以为常的教学行为；既要紧贴地面行走，又要怀抱问题意识，大胆尝试探索，拥有专业发展精神"。① 也许，正是这种执著的追求，这种精益求精、敢于创新的进取精神，造就了一代又一代中小学语文教坛的精英。

二、语文教师的科学文化知识素质

关于教师的专业知识结构，有很多专家学者在研究，只是到目前为止，还没有统一的看法。陈向明将其分为理论性知识和实践性知识。季苹立足体现新课程对知识的综合性要求，将教师专业知识分为学科性知识和教育性知识。北京师范大学的申继亮、辛涛等学者将教师的知识分为四种：本体性知识、条件性知识、实践性知识和文化知识。本体性知识主要指教师所具有的学科知识，它是教师从事教学的基本保证条件之一；条件性知识主要指教师所具有的教育学和心理学知识（也可分为一般教育学知识和学科教育学知识），它是教师的教学能否成功的重要保障，目前教师普遍缺乏这种知识；实践性知识是指教师在面对实际教学情境时所体现出来的知识，更多地表现为教师的教学经验；文化知识是要求教师具有的广博的文化知识，它主要是为了实现教育的文化功能。教师的本体性知识是教学活动的实体部分；教师的条件性知识对本体性知识的传授起到一个理论性支撑的作用；教师实践性知识对本体性知识起到一个实践性指导作用。

在此，我们只谈语文教师应具备的科学文化知识。

1. 语文学科的知识

苏霍姆林斯基把"熟知学科内容并且绰绰有余"作为一个教师的教育素养的第一要素，他说："达到这种程度的办法只有一条，就是：读书，读书，再读书！"语文学科的知识包括语言文字知识和文学知识两大方面。语文学科是一门综合性很强的基础学科，可以

---

① 窦桂梅：《特级教师专业成长研究一·启程——自发追求》，载《上城教育信息港》，2004-07-01。

毫不夸张地说，语言文学的方方面面几乎都是一门单独的博大精深的学科科学，例如语音学、文字学、语法学、修辞学、逻辑学、文章学、古代汉语、现代汉语、文学史、文学理论、中国文学、外国文学等。

作为一个中小学语文教师，对于语文学科的专业知识，他应该如饥似渴地不断追求，不断积累。在知识上或狭窄、或老化、甚至或无知的教师，在教学上必然被动，甚至谬种流传、误人子弟。

2. 相关学科知识

语文学科的基础工具性和综合性的特点，使它的触角几乎伸到所有领域。例如，人教版小学语文第八册课本中《蛇与庄稼》、《鲸》等课文涉及生物学方面的知识，《大瀑布的葬礼》等课文又涉及自然环境保护方面的知识，《长城》等课文涉及建筑和历史文化方面的知识。

相关学科知识涉及面比较广泛，主要可以归纳为三大类：一是学习和掌握一般的政治理论知识，提高政治理论水平，包括马克思主义的基本理论、哲学、政治经济学、法律常识、中国革命史常识、人生道德修养、时事政治等。二是学习和掌握一般的科学文化知识，包括天文地理、政史哲经、数理生化、艺术体育、计算机、外语等。这既包括一个人在校学习所接受的科学文化知识，也应当包括在职期间广泛涉猎的最新发展的科学文化知识。三是不断积累社会生活方面和人际关系方面的一般知识。这一层面三个方面的知识信息量是越多越好，越厚越好，越宽越好，越杂越好。因为中小学语文课本涉及的知识面很广，大至天体，小至细菌，古今中外，无所不有，而且有相当的深度。中小学语文教师要养成良好的读书习惯，手不释卷，嗜书成癖，长期积累。知识面狭窄的人是不能当好语文教师的。

3. 教育教学理论知识

中小学语文教师要精通教育学、心理学。尤其要学好儿童发展心理学和教育心理学，因为它揭示了学生从幼儿到少年时期的心理特点和发展规律。美国教育家杜威说过，不具备相当的心理学知识，没有对儿童心理结构与活动进行深入观察的人，是没有资格当教师的。

语文老师还应该精通语文教学理论知识。语文教学理论是一门应用性的理论学科。一个优秀的小学语文教师，对语文教学的本体观、整体观、辩证观、发展观都要有概略的、科学的认识，对语文教材的编制与使用，对语文教学过程、语文课外活动、作文教学等都要做理论探讨，要有较深的理论修养。要切实提高语文教学质量，还必须重视教学法的研究和应用。张志公先生早在20世纪80年代写的《语句学科的现代化问题》一文中说过："方法制约效果，只有科学的、新鲜活泼的教学方法，才能培养出一代具有活跃智力的、有进取精神的、有效率感、有敏锐的现实感、有责任感的新人；僵死的教法不仅会戕害孩子的心智，而且有可能毁了孩子。"

21世纪的语文教师应具有教学和教育方面的知识和能力，能承担分析学生的个性特征、正确评价学生、指导和帮助学生学习等能力，能够进行语文教改和展开教学研究。

三、语文教师的教育教学能力素质

（一）教学研究的能力

1. 研究语文教学内容的能力

（1）研究课程标准和语文教材，从整体上掌握课程标准要求和教学目标。最好能全面学习程标准，通读全套教材，通晓全套教材的编排思路，了解教材的编选意图、体例安排、知识结构等。以便在学段、年级或单册教学时，了解学生以前学了什么，把握现在要学什么，同时还要知道今后要学什么。这样就能掌握教学的重点。

（2）研究单元教材，把握单元组合的规律。教师要对整个单元的教材进行研究。掌握重点和难点：要明确本单元学生应该知什么、会什么、拓展什么。

（3）钻研课文内容，把握文章个性。一篇课文写了什么，怎么写的，为什么要这样写，要透彻理解。在此基础上能够提炼出理解全文必须解决的几个重点问题，破解其难点以便供课堂上交流讨论。

2. 研究语文教学过程的能力

（1）对教师教学行为的研究。教师的教学行为包括主要教学行为、辅助教学行为。主要教学行为，是指主要指向预定教学目标的教学行为，如教师的呈示行为、交流对话行为等；辅助教学行为，是指针对学生的具体实际和教学情景，而采用的增强主要教学行为效果的行为，如学习动机的激发和学习兴趣的培养，教学情境的设置，对课堂"突发事件"（超越预设的情况）的机智处理等。

（2）对学生学习行为的研究。教师在考虑如何"教"的同时，还要考虑学生如何"学"。要研究学生的智力背景，如学生原有的知识基础、智力水平、能力水平以及在班级的分类情况；还要研究学生的非智力背景，如学生的学习兴趣、学习态度、学习习惯以及在班级的分类情况，以便教学的准确"定位"。

（二）教学设计的能力

1. 明确设计教学目标

精当的教学目标，要具备定向功能、强化激励功能、适应功能和评价功能。教学目标的设计要符合综合化、系统化、行为化的要求。

2. 把握确定重点、难点

确定重点、难点的依据。一是课程标准目标要求，二是教材内容特点，三是学生实际水平。教学设计时要注意剖析难点，化难为易。

3. 正确精选教学内容

①抓住主要内容。②挖掘独特内容。③抓住重点、突破难点、解决疑点。④适时补充相关内容。

4. 合理安排教学程序

根据教学目标、教学重点难点以及学生的学习心理，安排教学程序。先学什么，后学什么，教师如何引导，学生活动如何展开。都要作合理筹划，力求达到最佳效果。安排教学程序不可拘泥于一个模式，要有创新的意识和效果第一的观念。

5. 准确选择教学方法

选择怎样的教学方法，既要考虑教学目标，又要根据教材特点、学生实际和教师的特长；教学方法不宜单一，但也不能太繁。

6. 恰当设计作业练习

语文作业的设计应该着眼于突出重点、落实教学目标；应有启发性，避免机械操作，立足于能力提高；形式要多样，以便开发学生的智力；分量应适当，避免负担过重；作业应具有弹性，使各个层面的学生均能达到有效的训练。设计作业练习的最终目的是提高学生学习语文的能力。

7. 精心设计板书

语文教学板书设计要遵循如下原则：①要"月明星稀"，忌"繁星满天"；②要画龙点睛，忌鱼龙混杂；③要提纲挈领，忌一盘散沙；④要恰到好处，忌画蛇添足；⑤要别具一格，忌千篇一律；⑥要图文并茂，忌抽象单调；⑦要师生互动，忌单向灌输。富有教学艺术性的板书设计应该具有如下功效：①认知的"梯子"；②记忆的"链子"；③想象的"窗子"；④思维的"梳子"；⑤创造的"起子"。①

8. 科学设计教案

根据教师的教学经验是否丰富以及教学实施的需要，可设计详案或简案；也可部分详，部分简。教案要眉目清楚，教学步骤明确，教师的"教"与学生的"学"两方面均有所反映，且要体现创新意识；书写规范，力求科学、完善，能切合教学实际。

9. 适当运用教学媒体

语文教师要能够根据教学需要，熟练而又合理地将所要表达的教学内容制作成清晰美观的课件，能补充更多的知识，能调动学生的听觉、视觉等感觉官，能在课件中提炼知识的主要脉络，突出重点、难点，切实起到激发兴趣、增强情感性、提高教学效果的作用。

（三）驾驭课堂的能力

1. 组织能力

教师和全班学生在课堂教学中应该有合理的关系，教师的"教"作用于全班所有学生，而学生的学习积极性被调动起来后，既向教师反馈，又与同窗交流；课堂上形成思想、知识、情感、能力交流的网络，语文教师要善于处理这种辐射式的教学网络。创造宽松和谐的课堂气氛，优化教学情境。

2. 应变能力

在教学进程中，教与学的矛盾、教师与教材的矛盾、学生与教材的矛盾、教学内容与教学时间的矛盾等时有发生，语文教师要善于调控、妥善处理多种矛盾，使教学秩序井然，高效完成教学任务。尤其是课堂出现"旁逸斜出"现象时，教师能运用教育机智，把握时机，随机应变，收到无法预料的精彩。

3. 语言表达能力

教师言语表达的共同点：科学准确，简洁清晰，通俗易懂，逻辑严密，形象生动，连贯流畅。语文教师的言语表达能力还体现为掌握"三字一话"的基本功，即要写一手漂亮的毛笔字、钢笔字和粉笔字，还能说比较标准的普通话。虽然当前信息时代带来了办公自动化的普及，多媒体课件的广泛使用，但作为以言语教学为主要手段和以提高语言能力为主要教学目标的语文教师，这种基本功仍然不可偏废。

4. 批改作业的能力

批改作业不能只判正误，要做到：①了解学生的实际情况，处理时加强目的性和指导性；②对不同类型的作业，采用不同的处理方法，且都要落到实处；③批改作业要以正面鼓励、积极引导为主，对错误与不足要具体指导修改纠正的途径；④注意因材施教，从学生的实际出发，有目的、分阶段地采用不同方法处理，以求得最佳效果。

---

① 潘庆玉著：《语文教育发展论》，青岛海洋大学出版社，2001年版。

（四）开展语文综合性学习活动的能力

1. 要树立大语文教育观念

语文综合性学习是语文教学五大领域之一，是语文课程整体中的有机组成部分，应该纳入教学计划；同时要突出"综合性"特征，语文教学不能封闭在课堂小天地里。

2. 精心安排语文综合性学习活动的内容

内容要具体，形式要多样；要有利于激发学生的兴趣，开阔学生的视野。可以开展两类专题活动：一类是侧重于对学生以前语言、文学、文化等方面所学过的内容进行梳理，以便于在积累基础上进行巩固和整合；另一类是专题研究，主要在于引导学生自主思考、拓展探究一些问题，从而培养创新精神和实践能力。

3. 让学生做综合性学习活动的主人

要立足于培养学生的组织能力和实践能力，充分发挥学生的聪明才智，教师应该当好学生的参谋。

（五）课程资源开发与利用的能力

1. 遴选、鉴别能力

语文学习资源藏量丰富，分布广泛，品种多样。这就要求教师具有善于发现、果断取舍和价值判断的能力。①如果课程资源丰富，就要学会取舍，体现课程资源开发利用的优越性、优先性和适切性；②如果课程资源相对匮乏，就要善于发现和挖掘。充分利用现有资源，最大限度地发挥其教育价值；③如果课程资源相对单调，就要努力进行课程资源多项多维联系，以形成课程教育交互网，从而满足学生多样化学习和全面发展的需要。

2. 组合、变通能力

如何把原生态的、散见于不同领域的语文课程资源，化为语文教育的有机组成部分，是语文教师课程开发的基本功。①对零散的课程资源，比如个人、家庭、社会、自然、媒体中的课程资源，进行组合。使之具有一定的系统性和教育的针对性、目的性。②对传统的文化资源进行现代性转换和激活，使之具有现代教育价值和活力。③对现有的已经过时的课程资源进行变通、嫁接，使课程资源具有再生性、可再利用性，即具有语文教育的新亮点。

3. 协调、沟通能力

语文课程资源的开发与利用，不仅是对传统的语文学习方式的现代转换与超越，也是语文教育方式的重要变革。这就要求教师走出课堂、书斋的限制，走向社会，走向自然，走进学生家庭，走进学生的生活；从语文学科走进其他学科。因此教师必须具有一定的协调和沟通能力，成为课程资源开发与利用的协作者、沟通人。

四、语文教师科研能力的素质

1. 选题的能力

选题是研究活动的开端，课题一旦选定，研究的目标与方向、对象与范围、主要方法与步骤等，都会随之解决。选题就是寻找研究语文教学问题的突破口。先在某个方向上，通过一个具体课题突破，逐步开展，逐步深入。选题角度不宜大。要有新意、有价值。要先搭好选题的框架，形成选题的网络，而后由总到分，纵横交错，找出聚会点，寻找熟悉点、兴趣点。最后确立课题。

2. 收集信息的能力

资料是研究的依据，资料越具体、越典型，就越有研究价值。围绕课题收集资料，力求范围广，内容实在。常见的方法有：①检索古今中外的文献资料，做摘记、笔记、卡片。②开展调查，可以问卷调查，调查的面尽量宽些，取得数据后作定量分析；也可以开座谈会，口问手写，取得具体的材料。③通过访谈，抓住典型，作较细致的了解。资料收集后必须排列梳理，归类集中；剖析材料，要分清主次；对材料进行认真的筛选，选取最有意义的材料。

3. 撰写教研论文的能力

语文教学论文是语文教学研究的结晶，撰写时要遵循几条原则：①论据要以事实为依据，论文中所列举的例子和数据，要具有真实性和科学性。②内容的阐述要有逻辑性，充分突出理性思考和认识。③语言要准确、明白，不可含糊其辞、模棱两可。④引用文献资料要注明出处。⑤行文结构要符合论文规范要求。教学研究论文有多种类型，如理论阐述式论文、研究报告式论文、模式构建式论文、经验总结式论文、个案案例式论文等，撰写教学论文时准确定类，做到内容与形式的科学统一。

【复习与思考】

1. 语文教师应具备哪些思想素质？
2. 语文教师要有哪些教育教学能力素质？
3. 语文教师为什么要有撰写教研论文的能力？

第三节 语文教师的课堂教学艺术与教学风格

教学是科学，也是艺术。教学是科学与艺术的辩证统一。教师的课堂教学艺术主要包括创设情境、激思启智、调控应变、师生心灵沟通等艺术。教学风格是教学个性化的集中体现，是教学艺术的升华。教学风格具有整体性、独特性、外显性、稳定性等特征。活泼与严谨、优美与朴实、细腻与旷达是教学风格的几种主要类型。每一位语文教师在教学实践过程中都要博采众长，勇于创新，张扬教学个性，努力形成教学艺术和教学风格。①

一、科学性和艺术性辩证统一的教学观

教学，是人们按照教学规律所进行的一项创造性实践活动，它是科学，又是艺术。当代教育的发展，又赋予这一命题以更丰富、更深刻、更富有时代性的内涵。教学科学艺术化和教学艺术科学化的趋势日益显现。对于教师来说，正确地认识教学的科学性和艺术性之间的辩证关系以及教学艺术的规律，自觉地提高自身的教学艺术素养，在教学实践中努力掌握教学艺术，进而形成独特而鲜明的教学风格，既是时代和社会对教师提出的要求，也应成为每一位教师自觉追求的目标和努力实现的境界。

（一）教学的科学性

教学，作为科学，是以其所具有的科学性为基础的。教学的科学性主要是指在教学内

---

① 李新宇主编：《语文教育学新论》，南京师范大学出版社，2006年版。

容、教学过程、教学方法运用等方面所体现的教学规律性。

1. 教学内容的科学性

首先，教学的内容与社会生活中随机传授的一般知识、经验不同，是经过长期的生活实践检验的人类知识、经验的精华，无论是关于自然界的知识，还是关于人类社会的知识；无论是展示现象，还是揭示规律；无论是描述事实，还是阐释原理，都具有很强的真实性、客观性、相对真理性，因而具有较高的科学价值。其次，这些知识是以课程的形式出现的，它是人们根据课程的性质、任务、目标等，按照知识传授、能力培养的规律和知识体系的内在逻辑有机组合的。它是有序的、系统的，而不是无序的、散乱的。

2. 教学过程的科学性

课程的教学任务，主要通过教学过程实现，而教学过程必须符合教学的客观规律，即人的认知规律、技能形成规律、身心发展规律等，违背了教学规律的教学活动，就不可能实现教学的既定目标。因而，探索教学过程的规律性及其优化模式，是实现教学科学化的重要组成部分。

张志公先生指出，所谓教学的科学性，"就是那些表面上看起来仿佛杂乱无章的现象，经过发掘、整理、分析、研究，找出条理和规律，并且用这种规律去指导从事有关工作的实践活动"。作为对教学规律研究和探索成果集中体现的教学论，其实质就是教学科学论，它标志着在一定历史时期人们对教学科学性的认识深度和把握程度。

（二）教学的艺术性

教学，作为艺术，主要是由教学实践的创造性特点以及教学与艺术之间的密切关系所决定的。教学的艺术性主要表现在以下几个方面：

（1）从教学要求来说。教学既要求教师，深刻地理解、熟练地把握教学规律和规则，又要求教师具备高超精湛的教书育人的技艺，创造性地进行教学工作。而"达到了某些要求的创造性工作便是艺术"。

（2）从教学对象来说。教学的对象是人，而不是机器。苏霍姆林斯基认为："世界上没有什么东西比人的个性更复杂、更丰富的了。个性的全面发展和道德的完善，就是共产主义教育的宗旨，实现这一宗旨的途径就像人自身一样复杂纷纭。"这就足以说明，教学和其他艺术一样，特别是和文学一样，都是以人为对象，故教学是名副其实的"人学"。而塑造人的灵魂、发展人的身心的教学工作就其复杂性、创造性而言，实在是"艺术中的艺术"。

（3）从教学过程来说。教学过程是由多元因素构成的动态的过程。在教学过程中，教师、学生、教学内容、教学环境等因素，构成了教学的种种依存性和制约性，其中每一因素的差异及变化，便形成教学中的"变项"或"变量"。苏霍姆林斯基说："在各种教育的影响中，存在着几十种、几百种、几千种依存性和制约性。归根结底，教育的效果，取决于如何在实践中对这些依存性和制约性加以考虑，确切点说，如何将他们付诸实现。"如果说，教学的规律和规则告诉人们依据什么进行教学的话，那么，要灵活地处理教学动态过程中出现的种种"变项"或"变量"，解决如何教学的问题，仅仅依靠规律或规则是不够的，它需要教师的经验、智慧、灵感和机智，换言之，它需要教师的教学艺术。

（4）从教学内容来看。无论是社会科学学科，还是自然科学学科，都是真、善、美的统一，其中包含着丰富的审美因素，具有明显的或潜在的艺术性，这就决定了教学必然带有不同程度的艺术性色彩。从教学的手段看，教学和艺术有很多相似之处。艺术主要借助语言、动作、线条、色彩、音响等手段来反映现实生活，表达思想感情，教学同样离不开上述手段，特别是随着现代教学方法的运用和现代化教学手段的普及，教学表现出日益明显的形象化、审美化、艺术化的趋势，甚至出现直接以艺术手段进行教学的尝试。

（5）从教学结果来看。成功的教学总是体现着艺术的特点。艺术之所以具有诱人的魅力，在于它有三大突出特点：形象性、情感性和创造性。成功的教学也同样需要借助语言、动作、表情、图像等手段，化抽象为形象；需要师生的感情投入、感情交流、感情激化、感情升华；需要师生发挥自己的聪明才智和创造精神，富有成效地完成教学任务，实现自身发展。教学的形象性、情感性和创造性，也就成为教学艺术的突出特点，是形成教学艺术魅力的重要因素。

（三）两者的区别与联系

我们认为，科学性和艺术性是教学的双重属性，无论是只承认教学的科学性而否定教学的艺术性，还是只承认教学的艺术性而否定教学的科学性，或是把两者割裂开来、甚至对立起来的观点都是片面的、错误的。从哲学的角度来看，教学科学与教学艺术构成了教学论理论体系中的一对最重要的范畴。它们有着各自独特的内涵，从而有质的区别。但又相互依存、相互补充，和谐统一于教学之中。

1. 两者的主要区别

（1）从任务和价值来看。教学科学的任务是揭示教学的本质和规律，解决"依据什么"进行教学的问题，它的成果主要表现在形成理论和建构理论体系上，它的价值主要体现在对教学实践的普遍指导意义上；而教学艺术的任务是探索教学的策略和技艺，解决"如何教学"的问题，它的价值直接体现在教学的效果和效率上。

（2）从规则和程序来看。教学科学强调教学的共性、普遍适应性和必然性，为教学提供一般的相对稳定的规则和程序；教学艺术则突出教学的个性、特殊规定性和灵活性，为教学提供具体的可变通的策略和技艺。

（3）从运用的方法来看。教学科学主要运用理性的方法，如概念、判断、推理等，注重抽象的概括，强调实证，因此，教学实验往往成为其生长点；教学艺术所运用的方法则往往带有非理性的色彩，更加重视形象感染、情感激发和人格感化，强调审美体验、智慧启示、灵感生发，它更多地来自优秀教师的成功经验。

2. 两者的主要联系

（1）教学科学是教学艺术的基础和依据。所有的教学艺术必须符合教学科学所揭示出来的教学的本质和客观规律，任何缺少科学性的"教学艺术"充其量不过是形式主义的"花架子"，而出现科学性错误的教学更难以称之为"教学艺术"。

（2）教学艺术是对教学科学的成功应用和教学实践的升华。教学，是人们按照教学规律进行的实践活动，然而并非所有的教学实践活动都可称为"教学艺术"，因为教学实践活动有成功、失败之分，有水平高、低之别，而教学艺术是以教学实践的成效为尺度的。一方面它最充分、最生动地体现着教学科学的价值，另一方面，它又不断地充实、丰富着教学科学的内容，为教学科学提供生机和活力。

总之，没有教学科学，教学艺术就成了无本之木；没有教学艺术，教学科学就失去了生机和活力，难以实现其实践价值。教学，只有展开科学和艺术的"双翼"，才能成功地飞抵理想的境界。法国作家福楼拜曾天才地预言："越往前走，艺术越要科学化，同时，科学也要艺术化。两者在山麓分手，回头又在山顶汇合。"当代科学和艺术的互相融合、和谐发展的趋势，正在证实着福楼拜的预言。同样道理，教学科学的艺术化与教学艺术的科学化将为当代教育开辟一个更广阔、更富有魅力的发展空间。

二、语文教师的课堂教学艺术

课堂，是学校教学活动的主要阵地，课堂教学，是学生在教师的组织、引导下，获得知识、形成技能、发展智力、陶冶情操的过程。教学目标主要通过课堂教学来实现，教学方案主要通过课堂教学来实施，教学效果主要通过课堂教学来显现，教师的教学艺术只有在课堂教学中才能得以展示。从教师的角度来说，课堂教学艺术包括：课堂教学组织艺术、师生心灵沟通艺术、创设课堂教学情境艺术、启智激思艺术、感情激发艺术、教学管理艺术、课堂应变的艺术、教学评价的艺术、课堂教学语言的艺术等等。

（一）师生心灵沟通的艺术

1.“沟通”的由来

美国教育理论家加涅在《教学设计原理》中指出：“教学的重要本质就是系列沟通。”[①]日本木下百合子在《教学沟通与教学语言的研究》中指出：“所有的学科教学都是一种有组织的社会性沟通现象，都是语言教学。没有沟通与语言的学科教学是不存在的。”[②] 沟通理论的阐述是华东师大教授钟启泉先生在研究国际教育理论后开创的一个理论建构。他指出“唤醒学生的情操与心灵、生命与人格，唤醒学生的主体性与创造力，唤醒学生生命成长的觉悟”[③]，使之育出具有完整人格的人。因此，我们必须从教学中的沟通与语言的视点重新审视学科教学理论，以求得学科理论的范式转换。同时这种教学沟通的理论告诉我们：教育与教学的改革从本质上说是一场“沟通革命”。

山东师范大学曹明海教授认为：“没有沟通就不可能有好的教学。这是当然的基本公理，这个公理有两层含义：其一，在教学中倘若没有沟通，教学是不可想象的，教学拥有多种多样的，极其多层的、多维度沟通情境与沟通关系，是集约化、多密度、多元结构的沟通现象。其二，在教学的理论建构中倘若不从沟通的角度去把握多音声，多语言的教学整体性与本质要素，那是完全不可想象的，进一步明确界定教学沟通的概念将有助于教学理论的建构”[④]。

所以说沟通可以视为教学内容构成要素与过程构成要素，“教学沟通”无论对学生还是对教师都提供了丰富的个人自我实现的可能性沟通，通过表述每个人思考什么、感受什么、想象什么、尚未认识什么、可以证明什么，等等。

2. 沟通艺术——唤醒教育观

要有唤醒教育观。首先是激发学生兴趣，兴趣是最好的老师。我们认为要使学生对你讲的课有兴趣，才好办。毛泽东曾说：“又学习又玩乐。”魏书生讲：“学中求乐，苦中作乐；兴趣是最好的老师。吸毒是‘享受’，赌博是‘享受’，学习更是享受。”一次，于丹教授在上课时，北京突然下大雪，很多学生很想去玩雪，她觉察到后，就同学生一起到室外玩雪。通过兴趣与学生沟通。她的学生很喜欢她的课，她的课很受学生欢迎，课堂上总是满满的学生。这就是我们讲的有效的沟通才能实现的教学观。

故我们必须以教学的沟通与合作为基本事实，转变教学理论的范式。这种范式的转变就是由传统的“授受”范式向“对话”范式转变。这种转变必须建构“为生命而为”的价

---

① 美国加涅著：《教学设计原理》，五南图书出版公司，1996年版，第242页。
② 日本木下百合子著：《教学沟通与教学语言的研究》，风间书房，1996年版，第3页。
③ 钟启泉在曹明海的《语文新课程教学论》中的《序言》第3页，2007年4月山东人民出版社。
④ 曹明海著：《语文新课程教学论》，山东人民出版社，2007年版，第24页。

值追求，即学生观的建构，表现出对学生生命成长的关怀和完整发展的关注，即不把学生只作为接受的"口袋"，而是将学生作为生动活泼的生命主体来对话，视学生为体现独特个性的生命，在现实生活世界中生动成长的生命、自然生命和价值生命完整建构的生命。也就是说：教人先教心。从知识的课堂走向生命的课堂。进行生命教育，就是把残缺的人格变成完整的人格。心理不佳就是个易碎品，知识不足最多是个次品。易碎品就是废品，次品还可以使用。世界观、人生观、价值观、荣辱观认识不清就是个易碎品。我们不是把学生作为"一个需要填满的罐子"，而是把他们视为"一颗需要点燃的火种，一颗要发芽的种子"。教师就是点燃生命的火种，帮助种子发芽的农艺师。关注学生的生命成长，引领学生走向生命的不断丰富和完善，促进学生"生命个体的总体生成"。这样就必须实施发展性教学，打破传统的教学，更多地把学生固定在理性世界里，缺少对学生生活世界的关注，无法为学生体现出全部的生活意义和生命价值。唤醒教育观要改变这种教学现状，就必须实施发展性教学，关注学生的整个精神生活，赋予教学以生活的意义和生命的价值，这种发展性教学理论对教学改革颇有启示性意义。这种发展性教学又必须通过唤醒教育观来实施。这也是秉承"五四"新文化精神的教育，即"教育立人"。学生可在训练中既提高知识水平，又能使学生吸收文化营养，陶冶性情，唤醒灵魂建构情感与精神世界，所以说，唤醒教育就在于这是一种人格心灵的"唤醒"，并认为这是教育的核心所在。教育的目标并不在于传授或接纳某种外在的、具体的知识、技能。而是要在人的生命深处唤起他沉睡的自我意识、生命意识，促使其世界观、人生观、价值观、荣辱观、生命感，创造力的觉醒，以实现自我生命意义的自由自觉的建构，这种唤醒教育观强调教育的过程，不仅是要从外部解放成长者，而且要唤醒成长者的人格和心灵，解放成长的内在创造力。这就是说教育的功能在于唤醒生命成长的觉悟，促进生命个体的总体生成。因此说教育的本质就是一种对人的唤醒的过程。

3. 沟通艺术——对话教育观

怎样唤醒，只有通过对话的方式才能实施。教学对话是通过教授者与学习者内心世界的交流、相互合作，创造着对话对象与对话内容的活动。这种活动必然伴随着语气、声调、或是说话者的表情、动作等。不能忘记非语言性构成要素，所以说对话式教学是适合世界发展潮流的一种新型的教育理念与教育方式，对我们教学将会带来新的改观。对话式教学是解决传统教学三中心（书本、教师、课堂）的一种科学的方式，为教学改革提供了新的出路。

对话并不是一个全新的概念，无论是古代还是现代，对话一直是我们交流和获取信息的重要手段。对话作为一种重要的活动形式，最早可追溯到古希腊的苏格拉底与学生柏拉图，中国的春秋战国时期的百家争鸣时代。

苏格拉底（约前470－前399），苏格拉底不是凭借教授（授予知识），而是凭借正确的提问，刺激对方思考，引导对方朝他所希望的方向，通过对方自身的思考，亲自去发现真理。他不授予对方任何现成的知识，他只是通过频频发问，使对方叙述自己的理解，并最终达到真理的认识法国教育家，巴威尔曾说：我深信世界上最好的教育是在不知不觉的说话中获得。

对教学中的对话，目前有不同的认识，有人认为：对话是指教育者与受教育者在相互尊重、信任、平等的基础上，以语言等符号为文本而进行的精神上的双向交流沟通与理解。这种教学对话的认识，主要是从实际意义上的而非隐喻意义上的。还有人认为：教学对话就是通过教师的提问激励与引导，学生自由思考、自由表达自己的疑问和见解而获得知识技能、发展能力与人格的教学方法。这种教学对话是师生共同解决问题型的教学方法的基本形式之一。山东师范大学曹明海教授认为："对话是个隐喻意义上的用语，但对话也是一个实际意义上的用语。隐喻意义上的对话强调的是对话的精神与品质，实际意义上的对话强调的是对话的行为方式与效果等等。隐喻意义上的对话促进实际意义上的对话，实际意义上的对话以隐喻意义上的对话为指引。"可见，单纯把对话理解为实际意义上的对话，这是理解的狭隘化，容易导致教学中把你来我往，有问必答的形式当成对话，而实质并不具有对话性质，只要具有对话性质，即使整堂课都是教师在讲解也会是一种对话，而不是独白。比如：教师在讲，学生听得很入神，听后可发表自己的感想，这种感想无论是赞成还质疑，都有品质。众所周知，不好的老师是传授真理，好的老师是让学生去发现真理。也就是把学生置于发现者、研究者、探索者的位置。

这样对话不能单纯以形式来判断，关键是看其是否具有对话品质，对话的品质就是交流，就是相互理解。对话也不一定是通过语言来进行的。一个手势，一个眼神，举手投足之间可能都在进行着对话，我们教学的对话是平等的对话。在教学中的对话，教学不是传递已有的知识与信息，教学也不是指导学生做这做那，教学是师生合作，共同进行的主题探究式和问题解决式学习。教师与学生结成学习共同体，形成学习型组织，这样我们就会发现教师与学生都是教学组织中的平等成员。而这种成员是教学组织中存在差异的成员，即教师是一位富有经验的伙伴，学生是一个个正在成长中的新手。师生合作把教学组织运转得更合理、更科学，使之在合作中共同受益共同成长。这就是我们常说的"教学相长"。

孔子在《礼记·学记》中，多次提出"教学相长"。故我们都必须充分认识到，一流教学，师生相长；二流教学，学生主动探索；三流教学，师生共同讨论；四流教学，学生苦读死练。当代教育家魏书生就这样说过："我不会教书，是学生教会我教书，后进学生教会我怎样教后进学生。与学生商量着教学，学会与之沟通。"北京实验二小特级教师霍懋征提出：要求与孩子一起成长。可见，只有达到教学相长，才是最高境界的教学，才是最科学的教学方法。

（二）创设教学情境的艺术

所有的教学活动都离不开一定的情境。所谓教学情境，是指在教学过程中，为了达到既定的教学目标，从教学需要出发，制造或创设的与教学内容相适应的场景或氛围，旨在引起学生的情感体验，帮助他们迅速而正确地理解教学内容，促使他们心理机能全面和谐发展。

课堂教学活动之所以需要创设情境，这是因为：①"一切知识都是从感官开始的。"（夸美纽斯语）从具体的形象到抽象的概括，从感性认识到理性认识，这是人们一般的认知发展规律，也是直观教学原理的基本依据。②教学过程是"以心理活动为基础的情意过程和认知过程的统一"，这是情知教学论的基本观点。在教学过程中，学生的认识过程"感知—思维—知识智慧"与他们的情感过程"感受—情绪—意志性格"形成了对称统一关系，两者之间相互渗透，相互促进，同步发展，融为一体。这是创设教学情境的又一重要依据。③在一定的情境中进行教学，可以满足学生学习中的情感需要，促成学生"乐学"。④从人才培养的目标来说，对人的教育，必须促进个性和谐而全面的发展。在课堂教学中创设情境，有利于学生智力因素、非智力因素的全面发展，有利于人的个性的和谐发展。由于情境的创设对于课堂教学、对于学生的情智发展如此重要。所以，教学情境的创设和研究便成为课堂教学艺术的重要课题，并由此产生了"情境教学法"。在国外，保加利亚的心理学家洛扎诺夫在20世纪50年代就开始了情境教学（也称"暗示教学"）的试验，在外语教学中取得了巨大的成功，产生了世界性的影响；在国内，著名特级教师李吉林在语文教学实践中探索出了情境教学的规律，创建起"形真"、"情深"、"意远"、"理念寓于其中"的情境教学理论体系，取得了实践的成功和理论的突破。这些研究成果对广大教师在教学过程中创设教学情境具有极大的启示价值。

课堂教学情境按其功能可分为直观情境、问题情境、推理情境、想象情境。根据不同的教学目标和教学内容，在课堂教学中，可运用以下方法创设教学情境：①联系生活展现情境；②运用实物演示情境；③借助图画再现情境；④播放音乐渲染情境；⑤扮演角色体会情境；⑥锤炼语言描绘情境。

在教学情境的设置方面，每个教师都可以发挥自己的聪明才智，有所发现，有所创新。

还需指出的是，教学情境的创设只是教学成功的条件之一，要实现教学的目标，还需要师生在各个教学环节上作共同努力，尤其需要教师综合的课堂教学艺术。

（三）激思启智的艺术

苏霍姆林斯基认为："真正的学校乃是一个积极思考的王国。"如果说教育的最重要的任务之一是开发学生的智力，使他们越学越聪明，那么，启发学生思维则是课堂教学艺术的核心。

提倡启发诱导，几乎是中外教育家们共同的教学主张；而善于启发诱导，则是他们教学艺术实践的闪光之处。从孔子的《论语》到《学记》，从苏格拉底的"产婆术"到第斯多惠的启发式教学法，从根舍因的"范例教学法"到布鲁纳的"发现法"，无不贯注着开启学生智慧、促进学生发展的教育思想的光辉。

在课堂教学艺术中，培养学生思考能力、开启学生智慧的基本策略是：

（1）以具有思考价值的问题激活学生的思维兴趣。

（2）善于设疑、激疑，引发学生的认知矛盾，促进学生深入思考。

（3）运用比喻、故事、演示等手段，将教学内容化难为易、化深为浅、化繁为简、化理为趣，达到启智开塞的目的。

（4）运用类比和对比的方法，以取得举一反三、触类旁通之效。

（5）教给学生思维的方法，掌握打开智慧宝库的钥匙。正如赞可夫所说："教会学生思考，这对学生来说，是一生中最有价值的本钱。"

（6）在启发思维的过程中，注意培养学生良好的思维品质。这些良好的思维品质包括思维的广阔性、思维的敏捷性、思维的条理性、思维的深刻性、思维的灵活性、思维的批判性和思维的辩证性等，从而使学生的思维不断走向成熟。

（7）在启发思维的过程中，教师还应遵循适时合度、因人循序、反馈强化三条原则。

学生在课堂教学中紧张而愉快的思维活动，是一个人智慧绽开绚丽之花的直接动力，它直接关系到学生日后的全面发展。每个教师都要努力掌握课堂上激思启智的艺术，让学生直接体验到课堂思维劳动的乐趣，成为课堂思维活动的真正主人，成为真正热爱思维、善于思维的学习者和创造者。

（四）课堂教学语言的艺术

什么是教学语言，简言之，教学语言就是教师在从事课堂教学活动时使用的语言。高超的教学语言就成为语言之艺术。教学语言艺术是课堂教学中一个非常重要的组成部分。语文教师的教学语言是一种特殊样式的语言。它既要有很强的科学性，严密的逻辑性，又要有打动人感染人的情感性；既要有演讲家的滔滔不绝的雄辩，又要有说相声般的幽默和日常生活般的轻松；它虽不像生活剧表演那样动情煽情，但却也应该绘声绘色，声情并茂；它不要说评书般的表演夸张，但也少不了生动、逼真、形象。语文教师的教学语言在很大程度上决定着语文教学的成败。在语文课堂上，我们常常可以看到：语文教师的教学语言准确，流畅，生动，优美，叙述时绘形绘色，娓娓动人；议论时雄辩有力，富于哲理；说明时简洁明快，清爽干净；抒情时激情迸发，深切感人。这样，学生就如坐春风，兴味盎然，教学效果就好。反之在语文课堂上的教学语言干瘪，枯燥，平淡乏味。学生就如坐针毡，兴味全无，教学效果也就不好。

1. 教学语言艺术在教学中的意义

（1）有助于激发学生学习兴趣。

教师的语言具有艺术性：发音标准、遣词准确、句式规范、语句精练、感情充沛、节奏明快，会给学生以潜移默化的影响，能强烈地吸引感染学生，使他们从模仿中积累运用语言知识，提高语言表达能力。

（2）有助于提高教学质量。

语文教师教学语言的优劣很大程度上决定着语文课堂教学的效率。苏联著名教育家苏霍姆林斯基说："教师的语言修养，在极大的程度上决定着学生在课堂上的脑力劳动的效率，高度的语言修养是合理利用时间的重要条件。"因而，从某种意义上说，语文课堂教学艺术首先是语文语言艺术。在教学活动中，语文教师如能把握好课堂语言，抓住语言艺术的特点，就等于抓住教学艺术的关键，就能激活课堂，使教学活动充满无限的魅力，从而提高语文教学质量。

（3）有助于发展学生思维。

语文教师在课堂教学中的语言，实际上是与学生的对话，是一种心灵的沟通，信息的交流，知识的互换，在对话中，教师的思维流畅，敏捷，语言精辟切中肯綮，往往让学生钦佩叹服，给学生很好的启迪。久而久之，学生的思维就可以敏捷起来，故就有效地发展了学生思维能力。

2. 课堂教学语言艺术性特征

（1）具有科学性。

科学性是教师课堂教学语言艺术的基本特征。这一特征是由教师工作性质决定的。课堂教学主要是向学生传授科学知识、技能。因此保证语言的科学性是教学的前提条件。语言的科学性主要表现在对内容的表达和表达的方式上两个方面。在内容表达上，要使传授的知识准确无误，做到：释义正确、概念精确、举例恰当、抓住事物特征和本质。在表达方式上：深入浅出、循序渐进、逻辑严密、语言规范准确，术语自如。

（2）具有针对性。

针对性是教师课堂教学语言艺术的又一特征。是指教师在课堂教学过程中要不要根据课文内容的需要，更重要的是要根据学生的实际情况，采用使学生能够接受的语言进行教学。教师的工作对象是学生，而学生是千差万别的，教师在运用语言技巧时，应因材施教。如不同的教学对象（年级不同），用不同层次的语言；不同学生个体，用不同语言形式；不同地点和场合，用不同语言表达方式。

（3）具有启发性。

启发性是教师课堂教学语言艺术的特征之一。主要目的在于培养和发展学生的思维能力和创新能力。这就要求课堂教学语言应当含蓄深刻，耐人寻味，发人深省，启而有发。要能创设问题的情境，点燃学生的好奇求知之火，推动学生的思维，使之在旧中求新，易中见难，平中出奇。能由此及彼，由表及里，由特殊到一般。只有这样才能更好地发挥课堂教学语言的启发作用。

（4）具有激励性。

激励性也是教师课堂教学语言艺术的特征。具有激励性，就能打动学生的心，使学生产生强烈共鸣。鼓励学生积极上进、振奋精神。让学生听了如沐春风，心旷神怡，豁然开朗。如常用一些："很好"、"真棒"、"有进步"、"相信你能行"、"你的回答很有创造性"等。学生回答不满意时，也可说，再想一想没关系，鼓励学生的自信心。让学生确定自己的价值，发挥自身的潜能。

（5）具有动态性

动态性也是教师课堂教学语言艺术的特征。教师课堂教学语言要应注重动态性。教师在课堂教学时不能表情单一，语调平淡，动作呆滞。要充分运用体态语言：如面部表情、点头、手势、眼神等体态动作。用这种无音的语言来补助有声的语言。在课堂教学中，体态语言是教师与学生进行信息交流的一种重要方式，具有直观性，暗示性和感召性。运用好了可起到此时无声胜有声的效果。美国心理学艾伯特·梅拉别思根据实验指出："人们获取的信息量，7％来自文字，38％来自语言，55％来自面部表情"。可见体态语言在传道信息中的重要作用，但要用得自然得体，否则，会事与愿违，适得其反，影响效果。

3. 课堂教学语言艺术性原则

（1）语言形式方面原则。

①要讲好普通话。在课堂教学中，讲好普通话是教学语言艺术性的基本原则。教学一定要用普通话，这是对教师讲课语言的起码的要求，也是最基础原则。教学就是师生对话、交流，普通话讲不好就无法进行正常的师生对话和交流。故教学效率就会受到影响。

②要有适当的语速。在课堂教学中，教学语言的速度，也是教师讲课语言艺术的又一原则。只有速度得当，学生听起来才不会单调，就不会疲劳，而是一种享受。所以不能太快也不能太慢。太快学生听不清，记不住，无法思考。太慢学生听了觉得厌烦、拖沓，效率不高。

③要有语气语调的变化。在课堂教学中，教学语言的语气、语调的变化，同样是教师讲课语言艺术的原则之一。只因为有了语气语调的变化，口头语才能突出比书面语的优势。否则，就是"和尚念经"，面无表情平淡到底，令人烦厌。只因有了语气语调的变化，轻重缓急、抑扬顿挫，就有音乐之感，才能吸引学生，调动学生思维，提高教学效果。

（2）语言内容方面原则。

①准确与幽默。准确是教学语言的生命线，教学语言没有准确性就无从谈语言艺术性，它是课堂教学语言艺术的原则之一。只有达到了语言的准确性，才能表达出教师所要交流的目的意图，否则，学生无法听懂老师要表达的问题。同时在准确的基础上又要注意语言的幽默，让教学语气有风趣诙谐，使之课堂活跃，气氛浓烈，学生思维的大门才能打开，就能调动所有学生学习的积极性。

②严谨与通俗。教师的课堂教学语言艺术既要有严密的逻辑性，又要通俗易懂。这也是课堂教学语言艺术的原则之一。教学语言离不开语言的严谨逻辑性，做到话中有序，序理清晰，对知识的来龙去脉表达精确，让学生觉得脉络清晰，重点突出，难点易破。所谓通俗就是用言简意明的语言深入浅出、一听就懂。把科学术语简单化、生活化，用打比方的解释、说明，让学生融会贯通，贴近学生的生活，常用些学生鲜活的语言。

③生动与激情。教师的课堂教学语言既要生动，同时又要有激情，这也是课堂教学语

言艺术的原则之一。所谓生动，就是教学语言非常有活力、有形象、有情趣，能化深奥为浅显、化枯燥为风趣、化平淡为神奇、化抽象为具体，使之绘声绘色，塑造形象、营造气氛、创设情境。从而唤起学生丰富的想象，使学生如临其境，如闻其声，如见其人。同时要有充沛的激情，从而让学生感到振奋，在此情此景中有昂扬的情绪，饱满的热情投入学习，使学生产生共鸣，取得良好的效果。

总之，语文教学语言艺术，应当是教师情趣盎然的表述，鞭辟入里的分析，入木三分的概括，恰到好处的点拨，把学生带进知识殿堂，开启心智陶冶情操，获得精神上的享受和满足，从而爱上语文，爱上学习。用武汉师范学院中文教授韦志成先生的话来概括就是："归纳起来主要由'四美'：①音美，要讲普通话；②意美，要做到准确美，简洁美，理趣美，生动美；③形美，追求修饰美，多样美；④情美，具有高尚的情操美，道德美等。"我们认为教师在上课时的语言也并不是要求字字珠玑，句句似诗。而是像著名特级教师于漪老师讲的那样："教师的教学语言虽属日常用语，但又不同于大白话，应该是加了工的口头语言，与随想随说的日常交流有区别。教学用语既要有人民群众经过锤炼的活泼的口语，又要有优美严密的书面语言，教课是让学生置身于优美的文化氛围，浓郁的语言环境中，受到教育和感染。"故要成功地上好一堂语文课，语文教师就必须锤炼自己的语言素养，即丰富自己的知识宝库，积累丰富的语言材料，精心准备教学语言。从而提高语言素养，熟练掌握语文教学语言运用技巧和艺术。

（五）课堂教学调控应变的艺术

课堂教学是由多元因素构成的动态的过程，在这一过程中，任何一个因素的变化，都会引起教学结构关系的改变。尽管我们在设计教学方案时，对课堂教学中可能出现的情况作了最充分的预计，尽管我们把教学方案设计得十分详尽、周密，但是，在活生生的课堂上，经常会出现始料未及的情况，不断产生新的教学矛盾。由某些偶然因素引起的突发事件，包括教师自身的偶然失误也会在课堂出现，这使得教师预设的方案与课堂教学中的"学情"发生差异甚至背离，正常的教学进程受到影响。如何处理课堂上出现的这些预料之外的新情况、新矛盾，特别是"应急"性的突发事情，顺利地完成教学任务，这对教师是一种考验和挑战。缺乏经验的教师在这些情况面前往往不善变通，甚至乱了方寸，也有的采取简单粗暴的方式对待，极易造成课堂局面的混乱，或挫伤学生的学习积极性，泯灭他们思维的火花。优秀的教师则凭借自己的经验和智慧，敏锐、准确地把握课堂上的动态和动势，灵活、机智地处理各种突发事件。这种课堂随机调控能力和应变能力，是教师教学机智的集中体现，是教学艺术才华的精髓。

1. 课堂调控策略

课堂出现的教学矛盾主要表现在学生的认知水平与教师课前预测的差异。课堂教学中的应需状态与教学方案的差异。比如，教师备课中认为是教学难点的问题，课堂上却轻而易举地得到了解决；反之，被教师认为不是难点的地方，学生却"卡壳"受阻；而学生在课堂上提出的一些问题也许教师课前并无思想准备。从学生的学习状态来看，有的时候学生的思维流向指向教学目标，与教师的教学思路一致；有的时候却表现为对学习目标的相悖、偏离，与教师教学思路不一致。有的同学在课堂上思维超前、亢奋，有的同学却表现为思维低落、迟缓。这些具体状况不可能都在教师的预想之中。面对这些"学情"，教师需要及时调整原有的教学方案——调整教学内容、调整教学难度、调整教学进程、调整教学方法，以适应课堂上"学情"的变化，甚至改变教学初衷，使课堂教学活动与学生的认知发展需要同步。

课堂调控的含义还包括对学生学习心理的调控、对课堂气氛的调控、对课堂教学节奏的调控、对课堂教学发展方向的调控等。一个优秀的教师应根据教学目标、教学内容、学生实际，运用调控策略，创设优化的课堂教学情境，使学生处于最佳学习状态。

2. 课堂应变策略

有时教师在课堂上教学会遇到违纪现象的突发，恶作剧的出现，"旁逸斜出"的问题的提出，教室外干扰因素导致的哗变，由正常的讨论引起的无休止的争辩等情况。对于这些"异变"，优秀的教师善于以自己的教学机智随机应变，化险为夷，因势利导，化解矛盾，甚至巧妙地化消极因素为积极因素，化腐朽为神奇。常用的策略有"回抛"、"转移"、"接通"、"疏导"等。优秀教师们的课堂应变艺术往往产生巨大的教育价值，给课堂教学带来生机。

此外，优秀的教师还善于根据课堂教学的时机和动势，临场生计，即兴发挥。精言妙语，信手拈来；趣闻逸事，巧妙穿插。这些闪耀着智慧火花的课堂即兴穿插，不仅活跃了课堂气氛，调节了教学节奏和学生的学习心理，而且激活了学生的思维，使课堂教学充溢着灵气。这同样是一种高超的课堂教学艺术，是教师的机智和灵感在教学中的体现。

乌申斯基说："不论教育者怎样地研究了教育学理论，如果他没有教育机智，他就不能成为一个优良的教育实践者。"一个教育者的教育机智中包含着他的知识、能力、经验、智慧、灵感，包含着对学生的尊重、理解、关心、教育和塑造。可以说，教育机智是教师的良知和聪明才智的结晶，是教师的人格和创造能力的结晶。每一个教师都应在长期的教学实践中，从增强自己的教学艺术素养着手，努力形成教学机智，提高课堂教学艺术水平。

三、努力形成自己的教学风格

在各种艺术领域，有着鲜明艺术风格的作品才真正具有较高的审美价值；在教育领域也同样，形成独特风格的教学才具有艺术和美的魅力。

教学风格是教学个性化的集中体现，是教学艺术境界的升华。形成独特的教学风格，是一个教师的教学进入成熟、臻于完美境界的标志；而教学风格的多样化，则反映了一个时代教学艺术的繁荣。

（一）教学风格的实质及其特征

"风格"的含义极其丰富。在社会生活中，多指人的思想行为的特点、人的风貌和格调；在文学、艺术中，是指文学家、艺术家们在其作品中所表现出的创造个性。教学风格是教学过程中体现教师个人特点的风度和格调，是教师教学思想、教学艺术的综合表现。教学风格的实质是教师的教学创造个性。"风格即人"，研究教学风格，从某种意义上讲就是研究具有丰富个性的人，研究创造了艺术基于对教学风格实质的理解，我们认为教学风格具有以下基本特征：

1. 整体性

教学风格是多种因素化合于一个整体。教学方法、教学技巧、教学语言、教学情态等是外部表现，而教学思想、教学观念、教学品质等则是其内在因素。教学风格正是由这些外部的和内部的诸多因素相互渗透、相互作用所产生的综合风貌特征。风格化的教学必有其特色，但是有特色的教学未必形成风格。"特色"可以是整体性的，也可以是局部性的；可以与整体相统一，也可以与整体不相统一。而教学风格一旦形成，就带有整体的和谐统一，它不是"散金碎玉"式的经验积累，不是斑驳杂乱的技艺组合，也不是摇曳不定的灵感闪现，它是一个教师的教学思想与教学艺术的和谐统一，是教师的人格要素与教学行为身心合一的和谐统一，是教学中各种教学艺术手段的综合运用与教学效果的和谐统一。

2. 独特性

没有独特性就没有教学风格，这种独特性就是教学艺术的个性化。教学风格的独特性表现为教学艺术实践中的新颖、独创以及个性特长。例如，有人以形象思维见长，诱发联想，开启心智，其教学生动形象，耐人寻味；有人以逻辑思维见长，思路严谨，推导严密，其教学条理清晰，环环紧扣。有人善"导"，巧于设疑；有人善"点"，发幽探微；有人重"情"，声情并茂；有人重"评"，议论风生。凡是形成教学风格的教师，总是在教学艺术实践中显示出独具特色的。

3. 外显性

教学风格是教师的教学思想、教学观念、教学艺术追求在教学实践中的具体体现，教学风格也是教师的人格、情感的外在表现。但是无论是思想、观念还是人格、情感，其本身并不等于教学风格，只有当这些因素融入教师的教学语言、教学方法等外在操作行为的时候，才能成为教学风格的有机组成部分。换言之，教学风格是"可感"的。这一特征是为教学艺术的实践性特点所决定的。

4. 稳定性

教学风格形成的重要标志之一，是教师的教学艺术特点的相对稳定。因为一切成熟的东西都有其相对稳定的因素，这些相对稳定的因素，是构成教学风格"主调"的音符，也是我们把握教学风格类型的主要依据，它是教学动态过程中的"变"中之"常"。假如一个教师在教学上变化无常，令人无所适从，尽管他有这样那样的技艺和特色，我们说他还没有达到教学风格的境地，或者说他的风格还没有形成。

以上四个基本特征中，对"独特性"与"稳定性"需要辩证地认识。这里所说的"独特"，并非简单的划一、单一，它是教学风格独特性与丰富性的辩证统一；这里说的"稳定"，也并非等于刻板、僵化的静止，它是事物发展的动态性（运动的绝对性）和稳定性（静止的相对性）的辩证统一。只有这样认识问题，才能全面、正确地把握教学风格。

（二）教学风格的基本类型

关于教学风格的类型，有关研究者们作了一些有益的探讨。我们认为，以下几组对应关系的六种教学风格可以作为教学风格的基本类型。

1. 活泼与严谨

活泼型教学的风格特征是，教材处理巧妙独特，教法运用灵活多变，语言表达生动风趣，课堂气氛热烈愉悦，学生思维积极活跃。属于这种风格类型的教师，在教学思想上重视学生学习兴趣的激发。他们多具备这样的教学素质：思维敏捷，才华横溢，知识丰富，兴趣广泛；他们有驾驭课堂的教学机智，能够随机应变，因势利导；他们善于即兴发挥，有机穿插，而显得左右逢源；他们的性情往往热情开朗，对待学生主动热情，登台执教，谈笑风生，课堂里常常回荡着师生的笑语。置身于这样的课堂，学生总是兴趣盎然，乐此不疲。正是在这种生动活泼的情境中，学生汲取了知识，开启了心智，培养了能力，陶冶了情操。

与活泼型教学风格相对的是严谨。如果说活泼型教学风格的特征是注重学习兴趣的激发，那么，严谨型教学风格的突出特征是特别注重严格训练。属于这种风格类型的教师特别强调规矩，"大匠诲人必以规矩"、"无规矩不成方圆"往往成为他们的教学准则。他们十分注重知识的准确性和教学程序的科学性，排斥一切随意性的做法；他们在对学生严格要求、严格训练的同时，对自己的教风也同样一丝不苟：备课，精心构思，字斟句酌，博采众长，去粗取精；上课，语言准确，推理严密，操作规范，内容精确，结构严谨。即使在日常生活中，其衣着、举止、风度等方面也与严谨的风格保持一致。严师出高徒，他们的学生经过长期的严格训练以及严谨教风的熏陶，往往能够形成严谨的学风和思维品质，知识基础和能力基础比较坚实。

2. 优美与朴实

属于优美风格类型的教师，往往感情丰富，具有良好的美学修养和教学艺术素养。他们特别注重教学中美的情境的创造，善于发掘教材中所蕴含的情感因素和审美因素，并以内化了的情感激起学生心灵的共鸣，使之受到感染和净化。他们精心设计教学，既追求整体的完美，也追求局部的完美。他们的教学语言往往声情并茂，极富艺术的表现力和感染力。与优美的教学语言相配合，他们常常借助多种艺术手段，使课堂充满诗情画意。属于这种风格类型的教师，多注重个人的仪表风度，使自己的外在形象与教学内容、教学行为构成有机的整体，形成教学美。学生从教师身上不仅汲取知识的琼浆，而且得到美的享受和高尚情操的熏陶。这是一种审美色彩特别是情感色彩浓郁的教学风格。

与优美相对的另一种形态的风格美是朴实。"朴实"之"朴"，不是单调、贫乏和枯燥，而是"天然去雕饰"、"豪华落尽见真淳"之"朴"；"朴实"之"实"，是充实、实在之"实"。有人说：语言艺术美的最高境界是朴素。由华而朴，在艺术上是一种炉火纯青的境界。教学风格的朴实，则表现在教学内容的丰富充实，教学方法的实实在在，能力训练的扎扎实实，教学语言的朴素自然。总之，一切着眼于实效，不雕琢，不花哨，有实事求是之心，无哗众取宠之意。这种风格类型，看似平淡，实质成熟之极。"绚烂之极也"（苏轼语）。

3. 细腻与旷达

细腻的教学风格，是指教师在教学中善于从大处着眼，细处着手，抽丝剥茧，精雕细刻。他们注意解决问题的过程而不仅仅是结论。他们善于抓住问题的关键处，探幽发微，层层剖析，以求对问题有深刻的理解。他们的教学设计比较细密，教学作风比较细致。与"大而化之"式的训练相反，他们尤其注重每个知识点、能力点的训练到位，不留疑点和空白。他们十分注意对学生的了解和体察，把握学生思想感情的细微变化，使教学始终贴近学生的实际，又像"春雨润物"一样，把思想教育的雨露渗透到每一个学生的心田，做到一言一语不疏忽，一举一动总关情。

旷达的教学风格特点是，教师善于准确地把握教学的宏旨，视野开阔，高屋建瓴。他们在教学中始终着眼于整体目标，而不计较"一城一地的得失"。他们善于纵横开拓，以拓宽学生的视野。他们在课堂上往往居高临下，举重若轻，左右逢源，潇洒从容，显示一种"大将"风度。属于这种风格类型的教师在个人治学方面往往具有这样的特点：勤于思辨，勤于研究，知识广博。见解深刻独到，带有学者化色彩。

以上所举的"三组六型"只是教学风格的基本类型，而不是教学风格类型的全部。而且，教学风格的基本类型不同于对教师个人教学风格的具体评价。然而对教学风格基本类型的分类，对于正确认识和评价教师的具体的教学风格则是必要的和有益的。

（三）教学风格形成的要素

教学风格的形成是一个长期的过程，其成因相当复杂。其中包括教师主体的因素，也包括非主体因素；既有精神方面的原因，又有行为方面的原因。在这些复杂的因素中，对于教学风格个性差异的形成具有重要作用的主要有以下几个方面：

1. 人格要素

从风格与人格的关系看，风格是人格的外现，人格是风格的灵魂。人格是形成一切艺术风格包括教学风格的内隐要素之一。

教学中的人格要素主要包括教师的职业理想、思想情操、审美情趣以及人品、师德等内涵，在教学中主要通过以下形式体现：渗透在内容里，贯串在师生交往中，反映在事业追求上。一般说来，人格并不决定风格的具体类型，却决定着风格的品位和格调，影响着风格的倾向。正如传统文论中所说，"文品来自人品"，在风格上处处打下人格的烙印。教学专家们认为，教师只有全身心地投入他所从事的工作，才会创造出有自身风格的高格调的教学，因为"教学工作是以教师的整个人格决一胜负的职业"。因此，一个追求教学风格的教师，首要的也是最重要的努力是加强自身的道德修养，形成高尚的健全的人格，舍此就不可能形成高格调的教学风格。

2. 学识要素

主要指教师的知识结构，学识特长。尽管优秀的教师们在他们所从事的教学专业内，一般都具备大致相同的专业知识，相关的学科知识，但是由于每个教师师承关系不同，所处文化环境不同，加上个人的专攻、爱好不同，因此，每个人的知识结构也是有差异的。这种差异对于教学风格的影响常常表现为，教师某方面的知识专长可转化为教学能力、教学技艺，从而丰富其教学艺术，强化其教学风格特点。比如，对诗歌、散文有特殊爱好的教师，其教学语言多文学色彩，教学生动形象，教学风格往往倾向于优美；对逻辑学有特殊爱好的教师，教学中多表现出思路严谨、语言严密的特点，其教学风格往往倾向于严谨。各种不同风格类型的教师在知识结构上的一个显著的特点是广博而专精，既全面而又有其擅长。

3. 技艺要素

教学技艺属于技能范畴。当一个教师的教学技能通过反复运用达到熟练化程度时就形成了教学技巧，而综合地运用各种教学技巧，使教学技能的整体水平达到较高程度时，则称之为教学技艺。

教学技艺的内容极为丰富，从教学过程来看，它包括教材处理、教学设计、教法运用等技艺；从教学操作行为看，它包括讲解、板书、提问、答疑等技艺；从教学技艺的类型来看，它包括一般技艺和特殊技艺，前者指教学中教师们普遍运用的技艺，后者指教师体现个人才能特长的技艺。在所有的教学技艺中，教师的教学语言技艺对于教学风格有着最密切、最直接的联系。不同类型的教学风格总是通过相应风格的教学语言来显示其特点。一般说来，生动风趣的教学语言是活泼型的教学风格的外在表现之一；声情并茂的教学语言是优美型教学风格的外在表现之一；平易朴实的教学语言是朴实型教学风格的外在表现之一；庄重严密的教学语言是严谨型教学风格的外在表现之一。所以，把握教学语言的个性特点，是我们概括教学风格类型的重要依据之一。

凡独具风格的优秀教师，他们不仅熟练地掌握一般教学技艺的"十八般武艺"，而且往往具有他自己最拿手的"绝招"。他们善于根据教学目标和具体学情，灵活地、创造性地运用各种教学技艺，以取得最佳教学效果。教师在教学技艺方面所形成的整体特点以及个人习惯、个人特长，是形成独特的教学风格的重要的外部要素之一。

4. 气质要素

在研究教学风格差异的成因时，我们常常发现这样的现象：同时毕业于同一学校，师承关系相同，知识结构相近，教学活动范围和从教时间也大致相同的两个教师，他们的教学风格却迥异，这是什么原因呢？排除上述相同或相近的条件，那么，教师个人的性格和气质的差异便是决定性因素了。

气质和性格都属于一个人的个性心理特征。气质是人的高级神经活动类型特点在行为方式上的表现，是一个人心理活动的动力特征。它表现为人的自然性的类型差异，使人的心理活动染上独特的色彩。人的气质和性格都有一定的倾向性。例如胆汁型的人具有明显的外倾性，抑郁型的人具有明显的内倾性，这种心理倾向，称为个性倾向。有些研究者根据心理学的这些原理，试图探究教师的气质差异与教学风格的关系："热情、主动、精力旺盛（胆汁质）的教师，力图创造活跃、民主的教学气氛，在活跃思维、激发学生学习热情上，有其独到之处。情绪丰富、灵活敏捷（多血质）的教师，课堂上以情动人，在调动学生的学习情绪活动上，有其一贯的手法，情感贯穿课堂的始终。情境教学法就充分展示了这类教师在气质上的个性。稳重、富有活力（黏液质）的教师，讲求一课一得，从学生的心理出发，巧设机关。教读法、统摄法的教学方法的形成与这类气质的特征有密切的关系。情感细腻、观察力敏锐（抑郁质）的教师，课堂上把注意和兴趣集中在教材的内部世界，注意在教学中理清文章的脉络，把握结构。目前流行的思路教学法、比较法、单元教学法等，从教师的气质差异上看，抑郁质的气质特征是形成此类教学法的因素之一。"教师的气质差异与教师的教学特点乃至具体教法的运用之间，是否如上所说，有着如此相应的因果联系，是一个尚需科学论证的问题。但我们可以肯定，教师一切教学行为，无不浸染着个人气质的色彩。因此，从气质因素深入研究教学风格的成因有着重要的意义。

除了上述四种要素，教师的政治素养，教师的情感、意志等心理因素以及对教学艺术的追求，教学中的创造精神等，都会对教学风格的形成产生不同程度的作用；从外部条件来说，时代的变迁，教学环境和教学对象的差异，学科的性质以及教师群体的潜移默化等等，也会对教学风格的形成产生一定的制约和影响。一个教师，特别是有了一定教学实践经验的教师，在研究教学规律和教学艺术的同时，也要学会研究自己，认识自己的教学个性特点，努力发掘自身的潜在优势，并自觉地强化和发展这些个人优势，使之成为教学艺术的"生长点"，进而逐步形成自己的教学风格，实现教学艺术境界的升华。

教学，是一门科学，也是一门艺术。这一命题昭示我们：教学既有其客观的规律，又是一项富有创造性、充满智慧的劳动。教学艺术是教学实践所达到的一种境界，这种境界的实质是合规律的实践自由。一位优秀教师的成长，正如艺术家的成长一样，需要经历从模仿到独立，从独立到成熟，从成熟到创造，从而进入教学的"自由王国"。而形成技艺精湛、个性鲜明的教学艺术和教学风格，便是实践自由的标志。在这一过程中，是满足于熟练和重复，还是不断探索、创新，不断超越自我。这将是一个教师最终成为一名教书匠或一名艺术家的分水岭。

把握教学艺术的实质，树立正确的教学观，把对教学艺术、教学风格作为一种自觉追求的目标，在实践中博采众长，勇于探索，张扬教学个性，开发创造潜能，必然会加快自我成长、自我发展的进程，最终将摘取教学艺术的明珠。

【复习与思考】

1. 教学的科学性和艺术性具体体现在哪些方面？如何理解两者的辩证统一关系？
2. 教师上课的艺术主要表现在哪些方面？列举实例进行分析。
3. 教学风格具有哪些特征？
4. 形成教学风格的要素有哪些？如何形成自己的教学风格？

第四节 语文教师的专业发展与终身学习

"教师专业发展"和"教师专业化"是两个概念,二者既有相通之处,又有本质区别。本节重点论述语文教师如何与新课程同行,加强专业发展,同时阐述了语文教师终身学习的理念、模式及目标。语文教师要确立终身学习的观念,通过多种途径,实现自我发展。

一、教师专业化与教师的专业发展

(一) 教师专业化与教师专业发展概念的区别

"教师专业化"是指教师职业具有自身独特的职业要求和职业条件,有专门的培养制度和管理制度。教师专业化是一个发展的概念,既是一种状态,又是一个不断深化的过程。"教师专业发展"和"教师专业化"是两个概念,就广义而言,两个概念是相通的,均用以指加强教师专业性的过程;就狭义而言,则有个体与群体、内在与外在的区别。教师专业化,主要是强调教师群体的、外在的专业性提升;而教师专业发展强调的是教师个体的、内在的专业性的提高。教师专业发展就是要求教师在整个职业生涯中,依托专业组织,通过终身专业训练,习得教育专业知识技能。实施专业自主,表现专业道德,逐步提高自身的从教素质,成为一个良好的教育专业工作者,也就是一个人从"普通人"变成"教育者"。

(二) 未来教师专业素养的基本结构

1. 具有与时代精神相通的教育理念,并以此作为自己专业行为的基本理性支点

未来中小学教师的教育理念,主要在认识基础教育的未来性、生命性和社会性的基础上,形成新的教育观、学生观和教育活动观。21世纪的基础教育,应该把每个学生潜能的开发、健康个性的发展、为适应未来社会所必需的自我教育、终身学习的意义和能力的初步形成,作为最重要的任务。

2. 在知识结构上不再局限于"学科知识加教育学知识"的传统模式,而是强调多层复合的结构特征

第一层面,专业知识结构的最基础层面,是"当代科学"和"人文学科"两方面的基本知识,以及工具性学科的扎实基础和熟练运用的技能、技巧。

第二层面,是要具备1~2门学科的专门性知识与技能。两门学科的性质可以是临近、相关的,也可以是相距甚远的,由教师根据本人的兴趣和能力进行选择。对自己所任教的学科基础知识、技能有广泛而准确的了解,并熟练地掌握相关技能、技巧,这是胜任本职工作的前提。而了解相关学科知识、掌握技能则便于教师与其他同事协调配合,也有利于指导学生开展综合性学习活动。

第三层面,属于教育学科类。它主要由帮助教师认识教育对象、教育教学活动和开展教育研究的专门知识构成。具体内容不能仅停留在一般理论与教学方法上,而应包括对教育哲理的宣传、管理策略、教育教学活动设计、方法选择、现代教育技术手段的运用以及教育研究等方面的知识与技能。

3. 要具有胜任新的历史使命的能力

（1）理解他人和与他人交往的能力。教师的工作是通过人与人之间的合作和共同活动，对人的发展产生积极影响的工作，因而这一能力是最基本的能力。

（2）教育管理能力。首先是按教育目标来规划教育活动的决策与设计能力，它对教育活动的有效性起着重要影响。其次是作为学生学习的组织者与领导者的管理能力，善于让每个学生发挥其聪明才智，既能为集体作出自己的贡献，又能从集体中汲取力量、感受温暖、学会协作。

（3）教育研究能力。主要指研究学生及教育实践的能力，包括对自己的教育实践和周围发生的教育现象的反思能力，善于从中发现问题及其意义；对日常工作保持一份敏感和探索的习惯，不断地改进自己的工作并形成理性认识。

（三）课程改革推动教师专业发展

课程与教师是密切相关的，两者之间存在着相互影响、相互制约、相互促进的关系。课程的发展就是教师的发展，课程的变革实际上是人的变革，没有人自身的主动适应与变化发展，课程改革是不可能实施和成功的。当前教师的专业发展的首要任务有以下几点：

1. 树立先进的教学观

（1）教学既是课程传递和执行的过程，又是课程创生与开发的过程。

（2）教学是师生交往、积极互动、共同发展的过程。

（3）教学既要重视结论，更要重视过程。

（4）教学要关注学科，更要关注人。

2. 倡导正确的学生观

（1）学生是发展的人。

（2）学生是独特的人。

（3）学生是具有独立意义的人。

3. 树立正确的人才评价观

（1）树立"全面发展"的人才观。

（2）树立"重视发展"的质量评价观：①注重评价功能的转化；②运用综合评价的方式；③强调质性评价；④实现评价主体的多元化；⑤从过分关注结果转向对过程的关注。

二、语文教师的培养与进修（终身学习）

（一）语文教师培养的新理念

20 世纪 90 年代，教师教育的理论有了较大的发展，语文教师教育课程因此也出现了很大的变化：一是重视实践经验，包括观课、试教以及尝试开发教材；二是重视以课堂为中心和教师就是科研人员的培训哲学；三是重视发展对语文教师教育的认识和信念。基于上述理念，世界各地的语文教师教育的课程，都十分重视以下五个方面：①教师的认知能力和教学观念的培养。②教师反思能力的培养。③通过教师对自己的教学经验的阐述和进行个案研究来进行培训。④通过教师的实践和观察取得有关的知识和技能；要求教师观察学校内的指导教师、伙伴甚至自己的教学，然后写出感想、作出总结，这是一种十分重要的学习活动。⑤教师进行科研能力的培养。如课堂研究，在职前和在职语文培训课程所占的地位越来越重要。

（二）语文教师在职进修模式

1. 以学位课程为基础的在职培训模式

这是国外对在职中学教师，包括对中小学其他教育人员进行的继续教育的重要培训形式。主要包括的类型有：①兼读制语文教育学课程；②研究生教育专业证书课程；③一年制教育学位课程；④硕士课程，含教育硕士、文学硕士、哲学硕士；⑤博士课程。基于"终身学习，自强不息"的信念，中小学教师修读高学位的风气已经逐渐形成。

2. 以单科课程为基础的在职培训模式

这种模式是为已经取得专业教育资格的教师设置的终身学习的课程，一般不颁发学位，只发修业证书或结业证书。主要包括：

（1）单科课程培训式。指某一学科的专门知识课程和教育方法课程，其目的是让教师掌握新的教育科学理论和新的教学方法。

（2）特殊教育课程培训式。是一种高级进修培训形式，目的是提高语文教师的特别技能和水平。

（3）专业教育课程培训式。侧重于学科专业的新知识和应用方面，如大学教育学院为在职教师开设的"新课程研修班"、"语文教师与现代研究"、"语文课堂教学方法"等专业教育培训课程，它与语文教学实际联系密切，具有很强的实用价值。

（4）短期进修课程培训。多为国家教育行政部门和地方教育主管部门，或一些学科专业协会根据教育和教学的需要开设的，目的是解决当前语文教育和教学中的实际问题。在国外，这类进修一般不采用脱产集中时间学习，进修者大都是利用晚上和周末时间参加学习。

3. 新任教师在职培训模式

（1）"新教师带引"式。这种培训课程不脱产，由教师培训中心派任或由本校指定的老师对新教师进行传、帮、带，帮助其掌握课堂技巧，把所学的知识、技能用于教学实践。

（2）集中培训式。把新教师集中起来进行职前培训，主要培训两方面内容：一是作为教师应具备的思想教育方面的素质，二是进行具体的教学指导。

（3）"解决问题"式。是以研究问题的方式实施进修的培训，这种培训的特点是联系学校教育的实际问题，在研究解决问题中提高新教师的素质和能力。

4. 以学校为本位的在职培训模式

（1）在学校中指定专人，负责新任教师的入职训练，从各方面加以帮助和指导，使他们尽快适应角色和环境要求。

（2）每个中小学校指配师资培训的联系人，定期搜集教师信息，并向大学或教师教育机构、教师专业团体汇报。

（3）设立校外教师教育中心。

（4）吸收资深中小学教师担任专职培训人员，和大学教授、师资培训机构人员、教育官员一起，共同设计和制订中小学教师培训计划，确定培训内容和目标等。

（5）在中小学设立教师继续教育管理小组，一般由校长和资深教师参加。负责制定和管理本校教师的在职学习，提高工作效率。

（6）由大学、教师培训机构或教师专业团体定期在中小学或校外中心开展研讨会，安排教师与专家见面，通过演讲、咨询、讨论等方法，使教师获得新知、发展理念和解决问题。

（7）由中小学教师提请，大学、教师培训机构或教师专业团体指派专家，协助开展专题研究。许多中小学经过实践后认为，开展专题研究是师资培训中最基础、最严格也最有价值的工作，它能整合专家知识和教师的实际经验，能实现"教师即研究者"的角色转换。

（8）建立"个别顾问"制度，即由中小学向大学、教师培训机构或教师专业团体聘请顾问，让他们彻底了解学校各方面的问题，经常与教师谈话、讨论，帮助解决一系列实际问题，并为某个或某些教师制定自修计划。

（9）中小学之间紧密联系，互通有无，资源共享，充分利用现代化教育技术手段，为中小学教师提供良好的进修机会和条件。

5. 以学校、学区和大学教育学院协作的在职培训模式

美国曾建立职业发展学校PDS（professional development school，简称PDS）来加强在职教师培训。在PDS中，中小学教师与大学教师组成合作小组，共同负责师范生的培养，这就在以往相互隔绝的中小学与大学之间架起了沟通的桥梁。

（三）语文教师终身教育展望

1. 教师终身教育发展趋势

（1）经验措施的借鉴。

国外及我国台湾地区的教师在职培训教育已经很有特色，值得我们借鉴的有：

①把中小学教师的在职培训和提高教育，当成一种持续性教育活动，长期坚持。例如英国，中小学教师的在职培训教育迄今有200年左右的历史。

②培训政策配套，培训经费到位。如英国、美国、法国、日本、瑞士，都有相应的政策和措施，在制度和经费上对中小学教师的在职培训提供保障。

③在职培训模式切合各地中小学教师的实际，具有实际效应。

④能根据中小学教育发展实际，不断研究和发展中小学教师在职培训教育活动，使其形成社会共识，逐步完善并得到发展。

（2）"一体化"是我国教师教育的发展方向。

教师教育单靠职前的一次性终结型的师范教育是不够的，教师的专业发展是贯穿于职前培养和职后进修的全过程的，因此一体化是教师专业发展的必然要求。"一体化的教师教育"应该包括三层意思：一是职前培养、入职教育、职后提高的一体化，即学历教育，与非学历教育一体化；二是中、小、幼儿教师教育一体化；三是教学研究与教学实践的一体化。即师范大学与中小学建立伙伴关系。

2. 面向未来的语文教师素质要求

分析世界不同国家和地区的教师培训课程设置，可以看出面向21世纪的语文教师的要求包括下列各项：①具备结合学科知识与教学应用的能力；②具备设计发展课程的能力；③从心理学的角度了解教与学的有关问题；④认识教育与社会的关系；⑤具备进行科研的能力；⑥具备运用多媒体和处理信息的能力；⑦认识青少年心理发展的知识和指导学生的能力；⑧具备语言学和应用语言学的基本知识；⑨具备语文能力评价的知识和技能；⑩具备中国语言、文字、文学、文化的基本知识；⑩具备语言、文学、文化的教学理论知识和方法。（具体见本模块的第二节：语文教师的素质）

3. 我国当前语文教师培养与进修的目标

（1）提高政治觉悟和职业道德水准。

树立正确的世界观、价值观、人生观；热爱教育，热爱学生，热爱祖国的语言文字；

具有高尚的教师品德和崇高的职业理想。

（2）更新语文教育观念。

学习现代教育理论，树立正确的人才观、教学观、质量观；培养创新精神，增强改革意识，形成科学理性的态度；遵循语文教学规律，尊重学生人格，注重学生身心发展特点，把不断发展的教育理念渗透在语文教学过程中。

（3）拓展知识结构。

了解国内外教学理论研究动态，熟悉语文教育改革最新成果。拓展语文学科知识和科学前沿知识；开阔视野，掌握或了解相关人文学科知识和现代科学技术最新成果，改善知识结构，由单一型教师向综合型教师发展；增强终身学习的能力、创新能力和自我发展的能力。

（4）增强教育教学能力。

通过进修学习，具有科学地研读、准确地运用课程标准的能力，提高驾驭教材、优化课堂结构的能力。

（5）增强现代教育技术应用能力。

掌握先进的教育技术、方法和手段，熟练使用计算机、多媒体手段辅助教学，提高教学质量和教学效率，并善于运用现代信息技术手段获取信息，改进教学。

（6）提高教育科研能力。

掌握语文教学研究的基本方法，了解语文学科教育科研动态，积极开展教育科研活动，并将教育科研成果转化为教学实践能力。

教师专业化是现代教育发展的必然要求和趋势，不断提高教师专业化水平也是实施科教兴国战略、实现中华民族的伟大复兴事业的现实需要。教师专业发展是新时代新教育对教师的角色期待。语文教师必须更新教育教学观念，树立终身学习的观点，遵守师德规范，提高心理素质，优化智能结构，运用科学的方法，研究语文教学中出现的新问题、新现象，总结语文教学改革中的经验与教训。掌握语文教育教学的规律，并内化为自己的教育教学理念和教学能力，不断提高专业水平和教学质量，努力发展成为专家型、学者型教师。

【复习与思考】

1. 教师专业发展大体有哪些具体内容？
2. 未来教师专业素养的基本结构是什么样的？
3. 你是怎样看待科研与教学的关系的？

第五节 语文教学研究

研究型教师是现代教育对教师的专业要求。中小学语文教师不仅要具有中小学语文教学能力，而且要具有中小学语文教学研究能力。本节主要阐述了中小学语文教学研究的意义、内容、步骤、方法和语文教研成果的表述等。学习本节，一方面要强化语文教学研究意识，另一方面要掌握语文教学研究的内容、步骤和方法，认真学习教育理论，积极参与教学实践，并在教学实践中积极思考，善于发现问题，不断总结教学经验和汲取教学新成果，努力使自己成为一名研究型的中小学语文教师。[①]

一、语文教学研究的意义

语文教学研究，是运用教育科学和语文学科的理论与方法，有目的、有计划地对中小学语文教育教学中的现象与问题进行研究的一种语文教育活动，其目的在于探索和认识中小学语文教育与语文学习的内在规律及本质特点，推动中小学语文教育教学的改革与发展，促进中小学生语文素养的全面提高。

因此，开展中小学语文教学研究具有重要的意义。

1. 有利于形成科学的教育思想，丰富中小学语文教育教学理论

理论来源于实践。每位教师的教育教学行为都受一定的教育思想所支配，教师教育思想正确、科学、合理，其教育行为也正确、科学、合理。当前，全面实施以培养学生创新精神、实践能力为重点的素质教育是我国教育的基本思想，但要真正落实到教师的具体教育行动中并非易事。虽然，需要的条件很多，比如学习现代教育理论、教育政策法规等，但通过对具体的教育事实进行分析研究，深入进行理性思考，在实践探索中更新教育观念，才是正确有效的途径。因此，只有开展教育科研活动，才能对教育科学理论活学活用；才能在实践中不断地更新教育观念；才能逐步形成正确的教育理念和教育思想，丰富语文教育教学理论。

2. 有利于推动语文教育教学改革，提高语文教育质量与效率

教育教学要发展，就必须进行改革；而教育科研则是教育教学改革的基础与实施过程。把教育教学改革与教育科研工作结合起来，是现代学科教育教学改革与发展的一个显著特点。

实践证明，任何一项成功的教育教学改革都是经历了由学习理论、小范围试验、总结提炼到逐步推广的过程。语文教育教学改革需要在科学理论的指导下，通过对语文教育教学现状进行准确的分析，对改革措施进行周密的论证，才可能获得成功。没有建立在科学分析研究之上的教育教学改革，只能是一种非理性的盲目的冲动。

因此，作为现代中小学的语文教师，更应积极从事语文教育教学研究，总结经验教训，钻研教育教学方法，探索教育教学新途径，以便更有效地推动中小学语文教育教学的改革与发展，达到减负增效的目的。

3. 有利于教师专业化发展，提高教师自身素质

对于教师而言，如果只教书育人而不从事教育科研活动，那么他的教育教学就可能观念滞后，方法陈旧，难有突破和创新。因此，语文教师不能只知埋头拉车，还要抬头看路，开拓未来，要不断总结自己在教书育人中的成败得失，不断对教材教法等教育现象进行研究，探索语文教育规律，掌握语文教学艺术。

时代要求教师成为"研究型"、"专家型"教师。要达到此境界，必须要提高教育理论素养，坚持教育教学与科研工作同步进行。因为教育科学理论是教育实践经验的高度概括和科学总结。它源于实践，又高于实践。有许多教师爱岗敬业、无私奉献，积累了丰富的经验，为教育事业鞠躬尽瘁、死而后已，真正做到如陶行知先生的名言所说"捧着一颗心来，不带半根草去"；但他对教育教学中出现的现象与问题，缺乏思考与研究，无法形成自己科学的教育教学思想和风格，无法使成功的经验推广开来，无法使失败的教训让后人

---

① 刘本武主编：《语文新课程教学法》，首都师范大学出版社，2012年版。

引以为戒，这不能不说是一种遗憾。所以，任何有经验的教师，如果不提高教育科研素养，其终身的经验也不能达到教育理论所要求的高度。语文教师教育理论素养的提高，一方面是加强学习，另一方面是必须积极参加语文教育科研活动。在科研活动中把教育理论和教育实践结合起来，提高运用教育理论分析、研究实际问题的能力，提高教育研究的水平，从而使语文教育实践从盲目走向自觉，使教师本人超越感性、时空的局限，站在更高的层次来思考语文教育问题。

二、语文教研内容

中小学语文教学研究的内容一般包括语文学习研究、语文教学研究、语文课程评价研究、语文教师研究、语文校本研究。

1. 语文学习研究

语文学习研究包括语文学习与学生发展关系研究、语文学习的过程与方式研究等。现代语文教育特别强调生本思想和学法指导，充分发挥学生在语文学习中的主体作用。这方面值得深入研究。

2. 语文教学研究

语文教学研究是语文教研的重点，包括语文教学观念、识字写字教学、阅读教学、写作教学、语文综合学习教学、口语交际教学、语文教学活动、语文教学艺术等方面的研究。语文教师主要从事语文教育教学实践，有较丰富的问题体验和积累，应重点进行这方面的研究。

3. 语文课程评价研究

语文课程评价研究主要包括语文课程评价功能、评价原则、评价方式、评价指标体系构成等研究。语文课程评价研究是语文教育科研的重要内容，它对深化语文教育教学改革将起到重要的促进作用。

4. 语文教师研究

语文教师研究主要包括语文教师的历史使命、角色定位、素养构成与培养等方面的研究。

5. 语文校本研究

"努力建设开放而有活力的语文课程"是语文新课程的基本理念，基于这一基本理念，语文教育教学要由过去的"一纲一本"转为"一纲多本"，即教材体系由国家教材、地方教材和校本教材组成。校本教材将是学校教育发展的趋势。校本教材作为一个新鲜事物，有很多问题值得研究，包括校本教材的开发、编写内容、编写体例等诸多研究对象，是语文研究的重要内容。

三、语文教研的一般步骤

语文教育科研一般包括下面几个步骤。

（一）准备阶段

准备阶段是教学研究的重要部分，它包括确定研究课题、进行研究设计、制订研究工作计划三个方面。

1. 确定研究课题

确定研究课题是在选题的基础上进行的。换句话说，确定研究课题首先要选好题。选题在教学研究中具有重要的意义，选题是科学研究的起点，也是科学研究的关键环节，它是衡量研究者科研水平的标准之一。

（1）选题的来源。

语文教学研究的选题可从以下几个方面进行。

①从语文教育教学实践中选题。

从语文教育教学实践中选题，是语文教育科研的第一源泉，是构成语文教育科研课题的最基本的部分。因为，从根本上说，语文教育科研就是为了解决语文教育教学实践中的问题，这是由语文教育科研的目的决定的。

语文教师的生活和工作在语文教育教学实践过程中，对语文教育教学的直接感受最多、最深，既有对实际现象和过程的观察与调查，又有对事物特征和本质的了解与把握，因而来源于实践的问题最多，最有基础研究这类问题。语文教育刊物上的文章也大多来自语文教育教学实践，例如《生态语文课堂的本质追寻》、《是什么破坏了公开课的"原生态"》、《阅读教学切忌"空穴来风"》等文章就是如此。

②从社会需要中选题。

社会需要，是语文教育科研的另一源泉。如果说任何科学研究都离不开社会实际需要的话，那么，具有广泛社会性的语文教育科研，就更应该植根于社会，从社会需要中选题。

我国当前的社会正处在改革和发展的关键时期，它向语文教育界提出了一系列重要而迫切的研究课题，诸如语文素质教育的健全问题、语文教育的创新问题、语文学习中学生主体性的体现问题、学生语文学习负担合理化问题以及语文教师的继续教育问题等，无一不有待于语文教育理论工作者和中小学语文教师将其纳入自己的研究计划，当作义务去完成。例如《语文教学和高考的问题及改进策略》、《社会转型与语文教学》、《在阅读教学中培养学生的创造力》等文章论述的就是这类问题。

③从科学理论中选题。

语文教育理论以及与语文教育相关的理论，是语文教育研究者选取课题的又一源泉。在我国，经过几代学者和语文教师的努力，语文教育理论已具备雏形，但还远未形成完整的科学。而与语文教育相关的学科虽然多已相当成熟，但随着时代的发展和学科的进步，任何学科的任何理论都会出现新的空白点需要填充。要给新出现的事物以解说，必然会出现新的不足需要给予弥补，必然会出现新的分歧需要给予分辨。而所有新的问题，都是研究工作者应予研究的课题，比如以接受美学的理论为依据研究学生在阅读中的主体地位和作用问题，依据交际语言学的原理研究学生在口语和书面语的培养途径问题，依据人类文化学学说研究语文教科书中的文化内涵和表现形式等。

从科学理论中选题，进行理论的探索，自然要求研究者具备相应的理论修养和逻辑思维能力。而中小学语文教师限于时间和精力，不可能像专门的理论研究者那样广泛阅读，多渠道吸收。因而从科学理论中选题，从事理论研究，相对来说，有些难，然而只要努力也能胜任。

④从学术信息中选题。

新的学术信息也能够提供研究课题，它是研究者选题时可以寻找的另一个源泉。当前，无论是在国外还是国内，学术的发展变化都日新月异，新的信息几乎有如泉涌，令人目不暇接，这为研究者提供了极好的条件。新的信息可以开阔研究者的视野，启动新的思路，因而产生自己的研究课题。

新的学术信息主要来自两个方面：一是来自新概念、新理论，二是来自新事实、新动态。在这两个方面，我国的语文教育研究者包括中小学语文教育者都有着研究者的敏感，能够及时捕捉，给予评价和研究。例如，从"知识经济"这个新概念选题的《知识经济呼唤语文教学的创新》，从元认知的基础上发展而来的"元阅读"这一信息中选题的《元阅读："从理论到实践"》，从国外的与学生阅读活动有关的"图式"理论中选题的《图式与阅读教学》等文章，就都是从新的学术研究中的新概念、新理论中选题；而从学术活动的新现象、新动态中选题的也散见于语文教育报刊，比如《语文教学呼唤学科批评》、《试论语文教育的后现代主义批评》等。

从新的学术活动信息中选题是以"新"取胜，带有极强的时代性和时间性。它特别要求研究者具有随时汲取信息的敏感，并广泛阅读和广泛接触社会，以便扩大视听范围，随时捕捉信息，把握新动态，使自己处于语文教育科研领域的前沿。

⑤从史料中选题。

语文教育史料也是语文教育研究者选题的一大依据。我国的语文教育源远流长，远始于春秋，迄至当代，几乎每一主要历史时期都有语文教育著作、语文教育学者、语文教材以及学校语文教育的实际等可供我们研究。特别是自19世纪初有了属于现代范畴的语文教育，起至新中国成立前的这一阶段，作为史料，可以说研究的范围广，数量也足够多。约略说来，独具风格的语文教科书当数以百计，专门的语文教育刊物虽未曾见，但含有语文教育文章的教育刊物和语文刊物，例如《教育杂志》、《中华教育界》、《国文月刊》、《国文杂志》等，也有十几种。著名的语文教育学者，比如林纾、梁启超、蔡元培、黎锦熙等一大批人物的语文教育思想，迄今我们还都未进行过系统而深刻的研究。至于语文教育研究团体（如中华国语学会），语文教育读物的编写、出版部门（如商务印书馆、中华书局和开明书店）等所作出的贡献，自也应列入研究课题的范围。这类论文数量虽然不多，但仍能从一些有影响的语文教育刊物中读到，例如《语文教材体系陈旧已延续百年》、《20年代的语文"课程纲要"》、《30年代前后的语文教学法研究》、《语文教育家夏丏尊、朱自清》等。

由于语文教育史的研究比较专门化，且历史的研究毕竟不像现实问题的研究那样具有紧迫感，故此类研究多限于专职的语文教育研究工作者。

⑥从个人特长中选题。

科学研究的课题还可以依据自己的兴趣和激情来选择。这是选题的又一个来源，也是使研究者走上成功之路的重要依据之一。

研究者的个人特长，可以是特殊的语文教学体验和经历，使课题完成得最出色；可以是专门的知识，使课题研究获得不寻常的答案；可以是独具的兴趣和激情，使研究获得最理想的回报；可以是特有的天赋和才能，使研究取得最突出的成就；可以是极有利的环境，能给研究以难得的机遇，如此等等。只有认清自己的特长，投入研究的时间和精力才能更有效。认清和把握自己的特长，就等于给自己的科学研究定了位。每位研究者在选题时，都要像体育界、艺术界的人才那样，善于认识和发挥自己的特长，在专中求进求精。

当然，个人的特长并非都是指已经具备的，它包括经过自我培养能够具备的。比如，本不擅长有效的作文指导，但出于职业的责任感又有必要具备这种特长。

（2）课题选择需要遵循的原则。

语文研究课题选择要遵循以下几个原则。

①需要性原则。

需要性原则要求所选课题必须体现语文教育实践的需要或语文教育理论发展的需要。语文教育实践中提出的问题，永远是语文教育科研选题最重要的源泉。因此，教育科研选题，必须具有为教育实践服务的应用价值，应该选择当前教育改革实践中最迫切需要解决、最关键的问题作为研究课题。例如，当前的语文素质教育研究，语文创新教育研究，语文如何既减轻学生负担又提高教育教学质量、发展学生个性研究，语文新课程改革研究等。

需要与价值是一对孪生儿，根据需要性原则选定的课题就应具备一定的应用价值与学术价值。价值既是选择研究课题"需要"的出发点，又应是"需要"的归宿。

②创新性原则。

创新性原则，是指选题要新颖。爱因斯坦说过："提出新的问题，新的可能性，从新的角度去看旧的问题，都需要有创造性的想象力，而且标志着科学的真正进步。"

创新是语文教育科研的生命与灵魂。语文教育科研的课题应该具有独创性与新颖性。具体指两个方面：其一，指课题应是前人没有解决或没有完全解决的问题；其二，指用新观点、新方法，从新的角度讨论旧问题。

语文教育科研要做到选题的创新性，一要树立创新意识，明确科研要有所建树，就必须创新，不能人云亦云、步人后尘，要解放思想、独辟蹊径，能提出新的观点、新的学说、新的路子；二要加强信息工作，掌握教育发展的新动态，善于发现新情况、新问题；三要注意到最有希望、最需要创造性而且最能激发创造力的地方去选题，比如到不同学派争论的领域去选题，到研究的空白处去选题，到学科交叉的边缘地带去选题，到实践迫切需要的方面去选题。

一个具有创新精神、责任感强的语文教育科研者，要既不重复别人，也不重复自己，始终致力于开辟鲜为人知的新课题，这是我们所应该追求的。

③科学性原则。

科学性原则是指选择的课题和提出的假设要有事实或科学理论的依据，不能违背已知的科学规律。这是从事科学研究时必须遵循的最基本要求。

坚持科学性原则，要做到：选择课题要抓住问题的实质，坚持正确性；选择课题要符合客观规律，具有合理性；选择课题要克服猎奇与偏见，保证客观性；选择课题要发挥个人特长，讲求实效，体现优化性。

科学性原则要求我们既要尊重事实，又不拘泥于事实；既要接受已有理论的指导，又要敢于突破传统观念的束缚。"科学无禁区"，但"课题有约束"，这才是辩证的、有分析的、科学的态度。

④可行性原则。

有价值有意义的研究问题并非都是立即可以研究的课题：其中一个原因，就是研究往往还受各种主客观条件的制约。所以，选题时必须清醒地估计研究的现实可行性，分析研究的主客观条件，找出有利与不利之处，对研究能否顺利进行作出一个基本的估价。

可行性原则要求选题时考虑如下几方面的问题：研究这一问题，需要的材料是否充足，是否易于获得？研究所需要的场所、设备有何要求，研究所需的费用要多少，是否有可能解决？研究所需的时间要多少，是否能保证？研究这问一题，自己的能力、水平和志趣如何，是否有完成课题的能力和信心？

通过对主客观条件的分析，研究者就可以做到"知问题之难易，知环境之利弊，知自己之长短"，就会做出既不冒进、又不保守的正确抉择。

（3）语文研究选题的程序。

①提出问题。

课题始于问题，问题就是对矛盾的认知。当人们已有的认识不能解释遇到的新事物时，当事实与现有的理论之间发生矛盾时，就会产生问题。吕叔湘先生曾提出："十年间，二千七百多课时，用来学习本国语文，却是大多数不过关，岂非咄咄怪事！"这个问题提得好，语文教学质量不高，这是多年来存在的现象，大家见怪不怪，可是吕叔湘先生却在大量的学习时间与低下的学习质量之间发现了矛盾，提出了问题。问题提出后有不少人为之震惊。于是，就激起不少语文教育工作者为了提高语文教育教学质量而开展课题研究。

一般来说，研究者如果具有一定的理论素养和实践经验，又具有敏锐的观察力，就能提出一些具有新价值的问题，这些问题往往会成为确定选题的线索。问题提得越多，找到合适的课题可能性就越大。如何才能提出更多的问题呢？有下面三种方式。一是查阅资料。借此可以了解他人语文教育科研达到的程度以及目前语文教育科研的动态，这样可以在前人研究的基础上，确立自己的主攻方向，使语文教育科研课题具体化、深入化。查阅资料也可以帮助我们了解别人的构思或新的研究方法，引进相邻学科的新观点、新思路，从中得到启发；还可以从资料中了解别人成功的经验或失败的教训，供自己比较和参考，避免或少走弯路。二是实地调查。到语文教育教学实践第一线去调查，有利于发现问题与形成课题。在调查前要明确调查目的，拟好调查提纲，设计好调查表格，力求调查的情况真实、全面、系统、可靠。在调查中，要注意听取语文教育实践工作者的意见和对语文教育问题的分析。三是专家咨询。征询专家或对某方面有研究经验者的意见，可以从中受到启发，取得借鉴，尤其是经常参加一些语文教育教学方面的学术研讨会、经验交流会，有利于收集语文教育教学新观念、存在的各种问题及社会反映。

②分析问题。

作为初步认识到的问题，往往还不能成为选题，还必须经过一定的分析才行。分析问题就是把所提出的诸多问题中的某个问题明确起来，把它从范围较广的联系中剥离出来，成为条理清晰、界限明确、范围较小的问题。例如某学生写作水平较低，这个问题与语文教师的业务素质、教学方法、学生的写作态度、认识水平、智力、非智力因素等都有关系。如何提高写作水平，这个问题较大，难以定为研究课题。经观察分析，发现该校学生写作水平低，不是教师专业知识、学生智力差，而是与教师的写作教学方法和学生的厌写情绪有关。于是他们把激发学生写作兴趣、改进写作教学方法作为研究的方向，变"苦学"为"乐学"，确定"快乐作文实验研究"为科研课题。

③确定选题。

确定选题包括"问题→分析→课题→选题"这样一个工作过程。在我们提出的许许多多问题中，经分析，确定符合需要性原则、创新性原则和科学性原则的问题，才能上升为研究课题。只有符合现实可行性原则的研究课题，才能上升为选题。因此，有了研究课题，还要通过查阅文献和实地调查，经过评价和筛选才能成为选题。如果有了若干选题，则还要从中筛选出一个最佳选题，即意义最大、能填补理论或实践空白的选题来着手研究。但是，对于初学研究工作的人来说，选题不应过难，并以能得到导师、专家的指导为宜。

④陈述选题。

课题选好后，还得用书面的形式陈述清楚。陈述选题，又称选题报告，一般包含如下内容：选题名称、研究类别、研究起止时间；选题研究的负责人、参加者、承担单位以及合作或协作的单位与分工；选题研究的目的、意义及国内外研究状况；研究的内容和采用的方法、途径、手段；预期的效果、成果的形式与去向；研究的基础和准备情况；研究的步骤；经费预算与来源。需要指出的是，研究者选定课题，不论是上报有关管理部门还是自行研究，都应该遵循选题的基本原则与程序，都要重视开题论证，以提高语文教育研究的科学性，获得预期成果。

2. 进行研究设计

研究设计，是指能准确地表述研究课题和目的，并提出假设，然后在课题的研究范围内，按自己确定的分析单位提出选择样本的方法及样本数（样本是相对于总体而言；总体是研究的个体的总和；总体中的每个单位称为个体；样本是作为观察对象、对总体有一定代表性的那部分个体）。它是教育研究能否达到"求真"目标的重要保证。

3. 制订研究工作计划

研究设计结束即可着手制订研究工作计划。工作计划是对实现某一研究设计的行动规划、时间规划、组织形式规划和经费规划。制订研究计划的主要内容为详细划分研究工作的阶段，明确制订各阶段的工作任务和要求，估计每阶段需要的时间与经费，制订出研究的组织形式、人员的分工职责与合作项目，规定对研究工作开展状况的检查时间与方法，详细制订出研究成果的形式和评价与鉴定的方式，确定经费预算等。它对整个研究工作的顺利开展起着关键的作用。

（二）实施阶段

实施阶段是把研究计划从纸上变为实际行动，最终变为现实的阶段。这一阶段的中心任务是保证研究质量，具体内容包括以下几个方面。

1. 搜集、获取资料，形成科学事实

若在研究设计中要对课外作业的负担进行调查，则在这一阶段就要根据科学的抽样调查理论，确定样本抽取方法与样本容量，进而确定具体的调查对象。然后设计调查方法，进行实地调查，收集数据，整理数据，对数据进行科学分析。例如，设计研究中，要规定进行某种教育方法的实验，则在这一阶段就要具体确定实验班与对照班，若有必要还要培训实验教师。然后进行有计划的实验教学和定期的测量、评估、收集数据资料等日常工作；通过预定计划的实验活动，收集、积累了必要的资料，然后进行资料整理与分析，以形成科学事实。在这一步工作中，研究工作者特别要注意避免由于研究者本身的观念、倾向而造成在资料收集、分析时产生一定的倾向性。在这一点上，若不加注意常会导致认识上的偏差，使研究结果失去真实性。

2. 分析科学事实或已有理论，形成新的科学理论

通过调查研究或实验研究，收集、分析获得的资料，形成科学事实以后，则进入由科学事实上升到科学理论的阶段，这一步在教育研究中是一个独立的认识过程。研究者要从已有的科学事实出发，建立科学概念，作出科学判断，进而构建理论体系。这项工作的成效除了决定于提供理论加工的原始资料的翔实度、可靠性等质量外，还决定于研究者本身的理论修养和思想方法的水平。

3. 撰写论文或研究报告

撰写论文或研究报告是语文科学研究的最后阶段。论文或研究报告使研究结果以文字形式保存下来，供他人学习、借鉴和探讨。一个较为简单的研究课题、研究报告或论文，总在研究的最后阶段完成。如果研究者进行的是一个复杂的或长期的研究项目，那么可以产生中期报告。一个课题也可以写出一系列报告或一系列论文，其成果可以是单篇文章，也可以是一系列文章，甚至于一本专著。

（三）总结、评价阶段

完成研究工作以后，最后还要对研究工作进行总结与评价，对研究工作的总结是研究者自我提高的重要手段。通过总结，对自己的研究工作进行全面的反思，找出成功的原因，存在的问题，总结经验与教训，这对提高研究质量，寻求新的研究课题，提高研究者运用研究方法的能力与水平都有十分重要的作用。一个好的工作总结不仅有回顾，而且还有对未来的展望和进一步研究的建议。研究总结除了研究结束时进行整体的总结外，还可以在研究的各个阶段进行阶段性总结。以便及时总结经验，修正研究过程中出现的偏差或失误。这对于一个长期的研究项目来说显得特别重要。

评价是对科研成果的一种确认。现代教学研究成果，通常要通过评价进行确认。其评价方式一般为专家鉴定或社会认可，这类评价总是在科研成果出来之后进行。而作为研究者个人的自我评价，不仅在最后阶段，而且在研究过程中也是必要的。研究过程中的评价可与总结结合起来，其作用是保证研究质量。

四、语文教研的方法

（一）观察法

1. 内涵

观察，是指人们对周围存在事物的现象和过程的认识，这种认识是基于研究者对事物的现象和过程的理解。语文教育观察法，是指在教育科学研究中运用科学的观察方法对语文教育现象进行研究的一种基本方法。

2. 特点

（1）能动性。

科学的观察是具有能动性的感性认识活动，不是简单反射式的感觉，而是有目的、有意识的观察与研究。

它要求做到：确定某个现象得以发展的条件；详细描述所观察的现象；科学地分析和说明所研究的对象，查明现象及发展条件之间的因果关系。在观察之前，应根据科研任务，制订详细计划，包括确定观察对象、观察条件、观察范围和观察方法，以保证观察有目的地进行。

（2）选择性。

科学的观察并不是一般的认识现象和事实，而是从大量客观事实中，选择观察的典型对象，选择典型条件、时间、地点，获得典型事物的现象和过程，这样的观察才能获得预期的成效。例如，对某班级学生语文学习态度和精神状况的观察，就可以根据观察目的选择不同类型的学生作为观察对象，选择反映学习态度和精神状况的主要指标（如时效性、求知欲、创造力、自强精神、意志力、学习习惯等）。主要指标中又选择典型指标（如时效性）以及主要二级指标，选择几个主要时间、场合等进行观察。把观察集中在经过选择的几名学生、几项主要指标、几个主要时间和场合的对象上，就能达到科学观察的目的。

（3）客观性。

客观性是使观察所获得的现象和过程能正确反映客观事实。观察的结果，是观察者通过观察手段对观察对象的现象或过程的一种反映和描述。

3. 类型

观察法主要有抽样观察法、追踪观察法、隐蔽观察法和综合观察法四种。

（1）抽样观察法。

抽样观察法包括时间抽样观察法、场合抽样观察法和阶段抽样观察法。

①时间抽样观察法，是专门观察和记录在特定的时间内观察对象的现象和过程的一种方法。比如，进行课业负担现状的观察，在校内就选择下课时间、午休时间和其他课余时进行观察。统计和记录这些抽样时间内在教室里写作业的人数，从而做出分析判断。

②场合抽样观察法，是有意识地选择某个自然场合，观察研究对象行为表现的一种方法。

③阶段抽样观察法是观察者选择某一阶段，对观察对象的状态进行观察。

运用以上方法，必须注意抽样的科学性，以保证观察结果能符合总体情况。

（2）追踪观察法。

追踪观察法常用在对特殊学生的个案研究上，是一种实验观察类型。

（3）隐蔽观察法。

在对人进行观察时，为使观察对象自然、放松，而采用通过单向透光玻璃、电视、纱幕或潜视系统等进行观察，是在观察对象毫无知觉的情况下进行观察的方法。

（4）综合观察法。

综合观察法是将几种相关的观察方法有机地结合起来，获得最有价值的观察材料，找出事物的规律。观察过程中除了充分选用观察的不同途径和方法之外，还必须注意遵循观察的原则，即可观察性原则、客观性原则和典型性原则。

（二）实验研究法

1. 实验研究法的特点

实验研究法是通过主动变革、控制研究对象来发现与确认事物间因果联系的一种科研方法。[①] 实验研究法主要具有以下几个特点。

（1）主动变革性。

主动变革性就是要求主动操纵实验条件，人为地改变对象的存在方式、变化过程，使它服从于科学认识的需要。

（2）控制性。

科学实验要求根据研究的需要，借助各种方法技术，减少或消除各种可能影响科学性的无关因素的干扰，在简化、纯化的状态下认识研究对象。

（3）因果性。

实验以发现，确认事物之间的因果联系为直接宗旨和主要任务，本质上是按因果推论逻辑设计与实施的，它是揭示事物之间的因果联系的有效工具和必要途径。

2. 确定实验的自变量

（1）自变量的确定，必须以研究的目的和假设为依据

例如，由以色列教育家弗尔斯坦因主持的对一批智力低下的犹太孤儿（平均智商为80）的研究。他们认为，对于这些人，需要从改正他们运用心理功能时的缺点（如感觉上的粗枝大叶、检查材料不求系统等）出发，采取教育措施。他们组织了一项实验，名为"工具丰富法"，根据这一目的，其自变量是：利用专门设计的十五件工具（或者说十五组练习）组成一整套教学程序，循序渐进地对儿童进行涉及空间观念、分类比较能力、时间关系、数的进展等方面的每周3～5小时的训练（其余课程照常），时间为两年，用以纠正学生智力机制的缺陷，恢复他们的学习能力。这种自变量的设计针对性强，过程明确，效果较好。

---

① 顾森、叶剑铭：《布卢姆的教学质量观及其启示》，载《外国教育研究》，1992（4）。

　　另外，在确定自变量时，要努力去寻找那些"可以改变的变量"，所谓可以改变的变量是针对那些相对稳定的变量而言的。例如，对于弱智儿童，如果总是着眼于研究如何通过补偿教育，提高他们的知识水平，收效可能不大，而如果从研究如何改正他们运用心理功能时的缺点出发，利用某些工具，发展智力，可能会促使他们有明显的变化。所以，对于弱智儿童来说，在"教知识"与"教智力"这两个变量中，"教智力"就更有积极意义。因此，在确定自变量时，应尽可能选择那些"更积极"的变量，即能促进更大变化的"可以改变的变量"。

　　（2）自变量要具有可操作性。

　　自变量是由主试操纵的措施，如果模糊不清，就无法准确操作。例如，一项研究对学生进行表扬或批评的作用的实验，将被试分成四个等组，其中三个组同在一间教室学习，另一组单独在另外一间教室学习，每天这四个组同时做 15 分钟的练习，共 5 天。在上述安排下，其自变量为：每天练习后，点名表扬第一组学生出现的优点，点名批评第二组学生出现的缺点或错误，第三组学生在同一教室随班听老师对第一、二组学生的表扬或批评（即老师对第三组学生出现的优缺点不予评论），而第四组学生在另一教室学习，做完练习后，不受表扬或批评，也听不到对别人的表扬或批评。最后比较四组学生成绩的差异，其自变量便十分明确并可操作。

　　3. 教育实验需要反复进行

　　由于教育实验具有特殊的复杂性，对某一个问题的实验，需要反复进行，才能得出正确的结论。一般可先从小规模开始，逐渐扩大范围、延长周期，以便在更具有代表性的情况下，探索出事物的客观规律。

　　4. 实验研究与其他研究方法的综合运用

　　教育科研通常要综合运用各种研究方法。比如首先通过调查发现有价值的课题，进而设计实验，而在实施实验的过程中，采用观察方法搜集资料等。

　　实验研究法是探索教育的因果关系的方法，所以说，实验研究法是教育科研的生命。语文教育实验研究法兼有理论研究和实证研究两方面的特征，因而能更深刻、更有效地探明语文教育现象内在的因果联系，揭示语文教育的客观规律，在语文教育改革和理论创新中发挥越来越重要的作用。

　　（三）个案研究法

　　1. 个案研究法的含义及特点

　　（1）个案研究法的含义。

　　个案研究法就是对单一的研究对象进行深入而具体研究的方法。个案研究的对象可以是个人，也可以是个别团体或机构。前者对一个或少数几个优生或差生进行个案分析，后者对某先进班级或学校进行个案研究。个案研究一般对研究对象的典型特征做全面、深入的考察和分析，就是所谓"解剖麻雀"法。同时，个案研究不能仅停留在对个案的研究和认识的水平上，而且还需要认识教育与发展之间的因果关系，提出一些积极的教育对策，以便因材施教。

　　（2）个案研究法的特点。

　　①研究对象的个别性与典型性。个案研究的目的是了解把握某个个体的具体情况，通过个案的研究，揭示出一般规律。例如，瑞士著名的儿童心理学家皮亚杰，通过对少数儿童的个别谈话法，揭示出儿童心理发展的普遍规律。

②研究内容的深入性和全面性。个案研究既可以研究个案的现在，也可研究个案的过去，还可追踪个案的未来发展。可以做静态的分析诊断，也可以做动态的调查或跟踪。由于个案研究的对象不多，所以研究时就有较为充裕的时间，进行透彻深入、全面系统的分析与研究。例如，对一个语文学习困难的学生的研究，往往需要从多方面加以考查，诸如学生学习的智力因素和非智力因素，原有的知识基础和学习方法以及教师的教学和家长的辅导情况等。还要进行前后左右的对照和比较，这样就可以对该生进行比较全面而深入的了解和认识。

③研究方法的多样性和综合性。个案研究方法具有多样性和综合性。为了搜集到更多的个案资料，从多角度把握研究对象的发展变化，就必须结合教育观察、教育调查、教育实验、教育测量等多种研究方法，综合各种研究手段：例如，研究一超常儿童，首先要对被试对象进行智力测验，看看其智商是否超常；其次还要对被试对象作系统观察，看看其各种智力操作是否突出；同时还要调查其成长环境，必要时还要做一些对照实验。

2. 个案研究的具体方法及其实施

根据研究目的、对象、内容的不同，个案研究可采用追踪法、追因法、临床法、产品分析法等具体的个案研究方法。

（1）追踪法。

追踪法是在一个较长时间内连续跟踪研究单个的人或事，收集各种资料，揭示其发展变化情况和趋势的研究方法。追踪研究短则数月，长则几年或更长的时间。例如，我国著名的教育家和心理学家陈鹤琴对他的长子进行了长达三年的追踪研究。

个案追踪研究的实施一般分为以下几个步骤。

①确定追踪研究的课题。研究者首先要明确追踪研究的对象是什么，目的是什么。也就是确定追踪研究对象是个人还是团体或机构，要追踪研究对象的哪些方面，追踪旨在了解哪些情况，研究者都要心中有数。教师在日常教学和教育工作中要善于发现某一方面具有典型特征的学生或事例作为追踪研究对象，并明确要对学生或事件的哪些方面进行了解。

②实施追踪研究。追踪研究一定要紧紧围绕课题确立的内容进行，要运用规定的手段收集有关的资料，不能让重要的信息遗漏，也不能被表面的现象迷惑。追踪研究需要较长时间，研究者一定要持之以恒，不能半途而废。

③整理和分析收集到的各种资料。对收集到的各种个案资料，要进行细心的整理和分析，做出合理判断，揭示出个案发展变化的特征和规律。必要时还要继续追踪，继续研究。

⑤提出改进个案的建议。研究者要根据对个案追踪研究的结果，进一步提出改进个案的建议，指导和促进个案的发展，实施因材施教。

（2）追因法。

追因法是先见结果，然后根据发现的结果去追究其发生的原因，例如，某学生的学习成绩突然下降，我们去追寻他的成绩下降的原因，这就是追因法。追因法正好是把实验研究法颠倒过来，在实际研究中究竟采用哪种力法需视客观情况而定，个案追因研究的实施可分为如下几个步骤。

①确定结果和研究的问题。第一步工作是确定研究的问题。这一步必须做得扎实，这样才能在后面的研究中找出真正的原因。例如，某校某班级语文学科的教学质量特别高，某语文学习困难的学生最近有较大变化，学科成绩提高很快等，这些都是已形成的事实，就可以把它们确立为研究的问题。

②假设导致这一结果的可能原因。明确了事实发生后的结果，接着就要寻找导致这一结果的可能原因。这些原因最初是假设的，还没有经过验证。假设导致结果的原因应尽可能全面，只要合理就不怕数目多。对已形成事实的各种原因之间的关系也要进行假设。这一步骤对于后面工作的进展具有决定意义。

③设置比较对象。为了追寻导致结果的原因，研究者可以采取两种途径设置比较对象。一种是设置结果相同的若干比较对象，从中找出共同的因素，即前面假设的原因。另一种是设置结果相反的若干比较对象，找出相反的因素，从反面找出真正的原因。

④检验。找出的原因有待于进一步检验。最好的检验办法是看有同样原因存在的许多其他事例中是否有同样的结果发生，如果没有，这个假定便不能成立。如果有，两者因果关系的信度就大。为了慎重起见，还可以多举一些事例反复验证。为了进一步验证得出的结论，还可把这一结论当作假设，有计划地组织新的实验。这样把追因法和实验研究法结合起来研究，所得结论的可靠性与学术价值就更大。

（3）临床法。

临床法是通过谈话的形式进行，故又称临床谈话法。这一方法既适用于陷入困境儿童的研究，也适用于正常儿童的研究。谈话过程不能是教师问一句，学生答一句，要变学生的被动应答为主动回答。同时，教师的提问要以封闭性和开放性问题交替询问。书面谈话一般按问卷要求的程序进行，教师要向学生交代清楚做问卷的具体要求和注意事项。对问卷的评分要严格按照标准，做到公正、客观。对于临床上的复杂个案问题，要动用两种谈话方法，进行综合判断和分析。

临床法应用的一般过程叙述如下。

①由教师、父母或学生本人提出具体需要帮助的行为或学习问题，然后观察其行为。

②根据学生的学习成绩、教育测量情况、同伴评价、家庭情况以及该生在各种环境中的表现，明确当前的情况。

③根据学生的发展史、学校记录和家庭历史等材料，了解其过去的历史，找出行为的一贯性。比如分析学生的问题行为是在所有情境中发生，还是只在一定的情境中发生，找出行为的模式，即使行为前后有不一致，也可能是一种有意义的模式。

④根据可能的假设设置处理方案。

⑤根据初步处理的结果判别假设是否正确，是否需要修改或必须完全推翻。

⑥为了提高研究的科学性，一般宜用实验研究法再加以检验。

（4）产品分析法。

产品分析法又称活动产品分析，是个案研究的又一种方法。通过分析学生的活动产品，比如日记、作文、书信、自传、绘画、工艺作品等，了解学生的能力、倾向、技能、熟练程度、情感状态和知识范围。运用这种方法时，不仅要研究人的活动产品，而且还要研究产品制造过程本身以及有关的各种心理活动状况。

产品分析法作为个案研究的一种方法，需要与实验研究法相结合，设置对照组，观察儿童创造产品的实际过程，这样可以获得更加科学的结论。

总之，个案研究法是以个体或集体为研究对象，对其各个侧面、发展过程及其与环境的关系等进行深入的调查、分析和研究的一种研究方法。个案研究的对象可以是一个人，也可以是一个群体或一种社会现象。对任何社会个体，无论是个人还是社会机构、社会现象，个案研究都是作为一个整体看待的。所以，语文教育个案研究的类型与方法有：一是特殊学生的个案研究；二是典型教学案例的研究。

五、语文教研成果的表述

（一）教学札记

1. 教学札记的概念

教学札记，是教师在上完一节课后，对教学任务的完成情况、存在的问题、教后的感受进行记录，对教学设计及实验进行总结，将成功的经验、失败的教训、学生的反映记录在案，以利于今后借鉴，促进教学水平的提高。

2. 教学札记的写法和内容

（1）写教学中的得与失。

①总结成功的经验。教学中会出现精彩难忘的片段，例如：自然有趣的导言；直观形象的演示；生动得体的比喻；适时巧妙的设问；突破难点的方法；训练能力的习题；简洁明了的板书；突发事件的处理等。教师可以将课堂上的点滴花絮记录下来，然后进行归纳整理，长此以往，就会使经验越来越丰富，教学方法越来越灵活，教学能力实现由量向质的转变。

②查找失败的原因。上完一节课，有时会感到有些不顺畅、别扭或存在这样那样的问题，有的课甚至以失败告终，究其原因是多方面的，比如课题引入不自然、内容衔接不流畅、演示实验不成功、突破难点不得法、课堂设问不明确、例题选择不恰当、课前准备不充分、师生配合不密切、课堂气氛不活跃等。课后，应冷静思考，及时总结，寻求解决的办法并记录在案，以防今后教学中重蹈覆辙。

③写出下次再教此内容的想法和建议。教完某一节内容后，必然会有许多体会和想法，这是教学中的灵感、教后的收获、实践的结果。若及时记录下来就会成为今后教学的制胜法宝。

（2）写学生对教学的反馈。

写学生对教学的反馈包括学生对学习内容的兴趣和爱好，对教学方法的意见和建议，对教学效果的评议和评价，对某个问题的认识和见解，尤其是学生课堂作业反馈的不足和缺憾。这些都可能成为教师以后教学参考的借鉴材料。

写学生学习的进步及知识的掌握情况，尤其是每次考试后，对学生进行全面分析，总结对策，以备实际运用。

（3）写教材教法。

写教材内容的编排是否合理适度，教材体系安排是否恰当，处理问题的方法是否妥当，教材是否兼顾科学性、知识性、思想性、趣味性。写教学方法是否为教学内容和教学目标服务，是否体现一定的教学思想和教学原则，是否与授课形式相联系。教无定法，贵在得法。在通常的教学过程中，随时会有最佳教学思维、教学手段的创新，以教学札记的形式写下来，就能积水成渊、积土成山。

教学札记没有固定的模式，应坚持多样性、实效性、可行性、及时性和科学性，追求发展性和创造性，贵在重视、及时、坚持，长此以往，能收到事半功倍的效果，教学水平也会日益提高。

3. 教学札记示例[①]

示例1：

---

①　武刘本武主编《小学语文新课程教学法》首都师范大学出版社，2012年版。

学校今年采取集体备课、分工合作、资源共享的备课方式，因为我不是班主任，开学初她们班主任会比我忙一些，于是我先来负责第一、二单元的备课。每天针对教材的特点和学习目标以及自己班上学生的学情上网找资料进行整合加工，然后把教案认真地写出来，第二天再转发给其他同事，这样我们才可以上课。第一组教材内容十分丰富，以秋天为线索，金秋时节、神清气爽、山河壮美、大雁南飞、春华秋实又不局限于秋天的景色，学生可以通过有感情地朗读体会劳动创造了美，领略大自然的美丽与神奇。每个教室的多媒体小平台充分地辅助教学，事半功倍，心里真高兴。

示例2：

《植物妈妈有办法》是一篇非常有儿童趣味的文章。孩子们在读的时候很容易进入角色。在读到"四海为家"一句时，孩子们都放慢了速度，当我问为什么要这样读的时候，学生根据自己理解说："地方很远很多，时间要花的多，所以应该读得慢些。"看来孩子们虽然不知道这个词的具体意义，可是他们已经能够根据上下文来理解了，并把自己的理解融入朗读中去，我很开心。

示例3：《沁园春·长沙》教学反思。

铃声响了，本来打算一节课上完，但只是讲到这里，因为前面的课前演讲耽搁了一点时间，还有就是前面的背景知识介绍过多，浪费了不少时间。从教学意图说，我上这一课的目的是想通过这首词的学习使同学们掌握欣赏词的一般方法，而这与教材向青春举杯的专题意图有些冲突，这节课没有体现教材意图。但是如果按照教材意图来教的话，是学不到多少东西的，空泛的人文很难内化为学生的东西，人文的东西必须通过语文来做实。本节课，我做到了充满激情，用自己的激情来感染学生，像这样的诗歌、这样的专题，教师的激情非常重要。从学生的发言来看，总的来说，思考的有力度和深度，质量较高。但发言的面太小，所以语文学习小组应尽快诞生。后面的教学内容应当尽量明确而简练，不要太杂。

（二）教育叙事

1. 教育叙事及特点

教育叙事就是"讲教育故事"。要求教师以合理有效的方式解决自己在教室或其他场所发生的教育、教学问题，然后将自己怎样遇到这个问题，怎样解决这个问题的整个教学过程"叙述"出来。

教育叙事又是教育教学反思的重要方式。美国心理学家波斯纳提出了教师成长的公式：

成长＝经验＋反思

相反，如果一个教师仅仅满足于获得经验而不对经验进行深入的思考，那么，即使是有"20年的教学经验，也许只是一年工作的20次重复；除非善于从经验反思中吸取教益，否则就不可能有什么改进"。反思是促进教师专业发展最重要的高级思维能力，处于教师发展中心位置。

2. 撰写教育叙事的要求

（1）要求以教师本人作为研究工具，在自然情境下采用多种数据收集方法对教育现象进行整体性研究，这是教育行动研究的具体表现形式之一。

（2）要求行动者直接融入并成为研究的主体。

（3）要求从教育实践出发，从校园生活出发，教师在教育活动中对实事、实情、实境和实际过程所做的记录、观察和探究，提出对事实或事件的解释性意见。

（4）要求教师在叙事中反思，在反思中深化对事实或事件的认识，提升原有的经验，修正行动计划，探寻事件或行为背后所隐含的意义、理念和思想。

3. 教育叙事案例

伸出我们的双手

刘维丽

在一次名为《伸出我们的双手》的口语交际课中，如往常一样，我先为学生创造了一定情境，是一位外地人找不到要去的地方。学生很自然地说出了自己的做法，而且思维活跃，有的说亲自领他去，有的说骑车带他去，还有的说打的。（孩子们能够说出这些，说明他们的思想是美好的，能够分辨是非对错，而且平时是经常受到类似教育的）当联系到学生的实际，提出"你的周围有需要帮助的人吗？你是怎样帮助他们的？"这两个问题时，教室里却鸦雀无声了，孩子们都在思考，可就是找不到这样的例子。（孩子找不到事例，一是因为他们没有观察总结的能力，二是因为他们只说没做）于是我让同学们小组交流，正在这时，班上一个孩子吐了一地，我忽然想起在《山东教育》上看到的一则案例，是在一堂公开课上，一位孩子的鼻子出血，老师并没有因此慌张，而是适时地进行引导，向学生进行了品德教育，使课堂充满了人文关怀。我想这不正是需要我们伸出双手的时候吗？面对捂着鼻子的、摆手的、撇嘴的学生（从这可以看出孩子们根本没有把想法付诸行动，只能是行动上的矮子），我并没有当场发火。

我说："谁愿意伸出双手来帮助一下王超群？"这时已有几位同学积极举手，并大声说到："我！"可那位捂着鼻子的同学，还是依旧如此，而且大多数同学态度冷漠，无关紧要的样子。（这时王超群已经离开了位子，坐到了讲台前，我观察到问题不是很大）

于是我又说："同学们，如果是你生病了，你的心情是怎样的？你最希望别人为你做些什么？"

这时候孩子们已经七嘴八舌地说开了，"我会很难过"，"我心里不舒服"，"我希望同学们能帮我收拾一下东西"。

"同学们，你们说得很好，现在王超群已经难过的不能说话了，我们应该怎样帮助他呢？谁愿意帮助他？"

"老师，我们应该把他送回家，帮他找医生，把他吐的东西打扫了。"捂着鼻子的孩子说。

"那你愿意帮他打扫掉吗？"

"愿意！"他非常坚定地说。

"那谁愿意送他回家呢？"

"我！""我！"孩子们纷纷举起了手。

于是孩子们开始行动起来，有帮他收拾书包的，有送他回家的，那个捂着鼻子的孩子主动帮他打扫起来。

面对没有事做的孩子，我说："其他同学想想我们还可以怎样帮助他？"

孩子们经过一番讨论后又开始说起来。（这时打扫的孩子已经做完）

"帮他补习功课。""给他讲笑话，让他心情高兴，这样病就会好得快了。""和他一块上学放学。"……

这时铃声响了，我说："同学们，那就让我们在课下的时候行动起来好吗？并且把你怎样帮助别人的经过写一写好吗？"（本课教学教师并没有完全按照教学设计进行，而是巧妙地运用课上突发事件，真正将语文教学与学生的生活紧密相连，让语文走进生活，让生

活融入语文）

后记：课下同学们真的积极去帮助同学，而且还去帮助了社会上需要帮助的人，班里充溢着一片爱心，孩子们把自己的做法和想法写了出来。

（三）教学论文

教育科学论文是对教育科学领域中的理论问题和实际问题进行探讨、研究、表述科研成果的文章；是总结和推广先进经验，指导教育教学的重要手段；是深入进行教育科研的主要方法，也是提高教师素质的重要途径。

1. 教育教学论文的特点及分类

学科教学论文是指专门研究学科教学策略、课堂教学方式、教学方法、教学技巧、学生学习方法指导、学生能力培养、学生情感培养、学生学习心理教育等方面的文章，具有较强的学科专题性。

（1）教育教学论文的特点。

教育教学论文是研究教育普遍现象，探寻教育基本规律，分析教育一般问题并提出对策的文章。教学论文的特点是具有明显的学科性，尤其是学科教学论文，多是研究教与学的带有较强经验性的论文。

（2）教育教学论文的一般类型。

教育教学论文一般有三种类型：经验总结型、研究型、研究报告型。

①经验总结型的。它是教师教育教学经验的浓缩与提炼。

②研究型的。它是教师对教育难点、疑点、热点问题的专题研究与分析，并提出自己鲜明的观点。

③研究报告型的。它包括实验报告与调查报告。数据与结论都要客观，一般要用到教育统计学的办法，才能把真实数据变成科学结论。

2. 教育教学论文的选题

（1）论文选题的来源。

论文选题主要有以下几种来源。

①在平常的教学实践中、新课程改革的过程中遇到的问题作为论文的选题，并寻求解决问题的对策。特别是在上课与听他人讲课的过程中，及时在课后记录课堂上发生的新问题或听课中发现的典型素材，把它整理为论文的选题。

②从平时课堂教学中、阅读过程中获取写作的灵感，作为论文选题。

③从报刊热门话题中寻找论文选题。例如创新教育、素质教育、研究性学习、基础教育课程改革实验、校本研究、教学案例研究、叙事研究、学法研究、教学方式的转变等都是时下最热门的话题，可以将其作为论文选题。

④从教育主管部门、教研部门所拟定的研究课题中，筛选出符合自己教学实际与研究专长的典型问题作为选题，进行研究。

⑤从各种教育报刊的征稿通知中，寻找适合自己研究的选题。特别需要提醒的是，可以从网络中去寻找这类选题。

⑥从教育专著、教育报刊中去寻找最能反映时代脉搏，最需要一线教师解决的问题，特别是新课程改革中出现的许多新问题，单靠专家是无法解决的，需要一线教师的合作来解决。教师要学会从这些未解的问题中去寻找自己有能力解决的命题。

（2）论文选题注意事项。

在选择论文选题时应注意以下事项。

①选题要有价值。凡是新课程改革中、在教育教学中急需解决的问题，前人没有写过的选题；前人虽有研究但有待于补充、完善、修正与深入研究的选题；虽有人写过但未取得一致说法的选题等，都是有价值的选题。

②选题要新颖。无论是新课程改革中出现的新问题，还是传统教育教学领域未解决的老问题，只要换个思考问题的角度，就会有新意。能把老问题写出新意、能从不同角度去分析问题的论文就是新颖并有吸引力的好论文。

③选题要有实践性。这里包含两层意思：一是要选择与教育教学实践、课题研究成果联系最紧密的选题，二是要选择对教育教学实践有指导意义、对他人有参考或推广价值的选题。

3. 教育教学论文的撰写

（1）教育教学论文写作的一般程序。

教育论文写作一般包括以下几个程序。

①确定选题。首先，论文题目的确定要新颖、贴近教育教学实际；其次，题目宜小不宜大，尽量缩小题目的外延，但也不是越小越好，因为过小的题目会让论文变为细节描写，这样就会让文章变成就事论事，没有理论的浸养，缺乏推广价值；再次，教育教学论文的题目与其他文学作品不同，要做到论文题目与内容相符合；最后，论文的题目要简短明确，让人一目了然。

②积累素材。确定了选题，就应该收集各类报刊、互联网中与该论题相关的文章，认真阅读后可以帮助了解他人研究的进展情况及还存在的问题，分析自己在哪些方面与之有不同的见解，自己在阅读过程中受到哪些启发等，初步理出写作思路与相关论据。

③整理素材。要对素材进行分类整理，认真阅读与研究其共同点，以期把零散的资料归纳成能够反映教育教学一般规律的观点，要防止因事论事、平铺直叙而把整篇论文变为素材的堆积，要在归纳素材中构思出写作的要点并列出写作提纲。

④构思提纲。围绕中心论点，先列出各大点需要阐述的内容，再写出各小点的名称，而后逐一展开。论文的写作提纲分为简单提纲与详细提纲，有经验的写作者一般只列出各部分的大小标题而没有展开的详细提纲。提纲包括三方面内容：一是安排好全文的布局，写出主次论点的排列；二是安排好材料使用的地方，计划好，哪里用典型材料，哪里用一般材料；二是安排好论文的篇幅，一般论文篇幅控制在3000字到6000字之间比较合适。

⑤动笔写作。对收集的写作素材进行整理、归纳、综合、加工，结合自己的教育教学实践与教育理论储备，加上专题学习相关教育教学理论，进行内化后作为证明自己论点的有力证据。一篇好的论文，必须论点明确，论据确凿，论证严密，推论科学，富有逻辑性、统一性与规范性。

⑥修改润色。通读全文，确保文章有独立正确的教育观点、独特的素材、严谨的结构、准确的词句、统一的人称、规范的标点、适当的字数。特别强调的是观点要符合科学性、时代性、独创性、鲜明性的特点；文章中心要突出、证据要确凿、说理要充分、结构要合理、内容要翔实、行文要流畅。在完成了第一次通读与修改之后，特别注意平时要多阅读与论题相关的文章，对文章结构、词语、题目及所用图表、数学符号与字母等进行再润色；隔一段时间再读一遍；每段开头空两格；文章若分几个大部分又没有小标题的，可在各部分间空一行隔开；也可以采用第一个字特别大或加粗或用其他字体的方式，来强化各部分开头的视觉感受。

（2）语文教研论文的一般结构。

教育科研论文有着通用的格式和写作要求，一般包括题目、署名、摘要、关键词、引论、主论、结论、引文或参考文献。

①题目。论文题目是论文主题和中心内容的集中展示和高度概括，一般不超过 20 个字。论文的题目，应做到准确、精练、醒目，恰如其分地表述论文的特定内容，提示论文研究的广度和深度。例如《让快速阅读尽快走进语文课堂》、《开放式作文教学的实施策略》、《在阅读教学中实施人文教育》等文题都具有明确、集中、具体、实在的特点。

②署名。署名表示劳动者对劳动成果的合法拥有权。署名一般放在题目之下，居中。如果有多人参与，应按贡献大小或姓氏笔画排列。署名下面用小圆括号注明作者的工作单位、邮政编码。

③摘要。摘要，即内容提要，是将文中最重要的内容概括摘录出来，旨在让读者了解论文概貌。摘要既要完整，又要简短、精要，通常以 100～200 字为宜。摘要放在论文前面，往往是在完成全文之后，再从全文中概括提炼出来的。

④关键词。关键词又叫主题词，是将论文中最能说明问题、起着关键作用、代表论文主题内容信息的单词或术语，供计算机进行情报信息检查之用。关键词常用的词汇少则 3 个，多则 8 个。

⑤引论。引论是论文的起始部分，作用是引出正文，又称导言、绪论等。引论主要内容为交代论文写作背景，说明写作目的、研究的经过和研究成果的意义，提出论文的中心论点等。一般要求开门见山，语言最好能创设一种吸引读者读下去的问题情景。引论是论文的组成部分，从全文结构上看不可缺少。否则，正文论述的内容就会显得突兀、生硬。但多数论文只在正文之前用一段文字起到引论的作用，并不专门列出"引言"两字。引论的写法可参考以下几种方法。一是问题开头法。例如《朗读教学忧思录》开头即分条引出朗读教学存在的主要问题，引起读者的警示，并急欲了解解决问题的良策；此外，采用设问的方法把要论述的中心内容在文章开头就摆在读者面前。一是结论开头法。即把研究成果、作者的观点开门见山予以展示。例如《语感是语文素质教育之本》一文的开头是："把握语感的特征，培养相应的能力，是语文素质教育的根本"，然后分块展开论述。一是目的开头法。即将文章要达到的目的先行端出。一是背景开头法。即向读者阐述研究的历史背景。一是内容范围开头法。即向读者介绍论述对象的内容和范围。

⑥主论。主论又称正文、本文，是论文的核心所在，占整篇论文的绝大部分篇幅。文章的主要观点和论据都包含在其中。正文全面详实地反映作者的主要研究成果，要求以充分有力的材料阐述观点，条理要清晰，逻辑要严密。要注意的是：首先，观点和材料要有机统一；其次，表述要有严密的逻辑性和明晰的条理性；再次，语言要准确、严密。

⑦结论。论文的结论是全文的归结，文字应干净利落，一般要起到总结全文、强调要点的作用，还可以对自己论述对象的发展前景作出展望。

⑧引文或参考文献。在论文的写作过程中，有时需要借鉴他人的研究成果，引用别人的观点佐证自己的见解。为了尊重他人研究成果，同时表明作者研究工作有所凭借，并从某个方面反映本研究工作的深度和广度，有利于同行了解此项研究前人所做的工作，凡是引用了他人的材料或研究成果，都必须加以说明，注明出处。引文加注的方法主要有下面三种：一是夹注，即在引文后直接加注，说明出处；二是脚注，即在本页下方注明该页中所用引文的出处；三是尾注，即在全文结尾处注明本文中曾使用引文的出处。

引文注释的内容应包括作者（译者）、题名、卷次（期次）、出版社（刊名）、出版年月等。

文末要列出参考文献。参考文献应逐一注明文献的作者、名称、出版单位、出版日期，以便读者查找、阅读。

（四）研究报告

常见的研究报告包括观察报告、调查报告、实验报告和经验总结报告四种。下面将对这四种常见研究报告的撰写方法进行简要论述。

1. 观察报告

观察报告一般由题目、引言、正文和观察结果四个部分组成。

（1）题目。

标题应简明扼要，要反映观察的对象和观察的内容，比如"某教师的教学艺术"、"某班集体的形成过程"等。

（2）引言。

在观察报告的开头，应阐明进行观察的原因与目的；观察采用的方法，是直接观察还是间接观察，是参与性观察还是非参与性观察；运用了哪些观察手段，是利用感官进行手记，还是利用观察屏、计算机终端、动作反应器等仪器，是否利用录音、录像；观察的时限等。

（3）正文。

正文是观察报告的主要部分。这部分列举经过筛选的、能够说明问题的观察记录。观察记录要进行分类整理，并作出必要的统计与分析。

（4）观察结果。

对大量观察记录进行分类、统计与分析后得出的结论，或提出的意见、建议。

2. 调查报告

调查报告没有统一的格式，一般由题目、引言、正文、讨论或建议、结论等几部分组成。

（1）题目。

题目要有新意，要确切、中肯、鲜明、简练、醒目，以能概括全篇内容、能引人注目为好，比如"关于小学生课业负担问题的调查报告"、"家庭教育教学与中、小学语文成绩关系的调查报告"等。

（2）引言。

引言简要地阐明调查的目的、意义、任务、时间、地点、对象、范围等。要注意将调查的目的性、针对性和必要性交代清楚，使读者了解概貌，初步掌握调查报告的宗旨，引起对这一问题的关注。调查方法要详细说明，要写明是普遍调查还是非普遍调查（重点调查、典型调查还是抽样调查）。如果是抽样调查，还要说明是随机抽样、系统抽样还是分层抽样。要说明调查的方式是开调查会，还是访问调查或问卷调查。

（3）正文。

正文是调查报告的主体部分。这部分要把调查来的大量材料，经过分析整理，归纳出若干条目，逐条加以阐述，做到数据确凿、事例典型、材料可靠、观点明确。调查数据如能采用图表形式来表示，可以增加形象性，使人一目了然；如能应用统计分析这一现代数学工具，则可提高数据分析的科学性，增强对问题的说服力。

调查报告正文的写法一般有四种：一是按调查顺序逐点来写；二是按人和事的产生、发展和变化过程来写，以体现其规律性；三是将两种事物加以对比，以显示其优劣，找出其差异性；四是按内容的特点分门别类逐一叙述。

正文写作，应先后有序、主次分明、详略得当，注意客观、真实，结尾要写清楚调查的结果。

（4）讨论或建议。

根据正文的科学分析，可以深入地讨论一些问题，对调查结果在理论上做进一步阐述，摆出自己的观点，提出意见和建议。

（5）结论。

结论是整个调查研究的结晶，一般利用逻辑推理，归纳出结论。这部分应简要交代调查了什么，得到什么结果，说明了什么问题。

最后应列出参考文献，即在调查研究中参考、引用了哪些资料。要注出材料的出处名称、作者、卷期、页码、出版单位及出版日期、版次等，以便查找。目的是表明作者的科学态度、求实精神及对他人成果的尊重，也表明作者对本课题的历史和现状研究的程度，便于读者了解该领域的研究情况，更客观地评价论文的水平和结论的可信度。参考文献一般只选择重要的列入。

3. 实验报告

实验报告一般应写明八点内容：题目，研究人员和单位，课题部分，实验方法，实验结果，分析与讨论，结论，附录和参考文献。

（1）题目。

题目应以简练、概括、明确的语句，反映出教育教学实验的对象、领域、方法和问题，使读者一目了然，判断出有无阅读价值，比如"促进中小学生学习活动积极化的教育教学实验"。如果题目太长，也可以加副标题，使正题简练。

（2）研究人员和单位。

应写明研究者的真实姓名和工作单位。如果研究者不是一个人，应逐一写出，并写明谁是实验的主要负责人，以表示对实验报告负责，便于读者与之联系。

（3）课题部分。

要说明课题的来由、背景、针对性以及解决该课题的实际意义和价值，表述要具体、明确，一语破的。

（4）实验方法。

说明实验方法是为了让人们了解研究结果是在什么条件下，通过什么方法，根据什么事实得出的，从而判定实验研究是否科学、实验结果的真实性及可靠性如何，并可据此进行重复验证。实验方法，主要应交代清楚以下五个方面内容。

①选取被试验对象。包括确定被验试条件、对象数量、取样方式等。同时，要说明实验时间及研究结果的适应范围。

②说明实验的组织类型。是单组实验、双组实验还是轮组实验。同时，要说明这种实验的依据包括哪些方面，例如考试成绩及评分标准，基础测定及测定内容等。

③介绍实验的具体步骤，并说明对实验班和对照班进行实验处理的情况。

④说明因果共变关系是怎样验证的。要注意原因变量一定要在结果变量之前，或两者同时出现，如果先果后因，实验就不能成立。要对因果两个变量进行测定。在教育教学实验中，必须测定的教学效果范围很广，涉及知识、技能的掌握，能力、智力的发展，耗费时间的变化及被试对象的主观感受等方面，这就要求效果变量测定的内容（项目）应该同原因变量相对应。因此，在实验前，就应对与效果变量测定内容相关的原因变量先进行测定，以便在实验后与效果变量进行对比，从而发现共变关系。另外，测定的方法也应交代清楚：是口头测定、书面测定还是操作测定；是个别测定还是集体测定；有无后效测定的时间等。

⑤说明对无关因子是怎样控制的。

（5）实验结果。

在实验结果中，最重要的是提出数据和典型事例。数据要严格核实，用统计检查来准确地描述实验因子与实验结果之间的关系，要注意图表的正确格式；典型事例能具体地反映实验结果，使实验更具说服力。虽然事物之间的关系是很复杂的，往往不是单因果关系，但经过适当的设计与统计分析，仍可以判断出究竟是什么原因对所研究的课题发生了影响，从而做出对实验假设的验证。

（6）分析与讨论。

要运用教育教学理论来讨论和分析与实验结果有关的问题，其主要的方法以下几种。

①由实验结果来回答篇首提出的问题。

②对实验结果进行理论上的分析与论证。

③把实验结果与同类研究结果相比较，找出得失优劣。

④提出可供深入研究的问题及本实验存在的问题，使以后的研究方向更明确，少走弯路。

（7）结论。

结论是对整个实验的总结。它直接来自实验的结果，而不是对实验结果的分析。结论回答实验提出的问题。下结论需小心谨慎，语言要准确简明，推理要有严密的逻辑性。结论适用的范围应同取样的范围一致。

（8）附录和参考文献。

附录是指内容太多、篇幅太长而不便于写入研究报告，但又必须向读者交代的一些重要材料，例如测试试题、评分标准、原始数据、研究记录、统计检验等内容。参考文献，如果引用未翻译的外文资料，最好用原文注释，以资查证。

4. 经验总结报告

经验总结报告的基本结构大体可分为题目、引言、正文和结尾四个部分。

（1）题目。

题目可以是既定的科研项目，即专题经验总结，比如"中小学古诗教学中美育渗透"；也可以是对某一阶段工作的回顾，找出其中成效较大、印象较深且富有新意的东西，从而确定总结的题目，比如"小学高年级语感培养的几点做法"。

（2）引言。

引言没有固定的表达方式，大多以凝练简洁的语言，交代本篇经验总结的背景（时间、地点、单位、人物），写作的目的、意义、指导思想，取得的主要成果等。

（3）正文。

围绕经验总结的主题（总观点）将材料组织好，可以按时间顺序，步步深入地加以叙述，也可以分成若干小问题，逐一加以说明。分几个部分介绍时，可在文中设小标题，但要注意各部分之间的内在联系。每个问题的中心内容要鲜明，大问题所含的若干个小问题要层次清楚，重点问题要写得详细，要说清、说透。既要列举典型事例，提出有关数据，又要进行分析研究，并加以理论概括，使经验有理有据，内容生动，有一定的理论高度，使人们在思想上能受到启迪，工作上可资借鉴。

写经验总结要注意观点正确，内容充实，事实准确，分析得当，富有新意，时代感强。

（4）结尾。

依据正文的典型材料，进行深入分析，概括出结论。这是从大量具体事例中所找出的规律性东西，是抽象概括的，它反映了作者的独到见解。写结论时，措词要严谨，逻辑要严密，结论要明确，以达到画龙点睛的功效。

以上是几种常用的中小学语文教育教学研究文章的撰写方法。除此之外，中小学语文教育教学实践研究成果还有教育教学专著和教育教学研究成品等多种形式。

【复习与思考】

1. 请结合实际谈谈语文教师开展语文教研的意义。

2. 根据教育教学实践列出 3～5 个学语文教研课题，就其中一个课题写出选题报告。

3. 请结合教育教学实践撰写一篇学语文教研小论文。

4. 请根据实际作一项语文教育调查研究，并撰写出调查报告。

5. 你会写反思性教学札记吗？从教育报纸杂志上选择两个案例进行比较、分析，试进行评点，找出值得学习借鉴的地方。

6. 请查阅资料，分析某一关于语文教学的教育实验，并根据本章所学知识进行简要评述。

参考文献

1. 张志公著：《传统语文教学初探》，上海教育出版社，1962 年版。

2. 张志公：《张志公论文教学改革》，江苏教育出版社，1987 年版。

3. 张隆华著：《中国语文教育史纲》，湖南师范大学出版社，1991 年版。

4. 张隆华、曾仲珊著：《中国古代语文教育史》，四川教育出版社，1994 年版。

5. 徐梓著：《蒙学读物的历史透视》，湖北教育出版社，1996 年版。

6. 陈必祥主编：《中国现代语文教育发展史》，云南教育出版社，1987 年版。

7. 董菊初著：《语文教育研究方法学》，语文出版社，1998 年版。

8. 雷一鸣等主编：《中学语文教学研究》，陕西人民出版社，1991 年版。

9. 顾黄初著：《现代语文教育史札记》，南京出版社，1991 年版。

10. 课程教材研究所编：《20 世纪中国中小学课程标准·教学大纲汇编语文卷》，人民教育出版社，2001 年版。

11. 叶苍岑主编：《中学语文教学通论》，北京教育出版社，1984 年版。

12. 《新中国中学语文教育大典》，语文出版社，2001 年版。

13. 倪文锦、欧阳汝颖主编：《语文教育展望》，华东师范大学出版社，2002 年版。

14. 钟启泉等主编：《基础教育课程改革纲要（试行）解读》，华东师范大学出版社，2001 年版。

15. 陆志平著：《语文课程新探》，东北师范大学出版社，2002 年版。

16. 张华著：《课程与教学论》，上海教育出版社，2000 年版。

17. 张志公：《提倡两个"全面发展"——答（语文学习）记者》，《语文学习》，1996 年第 2 期。

18. 于漪：《弘扬人文改革弊端——关于语文教育性质观的反思》，《语文学习》，1995 年第 6 期。

19. 中华人民共和国教育部制订：《义务教育语文课程标准》，2011 年版。

20. 吴刚平：《课程资源的开发与利用》，《全球教育展望》，2001 年版。

21. 黄晓玲：《课程资源：界定、特点、状态、类型》，《中国教育学刊》，2004 年 4 月。

22. 相萌萌：《浅谈口语交际教学》，载《聊城大学校报》，2006-10-14。

23. 李雁冰：《课程评价论》，上海教育出版社，2002 年版。

24. 吕叔湘著：《吕叔湘论语文教学》，山东教育出版社，1987 年版。

25. 苏立康主编：《中学语文教学研究》，中央广播电视大学出版社，2003 年版。

26. 倪宝元主编：《语言学习与语文教育》，上海教育出版社，1998 年版。

27. 杨斌著：《语文教育叙论》，南京师范大学出版社，2005 年版。

28. 王尚文著：《语感论》，上海教育出版社，2000 年版。

29. 张田若、陈良璜、李卫民著：《中国当代汉字认读与书写》，四川教育出版社，1998 年版。

30. 张鸿苓主编：《语文教育学》，北京师范大学出版社，1997 年版。

31. 徐汝智主编：《关学与小学语文教学》，河海大学出版社，1998 年版。

32. 阎立钦主编：《语文教育学引论》，高等教育出版社，2002 年版。

33. 乌关娜主编：《教学设计》，高等教育出版社，1994 年版。

34. 顾明远主编：《教育大辞典（简编本）》，上海教育出版社，1999 年版。

35. 王策三著：《教学论稿》，人民教育出版社，1986 年版。

36. 黄甫全主编：《课程与教学论》，高等教育出版社，2002 年版。

37. 李定仁、徐继存主编：《教学论研究二十年》，人民教育出版社，2001 年版。

38. 庄静肃等主编：《语文教育学》，教育科学出版社，1998 年版。

39. 靳虎主编：《语文教学论》，中国统计出版社，1997 年版。

40. 于满川等主编：《语文教学论》，南京大学出版社，1989 年版。

41. 王乃森、倪三好、张中原编著：《语文教学过程研究》，江苏教育出版社，1996 年版。

42. 皮连生主编：《学与教的心理学》，华东师范大学出版社，2002 年版。

43. 陈琦、张建伟：《建构主义与教学改革》，《教育研究与实验》，1998 年第 3 期。

44. 张文军等编著：《高中课程资源开发和利用的实践智慧》，高等教育出版社，2005 年版。

45. 高金岭主编：《现代教育技术与现代教育》，广西师范大学出版社，1999 年版。

46. 李克东主编：《多媒体组合教学设计》，科学出版社，1992 年版。

47. 游泽靖主编：《现代教育技术学》，人民教育出版社，2001 年版。

48. 靳健主编：《小学语文参与式教师培训教程》，首都师范大学出版社，2003 年版。

49. 教育部基础教育司组织编写：《全日制义务教育语文课程标准解读》，湖北教育出版社，2002 年版。

50. 张贵新、侯国范主编：《新课程理念下的创新设计·小学语文》，东北师范大学出版社，2002 年版。

51. 倪文锦主编：《高中语文新课程教学法》，高等教育出版社，2004 年版。

52. 曹明海主编：《语文新课程教学论》，山东人民出版社，2007 年版；《语文教育发展论》，青岛海洋大学出版社，2002 年版。

53. 陈玉秋主编：《语文课程与教学论》，广西师范大学出版社，2004 年版。

54. 刘森著：《当代语文教育学》，高等教育出版社，2005 年版。

55. 钱威、徐越化主编：《中学语文教学法》，华东师范大学出版社，2000 年版。

56. 韩进之著：《教育心理学纲要》，人民教育出版社，1989 年版。

57. 贾晓波主编：《心理健康教育与教师心理素质》，中国和平出版社，2000 年版。

58. 韩雪屏著：《语文教育的心理学原理》，上海教育出版社，2001 年版。

59. 鞠献利著：《教师素质论》，山东教育出版社，1999 年版。

60. 张武升著：《教学艺术论》，上海教育出版社，1993 年版。

61. 杨九俊著：《语文教学艺术论》，江苏教育出版社，1994 年版。

62. 叶澜编著：《教师角色与教师发展新探》，科学出版社，2001 年版。

63. 黄书光著：《中国基础教育改革的文化使命》，科学出版社，2001 年版。

64. 田瑞云著：《语文教育行为论》，青岛海洋大学出版社，2002 年版。

65. 教育部基础教育司组织编写：《走进新课程——与课程实施者对话》，北京师范大学出版社，2002 年版。

66. 刘电芝等主编：《高效率学习策略指南》，科学出版社，2011 年版。

67. 《温家宝在教育工作座谈会上强调把教育摆在优先发展的地位》，新华网，2006-11-21。

68. 窦桂梅：《特级教师专业成长研究二》，载《上城教育信息港》，2004-07-01。

69. 潘庆玉著：《语文教育发展论》，青岛海洋大学出版社，2001 年版。

70. 中央教育科学研究所编：《叶圣陶语文教育论集》（上册），教育科学出版社，1982 年版。

71. 蒋仲仁：《中国语文教育史纲》序，湖南师范大学出版社，1991 年版。

72. 全国中学语文教育研究会编：《叶圣陶、吕叔湘、张志公语文教育论文选》，开明出版社，1995 年版。

73. 《列宁选集》第二卷，人民出版社，1995 版，第 375 页。

74. 朱慕菊主编：《走进新课程》，北京师范大学出版社，2002 年版。